Das Buch

Hajum Hirsch Ullstein betrieb noch eine Papiergroßhandlung in der Nachbarschaft der Synagoge in Fürth, dem »fränkischen Jerusalem«. Sein Sohn Leopold wagte den Sprung nach Berlin, wo er Stammvater der berühmten Zeitungsdynastie wurde. Seine fünf Söhne erweiterten den Verlag zum ersten modernen Medienkonzern der Welt, bis die Nazis das Unternehmen an sich rissen. Das Familienporträt der Ullsteins im Spiegel deutscher Wirtschafts-, Demokratie- und Pressegeschichte ist eine genaue Beobachtung jüdischen Lebens vor dem Hintergrund eines über Jahrzehnte wachsenden Antisemitismus. Vor allem aber hat Sten Nadolny den packenden Roman einer ehrgeizigen und schöpferischen Familie geschaffen, mit allen Erfolgen, Hoffnungen, Rückschlägen – und ganz unvermeidlich: mit Liebe und Glück.

Der Autor

Sten Nadolny, geboren 1942 in Zehdenick an der Havel, aufgewachsen in Oberbayern, studierte Geschichte, arbeitete als Lehrer und in Spielfilmproduktionen. 1981 erschien sein erstes Buch *Netzkarte*, zwei Jahre später der sehr erfolgreiche Roman *Die Entdeckung der Langsamkeit*. Weitere Romane: *Selim oder Die Gabe der Rede* (1990), *Ein Gott der Frechheit* (1994), *Er oder Ich* (1999). Nadolny lebt in Berlin und Bayern.

Sten Nadolny

Ullsteinroman

Roman

Ullstein

Besuchen Sie uns im Internet:
www.ullstein-taschenbuch.de

Neuausgabe im Ullstein Taschenbuch
1. Auflage Februar 2009
3. Auflage 2013
© Ullstein Buchverlage GmbH, Berlin 2004/Ullstein Verlag
© 2003 by Ullstein Heyne List GmbH & Co. KG, München
Umschlaggestaltung: HildenDesign, München
Titelabbildung: Privatbesitz
Papier: Pamo Super von Arctic Paper Mochenwangen GmbH
Druck und Bindearbeiten: CPI books GmbH, Leck
Printed in Germany
ISBN 978-3-548-26986-3

Inhalt

Erstes Kapitel LEOPOLD 7

Zweites Kapitel ENGLAND 31

Drittes Kapitel MATILDA 65

Viertes Kapitel ELISE 95

Fünftes Kapitel LEOPOLDS ZEITUNG 130

Sechstes Kapitel JAHRHUNDERTWENDE 169

Siebtes Kapitel PRESSEKÖNIGE 211

Achtes Kapitel KRIEG UND REVOLUTION 260

Neuntes Kapitel FRIEDEN UND DEMOKRATIE 325

Zehntes Kapitel KOPFLOSE JAHRE 380

Elftes Kapitel SINKENDES SCHIFF 441

EPILOG 475

STAMMTAFELN 484

PERSONEN DER HANDLUNG 489

ERSTES KAPITEL

Leopold

Außer ihm kam heute wohl niemand zur Landspitze, nur Fische und Vögel. Es war der dritte Dezember, ein Donnerstag und eigentlich ein Schultag.

Leopold Ullstein saß in seinem Baum hoch über den zwei Flüssen und schaute, wie sie sich heute vormittag vermischten. Sie taten es unter Protest. Von links kam die Rednitz daher, lichtgrün im schnell fließenden Bogen, von rechts die Pegnitz viel brauner und langsamer. Das grüne Wasser drängte das braune zurück, aber nicht immer gleich stark. Eigensinnig trödelte die Pegnitz weiter neben der Rednitz her und versuchte, sie dunkler zu färben. Vielleicht gelang es ihr unten in der Tiefe, weil sie schwerer war. Dann hatte der neue Fluß, der aus beiden entstand, zwei Stockwerke, ein grünes oben und ein braunes unten. Im Sommer ließ sich das erforschen. Man mußte ein Glas Wasser von oben nehmen und eines von unten herauftauchen. Er wollte das Karl vorschlagen. Mit Johann Karl Humbser, seinem Banknachbarn und besten Freund, machte er alles Wichtige gemeinsam.

Aus den Wiesennebeln jenseits der Rednitz ragten die hohen Weiden heraus und unterhielten sich, alles Kleinere blieb in Watte gepackt. Die Uhr der Michaelskirche schlug zwölf, dünn und von weiter weg als sonst. Leopold stieg herunter, ihm war kalt geworden und seine Schuhe waren feucht. Er mußte sowieso heim – um ein Uhr war die Probefahrt des »Adlers«, bei der er mitfahren durfte.

Einige sagten zu dem Dampfwagen nicht »der«, sondern »die Adler« – bei den Engländern seien Schiffe und Maschinen weiblich. Das fand er albern, man war in Franken. Bei uns, fand Leopold, ist ein Adler ein »er«, außer es ist seine Frau. Und genauso stand es auf der Lokomotive, weil man mit der Dummheit der Leute schon gerechnet hatte: nicht einfach »Adler«, sondern »Der Adler«.

Studiert hatte Leopold die eiserne Schienenstraße schon während des Bauens, die Lokomotive auch, nachdem sie auf der ersten Probefahrt herangeschnauft war. Da mitzufahren mußte unglaublich sein, auch toll gefährlich! In England hatte es Unglücke gegeben, eine Explosion und einen Zusammenstoß bei Manchester. Auf Zusammenstöße war hier nicht zu hoffen, es gab nur den »Adler«.

Gut, daß der schlimme Zahn heraus war und er trotz der Entzündung nicht im Bett liegen mußte. Vater hatte vorsorglich zu Dr. Brentano geschickt und ihm mitteilen lassen, Leopold könne wegen Fiebers nicht zur Schule. Hajum Hirsch Ullstein liebte es, vorauszuschauen und vorzusorgen. Es war aber gar nicht so arg mit der Backe, sie war nur leicht geschwollen. Durch Eisenbahnfahren wurde sie gewiß nicht schlimmer. – Konnten Zähne nicht in Ruhe wachsen, ohne zu vereitern oder sich in die Quere zu kommen? »Wie alt bist, neun?« hatte der Bader gefragt, die Zange in der Hand. »Bist a weng bald dran. Aber etz werd erst amal a Ruh sein!«

Bei den ersten beiden Fahrten des »Adlers« am heutigen Tag hätte er gern schon zugeschaut. Aber wenn sein Vater ihm zuliebe behauptete, er sei krank, konnte er sich nicht in der Stadt zeigen, während die anderen noch in der Schule saßen. Er liebte Dr. Brentano. Der war zwar streng in seinen Worten, aber Schläge gab es nicht, auch nicht »Tatzn«, Schläge auf die Finger. Und wie Dr. Brentano erklären konnte! Es gab nichts Schöneres als Erklärungen. Wenn man bei jeder scharf aufpaßte, war man nach ein paar Jahren so klug wie Isaak Löwi, der Rabbiner – mindestens! Wenn jemand Leopold allerdings lang und breit etwas erklärte, was er längst verstanden hatte, kriegte er seinen Zorn. Und das war regelmäßig so bei dem Hilfslehrer Ottensooser.

Richtig begabt bin ich nicht, dachte Leopold, jedenfalls zu nichts Besonderem. Mit dem Singen zum Beispiel war es nichts, mit dem Zeichnen noch weniger. Da waren drei Rüben zu zeichnen gewesen, und die wurden bei ihm zu dünnen, runzeligen Stäben, die so blaß parallel lagen. Karl hatte gesagt, es sei eine Mistgabel aus der Steinzeit mit etwas Mist dran. »Wenn du mein Freund bist«, hatte Leopold geantwortet, »dann sage nicht, daß ich schlecht zeichne!« Karl kannte seine Wutanfälle und lenkte ein. Von »schlecht« sei nicht die Rede gewesen, es gehe nur um Kunst.

Auf der Mauer des Michaelskirchhofs saß eine Krähe, die sich grundlos aufregte. Jedenfalls wirkte es so, denn Krähen schrien das bißchen, was sie zu sagen hatten, immer ganz laut heraus. Dazu streckten sie auch noch nachdrücklich den Hals nach vorn wie zu einer äußerst giftigen Schmähung. Krähen wirkten streitsüchtig, und vielleicht haßten sie wirklich alles Mögliche. Sicher war, daß sie Eulenvögel haßten und jederzeit verfolgten, um sie gemeinsam tot zu hacken – hundert gegen einen, das feige Pack! Wenn die Bauern die Zahl der Saatkrähen vermindern wollten, fingen sie zunächst eine Eule, ketteten sie auf einem Stein fest und warteten dann mit der Schrotflinte auf den Angriff des Krähenschwarms. Was dabei mit der Eule geschah, war ungewiß.

Leopold ging durch die Königstraße, vorbei an der »Schul«, die von Christen und Fremden »Hauptsynagoge« genannt wurde, und am Haus von Dr. Löwi – der kam eben heraus. Der Rabbiner hatte Leopold über die Straße hinweg trotz zweier großer Holzfuhrwerke sofort gesehen, und die dicke Backe auch. Weil man bei dem Gerassel nichts hören konnte, deutete Löwi auf seine eigene Backe und legte den Kopf schief, was so viel hieß wie »Fragezeichen«. Leopold nickte und machte aus Daumen und Zeigefinger eine Zange: »Zahn raus« sollte das sagen. Löwi hob die Hände mit tragischem Gesichtsausdruck zum Himmel, zwinkerte dann mit den Augen und ging weiter. Er brachte oft Leute zum Lachen, wenn ihnen etwas weh tat. »Der wenn

Schauspieler geworden wäre . . .!« hatte der alte Rabbi Hamburger gedankenschwer gesagt und hinzugefügt: »Aber wir wollen bescheiden bleiben.« Wolf Hamburger war dem Isaak Löwi, seinem ehemaligen Schüler, nicht mehr freundlich gesonnen, seit der sich kleidete wie ein evangelischer Pfarrer. Löwi wollte sogar eine Orgel in die »Schul« stellen. Leopold fand das gut. Eine Orgel war laut, da hörte niemand, wenn einer falsch sang. Er war mit dem Wolf Hamburger zwar entfernt verwandt, aber Löwi war ihm lieber, seinem Vater auch. Onkel Samuel, Mutters Bruder, hielt es mit Hamburger und nannte die Orgelidee »Schnickschnack«.

Vor der Wirtschaft »Zu den drei roten Herzen« roch es nach Sauerkraut und Bier, vor dem Wirtshaus »Zu den drei Kronen« nur nach Bier. Nach Pferdeäpfeln roch es überall. Jetzt war er bei der Mohrenapotheke hinter der »Schul« und sah nach dem Haus hinüber, in dem sie wohnten.

In der Tür standen die Geschwister und riefen: »Komm endlich! Wo warst du denn?« Isaak hatte schlechte Laune, er war fünfzehn und mußte als Ältester auf alle anderen aufpassen. Leopold wurde von ihm angerempelt, mehr nicht, die dicke Backe schützte ihn. »Wir müssen ja noch 'n Vadder abholen! Los, zieh andere Schuh' an!« Julius sah Leopold an, schüttelte langsam den Kopf und zog dabei eine Augenbraue hoch – er konnte das fast so schön wie Dr. Brentano – und sagte in theatralischer Besorgtheit: »Löb, Löb, Löb!«, wohl wissend, daß sein Bruder seinen eigentlichen Namen Löb nicht mochte. Eigentlich wäre Leopold gern gewesen wie Julius. Dem fiel alles leicht, er war gut in sehr vielem und konnte darum extra frech sein. Leopold konnte nur eines gut: andere bewundern. Er zog trockene Schuhe an und rannte wieder hinunter.

Sophie eiferte und gackerte wie immer. Sie tat sich da nie einen Zwang an, wollte auch gar nicht aufhören: »Hast du gedacht, du kannst während der Fahrt aufspringen oder was?« Ihre Stimme überschlug sich fast, so gut war ihre Laune, wenn andere Fehler gemacht hatten und sie darauf herumhacken

10

konnte. Leopold haßte schon das »oder was?«, mit dem sie jede Frage abschloß. Er würdigte seine Schwester keines weiteren Blickes, obwohl sie ihn mit der Erklärung zu quälen begann, ein Dampfzug gehe pünktlich ab, das wüßten sogar ganz Dumme. Es war nicht leicht, der Jüngste zu sein, aber diese Schwester war eine Spezialplage, sie war eindeutig meschugge. Karl Humbser beurteilte sie ähnlich, er hatte gesagt: »Bei der muß ma's Mundwerk extrig totschlag'n!«

Leopold fragte nach der Mutter. »Der ist heute nicht gut«, antwortete Julius, »wir sollen ohne sie losziehen.«

Sie überquerten den Holzmarkt, wo unweit von ihrem Haus seit Monaten geschuftet und gebrüllt wurde, man grub nach Wasser. Bald erreichten sie die Schwabacher Straße und das Rießner-Haus, in dem Vaters Geschäft war. »H. H. Ullstein, Papier-Handlung en gros und en detail«. Das Rießner-Haus war dreistöckig und hatte ein zur Straßenecke hin elegant gerundetes Dach. Unter diesem Dach hätte Leopold gern gewohnt und beim Hausaufgabenmachen aus dem Gaubenfenster auf den Kohlenmarkt geschaut. Er wollte später einmal so hoch droben wohnen wie möglich, er liebte auch Berge. Die Welt war kurzweilig, wenn sie oft genug das Aussehen wechselte. Dazu mußte man sie von immer neuen Orten aus betrachten.

*

Die Geschichte der Ullsteins im Jahre 1835 beginnen zu lassen ist noch einigermaßen rücksichtsvoll. Man könnte sie auch mit König David beginnen oder immerhin mit einem Mann namens Raw Kalonymos, der 936 dem späteren Kaiser Otto ein Pferd lieh, weil der sein eigenes auf dem Weg zur Krönung in Aachen zuschanden geritten hatte. Oder mit Elieser ben Jehiel, gebürtig aus Oporto in Portugal, 1492 von dort vertrieben und dann Geschäftsmann zu Emmerich, dessen Sohn Simeon sich wiederum in Günzburg niederließ. Oder bei einem anderen auf der Iberischen Halbinsel, einem gewissen Colón, der aber nicht

Amerika entdeckte, sondern ein Rabbiner war. Sehr gut würde sich im sechzehnten Jahrhundert Menachem Elia ben Abba Mari Chalfan eignen, schon der Gondeln wegen, denn er war Arzt in Venedig, Sohn eines bekannten Astronomen und verheiratet mit der schönen Fioret Kalonymos (bei diesem Namen ist sie anders als schön nicht vorstellbar!). Fioret kam, wie ihr Vorfahre Raw, der erwähnte Beförderer Ottos des Großen, aus einer Familie von Talmudgelehrten, die ganz direkt von – da wäre er also! – König David abstammte. Aber von dem muß hier nicht weiter die Rede sein.

Familie – was ist das? Jeder weiß es, außer man fragt ihn. Eine reichlich willkürliche Ansammlung sehr verschiedenartiger Individuen, deren Eigenschaften und Schicksale nicht vorherzusagen sind. Dennoch ist Familie etwas, was darüber hinausgeht, und wer das ins Auge faßt, denkt über Individuen und ihre Schicksale anders. Zwar ist das Individuum der springende Punkt aller Freiheitslehren und legt selbst allergrößten Wert darauf: Es will Punkt sein und springen können. Ein Floh namens Ich, der bei Bedarf woandershin springt als andere dachten oder wünschten. Der Mensch ist aber in der Geschichte kein Punkt, sondern das Produkt von zwei Eltern, vier Großeltern, acht Urgroßeltern, sechzehn Ur-Urgroßeltern. Und er, dieser Individualfloh im Brei der Zeiten und Theorien, ist mit etwas Glück Vorreiter einer ansehnlichen Schar von Nachkommen, die zu einem anderen Brei etwas beisteuern, dem der Zukunft.

Der Mensch ist im Zeitengerüst kein Punkt, sondern etwas Sanduhrförmiges, genauer gesagt, er ist in der Sanduhr die Engstelle. Ausgedehnte Menschenlandschaften der Vergangenheit nehmen Körnchenform an, um ihn zu passieren, danach breiten sie sich wieder als Nachkommenschaft eindrucksvoll aus. Wenn er männlich ist, bilden sie seinen »Stamm« oder sein »Haus«, so will es das Patriarchat.

Es ist üblich, »Familie« als Schicksal hinzunehmen und im übrigen möglichst kein Problem daraus zu machen. Man denkt manchmal an diese oder jene besonderen Vorfahren, viel mehr aber an die Kinder und deren Chancen. Ausschließlich durch die Familie definiert sehen sich wenige.

Das Familienleben enthält Trauriges, den Tod von Angehörigen, Deprimierendes (oft die Hochzeiten), Lästiges (in erster Linie die runden Geburtstage) und Wunderbares, das sind spielende Kinder und jene liebende Vernunft, die sie bei ihren Eltern erzeugen allein dadurch, daß sie beides brauchen und auch verlangen können: Liebe und Vernunft.

Nur wenige wissen, daß es in Familien eine Art von internem, zeitunabhängigem Telephonnetz gibt. Da spricht der Urenkel mit der Urgroßmutter, ein Bräutigam mit seinen Ur-Urenkeln, für die die biologische Voraussetzung erst noch geschaffen werden muß.

Geschichtliche Epochen folgen einander in elefantenhafter Schwerfälligkeit und reden miteinander nicht viel. Anders das Hausnetz der Familien, da gibt es Schaltungen über Jahrhunderte hinweg. »Ist der Vorfahre, der sich ›Colón‹ nannte, jemand, auf den ich stolz sein kann?« »Sind in meiner Familie immer die Frauen die Stärkeren?« Aus solchen Fragen werden direkte Gesprächsverbindungen. Der Zeitpfeil und die Unterscheidung zwischen »früh« und »spät« regieren anderswo, beim Aufstehen und Zubettgehen zum Beispiel, beim Heiraten auch, ferner bei der Eisenbahn.

*

Als die Kinder endlich ankamen, stand Hajum Hirsch Ullstein schon längere Zeit mit Moses, dem Commis, in der Tür der Papierhandlung. Jetzt steckte er die Uhr in die Westentasche zurück, schloß den Mantel und setzte den Hut auf. Moses mußte dableiben und den Prinzipal bei der Laufkundschaft vertreten. Das Geschäft hatte früher einmal »Ullmann« geheißen wie Hajums Vater und einige weitere Familien am Ort. Für die Leute kam jegliches Papier immer noch »vom Ullmann«,

13

obwohl Hajum sich seit Jahrzehnten »Uhlstein« nannte, um sich von jeglichen Ullmanns abzusetzen. Und da man in Fürth mindestens an das »Ull« gewöhnt war, wurde »Ullstein« schließlich zum amtlich eingetragenen Namen.

Die Kinder drängten den Vater, aber der nahm sich Zeit – da waren Freunde, Kunden, Glaubensgenossen, die begrüßt sein wollten. »Ein Geschäftsmann kann nicht eben mal im Galopp zum Plärrer rennen, bloß um pünktlich bei diesem Dampfroß zu sein! Wo kämen wir da hin?«

»Zum Plärrer«, sagte Julius lakonisch. Isaak erschrak über so viel Frechheit, aber der Vater mußte lachen. Sie warteten, bis zwei querfahrende Fuhrwerke durch waren, und sie taten gut daran, denn die Kutscher waren rücksichtslose Burschen und die Pfützen tief. Als die Familie doch noch den Plärrer erreichte, war sie froh – und verblüfft, denn das technische Wunderwerk war noch gar nicht eingetroffen.

»Plärrer«, hatte man Leopold erklärt, hieß so viel wie Freiheit. In Nürnberg gab es auch einen Platz dieses Namens, obwohl es in dieser Stadt mit der Freiheit nicht weit her war, für Juden schon gar nicht. Daß außer dem großmütigen Rabbi Löwi kein einziger Fürther Jude Aktien der Eisenbahn gezeichnet hatte, lag an deren Hauptfehler: Es waren Nürnberger, von denen die Idee stammte.

Eine große Menschenmenge wartete auf den Zug aus Nürnberg, um ihn überhaupt zu sehen – nur wenige hatten Billetts, um die Probefahrt mitzumachen, darunter zum Glück Vater Ullstein. Es war die letzte Fahrt vor der feierlichen Eröffnung am kommenden Montag, und das Fürther Publikum war eingeladen – für 36 Kreuzer pro Nase. Es waren so gut wie alle da, nur Rabbi Löwi fehlte, und weil das so war, sah man sogar Rabbi Hamburger, der sonst kaum das Haus verließ. Auch Bürgermeister Bäumen stand unter den Schaulustigen, ein lebhafter Mann mit bleicher Glatze, lichtgrauen Augen und einer langen geröteten Nase. Die Glatze sah man heute besonders gut, weil er alle paar Sekunden den Hut abnehmen mußte. Außerdem kam der

Brauereibesitzer Humbser mit Frau, Töchtern und dem neunjährigen Karl. Vater Humbser ärgerte sich im Moment über den
Kontrolleur, und zwar zugleich als Christ und als Bahn-Aktio-
när. Der Kerl hatte behauptet, er könne nicht eigens für ihn
Plätze reservieren, und dann hinzugefügt: »Vor der Bahn sind
alle gleich.« Das klang nach Gotteslästerung, grenzte an Um-
sturz und war obendrein Blödsinn: Jeder wußte, daß es Klassen
geben würde, also keine Gleichheit. Wenn dem so war, dann
konnte man doch auch, bitte schön, in Gottes Namen reservieren für einen Aktionär.

Noch immer war der Dampfwagen, den einige den »Rennwagen« nannten, nicht zu sehen. Aber in der Ferne hörte man ihn
schon, es war ihm also bisher nichts passiert.

Leopold ging zu seinen Schulkameraden. Joel Ochs wollte
genau wissen, wie es beim Zahnarzt gewesen war, Waldi Bäumen wollte gerade das gar nicht hören, und Karl, der Leopold
übermütig mit »Habe die Ehre!« begrüßt hatte, kündigte an,
man werde morgen in der Schule einen Aufsatz schreiben: »Meine Fahrt auf der eisernen Kunststraße«. Deshalb müßten sie
heute gut aufpassen und sich alles merken. Leopold hatte nichts
dagegen, er paßte immer auf, und merken konnte er sich viel.
Schon mit den Namen der Anwesenden würde er morgen das
ganze Heft voll kriegen, wenn er wollte. Da waren die Berolzhei-
mers, Cohns mit C, Kohns mit K, die Ottensoosers und Königs-
warters, von den Scharen der Ullmanns zu schweigen. Vater
sprach mit Onkel Joseph Berlin, dem Spiegelfabrikanten, und
mit Gemeindevorsteher Bendit. Uralte waren zu sehen und
Kinder, Reiche und Arme, Mannsbilder und Weiberleute, dazwischen der gesamte Geselligkeitsverein »Casino« mit dem dik-
ken Isaak Brandeis neben Dr. Brentano, dem Leopold jetzt
lieber nicht direkt auffallen wollte. Es gab Seifensieder, Kutscher, Müller, Bäcker, Papiermacher – die letzteren kannte er
auch beim Vornamen –, Blattgoldschläger, Spiegelmacher, die
meisten evangelisch, ferner einen Schöpfradbauer namens
Zaubzer, katholisch, der sein Brot zusammen mit dem Messer

15

zum Mund führte und erst dort abschnitt. Zaubzer war im Frühling wichtig, wenn die Bewässerung der Wiesen in den Flußebenen begann und viele Schöpfräder über den Winter morsch geworden waren. Jetzt, im Dezember, hatte Zaubzer Zeit, dafür aber kein Geld.

Arme Leute unterschieden sich von Reichen hauptsächlich durch die Kopfbedeckung – Hüte waren teuer. Und sie mußten, obwohl sie Christen waren, aufs Heiraten länger warten – Juden mußten darauf immer warten, egal wie reich oder arm. Es hing mit Listen zusammen, »Matrikel« genannt, zur Pflicht gemacht von »dene Blädel in ihre Ämter in München« – so hatte Vater Ochs sie genannt. Ganz verstand Leopold die Sache nicht, aber er wollte ja auch nicht heiraten. Schon gar nicht, wenn er dafür Fürth verlassen mußte. Hier hatte er seine Freunde, warum weggehen? Um dann eine Frau zu haben, die so wie seine Schwester war? Lieber sterben.

Da war er, »Der Adler«. Er blitzte vor lauter Messing und Kraft, machte einen Lärm, daß man sein eigenes Wort nicht verstand, und wurde gelenkt von diesem englischen Hünen, einem Mann von sechs Fuß Höhe, mit Zylinder sieben. William Wilson war sein Name, das wußten inzwischen alle, und jeder wollte schon mit ihm gesprochen haben, obwohl er kein Wort Deutsch verstand. Wilson, das war einer von den neuen Menschen, wie man sie in Fürth noch nie gesehen hatte. Genau so sah die Zukunft aus: wasserhelle Augen, unbewegtes Gesicht und alles im Blick – nichts blieb außer acht, was mit der Maschine zu tun hatte. Leopold merkte, wie in ihm eine weitere große Bewunderung heraufwuchs. Wilson war in so überzeugender Weise – uninteressiert! Auch wenn er jetzt kurz den Zylinder hob und die Menge grüßte, die ihm zujubelte, galt sein wahrer Respekt der Maschine, und sogleich hatte er wieder mit Hebeln zu tun, Dampf zu regeln und Meßinstrumente zu beobachten. Seine Verantwortung war es, die ungeheure Kraft des Kolosses zu überwachen, damit nichts passierte. Nur dafür hatte er Zeit, denn alles mußte im richtigen Moment geschehen, nicht vorher,

16

nicht nachher. Leopold hatte stets Kutscher bewundert, die mit Augenmaß durch enge Gassen fahren konnten. Aber da gab es immerhin die Pferde, für die man zwar Verstand haben mußte, die aber auch selbst welchen hatten. Außerdem war Kutschieren eine alte Kunst mit Erfahrung. Das hier war neu, der Mann mußte genau wissen, was seine Maschine vertrug. Pferde scheuten manchmal, aber sie explodierten nicht.

Die Betreiber des Dampfzugs hatten es so eingerichtet, daß die dritte Probefahrt des heutigen Tages der Stadt Fürth gehörte, der Zug kam leer an, brachte die Fürther nach Nürnberg und nach einer knappen Stunde wieder zurück.

»Der Adler« wurde abgekoppelt und auf Drehscheiben von starken Männern um zweimal neunzig Grad so gedreht, daß er schließlich auf dem anderen Gleis stand und seine Nase gen Nürnberg wies. Dann kamen die gelben Wagen dran, einer nach dem anderen, es ging ruckzuck, weil man es geübt hatte. Der offene Wagen mußte direkt hinter Lokomotive und Tender sein, denn wer wenig zahlte, sollte dafür ordentlich Rauch einatmen. Heute war es noch anders, jeder zahlte das gleiche. Die geschlossenen Wagen der ersten Klasse waren hinten, und aus denen sah man mehr von der Landschaft, weil die Rauchschwaden sich bis dort schon aufgelöst hatten. Dennoch, Leopold wäre lieber dritter Klasse gefahren. Von da aus konnte man den langen Engländer beobachten und zusammen mit ihm und dem Heizer ganz sachlich den Tod finden, wenn alles in die Luft flog.

Julius erklärte gerade dem ein Jahr jüngeren Abraham Kohn den »Röhrenkessel mit direkter Flamme« sowie den Unterschied zwischen Parallelstange und Pleuelstange. Wo er all das nur her hatte?

»Einsteigen, Herrschaften!« Die zwei Kontrolleure waren sorgenvoll und barsch, schnauzten Leute an, die mit dem eingenommenen Platz nicht zufrieden waren und in andere Wagen wollten. Eine halbe Stunde Verspätung, das war ihnen peinlich. Der Fahrplan war wie ein Teil der Maschine: Er mußte eingehalten werden, nicht anders als die Vorschriften für Dampfdruck, Achslast oder Geschwindigkeit.

Die Familien waren nun auf die Wagen verteilt, die meisten Jüngeren hatten es geschafft, am Fenster zu sitzen. Isaak und Vater saßen in der Mitte und wandten schon jetzt die Köpfe hin und her, um beide Hälften des kommenden Geschehens mitzukriegen. Leopold blickte in Vaters Augen, übrigens die schönsten der Welt, jedenfalls konnten sie wunderschön lächeln bei sonst unbewegtem Gesicht. Vater nahm mit beiden Händen den Mantelkragen und zog ihn empor, als wollte er Gesicht und Ohren darin verstecken, dabei lächelten die Augen. Ja, eng und laut war es hier.

*

Hajum Hirsch Ullstein fühlte sich nicht unbedingt behaglich. Die Wagen waren voll besetzt, und alles redete aufgeregt durcheinander. Wann saß man je mit so vielen Menschen so dicht beisammen – auch solchen, deren Gesellschaft man sich sonst nicht ausgesucht hätte? So sehr er fürs Demokratische war. Und es roch hier auch irgendwie streng. Aber die Kinder waren begeistert, besonders der dreizehnjährige Julius hinter seiner altklug-überlegenen Miene – er war längst ein kleiner Ingenieur und konnte stundenlang technische Bezeichnungen hersagen, wenn man ihn ließ. Sophie hatte derzeit ständig etwas mitzuteilen, heute fiel es nicht auf, weil jedermann plapperte. Sie war in einem dummen Alter. Am erstaunlichsten war der Unterschied zwischen Julius und Leopold. Julius brauchte niemandem zuzuhören, weil er alles schon wußte, darum erzählte er lieber selbst etwas. Leopold sagte möglichst wenig, denn er hatte brennendes Interesse an dem, was die anderen wußten. So kam es, daß man ihn gern zum Zuhörer hatte: »Das wird Leopold interessieren«. »Das muß Leopold hören.«

Eben hatte das Lokomobil gepfiffen, der Kontrolleur mühte sich, es ihm mit der Trillerpfeife nachzutun. »Türen schließen!« Und jetzt zischte es ohrenbetäubend, zugleich gab es einen scharfen Ruck. Der Nachbar, ein dünner Mann mit einem etwa

Fünfjährigen neben sich, packte angstvoll Hajums Arm: »Allmächd, was war jetzt das!«

Hajum lüftete den Hut: »Zuviel Dampf vielleicht. Ich heiße Ullstein, grüß Gott, ich hab Sie noch nie gesehen hier!« Es begann ein Grummeln und Rollen – sieh da, man glitt schon vorwärts!

»Schalom«, sagte der andere, »ich bin der Strauß von Buttenheim.« Das war bei Forchheim – so weit kam der her, nur um sich die Bahn anzusehen! »Das da ist unser Levi. Er hat sich leider grad vor Aufregung naß gemacht.«

Hajum hatte es auch schon bemerkt, aber dazu war nicht viel zu sagen. Er stellte nun seinen Sohn vor, und Strauß fragte Isaak etwas geistesabwesend: »Und? Was willst amal wer'n?«

»Papierhändler«, sagte Isaak unwirsch und schaute rasch wieder aus dem Fenster.

Strauß erklärte nun, daß er in Schnittwaren reise und eigentlich geschäftlich unterwegs sei. Hajum erwiderte nichts, sondern sah nach Leopold. Der hockte mit seinem Freund Humbser am Fenster, sie versuchten, das Geräusch der Dampfmaschine nachzuahmen und lachten, bis Leopold sich die Backe hielt: Lachen tat ihm offenbar noch weh.

Er war ein nicht immer folgsamer, manchmal etwas heftiger, aber im Inneren grundguter Junge. Ein hartnäckiger Kopfrechner, wenn es ihn mal packte. Und neugierig! »Vater, wie ist jetzt das, wenn...«, oder: »Wie war das dazumal, als...« Julius wollte wissen, wie etwas funktionierte, Leopold dagegen, wie es war, also: wie es sich anfühlte. Es war vielleicht nur der Altersunterschied. Je kleiner das Kind, desto mehr mußte es sich noch selbst und die eigenen Zustände kennenlernen, vor allem mußte es entscheiden lernen, welche es mochte und welche nicht. Daraus wurde später die Urteilskraft. Ein Gespür fürs Annehmbare und fürs Ungute.

Das also war Eisenbahnfahren! Eine Art Musik jedenfalls. Die Schienenfugen gaben den Rhythmus, der Dampfwagen vorn war ein tüchtiger Solist für Gepfeif und Geschnauf. Dazu diese jagende, wilde Geschwindigkeit: acht Minuten noch, und man war in Nürnberg! Auf dem Fahrdamm neben der Eisenstraße sah Hajum ein Fuhrwerk stehen. Der Kutscher war abgestiegen, hielt beide Pferde am Kopfgeschirr und sprach ruhig und ernst auf sie ein. Man hatte es befürchtet: Der Abstand zur Straße war viel zu gering. Pferde gingen durch, wenn die Lokomotive zu nah an ihnen vorbeifuhr. Das Fuhrgewerbe war über die Bahn ohnehin unglücklich. Den Händlern erschien sie interessanter, weil Lasten auf diese Weise vielleicht billiger transportiert werden konnten. Hajum blieb noch skeptisch. Er mußte seine Papierballen ja dann doch in der Station auf Pferdekarren umladen lassen – konnte er so wirklich etwas einsparen? Papier war verletzlich, jede Erschütterung verdarb viel. Sturm oder Regen konnten kleine Katastrophen verursachen, denn es gab ja kein Dach über der Station. Er hatte mit einem Verwandten gesprochen, der aus Runkelrüben Kaffee röstete – auch der war fürs Abwarten.

Im Moment bewunderte man die Ingenieure und traute ihnen so gut wie alles zu. Vergessen wurde, wie großartig sie sich verrechnen konnten. Am Holzmarkt zum Beispiel bauten und bohrten sie unter dem hohen Zelt seit Monaten. Vierhundert Fuß Tiefe hatten sie erreicht, aber noch immer kein Wasser gefunden, man sprach vom Aufgeben. Und sie hatten doch vorher über artesische Brunnen alles ganz genau gewußt. Der Mensch war mangelhaft, und Ingenieure waren Menschen. Solange Häuser gebaut wurden, die gleich darauf einstürzten wie jüngst eines in Zirndorf, solange würden auch Maschinen Fehler haben. Und je stärker die Maschinen, desto gefährlicher die Fehler.

Im übrigen war es viel zu kalt heute, und in den Waggons zog es fürchterlich. Irgend jemand holte sich bestimmt eine Lungenentzündung. Der kleine Königswarter war schon ganz grau und zitterte.

Hajum wollte, wenn diese Art zu reisen sich bewährte, im Sommer einmal mit Hannchen nach Nürnberg und ins Theater.

Die Fürther Bühne war nicht schlecht, aber Hannchen konnte nicht genug bekommen, vor allem wenn gesungen wurde. Sicher ließ sich mit der Dampfkarosse am gleichen Abend heimfahren und billiger als mit einer Leihkutsche. Hajum begann, der Sache Gutes abzugewinnen.

Muggenhof war vorbei. Sie querten einen Weg, an dem ein Wächter mit Armbinde aufpaßte, daß Menschen und Tiere nicht zu Schaden kamen. Der Rennwagen pfiff in einem fort, um vor sich zu warnen. Ja, eine neue Zeit! Sorgen machte der Funkenflug vom Schornstein. Konnten da nicht Brände entstehen?

*

Hannah Ullstein, Tochter des verewigten Wolf Berlin, einundvierzig Jahre alt, Mutter von vier Kindern, war im dritten Monat schwanger. Deshalb war ihr zuverlässig jeden Morgen speiübel – am Tag ging es dann einigermaßen. Gut, daß sie nicht mitgefahren war! Wer wußte denn, wie es Schwangeren auf der Eisenbahn erging? Man las jetzt viel über die Wirkungen des Schnellfahrens. Wenn sie alle nur gesund heimkehrten!

Eines bewirkte die Eisenstraße bestimmt: Durst! Das Dienstmädchen kam soeben von der Pumpe zurück, um im Keller aus Wasser, Zitronensaft, doppeltkohlensaurem Natron und Weinsäurepulver einige Liter »Bitzelwasser« zusammenzumischen – hoffentlich gelang ihr heute die Dosierung –, Rahel konnte nicht rechnen, und sie wollte auch nicht. In den Keller mußte Hannah sowieso, um die Vorräte nachzusehen, vor allem Sauerkraut und Bier. Auch waren Stroh und Holzkohle zwischen die Kartoffeln zu bringen, Meerrettich, Sellerie und Pastinaken ins Sandbeet zu legen. Aber erst hieß es einkaufen, ihr fehlten noch Rindfleisch und Muskat für den falschen Hasen und Tomor für die falsche Krebssuppe – wenn schon »falsch«, dann richtig. Der Kerzenvorrat war auch stark geschwunden und das kurz vor Chanukka. Und Bohnenkaffee mußte wieder her, morgen war Schabbat.

Vor dem Eingang stand unter einem Umhängtuch leicht frierend die Witwe Großer und schaute, ob der Knecht richtig saubermachte – wenn niemand hinsah, tat er gar nichts. Mittwochs und freitags herrschte in Fürth Kehrpflicht, die Strafe betrug dreißig Kreuzer, nicht für den Knecht, sondern für den Hausbesitzer. Und das war Maria Großer, Spezereihändlerswitwe, wohnhaft im Parterre.

Die beiden Frauen kamen ein wenig ins Gespräch. Über die ewigen Bohrarbeiten auf dem Holzmarkt und den kommenden Umbau des Hauses, der fast schon ein Neubau sein würde. Es war eines der wenigen Fachwerkhäuser hier und sah etwas verbogen aus, einen Bauch hatte es angesetzt. Im nächsten Herbst würde man die Mauern aus Sandstein aufführen und ein weiteres Stockwerk sowie ein Dach mit je drei Gauben rechts und links des stattlichen Giebels darauf setzen. Die Ullsteins betraf das nicht mehr, sie zogen bald in die Schwabacher Straße um, wo bereits ihr Geschäft war. Hannah war froh darüber, obwohl der Umzug und die Geburt ihres Kindes im Juli sich arg nahe kommen konnten. Vorher war auch noch der dreizehnte Geburtstag von Julius, er wurde damit Bar Mizwah, vollgültiges männliches Mitglied der Gemeinde! Die Fürther Christen pflegten den Juden vorzuhalten, sie wären dauernd am Feiern. Daß Feste viel Arbeit machten, war ihnen noch nicht so aufgefallen.

»Ja, die Wohnung wird allmählich zu klein«, sagte Hannah zu Frau Großer.

»Zu klein? Das liegt an eure viele Töpf'«, sagte Frau Großer, »weil ihr alles Geschirr doppelt haben müßt's, für die Milch hier und fürs Fleisch da. Verlangt das wirklich der Herrgott von euch?«

Hannah nickte.

Die Großerin schüttelte den Kopf: »Ich denk mir, es gibt nur einen Himmelvater für alle. Von mir verlangt er das net!«

»Wir müssen uns halt ein bißchen plagen für ihn«, sagte Hannah, winkte einen Gruß und ging weiter.

»Aber mit dein' Mann hast Glück g'habt!« rief ihr die andere nach. Sie wußte, wovon sie redete, bei ihr war es anders gegangen.

Während Hannah einkaufte, mußte sie darüber nachdenken. Ja, sie hatte einen ruhigen, guten Mann. Freundlich, und zwar nicht bloß im Geschäft wie sein Bruder. Der war auf der Straße der Engel und daheim der Hausteufel. Deborah wollte den Scheidungsbrief, aber er verweigerte ihn. Neulich hatte jemand gesagt, in Fürth gebe es deshalb so viele Juden, weil die Stadt am Zusammenfluß zweier Flüsse liege – nur an solchen Orten durften Juden sich scheiden lassen. Nun gut. Hannah wohnte aus historischen, himmlischen oder verrückten Gründen hier, aber nicht aus diesem.

Beim Heimgehen machte sie einen Umweg, um nicht den geputzten Damen auf der Königstraße zu begegnen, sie war im Hauskleid. Zu spät fiel ihr ein, daß ja jetzt alle am Plärrer standen oder sogar die Fahrt mitmachten.

Nach der Arbeit im Keller wollte sie sich kurz hinlegen. Vorher aber noch ins Zimmer der Buben schauen – wahrscheinlich herrschte dort Unordnung. Genau so war es. Julius vor allem: Der Boden war mit Zetteln bedeckt, weil er etwas ausgerechnet hatte. Und Löbs schmutzbedeckte Schuhe lagen herum, nachdem er sie, so viel war deutlich, an die Wand geworfen hatte. Sicher wieder ein Wutanfall, aber er hatte ja jetzt Schmerzen. Löb war sehr eigensinnig, und nur wenn er etwas einsah, einigermaßen folgsam. Er sah zum Beispiel nicht ein, daß er so heißen mußte wie sein berühmter Vorfahre, der westfälische Rabbiner Löb Berlin. Gut, ein Muß war das nicht, und in den amtlichen Registern stand ohnehin »Leopold«.

Zwischen Löb oder Leopold und seinen Geschwistern ging es selten friedlich zu. Sie neckten ihn, bis er rasend wurde. Hannah erinnerte sich an den Nachmittag in den »Gänswiesen« vor zwei Jahren, als der Kleine wutentbrannt mit einer Stange daherkam, einem Balken fast, den er kaum ziehen, geschweige denn schwingen konnte: »Jetzt schmeiß ich alle in den Fluß und lach' auch noch dazu!!« Gut, daß sein Zorn so rasch verrauchte. Sie brauchte ihm nur ins Ohr zu pusten, dann zog er die Schultern hoch und lachte vor Entzücken – der Ärger war vergessen. Zu Chanukka sollte er Himmelskarten bekommen – er liebte die Sterne und stand nachts auf, um Ausschau zu halten, besonders nach dem Orion, das war sein besonderer Freund am Himmelszelt. Vor zwei Wochen hatte er es übertrieben, da mußte er unbedingt einen Kometen sehen, der Helli hieß und nur alle sechsundsiebzig Jahre kam, also im Leben allerhöchstens zweimal. Die Begründung überzeugte, aber Leopold war eine Woche lang erkältet, nachdem er die halbe Nacht auf ein Wolkenloch gewartet hatte.

Hannah seufzte und räumte alles auf, dann legte sie sich hin, um Kraft zu sammeln. Acht Kinder hatte sie zur Welt gebracht, vier davon waren bald nach der Geburt gestorben. Sie wollte, daß das kommende neunte das letzte war, auch wenn es nicht überlebte.

Konnte sie sich glücklich nennen? Nun, mehr war wohl nicht zu haben. Schade, daß sie nicht singen konnte. Sie hörte im Konzert jeden falschen Ton. Aber selber zu singen, frei heraus wie Rahel bei der Hausarbeit, das brachte sie nicht fertig – sie hörte zu gut, daß sie falsch sang.

*

»Was heißt hier ›Jud‹?« fragte Leopold. »Wir Ullsteins sind Portugaleser!«

Karl Humbser wiegte das Haupt, denn das war ihm neu.

»Woher dann, von Lissabon?«

»Nein, Fiorda«, antwortete Leopold. Er war sich nicht sicher, aber den Namen hatte er gehört. »Da ist eine spitze, ganz tiefe Meeresbucht, und es hat, glaub ich, Elefanten dort, Löwen, alles! Weil es so nah an Afrika dran ist.«

»Also, wir sind aus Boxdorf«, sagte Karl, biß in seine Brezel und dachte nach. Portugaleser war der? Vielleicht deshalb so

rotblond mit hellen Augenbrauen und nicht schwarz oder braun
wie die Juden sonst. Von der Religion her aber Jude, das war
sicher. Karl hatte das Thema eigentlich nicht anschneiden wollen, es ging ihm nur um diese Verfolgungen von Juden weit weg
von Fürth, in Rußland hauptsächlich. Leopold hatte noch
nichts davon gehört.

*

So genau weiß ich das natürlich nicht mit den Portugalesern,
dachte Leopold. Aber es kam eben jeder ursprünglich von woanders her und war nun trotzdem Franke. Nur bei den Nürn-
bergern war es anders. Die sprachen nur aus Versehen Fränkisch,
denn sie stammten von einigen sehr dicken Vandalen ab, die bei
der Völkerwanderung nicht den ganzen Weg hatten mitgehen
können. Er wußte das deshalb so genau, weil ein sehr alter
Mann es ihm verraten hatte, der selbst dabeigewesen war.

Er erzählte seinem Freund jetzt von der Idee, die Schwere von
Rednitz und Pegnitz zu vergleichen. Karl war angetan, fand
aber, man müsse kein Wasser heraieauftauchen, sondern nur aus
beiden Flüssen bereits vor dem Zusammenfluß welches schöp-
fen und dann sehen, ob in einem Glas, worin man beides
zusammenschütte, das Dunkle sich absenke und das Helle stei-
ge. Leopold faßte sich an den Kopf: natürlich, genau so! Karl
war wirklich enorm begabt, und dazu sein bester Freund.

*

»Der Adler« setzte sich in Bewegung, es ging zurück nach Fürth
– gottlob, man war schon wieder in Gostenhof. Zu mehr als
einer Laugenbrezel hatte die Zeit am Nürnberger Plärrer nicht
gereicht, weil es so lang dauerte, bis man etwas ergatterte. Vater
war aber auch zu höflich, die Menschenschlange vor ihm hatte
sich wundersam vermehrt. Als er dran kam, waren Bier und
Bitzelwasser aus, ebenso die süßen »Küchla«. Nur Brezen gab es

noch, weil sie alt und alles andere als knusprig waren. Vater wollte ja nur, daß keiner sagte: »Die drängen sich wieder vor!«

Das Bahnfahren gefiel Leopold – allerdings mit Einwänden, denn eines war sicher: Man konnte William Wilson, dem Mann der Zukunft, nicht zurufen: »Halt! Ich habe was ganz Seltenes gesehen und muß mal aussteigen.« Die Eisenbahn war gut für den Winter, wenn die Bäume kahl waren und die Wiesen grau und die Felder voller Stoppeln. Dann würde man alles sehen, was weiter weg war: Hügel und Wälder tanzten einen langsamen Reigen, bis auch sie zurückbleiben mußten. Im Frühjahr aber gab es Leberblümchen, Schneeglöckchen, Frühlingsfingerkraut, im Sommer Korn- und Mohnblumen, Sauerampfer (eßbar), jede Menge möglicherweise vierblättrigen Klee, Hirtentäschel, Hungerblümchen, Mäusegerste, Sternmiere, Ackergoldstern und Natternkopf! An einer Kutsche war das Gute, daß sie zum Stehen kam, wenn Interessantes zu sehen war und man Vater und dem Kutscher erfolgreich erklären konnte, es sei wichtig. »Der Adler« dagegen hielt nur am Bahnhof, und den kannte man. Da wuchsen gerade einmal Steinbrech und Hundszunge, und die waren nun wirklich nichts Besonderes.

*

Acht Minuten nur, und man war wieder in Fürth, wo sich die Sonne schon zum Horizont senkte. Vater Ullstein ging noch einmal ins Geschäft, die Kinder gleich nach Hause, nein, sie liefen, denn sie hatten Durst. Als sie ankamen, sprach die Mutter ein Dankgebet, sonst war sie still. Dafür waren die Kinder nach dem ersten Glas Limonade um so lauter. Dann kam die Großmutter zu Besuch, Breindel Ullmann – auch sie wollte wissen, was es mit der Eisenbahn auf sich hatte. Isaak erzählte, wie es gewesen war – er tat dies mit dem ihm eigenen Sinn fürs Wichtige, also langweilig, die anderen riefen ständig dazwischen. Leopold bemächtigte sich des Fürther Intelligenzblattes und wollte sehen, »ob schon etwas drinsteht«. Er war immer

26

neugierig, wie etwas in der Zeitung beschrieben wurde, was er erlebt hatte. Sophie erklärte ihm überflüssigerweise, daß alles vom heutigen Tag erst noch geschrieben und gedruckt werden müsse. Das wußte Leopold auch, aber es hatte schon vor Tagen Berichte übers Bahnfahren gegeben, und nur die wollte er sehen.

Julius streckte sich und verkündete: »Wenn ihr etwas wissen wollt, fragt doch mich! Die Zeitungsleute wissen nicht, wo bei einer Lokomotive vorn und hinten ist.«

Die Mutter unterbrach ihn: »Es ist was Schlimmes passiert!«

Im selben Moment kam der Vater herein, behielt den Hut auf und fragte: »Wißt ihr's schon? Daniel ist ertrunken.«

Daniel Ullmann, von Beruf Commis voyageur für venezianische Spiegel, ein entfernter Verwandter, hatte sich aus Liebeskummer wegen einer Frau namens Gütela das Leben genommen. Vater hob die Hände und begann zu beten: »Baruch ata adonai...« Leopold wußte: Gott wurde gelobt, weil er ein gerechter Richter sei. Aber den Sinn des Gebets verstand er nicht. Was war daran gerecht, wenn ein Mann keinen Ausweg mehr wußte und sich mit Rednitz und Pegnitz vermischte? Es war ein Schlamassel. Leopold war nicht besonders traurig. Ob er dadurch irgendwie sündigte?

Großmutter suchte in höchst lästiger Weise ein Zimmer nach dem anderen ab, um eine Schere zu finden, schließlich nahm sie in der Küche die Geflügelschere: Alles nur, um einen Schnitt in ihr Kleid zu machen, irgendwo am Hals, wo man es sehen konnte, Zeichen der Trauer. Gut, sie war eine der Großtanten des Toten, da war Trauern Pflicht.

Ein armer Hund, dieser Daniel. Leopold dachte kühl, aber doch erschrocken über ihn nach. Vielleicht war das ja auch eine Art Trauer. Mit einem großen Stein hatte der Unglückliche sich beschwert und in die Rednitz gestürzt. Leopold fand die Sache interessant, weil ihm Liebeskummer rätselhaft war. So etwas ließ sich doch vermeiden, indem man eben nicht liebte. Ein bißchen Entschlossenheit, schon gab es keine Gefahr mehr!

Gütela hatte nicht länger unverheiratet mit Daniel zusammenleben wollen. Heiraten konnte er sie aber nicht, obwohl er Geld verdiente. Er hätte dazu mit ihr aus Fürth fortgehen müssen, wegen der Vorschriften aus München (»von dene Blädel«). Und fortgehen wollte sie um keinen Preis. Sie liebte ihn wohl nicht so wie er sie, sonst wäre sie mitgegangen. Daniel Ullmann hatte nach der Trennung zu trinken begonnen. Er lebte nur noch von Flasche zu Flasche. Wäre nicht der Stein am Hals des Toten gewesen, man hätte ein Unglück im Vollrausch vermutet.

Eine Frage kam Leopold jedesmal, wenn einer starb: Wo war der Tote jetzt? War seine Seele befreit und flog als unsichtbarer Vogel herum, während der Leichnam still lag und für das Begräbnis hergerichtet wurde? Eines schien Leopold sicher: Auf dem Friedhof war außer Knochen, beschrifteten Steinen und ewiger Ruhe gar nichts! Daß es eine Auferstehung gab, bei der die Seelen wieder genau in »ihre« verrotteten Gebeine fuhren, glaubten nicht mehr allzu viele. Aber daß die Seelen lebendig blieben und dem Leben auf der Erde weiter zusahen, das dachte man schon, auch unter Christen. Leopold hatte im Haus der Fronmüllers ein Bild gesehen, auf dem ein Ehepaar goldene Hochzeit feierte, umgeben von Kindern und Enkeln – Fronmüllers, wohin man sah. Im Raum dahinter waren die beiden als Brautleute zu sehen, und von einem Platz jenseits der Saaldecke aus – entweder aus dem Dachstuhl oder vom Himmel her – sahen ihre gestorbenen Großeltern herunter in beide Räume. Als Seelen waren sie etwas blasser und rauchiger als die Lebenden, schienen sich aber gut zu amüsieren. Vielleicht war das aber auch schon die Zukunft: Die irgendwann nach diesem Jubiläum gestorbenen Fronmüllers betrachteten sich selbst, ihr Leben und das so schön gewesene Fest.

Nach dem Gebet für den toten Verwandten war es still im Haus. Jeder hing seinen Gedanken nach. Und der Appetit war nicht groß, viel Suppe und Braten blieb für morgen.

Leopolds Grübeln ging weiter. Angenommen, die Seelen der Verstorbenen flogen herum oder beobachteten durch die Zimmerdecke, wie es um die Weiterlebenden stand – wie lange ging das dann? Ewig? Aber war es nicht eine Qual, alles noch zu sehen und im Kopf zu behalten durch viele Jahrhunderte? Außerdem lernte man ja vom Zusehen vieles, zum Beispiel Notenlesen oder Buchdruck oder Kochen. Aber kein Toter konnte hergehen und das Gelernte anwenden. Statt dessen mußte er zusehen, wie die Lebenden alles falsch machten. Das mußte furchtbar sein.

Vater und Isaak gingen zur Wohnung des Verstorbenen in die Uferstraße, vielleicht war etwas zu tun oder bei der Totenwache einzuspringen. Ob Daniel überhaupt auf den Friedhof durfte nach so einer Tat? Es kam auf Rabbi Löwi an. Der war zwar für Reformen, aber auch streng, wenn er es für richtig hielt.

Die Brüder schliefen lange Zeit nicht ein. Alle versuchten, sich die Wasserleiche nicht zu genau vorzustellen, sie fürchteten gräßliche Träume. Leopold fand ein gutes Mittel, er sprach mit Simeon in Günzburg, dem Sohn des Elieser ben Jehiel aus Oporto. Er erzählte ihm, daß es jetzt eine Eisenbahn gebe und daß er morgen einen Aufsatz darüber schreiben müsse. Und wie der Zug plötzlich angehalten habe mitten in einer riesenhaften Wiese von vierblättrigem Klee, Kornblumen, Klatschmohn, Hirtentäschel, Pleuelstangen, Manometern ...

*

»Simeon« – er hat meinen Namen genannt! Ein Löb, der sich Leopold nennt und Ullstein heißt, obwohl er ein Ullmann ist und von den Chalfan und Kalonymos kommt. Er liegt mit seinen Brüdern in der Kammer, sie sind müde, aber zu aufgeregt, um zu schlafen. Du hast meinen Namen genannt, Leopold, also werde ich dich segnen, meistens hilft es. Daß Menschen überhaupt einschlafen, kommt allein vom Segen. Ohne ihn bleiben wir immerzu wach und werden davon krank. – Du willst viel wissen und bist zornig oft. Vielleicht wird daraus einmal etwas Gutes, ein lebhaftes Haus, ein heller Humor. Gott hat dir Gaben geschenkt, die du noch entdecken wirst. Mach etwas daraus, was uns hier oben gefällt, etwas Gutes und nicht Langweiliges.

Erst aber schlafe! – Damit segne ich dich, denn es ruft mich gerade jemand an, einer aus dem nächsten Jahrhundert, sein Name ist Fritz. Aber zerbrich dir darüber nicht den Kopf, denk dir eine Wiese mit hohem Gras im Wind, sieh nur das viele Gras, werde dämmrig und schlafe. Gut! Siehst du, das nennt man den Segen.

*

1836 kommt Max-Wilhelm Ullstein auf die Welt – während des Umzugs und verfrüht. Er ist aber gesund und wächst heran.

Am 6. September 1839 wird Leopold Ullstein dreizehn Jahre alt und damit Bar Mizwah – er zählt in der jüdischen Gemeinde als Mann. Er muß dazu, wie es üblich ist, einen Abschnitt aus der Thora lesen und erläutern, alles auf Hebräisch.

1842 stirbt (Johann) Karl Humbser sechzehnjährig an einer Grippe. Im gleichen Jahr beginnt Max-Wilhelm Ullsteins Schulzeit bei Dr. Brentano. Er befreundet sich mit Karls Bruder (Johann) Martin.

1845 stirbt Breindel Ullmann, Leopolds Großmutter. Im November des Jahres heiratet Sophie Ullstein einen Emanuel Baerlein aus Stuttgart.

1848 dankt König Ludwig I. von Bayern ab, nicht nur wegen der Tänzerin Lola Montez. Auch in Bayern beginnt die Revolution. Sie scheitert, wie in ganz Deutschland.

Im Juli 1850 stirbt Onkel Wolf – das ist Mutter Hannahs Bruder Joseph Wolf Berlin, der Spiegelfabrikant in Fürth.

Im Juni 1851 verlobt sich Isaak Ullstein, Manufakturwarenhändler und ältester Bruder von Leopold Ullstein, mit Louise Romberg.

ZWEITES KAPITEL

England

»Die älteste und einzig natürliche unter allen gesellschaftlichen Vereinigungen ist die Familie...«

Das war sicher richtig. Allerdings ...

Leopold verscheuchte eine der zahlreichen, alles mitlesenden Kontorfliegen – sie waren eine besonders wißbegierige, bürokratische Fortentwicklung der Stallfliege, und er haßte sie gründlich.

Hatte dieser Rousseau je einen richtigen Krach unter Brüdern erlebt? Die Brüder Pückler-Limburg in Burgfarrnbach waren so verfeindet, daß sie seit Jahrzehnten nicht miteinander sprachen. Im Eßsaal ihres Schlosses gab es einen Kreidestrich, täglich nachgezogen, den keine der Parteien überschreiten durfte, sonst kam es zum Mord. Familie, das war zwar eine natürliche, aber auch gefährliche und unberechenbare Vereinigung.

Was verband den Bruder mit dem Bruder? Sie hatten gemeinsame Eltern, das war alles. Mußte man einen Bruder lieben, den man sich nicht selbst ausgesucht hatte, konnte man überhaupt jemanden lieben, nur weil man sollte? Wenn, dann konnte man auf Anweisung anderer eine Frau lieben, um die man sonst einen Bogen gemacht hätte.

Die Türglocke unterbrach Leopolds Lektüre, weil Heidegger in den Laden kam. Heidegger war Lehrer für Hebräisch an der Gewerbeschule von Dr. Beeg. Hebräisch an einer Gewerbeschule, das gab es auch nur in Fürth.

»Grüß Gott! Aha, der ›Contrat social‹!«

»Wieder etwas vom Zeichenpapier?«

»Ja, um dreißig Kreuzer!«

Das ganz feine, glatte Zeichenpapier gab es erst seit Anfang des Jahres. Heidegger war mit irgendeiner geheimnisvollen Arbeit beschäftigt, angeblich skizzierte er seine Katze. Wahrscheinlicher war, daß er etwas erfand, ein Fluggerät, eine Fuchsfalle – er war so ein Typ. Oder wurde es eine Goldwaschanlage für den Sacramento oder für die Pegnitz? Die Nachrichten aus Kalifornien hatten so manches in Gang gesetzt. Aber bevor Leopold ihm eine Frage stellen konnte, war Heidegger wieder draußen.

Leopold langweilte sich. »Geschäft« bestand aus Warten. Sollte das so weitergehen? Er war fünfundzwanzig und arbeitete als Vertreter seines Bruders Julius in der Firma »H. H. Ullstein«, einer »geregelten Papierhandlung im offenen Laden mit deutscher Buchhaltung«. Nur wenn Großlieferungen auf den Weg gebracht werden mußten, an Enke in Erlangen oder an die »Vossische Zeitung«, gab es ausreichend zu tun. Der Alltag war geregeltes Dösen. Meist saß Leopold hinten im Kontor, da konnte er über dem schweinsledernen Kassabuch einnicken oder mit Max-Wilhelm Schach spielen. Aber heute war der jüngste Bruder nach Nürnberg gefahren, und mit Julius hatte es Streit gegeben. Der betrat die Papierhandlung nur, wenn Leopold gegangen war – Stichwort »Brüderlichkeit«!

»Jeder Mensch wird frei geboren, und überall ist er in Banden.« Da war Rousseau beim Thema, da hatte er recht! Das liebte Leopold auch bei Schiller. Was war aus Marquis Posa, dem Freund des Don Carlos geworden? Daß Posa, der Anwalt der Gedankenfreiheit, Jude gewesen war, bezweifelte Leopold keinen Augenblick. Außer wenn Schiller ihn erfunden hatte.

Die Tapferen saßen jetzt in den Gefängnissen oder nährten sich von Gelegenheitsarbeiten in Paris und London. Immerhin, Metternich war weg. Man schrieb 1851, die Revolution war zusammengebrochen, aber es gab die Eisenbahnen und den Zollverein. Und Hoffnungen für übermorgen. Wer es übers Herz brachte, wanderte aus. Und zwar nicht innerhalb der deutschen Staaten, wie Julius es plante. Leipzig! Das reichte gerade aus, um zu heiraten. Preußen? Flaches Land und Militär, wohin man sah – und ungetaufte Juden durften seit neuestem schon wieder dieses nicht

32

und jenes nicht. Abraham Kohn hatte die richtige Entscheidung getroffen: Amerika! Viele andere waren gefolgt, darunter Joel Ochs. Wer jung, kräftig und freien Geistes war, ging nach Neuyork oder Cincinnati oder gleich nach Kalifornien, wo das Gold aus den Bachbetten perlte. Dorthin war Levi Strauß gegangen. Der Hosenmatz aus der Ludwigsbahn mußte inzwischen auch schon ein Mann sein, jedenfalls aber Amerikaner.

Natürlich, die Eltern würden traurig sein, wenn er wegginge, das schon ...

Was man hier in Fürth konnte, war Lesen. Es gab den Leseverein und eine Menge Bücher. Leopold hätte gern Striche an den Rand gemacht, aber das ging bei geliehenen Büchern nicht, und eigene wollte man ja nach der Lektüre wieder verkaufen. Dabei gab es nichts Schöneres als den Dialog mit einem Buch, der sich im Anstreichen vollzog. Leser, die nicht anstrichen, blieben außerhalb. Leopold half sich mit kleinen, geschlitzten Pappstreifen, die er an die Seitenränder steckte.

Er las ernsthafte Sachen, nicht Gedichte und schon gar nicht Heine, bei dem war nichts zu markieren. Heine geistreichelte und wollte verblüffen. Außerdem hatte er sich taufen lassen. Leopold fand, das Problem des Jahrhunderts war die Lüge; sie war in den nächsten Jahrzehnten zu bekämpfen, und zwar mit ernsthaften Büchern. Sie durften nur nicht von Spinoza sein. »Wer das liest, wird wahnsinnig«, hatte Vater Hajum gesagt, der sich sonst kaum jemals scharf äußerte; also war etwas dran. Gerade wer Bücher liebte, wußte oder ahnte, daß es welche gab, die ihn zerstören konnten. Zum Beispiel wenn sie ihm bewiesen, daß er, entgegen aller Hoffnung, keinerlei Freiheit besitze oder daß es »sub specie aeternitatis« (bezogen auf die Ewigkeit) in der Welt nichts Böses gebe. Dementsprechend gab es wohl auch nichts Gutes. In der Tat, solche Erkenntnisse waren grauenhaft. Mit ihnen konnte man zur Not sterben, aber nicht leben. Fazit: Hände weg von Spinoza. Und von der Ewigkeit, vor der hatte nichts Bestand.

*

Vater hatte sich 1847 zurückgezogen und wohnte mit der Mutter droben im ersten Stock des Rießner-Hauses, das ihm jetzt gehörte. Julius und Leopold betrieben das Geschäft, Max-Wilhelm war noch Lehrling. Leopold liebte es, ihn zu examinieren: Worauf kam es bei der italienischen Buchführung an? Wieviel Ries hatte ein Ballen, wieviel Schreibbögen ein Ries? Wieviel bayerische Kreuzer, Batzen und Heller gingen in einen Taler preußisch Courant? Wie viele Coburger Dreier in einen dänischen Fuchs und warum war von beiden dringend abzuraten? Schnelles Kopfrechnen war nicht Max-Wilhelms Stärke, wohl aber die von Leopold. Julius hatte befunden, Leopold habe das Zeug zum Wucherer, es fehle nur noch die Einstellung. Das war einer jener leichtsinnigen, verletzenden Sprüche.

Bereicherung interessierte ihn in der Tat überhaupt nicht. Leopold war ehrgeizig. Er glaubte daran, daß sich Gerechtigkeit herstellen ließ, und deshalb wollte er in die Politik.

Isaak war jetzt Manufakturwarenhändler und besaß ein Geschäft in der Blumenstraße, das ohne Vaters Zuschuß nicht in Gang gekommen wäre, er verkaufte eine Menge Töpfe und Textilien. Sophie hatte geheiratet, wonach sie, das mußte man zugeben, eine fleißige und freundliche Frau geworden war – Hut ab vor diesem Emanuel Baerlein! Es gab offenbar Männer, die eine unangenehme Frau heirateten und sie dann so lange veredelten, bis auch andere Männer sich vorstellen konnten, mit ihr verheiratet zu sein.

Für Papier interessierte Leopold sich nicht speziell. Wichtig war doch nur, was darauf geschrieben stand, ausgenommen bei Tapeten, Sand-, Seiden- und Toilettenpapieren sowie nahezu allen Zeitungen seit dem Scheitern der Revolution.

Zu Hause lag schon sein Gepäck bereit, morgen würde er dem Jammertal entfliehen. Papiere und Pässe waren ausgefertigt – ein bayerischer Bürger ging auf Reisen. Es gab für Juden keine großen Extra-Schikanen mehr, jedenfalls nicht in Bayern, Frankfurt oder Mainz, nicht auf den Rheindampfern, nicht in Köln und Aachen, von Antwerpen und London zu schweigen.

Die andere Frage war, wo er koscheres Essen bekam, aber dafür gab es Listen, jüdische Gemeinden waren fast überall. Was ihm am wenigsten Sorge machte, ja geradezu Vergnügen, war das Umrechnen der Landeswährungen.

Er war inzwischen geradezu stolz darauf, für nichts Besonderes begabt zu sein. Er wußte, daß es darauf nicht ankam. Für zähe Menschen arbeitete die Zeit. Zähigkeit und Ordnung waren stärker als der ganze Julius mit all seinen Talenten, dieser Bonvivant und Tänzer! Daß dieser Kerl, dem alles zuflog, sich damit zufrieden gab und faulenzte, das nahm Leopold ihm übel, es war gegen die Ehre der Gattung.

Streit war ausgebrochen, weil Julius und der von ihm beeinflußte Max die Fensterscheiben des Geschäfts monatelang nicht putzen ließen. Sie wollten nicht, daß die Leute hereinsahen und merkten, daß sie wenig zu tun hatten. Vergebens hatte Leopold erklärt, Scheiben müßten einfach geputzt werden, dazu seien sie da. Schmutzige Scheiben, hatte er gesagt, seien eine größere Schande als sichtbares Nichtstun. Julius sagte nur »Nebbich!« und wandte sich ab, worauf Leopold ihn weithin hörbar einen »Saubären« hieß.

*

Die Abreise, endlich! Zunächst zur »Dooser Kreuzung« mit der Pferdebahn. Die Vandalen in Nürnberg und München hatten Fürth bei der Planung weiterer Bahnlinien übergangen. Die Staatsbahn machte jetzt um die Stadt einen Bogen. Wer von Fürth aus weiter weg wollte, fuhr mit der längst etwas belächelten »Ludwigsbahn« nur bis zur Haltestelle Doos der »großen« Bahn Nürnberg–Erlangen. Dort mußte man umsteigen ohne Dach und Bewirtung und fühlte sich entsprechend unwillkommen. Zudem wurde das Fürther Bähnlein fast nur noch von Pferden gezogen, der »Adler« blieb im Schuppen. Wilson, der lange Gentleman aus der Zukunft, war schwer krank. Jahrelang hatte er, mit Rock und Zylinder, aber ohne Mantel, bei jedem

Wetter hinter der Lokomotive gestanden, jetzt hustete er sich zu Tode. Die einen sagten, es sei die Kälte, die anderen, es sei der Rauch gewesen. Wie auch immer, man hatte meist Pferdebetrieb und mit diesem dauerte es zwanzig Minuten bis Doos. Leopold lehnte sich zurück und dachte vergnügt daran, wie weit er all dies hier hinter sich lassen würde. Antwerpen! Die Weltausstellung in London! Und Manchester wollte er sehen, wenn es ging, eine Stadt, die noch nicht einmal Stadtrecht hatte, aber bereits eine Metropole des Kapitalismus war, Werkstatt des Fortschritts.

*

Ganze zwei Wochen hatte er bis Antwerpen gebraucht, trotz der Eisenbahnen bis Mainz und des Rheindampfers flußabwärts bis Köln. Es hatte Abstecher und Besuche gegeben. Nach Düren mußte er eine Postkutsche besteigen, eine sechssitzige mit miserabler Federung, und sich durchrütteln lassen. Bei den Papiermachern Schoeller in Düren, denen er Grüße überbrachte, hatte ihm Felix, ein bebrillter, etwas rundlicher Sohn der Familie, erst die Papiermühle und dann seine Frau und seine drei kleinen Kinder gezeigt. Am stolzesten war er auf die zwei Hochdruckdampfmaschinen von achtzehn und fünfundzwanzig Pferdestärken. Die alten Papiermacherbütten rentierten kaum noch, sie wurden zur Liebhaberei. Schoeller war freundlich und hatte Respekt vor jüdischen Geschäftsleuten, ohne dies auf peinliche Weise herauszukehren. Ein angenehmer Mensch, aber keine großartige Erscheinung. Hübscher war seine Schwester Auguste.

In Antwerpen angekommen, hatte Leopold die Vandenbergs aufgesucht, das waren Buchdrucker. Auch sie hatten ihm gezeigt, wie sie arbeiteten. Die Fenster waren in Düren wie in Antwerpen gut geputzt.

Vandenberg hatte eine Tochter, Colette, die Leopold gefiel. Heute wäre er gern mit ihr zum Tanz gegangen, aber er hatte

36

Zahnschmerzen, mit denen er lieber allein blieb. Zudem fand er, sein Französisch sei nicht gut genug für die Tanzpausen. Mit Sprachen hatte er es nicht. Er behielt zwar Vokabeln, auch hatte er sich Sätze und Fragen aus dem Sprachführer eingeprägt. Aber die Belgier beschränkten sich nicht auf »oui« oder »non«, sie liebten es, wesentlich mehr zu antworten, wenn man sie etwas fragte. Genauer gesagt, sie redeten wie Katarakte, und währenddessen spielten sie unermüdlich Domino.

Leopold beschloß, einmal ganz um Antwerpen herumzuwandern. Er wollte darüber nachdenken, wie es mit ihm weitergehen sollte. Papierhandel nährte seinen Mann, aber interessanter schien es ihm, Papier herzustellen oder – zu bedrucken! Beides hatte mit Maschinen zu tun.

Wie so ein weher Zahn das Nachdenken beeinträchtigen konnte! Auf dem Spaziergang geriet er überdies von einer Baustelle in die andere – man war dabei, die Stadt zu einer uneinnehmbaren Festung zu machen. Wozu eigentlich? Weitere Kriege waren ganz unwahrscheinlich.

Morgen am Spätnachmittag mußte er sich einschiffen, anderntags in der Frühe war man in London. Das Schiff sah er schon am Kai liegen, einen zweimastigen Dampfer mit großen, messingverzierten Radkästen; er hieß »Auguste«, was in Belgien ein Männername war.

*

Der christlichen Seefahrt konnte Leopold eine Menge abgewinnen. Aber was war an ihr »christlich«? Als die Matrosen unter rauhem Chorgesang die Brücke zurückzogen, wurde ihm weich und wunderlich ums Herz, und als das Schiff durchs breite Maul der Schelde unterwegs war, war er ganz begeistert, der Zahnschmerz ließ nach. Vier Stunden lang blieben sie immer noch in der Scheldemündung, obschon das Land immer mehr zurückwich. Schließlich war man auf dem offenen Meer, der Himmel war dunkel und bis auf eine niedrige Wolkenwand im

Westen sternenklar. Das Schiff bewegte sich jetzt mit Segelkraft, die Schaufelräder schwiegen.

Leopold blieb an Deck und grüßte seine Freunde am Himmel. Der Orion war nicht zu sehen, aber das Sternbild, das die Gojim den »großen Wagen« nannten und die Juden den Trauerzug. Das Viereck war die Bahre, und ihr folgten drei Leidtragende, darunter »Benetnasch«, der hellste Stern. Leopold wollte in seinem Leben so viele Seereisen wie möglich machen, dabei tagsüber schlafen und nachts den Himmel betrachten.

Es stand noch ein anderer an der Reling, ein protestantischer Missionar mit Holzbein, der von London aus nach Hebron weiterwollte, Hebron in Westgrönland, er missionierte Eskimos. Die Sache mit dem Bein war so: Im Sturm war eines der Seile gebrochen, mit denen sein Schiff – er war seinerzeit Kadett in dänischen Diensten – am Kai vertäut lag. Der Tampen war über das Deck geschnellt und hatte ihm wie mit einem Axthieb den rechten Fuß abgeschlagen. »Es änderte mein Leben«, sagte der Geistliche, nein, er rief es, denn der Wind war stärker geworden, »ich konnte nicht mehr zur See fahren, soff nicht mehr, las Bücher!« Für das Geld, das er von der Marine bekam, hatte er Theologie studiert. Und da war außerdem noch eine kleine Erbschaft, die ihm unter der Bedingung zustand, daß er das Seemannsleben bleiben ließ. Sie konnte er nun erfüllen. »Jedes Leiden hat einen Sinn – Gott weiß, was er will!« Leopold hörte es mit Respekt, aber er fand, daß die Liebe zu den Sternen sie mehr verband. Und auch sie war eine Art Sehnsucht nach dem Höchsten. Sollte er ein religiöses Gespräch beginnen, dem anderen sagen, daß er Jude sei? Nein, nicht, wenn er dabei schreien mußte!

»Ich will lang leben«, rief er statt dessen, »und im Jahr 1910 Halleys Kometen sehen – beim letzten Mal waren Wolken!«

Der Missionar winkte ab: »Da wäre ich hundert!«

*

Leopold ging es nicht gut. Die Bewegungen der See wirkten mit Verzögerung. Gegen drei Uhr wurde er wach – er hörte die Glockenschläge. Der Wind war zum Sturm geworden. Eine halbe Stunde später stolperte der fränkische Seereisende an Deck, prüfte die Windrichtung und spie über die Reling. Damit war es aber nicht getan, er wurde immer elender. Den Versuch, wieder das Lager aufzusuchen, brach er ab.

Erst als der Sturm abflaute, Land in Sicht kam und die fernen Linien sich zur Themsemündung verdichteten, begann der Kopf wieder zu arbeiten und fand, man könne die Seefahrt ruhig den Christen überlassen. Und das mit Amerika wollte er sich noch einmal überlegen, denn vor die Freiheit hatte Gott offenbar die Seekrankheit gesetzt.

Als die Maschine übernahm und die Schaufelräder ins Wasser patschten, sah Leopold im Morgenlicht ein blitzendes Fenster an Land im Nordwesten. Mehrere Schiffe fuhren auf London zu, eines war eine halbe Stunde lang fast auf gleicher Höhe, dann fiel es ab. An Greenwich kam man nah genug heran, um die schloßartige Invalidenstätte zu erkennen, nicht aber Halleys Sternwarte.

Der Fluß wurde enger, die Docks erschienen, der düstere Tower, die Stadt. Diese roch befremdlich, besser gesagt: sie stank. Dafür sorgten Millionen von Kaminen. Vor allem war London laut. Der Lärm all der Maschinen, Fuhrwerke, Rufe, Glockenschläge und quietschenden Schienenräder vereinigte sich zu einem unablässigen Rauschen. Und London war schnell! Man merkte es schon an den kleinen Flußdampfern, die mit erschreckender Geschwindigkeit zwischen den Brückenpfeilern hindurchschossen.

Das Schiff ankerte vor dem St. Catherines Dock, am Kai konnte es nicht anlegen. Es stand also eine Jollenfahrt bevor. »Sind Sie immer noch so blaß oder schon wieder?« fragte der Missionar mit dem Bein, worauf Leopold rot wurde.

Bei der Zollkontrolle merkte er, daß sein Schulenglisch mit dem hiesigen wenig gemein hatte. Auf die Frage: »Any gifts?«

39

versuchte er dem Zöllner zu versichern, er habe in England nichts Böses vor. Erst als er im Hansom saß, erkannte er den Fehler.

Ein Hansom war ein seltsames, zweirädriges Etwas, das von einem unsichtbaren Kutscher gelenkt wurde – er saß hoch über den Reisenden auf dem Dach.

*

Zimmer und Bett in der Herberge sollte er mit Moishe, einem Bankierssohn aus Leipzig teilen, der leider schon eingetroffen war und ununterbrochen redete – immer über Leipzig. Leopold ahnte, daß Moishes Redestrom, wenn er nicht energisch wurde, seinen ganzen Eindruck von London sächsisch einfärben konnte. Energisch werden hieß zunächst, daß er sich nicht in der Pension ausruhte, sondern ausriß und sofort zur Ausstellung fuhr. Er hoffte, daß Moishe bei seiner Rückkehr entweder fort war oder schlief.

Diese Stadt erforderte Mut. Alle Leute waren eilig und schwer zu verstehen. Gut, daß es so viel Hinweisschilder gab, damit man nicht fragen mußte. Aber wenn man auch die nicht begriff? Dann konnte man einen Deutschen fragen, es liefen genug herum, und sie waren wenigstens ein bißchen langsamer. Meist Achtundvierziger Revolutionäre, die hier noch ein wenig abwarten wollten, bevor sie die Rückkehr wagten, bärtige und langhaarige Leute, die ständig mit umwölktem Blick prüften, ob jemand sie belauschte. Wenn sie lachten, dann laut. Ein Triumphgelächter nach halblauten Sätzen, die sie durch scharfes Umherblicken vor dem Belauschen gehütet hatten. Man empfahl Leopold zum Essen ein französisches Restaurant in der Old Compton Street oder das Deutsche Haus in Long Acre, jenseits der Charing Cross Road. Karl Marx esse dort, hieß es. Alles natürlich nicht koscher – kaum einer kam darauf, daß der rothaarige Leopold Jude sein könnte.

*

Das Ausstellungsgebäude war riesig und unglaublich, und irgendwie grausam schön. Es lag am Hyde Park, bestand vornehmlich aus Glas und hieß deshalb »Kristallpalast«. Das gab es also, daß pure Architektur Zukunft und Fortschritt ausdrücken konnte. Sachlichkeit, Klarheit, Macht! Wirtschaftliche Macht, versteht sich – die politische trabte nur noch so mit. Leopold Ullstein war vollkommen begeistert und darin kein bißchen anders als die aberhundert Besucher, die mit ihm zum Eingang strebten, darunter Mütter, die im Gehen ihre Babys stillten, um ja nichts zu verpassen. Heute war ein »Schillingstag«, der Eintritt war spottbillig, damit auch Ärmere sich unterrichten konnten. Das gefiel ihm politisch.

In der Ausstellung tat man gut daran, ordentlich auszuschreiten und manches nur mit kurzem Blick zu registrieren. Nicht alles hob die Gefühle, und erstaunlich ungeschickt schienen ihm die Aussteller der deutschsprachigen Länder – das waren Süddeutschland, Österreich, der Zollverein und Preußen. Eine Statue General Radetzkys, eine stählerne Kanone, Gewehre aller Art – man schien zeigen zu wollen, daß in Deutschland die größte Industrie der Krieg war oder daß man solche Waffen brauchte, um dieses Land zu regieren. In England ging es den Massen viel besser, daher reichte für die Ordnung der kleine Holzstab eines sonst unbewaffneten »Constable«. Wo es den deutschen Ausstellern nicht um Krieg ging, wirkten sie eher rührend. Da war ein wahnwitzig verzierter Geldschrank aus Magdeburg, den sich bestimmt niemand ins Kontor stellen wollte. Ein Ofen aus Preußen, der aus einer gigantischen Ritterrüstung bestand – Leopold nannte das Gebilde »Kunibert den Heizbaren«. Ferner die Ruine des Heidelberger Schlosses, nachgefertigt aus Korkstücken. Bizarr, aber imponierend dramatisch war eine Skulptur aus Preußen: Da saß eine Amazone auf einem Pferd, in das sich ein angreifender Tiger verbiß. Sie versuchte ihn mit dem Speer zu treffen, ihn und nicht das Pferd, was schwierig war. Es war ein Symbol, vielleicht für die Schlacht von Jena und Auerstedt 1806 – demnach stand es schlecht um Pferd und Amazone.

In England lebte nur noch die Hälfte der Bevölkerung auf dem Land, aber diese Hälfte schien hier anwesend zu sein: Die Menschenmassen drängten sich um alles, was mit Ackerbau und Landtechnik zu tun hatte: Dampfpflüge, Dresch- und Sämaschinen, Lokomobile jeder Sorte. Hier war sie, die industrielle Revolution, die die politische früher oder später nach sich zog, hier ging es weiter!

Auf dem Weg zu den Druck- und Papiererzeugnissen mußte Leopold um eine andere Menschenansammlung herumlaufen: Es hatte sich das Gerücht verbreitet, Königin Victoria und Prinz Albert besichtigten die Kutschen. Das glaubte er nicht – die kamen sicher dann, wenn der Eintritt teurer war.

Das englische Papier war ausgezeichnet. Trotz aller europäischen Ausfuhrverbote für Lumpen kriegten die Engländer dafür genug Rohstoff aus der übrigen Welt. Für Regierungsdepeschen gab es ein Spezialpapier, welches ganz leicht, aber nahezu reißfest war: Mit fünf Zentnern konnte man einen Bogen belasten, bevor er riß. Leopold wunderte sich allerdings, warum Regierungsdepeschen so widerstandsfähig sein mußten. Vielleicht, weil sie zu den entfernteren Kolonien monatelang unterwegs waren.

Am Nachmittag wanderte er kreuz und quer durch die Stadt, kaufte ein Buch – Porters »Progress of the Nation« – und versuchte, unter einem Baum im blühenden Regents Park, darin zu lesen. Abgelenkt wurde er nur von jungen Damen, die vorbeispazierten oder ritten. Die Engländerinnen waren hochgewachsen und hatten lange schlanke Hälse, eine weiße Haut, makellose Zähne, wunderbares Haar, aber einen Gang wie ein Seemann bei schwerer Dünung. Insofern war es gut, daß die meisten von ihnen zu Pferde saßen, dort war ihre Eleganz perfekt.

Später strich Leopold um die Bank von England herum, die ihn sehr beeindruckte. Er wollte hinein, aber dazu brauchte er ein besonderes Papier, vermutlich reißfester als alle Regierungsdepeschen, mit Stempel und Unterschrift eines der Direktoren. Während er noch mit dem Türsteher redete, kamen zwei Her-

42

ren mit Zylindern und goldbeknauften Spazierstöcken und lauschten amüsiert seinem erstaunlichen Englisch. Ein paar Worte des spitzbärtigen Älteren, sein Name war »Sir Walter«, ebneten Leopold den Weg, er durfte hinein. Dank wehrte der alte Herr ab, er war nun doch wieder in Eile. Der andere, ein schlanker Mann mit Backenbart, den Leopold zunächst für Jacques Offenbach gehalten hatte, hieß Paul Julius Reuter, kam aus Deutschland und war ebenfalls hier, um sich die Bank anzusehen – er wartete noch auf zwei Verwandte. Bald erschien ein deutschsprechender Führer und beantwortete geduldig alle Fragen. Die meisten stellte der Jüngste, ein Fünfzehnjähriger namens Philipp.

Das war keine Bank, das war eine Festung! Und alles, was sie zum Funktionieren brauchte, war innerhalb der Mauern, ein eigener Gouverneur wie sonst nur bei Kolonien, ferner Druckmaschinen, Buchbinderei, Graveure, Papiermacher, sogar Ingenieure zum Reparieren der Dampfmaschinen, die für den vertikalen Personentransport sorgten. Mein Gott, Fahrstühle! Sie hießen »Paternoster« und liefen ohne Unterlaß wie ein ewiges Gebet. Am Schluß der Führung durfte jeder ein Paket Banknoten anfassen: eine Million Pfund Sterling! Die Witze, die dazu von den Besuchern gemacht wurden, hatte der Führer schon in vielen Variationen gehört, er lächelte milde.

Die anderen Deutschen waren auch Juden, so konnte Leopold sie nach einem koscheren Restaurant fragen. Die religiösen Speisevorschriften waren ihnen, wie sie rundheraus zugaben, nicht ganz so wichtig, und Reuter, der ursprünglich Israel Beer Josaphat geheißen hatte und Sohn eines Rabbiners war, hatte sich nach dessen Tod taufen lassen. Aber alle gingen mit, weil ihnen Leopold sympathisch war, und weil die größte Bank der Welt hungrig machte.

Paul Julius Reuter war bereits ein bekannter Mann. Er hatte, als es zwischen Berlin und Paris noch keine durchgehende Nachrichtenverbindung für die Börsenkurse gab, die Strecke zwischen Aachen und Brüssel mit Brieftauben überbrückt und

viel Geld verdient. Derzeit war er dabei, hier im Bankviertel ein
»Telegraphenbureau« zu errichten. Man nutzte jetzt nicht mehr
die vielarmigen Semaphor-Masten, welche alle Nachrichten von
Hügel zu Hügel über den Globus wedelten, und auch kaum
noch Brieftauben, sondern elektrische Impulse, die in langen,
dünnen Drähten unglaublich schnell vorankamen. Der Mathematiker Gauß in Göttingen, von dem alle drei mit Respekt
sprachen, hatte das entwickelt und als erster ausprobiert. Leopold wurde es ganz heiß: Das also war London, da traf man
Deutsche, die für eine bessere Zukunft arbeiteten.

Die anderen beiden hatten den Namen Benfey. Theodor war
zwanzig, der Junge fünfzehn – sie waren Vettern und hatten einen
gemeinsamen Onkel, der fast alle alten Sprachen und Schriften
zu lesen verstand, und zur Zeit lernte er Sanskrit. Leopold
schwirrte der Kopf. Was Menschen alles konnten. Und er handelte mit Papier …

Reuter wollte hören, wie es in Fürth sei, und Leopold wurde
verlegen: Konnte man über Fürth etwas erzählen, was Reuter
interessierte? Er geriet ins Stottern und erzählte die Geschichte
von den ungeputzten Fenstern.

»Gehen Sie nach Berlin!« sagte Reuter.

»Nach Berlin!?«

»Ich kenne Berlin, ich war dort eine Weile Buchhändler. Die
Einwohner sind ein roher, harter Menschenschlag, aber irgend-
wann werden sie zivilisiert sein, dann hat die Stadt so etwas wie
Zukunft. Aus einer Residenz und Garnisonsstadt wird eine Art
Neuyork werden – mit einem Einschlag von Schilda.«

*

In der Herberge wurde es ganz furchtbar. Moishe aus Leipzig
war wach. Eigentlich hatte Leopold einen Brief an die Eltern
schreiben wollen, aber Redselige respektieren weder einen Lesenden noch einen Schreibenden. Blieb Schlafen. Wie stellte
man sich auf überzeugende Weise schlafend? Wenn Moishe

merkte, daß er nicht wirklich schlief, fing er wieder mit dem Reden an. Leopold mußte also sehr regelmäßig und tief atmen. Künstliches Schnarchen war schwierig. Zu wirklichem Schlafen war Leopold zu aufgewühlt. Ehrgeizige Gedanken gingen ihm durch den Kopf. Er wollte eine eigene Firma gründen. Vielleicht in Berlin, gut. Ihre Ausdehnung mußte vom Mond aus mit bloßem Auge sichtbar sein wie die Bank von England, und es mußte in ihr einen Paternoster geben.

Wenn sich jemand schlafend stellt, ist sein Problem das Schlucken. Ein wirklich Schlafender schluckt nämlich nicht, sondern schläft. Moishe wußte das, denn er fing sogleich zu reden an, sobald der scheinbar schlafende Leopold schluckte. Und leider: Wer daran denkt, daß er nicht schlucken darf, der schluckt und schluckt. – Eine furchtbare Nacht.

*

Eine Droschke, »Cab« genannt, fuhr Leopold Ullstein in aller Frühe zur Kings Cross Station. »Wait here for third class« – er verstand und tat es, um auf dem Great Northern Railway über Peterborough nach Manchester zu fahren. Dies nicht zuletzt darum, weil Theodor Benfey ihn eingeladen hatte. Sein Vater und seine Stiefmutter hatten dort für den Sommer ein Haus gemietet, und sie alle würden sich freuen, behauptete er, wenn Leopold sie besuchen käme. Ted hatte den Vater seiner Stiefmutter (war das nun ein »Stiefgroßvater«?) als guten Zahnarzt gepriesen – Leopold fragte sich, ob sein Gesicht schon für jedermann nach Zahnschmerzen aussah. Denn im Moment hatte er keine. Aber kaum dachte er darüber nach, war er sich nicht mehr sicher.

Ted und Philipp waren vorausgefahren, Leopold hatte sein Drei-Tage-Abonnement für die Weltausstellung noch bis zum Ende nutzen wollen. Ob er es im Englischen weiterbrachte? Im Französischen war er besser. Aber wer in London lebte, lernte das Nötige rasch. Vorerst hatte er immer nur mit hier wohnenden Deutschen gesprochen, darunter einem jungen Verleger, der

45

sein eigener Drucker war, ein Bethel Strousberg aus Königsberg, der auf dieselbe Schule gegangen war wie der große Johann Jacoby, allerdings nur bis zur mittleren Reife. Eine Schachzeitschrift druckte er, die aber nicht besonders ging. Vielleicht lag es an Strousbergs Theorie des Schachspiels: Er hielt viel vom »kontrollierten Verrücktspielen«.

Frühlingsgrünes, leicht gewelltes Land bis an den Horizont auf beiden Seiten der Eisenbahn, das tat dem Auge gut nach der Riesenstadt. Interessanter fast war die Telegraphenleitung neben der Bahn, sie hüpfte so ausdauernd. Ja, hüpfte, denn der Draht sank zwischen zwei Masten jedesmal leicht herunter. Fuhr man also mit hoher Geschwindigkeit an ihm entlang, vollführte er ein Tänzchen. Von Retford an wurde die Welt wieder rußiger, irgendwann waren mehr Kamine als Bäume zu sehen, und dann gab es nur noch Rauch und wieder Rauch, man war in Sheffield. Dahinter wurde es noch einmal heller, der Zug durchquerte die moderate Berglandschaft von Derbyshire. Aber nach kurzem Durchatmen neuer Qualm aus neuen Kaminen: Manchester. Über diese Stadt wußte er schon einiges, auch aus Porters »Progress of the Nation«. Zwei Bahnhöfe. Zwei Kathedralen. Die älteste öffentliche Bibliothek Englands. Wahnsinnig viel Baumwolle und Spinnereien dafür, welche »mills« hießen. Und phantastische Schneider, das war bekannt. Wenn er, Leopold, irgendwann vom Mond aus sichtbar war, dann mußte er einen Anzug aus Manchestertuch anhaben, »velvetian« oder »fustian«, samtartig, strapazierbar und enorm elegant.

*

Augenblick, wie war das genau bei diesen Göttingern? Teds Vater hieß Philipp Benfey und war schon nahe fünfzig. Seine zweite Frau Priscilla, Tochter des Zahnarztes Louis Berend, war erst sechsundzwanzig, wie Leopold. Der fünfzehnjährige Philipp Benfey, Philipp der Zweite also, war ein Neffe von Philipp dem Ersten, aber im Gegensatz zu diesem und Ted mit den Berends verwandt, weil seine Mutter Lena, genannt Blümchen, eine geborene Coppel war. Was das aber zu bedeuten hatte, kriegte Leopold nicht mehr zusammen, obwohl man ihm alles erklärt hatte.

Er bemühte sich ja, die eigene Familiengeschichte halbwegs zu kennen, aber die der Berends und Benfeys zwischen Göttingen und Manchester war, gelinde gesagt, verwickelt. Halt, jetzt hatte er's: Eine Stiefschwester von Louis, dem Zahnarzt, hatte einen Benfey, oder war es deren Mutter . . .? Wie auch immer, es gab zwischen manchen Familien offenbar so etwas wie Magnetismus, sie heirateten einander ohne Unterlaß.

Diese Priscilla war schön, dazu klug, sie hatte viel gelesen. Nun, das hatten andere ebenfalls, und es gab viele schöne oder hübsche Frauen. Das Besondere an Priscilla waren, neben ihrer unglaublich schlanken Taille, die Augen. Gütig und durchdringend zugleich. Diesen Augen konnte sich niemand entziehen. Das wußte sie, und darum vermied sie es, irgend jemandem länger in die Augen zu sehen. Wenn sie einen Menschen wahrgenommen hatte, schloß sie die Lider und drehte den Kopf woanders hin, um sie erst dann wieder aufzumachen. Ein kurzer Blick aus diesen Augen genügte, um gespannte Aufmerksamkeit zu erzeugen.

Ted, der seine Stiefmutter sehr bewunderte, lobte sie unter anderem dafür, daß sie die Kinder ihres Mannes genau so behandle wie eigene. Um in dieser Richtung gar nicht erst Ideen aufkommen zu lassen, habe sie am Tag nach der Hochzeit die Märchensammlung der Gebrüder Grimm aus dem Haushalt verbannt, in welcher so viele böse Stiefmütter vorkamen. Seit drei Jahren hatte sie mit ihrem Philipp ein eigenes Kind, Emily.

Alle waren zu Leopold freundlich, als gehöre er seit Jahren zur Familie. Er bekam ein Bett und einen Schrank in dem Zimmer, in dem auch Ted und Philipp schliefen. »Gute Nacht« verhieß wirklich eine gute Nacht. Niemand redete, niemand schnarchte, es war die reinste Erholung. Ab und zu hörte er den Pfiff einer Lokomotive und den fernen Donner rollender Güterzüge.

*

Am nächsten Tag, es war ein Samstag, wurde ihm eröffnet, daß er Priscillas Vater kennenlernen müsse, den Zahnarzt. Seine Praxis lag in der George Street 41, das war mitten in der Stadt, Leopold fand es ohne Mühe. Ein eher unscheinbares Haus. Louis Berend freute sich über den jungen Besucher und sah gleich einmal nach dem Zahn. Ja, der hatte da so eine Stelle, und sie ging schon bis unter das Zahnfleisch. Das Bohrgerät war von der modernsten Sorte: Louis Berend brachte es mit einem Tret-pedal in Schwung, und die Drehung wurde über einen Draht fortgesetzt, der innerhalb einer aus Metallbändern geflochtenen und daher biegsamen Hülle rotierte. Zusätzlich wandte er ein Betäubungsmittel an, das sein Bruder Samuel in Liverpool ent-wickelt hatte, es war eine Tinktur nach Geheimrezept aus wohl überaus giftigen Kräutern und linderte den Schmerz jedenfalls besser als der übliche Meerrettich, der einfach nur noch gemei-ner biß als das Bohren. Unangenehm blieb die Sache doch, aber der Vormittag war interessant. Louis Berend hatte nämlich poli-tische Ansichten und nutzte die Situation, um sie vorzutragen – sein Patient konnte während der Behandlung wenig einwenden. Louis war ein rebellischer Geist, eifrig und informiert, Mitglied der Vereinigung deutscher Juden zu Manchester, Liberaler und Deutscher mit Leib und Seele. Nachdem Leopold sich den Mund ausgespült hatte, erzählte er von seinem Vater, der Vorsit-zender des einzigen jüdischen Vereins in Deutschland gewesen sei, welcher den Kölner Dom zu Ende bauen half. »Bravo!« ant-wortete der Zahnarzt, »jetzt noch einmal weit öffnen!«

Louis Berend hatte schütteres Haar und einen Backenbart. Wenn er von hohen Zielen redete, krauste sich vor Leidenschaft eine Gänsehaut an seinen gebräunten Unterarmen – Hunderte von weißgoldenen Härchen richteten sich auf, wenn er von Freiheitskampf und Demokratie sprach, und er wirkte jugend-lich trotz seiner achtundvierzig Jahre. Sie wollten das Gespräch am Abend fortsetzen – im Berendschen Privathaus, fern von der Bohrmaschine.

Die Benfey-Familie wartete schon auf ihn, um ihm die Stadt

48

zu zeigen, und zwar – nach einigem Hin- und Herreden – zu Fuß. Ted hatte das vorgeschlagen, Philipp der Zweite wollte auch mit, desgleichen der junge Schäferhund, außerdem Matilda Berend, Priscillas einundzwanzigjährige Schwester, die »Tilly« genannt wurde und wie fünfzehn aussah, dazu die neunjährige Juliet. Schließlich behauptete sogar Philipp der Erste, ein Spaziergang würde ihm gut tun. Zu Hause blieben Priscilla, deren Mutter Dinah Berend und Zara, eine weitere Schwester, die ihren Verlobten erwartete, dazu Köchin, Kindermädchen und Gouvernante. Familie, das war eine Sache des guten Gedächtnisses. Und man hatte es für Verwandtschaftsverhältnisse nur dann, wenn man an ihnen liebevoll interessiert war und wenn man überhaupt »Familie« als Naturereignis zu schätzen wußte. Da krankte es bei Leopold, das war ihm klar. Vielleicht eine Altersfrage?

Die Sonne schien, die Damen spannten ihre Schirme auf, und die (mit Hund) achtköpfige Schar spazierte durch einige Straßen der nicht eben lieblichen Stadt, um auf Umwegen in einen Park zu kommen. Leopold sah vom Pfeifenrauch dampfende Kneipen, Apfelsinenverkäufer, Bettler, Marktstände, einen Seiltänzer und das Börsengebäude von fern, und sie schauten in eine der Kathedralen. Plötzlich war auch Priscilla da, die kleine Emily in einem wunderbar geschwungenen Kinderwagen neben sich, den ein Mädchen schob. Leopold schaffte es, neben Priscilla herzugehen und den Sonnenschirm über sie zu halten, während Philipp Benfey ihm erzählte, daß Vetter Paul Julius Reuter vor Jahren bei ihm in Göttingen gewohnt habe, um sich die Telegraphie-Versuche von Gauß anzusehen. Eines Tages habe er Gauß bei einem Rechenfehler ertappt und sei so erstmals einer größeren Anzahl von Menschen bekannt geworden.

Jenseits des Flusses sahen sie Salford liegen, einen katholischen Stadtteil, und Priscilla erzählte von einem Fest dort, auf dem sie, Matilda und Zara, bis zum Morgen getanzt hätten.

Leopold konnte sich nach der Wanderung nicht mehr an die englische Gotik erinnern, wohl aber an jede Bewegung Priscillas und die Momente, in denen sie gelacht hatte. Wieso lachte sie, bei derart herrlichen Zähnen, nicht sehr viel mehr? Leopolds Zunge untersuchte derweil unablässig die neue Plombe. Er hatte gelesen, daß es auch zahnarme Säugetiere gebe: Erdferkel, Gürteltier, Faultier. Warum war der Mensch mit dem Faultier nicht näher verwandt?

War Philipp der Erste nicht viel zu alt für diese Frau? Fast das Doppelte an Jahren! Ein bärenhafter Mann mit Humor, ruhig und großzügig, und man sah ihm an, daß er zu leben verstand, aber war er der richtige Mann und Liebhaber für eine Priscilla? Sie war, ohne irgend jemanden etwa damit zu demütigen, beängstigend tiefsinnig und anspruchsvoll und verstand sich auf Philosophie (sie korrespondierte mit dem berühmten Erzieher Fröbel), aber sie erklärte nie etwas, was Leopold schon wußte. Sie fragte auch nichts, das war das Beste. Natürlich war sie anstrengend, aber das hatte etwas Schicksalhaftes. Wer mit ihr umging, mußte täglich edler werden.

Matilda, ein allzu dünnes Feenwesen, nutzte jede Gelegenheit, um zu hüpfen, was mit dem bodenlangen Rock nicht ungefährlich war. Einfach so, aus Lebenslust. Sie sprang über Pfützen, weil diese dazu einluden, ebenso, wenn vom Tanzen die Rede war, und ganz bestimmt, wenn ihr etwas Wichtiges einfiel. Sie war gelenkig und drahtig, hüpfte unbefangen wie eine Amsel im Garten und ausdauernd wie die Telegraphenleitung zwischen London und Manchester.

*

Die Berends wohnten in einem hübschen Haus in Barton, das von außen kleiner aussah, als es war. Die Frau von Louis, Dinah, ahnte bereits, daß politisiert werden würde – sie zog sich mit Matilda zurück und überließ den Männern den Drawing-room. Leopold lernte als erstes, daß er hier nichts zeichnen mußte, obwohl to draw »zeichnen« hieß. Er hatte den Eindruck, daß er durch sein Englisch allmählich richtig beliebt wurde.

Es war erstaunlich, wie einig sich Leopold mit Louis Berend fühlte. Er mußte aufpassen, daß er Louis' Liberalismus nicht für den englischen schlechthin hielt. Aber liberaler als die Deutschen waren die Engländer jedenfalls, das stand fest.

Louis Berend kannte einen alten Mann, der in Paris noch mit Mirabeau, dem großen Freund der Juden, gesprochen hatte. Von diesem angefangen, redeten sie über Napoleons Tragik, über Ernst Moritz Arndt (»glänzende Sprache bei primitiver Denkungsart«) und über Louis Bonaparte. Dieser lose Vogel wurde jetzt französischer Kaiser. Wußte er, in wessen Stiefel er sich verirrt hatte? Erwähnung fand zwischendurch, daß man Stout besser aus dem Zinnkrug trinke, Lagerbier hingegen aus dem Glas. Von Preußens Rolle als Zukunftshoffnung und zugleich Hemmschuh der europäischen Politik war die Rede. Das Wort »Hemmschuh« gebrauchte Louis Berend gern. Er nannte sogar die Religion einen Hemmschuh, allerdings in einem nicht ausschließlich negativen Sinn. Leopold, aufgewachsen in einem hügelreichen Land, konnte erklären, was Hemmschuhe waren: Bremsen, die der Kutscher den Rädern aufpreßte, bevor es bergab ging. Ein Hemmschuh war etwas Nützliches. Nun hielten die Religionen das menschliche Leben insgesamt für eher abschüssig. »Gottesfurcht«, sagte Louis, »ist wichtig, wenn die Zeiten schlecht und die Menschen in Versuchung sind, einander zu bestehlen oder umzubringen für wenig. Sie bremst uns und sagt: Geh in dich, sprich mit Gott, bevor du aus Verzweiflung schlimme Dinge tust. Aber jetzt haben wir die Chance, alles durch die Befreiung des Individuums zu erreichen – wir gewinnen seine Liebe und seine Fähigkeiten für einen ungeheuren Fortschritt, und zwar zum Wohle aller. Da gibt es nichts zu bremsen. Nicht jetzt. Erst später werden wir wieder Hemmschuhe brauchen.« In einem weiteren Satz gebrauchte er das Wort, das Leopold so liebte: »Sachlichkeit«. Die Fortsetzung der Vernunft mit den Mitteln der Technik, und noch viel mehr.

*

Vor dem Einschlafen fragte Leopold sich, wie er Priscilla in Erstaunen versetzen könnte. Ein einziges Mal wollte er diese alles wissende und alles erspürende Frau verblüfft sehen. Etwa durch jähen Widerstand unsinnigster Art gegen ihre Ansichten. Oder durch einen Kuß in einem unbeobachteten Moment. – Unsinn: Es war klar genug, daß Priscilla nur ihren weisen, wohlwollenden Philipp liebte und sonst niemanden. Und wahrscheinlich machte sich eine Frau dieses Formats nichts, aber auch gar nichts aus dem nervösen Begehren junger Kerle.

*

Ein sonderbarer Mann war dieser Leopold Ullstein. Matilda fand, daß er unter Spannung stand. Sie hatte ein bißchen gelauscht an der Tür des Drawing-room, ganz kurz nur, und sich daran gefreut, daß ihr Vater sich an ihm freute. Politik war wirklich nicht ihre Sache. Bei ihrem Vater, der keine Gelegenheit zum Politisieren ausließ, hatte sie diese Leidenschaft nur mühsam toleriert und immer ein wenig Angst gehabt, daß er sich damit lächerlich machen könnte. Tat er ja auch. Für ihn ging alle Weltbewegung von Deutschland aus, es war ihm die Heimat allen Räsonierens und Spintisierens, aus Deutschland würde der große und endgültige Sieg des Liberalismus kommen und den englischen, eher kaufmännischen veredeln. Nur die Deutschen, so pflegte Vater zu sagen, verstünden sich auf Philosophisches, und nur sie könnten eine geistige Entwicklung unumkehrbar machen. Da hatte er nun einen gefunden, der ihn für diese Überzeugung bewunderte, und das machte beide glaubhaft, ja sogar die Überzeugung.

Leopold, fand sie, war der geborene Bewunderer. Er liebte alle, die etwas konnten oder wußten und hörte ihnen neugierig und staunend zu – weshalb ihm auch jeder alles erzählen wollte. Eines Tages würde er dann für lauter gute Köpfe, die er bewunderte, kluge Entscheidungen treffen. Er hatte scharfe Augen und sah alles. Er hatte Selbstbewußtsein und Kraft. Und zog die

52

Kraft auch daraus, daß er verrückte Menschen mochte, zum Beispiel Vater. Andererseits war er gefährdet. Sie spürte, daß er Risiken nicht auswich, vielleicht war er ein bißchen cholerisch. Und wahrscheinlich von zermürbender Beharrlichkeit. Vor so etwas hatten manche Frauen Angst – sie nicht. Er war ja gleichzeitig auch süß und rührend. Nur Augen für Priscilla, aber ständig damit beschäftigt, diese Verliebtheit zu verbergen. Ein Mann der Ehre und Ordnung und dahinter voller verrückter Träume. Mit anderen Worten: ein einzigartiger Mensch, sie wollte ihn. Er hatte noch nichts davon bemerkt. Aber er hatte kurz und zielsicher zugegriffen, als sie beim Hüpfen gestrauchelt war. Er reagierte schnell, sogar wenn er eigentlich ganz woanders hinschaute.

Matilda stellte sich beim Einschlafen vor, wie er zu ihr sagte: »Ich will, daß du mit mir nach...« Augenblick, wie hieß der Ort? Furth mit Umlaut. Vielleicht blieb er ja in England.

*

Es regnete in Strömen, Leopold sah kaum, wo er war. Der Zug verließ Erlangen, noch eine knappe Stunde mit dem Umsteigen in Doos, dann war er wieder zu Hause in Fürth, auf fränkisch »Färth«, auf Hebräisch »Fiorda«. Er wollte einmal irgendwo versuchen, eine Fahrkarte nach Fiorda zu lösen.

In Fürth gab es die meisten »Mesusen«, metallene Hülsen mit einem beschrifteten Pergamentröllchen biblischen Inhalts in der Wand neben der Haustür. Die Mesusa wies ein Haus als jüdisch aus. Ein Redakteur hatte die Zweiflüssestadt vor vielen Jahren als »Mesusopotamien« bezeichnet, ein Journalist aus Nürnberg. Dort gab es keine Juden. Doch, einen, seit Jahresfrist. Er hieß Josef Kohn und war Großhändler für Manufakturwaren.

Leopold dachte an die Mutter. Mit etwas Sorge, denn sie kränkelte immer mehr, sie hatte es an der Leber. Aber er freute sich darauf, daß sie sich freute, wenn er wieder da war. Darauf war Verlaß wie bei fast allen Müttern: ausweglose, unwandelbare

Liebe zu ihren Kindern, die man nur erwidern konnte. Und auf Vaters schöne graue Augen freute er sich. Ihm würde er von den Schoellers und den Vandenbergs erzählen, von den Benfeys und Berends, vom Telegraphenbureau des Paul Julius Reuter und von dem Journalisten mit den seltsamen Ideen über das Schachspiel.

Warum waren Vaters Augen eigentlich schön? Es lag an den dunklen Wimpern.

Leopold hatte viel gesehen auf der Reise und viel gelernt. Zum Beispiel, daß gegen die Seekrankheit auch mehrere Gläser Genever nichts halfen. Daß es auf der Welt wunderschöne Frauen gab, immer verheiratet. Daß es jetzt Novocain gab und Manchestertuche, Handel, Industrie und geschwungene Kinderwagen. Und daß es ihn selbst noch nicht gab, egal ob er Löb oder Leopold hieß, er war ein Ladenhüter aus Fürth oder Fiorda. Er wurde des Heimkommens nicht froh und versuchte, seine Gefühle zu ergründen. Er fürchtete sich vor der lauernden Behäbigkeit dieser Stadt und davor, daß er selbst auch so werden, dem Bier verfallen und schließlich ein schlechtgelaunter Papierhändler mit Bauch werden könnte.

Zum Takt der Schienenfugen ließen sich Liedchen singen, wenn niemand zuhörte – er saß allein im Abteil. Leopold sang: »Ein Hund lief in die Küche und stahl dem Koch ein Ei.« Er ging über zu: »Stumpfsinn Stumpfsinn, du mein Vergnügen, Stumpfsinn Stumpfsinn, du meine Lust...« Das war schon fast das Ende seines Repertoires.

Doos. Umsteigen. Die Fürther Bahn war noch nicht da. Nach wie vor kein Dach über dem Bahnsteig. Und es regnete wie auf einen toten Hund. Dazu Krähenschwärme, gefiedertes Pack.

Priscilla vergessen!

Er hätte sich, bevor er nach England fuhr, verlieben sollen, einfach damit die Heimkehr erträglicher wurde. Dumm nur, daß man sich nicht willentlich verlieben konnte. Er dachte an die »Flamme«, die er einst verehrt hatte, eine etwas ängstliche Lea aus dem Mädcheninstitut des Lämmlein Arnstein – inzwischen verheiratet und Mutter zweier Kinder, so ängstlich also wieder nicht. Aber sie hätte seine Frau nicht werden können, denn er hätte sie ja doch geängstigt mit allem, mit den Sternen, mit der Politik oder einfach deshalb, weil er so unglaublich vieles langweilig fand.

Jetzt kam der Ludwigszug, leicht verspätet, und – jawohl! – Wilson stand auf der Lokomotive, William Wilson aus Manchester, viel grauer und dünner jetzt, und hob zum Gruß den berühmten Zylinder, der so wenig zum langen Ledermantel paßte – neuerdings trugen die Lokomotivführer bei schlechtem Wetter Mäntel, damit sie nicht alle so krank wurden wie Wilson. Leopold kam jäh ein Gedanke, er öffnete seine Maultasche und entnahm ihr ein Mitbringsel aus Manchester, einen feinen, weichen Schal, den er eigentlich Isaak hatte schenken wollen. »Mr. Wilson, this is some gift for you from Manchester, I come just from there!« Da stieg doch der lange Gentleman von der Maschine herunter und hatte Tränen in den Augen, aus Freude oder Heimweh oder beidem. Er bedankte sich mühsam auf Deutsch, obwohl er sich in dieser Sprache immer noch schwer tat. Liebenswürdig, dachte Leopold beim Weiterfahren, aber woran hat er gemerkt, daß ich kein Engländer bin?

*

Viele Monate später, direkt vor Jom Kippur und einige Tage nach Beginn der christlichen Kirchweih, der »Kärwah« mit ihrem verführerischen Bratwurstduft, kam Julius und bat Leopold um Verzeihung: Er habe ihn mit dem »Wucherer« nicht verletzen wollen. Leopold antwortete, pathetisch vor Verblüffung, Julius sei ihm zuvorgekommen, er habe auch schon etwas sagen wollen. Er gewähre die Verzeihung nicht nur, sondern bitte selbst darum, unter anderem für den »Saubären«.

Er war verblüfft, denn er hatte das Julius nicht zugetraut, und deswegen wiederum abgelehnt, selbst um Entschuldigung zu bitten. Vielleicht steckte Mutter dahinter? Aber die hätte ja ihn, den Jüngeren, um diesen Schritt gebeten. Nein, Julius stieg in seiner Achtung.

Mit den Bußtagen zwischen Rosch Haschana und Jom Kippur hatte die Versöhnung von Julius und Leopold aber wenig zu tun. Ein guter Anlaß. Mit den religiösen Vorschriften nahmen sie es beide nicht mehr allzu genau. Julius war schon länger ein Skeptiker gewesen, und Leopold hatte sich bis vor kurzem aus brüderlichem Trotz so strenggläubig gegeben wie Isaak oder die Eltern. Auf der Reise war es vorgekommen, daß er »treife« gegessen hatte: nicht koscher. Leopold verschwieg das in Fürth keineswegs, und er spottete über die Heuchelei mancher jüdischer Familienväter. Die gingen, sagte er, sogar jetzt in den Bußtagen nur bis in die Nähe der Synagoge, um dort nach vorsichtigem Umschauen im Wirtshaus »Zu den drei Kronen« einzukehren. Der Wirt begrüße sie freundlich-lakonisch mit den Worten: »Die Herrschaft'n, die wos heut fasten, schpeis'nt im erscht'n Schtock!«

»Peinlich!« sagte Vater Hajum, »von wem weißt du's?«

*

Neben der Versöhnung mit Julius geschah noch etwas Unerwartetes: Leopold dachte zwar noch ab und zu an Priscilla, aber die, die er täglich vor sich sah, war – Matilda. Er sah sie hüpfen und schwärmen und hatte, ohne genauere Gründe zu wissen, Sehnsucht nach ihr. Wieso konnte er sich so gut vorstellen, mit ihr zu leben? Priscilla wollte geliebt, verehrt oder wenigstens amüsiert werden. Matilda hingegen liebte, nichts weiter.

Wenn er alles richtig zusammensetzte in der Erinnerung, hatte sie ihn ganz bestimmt ein wenig geliebt. Aber das war nun eine Weile her, und er wollte nach Berlin. Erst einmal Fuß fassen. Im Geschäft und in der Politik. Und irgend etwas nie Dagewesenes zuwege bringen. Danach konnte er immer noch nachsehen, was aus Matilda geworden war.

Wahrscheinlich hatte sie das Talent, glücklich zu sein, sehr viel mehr als er. Und heiratete bald einen lebensfrohen Menschen. Leopold würde zu spät kommen, und vielleicht wollte er auch zu spät kommen.

Der arme Julius in Leipzig war bereits Witwer, seine Johanna war kurz nach ihrer ersten Niederkunft gestorben, das Kind ebenfalls.

*

Im »Intelligenzblatt« der Stadt Fürth standen im August 1855 drei unmittelbar aufeinander folgende »amtliche Bekanntmachungen«: erstens, daß frei herumlaufende, ungekennzeichnete Hunde eingefangen und nur gegen ein Fanggeld von fünfzehn Kreuzern wieder freigegeben würden. Zweitens, daß der großjährige Kaufmannssohn Leopold Ullstein beabsichtige, nach Berlin auszuwandern. Wer Forderungen an ihn habe, möge sie innerhalb von vierzehn Tagen vorbringen. Drittens seien zehn Ellen schwarzer Stoff zu einem Kleide, sowie ein silberner Kaffeelöffel gestohlen worden, wer Näheres wisse, habe sich zu melden. Es folgte die Unterschrift des Bürgermeisters (es war immer noch der alte Bäumen).

Leopold Ullstein bekam vom Vater 8750 Gulden, um in Berlin ein eigenes Geschäft zu eröffnen. Am 9. März 1856 wurde er preußischer Bürger.

*

Hajum Hirsch Ullstein lebte im Ruhestand recht behaglich. Ab und zu ging er mit Hannchen ins Theater, wenn es ihre Gesundheit erlaubte. Auch nach Nürnberg fuhren sie, und in Stuttgart waren sie fast jeden Monat, um die Baerleins zu besuchen und zu sehen, wie der kleine Max und sein Schwesterchen heranwuchsen. Sophie war eine geduldige Mutter geworden. Isaak kam jetzt geschäftlich besser zurecht, Julius und Leopold hatten sich versöhnt, Max-Wilhelm lernte fleißig. Alles in Ordnung.

57

Der Vater wußte aber, daß das Alter eine Art Tyrannei ausübte mit seiner ewigen Forderung, daß alles in Ordnung sein müsse. Leopold war nach wie vor vulkanisch, Julius maliziös, Sophie kritisch, Max-Wilhelm bis dato nicht der Gescheiteste, und in die Synagoge gingen sie allesamt ohne Begeisterung. So war es in den Familien überall, man hüllte es in den Mantel der Güte. Aber dieser Mantel durfte nichts ersticken, es mußte jeder seinen Weg gehen können, selbst wenn der zu ganz anderen Begeisterungen führte.

Neuerdings half er seinem Schwager Samuel Berlin beim Aufstellen einer gemeinsamen Ahnentafel der Ullmanns und Berlins. Leicht war das nicht bei dieser Heiraterei durch die Jahrhunderte. Sie lief auf eine fortwährende Addition hinaus, und zwar eine erstaunliche – eins und eins machte nicht zwei, sondern irgend etwas zwischen drei und fünfzehn. Riesige Papierbögen reichten nicht aus, und nebenbei war es schwer, rechteckig geschnittenes Papier richtig auszunützen: Unten bildeten zwei Eheleute den Stamm, oben wedelten hundertfünfzig Äste und Zweiglein. Unten reichte ein Zettel an der Wand, mit dem oberen Teil hätte man Häuserfronten füllen können.

Nach einem Tag, an dem er den Stammbaum oft vor Augen gehabt hatte, eine Menge Vergangenheit, dachte er über die Zukunft nach. Sie stand verzeichnet im »Buch der Erinnerungen«, das allein Gott der Herr lesen konnte und das die Zukunft bestimmte. Es waren da nicht nur die Erinnerungen an Vergangenes aufgeschrieben, sondern auch die an Zukünftiges, die man, der Grammatik nach, im Futur II ausdrücken mußte: »Wir werden uns daran erinnern, daß dies geschehen sein wird.«

In diesem Buch wurde an jedem Neujahrsfest niedergeschrieben, wer am Leben bleiben würde oder von hinnen ging, wer ruhig leben würde oder aber zu kämpfen hatte, wer gesund blieb oder krank wurde, wer in Fülle leben durfte oder mit Armut und Leid Bekanntschaft machte. Wenn Gott weiß, wie es weitergeht, dachte Hajum, dann weiß es auch etwas in uns. Außer wir entfernen uns von ihm, dann wissen wir wenig.

Vom Stammbaum her gesehen, bestand die Zukunft, wenn man sie hätte entwerfen wollen wie ein noch auszufüllendes Formular, aus ganzen Wolken von Namen und reichte von Horizont zu Horizont. Diese Namen konnte man nur phantasieren, es waren vermutlich einige Hannahs, Leopolds, Maxe, Sophies, Wilhelms und Karls dabei. Augenblick, wie kam er auf Karl? Seltsam, bisher gab es keinen. Wie auch immer, er war furchtbar müde. Zu Hannah sagte er noch: »Wolken . . .!«

Als sie ihn fragte, was er damit meine, schlief er schon fest.

*

Am 28. Januar 1857 heirateten Matilda Berend und Leopold Ullstein in Manchester. Ja, Matilda. Manche Männer, besonders so auf den eigenen Weg konzentrierte wie Leopold Ullstein, brauchen Jahre, bis sie wissen, welche Frau sie wirklich lieben. Aber dann sind sie, wenigstens in diesem Punkt, nicht mehr leicht zu verwirren.

Für Hochzeiten gilt allgemein, daß sie festliche Kleidung erfordern und unbeschreiblich sind. Denn jeder erinnert sich hinterher an etwas anderes: unbeschreiblich schön, unbeschreiblich langweilig, wunderbar rührend, irgendwie empörend, unsagbar peinlich, herrlich ausgelassen, traurig wie ein Abschied. Es gibt Menschen, die halten alles auf einer Hochzeit für verlogen, andere nehmen sie, egal wie, als willkommenen Ansporn zu eigenen Taten. Das Gedächtnis filtert die Eindrücke dann noch weiter – Hochzeiten sind um so unverwechselbarer, je länger sie zurückliegen.

Die Hochzeit von Leopold und Matilda war unbeschreiblich.

*

Hannah Ullstein erinnerte sich später daran, wie bange ihr schon bei der winterlichen Anreise gewesen war. Gewiß, Hajum war bei ihr, aber Leopold noch in London, um einen Ring zu kaufen. Dann holten die Eltern der Braut sie am Bahnhof ab, sprachen Deutsch und waren sehr angenehm und herzlich. Die Braut war gerade beim rituellen Bad in der Mikwa. Da war Hannah erleichtert, erstens weil die Enttäuschung über die künftige Schwiegertochter (wenn sie denn enttäuschte) noch ein wenig hinausgeschoben war, und zweitens, weil es offenbar doch eine richtige Hochzeit nach den guten alten Regeln wurde, mit Mikwa und Fasten und einem aramäisch geschriebenen Ehevertrag. Kein Schnickschnack. Und auch sonst wurde ihre Stimmung immer zuversichtlicher. Die meisten sprachen Deutsch, weil sie aus Göttingen kamen, es gab viel zu lachen, und die Braut schien tüchtig. Noch etwas zu dünn vielleicht.

Als Julius Paul Reuter zehn Jahre später Leopold und Matilda zum Hochzeitsjubiläum schrieb, erwähnte er seine und Leopolds Reise von London nach Manchester. Der Bräutigam hatte soeben in der Bond Street einen schönen, aber für den Anlaß wenig brauchbaren Diamantring gekauft. Er, der getaufte Reuter, erklärte dem jungen Mann, daß es auf einer jüdischen Hochzeit ein einfacher Ring sein mußte – er riet, so einen noch zu besorgen. Leopold sprach viel über Politik, und daß sie darin bestehe, den Menschen reinen Wein einzuschenken. Für Berlin stimmte es zweifellos, dort nahm man kein Blatt vor den Mund. Er lobte auch die Geschäftsmöglichkeiten, klagte aber über staubige Luft, fades Bier und indiskutables Sauerkraut.

Auf der Hochzeit tanzte Reuter mehrmals mit der Braut. Matilda bezauberte ihn, und sie tanzte gut. Der wildeste ungarische Galopp brachte sie nicht in Verlegenheit. Reuter konnte das beurteilen, er ließ des Tanzens wegen kaum eine Hochzeit aus. Der Bräutigam walzte eher betulich, er konnte sich Schrittfolgen merken, aber seine Dreher waren schwunglos. Ein Mann für Contretänze – wohlgeordnetes Schreiten. Ob dieser methodische, beherrschte Mensch auf die Dauer für Matilda der Richtige war? Der Mann hatte einfach nichts Explosives. Oder zu viel davon, und er war bemüht, es zu verbergen.

Priscilla erwähnte später nur, wie unglaublich schön Matilda ihr als Braut vorgekommen sei. Den etwas aufgeregten und zugleich geistesabwesenden Leopold konnte sie als Trauzeugin aus nächster Nähe beobachten. Die Unterschrift, die er unter das Heiratsdokument setzte, sah aus wie ein Schmetterling. Matilda sagte, ihren Blick bemerkend: »Er macht immer den Schmetterling, auch in seinen Briefen, it's allright!«

Während des Essens unterhielt Priscilla sich mit Paul Julius über Sir John Franklin, den im Eismeer verschollenen Kapitän, den seine Frau jetzt für eigenes Geld suchen ließ, nachdem die Admiralität ihn für tot erklärt hatte. Reuter sagte, es werde irgendwann eine Telegraphie ganz ohne Drähte geben, dann könne niemand mehr »verschellen«. Man brauche nur eine Taste zu drücken, und die Welt wisse, wo sie einen zu suchen habe. Im Moment sei aber wichtiger, wie man mit den meuternden indischen Truppen fertig werde, da war er in Sorge. Obwohl er mit seiner Agentur praktisch an allem verdiente – am Krimkrieg, an Meutereien, an Friedensschlüssen –, bei allen einschneidenden Ereignissen wollten die Börsenleute seine Meldungen haben, und inzwischen gewohnheitsmäßig jeden Tag. Nachrichtensüchtig waren sie geworden.

So schwirrten die Gespräche. Plötzlich war da von der Kreisstadt Mettmann im Rheinischen die Rede, wo man in einem »Neanderthal« ein menschenähnliches Gerippe gefunden habe, über vierzigtausend Jahre alt, wie es hieß, und offenbar nicht Adam, nicht einmal Jude – dafür war er zu häßlich.

Leopold war am glücklichsten, als die Hochzeit vorbei war. Erst der Ringkauf in London. Dann war es der falsche. Also noch ein weiterer Ring – Matilda kriegte natürlich beide. Unangenehm das Fasten am Hochzeitstag – Leopold war ohne Frühstück ein halber Mensch. Dann die Aufregungen des Zeremoniellen, man konnte alles eigentlich nur falsch machen, außer man nahm es leicht genug, aber leicht nahm er gar nichts. An der »Drosche«, der kleinen Thora-Auslegung, die er als Bräutigam vor dem Festmahl zu geben hatte, übte er noch den ganzen Morgen. Alles ging gut. Nur das Glas, das er zu zertreten hatte, um an die Zerstörung des Tempels in Jerusalem zu erinnern, rollte tückisch weg, er ruderte verzweifelt mit dem Fuß danach, man lachte. An die Ansprache des Rabbiners, eines bärtigen Mannes namens Dessau, konnte er sich später nicht erinnern, Matilda auch nicht. Verliebt zu sein und gleichzeitig langen, klugen Reden konzentriert zuzuhören, das ging einfach nicht.

Matilda genoß am meisten, was sie unter vier Augen mit Leopold erlebte, beginnend mit dem Austausch der vorgeschriebenen Geschenke – er bekam ein frommes Hemd und sie ein frommes Gebetbuch. Dann der gemeinsame kleine Imbiß nach der Zeremonie, bei dem sie allein sein konnten. Einfach sitzen, ihn anschauen, ihm etwas erzählen, was ihn zum Lachen brachte, so sah das Glück aus – von außen eher unscheinbar. Seit sieben Jahren hatte sie sich das genau so vorgestellt, und nach jedem seiner Besuche in Manchester noch sehnsüchtiger. Er, der bei ihrem Anblick jetzt Herzklopfen bekam, hatte zuerst nur ihr Hüpfen bemerkt und an eine Telegraphenleitung gedacht! Sie nannte daher einen Herbsttag des letzten Jahres den des eigentlichen Kennenlernens – da hatten sie sich zum ersten Mal, ein bißchen aus Versehen übrigens, richtig geküßt.

Louis Berend wußte später noch, daß er bei dieser Hochzeit gelitten hatte wie bei jeder anderen. Vier Töchter! Juliet würde auch noch an die Reihe kommen. Es war nicht, weil Töchter teuer kamen – er verdiente gottlob einigermaßen, seit er die Porzellanzähne herstellte. Alle wollten sie haben, um der Welt ein strahlenderes Lächeln zu schenken. Nein, Hochzeiten waren für einen Brautvater vor allem eine Frage von Versorgung und Nachschub. Ein ständiges Prüfen und Kümmern und Rennen. Dazwischen den Musikern Winke geben, Fragen beantworten und bei alledem ruhig wirken. Gut, daß er in Dinah eine Frau hatte, die immer wußte, was gerade zur Neige ging. Hannah Ullstein schien auch so zu sein, sie paßte mit auf und half.

Wenig klug wurde Louis Berend aus Hajum, dem Gegenschwieger. Das war ein stoischer Träumer, er schaute mit seinen ruhigen Augen liebevoll durch die Menschen hindurch, und es blieb rätselhaft, was er sah. Er schien glücklich und zufrieden, sagte aber kaum ein Wort. Doch, einmal hatte er kurz erwähnt,

62

daß es jetzt ein Verpackungsmaterial namens »Wellpappe« gebe, soeben patentiert. Wie hatte dieser wortkarge Mensch bloß all die Tonnen von Papier verkauft?

Hajum fand alles würdevoll genug und gelassen genug. Nur der Vater der Braut schien ihm etwas nervös, dabei war es schon die dritte Tochter, die er verheiratete. Als der Rabbiner zur Braut das »werde du zu tausendfältigen Mengen« aus der Rebekka-Geschichte sprach, fielen Hajum die wändefüllenden Stammbäume ein. Gerührt war er, als das Brautpaar aus dem gemeinsamen Glas Wein trank und Matilda Leopold zuzwinkerte. Sie war ein komisches Talent bei allem, was sie tat und sagte. Der Junge hatte Glück – mit dieser Frau würde er zu lachen haben. Und erfreut war Hajum von den Menschen hier. Die Berends und ihre Freunde, das waren vornehme, tüchtige Leute, man sah es gleich. Die Ansprache des Rabbiners war passabel, obwohl sie vielleicht ein wenig zu originell war. Daß den Juden aufgegeben sei, über Gott zu rätseln – das war selbstverständlich, aber merkwürdig, wenn man es aussprach –, so etwas sagten lutherische Pastoren. Und daß es den Nachkommen aufgegeben sei zu überleben, damit auch ihre Vorfahren weiterexistierten. Richtig auch das, aber weit hergeholt. Trotzdem gefiel ihm der Mann, er war unabhängig, kam irgendwo aus dem Weltall und lachte in sich hinein. Damit war er unter den Rabbinern nicht der einzige.

Philipp Benfey der Zweite, zwanzig Jahre alt, war in die fünfzehnjährige Juliet Berend verliebt und litt schwer, weil sie am liebsten mit Theodor tanzte. Dabei war der schon achtundzwanzig – ein Methusalem. Philipp verließ die Hochzeitsgesellschaft, um aufgewühlt und gedankenschwer durch den Neuschnee zu stapfen in seinen besten Schuhen.

Drinnen legte Louis Berend den Arm um Leopold und schüttelte ihn ein wenig: »Mein Junge!« begann er und machte eine Pause, denn er wollte etwas Feierliches sagen.

»Moment«, sagte Matilda, »der Junge gehört jetzt mir!«

*

Ende 1857 verläßt Louis Berend mit seiner Familie Manchester und zieht nach Göttingen, wo schon Priscilla mit ihrem Mann, dem Bankier Philipp Benfey lebt. Haus und Praxis in Manchester werden verkauft.

Am 11. Mai 1858 stirbt Hannah Ullstein, geborene Berlin, in Fürth, an ihrem Leberleiden.

Im Januar 1859 bringt Matilda Ullstein ihr erstes Kind, einen Sohn, zur Welt. Er wird Hans genannt.

Max-Wilhelm Ullstein, Leopolds jüngster Bruder, folgt seinem Bruder Julius nach Leipzig, der dort schon einige Zeit Papierhandel betreibt. Die Firma heißt »H. H. Ullstein« und ist sozusagen die nach Leipzig verlagerte Firma von Vater Hajum.

Leopold Ullstein (so heißt auch seine Berliner Firma) ist sein eigener Herr und liefert das Papier für die »Vossische Zeitung« wie einst sein Vater. Gute Geschäfte macht er auch mit Wellpappe und feinem Zeichenpapier. In Berlin gibt es immer mehr Architekten, außerdem viel zu verpacken und jeden Tag neue Buch- und Zeitungsverlage.

DRITTES KAPITEL

Matilda

Am Sonntag, dem 28. August 1859, räumte Leopold bis zum späten Abend die Wohnung auf. Das liebte und brauchte er vor Wochenbeginn. Allein das Ordnen seines Schreibtisches oder seiner Büchervitrinen versetzte ihn in optimistische Stimmung. Alles im Zimmer einmal anfassen, den Platz jedes Gegenstands sich einprägen, vor allem Freiheit schaffen: so viel wie möglich wegwerfen! Dorthin, wo man es notfalls wiederfinden konnte. Es gab ein Möbel im Wintergarten, das er den »Quarantäneschrank« nannte – da kamen alle Schriftstücke hin, deren Untergang beschlossen war. Sie konnten aber noch einmal gerettet werden, wenn der Tod nicht eindeutig zu ihren Häupten stand.

Ähnlich war es Montag früh im Kontor in der Brüderstraße: Aufräumen, Ausmisten, das war die wöchentliche Wiedergeburt der Firma, und ohne diese Tabula-rasa-Revision wurde er unruhig und unleidlich. Warum, wußte er nicht. Er war nach wie vor kein Großhändler aus Leidenschaft, sondern betrachtete Haupt- und Kassabuch, Tintenfaß, Sandbüchse, Spucknapf und die Ärmelschoner des Buchhalters als geduldige Begleiter geistigen Siechtums. Dennoch war die Ordnung, der all das sich anpaßte, für ihn so etwas wie eine Bastion. Sie schützte. Nur wovor? Vor Zeitverlust, weil man in einer Ordnung alles besser wiederfand? Vor einer gewissen Abschüssigkeit im eigenen Charakter? Vielleicht war er ein Pedant – er fühlte sich scheußlich, wenn eine Papiermühlenrechnung nicht am Tag ihres Eingangs bezahlt wurde und wenn eine Mahnung nicht genau drei Tage nach dem frühestmöglichen Zeitpunkt hinausging.

Es wurde dunkler, draußen brannten schon die ersten Gaslaternen. Leopold ließ das Aufräumen sein, saß am Schreibtisch und las Tildchens letzte Briefe. Derzeit war sie mit dem acht Monate alten Hans in Fürth, begann ihre Briefe an ihren Mann mit »Mein zweitliebster Junge« und unterschrieb mit: »Dein Tildchen bis in den Tod« oder »Dein Kerlchen alias Casperle und Zwetschperle«.

Matilda war zum dritten Mal in Fürth. Leopolds Mutter war vor einem Jahr gestorben. Matilda hatte sie sofort geliebt und Hannah die Schwiegertochter. Nur zu mager sei sie nach wie vor, hatte sie befunden, mehr als fünfzig Kilo müsse die Mutter des Stammes Leopold schon haben – Matilda hatte achtundvierzig.

Sie fand überall Erfreuliches, weil sie neugierig war und stets nur mit Erfreulichem rechnete. Sie hatte sogar das graue, steinerne Fürth ins Herz geschlossen. Nichts entging ihr, und sie war ganz geradeheraus, mal zärtlich, mal boshaft: »Vorigen Sonntag waren wir im evangelischen Pfarrgarten, wo Konzert war. So viele Juden habe ich in meinem Leben nicht vereint gesehen, bei einigen hatte die Schabbeswäscherei keine merkbare Wirkung gehabt – vielleicht ist die Seife vergessen worden. – Ich bin so viel angesehen worden, als wenn ich ein nugget direkt von Californien wäre.« Am Ende eine Beschwerde: »Die schlechte Feder macht mich rasend, nicht weniger das abscheuliche Ullsteinsche Papier – von heute an entziehe ich dieser Handlung meine Kundschaft. – Dein bekleckstes Tildchen.« Nachsatz: »Du sitzest oder vielmehr liegst auf dem Sopha und liest behaglich die Vossische. Oh wie wird mir, wenn ich nicht weiß, wie die Preußische Anleihe steht, und wie wird Dir, wenn du nicht weißt, ob es stimmt.«

Leopold beschloß, sich tatsächlich aufs Sofa zu legen. Dort dachte er vergnügt nach, aber nicht über Anleihen. Sie hatten einen Sohn, nächstes Jahr vielleicht ein weiteres Kind, irgendwann viele. Dann würde man ihn »Vater Ullstein« nennen. Die Perspektive amüsierte ihn, außerdem bewirkte sie, daß er morgens flott aus dem Bett fand.

Gut, dann war er eben Papierhändler und blieb es – Rechnen und Briefeschreiben konnte er und Geldverdienen war möglich, wenn man nicht allzu viel dem Zufall überließ. Erwerbstätigkeit hatte, wenn eine hungrige und begehrliche Familie sich ankündigte, nichts Dummes oder Anrüchiges, im Gegenteil: Sie konnte Glück bringen, wenn man ohne Vorbehalte arbeitete und alles so gut wie möglich erledigte. Für die umgebogenen oder abgebrochenen Fingernägel gab es Feilen – jedesmal brach ein Nagel, wenn er beim Transport der Papierballen mit zugriff, aus Ungeduld, und weil ein Geschäftsmann einfach nicht zusehen konnte, wenn ein außer Balance geratener Stapel umzufallen drohte.

Wenn Matilda in Berlin war, konnte die Langeweile im Geschäft seine Laune nicht trüben – er ging Punkt neun Uhr morgens hin und kehrte gegen acht Uhr abends zurück, um sie in die Arme zu schließen. Schon ab sechs hatte er diese kleine, bange Lust hinterm Zwerchfell, da kündigte sich das Süße an, er dachte an Matildas Haar, an ihre Augen, ihre Füße – unwichtig, welche Bilder ihm einfielen –, sie verwandelten bis acht das Kontor nebst Hauptbuch, Kassabuch und Lager mit all den Stapeln von Packpapier, Zeichenkarton und Feinbütten in eine Wüste, aus der er einen Ausweg suchte.

Am Sonntag ging es auf Leihpferden in den Tiergarten. Matilda ritt wie eine Engländerin, er dagegen so gut wie gar nicht, er versuchte, im Sattel zu bleiben. Er hatte vor Pferden zu viel Respekt, und gerade das machte sie nervös. Jetzt rächte sich, daß er seiner bayerischen Militärpflicht durch Bezahlung eines Ersatzmannes genügt hatte. Fünfhundert Gulden hatte Vater für den »Einsteher« hingelegt und das Ergebnis: Er konnte nicht reiten. Das einzig Gute an Matildas Abwesenheit war: Er mußte nicht aufs Pferd.

Bertha, die Haushälterin, kam verspätet und unter Entschuldigungen mit angezündeten Kerzen und Öllampen herein. Leopold warf ihr einen kleinen Rübezahlblick zu, nickte aber dann freundlich und las weiter.

Im Grunde verstand er immer noch nicht, wie Matilda ihn überhaupt lieben konnte, trotz seiner kalten und rechthaberischen Momente, trotz seiner Ungeduld und der Wutanfälle. Aber allmählich machte die Liebe ihn ruhiger. Und milder. Leopold konnte sogar in der Zahlenwüste des Kontors freundlich wirken, konnte unfähige Menschen so sein lassen, wie sie waren, ja sie noch ermunternd anlächeln. Vor fünf Jahren undenkbar.

»Hans ist gesund«, las er, »und vergnügt und dick (unbeschrien), trotzdem daß er große Geschäfte mit bedanktem Fleiß getrieben, so lange wie er hier ist (extra viel, stets grün. Louise sagte mir, es habe nichts zu sagen, auch die Hitzepickel nicht, es käme vom Zahnen).«

Leopold fand Matilda wunderbar, sogar ihr Deutsch, dennoch würde er sie weiter korrigieren. Und Hans war von Geburt an ein »Prachtjunge«, so hatte nicht nur die Hebamme gesagt, sondern nach prüfendem Blick auch Vater Hajum, Schwester Sophie, Schwiegermutter Dinah und – Freund Virchow, den er zwar wegen der gemeinsamen liberalen Überzeugung eingeladen hatte, der aber immerhin Arzt war. Wenn Rudolf Virchow ein Kind einen Prachtjungen nannte, dann war das amtlich.

Bertha brachte ihm, womit er die Sonntage abschloß: ein Fußbad und eine Flasche Humbsersches Bier. Die Lektüre, eine Beschreibung von Spanien und Portugal, lag bereit. Dorthin wollte er mit Matilda irgendwann fahren.

Aber erst, wenn das Geschäft wirklich gut lief.

*

Im Juli 1861 reiste Matilda mit nun schon zwei Kindern, Hans und Käthe, nach Göttingen, um ihre Eltern sowie Priscilla und die Benfey-Familie zu besuchen. Das Kindermädchen Bertha begleitete sie, Minna und Pauline blieben bei Leopold in Berlin. Die drei »Perlen« hatten es gut bei den Ullsteins, sie teilten sich zu dritt ein Zimmer. Bertha erzählte, daß sie bei der vorigen

Herrschaft noch in einem Bettschrank in der Küche hatte schlafen müssen – zusammen mit der Köchin.

Matilda amüsierte sich darüber, wenn man sie für eine unverheiratete Siebzehnjährige hielt, sie war einunddreißig, aber nach wie vor überschlank und sehr zart, man sprach sogar von »Bleichsucht«. In Berlin war sie zweimal ohnmächtig geworden und gestürzt. Beim Aufwachen hatte sie von einem seltsamen Flirren im Kopf erzählt, und daß sie sich noch gewundert habe, warum der Boden ihren Augen gar so nahe gekommen sei. Sie wollte in Göttingen vor allem schwerer werden.

Vater Louis, der ihr bis Nordheim entgegengefahren war, hatte tüchtig zugenommen. Mit ihm erschien Zara aus Manchester, die mittlere der drei verheirateten Schwestern, die ebenfalls hier zu Besuch war. Zara hatte jetzt vier Kinder. Die jüngsten, Julius und Adolf, waren hübsche, wilde Zwillinge, zwei Jahre alt wie Matildas Hans, und wurden »die Löwen« genannt. Hoffentlich waren sie nicht gar zu wild für ihren stillen, noch etwas ängstlichen Jungen.

Am Göttinger Bahnsteig stand breit und rund Philipp der Erste, der Bankier, mit Juliet, der jüngsten der Berend-Schwestern und Theodor, seinem ältesten Sohn aus erster Ehe. Juliet und Theodor waren nach wie vor verliebt, jetzt auch verlobt. Theodor arbeitete in der Bank seines Vaters und hatte Prokura.

Von Mutter Dinah, die ebenfalls dicker geworden war, sowie Priscilla, die aus irgendeinem Grund (oder keinem) Schwarz trug und imponierend schön war, wurden die Ankömmlinge zu Hause begrüßt. Und herbei schlich unter müdem Wedeln der Schäferhund, der jetzt steinalt war. – Das »Prinzenhaus« hieß so, weil vor Jahrzehnten irgendwelche hannoverschen Prinzen hier gewohnt hatten. Jetzt war es von Benfeys dominiert: In der ersten Etage wohnte die Familie, im Parterre lag das Bankgeschäft. Unter dem Dach wohnte ein pensionierter Dragonerhauptmann, unter dessen bedeutendem Übergewicht die Treppe ächzte. In Göttingen schien man wirklich etwas auf die Rippen zu bekommen, Matilda war zuversichtlich.

Als sie Hans und Käthe schlafen gelegt hatte und allein war, schrieb sie an Leopold. Das ließ sich nicht lange aufschieben, sonst kamen liebevolle Vorwürfe oder auch normale. Leopold machte sich gern Sorgen, jedenfalls fielen ihm ständig neue ein.

Hinter dem Prinzenhaus gab es zwischen dem großen Hof und dem noch weiter entfernt liegenden Garten ein langgestrecktes zweistöckiges Gebäude, in dem sich Waschküche, Holzvorräte und der Schweinestall eines Metzgers befanden. Im oberen Stockwerk standen die Maschinen der Deuerlichschen Buchdruckerei. Von unten stank es: Oft wurde bei nervenzerreißendem Gequieke geschlachtet. Oben hingegen entstanden ungerührt und edel die Bücher der hiesigen Gelehrtenwelt.

Von Studenten wimmelte es nur so, in den Lokalen, auf dem Markt, auf den Wiesen. Sie trugen adrette Uniformen und Kappen, warfen kühne Blicke und spielten mit ihren Degen. Und sie rauchten, auch im Freien, als könne der Mensch anders nicht atmen. Lange Pfeifen, kurze Pfeifen, Zigarillos – wenn zwei oder drei Studenten zusammenkamen, war die Luft zum Schneiden. Matilda erlebte allerlei Annäherungsversuche und nahm fortan den Kinderwagen und Käthe mit. Nun machte diese die Eroberungen, aber nur scheinbar – jeder wollte sie in die rosigen Wangen kneifen, um mit der Mutter ins Gespräch zu kommen.

Die Benfeysche Etage im Prinzenhaus war hübsch, aber betont schlicht eingerichtet. Priscilla duldete keinen Luxus. Es ging dem Kleinbankier Benfey nach Rückschlägen wirtschaftlich nicht gut genug, um sich Verschwendung zu erlauben. Einfache Möbel, helle Farben, wenige Bilder und ein Kamin, der gegen Abend angeheizt wurde – es war derzeit kühl.

Priscilla war trotz der fünf Kinder schlank geblieben. Sie war, wie sie immer gewesen war, aber dies jetzt noch deutlicher – in allem Erfreulichen und Bewundernswerten, aber auch in dem, womit sie ihren Schwestern seit jeher auf die Nerven ging: Priscilla war anstrengend! Woran lag es? Sie war freundlich und einfühlsam, stellte keine bohrenden Fragen und verlangte

70

nichts, ja sie brachte kaum Bitten vor. Sie kleidete ihre Wünsche in Betrachtungen und Erwägungen, die so klug waren, daß man sich ihnen nur anschließen konnte. Anstrengend war sie wegen ihrer nie nachlassenden anspruchsvollen Aufmerksamkeit: Nichts entging ihr, nichts blieb unbedacht, und so konnte sich niemand in ihrer Gegenwart unbedacht äußern. Sie strebte zum Hohen und Idealen und suchte mit jedem Satz, mit jedem Wort an Höhe zu gewinnen. Zudem hatte sie ein perfektes Gedächtnis für die Worte anderer, fand mit Leichtigkeit jeden Widerspruch und benannte ihn mit geradezu penetranter Nachsicht. Ihr Verstand war kein Zierdegen, sondern eine Waffe. Priscillas großes Thema war die Pädagogik, sie studierte und befolgte stets die neuesten Einsichten. Die Gouvernanten kamen und gingen, keine war ihr recht, sie selbst war mehr Gouvernante als alle zusammen.

Am Anfang ihrer Ehe mit Philipp hatte es einen regelrechten Machtkampf gegeben, sie hatte ihn mit Geduld und Taktik, aber auch mit ihrer ansteckenden Begeisterung gewonnen: den Kampf um den Stil. Vorher hatten die Kinder ihres Mannes, besonders das älteste der Mädchen, bei den Dienstboten und in der Küche herumgegangen, sich nützlich gemacht, mitgekocht oder ein Schwätzchen gehalten. Damit war es jetzt aus. Kinder gehörten in den Salon und wurden in eine geistvolle Unterhaltung über Anspruch und Wirklichkeit einbezogen, bei der der Anspruch die Oberhand behielt. Moderne Gentlemen und Ladys sollten sie werden, gebildet und vernünftig, und das Bildungsmittel hieß »Gespräch«. Die Kinder hatten dem zunächst wenig abgewinnen können, aber doch einen Vorteil gesehen: Die Rute, die früher griffbereit hinter dem Spiegel im Korridor gesteckt hatte, verstaubte auf dem Kleiderschrank, man hätte eine Trittleiter gebraucht, um sie herunterzuholen. Aber die niemals bezweifelbare, niemals angreifbare Macht dieser idealistischen Mutter schuf nicht automatisch ideale Menschen. Diese Macht erzeugte das Gefühl des Versagens und, weil mit diesem niemand lange leben kann, Widerstand: »Gut, dann bin ich eben dumm und böse, das hast du jetzt davon!« Das hatte Caroline, Philipps jüngere Tochter, Priscilla entgegengeschrien. Es war eines der wenigen Male, bei denen nach der Trittleiter gesucht wurde.

Priscilla hörte heraus oder spürte, daß Leopold zur Erziehung von Kindern einen Standpunkt hatte, den sie nicht teilte, und daß Matilda kein Drama daraus machen wollte. Er fand offenbar, Mädchen seien für die Ehe, Knaben für die Karriere auszustatten. Vermutlich wollte er sogar die Mädchen jüdisch erziehen lassen und die Knaben zu Christen machen, weil der Taufschein diesen die Türen zur Gesellschaft öffnen würde. Darüber wollte sie reden und tat es auf den üblichen Umwegen, ohne eine direkte Frage zu stellen oder Leopold zu nennen. Sie sprach über die Religion im allgemeinen.

»Leopold sieht das auf seine Art«, bemerkte Matilda, »Gott und er siezen sich, ich glaube aber, aus Respekt.« Das war kein Bescheid, der die fromme Priscilla bremsen konnte. Die Benfeys achteten und befolgten die Vorschriften, auf dem Dachboden wartete in Kisten das besondere Geschirr fürs Pessachfest auf seine alljährliche Verwendung. Und sie gingen in die Synagoge. Leopold tat das nicht mehr. Er ließ dem Schabbat einen Rest von Würde, das war alles.

Schließlich sprach Priscilla doch direkt über Leopold. Matilda wich aus, wo sie konnte, und gab definitiv nur zu, daß ihr Mann kein guter Reiter sei, sonst lobte sie ihn über den Klee. Natürlich wußte Priscilla, warum sie so lobte – sie nickte höflich Zustimmung und zweifelte diskret. »Er wird es weit bringen«, sagte sie und kraulte den Hund. Sie hatte das Problem erfaßt.

»Ich liebe Leopold so, wie er ist«, sagte Matilda, »und du liebst ihn eben nicht, warum solltest du!«

»Sag das nicht, ich halte ihn für außerordentlich«, antwortete die Schwester und kraulte den alten Hund so heftig, daß er unwirsch wurde und Richtung Küche trottete. Die Sache war vertagt.

Priscilla ist gescheit, und sie hat den Mut, der mir fehlt, sagte

sich Matilda, aber diese Erkenntnis half ihr nicht, Priscilla auszuhalten. Sie schützte Unwohlsein vor und ging ihrer Schwester
aus dem Wege.

Alle liebten Hans, denn er war sanft, folgsam und lernte oder
erfand unentwegt neue Wörter. Sein schönstes war, mit seiner
Mutter zu »musen« – mit dem »sch« hatte er sich noch nicht
befreundet. Außerdem war er ein begeisterter Bäcker von Sand-
und Lehmkuchen. Er spielte meist für sich allein, seltener mit
den »Löwen« von Zara. Gern sprach er das Wort »Matzenbäk-
ker« und sagte es immer, wenn man ihn über sein Tun befragte
– auch weit entfernt vom Sandhaufen. Oft sprach er von Papa
und mahnte Mama, diesem bald wieder zu »reiben«, auch über
ihn. Sie »rieb« an Leopold, daß Hans nachts im Traum große
Sprünge mache: »Er warf mir kleine, sehr liebe Füße ins Gesicht.«

Als er ein paar Tage lang keinen Appetit hatte, ordnete Dr.
Wiese an, daß er vor dem Schlafengehen Tokayer trinken solle,
herben Ungarwein. Er süffelte ihn mit Behagen, schlief wie ein
Bär, und der Appetit stellte sich wieder ein.

Matilda fühlte sich in Göttingen immer wohler, nahm sogar
ein halbes Kilo zu. Sie fand die Luft so gut, das Essen, die
Umgebung, sie spazierte mit Zara morgens auf den Wällen. Am
liebsten waren ihr Theodor und Juliet, die aber fast nur Augen
füreinander hatten. Wer sie sah, freute sich an ihnen.

An Leopold schrieb Matilda weiter begeisterte Briefe voller
Optimismus: »Mein Junge! Ich werde jetzt eine dicke Jüdin und
mache dem reichen Papierhändler Ehre.«

Der schönste Abend in Göttingen war die Abschiedsparty von
Theodor, der nach England mußte. Man aß, trank, brachte die
heitersten und unsinnigsten Toasts aus, tanzte, sang – und Ma-
tilda Ullstein hieß »Feenkönigin«, weil sie als einzige ein weißes
Kleid trug und weil sie darin besonders zart wirkte. »Wir trenn-
ten uns mit schwerem Herzen um elf Uhr«, schrieb sie an
Leopold, und dann kam die Frage: »Wann genau kommst du?«
Denn Leopold hatte versprochen, sich von seinen Berliner Ge-

schäften loszureißen, Matilda abzuholen und mit ihr einen Abstecher zum Vater nach Fürth zu machen.

Er konnte erst mal nicht, bat um Aufschub. Zu viel zu tun. Statt dessen erkundigte er sich, ob die Kinder abends auch rechtzeitig ins Bett kämen. Er empfahl bestimmte Uhrzeiten, und wenn er das tat, erwartete er, daß sie der Empfehlung auch folgte. Spitz antwortete sie ihm: »Junge, merke auf das, was ich Dir sage: Verkaufe in Ruhe Papier und überlasse mir die Pflege der Kinder! Tildchen gilt hier für den gescheitesten der Menschen, nur der alte eingebildete Junge, der will sie unterjochen und kommandieren, aber Tildchen hört nicht drauf, Tildchen ist widerspenstig.«

Endlich, am 15. August, kam er – aber ungern. Schrecklich viel Arbeit habe er in Berlin liegenlassen müssen. Er war in keiner guten Verfassung und über seinem Erscheinen in Göttingen stand auch sonst kein guter Stern. Käthe bekam pünktlich zu seinem Erscheinen die Windpocken. Die Begegnung mit der Benfey-Familie war gestört, insbesondere bei Priscilla spürte er Reserven und behandelte sie entsprechend kühl.

Matilda und ihr »alter Junge« spazierten auf Göttingens Wällen und einmal hüpfte sie wie damals in Manchester und täuschte zum Spaß ein Straucheln vor, damit er sie auffinge, was er tat. Sie kannten sich über zehn Jahre, nachhaltig verliebt waren sie seit vier, verheiratet seit drei Jahren. Was kam jetzt? Darüber wollte sie mit ihm reden, aber er hatte den Kopf voll von Geschäftsklugheit und Politik. Und voll von Ärger. Alles war so schlecht gekommen, wie er es vorausgesehen hatte. Matilda wunderte sich: Wieso war der kluge Junge dann nicht wenigstens zufrieden, daß er recht behielt? Nein, er ärgerte sich ganz besonders, wenn eintraf, was er geahnt hatte. In Wahrheit ärgerte er sich gern.

Erst auf der Reise nach Fürth sprachen sie eingehender über sich und ihre Ehe. Er sagte, er würde irgendwann viel mehr Zeit für sie und die Kinder haben, dafür arbeite er ja. Er glaubte es wohl selbst nicht. Matilda sagte, darum gehe es gar nicht, er möge ihr einfach noch mehr vertrauen und zutrauen. Ein biß-

74

chen mehr ihr eigener Herr wollte sie sein, nicht finanziell, aber in manchen Entscheidungen. Er sagte, das sei sie doch längst, damit finde er sich ab.

Vater Hajum war jetzt bald siebzig, sein Haar schlohweiß. Er lebte allein, versorgt von einer Haushälterin, hin und wieder kamen Isaak und seine Frau Louise zu Besuch. Nach wie vor beugte er sich über Stammbäume, korrespondierte mit anderen alten Leuten und trug Nachkommen ein, von deren Existenz er erfahren hatte. Er wirkte entrückt, die schönen Augen lächelten in die Ferne oder in die Vergangenheit. Politik und der wirtschaftliche Aufbruch interessierten ihn nicht, das Eisenbahnnetz und die Telegraphie auch nicht. Er las nur Neuigkeiten von vor langer Zeit. Und die Thora, die nüchtern betrachtet ja etwas Ähnliches war.

Als sie wieder in Göttingen waren, lud Leopold alle Berends und Benfeys in ein Gartenlokal ein, was diese eher peinlich fanden – eigentlich hatten sie hier die Gastgeber zu sein. Wollte er etwas beweisen? Wollte er niemandem etwas schuldig bleiben? Machte man das in Fürth so? Und was war das nur für eine seltsame Spannung, unter der er stand und die er um sich herum verbreitete, sicherlich ohne es zu wollen. Sie waren taktvoll und sagten darüber kein Wort, aber Matilda spürte alles ohne Worte.

Ihr »Junge« reiste wieder ab.

Mutter Dinah beurteilte Leopold skeptisch, er schien ihr allzu launisch geworden zu sein. Sie sprach über Geduld und Weisheit, sagte aber auch etwas Bitteres: »Männer können Frauen glücklich machen – können! Aber Frauen kaum jemals Männer. Jedenfalls nicht in den mittleren Jahren. Sie können nur versuchen, möglichst wenig zu stören.«

»Er ist ein wunderbarer Mann«, entgegnete Matilda bestimmt, »ich gehe mit ihm durch dick und dünn!«

Mutter Dinah lächelte gerührt. »Na ja«, sagte sie mit weicher Stimme, »das tun wir alle.«

Göttingen kam Matilda jeden Tag schrecklicher vor. Vater Louis hatte nichts zu tun und war darüber starrsinnig, ungerecht und kleinlich geworden. Seine Leidenschaft war erloschen, si-

75

cher waren deshalb die politischen Gespräche gescheitert, die Leopold mit ihm versucht hatte. Theodor und Juliet waren fort. Die qualmenden Studenten waren ihr ein Greuel, und wehe dem, der es wagen sollte, Käthe in die Wange zu kneifen. Sogar die Luft fand Matilda jetzt muffig, es war auch zu heiß geworden. Sie wollte heim nach Berlin. So war es geplant, versprochen, verabredet.

Diese Plage mit den Briefen! Sie überschnitten sich ständig. Kaum hatte sie den Brief zur Post gegeben, in dem alles über ihre Reise und Ankunft stand, kam der von Leopold, mit dem er sie bat, doch noch etwas länger in Göttingen zu bleiben, eine Woche nur. Die Arbeit wachse ihm zur Zeit über den Kopf. Gut, dann freute sie sich eben auf eine etwas spätere Heimkehr. »Aber wenigstens einmal in der Woche mußt du lustig sein«, schrieb sie ihm, »auch wenn die drei Lieblinge zu Hause bei Dir sind. Wir sind in der letzten Zeit viel zu ernst geworden...« Dann erzählte sie von einem Besucher aus Hannover, einem jungen, wunderschönen Arzt. »Deine Liebe hat mich noch nicht so blind gemacht, daß ich nicht recht gut sehe, wie ein großer, schlanker Mensch mit dunklen Augen und schwarzem Bart auch schön sein kann.« Er habe sie »Fräulein Berend« genannt und ihr den Hof zu machen versucht. Matilda fügte hinzu, sie habe sich nach dieser unmöglichen Anrede natürlich brüsk von ihm abgewandt.

Wurde Leopold ein bißchen eifersüchtig? Immerhin verschob er ihre Reise nicht abermals, er schickte sogar ein Willkommensgedicht. Sie durfte mit den Kindern nach Hause.

Leopold versicherte ihr, daß er sie mehr liebe denn je, und das Haus war voller Blumen. Und es gab so viel zu erzählen. Auch Leopold erzählte. Es gab inzwischen einen »Verfassungskonflikt« in Preußen – es ging um die Art, wie Kanzler Bismarck den Landtag entmachten wollte, um über die Militärausgaben allein zu bestimmen. Ein Skandal! Matilda umarmte ihren Mann und war ganz seiner Meinung.

*

Sie liebte ihren unmöglichen alten Jungen. Er liebte sie auch, aber er übertrieb es mit der Beschützerrolle. Er war wie eine Armee zum Schutz Matildas und der Kinder: klug, mißtrauisch, fleißig und ein wenig diktatorisch, ständig mit drohenden Gefahren beschäftigt. Er machte Geld, immer mehr davon, Geld war Sicherheit. Und sprach von Politik und Kriegsgefahr, neuerdings verknüpft mit einem Namen: »Bismarck«. Was an Entsetzlichem aus Politik entstehen konnte, sah man am amerikanischen Bürgerkrieg: ein grauenhaftes Gemetzel, elendes Sterben von Hunderttausenden. Etwas Schlimmeres hatte es wohl noch nicht gegeben, und wer garantierte, daß es in Europa nicht ebenso möglich war?

Leopold war ein Gefangener seiner politischen Leidenschaft. Pures Glück störte ihn eher, denn es ließ sich keinen klugen Zwecken unterordnen. Diese aber bestimmten im Hause Ullstein den Gang der Dinge.

Inzwischen wohnte man komfortabel an der Friedrichsgracht, direkt über der Papierhandlung. Es war Dezember 1863, eine kleine Else lernte laufen, und ein pausbäckiger Louis Ferdinand wünschte gestillt zu werden. Kinder wollte Leopold, diese und noch viele. Matilda wollte auch, nur in nicht ganz so großer Zahl. Töchter liebte er unbefangen und zärtlich, Söhne wollte er so erziehen, daß sie wie er wurden: perfekt gerüstet, erfolgreich, nicht aufzuhalten. Das hieß: Er liebte sie wahrscheinlich auf seine Art mehr als die Töchter.

*

In Göttingen nur Unglück. Philipp Benfey war keine sechs Monate nach Matildas sommerlichem Besuch plötzlich gestorben, Vater Berend dann im letzten Mai, und jetzt hatte Priscilla auch noch ihren Sohn Bertold verloren, zwölf Jahre alt. In der Göttinger Familie waren Zorn und Entfremdung ausgebrochen, und es ging besonders gegen Priscilla, ausgerechnet sie, die dreifach Beraubte. Nach schweren Auseinandersetzungen zog sie mit ihren Kindern nach Hannover, um das Göttinger Elend vergessen zu können. Matilda wußte, daß sie Priscilla gerade jetzt nicht im Stich lassen durfte. Sie reiste nach Hannover und suchte sie in einer großen, noch sehr leeren Wohnung am Emmertorweg auf. Sie erlebte eine abgemagerte, ältlich wirkende Frau, die mit leiser Stimme Bitteres sagte. Das Bittere wohnte in ihren Nebensätzen, oder es wurde durch ein »übrigens« oder »natürlich« eingeleitet. Mit einem »genug davon« oder »erzähl lieber von dir« versuchte sie abzuschließen, was nicht abzuschließen war. Matilda ahnte, daß es nur drei Dinge gab, die Priscillas stolzes Herz wieder aufrichten konnten: eine neue Aufgabe, ein großer Triumph oder ein guter Mann. Das alles war nicht leicht zu finden.

Priscillas Kinder waren in Hannover bereits heimisch. Gustav und Georg, die Lausejungen in der Kinderschar, gingen neuerdings gern in die Schule, denn dort sahen sie täglich während der ersten Unterrichtsstunde den blinden König Georg V. vorüberreiten. Wann immer ein Bürger den Hut zog, hob Georg die Hand und grüßte zurück. Das konnte er trotz Blindheit, weil an seinem linken Ellbogen eine Schnur festgebunden war, an der im richtigen Moment sein Adjutant zog. Ließ der König sich zu viel Zeit, zog der Adjutant noch einmal kräftiger. Georg selbst hatte dieses Verfahren erdacht. Als König, sagte er, dürfe er den Gruß seiner Untertanen nicht ignorieren. Daß er regelmäßig den Unterricht der Bürgerschule am Schillerdenkmal gefährdete, sagte ihm niemand.

*

Ida Coppel kam Anfang Mai 1864 in Begleitung ihres Vetter Raphael nach Berlin, um die Leiche ihres Bruders Carl zu identifizieren und für die Überführung nach Linden im Hannoverschen zu sorgen. Der Zweiundzwanzigjährige war südwestlich von Berlin nahe einem Dorf namens Schöneberg auf offener Straße seiner Barschaft beraubt und, weil er sich wehrte, erstochen worden. Ida war neunzehn. Sie traute sich einiges zu, außerdem waren beide Eltern derzeit krank. Sie wollte nebenbei Berlin sehen und eine Verwandte besuchen, Matilda Berend, verheiratete Ullstein. Bisher kannte sie gerade einmal Hannover, und in Linden gab es überhaupt nur Weberei, Pulverfabrik, Wachsbleiche, Knochenstampfe und Bahnhof – da las man besser den ganzen Tag Romane und Gedichte.

Matilda war aber gerade mit ihrem kleinen Sohn im Seebad Misdroy. Die Coppels trafen nur ihren Mann an, einen Papierhändler mit Sorgenstirn, der sie zum Abendessen in sein Haus lud, nachdem er ihnen sein Kontor und die in Berlin gebliebenen drei kleineren Kinder gezeigt hatte, darunter Louis Ferdinand, den Ida häßlich fand, aber als Prachtjungen bezeichnete. Ullstein zog ein Oktavheft aus der Innentasche und las ihnen ein Gedicht vor, das nett war, aber etwas brav. Das sagte sie ihm. Sie riet vorsichtig von weiterem Dichten ab, er reagierte brummig. Es war eine Art von Brummigkeit, die sie mochte. Sie sagte zu ihm: »Dennoch, wenn Sie mich etwa langweilen wollen, müssen Sie sich mehr anstrengen!« Frechheiten hoben sofort seine Stimmung. Er lachte vergnügt und las ein weiteres Gedicht vor. Indiskutabel wie das erste. Titel: »Ode an Tildchen«. Sie mußte dazu nichts sagen, weil es an der Tür schellte – ein weiterer Besuch kam und wollte Tee, ein liberal gesinnter Assessor aus dem Rheinischen, der in Berlin politische Verbindungen knüpfen wollte. Er nahm Ida und ihren Vetter kaum wahr, sondern sprach ständig mit scharfer Stimme über Verfassungsfragen und Bismarck, einen Menschen, der entschlossen sei, die Uhren im Lande anzuhalten. Ida saß still und beobachtete ihren Papierhändler.

Was für ein hübscher, rotblonder, freundlicher, jugendlicher Mann! Jugendlich schien er, weil er so schnell war. Ein Mensch, der rasch begriff und sparsam entgegnete. Es lag daran, daß er zuhörte, statt sich mit dem Vorformulieren eigener Gedankenketten zu beschäftigen.

Genug! Der Mann war verheiratet, noch dazu mit ihrer Halbcousine Matilda, und in diese verliebt wie ein Pennäler.

Er hatte einen klugen, forschenden, manchmal etwas stechenden Blick, dazu eine selbstbewußte Grimmigkeit. Ein stolzer Mann und ein klein wenig Raubtier – Raubtier mit beginnendem Bäuchlein, aber das fand sie niedlich. Als man aufbrach, nahm Eugen Richter – so hieß der Rheinländer – die Coppels in der Droschke mit und erzählte ihnen, er werde wohl demnächst Bürgermeister von Neuwied. Sie wünschten ihm Glück.

*

Leopold schickte ein Billett in Idas Pension und lud sie und den Vetter für Mittwoch zum Abendbrot ein. An Tildchen hatte er über den Besuch berichtet. Sie antwortete im nächsten Brief spitz: »Und grüße mir Deine Ida . . .!« Er hatte das Mädchen doch nur ein wenig geschildert und gemeint, daß es harmlos und normal klang, wenn er aus seinem Wohlwollen keinen Hehl machte. Tildchen wußte jedoch, wie Ida aussah, ferner, daß Leopold Augen im Kopf hatte.

Sehr harmlos! Er brannte vor Harmlosigkeit. Er konnte nicht einschlafen und fand kaum eine Lage, in der ihn nicht irgend etwas störte. Diese jungen Frauen! Sie hatten, wenn sie eben erst ihre Macht entdeckt hatten und diese mit jedem Blick und jeder Bewegung ausprobierten, etwas Magnetisches. Dazu waren sie unschuldig wie Kinder, und wer enttäuschte gerne ein Kind? Ida erinnerte ihn in ihrer Unbefangenheit und Lebendigkeit an Matilda. Und dann machte sie ihm ja wirklich Augen auf Teufel komm raus. Naiv, furchtlos und gewiß resistent gegen Erziehung – an Ida wäre selbst eine Priscilla gescheitert.

Außer den Coppels lud er noch den Verleger Duncker sowie Ludwig Loewe ein, einen jungen Nähmaschinenfabrikanten, dazu deren Frauen. Bertha, Pauline und ein Lohndiener arbeiteten mit Bugwelle, um es zu schaffen. Die Herren waren Unternehmer und Politiker zugleich, sie rauchten tüchtig Zigarren. Hoffentlich nahm der kleine Louis im oberen Stockwerk keinen Schaden. Als Ida Ludwig Loewe fragte, ob auch er Gedichte geschrieben habe, verneinte er verlegen und entzückt – und log natürlich. Der Kleinen gelang schon die nächste Eroberung.

Im Herbst wollten die Eltern Coppel, wenn sie bis dahin wieder gesund waren, mit Ida und der jüngeren Schwester nach Ostende an den Strand – wie auch Tildchen mit Hans und Käthe. Womöglich war es dann für Leopold besser, nicht hinzufahren? Oder doch, um seine Harmlosigkeit zu demonstrieren?

Tildchen schrieb, sie sei mit Hans recht allein. Zwar waren Priscilla und ihre Emily mitgekommen, aber weder die Kinder noch die Schwestern hatten sich viel zu sagen.

Und sonst? Hauptsächlich Regen, Wind und unentwegtes Dame oder Mühle spielen im Pensionszimmer. Der Brief schloß mit dem Satz: »Gestern kannten wir uns sieben Jahre ›richtig‹. Bin und bleibe Dein verliebtes Tildchen.«

Wie gesagt, Leopold hatte ein Oktavheft in der Brusttasche. Auf den ersten Seiten standen noch Gedichte, aber seit er die Baltazar Graciáns »Handorakel« in Schopenhauers Übersetzung gelesen hatte, weltmännische Lebensweisheiten aus dem 17. Jahrhundert, wollte er auch seine eigenen Erkenntnisse sammeln. Es waren geschäftsmännische und sonstige, dazwischen standen Notizen und Fragen des Tages.

»Niemals jemandem etwas aufzwingen, es liegt kein Segen drauf.« »Wer im Leben zweimal zu betrügen versucht, verliert seine Ehre. Wer es nie versucht hat, braucht keine.« »Vermehre nicht mutwillig die Zahl deiner Feinde. Es werden auch so immer mehr.«

Auch ein Verdikt gegen die Börse notierte er sich: »›Börse ist das sicherste Mittel, sein Schicksal von einer großen Zahl gieriger und feiger Menschen abhängig zu machen.‹ Meint Bülow. Ist aber aus demselben Grund gegen allgemeine Wahlen!«

Einmal zeigte er Duncker eine Seite dieser Notizen. Der las sie, entzündete dann eine Zigarre und sagte nach dem ersten Zug: »Ullstein, Sie sollten weiter Papier verkaufen!« Leopold spürte, daß die Freundschaft mit Duncker sich dem Ende zuneigte. Der Gast nahm einen weiteren Zug, blickte den Rauch--

kringeln nach und fuhr fort: »Aber in bedruckter Form!« Die
Freundschaft konnte fortbestehen.

Das Gespräch ging dann noch um Bethel Strousberg, den
Leopold aus London kannte und dessen Aufstieg er bewunder-
te. Und dann kamen sie auf den Sieg über die Dänen und auf
Bismarck.

»Wie es heißt, trinkt er heftig«, sagte Leopold.

»Schlimmer noch«, antwortete Duncker, »es hat keinerlei
Wirkung!«

*

Auf keinen Fall wollte er nach Ostende fahren, so sehr Tildchen
ihn in ihren Briefen drängte. Es gebe viel zu viel Arbeit, antwortete er ihr, gerade jetzt im September. Sie schrieb ihm von
kleinen Eroberungen – ein junger Russe habe sich auf der Hin-
reise für sie interessiert und partout nicht geglaubt, daß sie die
Mutter von vier Kindern sei. Wann schrieb sie endlich etwas
über die Familie Coppel und Ida? Die waren jetzt dort. Nein,
nichts.

Mit Priscilla komme sie diesmal so einigermaßen aus, schrieb
sie. Hans sei gern am Strand und fechte dann mit einem zuge-
spitzten Stock gegen den Wind: »Da geht es mächtig hin und
her. Kommt eine Welle, muß er vor dem Gegner zurückwei-
chen. Wenn die nächste Welle ihm etwas Zeit läßt, stößt er vor
und erteilt dem Wind eine gehörige Lektion.« Leider habe sie
auf der Strandpromenade ihre Lorgnette verloren, wodurch sie
jetzt all die hübschen Frauengesichter hinter den Schleiern nur
ahnen könne. Über die Coppels erfuhr Leopold nur, daß sie
nicht koscher äßen, wodurch man bei den Mahlzeiten nicht
zusammen sei. Dann schwärmte sie vom Meeresleuchten. Es
bedeute ihr eine friedliche Vision, eine Augenmusik, er müsse
das unbedingt einmal sehen. Und endlich kam doch etwas:

»Dienstag hat sich Deine Ida verlobt mit dem Feinde unseres
Landes, einem reichen Dänen. Gestern wurde er mir von ihrer

Mutter vorgestellt und ich ihm als ›Cousine, dazu die Frau von Idas Verehrer‹! Schade, daß mein Russe nach Paris mußte, sonst hätte ich mich gleich rächen können. Statt dessen habe ich der Mutter artig erwidert, daß mein Mann Bruchteile seines großen gefühlvollen Herzens den Coppelschen Frauen zu Füßen gelegt habe, ob aber die Verehrung mehr der Mutter oder der Tochter gelte, könne ich nicht sicher sagen. Der glückliche Bräutigam heißt Bernhard Reuben aus Kopenhagen, einziger, dunkelblonder Sohn des Millionärs und höchstbesteuerten Bürgers dieser Stadt, Reuben senior. Die Hochzeit wird im künftigen Frühjahr sein...«

Einige Tage später erfuhr er, daß ganz Ostende verschnupft sei, der früh hereingebrochenen Kälte und des üblen Windes wegen. Coppels würden bald abreisen, und auch das Brautpaar sei jetzt hinreichend verliebt und verschnupft. Dann bat sie Leopold noch nachzusehen, ob Louis seinen vierten Zahn habe. Hatte er.

Ein schöner Traum war das gewesen. Und um ein Haar hätte Ida einiges durcheinandergebracht, diese jetzt dänische Seejungfrau und »Feindin«! Leopold beschloß, sich jetzt noch mehr auf sein Tildchen zu freuen, auf Hans, Käthe und all die Nordseemuscheln, die sie vor ihm ausbreiten würden.

*

Am 6. Juni 1865, einem Dienstag, kam Leopold aufgeregt aus dem Kontor und erzählte Matilda, Bismarck habe an Rudolf Virchow eine Duellforderung geschickt. Dieser habe im Preußischen Landtag irgendwelche Aussagen des Kanzlers (mit Recht) angezweifelt, was Bismarck als Beleidigung betrachte. Abends überlegte Virchow im Kreis seiner Freunde, ob er sich die Wahl der Waffen vorbehalten sollte, um Bismarck dann statt Pistolen Würste anzubieten, von denen eine mit Trichinen verseucht wäre – vor kurzem war seine »Lehre von den Trichinen« herausgekommen.

Virchow wurde nicht nur von Bismarck, sondern auch von den Fleischern der Stadt gehaßt. Sie vermuteten, daß er die Trichinenfurcht nur schüre, um ihr Geschäft zu schädigen.

Bismarck war zum Verzicht auf seine Duellforderung nicht zu bewegen, und er erhielt in seinen Kreisen Unterstützung. Ein Standesgenosse bot sogar großspurig an, Bismarcks Werk fortzusetzen, »falls eine jüdische Kugel ihn treffen sollte«. Virchow, auf diese Weise Jude ehrenhalber, verweigerte sich der Forderung weiter, worüber man bei den Liberalen froh war, insbesondere im Hause Ullstein. Eben erst war ein gewisser Lassalle, Arbeiterführer, von einem absichtsvoll beleidigten General aus dem Weg geräumt worden – der feudale Unsinn des Duells griff, anstatt zu verschwinden, immer mehr um sich, wurde zum Mittel der Politik. Um Virchow hätte es Matilda leid getan. Obsiegt hätte er bestimmt nicht – ein jagdgewohnter Gutsbesitzer schoß doch besser als ein Arzt.

*

Im Herbst 1866 fuhr Leopold nach Leipzig, um in einem dortigen Sanatorium eine Diätkur zu machen. Vierzehn Tage lang karge Mahlzeiten, dazu nur Wasser! Auf ein-zwei Biere hoffte er dennoch, die Stadt hatte einen Bayerischen Bahnhof.

Da er außer dem Besuch seiner Brüder Julius und Max-Wilhelm in Leipzig sonst nicht viel zu tun hatte, erwartete Matilda lange Briefe. Leopold konnte wunderbar schreiben, aber er legte im Zweifelsfall (also im Normalfall) lieber die Füße hoch und träumte seinen ehrgeizigen Traum.

Inzwischen gab es ein fünftes Kind, Alice, das schönste Baby, das weit und breit in den Steckkissen zu finden war. Was Leopold zu der Bemerkung verführt hatte: »Vielleicht ist sie dann im Heiratsalter stockhäßlich!«

Matilda fand Berlin immer interessanter: Da gab es eine Pferdestraßenbahn nach Charlottenburg, ferner Rohrpostleitungen, in denen man mittels Druckluft und Metallhülsen wichtige Briefe, aber auch Käfer oder besonders kleine Beamte zwischen den Ministerien hin- und herschießen konnte. Das Größte aber hatte Onkel Reuter vollbracht, Julius Paul, der Tänzer. Er hatte ein telegraphisches Kabel quer durch den ganzen Nordatlantik verlegen lassen, so wußte man in Berlin seit kurzem allmorgendlich, wer abends an der Neuyorker Börse Erfolg gehabt hatte.

Leopold hatte jetzt Aktien, keine amerikanischen zwar, aber solche von europäischen Bahngesellschaften. Warum nicht, wenn er an die Zukunft glaubte? Sogar Heinrich Heine hatte Geld in Eisenbahnlinien investiert. Der war zwar elend gestorben, aber nicht arm.

Von Leopold ein kurzer Brief, der zur Hälfte von den morgendlichen Krähenschwärmen über dem Leipziger Bahnhof handelte. Sie wußte, daß er Krähen haßte – er hielt sie, ohne das zu begründen, für Vorboten einer Gefahr, und sie machten ihm Angst wie anderen Menschen Hornissen oder Schlangen.

Warum schrieb er nur immer so kurz? Vielleicht liebte er sie nicht mehr. Sie bekam im Lauf der Zeit immer mehr Kinder und immer weniger Briefe von ihm. Als sie ihm das einmal gesagt hatte, war er traurig und unwirsch geworden.

Sie wog immer noch nicht mehr als fünfzig Kilo und strotzte wahrlich nicht von Gesundheit – mußte das mit den Schwangerschaften denn weitergehen bis an ihr selig Ende? Ein Provinzpatriarch war er, ihr Junge, ein Stammesvater aus Fürth oder aus den Wüsten Portugals. Sie haderte mit seinem dynastischen Denken.

Mit der Friedrichsgracht Nr. 68 hatten sie eine schöne Wohnung, einen Schutz vor dem Unsinn der Welt, auf längere Sicht leider zu klein. Leopold hatte sich schon ein Haus angesehen, das zum Verkauf stand, Wilhelmstraße 71, dicht beim Palais von Bethel Henry Strousberg. Leopold hielt ihn für genial, obwohl man allgemein erwartete, der Eisenbahnmagnat werde letztlich scheitern. Im Moment ging das Gerücht, Strousberg wolle auch in Rumänien ein Schienennetz errichten, damit der Hohenzollernprinz, der dort gerade den Thron bestieg, in einem Salonwagen herumfahren konnte.

85

Daß Leopold Nachbar dieses Titanen wurde, schien Matilda gefährlich. Vielleicht war die Tüchtigkeit solcher Nachbarn ansteckend und Leopold kam irgendwann überhaupt nicht mehr aus dem Kontor. Oder noch ärger: Er übernahm sich. Bisher gab es dafür zwar keine Anzeichen, aber sie wußte: Er brauchte Wagnis und Spannung. »Kontrolliertes Verrücktspiel«, so hatte er das System Strousberg genannt, das hatte sie sich gemerkt. Sie liebte Verrücktheiten nicht und mißtraute auch den klügeren von ihnen.

Nein, sie wollte nicht in die Wilhelmstraße. Ihr Ort war die Friedrichsgracht. Im Moment waren allerdings zu viele Katzen auf dem Hof, man tat bei offenem Fenster nachts kein Auge zu.

*

Leopold saß im Zug nach Berlin. Er hatte vorbildliche drei Kilo abgenommen. Sechs Kilo wären noch vorbildlicher gewesen, aber der Mensch konnte nicht ständig Zwergenportionen essen und Mineralbrunnen trinken. Das Wichtigste war erreicht: Er fühlte sich beweglicher, leichter, aufgeschlossener. Und er dachte weich und liebevoll an Matilda.

Tildchen hatte doch vollkommen recht! Ein sauer dreinblickender Handelsmann mit lederner Seele war er geworden, der einen Taler auf den anderen legte und alle Welt mit Geldsorgen tyrannisierte, die gar nicht bestanden. Und Matilda war dieser Eintönigkeit besonders ausgeliefert, weil sie nicht dramatisieren konnte: Sie machte keine Szenen und weinte ihm nichts vor. Er hatte sich allzusehr an diese Vorzüge gewöhnt und nahm sich jetzt vor, mit ihr von vorne anzufangen, bei der Zärtlichkeit der ersten fünf Ehejahre, und sie öfter in den Arm zu nehmen. Gewiß, sie liebte ihn anders als er sie. Er liebte mit einem Drittel Herz und zwei Dritteln Verstand, bei ihr war es umgekehrt. Nein, sie war ganz Herz! Sie hatte einen wunderbaren Verstand, aber der machte sich nicht dauernd wichtig. Er zog das Oktavheft und notierte einige Zeilen zu einem Gedicht, darunter den

Halbsatz: ».. . welch einen holden Schatz von Lieb und Treu/der Busen einer Frau bewahren kann.« Er fürchtete allerdings, daß er das schon irgendwo gelesen hatte.

Jüterbog. Er überlegte, ob er Anteile an Strousbergs rumänischem Eisenbahnprojekt erwerben sollte. Die Frage wurde vertagt, die Gedanken kehrten zu Matilda zurück. Er war entschlossen, sich selbst künftig genauer zu beobachten. Wie oft war er der Meinung gewesen, er habe etwas hinreichend freundlich ausgedrückt – erst später war ihm klargeworden, daß er es kurz und eisig gesagt hatte.

»Wer dich aushalten kann, der liebt dich auch.« Seltsame Umdrehung im Grunde. Bei ihm hätte es geheißen: »Nur wer dich liebt, kann dich aushalten« oder »um dich auszuhalten, muß man.. .« Aber das war es nicht. Ihre Sprache produzierte drollige Fehler, die neues Licht brachten.

Blankenfelde. Ihm fiel ein, daß er Matilda immer wieder eine gemeinsame große Reise nach Spanien und Portugal versprochen hatte.

Anhalter Bahnhof. Da stand sie schon – mit Hans, Käthe und einem Blumenstrauß! Weg mit dem Gedicht, es gefiel ihm nicht.

Wie schön war es, in der Friedrichsgracht zu sein! Bertha und Pauline hatten ein Festessen gekocht. Leopold probierte den Wein. Wenn es bei fünf Kindern blieb und irgendwann die obere Wohnung frei wurde, konnte man vielleicht doch hier bleiben. In der Wilhelmstraße residierten doch nur Emporkömmlinge, die nichts von Glück verstanden.

*

Anderthalb Jahre später, zu Weihnachten 1867, war Matildas Leib schon wieder aufs schönste gewölbt. Am 16. Januar kam Franz Edgar zur Welt, eine niedliche Schnecke. Matilda freute sich, aber sie unterbrach jeden, der einen Kommentar abgeben wollte: »Darf ich vorher noch etwas sagen? Das Wort ›Prachtjunge‹ kann ich nicht mehr hören!«

Leopold hörte unter vier Augen auch diesen Satz: »Ab jetzt bitte keine Kinder mehr. Ich bin imstande und verlasse dich, so sehr ich dich liebe. Wir müssen uns zurückhalten!« Er sah ihren Ernst und versprach es.

*

Im Frühjahr 1868 reiste Leopold mit Matilda, deren Schwester Juliet Benfey und dem zweiundzwanzigjährigen Diener Walter Dauth für vier Wochen nach Spanien und Portugal. Es fiel ihnen schwer, Kinder und Haus zurückzulassen, aber es ging, weil sie eine neue Verwalterin und Kinderfrau hatten, die dazu geboren schien, einen großen Haushalt liebevoll und energisch zu führen. Daß sie erst neunzehn Jahre alt war, spielte keine Rolle.

Elise Pintus war umsichtig, belesen, lustig, tüchtig, konnte Geschichten erzählen, den Geschichten anderer zuhören und streng sein, wo es nötig war. Vor allem strahlte sie Ruhe und Klarheit aus. Die Ullsteinkinder mochten sie und gehorchten ihr. Sie stammte aus einer verarmten jüdischen Familie in Stendal. Leopold wußte speziell zu schätzen, daß sie gut rechnen konnte. Er stellte auch fest, daß sie eine angenehme Person von herber Schönheit war, vor allem aber konnte man ihr Haus und Kinder überlassen.

Für Franz Edgar wurde eine Spreewälder Amme engagiert, deren Milch ihm offensichtlich schmeckte. Was sollte schiefgehen? Daß die Kinder sich im Laufe mehrerer Wochen zu sehr an Elises kluges Regiment gewöhnten und die Eltern gar nicht mehr zurückhaben wollten, war nicht anzunehmen. Matilda, Leopold und Diener Walter waren bereit, das wüste Berlin hinter sich zu lassen.

*

Abertausende von armen Leuten strömten damals in die Stadt, sie florierte, aber mitten in ihr herrschte Elend. Bethel Henry Strousberg, der neue Nachbar der Ullsteins – sie wohnten nun doch in dem Haus an der Wilhelmstraße –, war so reich geworden, daß er die Armen der ganzen Stadt speisen konnte. Er konnte nicht nur, er tat es auch: 1869, als die Hungersnot ausbrach.

*

Wenige Tage vor der Abreise kam die Nachricht, Julius sei an einem Nervenfieber erkrankt. Erst als seine Frau Lina von Besserung telegraphierte, entschloß sich Leopold, keinen Umweg über Leipzig zu machen, sondern am Sonnabend, dem 21. März den Nachtzug über Hannover, Köln, Aachen und Namur direkt nach Paris zu nehmen. Schwägerin Juliet stieß in Hannover dazu. Auch sie hatte Kleinkinder in der Obhut der Ammen zurückgelassen. Das Gepäck aller war beträchtlich, man mußte sich für das Verladen und für die Grenzkontrollen viel Zeit nehmen.

Leopold, Matilda und Juliet hatten begriffen, daß sie die Reise nicht verschieben konnten, bis alle Kinder alt genug waren. Ein Menschenleben währte nicht so lang, wie man beim Aufschieben wichtiger Dinge dachte. Da hatten sie nun die Mittel zu so vielem, und die Welt war so reich. Ohne jede Kenntnis der großen, runden Welt zu leben war Elend, sogar eine Schmach. Und einer Frau wie Matilda nichts zu bieten als gelegentlich ein einsames Wellenbad in der Ost- oder Nordsee, das war zu wenig! Hoffentlich funktionierte der junge Disponent Blumenthal, dem er Prokura erteilt hatte. Verluste waren wohl nicht ganz zu vermeiden. Und hoffentlich verliebte sich Elise nicht plötzlich in einen Kerl und verschwand, wildes Chaos zurücklassend, nach Pest, Ofen, Laibach oder Neuyork, eine dieser Städte, wo man niemanden wiederfand. Vielleicht sogar zusammen mit dem Disponenten. Ein Alptraum!

Sie verließen den großen Zug von Paris nach Marseille in

Tarascon, stiegen um nach Narbonne und sahen beim Überqueren der Rhone seitab die lange Kettenbrücke schimmern. In
Narbonne schliefen sie schlecht, betrunkene Burschen von der
neuerrichteten mobilen Garde lärmten ums Haus. Am nächsten
Tag ging es stundenlang zwischen dem Meer und großen Binnen-
seen entlang bis Perpignan. Dort war es mit dem Bahnfahren
zunächst aus. Obwohl ein spanisches Schienennetz bestand,
konnte man die Grenze nur zu Fuß, zu Roß oder mit der Kutsche
überschreiten. Diener Walter mietete eine für den nächsten Tag.

Walter Dauth hatte leider einen herb riechenden Achsel-
schweiß – die Damen schnitten gelegentlich Grimassen, wandten die Augen gen Himmel. Aber er war aufmerksam, pünktlich, umsichtig und hatte nicht nur fremde Sprachen, sondern
auch Rechnen gelernt. Leopold fand, man müsse da abwägen.
Er gab ihm sogar Ratschläge unter vier Augen, wie dem Übel,
eventuell durch rein pflanzliche Ernährung, abzuhelfen wäre.
Sicher war: Waschen half nicht – der Unglückliche wusch sich
fast ununterbrochen mit besten Seifen. Lag es vielleicht gerade
daran? Nach der Rückkehr wollte Leopold Rudolf Virchow
befragen – es interessierte ihn einfach, und der berühmte Arzt
wußte mit Sicherheit über so etwas Bescheid.

Die Voraussetzungen für eine herrliche Reise waren gegeben:
Alle wußten, daß sie beschwerlich werden würde und Kraft
erforderte. Vor allem war sie, auch für Walter Dauth, die Vision
eines anderen Lebens, die man brauchte, um das eigene weiterleben zu können. Leopold interessierte sich für Armut und
Politik, Matilda für Bauwerke und Kathedralen, Juliet für alles,
was wuchs – Gärten, Korkeichen, vor allem Blumen. Sie wollte
Samen und Setzlinge nach Göttingen mitnehmen und ausprobieren, was im dortigen naßgrauen Klima gedieh und was nicht.

In Gerona konnten sie die Kutsche zurückschicken und wieder in einen Zug steigen. Leopold suchte die Damen vor einer
Schar von Bettlern abzuschirmen und Walter paßte auf, daß
kein Koffer wegkam, denn die spanischen Gepäckdiebe waren
für ihre Kunst berühmt. Etwas bang war den Reisenden jetzt

90

doch. Hoffentlich wurde niemand von ihnen krank. War es nicht doch leichtsinnig gewesen, ins wilde Land der Vorväter zu fahren und die Kinder mit Elise allein zu lassen? Franz war noch sehr klein. Wenn nun ein Unglück geschah? Matilda hatte ein schlechtes Gewissen und suchte bereits nach einem Grund, um vorzeitig zurückzureisen.

*

Die Reise wurde aber zum Schönsten, was Matilda je erlebt hatte, schon weil sie daraus lernte: Nichts war unwiderruflich vorbei und dahin. Leopold war friedlich und aufmerksam, er lachte mit ihr und liebte sie, und sein Kontor vermißte er weniger als sie ihre Kinder. Ganze zwei Mal telegraphierte er nach Berlin, alle Antworten waren beruhigend.

Juliet verglich ständig Pflanzen mit Abbildungen in ihrem botanischen Lexikon, ihre Begeisterung über den spanischen Frühling war ansteckend. Walter hatte Erfolg mit einem Kräuterfett vom Madrider Wochenmarkt, er roch jetzt nach frisch gebackenen Weihnachtsplätzchen.

Glück, das gab es nicht nur in der Brautzeit und dann vielleicht noch beim Anblick der spielenden Kinder. Es konnte auch nach elf Ehejahren mehr sein als die Summe dessen, was gerade einmal nicht störte, und es entstand nicht nur dadurch, daß sie, Matilda, die Frau zu sein versuchte, die ein übermüdeter Leopold verstehen konnte. Glück entstand, wie unter Kindern, ganz ohne Abmachung und Verstehen. Es war geteilter Reichtum des Wahrnehmens, und das behagliche Mitteilen und Zuhören gehörte dazu. Sogar das abendliche Notieren in den Tagebüchern machte Freude, und wenn sie sich beim Frühstück etwas davon vorlasen und belachten, dann half das in den Tag und tröstete über Strapazen. Juliet sagte, sie müsse die gleiche Reise noch einmal mit Theodor machen, falls die Benfeysche Bank irgendwann ohne seine Anwesenheit florierte.

*

In Lissabon, am 17. April 1868, feierten sie den achtunddreißigsten Geburtstag von Matilda. Vormittags fuhren sie mit einem Ochsenkarren nach Alfeto an der Küste, einem Landsitz des früh gestorbenen, tüchtigen Königs Dom Pedro V. Nach der Rückkehr aßen sie nachmittags in einer kleinen Wirtschaft und tranken einen Rotwein aus Collares, vom westlichen Abhang der Sierra de Cintra – Leopold schrieb sich all das auf –, unter blühenden Akazien in der Nähe eines melancholisch knarrenden Schöpfrades. Zwar überkam Leopold die Laune, den Damen den »Holzschliff« zu erklären, das neue Verfahren zur Herstellung billigeren Papiers, aber bei diesem Wein waren selbst chemische Erläuterungen über den »sauren Holzaufschluß« zu ertragen. Zum Nachtisch aßen sie »Bananen«. Das waren seltsame Früchte aus Madeira, lange Schoten von gelber Farbe, deren Rinde man abzog, worauf ein angenehm schmeckender Teig übrigblieb – unglaublich, wieviel es in der Welt noch zu entdecken gab!

Abends gingen sie ins Theater und sahen »Joven Telemaco«, eine komische Oper aus der Welt der Odyssee und im Offenbachschen Stil. Als Kalypso ihre Nymphen einzuschläfern hatte, tat sie es durch das Verteilen aktueller spanischer Zeitungen, deren Leitartikel auch noch vorgelesen wurden. Die Wirkung trat augenblicklich ein, das Publikum wieherte. In Spanien herrschte Zensur und in Portugal ein nie versiegender Spott über Spanien.

»Das war mein bisher schönster Geburtstag«, sagte Matilda im Hotelbett und drückte ihr Ohr auf Leopolds Schulter.

»Nur bisher!« antwortete Leopold.

*

Als sie sechs Wochen später in der Bahn von Madrid nach Norden saßen, wollten sie nicht einmal mehr in Avila die Reise unterbrechen – zu sehr freuten sie sich auf das Nachhausekommen. In Hendaye erreichte ihr Zug die französische Grenze, es hieß also umsteigen, denn Frankreichs Bahnen hatten eine andere Spurweite. Man genoß die Höflichkeit der französischen Beamten und einen gut angelegten Bahnhof mit hübschen Anpflanzungen ringsum. »Ach, ein zivilisiertes Land!« jubelte Juliet. Sie fuhr von Paris aus mit Diener Walter über Köln nach Göttingen, Leopold und Matilda nahmen den Weg über Straßburg und Frankfurt nach Leipzig, weil sie nach Julius sehen wollten.

Was für eine großartige Welt war das geworden, man konnte, wenn man wollte, von Lissabon nach Moskau reisen und dabei in zehn oder zwölf prächtigen Städten speisen und spazierengehen. Europa war die Welt schlechthin und würde es, da es wohl keine Kriege mehr geben würde, immer bleiben, gerade weil es jetzt so unglaublich expandierte – wie eine durch Fruchtbarkeit und Fleiß wachsende, kräftige Stadt.

In Leipzig war alles in Ordnung. Julius holte sie persönlich am Bahnhof ab, er war erholt und fast der alte.

Unerklärlich war weiterhin diese Krähengeschichte hier – Matilda sah es jetzt auch: Waren das Tausende, Zehn- oder Hunderttausende von Vögeln, die sich den Leipziger Bahnhof als morgendlichen Treffpunkt ausgesucht hatten? Und wann würde man je herausbekommen, was sie dort wollten? Da war ein kleiner Baum auf dem Bahnhofsvorplatz, in dessen Zweigen allein etwa dreihundert der schwarzen Vögel herumturnten und einander zu verdrängen suchten. Vielleicht eine Zusammenkunft, bei der es um einen künftigen Krieg der Vogelheit gegen die Menschheit ging – unter Führung der Krähen. Oder ein Krähenstammtisch seit Urzeiten.

In Berlin standen Prokurist Blumenthal, Elise Pintus, Hans, Käthe, Else und der fünfjährige Louis Ferdinand mit Blumen auf dem Bahnsteig im Wind, alle gesund und mit guten Nachrichten von Tieren, Schulnoten, Bilanzen und Pflanzen. Hans, der jetzt neun Jahre alt war, demnächst aufs Gymnasium kam und manches schon genauer wissen wollte, fragte nach den Begrüßungsküssen ohne Umschweife: »Und? Habt ihr euch gestritten?«

Leopold und Matilda sahen einander an. Leopold sagte lächelnd: »Ich wüßte nicht.« Matilda schüttelte den Kopf: »Gar nicht, es war herrlich!«

*

Im September 1868 bricht in Spanien eine Revolution aus, die zu allgemeinen Wahlen führt. Ihr Ergebnis ist, daß die Monarchie beibehalten und ein Thronfolger gesucht wird.

1869 wird die Sozialdemokratische Partei Deutschlands gegründet; noch interessiert das außer den Arbeitern (zu der Zeit eine Minderheit) kaum jemanden.

Es gibt Streit zwischen Frankreich und Preußen wegen der Kandidatur eines Hohenzollernprinzen für den spanischen Thron. Eine gute Gelegenheit für Bismarck, den Krieg anzuzetteln, den er gern führen möchte.

Am 1. September 1870 werden die französischen Truppen bei Sedan besiegt, Kaiser Napoleon III. gefangengenommen.

Im Januar 1871 wird Deutschland zum Reich geeint, Wilhelm ist deutscher Kaiser, Bismarck Reichskanzler. Es gibt eine Verfassung, die (anders als im Königreich Preußen) ein für alle Männer gleiches Wahlrecht vorsieht. Ferner wird ab sofort am 1. September der »Sedanstag« gefeiert werden, zur alljährlichen Wiederholung der Demütigung Frankreichs. Die Kinder haben dann schulfrei.

Am 7. Februar 1871 bringt Matilda eine Tochter zur Welt, fünf Tage später stirbt sie, entkräftet durch Blutverlust. Das Kind ist gesund und erhält den Namen Mathilde.

VIERTES KAPITEL

Elise

Ständig kamen dunkel gekleidete Männer und gaben an der Haustür Visitenkarten ab, deren Ränder zum Zeichen der Trauer umgeknickt oder abgerissen waren. Papa ließ die Karten sammeln und registrieren, aber er empfing nur engste Freunde.

Hans war nicht sicher, ob er so traurig war, wie er jetzt sein sollte. Er fühlte sich nur furchtbar elend. Mama lag so blaß und still im Sarg und machte die Augen nicht auf, obwohl er hier schon einige Zeit saß und hoffte, sie würde es tun und ihn ansehen – wenigstens für eine Sekunde, dann konnte sie ja weiterschlafen. Er fühlte sich elend, weil sie so elend aussah. Er hatte sich nie wohl gefühlt, wenn es ihr schlecht ging. Außerdem störte ihn, daß sie ein komisches Häubchen trug und ihre Nase so ragte. Die wirkte größer als sonst und bleicher. Mamas Gesichtsausdruck war friedlich, vielleicht hatte man ihr vor dem Sterben gesagt, daß jetzt alles gut werden würde, oder sie hatte sich überlegt, wie sie als Tote aussehen wollte. Die Frage war, wie das Sterben eigentlich ging – vielleicht gab es da jemanden, der »jetzt!« sagte. Die Lider hatte der Arzt ihr geschlossen. Hans wußte von Lore – der jetzigen Köchin –, daß man mit offenen Augen starb, um noch zu sehen, wer einen liebte und beweinte. Und das war es: Er weinte nicht, obwohl er die ganze Zeit das Taschentuch in der Hand hatte und sogar damit an den Augen herumtupfte. Ihm war mies. Er wollte nach oben in sein Zimmer – ja, er war seit einem Monat zwölf und hatte ein eigenes Zimmer. Mama hatte gesagt, ab zwölf brauche ein Mann ein Zimmer für sich allein.

Er ging jetzt dorthin, vielleicht kam sie dann und wollte

durch das kleine Mikroskop schauen, das Onkel Virchow ihm geschenkt hatte und mit dem man die Härchen an Pflanzen und die Beißwerkzeuge von Fliegen ansehen konnte. Aber wie sollte Mama ins Mikroskop schauen mit geschlossenen, wahrscheinlich auch irgendwie zugeklebten Augen? Jetzt weinte er doch, guter Gott, das hatte gedauert. Er weinte wie gestern abend im Krankenhaus, als Papa mit den Händen vorm Gesicht aus dem Zimmer getreten war. Seine Schwester Käthe schluchzte auch los, und auf der Treppe Else, weil sie an den Tränen ihres großen Bruders merkte, daß das alles endgültig war. Nur Alice guckte weiter verwundert, sie war fünf.

Soeben hatte Papa die Kinderfrau Elise Pintus angewiesen, mit all seinen Sprößlingen einen Schneespaziergang zu machen. Vielleicht störten ihn die Kinder, wenn er mit schwarzgekleideten Besuchern reden mußte. Vielleicht wollte er nur in Ruhe nachdenken. Auf dem großen Schreibtisch hatte Hans einen Zettel mit Notizen liegen sehen, der letzte Punkt hieß »Haus verkaufen?« Auf Befragen hatte Papa einen Witz versucht: »Das? Das heißt ›Hans verkaufen.‹ Man hat mir für dich einen Haufen Geld geboten...« Dazu hatte er lustig zwinkern wollen, was mißlang. Hans kannte das: Wenn sein Vater verzweifelt war, versuchte er derbe Späße zu machen, die aus Fürth stammten — er sprach dann sogar fränkischer als sonst.

Jetzt waren sie also mit Elise in den Winter verbannt. Gut, daß es die Kleinen gab, Franz und Alice, die nichts verstanden, sondern nach Neuem ausspähten. Ihnen zuzusehen lenkte ein wenig ab. Der dreijährige Franz quiekte jedesmal, wenn er etwas Unbekanntes sah. Ebenso, wenn er etwas wiedererkannte — er quiekte reichlich. Wenn nicht, dann weinte er. War er einmal ganz ruhig, konnte man sicher sein, daß er schlief. Louis dagegen weinte fast nie, nicht einmal aus Wut wie Käthe. Nahm ihm jemand ein Spielzeug weg, staunte er nur und wartete mit höflichem Lächeln auf den Moment, in dem er es wieder ergreifen konnte. Mit Louis konnte man schon ein wenig reden, er war acht. Kinder unter sechs waren rätselhaft, kein erwachsener

Mensch verstand sie. Jüngere Geschwister waren wie ein Zoo ohne Gitter.

Auf dem Gendarmenmarkt war ein Hund, der verbotenerweise frei herumlief, ein ziemlich großer, zottiger. Franz rannte zu ihm, blieb dann wie angewurzelt stehen und sah ihn sich ganz genau an, der Hund schaute zurück, und alle Spaziergänger schauten auf Franz, wie er auf den Hund schaute. Dann schnüffelte der Hund an Franz herum, dieser quiekte begeistert und versuchte, ihn an den Schlappohren zu fassen. Das fand der Hund ungehörig und machte »Wuff«, er wollte Franz vielleicht sogar ins Händchen zwicken. Elise warf sich mit einem Schrei zwischen Hund und Kind, das Tier lief zu seinem längst nach ihm pfeifenden Herrchen zurück. Und Franz? Fand es großartig! Er schaute bereits nach dem nächsten Hund aus. Franz wußte eben einfach gar nichts, er war zu klein, um Angst zu haben.

Als sie zurückkamen, war Mama von Männern der Gemeinde abgeholt worden, sie lag jetzt in der Leichenhalle an der Schönhauser Allee.

*

Hans mußte neben Papa in der ersten Stuhlreihe sitzen, neben Oma Dinah, Tante Juliet aus Göttingen und Tante Priscilla aus Hannover, die alle schwarze Wollkleider trugen. Es gab zwei Onkel, die Julius hießen, der eine war der aus Leipzig, dem vor Jahren auch eine Frau im Kindbett gestorben war, das Kind war aber schon tot gewesen. Jetzt hatte er Tante Lina und mit ihr viele Kinder. Der andere Julius war ein berühmter Schriftsteller, der mit Mama eine ziemlich entfernte Großmutter gemeinsam hatte. Er nannte sich »Rodenberg« und jedes Wort von ihm wurde immer sofort gedruckt.

In der Leichenhalle des Friedhofs hatte sich eine große Zahl von Menschen versammelt, ernst und schwarz, viele mit weißen Schnupftüchern, Hans wollte sich umdrehen, aber Papa warf ihm unter der Hutkrempe einen Blick zu und schüttelte den

Kopf. So hörte er nur die vielen Schritte, das Füßescharren und gelegentlich ein unterdrücktes Weinen. Die Kleinen drehten sich natürlich doch um, aber in der zweiten Reihe saß Elise und tuschelte ihnen Ermahnungen zu. Vorne stand der Holzsarg mit Mama, er war nicht lackiert und trug keinen Schmuck. Hans hatte schon einmal einen christlichen Schulkameraden mit beerdigt – ein großes Getümmel von Kränzen und Blumen, die dann so lange auf dem Grab blieben, bis sie ganz komisch aussahen.

Der Rabbiner sprach das Gebet zidduk hadin und hielt eine gar nicht lange Totenrede. Danach durften auch andere etwas sagen. Es sprach nur Onkel Rodenberg, der etwas nervös war, aber gut redete. Er lobte Mama, sprach über Manchester und Göttingen und nannte eine Reihe von Mamas Vorfahren, darunter eine Gitel Levy und eine Glückel von Hameln, die zwar nicht adlig war, aber ein Tagebuch geschrieben hatte, Onkel Rodenberg hatte es gelesen. Man sah ihm an, daß er jetzt gern von Glückel erzählt hätte – er war auch nicht mehr so aufgeregt. Aber er besann sich und machte es kurz.

Als dann draußen der Sarg von den Männern der Gemeinde in die Grube herabgelassen wurde, war Hans wieder nach Heulen zumute. Er versuchte woanders hinzusehen, wo keine Menschen standen, aber all die krummen und schiefen Grabsteine, die sich nur noch mühsam aufrechthielten, hatten nichts Tröstendes. Es war der Moment, in dem sowieso alle weinten, sogar Papa.

Dann ging es wieder in die Halle, wo die zwei ältesten Brüder ein Kaddisch-Gebet zu sprechen hatten. Louis hatte sich erst geweigert, er wollte nichts Hebräisches auswendig lernen und aufsagen, weil er es nicht verstand. Aber wer sprach denn schon Hebräisch? Erst als der Rabbi ihm alles erklärt hatte, willigte er ein. Wenn Louis nicht wollte, dann wußte er, daß er nicht wollte. Ein störrischer kleiner Bär.

Die Kutschen brachten die Leute wieder zurück in die Wilhelmstraße, wo alle Platz hatten, es gab Kuchen und Kaffee. Zu Louis hatte Leopold gesagt: »Merk dir, wer gekommen ist, alle

Namen und was für einen Beruf sie haben! Das ist wichtig. Schreib es auf, das hilft mir.« Das war für den Achtjährigen genau das Richtige und lenkte ihn vom Kummer ab: Er hatte zu tun! Wenn fremde Menschen mit starrem, künstlichem Ernst auf ihn einsprachen und wohl erwarteten, daß er für sie aus purer Höflichkeit in Tränen ausbrach, fragte er sie ganz direkt: »Wie heißen Sie, was tun Sie?« Einige ließ er sogar buchstabieren und notierte ihre Personalien freundlich, aber bestimmt, sein Vorbild war Hauptwachtmeister Klemke vom Alexanderplatz, der auch immer ganz ruhig alles aufschrieb. Vielleicht kam Ordnung überhaupt vom Aufschreiben.

Tante Priscilla erklärte Louis, daß ihr Papa, sein Großpapa, ebenfalls Louis geheißen habe. Sie lächelte immer so sanft und müde beim Sprechen, weil sie dann weniger Fältchen im Gesicht hatte, und wenn sie still war, sah sie so aus, als ob sie gerade »reizend« gesagt hätte. Der kleine Louis hörte ihr eine Weile ernst zu und sagte dann: »Ich heiße aber Louis Ferdinand!«, wandte sich ab und rief im Davonlaufen: »von Preußen!«

Rudolf Virchow war auch da, den brauchte er nicht aufzuschreiben. Onkel Virchow hatte beim Kaddisch plötzlich den Hut abgenommen, worauf ihn jemand sacht anstieß, damit er ihn wieder aufsetzte (Louis hätte sich darob fast beim Gebet vertan). Es kam ein dicker Mann, der Strausberg hieß, aber mit »ou« geschrieben werden wollte, was Louis affig fand. Aber die Frage, was er tue, beantwortete er klar: er baue Eisenbahnen. Anders dieser Mosse, der wohl selber nicht wußte, was er machte, denn er antwortete: »Das ist schwer zu erklären«, und lachte so komisch. Papa sagte abends geistesabwesend: »Mosse ist Zwischenhändler für Zeitungsannoncen, ein tüchtiger junger Mann...«, um dann hinzuzufügen: »Jetzt ist nichts mehr, wie es war.«

Schließlich mußten auch die beiden ältesten Söhne ins Bett. Hans stellte noch eine Frage: »Heißt heute noch irgendwer Glückel, ich meine als Frauenname?«

99

»Vielleicht. Wahrscheinlich aber nicht. Eher Gloria oder Gertraude oder so.«

Hans fand das schade. »Glückel«, der Name gefiel ihm.

*

Höre ich Glückel? Das ist mein Name. Wir kommen aus Cleve, Emmerich, Witzenhausen, Hannover, und davor aus Spanien und Portugal. Heinrich Heine gehört dazu. Der kriegt immerzu Anrufe, er kommt nicht zur Ruhe, der Dichter. Ich habe zuerst mit ihm geschimpft, weil er sich zum Christen hat taufen lassen. Aber hier schimpft niemand lange. Wir sind nicht so direkt verwandt, lieber Hans Ullstein, aber das macht ja nichts, du hast an mich gedacht, so etwas kommt hier gut an.

Ich freue mich, mit dir zu sprechen und mit anderen Kindern, ich hatte zehn. Es melden sich viele erwachsene Verwandte, die mein Tagebuch gefunden und gelesen haben, sie wundern sich, wenn ich zu ihnen spreche. Von hier aus kann ich sehen, daß du dein Glück finden wirst, es wird aber anders heißen als ich. Vielleicht kommt zu deiner Zeit sogar der Messias. Wir haben damals täglich auf ihn gewartet, wir hätten ihn sehr nötig gehabt. Er sagt uns nicht, wann er sich auf den Weg machen wird. Immerhin sind seine Koffer gepackt.

Deine Mutter ist lieb, ich meine Matilda hier oben bei uns, wir lachen viel zusammen. Gesegnet sollst du sein, Hans, ich wünsche dir zwei gute Träume, einen für die rechte und einen für die linke Seite.

*

Eine Zierschrift, braver und schöner fast als alle Vorlagen. Das Tagebuch von Elise Pintus war in jeder Hinsicht vorbildlich. Sie schrieb noch immer so ordentlich wie in der Schule. Manche Menschen führen Tagebuch, weil sie ihre Gedanken lieben, andere wollen ihre Erfolge verzeichnen oder sich selbst ermah-

nen. Elise liebte ihre Schrift und ihre Arbeit, und die Arbeit war
wie die Schrift: sauber, klar, fehlerlos, dabei nicht eng, nicht
ängstlich. Inhalt ihres Lebens waren derzeit die Ullsteinschen
Kinder, und daher handelten die Eintragungen mehr von ihnen
als von ihr selbst.

Manchmal bewunderte sie jemanden, zum Beispiel Priscilla
Benfey: »Wer so klug ist, hat kein leichtes Leben, auch wenn er
viel Vorsicht und Freundlichkeit aufwendet.« Und sie bewunderte Leopold Ullstein: »Er, der innerlich so Ungeduldige, hört
immer geduldig zu. Er hat Freude an Menschen besonders
dann, wenn sie besser sind, besser denken oder besser reden als
er, und er glaubt, daß das viele tun. So ist er stark. Glücklich
aber nicht so sehr, denn es gibt viele, die seinen hohen Sinn
kränken. Er ist oft angespannt. Manchmal gibt er Rätsel auf.«
Die Einundzwanzigjährige verehrte den Hausherrn und freute
sich, wenn er auftauchte. Vielleicht liebte sie ihn, aber schon die
Idee hätte sie abgewehrt, wenn jemand sie ausgesprochen hätte.
Eine Haushälterin, die ihren Herrn liebte? Unvorstellbar. So
blieb jene Eintragung über Leopold Ullstein ein Einzelfall. Häufiger waren Bemerkungen wie: »Hans ist bildhübsch. Alle sagen
es, manchmal direkt ihm ins Gesicht, oder sie geben es in
Anspielungen zu erkennen. Bisher macht ihn das nur unwohl
und verlegen, er ist nicht im mindesten eitel. Aber hübsche
Kinder haben es schwer, etwas Ordentliches zu werden. Schon
ihr Gesicht reicht aus, um jederzeit Wohlwollen, aber auch
Zweifel an ihren Fähigkeiten zu wecken. All das kann sie verderben. Ich werde daran nichts ändern können, wäre schon froh,
ihm das Nägelkauen abzugewöhnen. Seit dem Tod der Mutter
kann er davon nicht lassen.«

*

In dem Haus an der Wilhelmstraße wollte Leopold als Witwer
nicht weiterleben, es wurde an einen Bankier namens Landau
verkauft, Leopold und seine Kinder wohnten nun in der Tier-

gartenstraße 17a. Es war ein kleineres, aber hübscheres Haus, und vor allem schien Matilda in ihm nicht ganz so schmerzlich zu fehlen wie in der Wilhelmstraße, wo die Treppe, jedes Fenster, jeder Raum um sie mittrauerte. Leopold hatte sich auf Virchows Rat und Bitte in die Stadtverordnetenversammlung wählen lassen und stürzte sich in mehr Arbeit als je zuvor. Elise übernahm die Mutterrolle und war ihr gewachsen. Nun zog Matildas verwitwete Schwester Priscilla aus Hannover nach Berlin, die engagierte, gedankenvolle Erzieherin wurde mit ihren drei jüngeren Töchtern zum täglichen Gast bei den Ullsteins und begann, sich mit Geduld und Liebe um ihre mutterlosen Neffen und Nichten zu kümmern. Jedermann erwartete, daß Leopold seiner sechsundvierzigjährigen Schwägerin aus Vernunft- und Sympathiegründen früher oder später einen Heiratsantrag machen würde – sie selbst erwartete es auch. Alles paßte, die Situation war für die Verbindung wie geschaffen. Aber da war dieses Kindermädchen, Elise Pintus, zu der Leopold Vertrauen hatte, enormes Vertrauen.

Man konnte Priscilla Benfey vieles nachsagen, vielleicht sogar Fehler, nur eines bestimmt nicht: daß sie Rivalinnen unterschätzte. Elise hatte, was Priscilla fehlte: Jugend, Bescheidenheit und die Zuversicht, daß alles gut werden würde. Wo Priscilla »ein Lächeln schenkte«, da lachte sie strahlend. Wo Priscilla »ein Lied zu Gehör brachte«, da trällerte sie fröhlich und falsch, und den Text änderte sie, wenn er ihr entfallen war, bis zur Sinnentstellung. Sie war guter Dinge, lenkbar und voller Respekt vor klugen Menschen. Sie lernte gern und ließ sich jederzeit etwas erklären. Sie war kein verführerisches Stück Weiblichkeit, nur freundlich und frisch. Sie war, fand Priscilla, eine großartige Angestellte, mehr nicht. Andererseits auf so attraktive Weise unschuldig, daß sie eben doch gefährlich war.

Die Art, wie Leopold Elise anschaute, deutete Priscilla richtig – Elise bemerkte nichts, sie kam gar nicht auf den Gedanken, daß etwas zu bemerken wäre. Priscilla sah ihre Niederlage voraus und versuchte, ihr sofort einen Sinn zu geben: Wenn Leopold

Elise nahm, dann nur, weil er Matildas Andenken nicht durch eine auch nur annähernd ebenbürtige Nachfolgerin überschatten lassen wollte.

*

Ob und wie ernsthaft Leopold die Heirat mit Priscilla erwogen hat, wissen wir nicht. Priscilla war nach wie vor, trotz einiger Fältchen, eine beeindruckend schöne Frau, ein Blickfang ersten Ranges, und Leopold hatte keineswegs vergessen, daß er in sie vor zwanzig Jahren verliebt gewesen war. Lag es an den Kindern, die von Matilda so viel Unbefangenheit und Freiheitslust mitbekommen hatten, und die bei Priscilla immerzu einen gewissen Druck spürten, den sie nicht mochten? Oder daran, daß die Töchter von Priscilla bei Hans und Louis wenig Anklang fanden? Auf keinen Fall lag es an Elise, die vor Priscilla Respekt hatte und ihre Konsequenz bewunderte – noch Jahrzehnte später bekannte sie, daß sie viel von Frau Benfey gelernt habe. Nein, es lag an Leopolds Sicht der Dinge. Priscilla war eine Fürstin, sie brauchte einen Mann, der zu ihr aufschaute, einen Minnesänger. So einer war Leopold nie gewesen, war es jetzt jedenfalls noch weniger als 1851. Inzwischen verstand er, daß Priscilla Macht besaß, wollte und brauchte. Er sah Diskussionen kommen, dann Kämpfchen, schließlich den Kampf um Sinnfragen.

Auch Matilda war selbstbewußt gewesen, aber meist mit Leopold in einem heiteren Einverständnis, das auf das Ergebnis von Debatten nicht angewiesen war. Sie hatte ein bißchen mit ihm gehadert, liebevoll und listig oft, aber ihn gelassen, wie er war. Priscilla hingegen ...

Es war ohnehin nichts mehr zu machen: Er liebte die einundzwanzigjährige Elise Pintus. Sein familienväterlicher Instinkt und seine Vernunft liebten sie, gewiß auch sein Herz und seine Sehnsucht nach unbefangener Lust. Und so bat er eines Tages Priscilla mit peinlichster Liebenswürdigkeit, mit unerträglicher

Höflichkeit, sie möchte sich »aus der Erziehung der Kinder zurückziehen«.

Sie ließ sich nicht anmerken, wie tief sie sich gedemütigt fühlte, sie empfand seine Ablehnung als einen weiteren harten Schlag in ihrem Leben. Nie hat die stolze, gescheite Frau ein Wort darüber verloren. Sie ließ sich im Hause Ullstein nicht wieder sehen, wurde krank, konnte Berlin nicht mehr verlassen, starb innerhalb eines Jahres. Erst ihre Kinder sprachen später von Leopolds »Undank«.

Das Leben ist um so härter, je mehr wir von ihm erwarten, aber sollen wir deshalb auf Erwartungen verzichten? Priscilla hat nichts falsch gemacht, Leopold auch nicht. Mit der Wahl Elises schon gar nicht.

*

»Die Sache mit den Veilchensträußen kann ich aufklären«, schrieb der Fabrikant Ludwig Loewe 1871 an den Fabrikanten Louis Liebermann. »Leopold Ullstein hat niemals Veilchensträuße verkauft oder gar davon gelebt. Wahr ist – ich bin Zeuge dessen –, daß er neue Kunden seiner Papiergroßhandlung, sofern die Jahreszeit es erlaubte, mit Blumengebinden beglückte.«

Ludwig Loewe war Nähmaschinenfabrikant und Berliner Stadtverordneter, der besonders um die Verbesserung der Volksschulen besorgt war. Louis Liebermann, einer seiner bejahrten Kollegen im Stadtparlament, war Mitbesitzer einer Fabrik für Kattundruck. Loewe wollte, daß Liebermann seinen Freund Ullstein kennenlerne, daher lud er beide zum Essen ein und fügte für jeden ein paar Informationen über den anderen hinzu. »Ullstein ist etwas nervös, sein Witz hin und wieder sarkastisch, sein Temperament cholerisch, aber durch Klugheit gebändigt. Er ist ein fleißiger Arbeiter und ein Zuhörer von guter Auffassungsgabe, dazu ein begnadeter Rechner und Zahlenmensch. Er bewundert von Herzen alle Menschen, die etwas Vernünftiges können, und er weiß sich das Können anderer zunutze zu machen. Ich halte ihn, ohne Ihrem überlegenen Urteil vorgreifen zu wollen, für den geborenen Volksvertreter – also nicht Berufspolitiker (Sie wissen, daß ich von solchen ebensowenig halte wie Sie). Vermutlich wird er eines Tages ein guter Mann im Reichstag sein. Mit Virchow ist er seit Jahren befreundet, bewundert ihn als Arzt und Menschen. Sehen Sie sich diesen Ullstein einmal an, beobachten Sie seine ersten Schritte. Ich kann mich irren, wie Freunde meistens irren, aber ich denke, er wird sich bewähren.«

Über Liebermann schrieb er an Ullstein: »Der Mann ist von großer Vornehmheit, sachlich und integer, außerdem aufs Beste liberal. Sein Sohn will Maler werden, und er läßt ihn.«

*

Diese Teppiche! Strousberg, der vormalige Nachbar mit dem Palais in der Wilhelmstraße, liebte und kaufte Teppiche, immer mehr davon. Sie waren zu tief, zu flauschig, schließlich geradezu sumpfartig. Selbst der Gang nüchterner Menschen wurde auf ihnen unsicher. Solche Teppiche vermittelten die Illusion, man würde weich fallen, wenn man denn fallen mußte. Der Eisenbahnkönig Bethel Henry Strousberg fiel tief und hart. Einem ehrgeizigen Abgeordneten war es gelungen, in geschickten Reden Mißtrauen gegen diesen Mann zu schüren, dessen Imperium neben Leistung und Verstand auch Vertrauen brauchte und bis dahin auch zu Recht genossen hatte. Strousberg war allgemein beliebt gewesen, gewiß ein Profiteur, aber ein großzügiger. Er wußte, daß nicht nur Nehmen, sondern auch Geben selig war. Er speiste die Hungernden, baute für die Stadt einen Schlachthof und eine Markthalle, verkürzte in seinen Fabriken die Arbeitszeit, stand zu seinen Verpflichtungen und wäre ihnen wohl auch ohne weiteres nachgekommen, wenn man ihn nicht in die Falle gelockt, in Rußland widerrechtlich eingesperrt und gezielt daran gehindert hätte, die Situation zu klären. Er hatte die preußischen, die europäischen Eisenbahnen aufgebaut, sie existierten und funktionierten und waren keine Gaukelei. Er hatte sie mutig, aber mit Augenmaß finanziert. Hätte er früher einsehen sollen, daß sein Aufstieg ihm fanatische Neider, Wadenbeißer, Todfeinde schaffen würde? Vielleicht.

Gewiß, es gab so etwas wie Besoffenheit durch Erfolg, sogar bei einem Mann vom Format Strousbergs. Hatte er mehr von dem narkotisierenden Stoff erwischt, als er vertragen konnte? Leopold kam zu dem Ergebnis: nein! Strousberg hatte relativ wenig Fehler gemacht, auch wenn seine Teppiche in der Wilhelmstraße etwas zu tief waren und die Gäste seiner Abendgesellschaften in der Regel etwas zu adlig. Als Geschäftsmann war er solider gewesen als die meisten, fand Leopold und entschloß sich, Strousbergs rumänische Eisenbahnobligationen nicht zu verkaufen, aus Überzeugung und aus Trotz. Er bereute es nicht. In Schwierigkeiten kamen andere.

In Berlin war nach 1871, als die Milliarden der französischen Reparationen flossen, ein allgemeines Gründungs- und Aktienfieber ausgebrochen. Auch von Strousbergs Erfolg beflügelt, gingen unzählige Projektemacher mit fabelhaften, absolut bombensicheren Geschäftsideen auf Geldsuche. Sie bekamen es von all denen, die ohne Arbeit ganz schnell reich werden wollten. Immer neue Bau- und Grundstücksgesellschaften entstanden, Banken, Textil- und Modehäuser, sehr oft Firmen, die nur lebensfähig waren, so lange ihnen ständig neues Anlegergeld zufloß. Als Leopold im Frühjahr 1873 beim Bezahlen einer Droschke von einem geschwätzigen und dreisten Kutscher nach Börsentips gefragt wurde, verdroß ihn das. Er faßte den Entschluß, sich von allen Aktien zu trennen. Es geschah keinen Moment zu früh. Denn schon im Mai fielen die Kurse erst an der Wiener und dann an der Berliner Börse heftig. Strousberg, obwohl der kein Aktienspekulant war, riß bei seinem Sturz dann alles völlig in die Tiefe, Banken schlossen, in Jahrzehnten gewachsene Vermögen waren futsch, Großbaustellen verwaisten, ruinierte Familienväter erschossen sich. Obwohl manche fanden, diese »Gründerkrise« habe auch etwas Reinigendes und

Heilsames, erschreckte sie durch ihre Vehemenz und prägte sich tief ins Gedächtnis. Wer hatte das verschuldet? Die Frage fand viele Antworten. Die blödsinnigste Reaktion begann damals ihre Karriere: Juden seien es gewesen, die mit lügnerischen Versprechungen die ehrlich erworbenen Vermögen anderer an sich gebracht hätten. Jüdische Geldgier dominiere in Wirtschaft und Bankwesen, und auch Strousberg sei natürlich Jude. Er war getauft, Protestant, aber das galt den Judenfeinden nur als Tarnung: Sein Großvater habe Nehemia, sein Vater Abraham, er selbst als Junge Baruch Hirsch geheißen. Davon könne man alles ableiten.

Zu Elise sagte Leopold: »Es gibt Behauptungen, mit denen kann man sich nicht vernünftig auseinandersetzen.«

»Moment mal«, fragte Elise, »heißt das, daß man sich mit ihnen unvernünftig auseinandersetzen kann?«

Leopold schmunzelte. Aber dann dachte er zu seinem eigenen Erstaunen scharf darüber nach.

*

Es war die Zeit des »Moment mal«. Eine Art Mode war dieses Wort geworden, und sie hatte etwa zu der Zeit begonnen, als die Börsenkurse purzelten. Die Kinder sagten es auch schon, die sogar besonders häufig. »Moment mal« besagte: »Du willst mich schnell überreden, aber das nützt dir nichts. Ich verlange nur einen Moment, den kannst du mir nicht verweigern, und dann kriege ich dich am Schlafittchen: Was du sagst, stimmt nämlich nicht!« Der Spruch konnte auch bedeuten: »Ich komme da auf eine ganz andere Möglichkeit, die ihr alle bisher nicht seht, ich werde sie euch gleich schildern.«

»Moment mal«, das war die kürzeste Formel für alles, was eine Opposition tat und was oppositionelle Zeitungen taten: der Exekutive in den Arm fallen. Einen raschen und rechtzeitigen Vorbehalt anmelden, um ihn dann in Ruhe auszuführen. Kleist hatte so die Französische Revolution beginnen lassen. Der königliche Abgesandte verkündet, daß auf Befehl des Königs die Versammlung des Dritten Standes aufzulösen sei. Stille, keine Reaktion. »Habt ihr den Befehl des Königs vernommen?« »Ja, wir haben den Befehl des Königs vernommen«, antwortet Mirabeau zögernd, »indes...« Und dann redet er, weil er dieses »indes« ausgesprochen hat, weiter. Die Gedanken entstehen beim Sprechen, werden zur Revolution – sie sind die Revolution! Am Schluß, irgendwann, steht der König auf dem Schafott, ohne »indes« oder »Moment mal« beugt er das Haupt.

Am wenigsten eignete sich dieses Wort zweifellos als Antwort auf Kommandos, zum Beispiel in Kasernen und auf Exerzierplätzen.

Auch dem Grafen Bismarck, obwohl er kein eingefleischter Militär war, paßte die »Moment mal«- und »Indes«-Richtung von Anfang an nicht. Er war davon überzeugt, daß jede Art von Beleidigung entweder wörtlich oder sinngemäß mit genau dieser Wendung anfing oder aber mit einer Bitte um Entschuldigung, was für ihn dasselbe in Grün war. Man machte den Grafen zum Fürsten. Es änderte nichts.

*

Im Februar 1872, ein Jahr nach Matildas Tod, versammelte Leopold seine sieben Kinder und kündigte an, er werde mit ihnen zu einem Photographen gehen. »Wenn Mama von oben herunterschaut, sieht sie euch ja nie alle gleichzeitig. Deshalb ist es gut, wenn auf meinem Schreibtisch ein Bild steht, auf dem ihr beieinander seid.« Damit hatte er eine Fragenlawine losgetreten, und die Fragen wurden nicht in jedem Fall direkt an ihn gerichtet. Der neunjährige Louis fragte den dreizehnjährigen Hans: »Glaubst du das?« Hans: »Nein, aber es wäre schön.« Die sechsjährige Alice wollte von Elise wissen: »Was muß ich da anziehen?«, etwas später fragte sie ihren Vater: »Siehst du Mama denn oft?« Leopold: »Manchmal.« Alice: »Und wie sieht sie aus?« Leopold: »Weiß ich nicht, dazu ist sie zu weit weg.« Der vierjährige Franz fragte seine große Schwester Käthe: »Wann guckt sie denn immer?« Die Antwort: »Na dauernd.« Franz: »Immer auf Papas Schreibtisch?« Käthe: »Meistens.« Franz: »Warum?« Käthe: »Warum! Weil er da eben auch ist.« Franz: »Und wenn er wegfährt?« Die einjährige Mathilde konnte gottlob noch nichts fragen, und die zehnjährige Else entschloß sich, diese ganzen Fragen blöd zu finden: »Ich weiß nicht, was ihr so merkt – ich jedenfalls merke es, wenn Mama mich anschaut!«

Dann waren sie im Atelier des Photographen, der jedes Kind sorgfältig aufstellte – er sprach von »Arrangement«. Else bekam ein Bilderbuch in die Hand, denn es sollte so aussehen, als hätten sie und Alice gerade hinein- und im Moment der Aufnahme von ihm aufgeblickt. Der photographische Apparat stand auf langen Holzbeinen bereit und daneben das Gestell, von dem »mit Pulverkraft, aber völlig ungefährlich« ein erhellendes Feuerwerk zucken sollte.

Der Künstler hatte viel erklären müssen, weil Louis sonst keine Ruhe gegeben hätte. Dann zeigte er ihnen, wo gleich das Vögelchen herausfliegen werde, verhüllte sich und den Apparat mit einem schwarzen Tuch und sagte plötzlich in einem ganz anderen, metallischen Ton: »Stillhalten, niemand rührt sich!« Tschuff! Jähe Helligkeit, alle waren blind und erschrocken, aber es war geschafft.

Das fertige Bild zeigt: Offensichtlich hat niemand an das Vögelchen geglaubt, sondern alle schauen nach dem Gestell mit dem Feuerpulver. Am hübschesten ist Else, die das Buch hält, außerdem Hans, der einen Anzug mit Weste und Fliege trägt. Käthe hebt das Kinn und blickt mißtrauisch wie eine Löwin, die einen Jäger wittert. Über einer ausladenden weißen Wolke von Rock hält sie Mathilde auf dem Schoß, welche nur ganz wenig zappelt – oder hat der Künstler die durch Zappeln verwischten Ärmchen etwas nachgezeichnet? Louis, der kleine Bär, hat eine Kosakenbluse an, blickt entschlossen und schiebt stolz den Bauch nach vorne. Die kleine Alice trägt ein Kleid mit Rüschen und stützt ihren Kopf auf dem Oberschenkel von Else ab, viel-

109

leicht ist sie müde oder der Photograph hatte einen Einfall. Franz, sehr blond, steht am Rand der Gruppe und blickt neugierig. Das Erstaunliche an ihm: Er trägt ein Mädchengewand, aus dem eine seiner Schwestern herausgewachsen ist, vermutlich Else, und zwar ein schulterfreies! So sparsam war der Ullsteinsche Haushalt nicht, daß die Jungen Mädchenkleider auftragen mußten. Ist es also Franz' Wunsch gewesen, so aufzutreten? Ist den Kindern erlaubt worden, sich zu kostümieren – Louis als Russe, Hans als Dandy, Franz als kleine Hofdame? Verbürgt ist nur eines: Als Mama von ganz oben her das Bild betrachtete, ließ sie sich sofort mit Franz verbinden und fragte ihn: »Ich sehe da links ein besonders niedliches Mädchen, das aber nicht zu meinen Töchtern gehört – kennst du es vielleicht?« Franz quiekte vor Vergnügen im Schlaf, wodurch Alice im Nebenbett aufwachte: »Was ist denn jetzt wieder los?«

*

Es war der Abend des Tages, an dem es mittags für die Älteren die Zwischenzeugnisse gegeben hatte. Louis hatte so viele Fünfen mitgebracht, daß er es für sinnlos hielt, mit Papa darüber zu diskutieren: Er hatte das Zeugnis auf den feuchten Boden der Terrasse gelegt und war mit einer Schubkarre so oft darauf hin- und hergefahren, bis nur noch kleine Fetzen übrig waren. Zum Vater hatte er gesagt: »Mein Zeugnis ist überfahren worden, aber mir ist nichts passiert.« Das war die schlaue Wahrheit, aber dann hatte Alice dem Vater gepetzt, was sie gesehen hatte. Louis Ferdinand Ullstein (von Preußen), um eine Tracht Prügel reicher, hatte daraufhin den Entschluß gefaßt, Alice an den Haaren zu ziehen, wo immer er sie traf, und zwar auf ewig.

Es waren harte Zeiten im Hause Ullstein. Vielleicht hörte Papa endlich auf seine Kinder – alle ohne Ausnahme – und heiratete Elise Pintus. Dann würde nämlich alles besser werden, fanden sie. Sogar Leopold selbst war dieser Meinung, und irgendwann auch Elise: einen Monat später.

Zur Hochzeit kam Juliet als einzige der Berend-Töchter. Leopold sprach am Abend mit ihr über Matilda: »Sie hat das siebente Kind gewollt!« Da wurde Juliet fast schroff: »Leopold, mir mußt du das nicht sagen! Ich kenne meine Schwester. Sie hat nie ein Kind bekommen, das sie nicht gewollt hat. Alles andere auch nur zu denken wäre Beleidigung, noch schlimmer: Es wäre unzutreffend.«

*

»Stell dir vor«, hatte Papa gesagt, »es würde mit einem Mal alles Papier verschwinden, sich in Luft auflösen. Verstehst du, was ich meine?«

Hans verstand, daß alles zusammenbrechen würde. Gesetzblätter, Gerichtsurteile, Geldscheine, Wertpapiere, Briefe, Bonbontüten und Schulzeugnisse – alles futsch. Das wäre ein Spaß! Leider mußte man dann alle Gedichte auswendig können – Hans wollte ja nicht unbedingt Papierhändler werden, sondern Dichter, am besten Dichter und Prinzipal zugleich, denn vielleicht konnte er nicht sofort alle mit seinen Gedichten begeistern. Jedenfalls hörte er gut zu, wenn Papa ihm alles über Papier und Papiergeschäft erklärte. Das geschah täglich zwischen sechs und sieben Uhr, vor dem Abendessen, sie nannten es das »Vaterstündchen«, und es waren viele Stündchen nötig für das Papier. Es war ein geniales Material, obwohl es nichts Neues war, sondern nur die schlaue Verfaserung und Verfilzung bekannter Stoffe: Hanf, Lumpen, Stroh, Esparto-Gras, vergammelte Taue und Schnüre, Spinnereiabfälle, Holz.

Da gab es Schul-, Kanzlei- und Zeichenpapier, Druck- und Seidenpapier, weißes Hutpack, Affichenpapiere und Wellpappe, die aber wohl keine Zukunft hatte. Am meisten verdiente er an den Großkunden, Druckereien und Zeitungen. Das Druckpapier wurde vorwiegend in Rollen geliefert, aber auch noch in Bögen. Fünfundzwanzig Bögen waren ein »Buch«, zwanzig Bücher ein »Ries«, zehn Ries ein »Ballen«. Es kam nun darauf an, was für Preise sich erzielen ließen. Soeben war der Ausfuhrzoll für Lumpen weggefallen – immer noch wurde ziemlich viel Papier aus Lumpen gemacht. Wenn es weniger Lumpen gab, wurde Lumpenpapier teurer. Klugerweise hatte man schon vor Jahren den »Holzschliff« erfunden, das meiste Druckpapier war aus Holz gemacht. Bäume gab es nun wirklich überall, also wurde Papier insgesamt billiger, jedenfalls langfristig. Was tat nun der Großhändler, der zwischen der Papiermühle und den Kunden stand? Fünf Prozent von etwas Billigem waren weniger als fünf Prozent von etwas Teurem, die gleiche Menge vorausgesetzt. Er wurde also arm, wenn er nicht die Verkaufsmenge steigerte, sein Geschäft mußte wachsen. »Und dann«, sagte Papa, »beliefert dich auch die Fabrik zu günstigeren Preisen.«

Er war seit einem Jahr an einer schlesischen Fabrik beteiligt, war sogar deren Mitdirektor. Dort kam jetzt mehr Papier her, er lieferte es weiter an die »Vossische Zeitung«, den »Kladderadatsch«, den »Bazar« und an die Druckerei Sittenfeld. Nächstens würde er schon wieder ein größeres Lager brauchen, außerhalb der Stadt. Zu enge Lager kosteten Zeit und Arbeit durch das ewige Umräumen, es passierten leicht Unfälle und sogar die Brandgefahr war größer.

Am Ende der Vaterstündchen sprach Papa immer so etwas wie ein Fazit. Einmal hieß es: »Du mußt Konkurrenten aus dem Feld schlagen! Nur die Größten überleben!«

Da wurde dem friedfertigen Hans doch bang, er schlug sich ungern. Er war ein Freund des Büttenpapiers, des handgeschöpften. Und Holzpapier war auch gar nicht zuverlässig, Chemiker hatten prophezeit, es würde vergilben und nach spätestens hundert Jahren zerfallen. Dazu sagte Papa folgendes: »Das macht nichts. In hundert Jahren haben wir den Fortschritt hinter uns. Dann sind die Völker reich, niemand wird mehr das Billigste, sondern alle werden nur noch das Beste wollen und bekommen. Das Pergament wird zurückkehren, überhaupt alles Wertvolle und Beständige. Dann werden Gesetze in Stein gemeißelt oder in Gold gegossen, denn wir brauchen nur noch wenige.«

»Wie ist es mit Zeugnissen?« fragte Hans, weil ihm Louis einfiel.

»Gute Zensuren in Gold, mäßige in Stein, schlechte in gar nichts – es wird keine schlechten Noten mehr geben!«

Hans Ullstein
1859–1935

Elise hat recht, wenn sie den Jungen »hübsch« nennt, aber diese Eigenschaft wird ihn nicht verderben, nein, nicht im mindesten. Und sein Vater hat recht, wenn er ihn als guten Beobachter und neugierigen Zuhörer erkennt und versucht, ihm alles beizubringen, was er weiß. Zunächst also alles über Papierhandel, dann über Politik, schließlich über Frauen, Zeitungen und Geld (sogar die Reihenfolge dürfte in Ordnung gehen). Hans hat erstaunlich wenig Fehler, außer dem, daß er stets Ruhe und Harmonie sucht und am allerliebsten schweigt, einfach schweigt – manche nennen ihn dafür langweilig, was nur besagt, daß sie nichts vom Schweigen verstehen. Oder daß sie irrtümlich glauben, Verstehen käme vom Reden.

Ob Knabe oder Mann, Hans Ullstein ist vorsichtig, nachdenklich, rezeptiv. Und infolgedessen ein Gegner aller rasch herausposaunten Meinung und Meldung. Er verabscheut Übertreibungen. Er sagt nie: »Das halte ich für schlecht«, er bezeichnet etwas eindeutig Schlechtes als »nicht recht günstig« und etwas zeitlos Großartiges als »einigermaßen gelungen«.

Hans ist, wenn es so etwas gibt, ein Vatersöhnchen. Die tägliche Abendstunde mit Papa hat daran mitgewirkt: Der Vater bleibt auf immer sein Vorbild, freilich nur in seiner Bedächtigkeit und Gerechtigkeit – Leopolds Temperament und Risiko-

bereitschaft gehen auf den ältesten Sohn nicht über. Hans ist
artig und verständig, wird im Lauf der Jahre ein stiller Wissens-
riese, denn er merkt sich alles, sammelt unentwegt kluge Sätze.
Jahrzehntelang wird er rekapitulieren können, was Papa zu diesem oder jenem gesagt hat, zum Beispiel: »Geschäfte müssen so
geführt werden, daß man sein Hauptbuch aufgeschlagen ins
Schaufenster legen kann.« Ab dem sechzehnten Lebensjahr, seit
seiner Pockenschutzimpfung im Jahre 1875 verbringt er keinen
Tag ohne den Griff zum Konversationslexikon. Was er nicht
liebt, sind Indiskretion, Zuträgerei, Spionieren aller Art. Oft
zitiert er Schillers »Verschleiertes Bild zu Sais«: »Weh dem, der
zu der Wahrheit geht durch Schuld. Sie wird ihm nimmermehr
erfreulich sein.« Er stellt keine Fragen, denn meistens weiß er
schon die Antworten. Niemals versucht er, jemanden unter
Druck zu setzen oder zu demütigen. Sensibilität und Takt zeichnen ihn aus, seine freundliche Bescheidenheit wird berühmter
als seine Taten, aber mit ihr lenkt er die Taten anderer. Audiatur
et altera pars: Hans ist, wo immer er auftritt, der Mäßigende,
Ausgleichende, der sogar den Gegner zu Wort kommen läßt
und – bis auf ein einziges Mal, das er bitter bereuen wird –
irgendwelchen kriegerischen und siegerischen Stimmungen
nicht nachgibt. Hans studiert Jura, wird Rechtsanwalt, bis er als
Justitiar in Vaters Firma eintritt und diese nach Leopolds Tod
mit Louis und Franz gemeinsam führt – zwei weitere Brüder aus
Vaters Ehe mit Elise kommen später hinzu. Er ist der einzige der
Brüder, der sich wie sein Vater in der Stadt- und Sozialpolitik
engagiert. Hans ist fleißig, liebt Vornehmheit, Ruhe, Schönheit,
und schreibt gern frühmorgens, in den Sonnenaufgang hinein,
bemerkenswert ausgewogene Leitartikel.

Er hat Glück bei der Wahl seiner Frau, sie heißt Antonie, es
wird ein gutes, langes Glück. Hans sammelt Bilder, sitzt gern in
Berliner Restaurants und Seebädern, beobachtet Menschen und
schreibt sich Zeilen für Geburtstagsgedichte auf. Seine Spiellei-
denschaft ist groß, beschränkt sich aber auf Skat, Bridge,
Schach, Patiencen und Denksport aller Art. Poker, Glücksspie-

le? Nicht mit Hans! Ein musterhafter Mann. Aber da sind diese Anfälle von Schweigsamkeit, dieses plötzliche Ersterben aller Mitteilung, als falle ein Bann über ihn. Daß während seiner Zeit das Telephon die Welt zu beherrschen beginnt, bedeutet für ihn eine Qual sondergleichen. (»Doch, ich bin noch dran! Aber was soll ich denn sagen??«) Seine ohnehin kleine Schrift wird im Lauf seines Lebens immer noch kleiner, irgendwann nahezu unleserlich. Und aus seiner Bescheidenheit wird auch so etwas wie Knauserigkeit, ja Geiz, im wesentlichen der eigenen Person gegenüber. Neben einer immer ärgeren Schüttellähmung plagt ihn schon in den mittleren Jahren die Krankheit, keine Bedürfnisse zu haben. Oder sie zu leugnen.

Hans ist umsichtig und vorsichtig, er tritt nie die Flucht nach vorn an. Er setzt darauf, sich aus Entwicklungen heraushalten zu können, die ein schlechtes Ende nehmen. Darin ist er anders als sein Vater, der Angriffslust zeigte, wenn Politik und Gerechtigkeit es erforderten. Dennoch, einen Satz seines Vaters Leopold wird Hans, obwohl er Harmonie liebt und braucht, zeitlebens tapfer beherzigen: »Trenne dich von Freunden, die nicht offen und ehrlich sind – sonst verlierst du alle anderen, auf die du bauen kannst.«

Sein Neffe Heinz, Louis' Sohn, wird Hans einen Mann von durch und durch nobler Gesinnung nennen und eine etwas erstaunliche Theorie hinzufügen: »Wahrscheinlich war er ein vollkommener Durchschnittsmensch. Denn es ist nun einmal so: Vollkommen können überhaupt nur Durchschnittsmenschen sein. Je bedeutender und leistungsfähiger jemand ist, um so mehr Unvollkommenheiten wird er aufweisen. Das Leben ist grotesk.« Damit ist aber die Ehrenrettung für Hans in Reichweite: Seine Unvollkommenheiten können sich sehen lassen.

Im Jahrhundert von Leopold Ullstein, das auch noch das von Hans ist, bildet in Dynastien wie in Familienunternehmen der gesunde Nachwuchs einen wichtigen Teil des Kapitals. Tüchtige Söhne und schöne Töchter, die möglichst viele weitere tüchtige Männer an die Familie binden. Hier liegt ein weiteres Merkmal von Hans und seiner Antonie: Ihr Stamm ist fruchtbar und mehrt sich. Man hat im Hinblick auf Hans boshaft von der »stummen Macht der Biologie« gesprochen. Aber was heißt stumm, was heißt Macht? Hans liebt Kinder, mit ihnen spielt er, mit ihnen reist er, mit ihnen redet er sogar.

*

Anfang März 1875 fuhr Leopold mit den älteren Kindern sowie seiner Frau und dem einjährigen Rudolf nach Fürth, um Vater Hajum zu besuchen. Der war jetzt dreiundachtzig, sehr krank, ging und atmete schwer, chronische Bronchitis, und ab und zu stolperte sein Herz, was Doktor Berolzheimer aber »altersgemäß normal« fand. Ob die vielen Aderlässe wohl noch halfen oder schon schadeten? Hajum Hirsch Ullstein tätschelte den kleinen Rudolf, begutachtete die älteren Kinder und freute sich an ihnen, obwohl sie sein unruhiges Herz so interessant fanden, daß sie ihm ständig den Puls fühlen oder an seiner Brust horchen wollten: »Huste nicht so, man hört ja gar nichts!« Jetzt mußte der Großvater auch noch lachen.

Elise gefiel ihm ebenfalls, sie war ruhig und freundlich. Mit ihr und Leopold wollte er am Samstag ins Fürther Theater gehen: Ernst von Possart, ein berühmter Schauspieler, sollte den Wurm in »Kabale und Liebe« spielen. Das wollte er doch noch sehen: ob dieser Possart überhaupt gut war.

An politischen Dingen war Hajum nicht mehr interessiert. Noch vor fünf Jahren hatte er Leopold nach Bismarck gefragt:

»Was habt ihr da für einen Menschen in Berlin, der einen Krieg nach dem anderen macht?«

»Ja, das ist ein Pirat. Und leider kein Demokrat.«

»Ein Pirat mit dem Gesicht eines Fleischerhundes.«

Zu solchen Dialogen kam es jetzt nicht mehr. Zu sehr unterschied sich die Reichsgründung von der, nach der Hajum sich ein Leben lang gesehnt hatte. Er ereiferte sich nicht darüber. Er ignorierte jenes Berliner Reich, das ihm reichlich bizarr vorkam, und stellte keine Fragen. »Ich bin ja alt jetzt. Ihr seid dran, ihr könnt euch mit denen herumschimpfen. Und das solltet ihr sogar.«

Am Nachmittag kam Louise Ullstein, der in den letzten Jahren nicht nur ihr Mann Isaak, sondern auch zwei ihrer drei Kinder gestorben waren. Am nächsten Tag wurden Sophie aus Stuttgart und Julius aus Leipzig erwartet. Ein richtiges Familientreffen mit Enkelbesichtigung sollte es werden. Aber am frühen Abend rief Hajum Hirsch Ullstein »oi oi!« und griff sich an die Brust. Die Schmerzen mußten groß sein, alle standen schreckensstarr, dann rannte jemand nach dem Arzt. Leopold redete Vater Hajum sanft zu und streichelte seine Hände. Alle kamen sich fürchterlich hilflos vor. Leopold betete etwas, was die Kinder nicht verstanden, und der Großvater schien ein paar Sätze davon mitsprechen zu wollen, jedenfalls bewegte er die Lippen.

Als der Arzt eintraf, war Hajum Hirsch Ullstein bereits tot, er durfte nicht mehr angefaßt werden und man verhängte im Haus alle Spiegel. »Friedlich dahingegangen aus der Mitte seiner Lieben« stand zwei Tage später in Löwensteins »Demokratischem Wochenblatt«. Die Beerdigung war am Tag nach dem Tod, mit einem jungen Rabbiner, der seine Sache so gut wie möglich machte, aber die Trauergesellschaft schmerzlich an Rabbi Löwi denken ließ, der ein so guter, freier Redner gewesen war: Der hatte bei jedem Satz das kostbare Wort gewußt, das am Ende stehen mußte. Dr. Isaak Löwi war vor zwei Jahren gestorben, sehr betrauert, weil viele zu wissen meinten, mit ihm verabschiede sich die glücklichste Zeit der Juden zu Fürth.

Louis, elfjährig jetzt, hatte den Großvater gerade erst kennengelernt und gefunden, daß er schöne, helle Augen hatte. Er stellte fest, daß zum Begräbnis von Hajum Hirsch Ullstein ziemlich viele Leute kamen.

»Hat Großvater denen allen irgendwie geholfen?« wollte er von seinem Vater wissen.

»Ganz bestimmt. Er hat gern geholfen. Er hat immer geholfen...« Es schien, als ob Leopold jetzt etwas weinen wollte. Aber vorher hatte Louis noch eine Frage.

»Und, und: War das jetzt gut für ihn, daß er immer in die Synagoge gegangen ist?«

»Das war sogar sehr gut.«

*

Schon seit Mitte 1871 war Leopold Ullstein Stadtverordneter, Mitglied des Berliner Stadtrats. Seine rund hundert Abgeordneten – nur Männer – waren nach dem preußischen Dreiklassenwahlrecht gewählt. Das bedeutete, daß die Besitzenden überrepräsentiert waren, hingegen gab es nur wenige Arbeitervertreter.

Bei den wöchentlichen Sitzungen waren meist rund fünfzig Herren anwesend, darunter die besonders engagierten, die hier nicht bloß sitzen, sondern etwas erreichen wollten. Zum Beispiel Rudolf Virchow oder Ludwig Loewe, Leopolds Freunde von der linksliberalen Fortschrittspartei. Wer unentschuldigt und unbeurlaubt fehlte oder deutlich zu spät kam, mußte fünf Thaler preußisch Courant zahlen, so stand es in den Statuten. Das mußte man umrechnen in die junge Reichsmark zu hundert Pfennigen. Daß Abgeordnete wie Delbrück, Halske, Oppenheim oder Borsig, auch der alte Liebermann häufig zu spät kamen oder fehlten, hing ausschließlich mit ihrer Bedeutung zusammen, nicht etwa damit, daß sie die Strafe besonders leicht zahlen konnten. Überhaupt nicht zu spät zu kommen war fast eine Selbstverkleinerung. Es gab eine Art Abwesenheitspolitik: Beschloß man bedeutungshalber wegzubleiben, dann bewog man einen Fraktionsfreund, hinzugehen und nach dem Rechten zu sehen. Interessant war das Verhalten der Abgeordneten Hermes I und Hermes II: Es war immer nur ein Hermes anwesend, obwohl sie unterschiedlichen Parteien angehörten.

Leopold Ullstein war von Anfang an ein begeisterter Stadtverordneter, fehlte selten und kam nur widerstrebend zu spät. Berlin, die rauhe, wildwüchsige, staubige Stadt von einer Million Bürgern, Arbeitern, Glücksrittern und Bettlern, verlangte nach einer wachsamen, geduldigen Mutter, die streng sein konnte, aber sich nicht in Unwichtigkeiten aufrieb. Diese Mutter war die Stadtverordnetenversammlung, die wiederum den Magistrat bestimmte. Hin und wieder war sie eine kluge Mutter, manchmal etwas faul. So kam es, daß fleißige und eifrige Abgeordnete dazu neigten, sich um alles und jedes zu kümmern, also mehreren Ausschüssen zugleich anzugehören. Rechnungswesen, Geldbewilligungsdepution, Steuer- und Einquartierungskommission, das waren die Gremien, in denen ein geschwinder Rechner sich zu Hause fühlen, aber auch etwas langweilen konnte. Leopold brauchte in Unterlagen nicht mehr hineinzusehen, wenn er sie zu Hause durchgerechnet hatte. Und da war so viel Interessanteres, zu dem sich Gedanken entwickeln ließen! So befaßte er sich mit dem »Erleuchtungswesen«, also der Haus- und Straßenbeleuchtung mit Gas und vielleicht irgendwann mit Elektrizität. Wie wunderbar ließ es sich im »Anschlagsäulenausschuß« über das zukünftige Bild der Stadt nachdenken – drohte den Bürgern durch zu viele Reklamereize eine Art Überflutung, welche die Konzentration aufs Wesentliche beeinträchtigte? Konnten Kutscher überhaupt noch ordentlich lenken, wenn ihnen ständig fette, einprägsame Sätze ins Auge fielen? Und es gab noch ernstere Gefahren, gegen die zu kämpfen sich lohnte: Monopolunternehmen etwa, die dazu neigten, von den Bürgern überhöhte Preise für Beförderung oder Gasversorgung zu verlangen.

Absolut lebenswichtig für eine wuchernde Metropole war, wie man mit Schmutz und Abfall fertig wurde – es drohten Seuchen. Die Abwässer konnten nicht in die langsam fließende Spree oder, besonders schlimmer Fall, in die arme Panke geleitet werden. Angetrieben von seinem Freund Virchow nahm sich Leopold der Kanalisation an. Außerdem plädierte er für öffentliche Bedürfnisanstalten, denn wenn deren nicht genug vorhanden waren, konnte man den Herren der Schöpfung ihre gewohnheitsmäßige Wildpinkelei nicht verbieten. Überhaupt die

Straßen: Da gab es das »Referat für Bürgersteigverbesserung«. (»Fast noch wichtiger als die Verbesserung der Bürger selbst«, scherzte ein Abgeordneter.) Eine hygienische Katastrophe waren die Wochenmärkte: Was nicht sofort verkauft wurde, lag herum, faulte und stank zum Himmel. Aber die Markthallen-Großprojekte, die eine vernünftige Ausstattung mit Wasserzufuhr und Abwasserleitungen vorsahen, wurden von den Faulen verzögert. (»Bisher ging es doch auch!«) Dann die wilde Schlachterei ohne Aufsicht und Prüfung. Hier setzte sich der allgegenwärtige Virchow ein und sorgte dafür, daß irgendwann alle das Wort »Trichinen« richtig buchstabieren konnten.

Leopold hielt wirksame Reden – er konnte das, weil er sich gut vorbereitete, Gedankengänge und Zahlen im Kopf behielt und – wie einst Rabbi Löwi – genau wußte, mit welchen Worten er aufhören wollte. Leopold Ullstein, ein hart arbeitender, aber vom Geschäft nie ganz ausgefüllter Mann (obwohl er sich jetzt auch noch als Papierfabrikant versuchte), fühlte sich als Stadtverordneter von Tag zu Tag lebendiger. Seit Vormärzzeiten, längst vor 1848, war er der Überzeugung, daß es wenig Sinn hatte, ausschließlich und jede Minute für die eigene Zukunft zu arbeiten und nur in eigener Sache Risiken einzugehen. Es gab ja die eigene Zukunft nicht ohne die der anderen. Angefangen mit den eigenen Kindern – und jenen anderen, mit denen diese später würden zurechtkommen müssen. Darunter auch den Kindern, die derzeit im Elend aufwuchsen. Rund 80 000 Einwohner Berlins lebten »unter der Erde«, das bedeutete: in Kellergelassen.

Ein Altruist war er nicht. Nur für andere da zu sein, das war meist die Lüge von Schmarotzern, verblümt mit Philosophie von der geschwätzigsten Sorte. Er glaubte daran, daß Eigennutz die Grundlage des Gemeinnutzes sein mußte, oder man überforderte die Menschennatur. Er mochte die Moralprediger nicht, mit seinem skeptischen und sarkastischen Sinn bemerkte er immer wieder, daß sie Wasser predigten und Wein tranken. Andererseits gab es sogar unter ihnen ehrliche Leute. Mit August Bebel hätte er gerne einmal ein Gespräch geführt, aber vielleicht lehnte der es ab, mit einem Liberalen gesehen zu werden.

Es gab noch etwas, was ihn gern Volksvertreter sein ließ: die Chance, Frieden zu stiften. Da hatten zum Beispiel ein paar Bürger sich an der Hasenheide (in der wirklich noch Hasen herumliefen) Häuser gebaut, und nun erlebten sie die Vormacht des Militärs: Auf dem benachbarten Tempelhofer Feld entstand ein Schießplatz, auf dem zum Wohl Deutschlands nahezu ununterbrochen geschossen wurde – besonders Nachtübungen waren es offenbar, die das Reich vor einer Welt von Feinden retten sollten. Wer nachts kein Auge zutat und infolgedessen morgens nur noch wenig Patriotismus aufbrachte, formulierte eine Eingabe an den Magistrat. Nach einer Lösung zu suchen, Nachdenklichkeit herzustellen, zu verhandeln, das gehörte zur »Mütterlichen Position« zwischen Vater Staat und seinen Kindern. Es siegte allerdings meistens der Staat – wie in diesem Fall: Der Schießplatz blieb, es wurde nachts geschossen, und die Bürger versuchten – vergebens – ihre Häuser wieder zu verkaufen.

Alles trug irgendwie zur Zukunft der Stadt bei, alles von der Feuerkasse bis zur Gaststättenverordnung. Gern hätte Leopold sich auch noch der Hunde angenommen: rund 34 000 steuerpflichtige Hunde, daneben (steuerfrei) 2000 Kettenhunde, 600 Zughunde, 30 Wächterhunde und 604 Gesandtschaftshunde. Die meisten von ihnen, steuerfrei oder nicht, verunzierten Tag für Tag die Gehwege und machten diese zu einem ausgesprochen gefährlichen Pflaster.

Er konnte sich nicht um alles kümmern. Das Ärgernis blieb.

*

Am 15. Oktober 1876, einem Sonntag, feierte Elise Ullstein, geborene Pintus, ihren sechsundzwanzigsten Geburtstag, obwohl der schon am vorigen Mittwoch gewesen war. So weit, so gut. Aber es regnete den ganzen Tag. Regnete und stürmte.

Morgens war Leopold mit höflicher Muffigkeit am Frühstückstisch erschienen, hatte die Kerzen anzuzünden vergessen, den Kuchen verschmäht, hastig eine hübsche Halskette überreicht, mindestens viermal die Taschenuhr gezogen, ein Küßchen noch, dann war er verschwunden. Heute wurde das Wahlergebnis zum künftigen Stadtrat bekanntgegeben, da gab es viel zu erörtern und zu planen.

An Elises Geburtstag regnete es von vier Uhr morgens bis acht Uhr abends. Regen- und Geburtstage zeigen, namentlich wenn sie auf dasselbe Datum fallen, wer die ganze Last trägt. Die Kinder konnten sehr mühsam werden, wenn sie sich langweilten. Jedes hatte seine eigenen Probleme und versuchte mit ihnen fertigzuwerden. Hans (17) war verliebt, die Angebetete wußte nur leider nichts davon, weil er außerstande war, ihr ein Sterbenswörtchen zu sagen. Statt dessen schrieb er Gedichte. Käthe war ebenfalls verliebt, und sie konnte es dem netten Jungen schlecht direkt sagen, obwohl sie nicht auf den Mund gefallen war. Jedenfalls war sie durcheinander. Else hielt sich für stockdumm, weil sie ein schlechtes Zwischenzeugnis bekommen hatte. Sie stöhnte über ihren Hausaufgaben, und der Nachhilfelehrer stöhnte auch: Else war beängstigend hübsch geworden, der Student hatte sich in die Vierzehnjährige verguckt. Gottlob ahnte sie nichts von ihrem Glück. Dieser Helfer mußte schnellstens ausgetauscht werden.

Energisch hatte Elise die Kinder in die Mittagsruhe befohlen, aber gegen vier waren alle wieder da. Leopolds Nervosität hatte sie angesteckt. Draußen ein Vorhang aus Wasser, man hätte nicht einmal einen Hund vor die Tür geschickt. Louis wünschte sich übrigens einen, aber bis zu seinem Geburtstag im November war noch Zeit.

Louis war, von den Zeugnissen abgesehen, ein wunderbarer Junge. Er spielte mit allen gern, hatte ein Auge auf die Kleineren, kam mittlerweile sogar mit Alice wieder zurecht und erklärte ihr, worauf es beim Mühlespiel ankam. Auch die Pubertät machte ihn nicht unruhig. Vor Jahren hatte er Elise gefragt, was diese komische Versteifung »da, wo man nicht spricht« bedeute, und ob er vielleicht krank sei. Sie hatte ihm gesagt, daß das in Ordnung sei, Papa würde ihm dazu nächstens etwas sagen (was nicht stattfand, Louis erfuhr das Nötigste von Hans, und der hatte im Lexikon nachgesehen). Louis war ein vorausblickender Junge: Was geklärt war, war geklärt, er verließ sich auf Menschen, die er für aufrichtig hielt, Sorgen waren nicht seine Sache. Er besaß jetzt das Mikroskop, das Virchow einst Hans geschenkt hatte, aber er war an Fliegenbeinen weniger interessiert. Neuerdings dichtete er. Alle in der Familie dichteten. Auch das war nicht besorgniserregend, denn die Gedichte waren nie besorgniserregend gut.

Regen, Regen. Jetzt spielten die Älteren ein einfaches Würfelspiel, da konnte sogar Alice mitmachen, trotz der schrecklichen Pickel, die sie so unglücklich und zu allem und jedem unfähig machten. Elise war jung genug, um sich an ihre eigene Pickelzeit zu erinnern. Sie war damals überzeugt gewesen, daß ihre Pickel nie wieder weggehen würden. Dazu war nur eines zu sagen: »Nicht kratzen!« Sie behielt Alice im Auge und wiederholte den Befehl ungefähr zwanzigmal am Tage.

Wenn Franz lachte, sah er jetzt wegen einer Zahnlücke aus wie ein kleiner Vampir, die neuen Schneidezähne waren aber schon im Kommen. Er war mustergültig lieb und folgsam. »Fränzchen leidet unter Totalbräve«, sagte Louis, »kann so etwas chronisch werden?« Louis ahnte bereits, daß es wichtig war, manchmal weder lieb noch brav zu sein.

Elise war sich bewußt, daß sie von all diesen Kindern, die eigenen eingeschlossen, Louis am meisten liebte. Zum Beispiel auch dafür, daß er gedankenlose Geschenke ablehnte, die für ihn keine Freude, sondern nur eine ärgerliche Dankespflicht bedeuteten – Onkel Julius hatte ihm vor Monaten so einen blöden aufgespießten Schmetterling hinter Glas mitgebracht. Louis mochte weder das tote Insekt noch den innerlich grämlichen, nur nach außen künstlich munteren Onkel Julius. Der hatte die Katastrophe seines Geschenks, vielleicht weil er sich

123

selbst nicht mochte, sofort verstanden. Es fiel kein Wort, beide wußten Bescheid.

Würden ihre eigenen Kinder je so sein wie Louis? Sie hielt ihn für außergewöhnlich. Aber aus den beiden Kleinen konnte ja auch noch etwas werden. Von Hermann konnte man bisher nur sagen, daß er beim Stillen gern zwickte. Der zweijährige Rudolf spielte im Moment mit Bauklötzen, schien aber nicht darauf erpicht, etwas Ordentliches mit ihnen zu bauen. Er schichtete sie irgendwie übereinander, freute sich aber nur, wenn sie wieder zusammenstürzten. Es schien, als genössen vor allem seine Ohren das Spiel: Er liebte Krach und half dem nach, indem er mit einem Klotz rhythmisch auf die anderen eindrosch, jedenfalls war es nicht zum Anhören. Vielleicht die Anfänge eines großen Musikers, vielleicht auch eines kompletten Idioten.

Gegen Abend hatten die Älteren alle Spiele durchprobiert: Domino, Mühle, Dame und das Dichterquartett (viel zu schwer für die Jüngeren). Käthe wußte ein seltsames Buchstabenspiel, das sie Hans erklärte. Jeder wählte sich ein existierendes Wort mit fünf Buchstaben, das er geheimhielt. Nun gab im Wechsel einer dem anderen Probewörter mit ebenfalls fünf Buchstaben, und der Gefragte mußte sagen, wie viele Buchstaben das Wort mit seinem, dem geheimen, gemeinsam hatte. Hans begriff zu rasch: Käthe siegte kein einziges Mal, er bekam seltenste Wörter mit Doppelbuchstaben in Windeseile heraus, sogar FAEHE, den Jägerausdruck für ein Raubtierweibchen. Käthe warf den Bleistift hin und rief zornig: »Und dabei habe ich ihm das Spiel beigebracht!«

Endlich erspähte Louis durchs Fenster, wie Papa vor dem Haus mit triefender Pelerine aus einer Droschke erster Klasse stieg, und daß sein Gesicht blaß war. Er zeigte sich der Familie nicht, sondern ging stracks ins Kontor. Nach einiger Zeit suchte ihn Elise dort auf und hörte, was geschehen war. Davon hängt doch das Leben nicht ab, dachte sie. Aber sie wußte, daß sie das jetzt besser nicht aussprach. Statt dessen ließ sie sich in einen Sessel fallen und flüsterte: »So weit sind wir also schon!«

worauf Leopold entgegnete: »Gut, davon hängt das Leben nicht ab.«

Die Kinder hatten keine Lust mehr zum Spielen, sie neckten sich nur noch. Bald würde Bertha den Gong zum Abendbrot schlagen. Draußen hielt wieder eine Kutsche, ein Lieferant schleppte einen großen Strauß Blumen ins Haus, Rosen, wie sich herausstellte, sie waren ein Geschenk vom Vorstand des Stadtparlaments.

»Iiih«, sagte Käthe, »das sind ja diese furchtbaren dunkelroten! Die erinnern mich an wenn ich Nasenbluten habe!«

Im Kontor meinte Elise: »Ich weiß, was du denkst. Es ist etwas anderes, ob man mit dreißig abgewählt wird oder mit einundfünfzig.«

»Moment mal! Ich bin nicht einundfünfzig, ich werde es.«

»Daß du in Wirklichkeit unter dreißig bist, weiß ja nur ich«, versuchte Elise zu scherzen. Es nützte nichts, die Stimmung blieb düster.

Als sie sich zum Abendbrot setzten, sah Papa unwirsch in die fragenden Augen: »Ja, was schon! Ich bin bei der Wahl durchgefallen. – Warum ist eigentlich nie Salz auf dem Tisch?«

Elise rief etwas schroff nach dem Mädchen.

»Und warum rufst du nach dem Mädchen, wie oft soll ich es noch sagen, wir haben jetzt eine elektrische Klingel, und da ist der Knopf, genau vor deiner Nase!«

*

Leopold Ullstein führte weiter sein Notizbuch für gute Sätze. Es war ein Schreibheft in schwarzem Wachstuch, und längst waren zehn Hefte dieser Art vollgeschrieben. Jetzt, nach seiner Abwahl, brauchte Leopold für ein Heft nicht länger als drei Tage, aber es standen neben guten Sätzen auch zornige drin, und auch unter den zornigen immer ein paar gute. Er setzte auch mehr Ausrufungszeichen als sonst.

In anderen Tagebüchern ging es ähnlich zu, besonders nachdem im Wochenblatt »Gartenlaube« die Juden als Verursacher der Wirtschaftskrise und aller möglicher anderer Übel hingestellt worden waren.

Ein Stadtverordneter, Mitglied des Beleuchtungs- und Kanalausschusses, schrieb folgendes: »Ein paar ›Antisemiten‹ machen die Juden zum Sündenbock für alles, aber das ist nicht der alleinige Grund! Nein, die Verbindung zwischen Parlament und Volk ist zu dünn! Wie konnte sonst ein Leopold Ullstein abgewählt werden? Weshalb? Man muß die Bürger besser darüber in Kenntnis setzen, worum es geht. Politik braucht Presse und nochmals Presse – und übrigens eine andere als bisher!«

Ein anderer, der nie schrieb und dennoch eine Meinung hatte, sagte in einer öffentlichen Versammlung: »Es hat keinen Sinn, sich mit dem ›Antisemitismus‹ auseinanderzusetzen. Man wertet auf diese Weise eine vor sich hinkäuende dumme Ziege zum Raubtier auf, erst mit unserer Hilfe kriegt sie Reißzähne!«

Eugen Richter, Leopolds Freund, der beim Tee Ida Coppel hatte bewundern dürfen und inzwischen nicht etwa Bürgermeister von Neuwied am Rhein, sondern Anführer der Fortschrittspartei im Deutschen Reichstag geworden war, holte auf einer privaten Veranstaltung weit aus: »Der Kleinbürger zitiert Schillers Marquis Posa, er kann das Wort ›Sire‹ einigermaßen aussprechen, sogar das Wort ›Gedankenfreiheit‹ stotterfrei, aber er will doch immer mehr den starken Staat. Werden diese Leute je im Jahr 1848 ankommen? Sind sie nicht längst auf dem Rückweg zu Philipp II.?« Nein, er sagte nichts über Leopold Ullstein, denn der saß unter den Zuhörern und haßte peinliche Lobreden, Eugen Richter wußte es.

Wenn Leopold selbst nach Gründen für seine Niederlage suchte, dann jedenfalls nicht bei antijüdischen Ressentiments. Die Stimmung hatte sich gegen die Liberalen, die Befürworter des freien Handels gewendet. Das Wort »Manchestertum« schmerzte Leopold Ullstein besonders: An der Krise und dem Elend der Städte sollen die Liberalen schuld sein, weil sie angeblich dem freien Kräftespiel des Marktes nichts entgegensetzten.

Womit hatte er sich eigentlich als Stadtverordneter die ganze Zeit beschäftigt?

Er wußte, daß er einiges für die Stadt getan hatte und daß andere das auch wußten. Es gab eben Rückschläge, Irrtümer, Dunkelheiten, bis die Politik heller werden würde, frei von Vorurteilen, Intrigen oder gar pseudoreligiösem Stumpfsinn. Aber er fühlte sich furchtbar müde jetzt.

Am frühen Morgen, zu einer Zeit, da er ohnehin zur Schwarzseherei neigte, notierte er dies: »Wahrscheinlich bin ich zu alt, nichts weiter. Einundfünfzig! In diesem Alter waren in früheren Jahrhunderten die meisten längst tot, egal ob erfolgreich oder nicht. Was mir bleibt, sind Elise und die Kinder. Und viel, viel sauberes Papier, das ich möglichst teuer verkaufen werde!«

*

Leopold Ullsteins Parteifreunde, entsetzt über seine Abwahl, hatten erwogen, einen der neu gewählten Abgeordneten zum Verzicht zu bewegen, damit Ullstein als »Nachrücker« wieder ins Stadtparlament kommen könnte. Er lehnte dies strikt ab: »Es wäre keine Demokratie, wenn wir anfangen würden, eine uns falsch vorkommende Wählerentscheidung mit Manipulationen zu ›korrigieren‹. Ich stehe als Nachrücker nicht zur Verfügung!«

Das blieb sein letztes Wort, man bezeugte ihm Respekt, die politische Karriere war »vorerst unterbrochen«.

Sie war beendet.

Selbstmitleid war nicht seine Sache, jedenfalls nicht am hellen Tage. Er würde jetzt eben etwas anderes versuchen, nur was? Die Anteile an der schlesischen Fabrik hatte er verkauft – er hatte Geld übrig, und Kredite waren billiger denn je. Er konnte, wenn er wollte, ein völlig neues Geschäft gründen.

Eine Idee hatte er schon lange, sie war aber noch nicht zum Entschluß geworden. Eines Tages, am Frühstückstisch beim Lesen der »Vossischen«, war es so weit: Gut, dann bedruckte er das

Papier eben. Der junge Mosse hatte es Ende 1871 vorgemacht: Eine Zeitung! Was sollte sie verbreiten? »Die reine Wahrheit!« sagte er laut, so daß Elise fragte: »Steht etwas über dich drin?«

Sollte er ihr sagen, woran er dachte? Jetzt schon? Er antwortete: »Es ist wegen dieser Schutzzölle. Sie helfen auf lange Sicht nur den Anführern der Interessenverbände, das ist die Wahrheit.«

»Womit habe ich verdient«, antwortete Elise scheinbar ganz ernst, »daß ich einen so gescheiten Mann habe?«

In einem der Kontorschränke fiel ihm »Rothschilds Taschenbuch für Kaufleute« in die Hände (bei seiner Ordnungswut fiel ihm jede Woche alles mögliche in die Hände). Manchmal enthalten Bücher, an beliebiger Stelle aufgeschlagen, genau die Botschaft, die man braucht, manchmal aber auch das Gegenteil. Rothschild empfahl, ein Geschäft im Alter von etwa dreißig bis fünfundvierzig zu gründen. »Später pflegt man die Dinge etwas zu trübe aufzufassen, und dies ist für den Kaufmann, der mit frischem Vertrauen ans Werk gehen soll, nicht gut. Es muß die Lust an dem eigenen Unternehmen noch stark genug sein, um den Verdruß über die unvermeidlichen Schwierigkeiten reichlich aufzuwiegen; dann wird man sich ohne Bitterkeit mit dem zufrieden geben, was das Schicksal einem zuteilt.«

Vielen Dank! Leopold Ullstein lächelte grimmig. Er hatte nicht vor, sein Projekt aufzugeben. Rothschilds Mahnung bestärkte ihn lediglich darin, es noch eine Weile geheimzuhalten.

*

Bismarck führt seinen Kampf gegen die Katholiken fort, den Virchow »Kulturkampf« nennt. Das Ergebnis sind immerhin die staatliche Schulaufsicht und die Möglichkeit einer nur standesamtlichen Eheschließung.

Die Wirtschaftskrise dauert an. Immer mehr wird gegen den Freihandel und für Schutzzölle agitiert, Bismarck wendet sich sachte von den Liberalen ab. Der Ruf nach dem starken Staat wird lauter. Und ein anderer Ruf: der nach dem Ende der kapitalisti-schen Gesellschaft und gleich auch ihres Staates.

Ende 1876 eröffnet Dr. Franziska Tiburtius als erste Ärztin eine Praxis in Berlin. Das erregt Aufsehen, zumal in Berlin bisher noch nie eine Frau promoviert wurde — der Titel der Medizinerin stammt aus Zürich.

Werner von Siemens hat eine elektrische Lokomotive gebaut, sie bewegt sich wider Erwarten flott von der Stelle.

Innerhalb von sieben Monaten feiern von Leopolds neun Kin-dern sieben Geburtstag, das zehnte ist unterwegs.

In der Tiergartenstraße 17 a gibt es einen Cockerspaniel namens »Dom Pedro«.

Fünftes Kapitel

Leopolds Zeitung

Im Frühjahr 1877 reiste die siebzehnjährige Käthe Ullstein nach Manchester und besuchte Tante Zara und Onkel Siegmund. Zara Cohen hatte acht Kinder, alle hatten bisher zu Hause gewohnt, aber das wurde jetzt anders: Florence, die Älteste, hatte einen Jacob Moser aus Bradford geheiratet, Amalie einen Max Baerlein, Kaufmann zu Manchester, es war der Sohn von Sophie, Leopold Ullsteins Schwester. Eigentlich hatte Leopold mit zu dieser Doppelhochzeit reisen wollen, aber Geschäfte hielten ihn in Berlin, was Sophie schade fand, sie hatte ihren Bruder schon Jahre nicht mehr gesehen. Da Käthe fünf Monate in Manchester blieb, um perfektes Englisch zu lernen, hatte Vater versprochen, sich wenigstens im Sommer sehen zu lassen, wenn das nächste Kind geboren und Elise wohlauf war.

Das Baby ließ sich Zeit, der Vater stak in irgendwelchen wichtigen Verhandlungen; er kündigte an, daß er vielleicht nicht kommen könne. Käthe schrieb ihm daraufhin nur noch auf englisch, zur Strafe und um ein wenig zu glänzen. Mit Datum vom 15. Juli kam dann ein Brief von ihm mit der guten Nachricht, daß am Vortag ein kleines Mädchen auf die Welt gekommen sei, ganz ein Ebenbild von Käthe (worüber sie sich amüsierte, für ihn sahen sonst alle Säuglinge gleich aus). Nach einem kurzen Blick aufs Ende des Briefs wußte sie, daß er seine Sommerreise abermals aufschob – »vielleicht Anfang August«. Und weiter vorn stand, was ihn in Berlin festhielt. Da wurde ihr etwas bange: Er war dabei, ein ganz neues Geschäft zu gründen, wechselte womöglich überhaupt die Branche: »Gestern habe ich nun in der Tat und wirklich einen großen Kauf getan, nämlich

130

eine Zeitung nebst Buchdruckerei, ich glaube dadurch für Hans und Louis gesorgt zu haben. Hans kann einst die Redaktion übernehmen, Louis soll Buchdrucker, wie ich es immer vorhatte, werden, inzwischen habe ich die Arbeit, es ist aber eine mir zusagende Beschäftigung und macht mir deshalb Vergnügen...« Papas Sätze wirkten nicht recht flüssig, er stak mit seinem Kopf wohl schon völlig in Druckerei und Zeitung und endlich in einem Abenteuer, das seinen Leidenschaften entsprach. Natürlich fürchtete er insgeheim, daß die Sache zu riskant sein könnte. Sie kannte diesen sentimentalen, vielschichtigen, schroffen Menschen so gut wie nur Töchter es können. Er hätte diesen Sprung gewagt, nur um für Hans und Louis zu sorgen? Davon glaubte sie keine Silbe, zumal er selber von »Vergnügen« redete: Er erfüllte sich einen Traum und nahm ein gewisses Zittern in Kauf. Hoffentlich wurde es kein Fiasko.

Ungeteilt froh war Käthe darüber, daß Elise und das kleine Mädchen gesund waren. Elise hatte bisher zwei Jungen, Rudolf und Hermann – da kam ein Mädchen genau richtig.

Wäre es ein Junge gewesen, soviel wußte Käthe, dann hätte er den Namen Anton bekommen. Jetzt wurde es vielleicht eine Julie, benannt nach Großmutter Pintus, außerdem passend zum Monat.

Die »kleine« Toni
1877–1946

Das Mädchen, das am selben Tag geboren wird wie die Zeitungsfirma Ullstein, das jüngste und letzte Kind von Elise und Leopold, bekommt den Namen Anton wie geplant, nur mit weiblicher Endung, Antonie. Sehr bald ist sie einfach »Toni« und bleibt es bis zu ihrem Tod im amerikanischen Exil.

Aus Toni, dem »Ebenbild« der mit allem großzügig ausgestatteten Käthe, wird körperlich eher ein Gegenbild: Sie bleibt klein und gedrungen, hat große, ausdrucksvolle Augen (die Käthe nicht hat), behält aber ein kindliches Näschen, eine Stupsnase im runden Gesicht. Was sie auszeichnet, ist nicht Schönheit, sondern ein gefühlvolles, mutiges Herz. »Unsere Pekinesenlöwin« nennt Franz sie einmal, als sie außer Hörweite ist, aber er tut es mit Respekt. Da ist Toni gerade voller Zorn gegen den Vater für Hermann eingetreten. Der Bruder hat sich eine Ohrfeige für den Satz eingefangen: »Ich finde die Deutschen blöd!« Der Denkzettel scheint berechtigt: »Sag nie wieder ›die Deutschen‹!« spricht Leopold so verständlich, daß alle im Haus es hören können. »Wir sind selber welche. Außerdem darf man es nicht übelnehmen, wenn jemand keinen Verstand hat.« Das sieht Hermann ein. Aber jetzt tritt Toni auf den Plan, dreizehn Jahre alt, und faucht den Vater an, die Deutschen seien doch blöd, und zwar ganz furchtbar. Sie will unbedingt auch eine gelangt bekommen, für ihre Geschwister geht sie durch dick und dünn. Sie bekommt nicht, was sie will, denn Papa sagt gerührt: »Schatz, das verstehst du noch nicht!« und tritt einen geordneten Rückzug an.

Toni bekommt nie genug davon, mit anderen Kindern zu spielen, darin übertroffen allenfalls von Louis im gleichen Alter. Sie errät, wie andere sich fühlen, weiß sie für ein Spiel zu begeistern und mit ihrer guten Laune anzustecken. Sie verzeiht sich selbst fröhlich jeden Fehler und ist genau darum bereit, andere so zu mögen, wie sie sind. Es ist ihr niemals wichtig, ob sie in einem Wettstreit gewinnt oder verliert – manchmal läßt sie sogar unauffällig jemanden gewinnen, weil sie findet, er brauche es. Sie lernt leicht, kombiniert rasch, schlägt mit siebzehn den doppelt so alten, bisher unschlagbaren Hans zuerst im Buchstabenspiel und dann auch noch im Schach, was ihr leid tut, weil er so trübe dreinschaut wie Napoleon bei Waterloo.

Sie ist begabt für Sprachen und Naturwissenschaften, eine einfühlsame Nachhilfelehrerin für Kinder, für Nichten und Neffen. Die ganze, immer größer werdende Ullsteinfamilie liebt die

»kleine« Toni und erbittet ihren Rat, sie wird fast eine Institution. Sie hätte Lust auf ein Literaturstudium, aber es kommt anders. Mit zwanzig lernt sie beim Schlittschuhlaufen einen langen jungen Mann kennen, unterhält sich mit ihm, geht dann nach Hause und berichtet ihrer Mutter: »Ich glaube, ich habe mich verlobt, genau weiß ich es nicht.« Der junge Mann heißt Siegfried Fleischmann, stammt aus einer Fürther Spiegelglasdynastie und ist mit Isaak Ullsteins Frau Louise verwandt.

Toni und Siegfried sind ein Liebespaar, wie es ungleicher nicht sein könnte: Er ein großer, hagerer Mensch mit Adlernase, sie klein, stupsnasig und von derzeit noch zierlicher Rundlichkeit. Als Toni ihn ihrem Vater vorstellt, blickt der etwas erstaunt zwischen beiden hin und her (zu Siegfried muß er aufblicken) und sagt unwillkürlich: »Spannenlanger Hansel...« Siegfried kennt das süddeutsche Kinderlied und ergänzt, wohlweislich eine Zeile weglassend: »Gehn wir in den Garten, schütteln wir die Birn'.« Das Eis zwischen den Herren ist gebrochen, allerdings braucht Toni nur einen Bruchteil ihres Kombinationsvermögens, um zu erkennen, daß ihr eine Zeile mit »– irn« vorenthalten wurde. Siegfried muß es sagen: »Nudeldicke Dirn«. Sie lacht schallend und sagt: »Wartet nur, bis wir im Gebirge gewesen sind, dann werde ich rank sein wie eine Gemse. Ihr werdet umdichten müssen!« In der Tat wandern sie und Siegfried jeden Sommer ausgiebig in den österreichischen und Südtiroler Bergen, oft zusammen mit Louis und Hans, die ebenfalls zeitlebens schlanker werden möchten (nur Hans verzeichnet Erfolge, temporär). Genußfreudige Naturen tendieren nun einmal zu Rundung und Polsterung. Gewiß, es gibt Gegenmittel, vor allem die heldenhafte Askese. Aber die wird meist nur von Leuten durchgehalten, die in Schönheit sterben wollen. Toni hat das Zeug zu mancher Art von Heldentum, zu diesem nicht. Was für sie und Siegfried aber mehr zählt: Sie lieben das Gebirge und die dort üblichen, ebenfalls gebirgigen »Brotzeiten«.

Siegfried versteht viel von Möbeln und Lampen, er hat zusammen mit seinem Bruder eine Werkstatt, aus der im Lauf der

Jahre eine große, florierende Firma wird, er kann sich mit gutem Recht »Möbelfabrikant« nennen. Unter einem solchen stellt man sich gewöhnlich einen hart arbeitenden Geschäftsmann vor, der für Frau und Kinder keine Zeit hat – das entspräche dem Bild der Gründer-Ära. Nicht so Siegfried Fleischmann.

Toni und Siegfried beginnen am 26. Mai 1937 auf einem Dampfer namens »Orinoco« die Reise über den Atlantik, um ihre älteste Tochter in Mexiko City und dann den Sohn in New York zu besuchen. Sie verwerfen aber den Gedanken, dort zu bleiben. Irgendwann wird der »Nazispuk« mit seinen Monstrositäten doch vorbei sein!

Genau zwei Jahre später verlassen sie Deutschland endgültig – keinen Augenblick zu früh. Sie gehen in Antwerpen wieder an Bord derselben »Orinoco« (reiner Zufall), um abermals nach Mexiko und in die Vereinigten Staaten zu reisen. Dort nimmt ihr Sohn Hans den Namen »Farman« an, weil amerikanische Zungen an dem Namen »Fleischmann« scheitern. Toni beginnt Gedichte zu schreiben, auch, aber nicht nur, um die deutschen Schrecklichkeiten zu verarbeiten. Sie schreibt Englisch, und es werden gute Gedichte. Sie stirbt 1946, und wenn man in den sechziger Jahren den uralten, sehr schweigsam gewordenen Siegfried fragt, was in seinem Leben das Schlimmste gewesen sei, dann flüstert er: »Daß Toni gestorben ist!«

*

»Mein Ur-Urgroßvater Moses hatte auch schon eine Druckerei«, sagte Leopold beim Abendbrot, »in Unterfarrnbach, im achtzehnten Jahrhundert. Aber ich bin der erste von uns, der eine Zeitung macht. Ihr lest sie doch hoffentlich?«

Daß von 1877 an die Familie täglich Leopolds Zeitung gelesen hätte, kann man nicht behaupten. Am Wochenende stürzte sie sich auf die Zeitung »Kleines Journal«, ein Konkurrenzblatt, wegen der dort in einer Beilage zu lesenden Berichte des tollkühnen Korrespondenten »Wippchen« aus dem soeben aufgeflammten russisch-türkischen Krieg. Berlin liebte Wippchen, denn er war eine erfundene Figur: Ein Journalist, der den Kriegsschauplatz mit eigenen Augen gesehen und mit Feldherrn und gekrönten Häuptern bedeutende Gespräche geführt haben wollte. In Wahrheit – also in einer erfundenen Wahrheit hinter der Wahrheit – saß Wippchen recht geruhsam in einem Pensionszimmer zu Bernau, zwei Wagenstunden nördlich von Berlin, sog sich alles aus den Fingern und variierte dabei gekonnt die offiziellen Meldungen. Als die Türken im Vormarsch und die Russen in wilder Flucht waren, meldete Moskau: »Seine Majestät der Zar haben geruht, dero Hauptquartier zu verlegen.« Wippchen in Bernau sah die Situation noch klarer: »Der Zar hat sein Hauptquartier verlegt und kann es nicht wiederfinden.« Auch als dann der afghanisch-englische Krieg ausbrach, berichtete Wippchen aus der Mitte des Getümmels.

Wippchen war das Geschöpf eines Schriftstellers namens Julius Stettenheim. Leopold, der Ende 1877 bereits zwei Blätter herausbrachte, studierte Wippchens Berichte mit professionellem Interesse – wer eine ernstzunehmende Zeitung produzieren wollte, mußte sich auch auf den Witz und die Kunst der Lüge verstehen. Bis an sein Lebensende zitierte er mit Lachtränen der Dankbarkeit jenen Wippchen-Satz, den er am meisten liebte: »Der Khyberpaß ist so schmal, daß der liebe Gott und ich hintereinander gehen mußten.« Vergeblich sagten ihm seine Kinder, er zitiere falsch: Wippchen sei nicht mit Gott, sondern mit dem Emir von Afghanistan über den Paß gewandert. Leopold wehrte sich: Wenn etwas ohnehin frei erfunden sei, dürfe man es weiterentwickeln.

*

Von dem Moment an, da Leopold die erste Zeitung übernommen hatte, war alle Angestrengtheit von ihm abgefallen. Es war so, wie er an Käthe geschrieben hatte: Diese Sache war sein Traum, und genau deshalb betrieb er sie. Der Mann lebte auf,

135

plötzlich war er auch mehr für Frau und Kinder da, ging mit ihnen in den Zoo und auf den Rummel, spielte Schach mit den Älteren (verlor empfindlich), spielte Domino mit den Kleinen (hielt sich). Als Betreiber einer Zeitung müsse er sich ja nun ins Leben mischen, seufzte er mit Augenzwinkern. Leeres Papier zu verkaufen, das war ihm zu öde geworden. Papier zu bedrucken und Leser dafür zu finden, das war jeden Tag etwas Neues, es weckte Kräfte. Was ihn zusätzlich beflügelte: Die Sache war von Anfang an kein Verlustgeschäft. Wo Krisen schwelten, florierten Zeitungen.

Die erste, die er gekauft hatte, die Morgenzeitung »Neues Berliner Tageblatt«, wurde von ihm wenig später in ein Abendblatt namens »Deutsche Union« umgewandelt. Es war für Leopold sozusagen eine Zeitung zum Üben. Denn ihr Chefredakteur war Anhänger von Bismarcks neuer Schutzzollpolitik, ihre Leser waren antiliberal, jedenfalls nicht Sympathisanten von Leopold und seinen Freunden. Er trug es mit Humor, lernte mit dem Können von Redakteuren, Autoren und Druckern umzugehen und tat bald einen zweiten Kauf: Er erwarb zusammen mit einem Kompagnon das liberale Morgenblatt »Berliner Zeitung«. Und als er es hatte, ließ er die ihm politisch weiterhin fremde »Deutsche Union« sanft entschlafen, wobei er einige ihrer guten Leute für die »Berliner Zeitung« gewann und alle anderen großzügig entschädigte – einige von denen fanden Jahre später zum Ullstein-Verlag zurück. Jetzt erst hatte er das politische Instrument in der Hand, das er gewollt hatte, und da sein Partner ausschied, gab es im Frühjahr 1879 einen freisinnigen, kämpferischen Verlag namens »Berliner Zeitung Leopold Ullstein«, der bereits die ersten vier Prozesse wegen angeblicher Beleidigung Bismarcks überstanden hatte.

Damals saß immer wieder einer der Redakteure im Gefängnis: Schon ein Wort wie »Kanzlerdiktatur« führte zum Prozeß wegen persönlicher Beleidigung, und entschieden wurde fast immer pro Bismarck. Schließlich wurde ein sogenannter Sitzredakteur angestellt und gut bezahlt, der die Aufgabe hatte, sich als den Verantwortlichen auszugeben und ins Gefängnis zu gehen, damit die wirklichen Erreger des Regierungszorns in Ruhe weiterarbeiten konnten. Aber auch sie blieben nicht verschont: Ein ausgezeichneter Journalist, Franz Xaver Wißberger, der einen Bericht von Übergriffen der Polizei gegen Demonstranten verantwortete, wurde von einem Landgerichtsdirektor verurteilt, der nie gelernt hatte, an seinen Vorurteilen zu zweifeln. Dieser Mann, er hieß Brausewetter, wurde unmittelbar nach dem Prozeß wegen erwiesener schwerer Geisteskrankheit des Amtes enthoben. Das Urteil aber blieb in Kraft, denn, so sagten die Juristen: »Wo kämen wir denn da hin...« Wißberger saß jahrelang ein, verließ das Gefängnis schwer krank, mußte seinen Beruf aufgeben, wurde nie wieder gesund, nahm sich schließlich das Leben.

Die Zeitung hatte zu kämpfen, aber sie verkaufte sich. Leopold Ullstein, der Liberale, profitierte unübersehbar davon, daß es keine sozialdemokratischen Blätter gab – diese waren verboten. Wenn aber Sozialdemokraten seine Abonnenten waren, dann wollte er versuchen, ihnen etwas zu bieten und sie zu halten. Er war davon überzeugt, daß jeder Mensch auf der Welt – mehr oder weniger versteckt – seine Freiheit erweitern wollte, und daß man ihn darin durch gute Argumente bestärken konnte, ohne sich gleich als Lehrer aufzuspielen. Etwas kürzer gesagt: durch eine Zeitung.

*

Schon wieder mußte Louis etwas lernen, wovon er nur einen Teil einsah. Das bedeutete: Er behielt nicht alles auf Anhieb. Es ging einerseits ums Tanzen, das war in Ordnung, mit fünfzehn mußte das sein, es machte ja einigermaßen Spaß. Walzer, Foxtrott und all die Konter- und Tourentänze, das schaffte er, wenn ein Mädchen ihn nicht völlig durcheinanderbrachte. Womit er aber haderte, das waren die Benimmregeln, sie wurden vom Tanzlehrer, einem Herrn Kertesz aus Pest, gleich mitgeliefert, und zwar in einer Art Klassenraum. Ein Thema war die Kunst des Besuchemachens, die sich in dunklem Oberrock mit Krawatte, Handschuhen und Zylinder abzuspielen hatte. Ferner, was mit Visitenkarten gemacht wurde, wenn der Besuchte nicht da war oder heute nicht empfangen wollte. Herren hatten sich grundsätzlich nicht aufs Sofa zu setzen, selbst wenn ihnen das angeboten wurde – es hatte etwas mit dem Kriegerischen zu tun, das Louis so fern lag (Sofa bedeutete Verweichlichung). Dann die Regeln des Vorstellens von Gästen: Den Tieferen dem Höheren, den Herrn der Dame, außer wenn – ja, die Ausnahmen. Dann die Verbeugung (nur den Kopf neigen, keinen Bückling machen. Gut, das wäre ihm ohnehin nicht passiert). Oder der verdammte Handkuß, der ja kein richtiger sein durfte, sondern nur ein zartflinkes Gehauche und Geheuchel. Auf offener Straße sollte er überhaupt nicht stattfinden und ein Kuß aufs Gesicht schon gar nicht. Ein Gleichaltriger, den Louis bewunderte, Willy Liebermann, beherrschte das alles, er war perfekt, tanzte glänzend, küßte Hände elegant, wirkte irrsinnig erwachsen. Natürlich besuchte Willy einen anderen, viel feineren Tanzkurs, er war adlig: Willy Ritter Liebermann von Wahlendorf. Allein wie der den Hut ziehen konnte: so vollendet, daß es kaum auffiel.

Aber Louis wollte sich Mühe geben, machte sich Notizen, versuchte sich die Situationen vorzustellen, in denen er Fehler machen konnte. Wenn man zum Beispiel nicht richtig verstanden hatte, durfte man nicht »was?« fragen, sondern nur »wie bitte?«, oder man meißelte gleich Sätze wie: »Würden Sie die Güte haben, das zu wiederholen?« Es lief auf Zeitverlust hinaus. Genau da setzte Herr Kertesz an: »Wenn wir höflich sind, schenken wir Zeit. Auch wenn wir lieben. Man kann nicht respektieren und lieben, ohne Zeit zu schenken.« Kertesz kämpfte für den edlen Zeitverlust, Louis für etwas anderes, aber was war es? Aus der Sicht von Kertesz war er ein Bär, der im Begriff war, die letzte Chance zu seiner Menschwerdung zu verschlafen.

Kertesz veranstaltete ein Übungsessen (mit leeren Tellern!), bei dem Louis das Gefühl bekam, nicht einmal mit Messer und Gabel richtig umgehen zu können. Bei der Frage, mit welcher Dame länger und netter zu reden sei, verwechselte er aus purem Trotz rechts und links. Er erzählte dem Mädchen zur Linken, er sei schwindelfrei und könne im vierten Stockwerk außen auf dem Gesims von Fenster zu Fenster laufen. Er könne auch die Spree überschreiten, indem er über die gebogene Schulter der neuen Eisenbahnbrücke laufe, das seien an der höchsten Stelle immerhin zwölf Meter über dem Wasser. Er hätte das natürlich der Dame zur Rechten erzählen müssen, die es vielleicht sogar geglaubt hätte, aber sie war picklig. Ihr erklärte er nur kurz, wie man mit den Messerbänkchen Eisenbahn spielen konnte – man mußte sie ineinander hängen, »tschuff tschuff« machen und den Zug zwischen Tellern, Schüsseln und Serviettenringen vorwärtsziehen. Er hoffte, sie damit beschäftigt zu haben, aber sie schaute verdrossen woanders hin. Kertesz, dem nichts entging, wandte die Augen zum Himmel.

Louis' dichterische Versuche waren umstritten – die Familie, in der fast jeder reimte, riet ihm eher ab, damit fortzufahren. Sein jüngstes Werk hieß »Storchlied«. Es erzählte, wie der kleine Louis vor Jahren seiner Mutter die Geschichte geglaubt hatte, daß Kinder von Störchen aus dem Teich gefischt und zu den Eltern gebracht würden. Der Siebenjährige beobachtet also tagelang die Störche am Teich (»Still belauscht' ich ihre Schritte, folgte jedem ihrer Tritte«), sieht aber keine Babys und stellt die Mutter zur Rede. »Mutter sah mich an und lacht': Störche fischen nur bei Nacht.«

Recht brav, fand Käthe. Hans übte sich in vorsichtigem Wohlwollen, ähnlich wie Mutter Elise. Vater sprach rasch von etwas anderem, und Else sagte auf unnachahmliche Weise »na ja«, die zweite Silbe betonend und in höherer Tonlage als die erste, zur Not klang das aufmunternd.

Nur Louis' Banknachbar am Falk-Realgymnasium, ein Hugenottensprößling namens Henri Jouin, der viel abschreiben mußte, weil er in allen Fächern außer dem Turnen katastrophal stand, war von dem Gedicht begeistert und bat um eine Kopie. Er bekam sie: auf dem Briefbogen von »Leopold Ullstein, Thiergartenstr. 17a«. Den »Leopold« strich Louis weg und schrieb seinen eigenen Vornamen darüber, dann setzte er unter das Werk eine möglichst genialische, raumgreifende Unterschrift, schickte das Ganze an seinen Freund und dichtete hinfort nicht mehr.

*

Rudolf Ullstein durfte am 26. Februar 1880, seinem sechsten Geburtstag, mit Papa das Verlagskontor, die Setzerei und die Druckmaschinen in der Zimmerstraße besichtigen. Eigentlich hatte er keine Lust dazu – er wollte die neuen Schlittschuhe ausprobieren, die Eisbahn bei der Luiseninsel war nach dem langen, strengen Winter noch befahrbar, aber nicht mehr lange. Er fügte sich und hoffte, daß es schnell vorüberging. In der Setzerei saß einer und tippte auf Tasten, worauf es weiter hinten klickerte und klackerte – da fielen lauter Bleibuchstaben heraus und bildeten Sätze und Zeilen. Rudolf wollte einen Bleibuchstaben und bekam gleich zwei. Ein großes »R« und ein großes »U«. Seine Laune hellte sich schlagartig auf.

In einem anderen Raum wurde gerade die Mittwochsausgabe der »Berliner Zeitung« gedruckt. Daß die Zeitung erscheinen durfte, hing mit etwas zusammen, was Papa in einem Gespräch mit Virchow wütend und mit glitzernden Augen »Kotau« genannt hatte. Rudolf hatte das mitbekommen und dann vergeblich die Mutter gefragt, was ein Kotau sei. Jetzt wollte er Papa fragen, vergaß es aber beim Anblick der Maschinen.

»Rotationsschnellpresse« wiederholte Rudolf sehr langsam. Das Tolle an dem Ding war, daß sich riesige Papierrollen darin abwickelten, die Papierbahn lief von Walze zu Walze durch die ganze Maschine durch, und hinten fielen die abgeschnittenen Doppelseiten in ein Gestell, ein Saugarm sammelte sie dort wieder weg. Da war auch ein Mann, der prüfte, ob die Maschine alles richtig gemacht hatte, aber sie tat das so zuverlässig, daß er schon ganz gelangweilt wirkte.

»Zwanzigtausend Stück«, schrie Papa gegen den Lärm an, »eine zwei mit vier Nullen!«

Rudolf war begeistert, er wußte allerdings nicht, was »zwanzigtausend« bedeutete, nur daß es mit Nullen überhaupt schwierig war. Es kam darauf an, wo sie waren, nicht was sie waren. Wahrscheinlich waren sie gar nichts.

Im Kontor fiel ihm die Frage nach dem Kotau wieder ein, aber da stand schon wieder eine Maschine, eine eher kleine, so etwas wie ein Musikinstrument, vorne flach, hinten hoch – ein bißchen wie eine halbierte Ziehharmonika und mit wahnsinnig vielen Tasten dort, wo sie flach war. Auf ihr spielte gerade eine Dame. Musik war nicht zu hören, da war nur ein unregelmäßiges Ticktack, schön klang es nicht. »Remington« stand vorne drauf. Rudolf kam erst im Herbst in die Schule, aber lesen konnte er schon. Er fragte die Dame (Papa hatte sie »Frau Engelschall« genannt): »Was machen Sie da?«

»Ich schreibe«, lächelte sie.

»In Deutsch?« fragte Rudolf, denn er konnte sich Deutsch nur mit der Hand geschrieben vorstellen.

»Fast«, sagte sie, »die Maschine schafft die Umlaute nicht, sie ist aus Amerika.« Rudolf schwieg respektvoll.

Die Dame lächelte weiter: »Sie ist noch neu hier.« Rudolf dachte nach: Die deutsche Sprache hatte »Umlaute«? Das mußte er nachher Papa fragen.

An einem Pult im hinteren Raum saß ein Mann, der zwei aufgeschlagene Bücher miteinander verglich und sich dazu auf Zetteln etwas notierte. »Hier siehst du Herrn Binte«, sagte Papa, »der macht die ganze Buchhaltung.«

Rudolf sah auch ein großes Glas Bier auf Herrn Bintes Pult – es stand da irgendwie sehr deutlich, und weil Rudolf darauf blickte, nahm Herr Binte gleich einen tiefen Zug, um zu zeigen, wozu es diente, machte »Aah!« und rechnete weiter. Papa wirkte etwas verstimmt, er ging in einen weiteren Raum und zeigte Rudolf seinen Schreibtisch. An der Wand dahinter war wieder etwas Technisches, ein Trichter mit Schnüren dran.

»Dieses Telephon«, sagte Papa stolz, »ist das zweite in ganz Berlin.«

Es gab auch eine Kurbel, an der Rudolf aber nicht drehen durfte, weil mit ihr eine Verbindung zum Amt hergestellt wurde, und das durfte ohne triftigen Grund nicht geschehen.

»Damit kann man zu Leuten sprechen«, erklärte der Vater, »die ganz weit weg sind.«

»Wer hat denn das erste Telephon?« fragte Rudolf, »der Kaiser?«

»Nein, der nicht.«

»Wer dann?«

»Den kennst du nicht, ein Herrenschneider.«

»Dann sprichst du immer mit dem?«

»Nein, es gibt inzwischen sehr viele Telephone.«

»Und der Kaiser hat auch eines?«

»Einer seiner Hofbeamten.«

»Und mit dem sprichst du?«

»Nein, mit dem auch nicht, ich spreche mit Herrn Reinsdorff, meinem Redakteur.«

Rudolf wußte, daß Reinsdorff im gleichen Haus arbeitete, also war das Telephon nur wichtig, um Papa das Treppensteigen zu ersparen.

Und jetzt ging er mit Mathilde Schlittschuhlaufen.

*

Etwas später wußte Rudolf, was es mit dem Kotau auf sich hatte: Die »Berliner Zeitung« wäre fast verboten worden, weil der Redakteur etwas Spöttisches gegen den Preußischen Landtag geschrieben hatte. Da hatte Papa als Besitzer der Zeitung drucken lassen, daß er diesen Artikel selber nicht richtig finde und daß es nicht wieder vorkommen werde. Dadurch konnte die

142

Zeitung weiter erscheinen. Das war ein Kotau, etwas Schmerzhaftes, weil Lügen weh tat. Sagte jedenfalls Papa.

Wochen danach fielen zwischen Herrn Binte und Leopold im Kontor deutliche Worte. Leopold hatte Herrn Binte wegen ständigen Biertrinkens bei der Arbeit angebrüllt und entlassen. Aber am Morgen darauf saß Binte über seinen Büchern wie immer – mit gefülltem Bierglas in Reichweite. Der Chef fragte entgeistert: »Binte, ich habe Ihnen fristlos gekündigt, was tun Sie hier noch?«

Binte erwiderte streng: »Ach, jetzt lassen Sie doch mal, Herr Ullstein!«

Darauf hatte Leopold keine Antwort. Er ging mit einem verstörten »Komisch! Komisch!« in sein Büro, wo er nach scharfem Nachdenken beschloß, Binte sei im Grunde ein ordentlicher und loyaler Mann trotz Biertrinkens, könne daher wohl nicht wirklich entlassen worden sein und brauche daher auch nicht extra wieder eingestellt zu werden. Der Fall Binte blieb aber die Ausnahme. In allen anderen Fällen zitierte und beherzigte Leopold Ullstein aus einer preußischen Heeresdienstvorschrift den Satz: »Dem gemeinen Mann ist beim Alkohol nicht zu trauen.«

*

Auf dem Photo ist die Familie um einen großen Mann mit schwarzem Vollbart und vollem schwarzem Haupthaar versammelt, der ein Pfarrer sein könnte, wäre da nicht der mächtige Brustkasten, der sein einreihiges, bis zum breiten weißen Kragen hochgeschlossenes Jackett fast zu sprengen droht. Ein Brocken! Wenn wirklich Pfarrer, dann lutherisch. (Er ist aber nur ein Verlagsbuchhändler aus Bromberg.) Ein gewisser Bauchansatz scheint sicher, aber ohne den gilt zu der Zeit kein Mannsbild als komplett. Übrigens schaut er nicht in die Kamera, ebensowenig wie sein Nachbar zur Rechten, ein schmaler, hochaufgerichtet stehender Typ mit selbstquälerischem Vatermörder-Kragen und

einem ungestutzten, sozialdemokratisch wirkenden Schnauz-
bart.

Der große Prachtkerl ist Julius Engelmann, 37, Herausgeber
einer Zeitschrift für Transportwesen und Autor eines »Buchs der
Erfindungen«. Sein sinnender Ausdruck hat nicht zuletzt damit
zu tun, daß er seit Jugendzeiten schwerhörig ist.

Der Nebenmann, der durch wildes Halsrecken dem Kneifen
des Stehkragens zu entgehen oder aber auf Engelmanns Höhe zu
kommen sucht, ist Gerichtsassessor Isidor Cohn, 30. Das sind
die Eingeheirateten, die Ehemänner von Käthe und Else Ullstein.

Zwei Enkelkinder hat Leopold bereits: die vierjährige Gertrud Engelmann, Käthes Tochter, die auf dem Schoß von Großmutter Elise thront, und die anderthalbjährige Hedwig Cohn,
Elses Tochter, die von Käthe gehalten wird. Was auch nötig ist:
Hedwig strampelt, zeigt auf den Photographen und hat offenbar
eine Frage.

Keiner lacht oder lächelt, alle schauen entschlossen, würdig
und möglichst schön drein. Und einige sind wirklich schön:
Mutter Elise, ferner die jungverheiratete Else, die vierzehnjährige Mathilde, die man auf Anhieb eher für einen Knaben hält,
und der elfjährige Rudolf, ein verträumtes Kerlchen mit großen,
hellen Augen und unordentlich gebundenem Halstuch. Alice,
die stets als die schönste Tochter Leopolds galt (aber nicht von
allen geliebt wurde), hat auf dem Bild einen angespannten, fast
aggressiven Gesichtsausdruck, und ihr Gesicht wirkt noch recht
rund. Antonie (die »kleine« Toni, spätere Fleischmann) ist hier
ein achtjähriges Kind. Isidor Cohn wirkt wie ein Clown (war er
nicht), Julius Engelmann wie der Berg, auf dem ein Volk wohnen kann, (war er auch nicht). Franz ist ein spottlustiger Abitu-
rient (blieb er sein Leben lang, allerdings mit Niveau). Louis
steht, entschlossen blickend, etwas zur Mitte geneigt, also schief
im Bild – wahrscheinlich denkt er, er käme sonst nicht mehr
drauf –, dabei sind links von ihm noch Else und Hans. Die
sehen wirklich so aus, als wollten sie nicht mehr unbedingt aufs

144

Bild. Hans ist der bescheidene Beobachter am Rande, seine Schwester Else schwanger, aber das wissen nur sie, Isidor und jeder, der in späterer Zeit den Stammbaum zur Hand nimmt.

Das Photo ist kurz vor dem neunundfünfzigsten Geburtstag von Leopold Ullstein aufgenommen, am 6. September 1885, und wahrscheinlich, um es ihm in gehöriger Vergrößerung auf den Gabentisch zu legen: alle Kinder, zwei Schwiegersöhne und die ersten Kindeskinder.

Eines der Kinder auf dem Bild wurde noch nicht genannt: Hermann, zehn Jahre alt. Er sitzt etwas geduckt im Schatten seiner einigermaßen massiven Halbschwester Käthe, hält die rechte Hand mit der linken fest und blickt so gespannt in die Kamera, als wäre er der einzige, der an das Vögelchen glaubt, das gleich herausfliegen wird.

Hermann Ullstein
1875–1943

Er ist der jüngste Sohn. Nach ihm stellt sich nur noch die »kleine« Toni ein. Vor ihm sind vier begabte, selbstbewußte Brüder angekommen, die alles besser können oder wissen. Der Vater ist kritisch und ungeduldig, oft schlechter Laune, manchmal könnte man ihn für lieblos halten, manchmal ist er es auch. Dabei behandelt er seinen jüngsten Sohn eher milde. Geprägt wird Hermann vielleicht mehr durch die Brüder, die ihm so sehr überlegen sind und die den Vater bereits ein wenig zufriedenstellen können, als er, Hermann, noch durch nichts als seine Fehler auffällt.

Er ist etwas seltsam, er braucht immer seine Ordnung; oft erfindet er sie und kann dann von ihr nicht ablassen. »Wenn ich auf dem ganzen Schulweg immer auf die Steine und nie auf eine Ritze trete, komme ich heute nicht in Französisch dran.« Das behält er bei. Er ist – »Kopf oder Zahl« – ein Münzenwerfer. Und er liest Bücher manchmal auf sehr eigenartige Weise. In seinem Exemplar der »Wahlverwandtschaften« ist an einer Stelle das Wort »obschon« angestrichen, denn er hat bei der Lektüre folgendes beschlossen: »Wenn auf den nächsten zehn Seiten das Wort ›obschon‹ vorkommt, kriege ich Margarethe.«

Auf dem Familienfoto blickt er gespannt und sicher: »Ich sehe was, was keiner sieht!« könnte das heißen, oder auch: »Ich bin bereit zum Sprung, ich kann mich mehr anstrengen als jeder andere.« Er sieht sein Leben lang auf fast allen Photos so aus, wenn er gebeten wurde, in die Kamera zu sehen. Eine Selbstdarstellung von der Art, die man nicht mehr loswird.

Ja, er hat immer wieder Gefühle von Minderwertigkeit. Er ist körperlich weniger eindrucksvoll als die Brüder, sein Gesicht nicht hübsch, eher weich und mit etwas zu wenig Kinn. Dazu hält er sich insgeheim für völlig unbegabt wie einst sein Vater (wovon er aber nichts weiß). Er ist bereit, sich maßlos anzustrengen, sein Ehrgeiz ist riesig. Kaufmann will er nicht werden, da haben die anderen ihren Vorsprung. Wenn irgend jemand die Genialität von Louis und Franz und die technische von Rudolf anerkannt hat, dann Hermann, und zwar leidvoll. »In seines Nichts durchbohrendem Gefühle« – das ist die Stelle in Schillers »Don Carlos«, die er nie vergißt, weil er sich beim ersten Hören sofort mit ihr gemeint fühlt.

Was wird aus so einem Jungen? Wie versucht er, den Weg aus dem Schlagschatten der anderen zu finden? Er ist stets der Scharfsinnige, Genaue, auch Pfiffige, und meist hat er sich mühsam vorbereitet, um diesen Eindruck zu erwecken. Er geht fleißig ins Theater und führt gewissenhaft ein Theatertagebuch. Er macht Gedichte. Sie sind fast so gut wie die von Hans und bestimmt besser als die von Louis, aber angestrengt klug und allzu elaboriert, es muß Poesie sein, er will es, und er will es zu sehr. Franz sagt gutmütig: »Wirklich nett. Bißchen zu viel ›gepoeselt‹ vielleicht.« Daneben glänzt Hermann jederzeit durch sein gutes Gedächtnis und kennt immer alle Fakten, ohne die,

146

daran glaubt er fest, geniale Entscheidungen nicht ordentlich getroffen werden können.

Geschichte will er studieren, und er bringt fast alles mit, was einen akribischen Forscher ausmacht, sein Fleiß und Scharfsinn würden auch vor den größten Aktenbergen nicht kapitulieren. Aber der Vater hat andere Pläne, nimmt ihn nach der mittleren Reife von der Schule und läßt ihn kaufmännische Praktika machen. Gut, wenn schon Geschäftsmann, sagt sich der Sohn, dann nicht in der Firma! Er arbeitet für eine große Getreidefirma in Südrußland, später in der Londoner Börsenwelt, bis das expandierende Ullstein-Imperium ihn eines Tages doch noch nach Berlin beordert – er folgt dem Ruf.

Er ist von den fünf Brüdern zweifellos derjenige, der am meisten arbeitet. Mehr als fünf Stunden Nachtruhe gönnt er sich kaum. Er erarbeitet sich Bewunderung und große Erfolge, aber nichts fliegt ihm zu. Er ist der Inseraten- und Werbefachmann, und er leistet Erstaunliches als Organisator des Schnittmuster-Vertriebs und als Herausgeber von Zeitschriften, insbesondere der »Berliner Illustrirten«. Wie er es nebenbei noch schafft, Max Webers »Wirtschaft und Gesellschaft« durchzuarbeiten, weiß niemand, es muß Sympathie mitspielen: Max Weber ist ein geradezu selbstmörderisches Arbeitstier.

Hermann kann nett sein, aber auch übergenau, er kann erbsenzählerisch und cholerisch sein wie der Vater. Unter den fünf Brüdern scheint er seinem Vater überhaupt recht ähnlich, neigt am meisten zur politischen Hitze, kann sich über subtile Formen von Verrat ereifern, über gröbere sowieso. Er verachtet die Sozialdemokraten Braun und Severing, die sich kampflos dem Staatsstreich von oben fügen. Er ist der einzige der Brüder Ullstein, der mit Geld und Pressewirkung gegen die Nazis antreten möchte. Er warnt vor einem Wohlverhalten des Zeitungskonzerns gegenüber der völkischen Rechten. Seit den späten zwanziger Jahren gibt er in eigener Regie die »Neue Leipziger Volkszeitung« heraus, die der wachsenden Macht Hitlers Widerstand leistet.

Bevor Hermann eine Frage beantwortet, teilt er sie in immer neue Unterfragen ein, um schließlich eine Art Besinnungsaufsatz vorzutragen. Am wenigsten von den Brüdern versteht ihn Louis, der traumhaft sichere Geschäftsmann, der sonst alles versteht, aber sich nicht vorstellen kann, daß durch Anstrengung auch nur das Geringste zu erreichen ist. Einmal sagt Louis zu Hans: »Hermann ist ein Musterdeutscher, er macht sich schon fast wieder verdächtig!«

Die Brüder nehmen Hermann, wie er ist, obwohl sie ihn manchmal belächeln. Louis sind anstrengende Menschen und Eiferer fremd, aber er ist nicht blind für Hermanns Erfolge. Dieser wiederum versteht Franz am besten – vermutlich, weil der fast ebenso hart arbeitet wie er.

Hermann, der Politisches im Sinne hat, sagt einmal: »Man kann Sinnvolles nicht nur mit einem Haufen von Gönnern und Duldern bewerkstelligen, man braucht Komplizen und Mitverschworene!«

Mindestens eine mutige, klare Komplizin findet er im Leben: seine Frau Margarethe, geborene Litthauer, eine Nichte des Konkurrenten Rudolf Mosse. Sie gilt als hart, aber gerecht und wird in der ganzen Familie respektiert. Sie hat wegen ihres Fleißes den Spitznamen »die Biene« und hält ihrem arbeitsversessenen Mann den Rücken frei: Er muß sich nicht einmal um gesellschaftliche Verpflichtungen kümmern – er waltet über seine Abteilungen im Verlag, Margarethe waltet über Hermann. So kommt es, daß er zu Hause viel stiller ist als im Geschäft, und dort, wie berichtet wird, manchmal etwas zu laut. Zwei Kinder haben sie, Edith und Fritz.

1933 sagt Hermann lächelnd und mit jener großer Ruhe, die tiefe Verzweiflung verbergen soll, den Satz: »An den Pforten des Ullstein-Verlages hört Hitlers Macht auf!« Hermann ist, wie solche Energiebündel es in ihrer Hingabe an die Arbeit oft sind, eine gläubige und leidenschaftliche Seele. Und er weiß insgeheim, daß alles umsonst gewesen ist – daß die Pforten des Verlages nichts mehr aufhalten können, wenn die Gewalt ge-

148

siegt hat. Warum nur hat sie gesiegt? Über dieser Frage wird er hinsterben.

1935, im Schweizer Exil, schreibt er ein Buch über Reklame: »Wirb und werde!« Es wirkt etwas zu systematisch, ja pedantisch, um ein Renner zu werden, aber es bringt so viel Geld ein, daß das Ehepaar nach Amerika reisen kann. Dort, in den vierziger Jahren, arbeitet der bald wieder mittellose alte Mann als Nachtwächter in einer Munitionsfabrik. Was ihn aufrecht hält, ist die Hoffnung, nach Deutschland zurückzukehren, »nachdem Hitler gehängt worden ist.«

Bereits vom Krebs gezeichnet, schreibt er ein weiteres Buch: »The Rise and Fall of the House of Ullstein«. Von den (ohnehin spärlichen) Einnahmen hat der Verarmte nichts mehr: Hermann Ullstein stirbt wenige Tage nach Erscheinen des Buches, 1943. Margarethe geht nach England. Ihr Sohn Fritz, inzwischen »Frederick« und englischer Soldat aus Überzeugung, ist zu der Zeit noch irgendwo an der Front. Margarethe lebt bis 1956.

*

»Dr. Strousberg, sind Sie es?«

»Und ob, lieber Ullstein, guten Tag! Sie sind umgezogen, nicht?«

»Sie auch, wie ich höre. Geht's wieder besser?«

Gut sah Strousberg nicht aus. Politik und Finanzwelt hatten ihn gemeinsam erledigt und dann ins Abseits geschoben. Er wohnte in einer Pension, sein Vermögen war dahin. Leopold wußte aber, daß ein Gezeichneter und ein Gebrochener nicht dasselbe waren. Gebrochen war Strousberg nicht, nur elend. Aber über dem furchenreichen Gesicht lag eine philosophische Heiterkeit. Er brütete nicht über seinen Unglücksvorräten wie ein abgehalfterter Politiker. Er hatte vom Leben mehr erfahren als viele andere und dabei, wie die Spanier sagen, »den Tanz getanzt, den ihm keiner mehr rauben kann«. Ein Mann ohne Reue oder Haß, nur krank. Seine einst so kräftige Physis war am Ende.

»Ich hoffe, wir werden zu Pfingsten besseres Wetter haben«, sagte Strousberg statt einer Antwort und blickte skeptisch zum Dach des Hotels Kaiserhof hinauf. »Mir scheint, jetzt hört es endgültig auf, weniger zu regnen!« Abgerissen sah er nicht aus. Er trug einen wadenlangen braunkarierten Mantel mit ellbogenlangem Schultercape, eine dunkelgraue Melone und schwarze Stiefel mit weißen Gamaschen, über dem Ganzen allerdings einen völlig verschlissenen Regenschirm.

»Wissen Sie noch, damals in London?« fragte Leopold. »Das war vor einunddreißig Jahren, übrigens Ende Mai wie jetzt.«

»Ja, und Sie lasen meine Schachzeitschrift. Du lieber Gott, was man alles gemacht hat!«

»Spielen Sie noch manchmal eine Partie?«

»Manchmal. – Sind Sie immer noch so furchtbar liberal? Sie sind ja groß herausgekommen, Respekt, jetzt gibt es auch schon eine Morgen- und eine Abendausgabe. Für mich natürlich nicht konservativ genug. Übrigens kämpfe ich weiter. Ich kann Ihnen einiges erzählen...«

»Ich wohne in der Tiergartenstraße 17 a. Jeden Donnerstag habe ich meinen jour fix, also auch heute, wollen Sie kommen? Ab sechs!«

»Sie wärmen mein Herz! Aber heute abend geht es nicht mehr. Vielen Dank!«

»Aber, Dr. Strousberg, sagen Sie mir eines – ich vergesse es sonst. Letztens sah ich eine Lokomotive, die vorn auf beiden Seiten große, in Fahrtrichtung senkrecht stehende Bleche trug, wie Schilde oder Scheuklappen. Wissen Sie, was damit erreicht werden soll?«

»Man macht Versuche damit. Die Bleche verlaufen, glaube ich, nicht ganz parallel zur Lokomotive, sondern in einem kaum wahrnehmbaren spitzen Winkel. Sie sollen den Wind leiten. Wozu, weiß ich nicht. Vielleicht Kühlung, Geschwindigkeit, Sichtverbesserung, keine Ahnung. Vielleicht auch nur Schnickschnack.«

»Danke, lieber Strousberg! Gestatten Sie, daß ich mich verab-

150

schiede, ich muß einem Maler sitzen und will ihn nicht warten lassen.«

»Anton von Werner. Menzel?«

»Die Hofmaler? Sie wollen mich wohl verspotten? Nein, es ist Oskar Begas. Also – kommen Sie am Donnerstag nach Pfingsten?«

»Ich versuche es! Leben Sie wohl, Ullstein!«

Bethel Henry Strousberg starb zwei Tage später, am Pfingstsamstag 1884. Fiel um und war tot. Das Herz.

*

Dragoner, das war etwas zwischen Kürassier und Husar, Kavallerie also, und etwas zwischen schwer und leicht. Halbschwer. Leicht auf gar keinen Fall, fand der Einjährig-Freiwillige Louis Ullstein, der sich mit Pferd, Säbel und Degen, Karabiner und Lanze vertraut zu machen versuchte. Seit seiner Ankunft in Schwedt an der Oder wußte er, daß Militär strikte Unterordnung bedeutete, also etwas, wofür er nicht begabt war. Die Kaserne lag am »Englischen Garten« gegenüber dem Schloß. Das Gebäude war bis vor zehn Jahren eine königliche Reitschule gewesen. Schwedt war eine hübsche Stadt mit vielen Bäumen und breiten Straßen. Aber da kam er kaum hin.

Daß er Reiten lernen mußte, sah er völlig ein. Auch den Gebrauch des Degens, das Auseinandernehmen, Säubern und Zusammensetzen von Karabiner und Drehling (außerhalb der Dienstvorschrift hieß so etwas längst »Revolver«!), die Schießübungen, alles in Ordnung. Das Exerzieren, dieses ganze verkrampfte Stillgestanden, Linksum, Rechtsum, Gleichschritt, nun ja. Mit den Pferden hatte es nicht viel zu tun, es diente der Ausbildung eines »militärisch geraden Charakters«. Etwas bis zum Umfallen zu tun, was man nicht ganz einsah, war nur mit Vaterlandsliebe möglich. Die hatte er, also war es zu schaffen. Blieb noch der Antisemitismus, der nach den Tiraden des Hofpredigers Stoecker sogar im Heere um sich griff – ein Widerwille

151

gegen getaufte wie ungetaufte Juden, der übrigens auf direkte Fragen hin mit großen Augen geleugnet wurde, dafür im Verborgenen um so stärker war. Louis beschloß, diese Ressentiments zu ignorieren. Wenn er ein guter Soldat wurde, konnte ihm keiner am Zeug flicken. Später wurde er vielleicht sogar ein guter Kaufmann – dann hatte er für all das nur noch ein mildes Lächeln.

Ein Kavallerist hatte damit zu rechnen, daß er sein Pferd verlor oder sein Pferd ihn. Daher wurde er immer auch infanteristisch ausgebildet. Er mußte beides können: Gräben und Hindernisse errichten, ebenso aber mit dem Pferd darüber hinwegspringen, also vor der Wühlarbeit anderer keinen Respekt zeigen. Er mußte alle Infanteriewaffen kennen, weil solche bei gefallenen Soldaten haufenweise herumlagen; ein abgesessener Dragoner mußte zugreifen und sich mit allem wehren können, was vorhanden war. Zum Beispiel mit dem ganz normalen Zündnadelgewehr, System Mauser. Morgen war die Instruktion. Er hatte für diese Waffe gewisse Sympathien. Die Firma von »Onkel Ludwig«, Vaters Freund Loewe, der einst mit Nähmaschinen angefangen und dann Gewehre produziert hatte, war nach dessen Tod Teil der Mauserschen Fabrik geworden. Darüber redete Louis nicht, er war aus Klugheitsgründen ein eher stiller Dragoner.

Im Moment war »Putz- und Flickstunde«, und er reinigte den Lauf seines Revolvers. Seit einiger Zeit wußte er, daß jeder Lauf eine »Seele« und eine »Seelenachse« hatte. Diese war die gedachte Linie genau durch die Mitte der Seele, interessant wurde es dort, wo die Seele an ihre runde, blanke Grenze kam, die Innenwand des Laufs. Da waren vier »Züge«, Einkerbungen, die sich in elegant-spiraliger Drehung bis zur Mündung hinzogen. Weil es im Lauf sehr eng zuging, teilte sich dem Geschoß die Drehung mit, und genau dadurch flog es draußen in der Luft geradeaus. Ohne die Drehung hätte es sich nämlich, da es länglich war, quer zur Flugrichtung gestellt, wäre langsam und in seltsamen Kurven geflogen, jedenfalls nicht im Ziel gelandet.

Da kein Ausbilder in der Stube war, versuchte Louis die Briefe der Familie zu überfliegen. Die anzüglichen Fragen der Kameraden überhörte er – Louis Ullstein war taub, wenn er etwas nicht hören wollte. Versuchte man es mit Lautstärke, faßte er seinen Kragen und zog ihn so hoch, daß beide Ohren bedeckt waren. Daß dies eine Eigenheit seines Großvaters Hajum gewesen war, wußte er nicht.

Papa hatte ein Anwesen in der Kochstraße gekauft, um sich zu vergrößern. Das hieß: Er baute dort oder er baute um. Die Zeitungen verkauften sich gut, außer wenn sie gerade verboten waren. Daß preußischen Soldaten bei Androhung von Arrest untersagt war, Ullsteinsche Zeitungen zu lesen, konnte Louis bestätigen. Was noch? Käthe zankte sich mit ihrem Julius Engelmann, Else war verliebt in Isidor Cohn, die Schwestern Alice und Mathilde regten sich auf, weil diverse Kavaliere es an Aufmerksamkeit oder Gedächtniskraft hatten fehlen lassen und sie trotz Eintragung auf ihrer Tanzkarte ausgerechnet beim Wiener Walzer hatten sitzen lassen. Das schlimme an den Frauen ist, dachte Louis, daß sie dann immer gleich denken, sie wären häßlich. Man mußte sehr auf solche Gefühle aufpassen oder aber einen Sinn für Buchführung haben. Auf einem Ball ab und zu in die Tanzkarte zu schauen, das war zumutbar. Zumal wenn die Damen, wie in diesem Fall, keine ganz schlechten Partien waren.

Jetzt kam der Waffenappell. »Sehen wir uns mal unseren Herrn von der Presse an!« Der Oberleutnant war ein magenkranker, sauergesichtiger Pedant mit gefährlich glitzernden Augen und beißender Sprache. Er blickte durch die Seele von Louis Ullsteins Revolver und sagte: »Ich kann nicht behaupten, daß Sie gut reiten, Ullstein, wirklich nicht – aber Sie reiten immer noch besser als Sie Ihr Rohr pflegen! Sehen Sie gefälligst selbst durch: Was ist das da oben rechts bei zehn Grad? Wie bitte? Ein Schatten, sagt der Mann hier, ein Schatten! Ullstein, Sie haben entweder gute Nerven oder schlechte Augen. Das ist Rost! Sie sind eine militärische Katastrophe! Sie werden nach Dienst Ge-

153

legenheit bekommen, ihre Waffen, die gesamte Ausrüstung und Ihren Ruf als Dragoner von jeglichem Schatten zu befreien. Appell für Sie höchstpersönlich genau zum Zapfenstreich! Danach sehen wir weiter, die Nacht ist lang.«

»Unser Herr von der Presse«, »militärische Katastrophe«. Dieser Oberleutnant hatte seine Sprache im Zaum. Keine Beleidigung greifbar. Beleidigend nur Stimme und Ton. Vermutlich Antisemit, aber zu schlau, um es erkennen zu lassen. Zum Duell fordern konnte er ihn als Untergebener nicht einmal theoretisch. Oder doch? Darüber wollte er einmal mit Willy Liebermann reden, dem jüdischen Ritter. Er war Einjährig-Freiwilliger und Dragoner wie er, allerdings schon ein Jahr weiter und in Straßburg.

Gut, daß ich ein Bär bin und kein Mensch, dachte Louis, ich bin furchtlos und schwindelfrei. Ich klettere in den Baum und überlebe den Kerl.

*

Ja, Willy Liebermann war in Straßburg. Und soeben mitten in einem Geschehen, über das hier berichtet werden kann, obwohl Louis Ullstein erst Jahre später davon erfahren hat.

Zwei Kutschen schoben sich durch die Straßen und Alleen mühsam vorwärts, wie es der dichte Nebel so eben gestattete. Ein Duell, an einem Oktobertag für sieben Uhr früh festgesetzt, verlangte rechtzeitigen Aufbruch von zu Hause, und noch war man im Zeitplan. In der einen Kutsche saß der vierundzwanzigjährige Willy Liebermann, Ritter von Wahlendorf, Sohn aus reichem Hause und Vetter des Malers Max Liebermann. Ihn begleiteten seine Sekundanten, zwei Corpsstudenten. Der eine von ihnen, ein gewisser Teufel aus Württemberg, hatte dem Duellgegner die Pistolenforderung überbracht. Ein Arzt saß in der Kutsche, ein Schweizer namens Dr. Spengler. Niemand brauchte dem jungen Duellanten Mut zuzusprechen. Liebermann war blaß, aber entschlossen, ruhig und auf die Wiederherstellung seiner Ehre konzentriert. Es war nicht seine erste und nicht seine letzte Pistolenforderung. Töten wollte er den Gegner nicht, verletzen nur notfalls und geringfügig. Aber eines wollte er mit großem Ernst: einem sich gottähnlich dünkenden Judenverächter die Lehre erteilen, daß es unter den Juden solche gab, die man besser nicht beleidigte. Ja daß man Juden am besten überhaupt nicht beleidigte, auch keine ungetauften wie ihn.

In dem anderen Wagen saß der Gegner, Rittmeister Mackensen, bis vor kurzem nahezu allmächtiger Vorgesetzter des Einjährig-Freiwilligen Liebermann, mit seinen Sekundanten, die Offiziere seines Regiments waren. Mackensen verwünschte die Angelegenheit: Dieser tolldreiste, reiche Judenbengel war als schießwütig bekannt, er ließ nicht das Geringste auf sich sitzen. Er hätte ihn etwas vorsichtiger behandeln, vor allem das Wort »Jude« völlig vermeiden müssen, und nichts wäre passiert. Dieser Kerl ritt und schoß gut, ein Sportsmann. Er wäre aber nie und nimmer ein richtiger Dragoner geworden. Kein Sinn für Unterordnung – ganz jüdischer Liberaler! Deshalb war es richtig gewesen, ihm den Gefreitendienstgrad zu verweigern. Aber ich hätte den Schnabel halten sollen, dachte Mackensen. Jetzt war es zu spät. Gescheitert waren alle Versöhnungs- und Schlichtungsversuche bis an die Grenze des noch Ehrenhaften. Die Öffentlichkeit hatte Kenntnis, die Zeitungen hatten berichtet. Jetzt ging das seinen Gang und mußte erledigt werden. Es gibt Leute, die gut schießen, dachte Mackensen, und andere, die gut treffen, weil sie rechtzeitig damit anfangen. Der Mann kriegt die erste Kugel in den Kopf, damit ist die Ordnung hergestellt. Es blieb aber eine Ungewißheit: Duellpistolen hatten in der Regel Läufe ohne Züge und schossen fehlerhaft. Kennenlernen konnte man sie erst im Moment des Duells.

Angst also? Nicht bei einem Mackensen! Selbstverständlich will der Kerl mich umbringen, dachte er, und selbstverständlich kommt es umgekehrt.

Jetzt war man endlich auf der richtigen Waldlichtung, es konnte losgehen.

Ein Schlichtungsversuch noch – den schrieb das Ritual vor. Abgelehnt. Der Platz lag im Morgennebel. Entfernung zehn Schritt, dreimaliger Kugelwechsel war vereinbart. Noch während des Zählens schoß Mackensen (was nicht gerade korrekt war) sofort auf den Kopf des Gegners. Dieser zielte auf seinen Fuß. Beide schossen Luftlöcher.

Liebermann hatte beim ersten Schußwechsel die Kugel pfeifen hören, wußte also jetzt, daß der andere ihm ans Leder wollte. Obligater zweiter Versöhnungsversuch des Unparteiischen, eines Herrn von dem Knesebeck. Dann der zweite Kugelwechsel. Liebermann schoß in die Luft, Mackensen wiederum auf den Kopf, traf nicht. Erneuter Vermittlungsversuch. Liebermanns Partei nahm die Vermittlung an, aber Mackensen lehnte sie ab. Er erzwang damit einen dritten Schußwechsel. Er glaubte, Liebermann sei wohl doch ein schlechter Schütze, vor allem meinte er jetzt, die Pistole in seiner Hand besser zu kennen. Sekundant Teufel sagte halblaut zu Liebermann: »Der will dich tot sehen. Schieß so früh es geht, halt drauf!« Die Schüsse krachten gleichzeitig. Wieder pfiff Mackensens Kugel an Liebermanns Ohr vorbei, dann aber sackte der Rittmeister plötzlich seitlich ein, drehte sich halb um die eigene Achse und stürzte hin. Liebermann hatte auf Mackensens Schienbein gehalten, war aber zu hoch abgekommen und hatte den Oberschenkel getroffen.

Der Rittmeister konnte kein Pferd mehr besteigen. Er wurde mit einem Adelstitel in Pension geschickt. Willy, der später Chemiker wurde, entwickelte sich zu einem überzeugten Gegner des Duells, bedauerte aber nie, seine jugendlich-naive Verwegenheit als Mittel gegen antisemitische Anmaßungen eingesetzt zu haben. Als der Siebzigjährige 1936 im schweizerischen Exil mit seinen Memoiren begann (gestorben ist er 1939) schrieb er als Titel aufs erste Blatt »Mein Kampf« – den Titel von Hitlers Buch. Er sann ein wenig nach und unterstrich dann dreimal kräftig das »Mein«.

*

Bei Ullstein erschien Mitte der achtziger Jahre zwar nur ein einziges Blatt, aber in einer Morgen- und einer Abendausgabe, was die Aktualität erhöhte und die Abonnentenzahlen in die Höhe schießen ließ. Inzwischen gab es am Wochenende eine Unterhaltungsbeilage (»Berliner Gartenlaube«, die ein wenig mit der berühmten »Gartenlaube« zu konkurrieren suchte) und zweimal die Woche ein juristisches Beiblatt, das den leicht belächelten Namen »Gerichtslaube« trug. Ausführliche und scharfsinnige Prozeßberichterstattung hielt Leopold für eine Säule des Rechtsstaats, irgend jemand mußte den Staatsanwälten und Richtern auf die Finger sehen. Louis, der die Beilage geschäftlich für nicht besonders interessant hielt, wurde belehrt, daß manchmal eben auch Dinge sein müßten, die sich weniger rentierten. Louis sah das ein, aber er hatte am meisten Freude, wenn die Auflage stieg. Er arbeitete jetzt in der Geschäftsführung mit, saß länger im Büro als der Vater und sann Nacht für Nacht auf neue Kniffe, um der Zeitung mehr Leser zu verschaffen.

Leopold wußte, daß er sich auf Louis verlassen konnte, aber auch, daß man einen Mann von zweiundzwanzig Jahren daran hindern mußte, parforce zu reiten. Gerade daß Louis ein guter Rechner war, machte ihn manchmal anfällig für Abenteuer. So fand er, daß die Auflage der morgens und abends erscheinenden »Berliner Zeitung« stagnierte – er schlug vor, daraus eine Zeitung für Berlin und das Umland zu machen (das Umland hieß »Deutsches Reich«).

Moment mal, sagte Leopold, die »Berliner Zeitung« hat eine Stärke im Lokalen und genau darum ist sie eine gute Plantage für geldbringende Inserate – es ist Unfug, dieses Sichere für etwas Unsicheres aufs Spiel zu setzen. Abgelehnt! Jetzt wird der Alte alt, knirschte Louis. Aber er knirschte nur innerlich und ging geduldig daran, den Vater zu überzeugen, was schwer war. Und dabei wandelte sich sein Vorhaben. Beiden war bewußt, daß man mit den zwei Rotationsmaschinen, die am Nachmittag nutzlos stillstanden, leicht eine weitere Zeitung drucken könnte, und womöglich ja die »für außerhalb«. Schön, dachte Leopold,

157

aber wie aktuell war die noch, wenn sie den Postweg von der Einlieferung über das Stempeln und Sortieren bis zum Postboten durchlaufen hatte? Noch eins: Louis war eine Großstadtpflanze. Das platte Land draußen war stockkonservativ und inzwischen auch noch antijüdisch – politischer Liberalismus kam da nicht an, sogar wenn Wilhelm I. starb und sein Nachfolger eine liberale Ära einleitete. In der Provinz änderte sich erst einmal nichts.

»Und wenn man nur Fakten bringt . . .?« fragte Louis vorsichtig.

»Was stellst du dir unter ›nur Fakten‹ vor? Braucht man keine Wörter und Sätze, um sie zu beschreiben?«

»Manchmal geht es mit Bildern.« Louis gab nicht so leicht auf, der Vater mußte lachen. Vater und Sohn hatten Respekt voreinander, einer hörte dem anderen zu. Leopold ahnte, daß Louis der Kopf war, der diese Firma einst durch die blödsinnigsten Ereignisse würde hindurchsteuern können. Als Louis ihm anderntags eine neue Art des Postversands erklärt hatte, die ihm eingefallen war, rechnete der Papa sie durch und wurde williger. Wenn man es in Verhandlungen mit dem Postzeitungsamt wirklich schaffte, das Frankieren und Stempeln im eigenen Hause zu erledigen und die Zeitungspakete direkt zum Zug zu bringen, ja dann!

»Aber sag mir bitte, wer wird in so einem Blatt inserieren wollen?«

Auch hier wußte Louis eine Antwort. Er war sich seiner Sache sicher. Wie lange wollte Papa die Rolle des Zweiflers noch durchhalten?

Nicht sehr lange: Ab 1. September 1887 verschickte der Verlag Leopold Ullstein die »Berliner Abendpost«, die Zeitung für »draußen«. Sie hatte nach kurzer Zeit eine Auflage von über siebzigtausend, und es sah so aus, als würde sie sogar die »Berliner Zeitung« in den Schatten stellen. Die Inserate? Die Firmen, insbesondere Kaufhäuser und Versandgeschäfte, drängten sich, um ihre Produkte außerhalb Berlins bekanntzumachen.

Leopold fand, daß es Zeit wurde, Louis zum Teilhaber zu machen, zusammen mit Hans, der jetzt Rechtsanwalt war und mit seiner juristisch geschulten Vorsicht einen Gegenpol zu Louis' Visionen bildete.

*

Ein Jahr später waren alle liberalen Hoffnungen zerstoben, die sich an den Thronfolger Friedrich geknüpft hatten. Seit dem Tod Wilhelms I. war er deutscher Kaiser, aber bereits schwer krank. Kehlkopfkrebs? Man schickte Gewebeproben an Virchow, aber sie waren nicht signifikant. Virchows Aussage, die ihm übermittelten Proben ließen nicht zwingend auf Krebs schließen, war korrekt. Die den Kaiser umgebenden, zum Teil etwas zweifelhaften Ärzte nahmen dies als Bestätigung ihres optimistischen Schönredens: alles harmlos, alles heilbar. Als Friedrich III. dann doch tot war, bedauerten sie außerordentlich. Im übrigen ging man am Hof schnell zur Tagesordnung über, und die war eine neue. Der forsche Enkel Wilhelms I., der jetzt Kaiser wurde und freie Bahn hatte, verbannte sofort die Witwe, die liberale Engländerin Viktoria, unter entwürdigenden Umständen vom Hof.

»Die Verkrüppelung seines linken Arms würde niemanden stören«, sagte Rudolf Virchow zu Leopold Ullstein, den er zum Tee gebeten hatte. »Das schlimme ist, daß sie ein Problem für ihn selbst ist. Wilhelm leidet darunter, daß er im Mittelalter als regierungsunfähig gegolten und den Thron nie bestiegen hätte. Heute ist das Unfug.«

»Wie er die Kaiserin behandelt hat!« murrte Leopold, »Immerhin seine Mutter! Ich fürchte, er ist, aus welchen Gründen auch immer, ein ziemliches. . .«

»Schon gut«, unterbrach Virchow, »wir brauchen es nicht zu vertiefen.«

Dann schwiegen sie und betrachteten gemeinsam Virchows Rauchkringel: barocker Aufstieg, ein paar wilde Pirouetten, dann

159

rasches Zerfließen und Wegdunsten. Was blieb von einer Zigarre übrig? Man lüftete und sie war weggeblasen, wie nie gewesen.

Was wurde nun aus Bismarck? Wurde auch er vom Hof gejagt? Er war alt, verbraucht und zerfurcht, und die innenpolitische Welt verstand er nicht mehr. Sein Kampf gegen die Sozialdemokratie war überflüssig und gefährlich. Außenpolitisch stand er für Kontinuität. Wenn man über diesen großen Mißtrauischen irgend etwas Gutes sagen konnte, dann, daß er das Ausland einschätzen und die Gefahren von dort erkennen konnte – zumindest solche, die er selbst herbeigeführt hatte. Und jetzt hatte Deutschland ja auch noch Kolonien!

»Jetzt ist es mir egal!« sagte Virchow beim Cognac. »Ich rauche doch noch eine. Ja, die Gesundheit, mir brauchen Sie's nicht zu sagen.«

Sie rauchten, Virchow trank noch einen Cognac, Leopold nahm lieber ein Bier.

»Ich verstehe, daß Sie die Journalisten lieben«, sagte Virchow. »Zeitungsleute lassen sich von keiner Gefühlsduselei dumm machen, sie sind die Partei des Verstandes. Meistens.«

»Ich liebe Journalisten keineswegs, ich bewundere allenfalls ein paar gute.« Leopolds Antwort war vorsichtig, weil er einen Moment lang für möglich hielt, daß Virchow es irgendwie philosemitisch meinen könnte. Das war eine Nebenfolge der Judenbeschimpfung: Mancher Gutmeinende besaß die Taktlosigkeit, Juden ins Gesicht hinein dafür zu loben, daß sie Juden waren. Erst letzte Woche hatte er so ein Gespräch gehabt. Peinlicher fast als ein Angriff. Bei Virchow indes wohl keine Gefahr, der war einfach ein Kerl und völlig unbefangen, mit dem ließ sich reden.

»Ich habe viel zu viel Cognac getrunken, lieber Ullstein. Ich brauche ein großes Glas Wasser. Man vergiftet sich und erlangt die Illusion von Klarheit, aber wenn man dann versucht, etwas davon festzuhalten . . . Wo waren wir?«

»Bei den Journalisten.«

*

Leopold, der ohnehin alle großen Könner bewunderte (zum Beispiel Virchow), liebte erfahrene Journalisten. Sie lebten von ihrer Urteilskraft, aber auch vom Recht auf Irrtum, vermutlich dem größten aller Freiheitsrechte. Irrtümer waren erträglich, solange sie originell blieben, ja sie waren geradezu notwendig. Zeitungen waren Schulen jenes bekömmlichen Mutwillens, ohne den auf der Welt nichts Neues gedacht wurde.

Leopold tappte morgens um vier zu seinem Schreibtisch und versuchte aufzuschreiben, was ihm von dem abendlichen Gespräch mit Virchow über den Journalismus noch in Erinnerung war. Er schrieb noch immer »gute Sätze« in Wachstuchhefte, neunundzwanzig davon waren jetzt vollgeschrieben.

Journalisten lebten von der Bewegungsfreiheit. In Tyrannenstaaten starben sie oder konnten jedenfalls nicht leben. Aber auch dadurch sorgten sie dafür, daß das Fehlen von Freiheit bemerkt wurde. Journalisten säten nicht und ernteten nicht, aber Gott ernährte sie zu Recht. Sie waren wie Vögel, flogen hin und her, wie sie wollten, beurteilten von hoch droben, was andere geleistet, erzeugt oder entschieden hatten. Sie selbst erzeugten ein paar Blatt beschriebenen Papiers, konnten selber in der Regel weder einen Staat lenken noch Theaterstücke oder Romane schreiben (nun ja, manche doch), sie konnten keine Firma aus der Verlustzone und keine Forschung zu Ergebnissen führen (mit Ausnahmen). Bunte Vögel, eitle Vögel. Sie rissen den Schnabel auf, wo sie konnten, denn selbstverständlich war jeder von ihnen die Nachtigall. Sie trugen Verantwortung nur dafür, daß genügend Leute ihren Artikel interessant fanden. Das hieß, sie waren jederzeit in Versuchung, ihre Überzeugung oder ehrliche Einschätzung der Situation für eine krachende, funkelnde oder stinkende Pointe zu verraten. Aber Leopold verzieh, hinter dem Rücken seiner Ehrbarkeit und Vernunft, auch kleinere Verbrechen, wenn der Täter nur geistvoll und provokant schreiben konnte – und wenn er bis Redaktionsschluß damit fertig war!

*

Der 18. Januar 1889 (Jahrestag der Reichsgründung) war für Hans ein wichtiger Tag. Nicht für ihn allein, aber für ihn am meisten, aus drei Gründen. Erstens feierte er seinen dreißigsten Geburtstag. Zweitens wurde er zusammen mit Louis Teilhaber der Firma. Vater Leopold ließ die Familie abstimmen, ob der Verlag künftig »Ullstein & Söhne« oder »Ullstein & Co.« heißen sollte. Die Mehrheit war für »Co«, aber nicht, weil etwa Töchter als Mitinhaber zu erwarten gewesen wären. »Söhne« klang nach einer konservativen Viehhandlung auf dem Lande, »Compagnie« nach einem freisinnigen Verlag in der Stadt.

Das Wichtigste an diesem Tag war aber die Verlobung von Hans mit der hübschen, temperamentvollen Antonie Heymann, und daß er schon eine Stunde später mit ihr den ersten Streit bekam (zugleich den letzten innerhalb von 46 gemeinsamen Jahren). Antonie beschwerte sich: Er rede zu wenig mit ihr. Wenn ein Volljurist und Rechtsanwalt kein Wort zu sagen wisse, sei das doch beunruhigend. Warum sei es ihm denn so wenig möglich, Gefühle zu äußern, etwa zu sagen, daß er sie liebe? Oder etwas Vergleichbares, sie sei ja nicht unbescheiden. Sie jedenfalls liebe ihn. Als sie das gesagt hatte, weinte sie ein bißchen, um es zu unterstreichen. Er antwortete: »Toni, Liebling, ich weiß ja auch nicht, warum ich so bin! Ich gehe jetzt an den Schreibtisch und schreibe dir alle Gefühle genau auf.« Sie wehrte ab: Er müsse in erster Linie seine Koffer packen (am nächsten Tag stand eine Reise nach Leipzig an). Zwei Tage später kam von ihm ein langer Brief, der »alle Gefühle« enthielt – im Grunde nur eines: tiefe Liebe. »Es ist mein Unglück, daß ich so schlecht verstehe, meine Empfindungen zum Ausdruck zu bringen, und ein doppeltes Unglück, weil Du dies so leicht vermißt. Wenn ich Papa ansehe, wie er Dich liebt und wie Du ihn verehrst – was ich so begreiflich finde wie nur irgend etwas – so habe ich oft Furcht, wie ich da mitkommen werde.«

Hans liebte es, Briefe zu schreiben. Am 16. März, im dritten und letzten Brief der Verlobungszeit (am 3. April heirateten sie) schrieb er: »Ich denke, wir werden gut miteinander auskommen.« Danach schilderte er, daß Süskinds im Zug gesessen hätten – das waren Bekannte von Tonis Familie. Er habe sie begrüßt, aber leider sei ihm partout nichts eingefallen, was er ihnen sonst noch hätte sagen können. »Du weißt ja, wie es bei mir ist.«

Das wußte sie: Er sprach eben nicht. Aber er war in allem, was kein Sprechen verlangte, nobel und einfühlsam. Sie hatte wenig Mühe, sich auf diesen Mann einzustellen und all seine kleineren oder auch größeren Hilflosigkeiten auszugleichen, solange sonst »alles stimmte«. Auf der Hochzeitsreise, in einem Hotel in St. Moritz, saßen sie wie immer stumm, aber zufrieden beim Abendbrot. Nach einiger Zeit merkten sie, daß die anderen Gäste über sie zu sprechen begannen. »Wir müssen irgend etwas reden, sonst denkt man, wir wären unglücklich und zerstritten.«

»Gut«, antwortete Hans, »aber was?«

Sie verfielen darauf, einander im Wechsel halblaut Schillers »Lied von der Glocke« vorzutragen, im Konversationston und ohne Pathos. »Alles rennet, rettet, flüchtet, taghell ist die Nacht gelichtet«, klang nun wie eine ruhige, treffende Bemerkung über die letzte Börsenwoche oder gewisse Mängel beim Zimmerservice. Sie hatten großes Vergnügen damit. Als die »Glocke« zu Ende war, fingen sie mit dem »Verschleierten Bild zu Sais« an. Es wurde zu einem Bericht über die Lage des Theaters, vielleicht auch des Linksliberalismus.

Sie hatten sich vor einem Jahr über ein »Vielliebchen« kennengelernt: Man ißt zusammen zwei Hälften von etwas Doppeltem, zum Beispiel eine Nuß mit zwei Kernen. Danach heißt es aufpassen: Wann immer der eine dem anderen etwas in die Hand gibt, muß jener sagen: »J'y pense« – »Ich denke daran!« Versäumt er es, muß er ein Geschenk machen, und zwar kein lumpiges. Hans war bravourös zuverlässig: Wann immer Toni ihm etwas reichte – er »dachte daran«. Toni war hingerissen: ein Mann, der sie wahrnahm, der aufpaßte! Respektlose Nachkommen meinten aber, Hans habe lebenslang eisern versucht, zusätzliche Geldausgaben zu vermeiden, so auch in diesem Fall.

Am 27. Juni 1890 wurde »Pussel« geboren, alias Hilda Ullstein. Da etwa gleichzeitig England die Insel Helgoland an Deutschland zurückgab (im Austausch für Sansibar), fand die Wöchnerin Toni, Hans könne ruhig dorthin fahren und mithelfen, die Insel wieder deutsch zu machen. Störte der Strohwitwer zu Hause, fühlte er sich selbst fehl am Platz? Jedenfalls fuhr er. Auf Helgoland stellte er sich zum Scherz als Bäderkorrespondent der »Berliner Zeitung« vor. Die anderen Ehemänner beneideten ihn um die Freiheit, die seine Frau ihm zugestand. Nun war Hans nicht unbedingt ein Mann der Freiheit. Er weilte also mißgelaunt auf Helgoland, trug einen runden, breitkrempigen Strohhut (die sogenannte Kreissäge), der ihm ein unternehmungslustiges Aussehen gab, und lebte doch nur von Brief zu Brief. Er versuchte im Strandkorb zu lesen. Über Floegels »Geschichte des Grotesk-Komischen« schlief er ein. Auch über allen anderen Büchern; seltsamerweise wußte er dann jahrzehntelang genau, was in ihnen gestanden hatte. Nachprüfbar.

Das karge Inselchen interessierte ihn nicht übermäßig. Ebensowenig die fahnenreiche nationale Selbstfeier, die mit dieser Rückgewinnung einherging. Er begrüßte ironisch, daß es jetzt hier, wie im gesamten Deutschen Reich, endlich das patentierte Toilettenpapier eines gewissen Hans Klenk gab (auf Rollen, mit Perforation zum blattweisen Abreißen), war aber wenig begeistert davon, daß ganz Berlin sich einfand und vom »Mönch« zum Leuchtturm, vom »Hengst« zum »Waldhorn«, von »Sathurn« zu »Nathurn« (Südspitze zu Nordspitze) und zurück wanderte, darunter viele ältere Herren mit verdächtig hübschen »Nichten« und ungeheuer edlen Hunden. Viele Juden kamen, getauft und ungetauft, liebenswürdige Leute darunter, aber auch ganz scheußliche. Hans bemühte sich nicht speziell darum, in jüdischer Gesellschaft zu sein, eher im Gegenteil. Es hatte nichts damit zu tun, daß er seit zehn Jahren getauft, also preußischer Lutheraner war. Oder doch?

Aber da war diese blutjunge Vilma von Mayburg, ungarische Jüdin (wie Hans von einem der anderen Strohwitwer erfuhr), etwas stolz und abweisend zwar, aber schön wie die helle Nacht. Zweifel hatte er sofort, ob ihr Zopf echt oder künstlich sei. Darüber berichtete er getreulich an Toni. Er schrieb sogar, als er tags darauf den Friseur befragt hatte, der Zopf sei eindeutig echt. Wir wissen nicht, wie Toni, die mit dem Stillen und Windeln der kleinen Hilda beschäftigt war, diese Helgoländer Wahrheiten aufnahm und wertete. Wohl doch gelassen, denn sie wußte: Hans sah alles, aber er sprach nicht. Hans schrieb. Gefahr bestand nur, wenn er anfing, an Fräulein von Mayburg zu schreiben. Aber auch das hätte Toni erfahren – es war ihm unmöglich, ihr vorzuenthalten, was ihn beschäftigte. Schon deshalb, weil die Liebe zwischen räumlich getrennten Paaren nur bewiesen war, wenn sie einander täglich mindestens vier Seiten schrieben – da mußte alles heran, niedliche Aussprüche der Kinder, Gesellschaftsklatsch und ausführliche Wettermeldungen. Der Vorwurf: »Heute von dir nur eine Karte!!« war zwischen jungen Eheleuten schon fast der Beginn einer Krise. Aber Hans ließ es an nichts fehlen: Er erörterte mit dem nötigen Ernst, ob man der kleinen Hilda jetzt schon Löcher zur Befestigung künftiger Schmuckstücke in die Öhrchen stechen sollte (er war dagegen, fand es unmodern). Fragte an, ob sein Lotterielos vielleicht inzwischen gewonnen habe (es war die Nr. 54492, sie hat nie gewonnen). Erinnerte sein »Tonchen« daran, daß sie Adolph Halle zum Geburtstag gratulieren müsse, der seit wenigen Tagen Ehemann von Schwester Alice war. Berichtete fürsorglich, daß die Helgoländerinnen sich im allgemeinen mehr durch Jugend als durch Schönheit auszeichneten, weshalb er im Lokal »Grünes Wasser« von jeglichem Tanz Abstand genommen habe (er tanzte sonst gut und gerne). Er sei statt dessen mit den Berlinern Hirsch und Mühsam zum Skat gegangen. Hans sparte auch die Probleme nicht aus, die er mit der gesunden Seeluft hatte: »Ich leide unter konstantem Appetit und werde, wie ich fürchte, stärker.«

Am 23. Juli kenterte das Segelboot der Rolfsens, vier Menschen ertranken, darunter der Familienvater, ferner eine bildhübsche Neunzehnjährige namens Jonassohn. Sechs weitere Personen wurden von einem anderen Boot aus gerettet (»Berliner Börsenleute, aber mutig«). Er wollte über das Unglück an die »Berliner Zeitung« berichten, was aber nicht ging. Das Telegraphenkabel war außer Funktion, verrottet oder angefressen von der besonders gemeinen Tiefseekrabbe.

Das Wetter wurde schlecht, viele reisten ab, auch Fräulein von Mayburg. Rolfsens und Jonassohns blieben noch, standen am Strand und hofften, daß die See die Leichen ihrer Lieben wieder herausgab. Bei ihnen stand auch Hans Ullstein und starrte zusammen mit ihnen aufs Meer hinaus, die Sache ging ihm nahe.

Unterdessen sprach ein anderer Badegast auf ihn ein, eindringlich und gewinnend, es ging um »Wurzeln«, er wollte ihn für den Plan gewinnen, in Palästina einen jüdischen Staat zu errichten. Hans schwieg, spähte konzentriert in die See und dachte nach. Verrückte Idee, aber was war heutzutage verrückt? Die Welt würde sich bald neu ordnen, und zwar vermutlich mit Hilfe planerischer und kriegerischer Gewalt und durch Katastrophen. Hans wußte das längst, während die meisten noch alles vom kommenden Jahrhundert erwarteten. Bis zur Jahrhundertwende war reichlich Zeit, aber er wollte, wenn es dann die »Berliner Zeitung« noch gab, einen Silvesterartikel schreiben. Einen sehr besonnenen.

Der andere Mann, der für einen jüdischen Staat hausieren ging, deutete das Schweigen von Hans völlig falsch, vor allem dessen Dauer, er kannte Hans ja nicht. Er wandte sich irgendwann brüsk ab und ging uneinholbar rasch davon, gewiß in der Überzeugung (ganz falsch war sie nicht), daß von einem assimilierten und getauften Berliner Juden, noch dazu einem Bäderkorrespondenten, für die Sache des Zionismus nichts zu erwarten sei. Hans genierte sich. Als unhöflich wollte er nicht gelten. Er ging anderntags ins Hotel des Gekränkten, schaute ins Anmeldebuch. Der Mann hieß Nordan oder Nordau, war aber schon in der Frühe abgereist.

*

1890 wird Bismarck von Wilhelm II. entlassen.

In den folgenden vier Jahren mehrt sich alles: der Wohlstand des deutschen Bürgertums und die Zahl der Millionäre, die Mitgliederzahl der (jetzt offiziell »marxistischen«) Sozialdemokratischen Partei Deutschlands, die Streckenkilometer der Eisenbahn, die Kühnheit der Theaterstücke und der Kunst überhaupt, daneben die Zahl der Antisemiten. Bei den Ullsteins wachsen Auflage und Kinderzahl.

1891 druckt die Auftragsdruckerei, die der Ullstein-Verlag nebenher betreibt, die »Berliner Illustrirte Zeitung«. Leopold wird bei passender Gelegenheit deren Teilhaber.

1892 stirbt in Stuttgart Sophie Baerlein, Leopolds Schwester. In Berlin wird Ilse Ullstein geboren, Tochter von Hans und Toni. Auch Else Cohn, Schwester von Hans, bringt einen Sohn zur Welt, Ernst, der sich später wie sein älterer Bruder Fritz nicht Cohn, sondern Koch nennen wird.

Louis Ullstein heiratet Else, geborene Landsberger.

In Berlin gibt es das erste Automobil, angeblich gehört es einem Textilhändler namens Herz. Den Pferdekutschen ist es ganz amtlich unterlegen, denn es darf sich laut Verordnung nur »mit der Geschwindigkeit eines behenden Fußgängers« voranbewegen.

1893 komponiert Antonín Dvořák die Sinfonie »Aus der neuen Welt«, ein großer Erfolg.

Else Ullstein (Louis' Frau) bekommt einen Sohn Heinz, Toni Ullstein einen Sohn Karl.

Leopold und Elise Ullstein verkaufen das Haus in der Tiergartenstraße und ziehen mit Franz, Rudolf und den noch halbwüchsigen Kindern Hermann und Antonie in ein Haus in der Königin-Augusta-Straße (nach dem Zweiten Weltkrieg: Reichpietschufer).

1894 wird zwischen Rußland und Frankreich der gegen mögliche deutsche oder österreichische Expansion gerichtete »Zweibund« geschlossen.

In Frankreich und ganz Europa erregt man sich über den Prozeß gegen Dreyfus, einen jüdischen Offizier und angeblichen Landesverräter. Die Anschuldigungen wecken Zweifel, man glaubt (zu

Recht) an antisemitische Machenschaften. Aber Dreyfus wird verurteilt und auf die Teufelsinsel verbannt.

Etwa zur selben Zeit erfindet Louis Lumière den Kinematographen.

Zwischen China und Japan beginnt ein Krieg um Formosa, an dessen Ende Japan Großmacht sein wird.

Leopold Ullstein wird Alleinbesitzer der »Berliner Illustrirten Zeitung«. Er gewinnt seinen dritten Sohn (inzwischen »Dr. jur. Franz Ullstein«) dafür, im Verlag mitzuarbeiten. Ja, »gewinnt« — zwingen kann man Franz zu gar nichts.

Wir sind schon fast im nächsten Kapitel. In ihm wird Leopold Ullstein sterben. Mitten in einem Triumph, wie ihn alte Menschen hin und wieder verdienen, aber selten erleben.

SECHSTES KAPITEL

Jahrhundertwende

Leopold war ein gläubiger Liberaler, jetzt sogar ein Mann der
Presse und stolz darauf. Das war für ihn eine andere, bisher nicht
gekannte Art von Liberalität. Ihr Gott war Merkur, der unberechenbare Bote, der selbst die Botschaft war. »Ohne die Zeitungen«, sagte Leopold zu Elise, »wäre ich griesgrämig wie König
Saul im Alter, vom Leben nur noch belästigt.« Und weil das so
war, wurde es ihm schwer, die Führung der Firma an die klugen
Söhne weiterzugeben. Sein Vater hatte das besser gemacht, er
bewunderte ihn dafür und konnte dennoch nicht loslassen. Er
hatte Vertrauen zur Freiheit, aber vorwiegend in die eigene, in
das System Leopold. Es war ihm peinlich, aber er konnte es nicht
ändern. »Vertrauen kann man nicht beschließen, man muß einer
sein, der es hat.« Aber er gelobte Besserung: Er wollte demnächst
Louis ganz offiziell zum Geschäftsführer machen und selbst nur
noch Teilhaber sein.

Im Moment hatte er etwas Zeit zum Nachdenken, denn ein
Bildhauer bemühte sich, seinen Kopf aus Gips zu formen und
dann in Stein zu verewigen. Der Mann hieß Götz, kam aus
Fürth und hatte ihn mit »Herr Kommerzienrat« angesprochen,
was Leopold sich sofort scharf verbat: »Wenn ich irgend etwas
nicht bin, dann Kommerzienrat!« Ferner verbreitete Götz sich
darüber, daß in Fürth die reicheren Juden in der Hornschuchpromenade und in der Königswarterstraße wohnten und die
Schwabacher Straße die Armutsgrenze sei, über die hinweg
nicht geheiratet würde. Wie wenig das Leopold noch interessierte! Der Mann war ihm als passabler Bildhauer genannt worden.
Aber warum redete er ständig von Geld und, ja, von »Klassen«?

169

Weil er vor kurzem Marx gelesen hatte und jetzt der Welt mitteilen wollte, daß auch in der Hornschuchpromenade zu Fürth alles sei wie von Marx beschrieben. »Sozial-Ökonomik« nannte er das. Durch sie wurde auch das Langweiligste exemplarisch, und daher war jeder verpflichtet, es sich anzuhören. Zahnärzte, Bildhauer, Maler und Masseure entfalteten hier die größte Grausamkeit. Nun, der Mann war aus Fürth. Mal sehen, wie der Kopf wurde.

Älterwerden war eine Arbeit. Sie war schwer, denn sie bestand im Hinnehmen von Dingen, die nicht zu ändern waren. Die Welt war jeden Tag neu, man selber immer älter. Leopold fühlte sich wie Fritjof Nansen auf der Rückkehr von seiner dreijährigen Polarreise. Der hatte gefragt, ob es inzwischen Neues gebe, und man hatte ihm geantwortet: »Ja, der Mensch kann jetzt durch Bretter sehen, ohne Bohren, nur mit Röntgen!« Nansen hatte keinen Schimmer, wovon überhaupt die Rede war. Für die jetzige Zeit waren Polarreisen zu lang geworden. Ähnlich ging es Leopold mit seiner Lebensreise. Sollte er wirklich noch lernen, wie ein Ottomotor funktionierte? Oder Edisons Phonograph, mit dem man Stimmen und Musik aufnehmen und wiedergeben konnte? Oder das Lochkartensystem des Herman Hollerith? Wozu sollte er es lernen – Rudolf kapierte alles sofort und konnte einem alten Herrn mit wenigen Worten erklären, worum es ging und inwiefern das eine oder andere brauchbar sein mochte.

Schlimmer war, daß die Freunde wegstarben, von den Verwandten ganz zu schweigen. Sein alter Fürther Lehrer Brentano war in einem Münchner Altersheim gestorben, kurz bevor er ihn noch einmal besuchen konnte. Loewe tot, Duncker tot, Schwester Sophie tot, Eugen Richter kein Freund mehr wie früher. Das war eine weitere Bitternis: der Altersstarrsinn anderer. Eugen Richter war ein Schulbuchliberaler geblieben, ein abstrakter Freiheitsapostel. Er haßte Sozialdemokraten, Leopold nicht. Richter war ein mächtiger Parlamentarier geworden, aber er verstand nichts mehr. Und Leopold verstand nicht, warum

Richter so wenig verstand. Der war doch jünger als er! Nun war Frühvergreisung bei Juristen nichts Ungewöhnliches, bei Politikern ebenso. Vielleicht entwickelten sich Menschen, die aus beruflichen Gründen ständig recht behalten mußten, irgendwann nicht mehr weiter. Wozu mit solchen Leuten weiter Höflichkeiten austauschen? Altwerden hieß auch, sich von Teilen des eigenen Lebens zu trennen. Anhänglichkeit war gut, wenn sie einen Inhalt hatte.

Hans urteilte ähnlich, obwohl er Richter noch verehrte. Hans war seit einigen Monaten Stadtverordneter, aber Gefolgsmann von Hugo Preuß, der innerhalb der Freisinnigen Volkspartei fast alles anders sah als Richter. Er stimmte, wie Hans und andere Liberale, oft mit der Sozialdemokratie. Schon aus Gründen der Fairneß: Die Hälfte aller Stadtverordneten, so war nach wie vor das Gesetz, mußten eigene Häuser haben. Sozialdemokraten waren selten Hauseigentümer, und wenn, dann waren sie manchmal von betuchteren Genossen dazu gemacht worden. Der Verleger Hugo Heimann baute für Wilhelm Liebknecht, Eduard Bernstein und Wilhelm Pfannkuch Backsteinhäuser in der Prinzenallee. Hans hatte sie sich angesehen und dem Vater berichtet, sie seien ziemlich schmal, aber auf jeden Fall rot genug.

Leopold fand, daß am Marxismus einiges gefährlich war. Aber da waren diese unendlich vielen Arbeiter, die der Kopfgeburt weiter anhingen. Mit denen mußte man reden. Außerdem gehörten zu ihnen viele Leser Ullsteinscher Zeitungen.

Ein Trost und eine Freude blieb die Freundschaft mit Virchow. Unglaublich, wie viel er diesem Freund verdankte – und ebenfalls unglaublich, wie viel alle anderen diesem neugierigen, hellen Menschen verdankten, meist ohne es zu wissen: Berlin, Demokratie, Wissenschaft. »Von Virchow habe ich gelernt«, sagte Leopold zu Hans, »keine Angst vor der Zukunft zu haben.«

Virchow betrachtete Politik als eine andere Art von Medizin. Sie mußte alles versuchen, um die Lebenschance jedes einzelnen

Menschen zu erhöhen und die Aussicht aller auf Frieden. So ähnlich hätte das vielleicht sogar Bismarck ausgedrückt, aber für Virchow bedeutete diese Forderung etwas, was Bismarck nie akzeptiert hätte: Ständige Veränderung der Perspektiven und der Methoden – nur so blieb das Gemeinwesen im Lot. Der Forscher hatte begriffen, daß Politik nicht Doktrin und Behauptung, sondern ein wenig wie Forschung sein mußte – keiner Sache jemals ganz sicher, gerade darum fruchtbar. Macht hingegen interessierte ihn nicht. Jedes Gespräch mit Virchow war wunderbar. Hoffentlich, dachte Leopold, stirbt mir der nicht auch noch weg.

Älterwerden hieß ferner, Jahr für Jahr älter auszusehen. Oder war es schon Monat für Monat? Wer keinen Humor hatte, der schaute jenseits der Sechzig am besten nicht mehr in den Spiegel. Das Haar wurde lichter, gut. Aber was geschah mit den Augenbrauen? Leopold nannte es den »Grauswuchs«, mit »s« wegen der Grausligkeit. Weiße Borsten waren das, Schweinsborsten. Geradezu Spieße, und wie schnell sie nach jedem Stutzen nachwuchsen! Menschen, die sich für Philosophen hielten, ließen dieses Gestrüpp stehen, bis sie kaum mehr etwas sahen. Beim Nachdenken zogen sie daran, vielleicht versprachen sie sich davon eine Steigerung der Hirntätigkeit. Leopold stutzte die Spieße zusammen. Aber wohin mit dem Bauch? Er war das Ergebnis der vielen, ausgedehnten Abendessen – Pflichtmahlzeiten zu später Stunde, bei denen er sich langweilte oder ärgerte – in beiden Fällen verlegte er sich auf Nahrungsaufnahme. Er machte jetzt mehr Spaziergänge im Tiergarten, aber der Bauch blieb. Er tröstete sich: Wer Übergewicht auf die Waage brachte, war noch nicht wirklich alt. Sein Körper rüstete sich nur allzu tüchtig für kommende Zeiten der Not und des Kampfes. Wirklich unangenehm war die Sache mit dem Gedächtnis. Da erinnerte man sich an etwas, es war da, blitzte frisch und farbig, ein Gesicht, ein Name – und dann war es plötzlich weg und kam nie wieder, man ahnte nicht einmal mehr, was man da, nach einem letzten Aufflackern, so gründlich vergessen hatte.

Älterwerden hieß über Jugend nachdenken: über die gewesene eigene, aber auch über die nachwachsende und über die in jedem Fall nur mühsam gebändigte Ichbesessenheit. Ein junger Mann war sich selbst ein Ärgernis, aber viel öfter noch ein Wunder. Dazu das Riesenvergnügen an der Schnelligkeit und an der Anmaßung. Junge Leute waren nichts und hatten nichts, sie waren Piraten und mußten es sein, egal wie teuer ihre Erziehung gewesen war. Dafür liebte er sie: Genau so war er gewesen.

Altern hatte Vorzüge. Man wurde verständlicher, denn man sagte nur noch das, was man sich hatte merken können, also das Wichtigste, aber das langsam und mit großer Sicherheit. Jugend hatte zu viel im Kopf. Entweder sie verhaspelte sich in dieser Vielheit und wurde darüber stumm, oder sie redete so lange, bis der Zuhörer sagte: »Interessant, aber ich hab's nicht verstanden.« Leopold konnte so klar und einfach sprechen, daß es keinen Ausweg gab, seine jüngeren Zuhörer wurden zuverlässig nervös. Manchmal war das Alter fast so etwas wie eine Waffe, das wußte Leopold. Aber es gab Gerechtigkeit: Niemand konnte diese Waffe lange führen.

Das Vermögen wuchs. Die »Berliner Illustrirte Zeitung«, die ihm nun allein gehörte, verkaufte sich Woche für Woche besser – zum Verdruß des ausgestiegenen und ausgezahlten Teilhabers, Dr. Eysler. Das Unternehmen, das Leopold gegründet hatte, um nach dem Ende der politischen Karriere doch noch etwas mit Freude zu tun, fing an, ihn richtig reich zu machen. Nun, das war, wenn nichts ganz Arges passierte, die nicht ungewöhnliche Folge von Jahrzehnten unternehmerischer Hingabe. Sparsam blieb er aus Gewohnheit, aber es gab eben große Ausgaben, die sich nicht vermeiden ließen: Fünf Töchter zu verheiraten ging ins Geld. Es blieb aber, das sah er klar, genug übrig.

Als Dreißigjähriger hatte er sich dringend gewünscht, viel Geld zu haben, um daraus etwas Gutes »für alle« zu machen. Noch beim ersten Zeitungskauf hatte ihn dieser Wunsch beseelt. Jetzt war der Reichtum da, aber die Neigung, ihn für Politik aufs Spiel zu setzen, war verblaßt. Gewiß, er hatte Kampagnen organisiert, Entwicklungen eingeleitet. Die »Berliner Zeitung« war und blieb politisch. Er hatte durchgesetzt, daß große Monopolgesellschaften wie die englische Gasfirma und die Berliner Pferdebahngesellschaft, die von den Berlinern horrende Preise verlangten, einen Teil der Gewinne an die Stadtkasse abtreten mußten. Schon als Stadtverordneter hatte er das gefordert. Aber erst mit einer Zeitung, die Zehntausende mit Argumenten erreichen und zu Bürgerversammlungen aufrufen konnte, war es zu schaffen gewesen.

Was blieb? Ein paar Verdienste. Ehrentitel oder Orden nicht, weil er keine annahm. Das einzige, was er gern zur Schau stellte, war sein neuer Siegelring, den er am Zeigefinger der linken Hand trug wie ein Herrscher. Der Ring war hübsch und zeigte den Eulenvogel auf dem Stein. Unvorsichtigerweise hatte er auf eine Frage des kleinen Karl einen Scherz versucht: »Das? Das ist eine tote Krähe. Weil ich nämlich keine Krähen mag!« Seitdem wollten ständig neue Enkelkinder die tote Krähe sehen und lernten statt dessen, wie eine Eule aussah.

Mit dem vielen Geld konnte er nicht mehr viel Neues anfangen. Er hoffte nur, daß es seine Kinder nicht verdarb. Denn jetzt, wenn nicht bei irgendeinem von ihnen der helle Wahnsinn ausbrach, vermehrte sich das Geld von selbst. »Zeit macht aus einem Gerstenkorn einen Krug Bier«, hatte ein polnischer Fabrikant gesagt, »das ist bei uns ein Sprichwort.« »Zeit«, hatte ihm Leopold geantwortet, »macht aus jedem von uns eine Handvoll Staub.« Der Unternehmer, der den freien Welthandel gemeint hatte, fand das zu pessimistisch.

Wie viele Jahre blieben ihm noch? Wußten so etwas die Sterndeuter? Zehn, zwanzig Jahre? Mindestens fünfzehn sollten es schon sein, er wollte noch den Halleyschen Kometen sehen. Das flache Land rund um Berlin liebte er nur aus einem Grunde: Weil sich dort, weit weg von den Fabrikschloten, die Sterne beobachten ließen.

Nein, er zog sich noch nicht zurück! Er ließ sich sogar zur Berliner Industrieausstellung fahren und besichtigte die techni-

174

schen Errungenschaften. Eine Möchtegern-Weltausstellung in Treptow, im Vergleich zu »seiner« Weltausstellung von 1851 in London ohne jeden Charme trotz großer Leistungen. Protzerei im Grunde. Er entdeckte dort aber einen Mann, den er sofort engagiert hätte für was auch immer, sogar als Schwiegersohn: einen ehemaligen Maurer namens Lorenz Adlon aus Mainz, der auf dem Ausstellungsgelände Imbißbuden betrieb. Er »besaß« oder »betrieb« nicht einfach nur dieses Geschäft, er machte sich zum Fanatiker des Imbißbudenwesens, und er allein war einer Weltausstellung würdig. Geschäft war etwas Persönliches und hatte mit Liebe und Leidenschaft zu tun. Wirkliche Geschäftsleute und wirkliche Liebende erkannten einander, und Leopold erkannte Adlon. Er schrieb ihm einen Brief, erhielt aber nie eine Antwort. Vielleicht ein Fehler der Post, vielleicht konnte der Mann nur die verzwickte Schrift nicht lesen und wollte es nicht zugeben.

Eben kam Franz, sein Sohn und Mitbewohner in der Königin-Augusta-Straße, mit amüsanten Nachrichten zurück. Im Reichstag hatte der parteilose Abgeordnete Ahlwardt, ein wegen Verleumdung, Unterschlagung und Erpressung mehrfach vorbestrafter Antisemit, einen »Gesetzentwurf gegen den Zuzug von Juden nach Deutschland« einzubringen versucht. Seine Rede war ein überwältigender und anhaltender Lacherfolg (im Protokoll stand: »Stürmische Heiterkeit«). Der Antrag wurde abgelehnt.

Dennoch, man fand jetzt auch in feineren Kreisen und in den Universitäten nichts dabei, etwas gegen Juden zu sagen. Einer von Franzens Professoren hatte sein rechtsgeschichtliches Kolleg mit dem Satz begonnen: »In den Urwäldern Germaniens gab es keine Juden.« Wenn der Satz wenigstens falsch gewesen wäre, man hätte darüber reden können.

Franz gefiel Leopold gut. Immer hatte er angenommen, Hans würde der leitende Redakteur werden, Louis der Kaufmann und Unternehmer. Hans schrieb gern Artikel, weil er gern Briefe schrieb und Artikel so etwas Ähnliches waren. Aber er war letztlich mehr Jurist und Dirigent, er mäßigte und schlichtete, was ja immer wichtig war. Zum Journalisten in der Familie wurde eindeutig Franz, der Schlagfertigste war er ohnehin schon. Und von Tradition und Religion war er der am weitesten Entfernte.

Von der Religion zurückgezogen hatte sich auch Leopold, aber er fand es etwas unpassend, wenn jemand sich noch weiter von ihr entfernte als er. Daß es einen Gott und ein Leben nach dem Tode gab, wollte er doch weiter glauben. Indem er zugelassen hatte, daß alle seine Kinder sich Anfang der achtziger Jahre christlich taufen ließen, hatte er nicht wirklich gesündigt. Oder doch? Es war ein Taufen aus gesellschaftlichen Rücksichten, nicht aus Überzeugung – »Konjunkturtaufe« hatte man es boshaft genannt. Hans war inzwischen ein ernsthafter Protestant, Louis uninteressiert, aber in Grenzen respektvoll, Franz ohne Umschweife gegen jegliche Religion, schon das Wort »Glauben« ließ ihn wachsam lächeln. Natürlich hatte auch er einen Glauben: daß die Welt nur ohne Glauben frei werden könnte. Das lag an seiner Jugend: Ein analytisch begabter Mann von Mitte dreißig dachte noch nicht über das Häufchen Staub nach, das er irgendwann sein würde. Einmal hatte Franz einen unglaublichen Satz gesagt, völlig revolutionär: »Sicherheit hat keine Zukunft, nie, sie ist das Gegenteil davon!« Ja, es war interessant, Kinder zu haben. Besonders wenn sie anfingen, den Schnabel aufzumachen.

Leopold mochte Franz schon deshalb, weil der ihn anders liebte als Louis oder Hans, er war überhaupt anders. Es war, als hätte Leopold eine bestimmte, vielleicht entscheidende Eigenschaft nur an Franz weitergegeben. Die anderen hatte er mit großen Qualitäten ausgestattet, die aber auch sonst hin und wieder vorkamen. Er fühlte sich in Franzens Liebe wohl, weil dieser Sohn einzigartig war, unvergleichbar.

Also, wie war Franz? »Er gehört zu dem Teil von mir«, sagte Leopold zu Elise, »den ich nie begriffen, aber immer für den wichtigsten gehalten habe.« Elise nickte ergeben, runzelte aber etwas die Stirn: »Ist das aus dem ›Faust‹?«

Franz Ullstein
1868–1945

Dieser Mann ist ebenso rätselhaft wie gewisse exzentrische, hin und wieder unangenehme, aber unbestritten bedeutende Könige der Geschichte – sein Neffe Heinz hat ihn mit Friedrich dem Großen verglichen (Heinz konnte die wenigsten seiner Verwandten akzeptieren – um so größer mußten die sein, die übrig blieben).

Franz ist als Säugling für fast zwei Monate in der Obhut der Amme und Elises gelassen worden, weil Leopold und Matilda ihre Spanienreise machten. Geschädigt hat es ihn wohl nicht, vielleicht aber beeinflußt. Er ist schon in der Pubertät ein schwerregierbarer Eigenbrötler, und da er schüchtern, helläugig und verletzlich ist, zahlt er dafür seinen Preis.

Seine Geschwister haben ständig etwas an ihm auszusetzen. Er lernt, das auszuhalten. Einer seiner Lehrer nennt ihn einmal eine »versteckte Natur«. Er machte es sich zur Gewohnheit, Widerspruch mit großer Zähigkeit und mit jedem nur möglichen Argument zu bekämpfen. Niemand kann sich in eine Auseinandersetzung hingebungsvoller verbeißen als Franz, für manche ist er ein Rechthaber und Tyrann, für andere nur unberechenbar. Er kann listig sein, aber auch schroff, wenn er einen anderen durchschaut hat. Er hat keine Angst vor dem Abbruch eines Gesprächs oder einer Zusammenarbeit, einer Freundschaft. Wenn es sich so ergibt, kann er allein gegen alle stehen.

Franz macht nach dem Abitur eine Art Praktikum in der väterlichen Firma, beginnt dann sein juristisches Studium in Heidelberg, das er in Freiburg und Berlin fortsetzt und mit zwei Staatsexamen und dem Dr. jur. abschließt. Wegen extremer Kurzsichtigkeit muß er keinen Militärdienst leisten. 1895 tritt er abermals in die Firma ein, 1897 wird er Teilhaber neben Hans und Louis, und es gibt eine Menge Vertragsentwürfe und Abmachungen darüber, wieviel Prozent er als Junggeselle bekommen soll und wieviel mehr, wenn er heiratet. Überhaupt scheinen Rechtsanwälte und Notare an einem Familienunternehmen gut zu verdienen: Es türmen sich im Lauf der Zeit Testamente, Mitgift- und Anteilsregelungen, schließlich, mit etwas Glück, die schönsten Prozeßakten.

Franz, das ist einer, der sich zeit seines Lebens unvermutet, beim Essen oder beim Sprechen, in die Innenwand des Mundes beißt. Dann stutzt er mißmutig und hält sich die Wange. Liegt es an der Stellung seiner Zähne oder sind sie zu scharf? Will er sich – »unbewußt« sagt man erstmals in jenen Tagen mit Sigmund Freud – selbst bestrafen, verbeißt er sich in sich selbst?

Franz kann zaubern. Er hat von Jugend an Zauberkunststücke gelernt, er verschluckt einen Hausschlüssel und findet ihn in der Tasche eines Zuschauers wieder, er blinzelt aufmerksam durch seine dicke Brille und liest einem Kandidaten die Zahl vom Gesicht ab, die dieser sich gedacht und auf einen Zettel geschrieben hat. Er kann damit die wildesten Kinder zum Stillhalten bringen – sie und ihre Eltern lieben ihn dafür. Sonst weckt Franz keineswegs nur Zuneigung, aber er braucht davon auch nicht viel. Er findet Bewunderer, immer mehr, die sich ihm ohne Murren unterwerfen.

Die Brüder, die zwei älteren und die zwei Jüngeren, respektieren seine Vorherrschaft über Jahrzehnte. Er hat zu allem ein durch Hin- und Herdenken sorgfältig erarbeitetes Urteil, manchmal auch genügend Lust an der Willkür, um einem Fehlurteil zum Sieg zu verhelfen. Der Verlag wäre durch Louis, den genialen Vereinfacher und Wegefinder, wohl so oder so zum Imperium geworden, aber ohne Franz (und Hermann) wohl nicht zur Ullstein-Welt, zum Ullstein-Geist. Franz hat einen raschen, treffenden Witz, aber er ist stets ein Skeptiker und ein geradezu zwanghafter Verlangsamer. Manchmal ist es, als suche er nicht den kürzesten, sondern den längsten Weg zu einer Lösung. Man muß sich aufs Argumentieren verstehen, um ihn zu gewinnen – oder wenigstens auf respektvolle Anpassung. »Die schnellsten Schlüsse ziehen die Dummen«, sagt er einmal, als jemand ihn drängt, er müsse rasch entscheiden. So etwas sitzt und wird nicht vergessen – die Zahl seiner Feinde wächst. Er kann schnell und kühn entscheiden, wenn es nötig ist. Wenn andere ihn unter Druck zu setzen versuchen, schießt er aus der Hüfte. Drängler und Wichtigtuer ziehen den Kürzeren.

Man wird nie sagen können, wer in der besten Zeit der Firma ihr erster und wer ihr zweiter Mann war. Für Louis und Franz wäre das ganz unwichtig, sie hätten schon für die Frage nur ein gelangweiltes Lächeln. Bis zu einem bestimmten Ereignis, von dem selbst die Urenkel ungern hören. Aber davon später.

Ein rätselhafter, vielschichtiger Mann, aber Argumenten zugänglich und nicht übelnehmerisch, obwohl er nie etwas vergißt, keine Wohltat und keine Kränkung. Mit der Arbeit ist er verheiratet, noch bevor er – spät genug – die erste Frau in sein Leben läßt (im Jahre 1900, sie heißt Lotte Lehmann). Er lebt eher zurückgezogen, ist bedürfnislos und fast so sparsam wie Bruder Hans, weil er Gesellschaftliches nur als lästige Pflicht gegenüber »den Leuten« empfindet. Geld ist ihm nur wichtig, sofern es die Firma in Gang hält, persönlich ist es ihm nichts als ein Sicherheitspolster für vielleicht hereinbrechende finstere Zeiten. Von Frauen begreift er, so wird sein Neffe Heinz von ihm sagen, bis zum Alter von etwa sechzig nur, daß sie ein anderes Geschlecht haben und des Nachwuchses wegen unabkömmlich sind (auch damit läßt er sich Zeit), ferner daß sie respektvoll behandelt werden müssen. Das alles berücksichtigt er tadellos, mit höflichem Desinteresse, bis er sich dann doch, als kurzsichtiger älterer Herr und Witwer, zum ersten Mal wirklich verliebt, Gegenliebe findet und alle Schwärmereien nachholt, die er als Primaner versäumt hat.

Negativ sei er, sagt man von ihm. Er lege jeden Gedanken in ein Säurebad und schaue nach einiger Zeit, was von ihm übriggeblieben sei. Ein Geist, der stets verneine, das Böse wolle und hin und wieder das Gute schaffe. Ein großer Kritiker sei er, ein Teufel von Format. Er kritisiere und zerpflücke immer auch aus Lust, ohne Gefühl von Schuld, und doch immer einigermaßen verantwortbar (jedenfalls sprächen die Ergebnisse für ihn, er sei stets ein Anreger und Produzent von Neuem). Nichts macht ihn so stutzig wie ein Gesprächspartner, der seinen Widerstand plötzlich aufgibt. Dann hat er das Bedürfnis, das weggeworfene Argument des anderen aufzuheben und näher anzusehen. Gerade solchen Argumenten zum Sieg zu verhelfen ist seine Leidenschaft.

Über sich selbst denkt Franz Ullstein, so jedenfalls scheint es, nicht allzuviel nach, wohl aber Tag und Nacht über »die Sache«. Das verbindet ihn mit den Journalisten – er verehrt sie und sie verehren ihn. Die Feinde des Journalismus sind, auch wenn sie es nicht wissen, immer auch Feinde von Franz Ullstein. Und er kann blankziehen: Während des Presseballs im Jahre 1932 sagt er zu einem immer mächtiger und prächtiger gewordenen, in jeder Hinsicht skrupellosen Politiker: »Ich habe Sie immer unterschätzt, Herr Ministerpräsident« – der Mann streckt sich trotz Leibesfülle und schaut drein wie ein gekochter Fisch (er hält dies für einen führerhaft-visionären Gesichtsausdruck) –, »aber ich sage Ihnen: Ich bleibe dabei!«

Wenn Franz in der Redaktionskonferenz ausruft: »In diesem Hause kann ich aber auch gar nichts durchsetzen!«, gibt es fröhliches Gelächter; einen besseren Witz hat man lange nicht gehört: Gute Resultate von Diskussionen hat er noch immer durchgesetzt. Wenn er ein Diktator ist, dann nach dem Vorbild Roms: Parcere subiectis et debellare superbos – sei freundlich und hilfreich zu denen, die deine Stärke anerkennen, aber habe eine Stecknadel bereit, falls sich einer zu sehr aufbläst.

Franz sammelt wertvolle Bilder und Bücher, wird zum gelehrten Mann und Kenner. Als die Ullsteins unter dem Druck der Naziregierung alle Anteile an der Firma sowie ihr Bankvermögen preisgeben müssen und in Deutschland kaum mehr geduldet sind, verkauft er nach und nach seine Schätze und lebt somit, wie er sagt, »von der Wand in den Mund«, bis er sich – gefährlich spät wie alle Ullsteins – zur Emigration entschließt. In New York sorgt seine Tochter Lisbeth für ihn, die sich als

180

Leiterin von Ferienlagern und mit graphologischen Gutachten durchzuschlagen versteht, er bewohnt ein winziges Zimmer in ihrer Wohnung. Er kennt New York von mehreren Aufenthalten her, besucht die Enkelin von Vater Leopolds Schulkameraden Julius Ochs, eine Frau mit dem wunderbaren Namen Iphigenie, die zusammen mit ihrem Mann die Geschicke der »New York Times« lenkt.

Im Herbst 1945, viele Monate nach dem Ende Hitlers und des »Dritten Reichs«, ist er von der großen Bibliothek in der Fifth Avenue zu seinem Freund Ernst Wallenberg unterwegs. Er wird beim Überqueren der Fahrbahn von genau dem Autobus überfahren, aus dem er eben ausgestiegen ist, stirbt kurz darauf in der Klinik. Freunde und Mitarbeiter aus vergangenen Tagen sind entsetzt und traurig, sie vermissen den großen Zeitungsmann und beklagen den Fall als die Tragödie eines Kurzsichtigen. »Er sah ja leider fast nichts mehr.« Als Erklärung ist das nicht richtig. Der Fußgänger befand sich bei Grün auf dem Übergang, der Autobus fuhr bei Rot los.

*

Zu etwas anderem: Da gingen einmal zwei Jungen zusammen zur Schule. Aus zwei begabten, ehrgeizigen und an Philosophie interessierten Knaben, einem Theodor aus jüdischer und einem Ludwig aus nichtjüdischer Familie, wurden binnen weniger Jahre sprachmächtige, belesene und gelehrte junge Herren. Ihre in unzähligen Gesprächen gewachsene Freundschaft, eine der Quellen ihres geistigen Reichtums, schien unzertrennlich und wie für die Ewigkeit, obwohl Ludwig den höchsten Erkenntnisrausch nur durch eine höhere Lebensweise – eine nahezu mönchische – erreichen zu können glaubte, während Theodor auch auf andere Arten der Ekstase neugierig war und blieb. Für Ludwig waren Frauen allenfalls ein Gegenstand überzogener Schwärmerei, für Theodor stellte das andere Geschlecht, in glücklichen wie in unglücklichen Momenten, blanke Erfahrung, Herausforderung und Motor des Denkens dar. Nach dem Kern der menschlichen Seele suchten beide, »lebensphilosophisch« und »biozentrisch«. Es war in den neunziger Jahren durchaus Mode, der nüchternen Ratio zu mißtrauen, weil sie, so plauderte man, jedes tiefere Erleben zersetze oder schlimmer: verhindere. Nächtelang diskutierten sie über den »Geist als Widersacher der Seele« – der eine schrieb später ein Buch mit diesem Titel, lieferte hart erarbeitete Schriften zur Ausdruckskunde und wurde zum Begründer der Graphologie. Theodor, dem Sinnlichen zugewandt, ein Augenmensch und bei weitem fähiger zur Empörung über Unehrlichkeit und Unrecht aller Art, löste sich (wider Willen) immer mehr von den Ansichten des Freundes, der etwas Guruhaftes an sich zu haben begann, besonders als er in München in den Kreis eines wirklichen Gurus geraten war, in den Stefan Georges, eines befremdlichen Menschen, dennoch kristallklaren Dichters. Das führte schon zu einer Irritation zwischen den beiden, denn der Sanguiniker Theodor mochte Stefan George nicht – er hielt ihn nicht für kristallklar, sondern für knöchern und hohl (worin er munter irrte; später, in den schlimmsten Lebensmomenten, waren ihm Georges Gedichte der größte Trost). Dann aber kam es noch schlimmer: Theodor verliebte sich in Maria, eine lebhafte und kluge Frau, die lieber auf Erden als auf Stefan Georges Wolken lebte. Der Gegensatz zwischen Maria und Ludwig war vom ersten Moment an unmißverständlich und gnadenlos: Zwei Arten von Selbstbewußtsein, zwei Arten von Leben stießen aufeinander. Theodor stand dazwischen und litt.

Als Maria nach München kam, um für immer bei Theodor zu bleiben, erhielt er umgehend einen Abschiedsbrief von Ludwig: »Wir beide wissen seit langem von der Entfremdung unserer Seelen ... Ich wünsche, daß von jetzt ab unsre Wege sich trennen.«

Theodor, fassungslos, ging in des Freundes Wohnung, um eine Aussprache zu erbitten. Der sprach aber mit ihm jetzt nur noch per »Sie« und wollte, daß er schnellstens das Haus verließ.

Theodor sagte: »Bitte, tun wir doch nichts Unwürdiges! Vielleicht ist die Trennung notwendig, aber müssen wir Feinde sein?« Jetzt wurde Ludwig laut, was bei ihm selten vorkam: »Du bist ein ekelhafter, zudringlicher Jude!«

Theodor stammelte: »Möchtest du nicht lieber aufschreiben, was du da sagst?«

Der andere antwortete darauf nur: »Ich liebe keine Prozesse.«

Was ihr letztes Mißverständnis bleiben sollte: Theodor hatte gemeint, daß Ludwig seine Sätze bestimmt unwürdig finden würde, wenn er sie geschrieben läse. Diesem kam aber nur in den Sinn, Theodor wolle gegen ihn eine Beleidigungsklage anstrengen. Der junge Jude ging weinend weg, sie sahen sich nie wieder. Theodor konnte die Katastrophe letztlich verkraften, er war und wurde ein guter Philosoph, man sieht in ihm heute einen der Begründer ökologischen Denkens. Sein berühmtestes Buch hat aber mit Ökologie nichts zu tun: »Geschichte als Sinngebung des Sinnlosen.«

So weit die Geschichte eines Unglücks zwischen Freunden im Jahre 1896, und sinngebend ist sie nicht. Theodor Lessing hat ein Leben lang (bis an sein gewaltsames Ende durch bezahlte Mörder des Naziregimes, 1933 im böhmischen Exil) hören müssen, er sei »destruktiv, negativ, zersetzend, undeutsch, volksfremd, fremdblütig, nicht zugehörig, nicht Element und Leben, Landschaft und Blut, sondern Träger der gegenlebigen Mächte des mordenden Geistes« – so schildert er es in seinen Lebenserinnerungen »Einmal und nie wieder«.

Die Vornehmheit gebietet, den Namen jenes Freundes zu verschweigen. Es war Ludwig Klages.

*

Eysler, Dr. Otto Eysler, hatte als Mitbesitzer der »Berliner Illustrirten Zeitung« darauf beharrt, daß möglichst viel von Mord, Totschlag und Skandalen berichtet werden müsse, sonst würde das Blatt auf keinen Fall laufen. Als Leopold Ullstein das strikt ablehnte, stieg Eysler aus; er wollte an einer derart sicheren Pleite nicht beteiligt sein.

Seit nun Franz Ullstein zusammen mit einem gewissen Dupont die Zeitung leitete, wurde Eysler immer melancholischer, was bei Humoristen zunächst nicht weiter auffällt. Er war Herausgeber einer Zeitschrift namens »Lustige Blätter«, wirkte aber eher unlustig, als er feststellen mußte, daß die »Berliner Illustrirte Zeitung« nur auf sein Ausscheiden gewartet hatte, um sich zu einem gewaltigen Geschäft zu entwickeln – bereits zwei Jahre danach sprengte die Auflage das bisherige Vorstellungsvermögen, was zum Teil gewiß an diesem Franz Ullstein und seinem Adlatus Dupont lag. Hinzu kam, daß das Blatt sich vor Anzeigenkunden kaum retten konnte – so etwas nannte man eine »Inseratenplantage«. Eysler hätte gern mit seiner negativen Prognose recht behalten, aber er hatte letztlich nichts gegen den Erfolg der Ullsteins oder gar gegen sie persönlich, zumal er von ihnen oft eingeladen wurde. Er erwarb sich den Ruf, wacker zuzugreifen und bei guten Jahrgängen regelmäßig zu fragen, ob von ihnen noch mehr vorhanden sei.

Natürlich verstand er jetzt, warum diese Burschen erfolgreich waren, sowohl der Vater als auch die gut trainierten Söhne: Sie versuchten vorauszuahnen, was die Kunden wollten, noch bevor diese es selbst wußten. Zum Beispiel hatte sich der Abonnementszwang, mit dem vormals Leser zu binden gewesen waren, längst zu einem Absatzhindernis entwickelt, denn ein Abonnement mußten sich die Leser erst einmal leisten können. Ullstein schaffte den Zwang kurzerhand ab. Das konnte nur funktionieren, wenn die Zeitung gut genug war, um alte Leser zu halten und neue zu gewinnen. Genau dazu schienen die Ullsteins entschlossen. Dafür arbeiteten sie wie verrückt Tag und Nacht. Hatte das überhaupt noch Lebensart? Eysler liebte die ganze arbeitswütige neue Generation nicht. Auf solche Weise war es ja gar keine Kunst, Erfolg zu haben und die Auflage zu vervierfachen.

Die Ullsteins bauten den Fortsetzungsroman aus, der die

184

Leser auf jede neue Folge gierig machte und sie so mehr band als jede Abonnementsverpflichtung. – Jetzt hatten die Ullsteins also Geld. Und was taten sie damit? Erwarben sie Rennpferde, Schlösser, Jagdreviere? Nein, sie kauften eine eigene Bildätzerei, um von Georg Büxenstein unabhängig zu werden, in dessen Klischeeanstalt bisher das »I« der »B.I.Z« produziert worden war – die Illustrationen. Ihr unternehmerischer Hunger war ungestillt, und man munkelte von weiteren Plänen. Wo sollte das enden?

Otto Eysler war Menschenkenner wie alle Humoristen und Melancholiker, noch dazu kam er aus Wien, wo es praktisch nur Menschenkenner gibt. Er wußte: Irgendwann würde bei den Ullsteins die Hybris einsetzen, sie würden abheben und verrückt werden wie Strousberg selig (womit er diesen völlig falsch beurteilte).

Aber der Menschenkenner kannte auch sich selbst. Er merkte es, wenn er dabei war, sich zu irren – er gab es sogar zu. Jedenfalls blieb er ein gern gesehener, melancholisch-witziger Gast von Leopold, später von Louis. Und für ihn war von der besten Sorte immer eine weitere Flasche im Keller.

*

Eigentlich war August Scherl an allem schuld. Ein relativ junger Mann. Er hatte 1883 den »Berliner Lokal-Anzeiger« gegründet und zur auflagenstärksten Zeitung gemacht. Sein Rezept war zu jedem Zeitpunkt weit von Leopold Ullsteins Vorstellungen entfernt: kein politisches Engagement. Bilder, Photographien die Menge. Recherchen sofort und am Ort. Viel Menschliches und Rührendes. Keine Leitartikel, aber auf der Titelseite eine Zusammenfassung der angeblich wichtigsten Nachrichten. Kurze Texte. Viele Anzeigen. Eine eigene gutbezahlte und aggressive Vertriebsorganisation. Alles so schnell wie möglich oder noch früher, am besten gestern. Scherl war der Erfinder der Schnelligkeit im Berliner Zeitungswesen, er war »der Amerikaner«.

Vielleicht hat er den eiligen Leser gleich miterfunden, der nur

Zeit für sein Blatt oder für keines hatte. Vielleicht brauchte Scherl aber nichts zu erfinden, denn er war als Person immer genau so wie der Zeitgeist ein paar Monate später. Da niemand Scherl persönlich kannte, gab es über ihn mehr Legenden als Erkenntnisse. Ein dünner, verlegener kleiner Mann von ungeheurem Ehrgeiz. Menschenscheu sollte er sein wie Ludwig II. von Bayern. Eigener Fahrstuhl im Verlagsgebäude, damit er niemandem in die Augen sehen mußte. Drei eigene Logen im Theater, damit er allein und unbeäugt in der mittleren sitzen konnte. Gelegentlich auf ruinöse Weise verliebt, aber immer mit rechtzeitigen Anfällen von Selbsterhaltung. Ein moderner Mensch, gesellschaftlich nicht vorhanden, ökonomisch fast unüberwindlich. Neben diesem Scherl war kein Mosse und kein Ullstein auf längere Sicht lebensfähig. Was tun? Wie konnte man ihn einholen, stellen, ins Bockshorn jagen, in ein Abenteuer treiben oder sonstwie zum Verlierer machen?

»Du bist nicht weniger verrückt als er«, sagte Leopold zu Louis, »was sollen wir von diesem Scherl lernen? Er ist das, was bekämpft werden muß! Er bringt lauter Ereignisse, über die informiert zu sein für Kulturmenschen eine Schande ist. Willst du diesen Teufel überteufeln?« Louis' Antwort ließ nicht auf sich warten. Sie war ein klares Ja.

»Aha. Und wie?«

»Ganz einfach!« antwortete Louis. Es waren die zwei Worte, die er am liebsten verwendete, um Vorschläge einzuleiten.

»Cohn hat gesagt, man sollte die wöchentliche Abrechnung einführen, genau wie bei der Illustrirten. Zehn Pfennig pro Woche, jederzeit zu kündigen. Wenn wir gut sind...«

Der Vater mußte nicht lange rechnen: »Glänzend! Da ist er also, der helle Wahnsinn, der sichere Ruin. Dumpingpreise, um die Konkurrenz kaputtzumachen. Man selber überlebt es auch nicht. Ein Zuschußunternehmen, bravo!«

»Moment!« sagte Louis. »Es lohnt sich. Denk an die Distribution. Sie wird um so ökonomischer, je mehr Abonnenten wir haben – weil sie immer dichter beieinander wohnen. Wir müssen schnell eine sehr hohe Auflage schaffen.«

Leopold nickte grimmig: »Eine Zeitung, von der jedes Exemplar mich mehr kostet als es einbringt, ruiniert mich mit einer hohen Auflage schneller als mit einer niedrigen!«

»Sie kriegt aber viel mehr Inserenten. Die kommen lawinenartig! Also ruiniert sie dich doch nicht.«

»Ich sehe, du willst mir beibringen, wie sich eine Zeitung rechnet«, versetzte Leopold, »verbindlichsten Dank!«

»Gut, wir halten vielleicht nur ein oder zwei Jahre durch. Aber dann haben wir auch im schlimmsten Fall die Berliner an eine gute Zeitung gewöhnt, eine schnelle, gute Zeitung, an der sie alles Spätere messen werden. Ist das nichts? Man wird uns nie wieder vergessen...«

Ein verzweifeltes Argument. Louis erwartete von seinem Vater jetzt entweder einen Wutausbruch oder ein mildes Lächeln mit Themenwechsel. Seltsamerweise wurde Leopold aber ernst und – biß an. Eine kleine Sehnsucht nach Heldentum hatte der altgewordene Revolutionär nach wie vor, allerdings eher nach einem ausreichend belohnten Heldentum. Ruhmvoll untergehen mochten andere. Die entscheidende Frage für ihn war: Konnte die Sache geschäftlich gut ausgehen, konnte sie triumphal ausgehen? Dann war sie großes Spiel, blankes Leben. Und gut für den Kreislauf.

»Wie hast du dir's gedacht? Ganz genau bitte!«

Louis Ullstein
1863–1933

Von den Brüdern hat Louis am längsten Auge in Auge mit seinem Vater zusammengearbeitet und alles von ihm gelernt. Er ist aber ein völlig anderer Mensch von Anfang an.

Louis ist schon als Kind keineswegs nur der kleine Rabauke, der Schulzeugnisse zerfetzt, furchtlos über die Bögen von Hochbrücken wandert und Regeln der Etikette verachtet. Er ist vor allem ein unermüdlicher Aushecker und Anstifter, der zusammen mit anderen etwas unternehmen will. Er liebt das Märchen »Sechse kommen durch die ganze Welt«, das nicht von Anmaßung, Befehl, Gehorsam und Gewalt erzählt, sondern vom Geheimnis des Führens. Da bewundert ein entlassener und mittelloser Soldat, der wenig kann, von Herzen alle, die etwas Besonderes können. Er trifft den Bäumeausreißer, den Frostmacher, den Präzisionsschützen, den blitzschnellen Läufer mit abschnallbarem Bein, den Bläser, der Regimenter nebst ihrem Obersten davonpusten kann. Die Fünf schließen sich dem Habenichts an, weil er jeden von ihnen respektiert. Sie, die als einzelne bemitleidenswerte, bizarre Außenseiter wären, Jahrmarktfiguren, fühlen sich in seiner Bewunderung aufgehoben und haben nichts dagegen, als der Mann sich höflich ihrer Begabungen bedient, um, ja um König zu werden.

Louis Ullstein ist ein eindrucksvoller Mann, aber sein Wesen hat auch weibliche, mütterliche Züge. Er ist fürsorglich, hört gern und gut zu, wenn jemand über sich selbst und seine Pläne spricht, schaltet aber gelangweilt ab, wenn einer über andere redet oder gar in zeitraubender Weise Allgemeines darlegt. Er läßt sich nicht von Regeln und Doktrinen, sondern von seiner Intuition leiten, diskutiert (wenn andere es erzwingen) eher lustlos, denn er hält Diskussionen für unergiebig. Wenn ringsum Menschen durcheinander reden und sich über Nichtigkeiten erhitzen, zieht er den Jackettkragen bis über die Ohren hoch und wendet die Augen gen Himmel. Seine Spezialität ist es, übereifrigen Menschen den Wind aus den Segeln zu nehmen: Als in der Konferenz ein Redakteur ankündigt, er wolle ein Gedicht aus der »Morgenpost« vorlesen, welches bei Hofe auf Kritik gestoßen sei, hebt Louis Ullstein seinen schweren Kopf – er hat bisher ein Nickerchen gemacht oder jedenfalls noch keine Silbe gesagt – und fragt den Redakteur amüsiert: »Sie wollen uns also ein Gedicht vorlesen? Möchten Sie uns nicht lieber ein Liedchen singen?«

Als Geschäftsmann bewegt er sich niemals tastend, zaudernd und redend durchs Gelände, sondern wartet ab, beobachtet und gibt nichts zu erkennen. Wenn er zu handeln beginnt, ist im Kopf alles fertig. Wenn die Katze springt, ist sie längst gesprungen, hat schon dutzendmal »gesehen«, wie auf dem gegenüberliegenden Ast zu landen wäre. Manchmal leidet Louis darunter, daß anderen diese Sicherheit abgeht. Als er jemanden beauftragt hat, sich in einer Angelegenheit alle Möglichkeiten anzusehen und herauszufinden, »was wir tun können«, erhält er ein Papier mit zehn Vorschlägen nebst Erläuterung, warum sie nicht gehen. Aufgebracht schreit er: »Was soll das? Ich will keine Liste von schlechten Entscheidungen, ich will die Lösung!« Eines hat er vom Vater doch geerbt (wie andere Brüder auch): den Jähzorn. Es gibt Situationen, in denen er brüllt, allerdings nicht lange – nach ein paar Minuten sinkt er in einen Sessel und lacht über sich selbst.

Louis Ullstein ist zeit seines Lebens damit beschäftigt, seine katzenhafte Sicherheit diskret zu verbergen. In Erinnerung bringen muß er sie niemandem. Er haut oft sogar bei unwichtigen Fragen bewußt daneben, damit andere sich freuen können. Es ist ihm unmöglich, irgend jemandem Angst oder Schuldbewußtsein einzujagen, er braucht dieses Führungsmittel nicht und verachtet es. In dem Imperatorensatz aus dem alten Rom: »Mögen sie mich hassen, wenn sie mich nur fürchten!« sieht er einen Bankrott. Diesen Satz darf nur der Tod sprechen, von ihm aus ergibt er Sinn.

In den zwanziger Jahren wird er von Bewunderern als »Fürst« bezeichnet. Ist er das? Er fordert kaum jemals Unterordnung. Manchmal passiert etwas, was von ferne so aussehen mag, aber es ist – davon ist nicht nur Louis überzeugt – Einordnung aus Respekt und ehrlicher Einsicht. Diese zwei Dinge genügen ihm, Zustimmung muß nicht sein, jedenfalls keine rasche. Wer ihm nach dem Mund zu reden versucht, macht sich sofort lächerlich – Louis vermutet in ihm ein Opfer all dieser Despotensätze vom Hassen und Fürchten. Er denkt bei sich: Der ist noch nicht soweit.

Louis Ullstein schätzt leere Schreibtische. Aber nicht als Ergebnis harter Arbeit, sondern als Ausgangssituation, damit so etwas wie Arbeit gar nicht erst stattfinden muß. Seine Freude und Stärke ist es, faul zu sein und nachzudenken. Ein Genußmensch, allerdings kein bedeutender Liebhaber (das würde ja Fleiß erfordern). Er ißt vergnügt und reichlich, trinkt ordentlich Bier, spielt Skat bis zum Umsinken und hat dafür in Hans und einigen seiner Schwäger willige Partner. Er neigt zur Fülle, versucht ihr hin und wieder durch Reiten, Radeln und Bergwandern zu begegnen. Aber er ist dafür bekannt, daß er im Tattersall »die Ecken nicht ausreitet« – es ist ihm schlicht zu langweilig. Die Dolomiten machen ihn nicht zum Gipfelstürmer, und schon bald gibt er das Tennisspielen auf: »Zwei bis drei Stunden lang keinen Spaß verstehen, das kann nur Hermann!« Anstrengungen seien zwar manchmal im Leben nötig, aber Übertreibungen in jedem Falle ungesund: »Eiserner Wille führt zuverlässig ins Krankenhaus!« Er ist ab und zu für einen hellen, ironischen Spruch gut wie sein Bruder Franz, aber er ist damit sparsamer – ihm fehlt das Bedürfnis zu glänzen.

Überliefert sind ein paar Sätze, die den Unternehmer zeigen. Sie fallen weniger durch Intellekt als durch Kürze auf: »Tugend muß erschwinglich bleiben.« Oder: »Dinge, die niemand merken soll, tut man entweder ganz schnell oder ganz langsam. Das zweite ist erfolgreicher, aber man muß rechtzeitig damit anfangen!« Und aus der Zeit der Kriege gegen die Konkurrenz gibt es die Feststellung: »Der häufigste Fehler der Schlauen ist, daß sie die Gegenseite unterschätzen.« Diese Sätze sind deshalb kostbar, weil sie ihm absichtslos unterlaufen. Er ist Aphoristiker, aber er käme nie auf die Idee, so etwas aufzuschreiben wie sein Vater.

Wenn er zu jemandem Vertrauen hat, steht er dazu. Die auf Millionen angewachsene Angestelltenwelt redet zu Anfang des 20. Jahrhunderts viel über Karrieren und Beziehungen (die Bezeichnung »Vitamin B« für »Beziehungen« hat sich schon 1914, bald nach der Entdeckung der Vitamine, verbreitet). Vor allem führen Leute, deren Karriere nicht vorankommt, den Erfolg anderer gern auf »Beziehungen« zurück. Als einmal ein Mitarbeiter, der sich bei der Postenvergabe übergangen fühlt, mit leicht angebittertem Unterton sagt: »Ich verstehe natürlich, er ist ein Freund von Ihnen...«, antwortet Louis kühl: »Freundschaft wäre nichts wert, wenn sie nicht von irgend etwas käme. Ich weiß nicht, wie es Ihnen geht, aber ich habe nur Freunde, denen ich etwas zutraue!«

Seine Haare lichten sich früh, wodurch er seinen manchmal in den Gesellschaftsnachrichten auftauchenden »mächtigen Schädel« bekommt. Er hat große Ohren und hört alles, sein Blick ist ernst und fest.

Max Liebermann hat versucht, den älteren Louis Ullstein zu malen, war aber mit dem Ergebnis nicht zufrieden. Louis' ahnungsvolle Persönlichkeit ist nur auf ein paar Photos zu erkennen.

Im Frühjahr 1933 treten nach einer Gallenoperation durch seinen Freund Sauerbruch Komplikationen auf: Das Herz macht nicht mit, Louis Ullstein stirbt im Krankenhaus. Nach der Beerdigung findet man in seinem Schreibtisch in der Kochstraße einen wohlgepflegten und geladenen Revolver. Zu einem der Brüder hat er vor Monaten gesagt: »Aus meinem Büro vertreibt mich niemand!«

*

Im Sommer 1898 kam Hermann in London an. Der Dreiundzwanzigjährige hatte als Volontär einer Getreidegesellschaft in der Ukraine eine Menge über den Weizenhandel mitbekommen, nun wollte er in England weiterlernen. Er sog Kenntnisse auf wie ein Schwamm: Getreidebörse, internationales Handelsrecht, Verhandlungstaktik, Propaganda. Sein Englisch schien ihm bereits nach wenigen Monaten perfekt (Engländern kam es nicht so vor), seine Garderobe ebenfalls (für Engländer bald etwas zu perfekt). Er schickte eine Photographie von sich nach Hause, Kopf bis Fuß, und schrieb dazu: »So sehe ich aus, wenn ich ins Theater gehe: zweiteiliger Abendanzug mit zweireihiger, offen getragener Frackjacke, breite Revers mit Seidenbesatz, aufschlaglose Ärmel mit Knopf dran, schmale Hose mit Bügelfalten und Seitenstreifen, einreihige, tief ausgeschnittene weiße Piquéweste mit Schalkragen und Perlmuttknöpfen, weißes Hemd mit hohem Stehkragen, weiße Schleife, Knöpfstiefel.« Die Rechnung legte er gleich bei, sozusagen als Beweis.

Aus Mutters Briefen erfuhr er, daß Vater sich freue und immer wieder sage: »Jetzt wird auch Hermann endlich elegant, das macht England. Ein Gentleman wird man dort oder nirgends!« Und dazu habe er eine Daguerreotypie von sich selbst präsentiert, aufgenommen 1856, und mit Stolz behauptet, Hermann sei sein perfektes Ebenbild. Mutter schrieb, außer ihm sehe das niemand so, aber alle seien froh, wenn der Alte gute Laune habe. Besonders Hermann hatte Grund zum Frohsinn, denn er bekam den Betrag der Schneiderrechnung überwiesen, so großzügig aufgerundet, daß noch ein Bowler Hat und ein Spazierstock mit Silberknauf dabei herausschauten. »Zufällig ist Binte bei Kasse«, schrieb Vater, wie um eine große Verschwendung zu entschuldigen. Das war ein Vierteljahrhundert lang die entscheidende Frage im Leben der Ullsteins: »Wie ist Binte bei Kasse?« Sie wurde auch dann noch gestellt, als Hauptbuchhalter Binte, der Mann hinter dem Bier, das Zeitliche gesegnet hatte.

Hermann befreundete sich mit der Idee, für Jahrzehnte in England zu bleiben. Gewiß, die Zukunft hatte auch in Deutschland begonnen. Mit der Wirtschaft ging es aufwärts, alle spürten Kraft, und es sah ganz nach einer langen Freundschaft zwischen den europäischen Nationen aus. Der deutsche Kaiser nahm zwar den Mund etwas voll, und neuerdings mißfiel sein Traum von einer deutschen Flotte. Aber daß die tüchtigen, klugen Deutschen größenwahnsinnig werden könnten, glaubte kein Mensch. Zwischen England und Deutschland herrschten Respekt und Bewunderung. Und Wilhelm war ein Enkel der Königin Victoria.

Verstimmt war Hermann darüber, daß er in Berlin zum Mili-

192

tärdienst für untauglich befunden worden war. Sein etwas unglücklich gewachsener Fuß. Dabei konnte er doch alles, er hinkte nicht einmal, und Tennis spielte er mit Erfolg. Außer wenn er gegen Edgar Baerlein aus Manchester antrat, einen entfernten Ullstein-Verwandten. 1 : 6, 2 : 6, 0 : 6. Hermann schwante, daß er es auf anderen Gebieten noch weiter bringen würde.

Die Propaganda schien ihm so ein Gebiet. Ein Geschäftsmann konnte Bedürfnisse erkennen und das Gewünschte liefern. Das nützte aber nichts, wenn niemand wußte, daß er es konnte, also mußte er darauf aufmerksam machen. Der Ausdruck »Propaganda« besagte: Verbreiten, überall bekanntmachen.

Bis hierher stimmte jeder zu. Aber jetzt kam das, worüber Hermann unermüdlich nachdachte: Man konnte Bedürfnisse nicht nur erkennen, sondern auch wecken. Und wenn man dafür sorgen wollte, daß schlummernde Wünsche schneller aus dem Bett fanden, war das stärkste Mittel nicht die lange Erläuterung, sondern das Bild.

Nur ein Bild konnte vor Augen führen, daß ein Produkt wunderbar funktionierte, es konnte das Glück und den Triumph der Menschen zeigen, die es gekauft hatten. Neuerdings gab es die Kinemathographie, die ungeheuerliche Illusionen erzeugen konnte – Hermann hatte in einem Kleintheater den Film »Rough Sea at Dover« eines Robert Paul gesehen. Und es gab Phonographen, die Stimmen wiedergaben, als stünde jemand im Zimmer. Bald würde man entzückte Käufer in großer Vervielfachung so suggestiv zeigen können, daß jeder sich ihnen anschließen mußte.

Gerade hatte ein Münchener Ingenieur eine Wärmekraftmaschine erfunden, die mit Rohöl funktionierte. So etwas war doch wichtiger als die ganze Flottenpolitik! Wenn England deutsche Dieselmotoren kaufte, weil sie die besten auf der Welt waren, dann war das mehr wert als der Besitz irgendwelcher Wüsten oder Inseln rund um den Globus, die mehr kosteten als einbrachten.

Hermann spielte mit der Idee, nach München zu fahren und dem Ingenieur Diesel zu erklären, was Propaganda alles konnte. Bei der Gelegenheit wollte er auch endlich München kennenlernen. Das mußte eine geistvolle, helle und schöne Stadt voller Künstler und ruhiger, nachdenklicher Menschen sein, das Gegenteil des groben, häßlichen und von Uniformen starrenden Berlin.

In zwei Jahren war die Jahrhundertwende, der Beginn eines besseren, vernünftigeren Zeitalters, vielleicht sogar an der Spree. Zu diesem wollte er etwas beitragen.

*

Elise schrieb an Hermann viele Briefe in ihrer immer noch klaren, mühelos lesbaren Schrift. Der zarte, etwas verträumte Junge hatte es mit dem Vater schwer gehabt. Er wiederum wußte, daß seine Mutter es dem ungeduldigen Leopold nie ganz recht machen konnte. Söhne waren, wenn ihr Selbständigkeitswille gerade nicht alles bestimmte, die geborenen Verbündeten ihrer Mütter, und Hermann war Elises Lieblingssohn.

Ihr Verhältnis zu Toni war respektvoll, aber ein wenig diplomatisch. Elise war auf ihre erfreuliche und beliebte Tochter nicht neidisch, aber sie hatte das Gefühl, nicht ganz mithalten zu können. Sogar lachen konnte Toni ausgelassener und ansteckender als alle anderen.

Die Ehezwistigkeiten von Käthe, Alice und Mathilde gingen Elise auf die Nerven. Mathilde war manchmal kaum zu ertragen, sie konnte ungehemmt negativ sein und anspruchsvoll bis an den Rand der Schikane. Eine unter sich selbst und anderen leidende Hochsensible – man wußte nicht, wen man mehr bedauern sollte, sie oder ihren Ehemann! Richard Tarlau hätte ihr aber ruhig etwas mehr Freiheit lassen können. Er war der Überzeugung, Radeln schicke sich nicht für Frauen, worauf sie sich ein Damenrad der Marke »Corona« besorgte und ihm so oft wie möglich davonfuhr. Mittlerweile wurde über die Scheidung verhandelt. Tarlau wollte die Kinder behalten, Rechtsanwälte wurden tätig. Diese Kinder, Nelly und Annemarie, liebte Elise sehr und wollte sie weiter um sich haben. Mathildes Gegenwart konnte sie durchaus entbehren, aber sie hatte Mitleid mit ihr: Eine gute Partie zu sein war für manche Mädchen fast schon die Fahrkarte ins Unglück, und Töchter aus reichem Haus waren ohnehin oft etwas schwierig, und dann kriegten sie auch noch die falschen Männer, die, denen es ums Geld ging.

Elise hatte, sie wußte es gut, mehr Freiheit als Matilda je gehabt hatte. Sie ging viel ins Theater (Schnitzlers »Vermächtnis«, sehr aufregend! »Cyrano de Bergerac« dagegen absolut scheußlich, vor allem dieser Schauspieler, Joseph Kainz!). Sie las und las (Emile Zolas »La bête humaine« zum Beispiel, unglaubliches Buch).

Sie schrieb an Hermann über jedes große und kleine Ereignis: Elisabeth von Österreich (»Sisi«) sei ermordet worden, große Erschütterung. Leopold habe Schwindelzustände und Kopfschmerzen, der Doktor meine, es käme von der Blase, er müsse viel Mineralbrunnen trinken. Gegen die Kopfschmerzen nehme er jetzt »Antipyrin«, ein Mittel aus München, es wirke aber nur kurz. Die neue Köchin koche ausgezeichnet, sei aber »vorlaut wie Deibel«. Und an Bismarcks Todestag (niemand im Hause weine ihm eine Träne nach) habe ein Gendarm Mathilde beim Radeln auf dem Bürgersteig erwischt: drei Mark Strafe! Statt zu zahlen, habe sie ein Riesentheater gemacht, um ein Haar wäre sie abgeführt worden.

Rudolf war nur noch für ein paar Wochen in Kassel, inzwischen Unteroffizier. Wenn er am Wochenende Urlaub bekam, fuhr er nach Berlin und half den Brüdern im Verlag. Alice lag zur Zeit einmal nicht im Streit mit ihrem Mann, sie wirkte manchmal fast glücklich. Aber was war mit ihrer Neurasthenie? Leopold sagte dazu: »Das muß sie haben, weil es Mode ist!«

Zu den berichtenswerten Ereignissen gehörte, wenn Leopold sich über etwas aufgeregt hatte: Im »Kladderadatsch« sei die »jüdische Pressehetze gegen preußische Junker« angeprangert

195

worden. Gemeint natürlich Mosse und Ullstein. Die Juden würden »vaterlandslose Gesellen« genannt (das habe man bisher nur über Sozialdemokraten gesagt). Ja, so klinge das jetzt manchmal. Und der Mineralbrunnen wirke auch nur wenig – ein anderer Doktor habe jetzt von Störungen der Herztätigkeit gesprochen und zu etwas mehr Bewegung geraten.

Andererseits gab es Dinge, die zu unausgegoren waren, um berichtet zu werden. Hans, Louis und Franz steckten neuerdings die Köpfe wegen eines neuen Projekts zusammen, sie saßen bis in die Nacht hinein ohne Frauen im Hinterzimmer des Café Josty oder im Weihenstephan, angeblich um die Vorgehensweise zu diskutieren. In Wahrheit spielten sie natürlich Skat, Elise kannte die Brüder durch und durch.

Am 19. September 1898 mußte sie dann doch an Hermann schreiben, daß es eine neue Zeitung geben werde. »Es ist eine Idee von Louis. Sie heißt ›Berliner Morgenpost‹ und kostet pro Woche zehn Pfennig, geliefert täglich frei ins Haus.« Das Projekt mache fürchterlich viel Arbeit und sei kaum zu schaffen. Immerhin sei Rudolf wieder Zivilist und helfe mit. Vater finde allerdings, er sei etwas laut geworden: »Den Unteroffizier muß er sich schleunigst wieder abgewöhnen!«

*

Die Sache mit der »Berliner Morgenpost« entsprach Louis' Lieblingsmärchen »Sechse kommen durch die ganze Welt«. Fünf Brüder und ein Vater – obwohl Hermann noch in London war, aber wenn man ihn rief, würde er kommen.

Sie hatten es lange geheimgehalten. Im Café hatten sie sich mit dem Delikatessenhändler Großkopf getroffen und ihn beauftragt, absolut heimlich einen eigenen Botendienst für die Ullstein-Zeitungen aufzubauen, insbesondere die »Morgenpost«. Das Abonnementssystem sollte funktionieren wie bei der »B.I.Z.«: jederzeit kündbar. »Dafür müssen wir eben gut genug sein.« Das Blatt kostete etwa ein Viertel von dem, was andere

Zeitungen kosteten. Das war gewagt, aber selbst der Vater war nun dafür. Er hatte ganz beiläufig von Adolph Ochs gesprochen, dem Sohn seines nach Amerika ausgewanderten Schulfreundes Joel. Adolph habe vor zwei Jahren ein kränkelndes altes Blatt namens »New York Times« auf Kredit gekauft und sofort den Preis auf ein Drittel herabgesetzt. Trotzdem komme er inzwischen einigermaßen zurecht.

Die »Berliner Morgenpost« erschien nur einmal am Tag, und das war gut. Daß von fast jeder Zeitung eine Morgen- und eine Abendausgabe herauskam, hatte längst Überdruß erzeugt. Zweitens wollten Louis und Franz eines entscheidend anders machen als Scherls »Lokalanzeiger«, den sie spöttisch »Residenzanzeiger« nannten: keine »Hofberichterstattung«! Weniger Fürstlichkeiten, die huldvoll grüßten oder irgendwo zu weilen geruhten! Mehr Berlin, mehr kritische Meinung! Frech sollte es werden, das neue Blatt, über Armutsviertel und üble Arten der Bereicherung berichten, die Arroganz von Adel und Militär im Auge haben. Seit nicht mehr jedes zweite Wort als Majestäts- oder Kanzlerbeleidigung galt, war Frechheit eine Qualität.

Sie überlegten, ob Hermann nach Berlin zurückkommen solle, um Chef der Inseratenabteilung zu werden. Aber wer wußte denn, ob ihr Coup gelingen würde? Hermann, inzwischen in London in fester Stellung, sollte lieber dort bleiben und erst später dazustoßen. Auf der freigebliebenen Seite eines Briefs von Elise schrieb Leopold an Hermann einen Satz, der diesem dann durch die Jahrzehnte immer wieder einfiel und zu schaffen machte wie ein Philosophenwort: »Du bleibst eine offene Frage.«

*

Artur Brehmer war Österreicher mit italienischen Wurzeln. Unter den besten Journalisten waren viele Österreicher. Wegen angeborener Menschenkenntnis oder weil sie die Fähigkeit hatten, an keiner Sache ein gutes Haar zu lassen. Brehmer leitete das Feuilleton der »Berliner Zeitung«. Einer seiner Feinde sagte:

»Es ging alles einigermaßen, bis Brehmer kam. Zum Glück kam er dann nicht allzu oft.« Wenn Brehmer doch einmal da war, telephonierte er ununterbrochen. Aber sein Feuilleton war vorzüglich. Das merkte auch Leopold Ullstein – kein Wunder, er schlug diese Seiten stets zuerst auf. »Ist der Brehmer eigentlich Jude?« fragte er Louis.

Der schüttelte den Kopf. »Nein. Getauft sowieso, und – nein, ziemlich ausgeschlossen!«

»Gut«, sagte Leopold.

»Wieso ist das so speziell gut?« fragte Louis.

»Nichts, nichts. Ich meinte gut im Sinne von ›aha‹!«

»Aha.«

Einmal, an einem späten Nachmittag, wollte Leopold Brehmer im Büro aufsuchen, um ihm zu sagen, daß er mit ihm zufrieden sei. Brehmer war nicht anwesend.

»Der ist heute nicht da«, sagte ein Volontär. »Nein, er kommt auch nicht mehr. Morgen? Morgen hat er frei. Am Freitag? Freitags recherchiert er. Am Montag? Also, ich sag's Ihnen einfach: Er ist immer im Café Friedrichshof.«

»Das ist ja stark«, murmelte Leopold und verfügte sich in jenes Café. Es war nicht weit weg. Ja, da saß Brehmer. Thronte! Residierte inmitten einer kaffeetrinkenden Menschentraube aus Sekretärinnen, Schriftstellern, Rechercheuren, Boten. Man konsumierte auch Bier und Schinkenbrote, damit der viele Kaffee nicht der Gesundheit schade.

Es war plötzlich so ruhig hier. Leopold trat an den Tisch und warf Brehmer seinen Rübezahlblick zu. Dies war ein Blick, wie man ihn in der realen Welt nur von Krokodilen kennt.

»Verehrter Herr Ullstein, was darf ich Ihnen anbieten?« fragte Brehmer mit singender Stimme, sozusagen im Walzertakt. Allen anderen war bang zumute.

»Ich trinke Mineralbrunnen«, sagte das Krokodil.

Zwei Stunden später ließ man eine Droschke erster Klasse rufen. Die Herren Ullstein und Brehmer wünschten ins Café Josty gefahren zu werden, wo die Söhne saßen. Leopold Ullstein hatte endlich

198

einen Chefredakteur für die neue Zeitung: Arthur Brehmer! Die
Söhne lauschten mit ernsten Gesichtern, aber da war nichts mehr
zu ändern. »Wenn jemand ein derart gutes Feuilleton machen
kann, ohne je in der Redaktion zu erscheinen«, sprach ihr Vater,
»wie gut ist er dann erst, wenn er erscheint!«

Der Rübezahlblick drohte Brehmer nur noch einmal. Das
war, als die erste Ausgabe der »Berliner Morgenpost« vorlag. In
ihr war viel von der Wiederaufnahme des Dreyfus-Prozesses in
Frankreich die Rede, und auf der ersten Seite, Leopold traute
seinen Augen nicht, war aus dem »fus« ein »fuß« geworden! Er
schrieb einen Zettel: »Lieber Brehmer, schon auf der ersten Seite
gibt es einen Fehler, der mir Verdrus(!) bereitet.« Dann las er erst
mal weiter. Brehmers programmatischer Leitartikel unter dem
Titel »Parteinehmer – nicht Parteigänger!« war ein klares Bekenntnis zu dem politischen Journalismus, den Leopold wollte.
Er knüllte seinen Verdrußzettel zusammen, stieg in den Paternoster, fuhr zu seinem Chefredakteur hinunter (zufällig war er
anwesend) und umarmte ihn wortlos.

Die Zeitung gefiel Leopold auch optisch. Im Kopf der Titelseite hielt der Berliner Bär einen Baumstamm fest, der den
ersten Balken des »M« von »Morgenpost« bildete. Das Ganze
wirkte wie ein Gewächs oder Gehölz, und das war das Moderne
daran: Die Schriften standen nicht mehr nur dumm in der
Gegend herum, sie blühten und wucherten! Was war denn
Erfolg? Ein kommendes Stück Urwald; und der begann mit
einer blühenden Typographie.

Ohne Leopolds Machtwort wäre Brehmer nie in die Lage
gekommen, die auflagenstärkste Berliner Zeitung zu schaffen.
Und ziemlich sicher hatte dazu den Ausschlag gegeben, daß
beide Herren begeisterte Anhänger der Stettenheimschen Wipp-
chen-Berichte waren. Sie hatten einander in jenem Café immer
neue Wippchen-Stellen zitiert, und beim Verlassen des Lokals
hatte Brehmer dem Chef die Tür mit den Worten aufgehalten:
»Der Khyberpaß ist schmal – nach Ihnen, Herr Ullstein!«

Brehmer war selbst ein Wippchen durch und durch, dazu ein

Chaot erster Güte und von Ideen geradezu geschüttelt – und jeder seiner Sätze, ja Atemzüge war glänzend formuliert. Sein Erfolg war kein Wunder, die Gegner wurden schweigsam.

Scherl reagierte. Er mußte reagieren, denn die Ullsteins drohten ihm jetzt den Rang abzulaufen. Nach zwei Monaten hatten sie 40 000 Abonnenten, nach einem Jahr 100 000, und die Auflage des »Berliner Lokalanzeigers« sank bereits. Nicht mehr lange, und er würde wichtige Inserenten verlieren. Scherl investierte immer mehr Geld in den Kampf gegen den Ullstein-Clan. Auf den Litfaßsäulen klebten Plakate, auf denen die nach wie vor große Auflage des »Lokalanzeigers« verzeichnet stand. Darauf antworteten wiederum die Ullsteins: Bald konnte das Publikum überall die Verkaufszahlen von »Lokalanzeiger« und »Morgenpost« miteinander vergleichen. Die Ullsteinschen stiegen schneller als die von Scherl, auch wenn der immer noch vorn war. In beiden Firmen wirkten die Hauptbuchhalter verstört, aber gefaßt. Ja, man konnte die Situation Krieg nennen, Zeitungskrieg.

August Scherl war ein kaltblütiger Mann. Defizite und Verhandlungen mit hartleibigen Bankiers war er gewöhnt. Zukunftssorgen machte ihm etwas anderes: »Ullstein hat ein Kapital, gegen das ich auf Dauer nicht ankomme: seine Söhne!« Irgendwann überlegte er, wie er sich mit dieser Familie verbünden könnte. Seine Bilanz hatte sich wegen der vielen Minuswerte gerötet, der Hauptbuchhalter wurde immer blasser.

*

Wer über siebzig war, hatte ein gewisses Recht, sich für die Zukunft nicht mehr allzu brennend zu interessieren. Andererseits auch ein Recht darauf, daß andere glaubten, er tue es. Leopold Ullstein fand, daß er sein Haus bestellt hatte. Der Weg in eine erfreuliche Zukunft schien allgemein geebnet – es ging allen immer besser, auch wenn bestimmt nicht alle es verdienten.

Mit den Problemen der »Morgenpost« würden die Söhne früher oder später allein zurechtkommen, und die »Berliner

200

Illustrirte« wurde immer mehr zum nervenberuhigenden Goldesel – Leopold gebrauchte dafür den unübersetzbaren englischen Ausdruck »cash cow«. Eintausendsechshundert Menschen beschäftigte der Verlag jetzt in fester Stellung. Keiner von ihnen, nicht einmal der Sorgenwurm Leopold glaubte ernstlich, daß diese Zahl jemals geringer werden könnte.

Er zitierte Schiller: »Ich habe das Meinige getan, tut Ihr das Eure.«

Hans meinte verlegen, das Zitat sei nicht lupenrein. Und vor allem sage dies Philipp II. zum Großinquisitor am Ende einer ziemlich tragischen Geschichte. Leopold unterbrach ihn unwirsch: »Ich zitiere ja den Satz und nicht das Stück!«

Obwohl er beschlossen hatte, milder zu werden, konnte er sich immer noch enorm ärgern. Zum Beispiel darüber, daß Rudolf Mosse sich und seine gesamte Familie von Anton von Werner malen ließ – ja, dem Hofmaler –, und zwar in der Kleidung des siebzehnten Jahrhunderts. Er schätzte Mosse nicht mehr sehr, und das nicht nur, weil der mit dem »Berliner Tageblatt« sein Konkurrent war. Siebzehntes Jahrhundert! Die wollten zurück in die Zeit der Fürstenwillkür und der Butzenscheiben. Das Zeitalter der Aufklärung hatte ihnen nie was bedeutet, hier der Beweis.

Fontane war nun auch tot. Er hätte ihn gerne noch kennengelernt. Leopold hatte längst realisiert, daß er in jeder Zeitung die Todesanzeigen zuerst aufschlug. In der Sommerfrische, in jedem See- oder Brunnenbad, suchte er die Gottesäcker auf, studierte Geburts- und Todesjahre und amüsierte sich über Grabinschriften. In einer dieser Friedhofidyllen holte er mit grimmiger Miene das Heft heraus und hielt folgenden exemplarischen Unsinn fest:

Der Tod ist strenges Weltgesetz,
doch leichter wird gestorben,
seit Elsaß-Lothringen mit Metz
und Straßburg ward erworben.

*

Im Winter und Frühjahr 1899 herrschte in Berlin die Grippe, es gab kaum jemanden, der nicht mit Fieber lag. Als Leopold wieder aufstehen konnte, stellte er fest: Dafür, daß das Leben eher hinter ihm lag, freute er sich doch sehr daran. Gewiß, es war allmählich ein Museum gewesener Fortschritte und unerfüllter Wünsche. Aber einige Wünsche waren noch zu erfüllen: Fontane lesen. Spinoza lesen – dessen Determinismus konnte einen eingefleischten Liberalen sicher nicht mehr in den Wahnsinn treiben. Den Halleyschen Kometen des Jahres 1910 mußte er nicht mehr sehen. Aber eine Sternwarte stiften, vielleicht eine »Matilda-Ullstein-Sternwarte«! Oder einfach »Ullstein«. Vielleicht konnte man sogar einen kleinen Nebenverlag gründen, der nur Bücher herausbrachte, die die Welt heller machten. Eine Geschichte der Freiheit zum Beispiel – die logischerweise eine Weltgeschichte werden mußte. Nach Freiheit strebten die Menschen immer, auch wenn sie es nicht wahrhaben wollten. Ferner: mit den Enkelkindern sprechen, vor allem den männlichen, die ein Leben lang Ullstein heißen würden – das waren bis jetzt zwei Sechsjährige: Karl (von Hans und Toni) sowie Heinz (von Louis und Else). Er wollte zu ihnen freundlicher sein als zu seinen Söhnen und ihnen auch erheblich mehr Bonbons schenken. Beide schienen allerdings etwas ängstlich, Karl, weil er überhaupt etwas zart war, und Heinz, weil er wohl gemerkt hatte, daß sein Großvater ein vulkanischer, gefährlicher Mann war und blieb. Jedenfalls fing der Junge sofort zu weinen an, wenn er ihn sah. Leopold wußte ja, wie er wirkte, obwohl bestimmt noch nie ein Großvater so lieb zu seinem Enkel gewesen war wie er zu Heinz. Er hatte ihm sogar, als er mit Grippe lag, vorgelesen: Leanders Märchen von der Traumbuche. Da hatte Heinz zugehört, sich aber gleich nach dem Ende der Geschichte wieder zur Wand gedreht. Er sah den Großvater einfach nicht gern an.

Schwiegertochter Else sagte diplomatisch (sie war immer diplomatisch): »Vielleicht sind es deine rötlichen Haare.«

»Wo habe ich denn rötliche Haare?« murrte Leopold. »Alles ist entweder weiß oder nicht mehr vorhanden!«

Das Vertrauen der Enkel würde er noch gewinnen. Sie wurden

Jahr für Jahr älter und verständiger. Die Enkelinnen waren jetzt schon zutraulich, richtige kleine Weiber. Ilse, Hilda, Hedwig und schon wieder eine neue Mathilde. Man mußte bei Enkelkindern aufpassen, daß man keines mit dem anderen verwechselte, sie hatten dafür keinerlei Verständnis und korrigierten ihn streng. Aber sie kletterten auf ihm herum wie auf einem dicken alten Baum. Am meisten liebte ihn zur Zeit offenbar die zweijährige Stefanie (von Louis). Und die kürzlich geborene Anneliese, genannt Anni (das erste Kind von Toni und Siegfried), strampelte vor Vergnügen, wenn sie ihn nur sah. Er erwiderte ihre Liebe mehr theoretisch – mit Babys konnte er nichts anfangen, er wußte kaum, wo bei so kleinen Menschen oben und unten war.

Viel war zu tun, aber er hatte ja noch Zeit, und Hans, Louis und Franz legten sich ins Zeug. Leopold wunderte sich selbst darüber, wie ruhig und heiter er war, während im Krieg mit Scherl das Vermögen der Familie auf dem Spiel stand. Er war es, der den Söhnen jetzt Mut zum Durchhalten machte. Es ging den Deutschen immer besser. Also würde man rechtzeitig den Preis erhöhen können, ohne daß die »Morgenpost« nennenswert Leser verlor.

Irgendwann auf dem Totenbett würde er zufrieden sagen: »Ich habe das Meinige getan. . .« Schön, vielleicht etwas anderes.

Vor dem Tod hatte er keine Angst, nur vor der lästigen Sterberei. Der Tod war längst ein guter Bekannter. Er arbeitete neuerdings immer öfter in der Nähe und grüßte höflich herüber – nicht unbedingt ein Schreckensherrscher. Auch wohnte er sicher längst in ihm selbst – irgendwo in Leopolds Körper hatte er sich ein Plätzchen gesichert. Er tat nur, was er mußte. Nicht auszudenken das Gedränge, wenn alle am Leben blieben.

*

Nur noch wenige Wochen bis zur Jahrhundertwende, von der man sich so viel versprach. Vom Datum selbst erwarteten die meisten nur ein besonders ausgiebiges Fest, sie meinten aber auch, schon vorab ein wunderbar friedliches, fortschrittliches

Jahrhundert ohne Armut und Hunger feiern zu dürfen, das beste nach einer langen Kette von nicht sehr erfreulichen. Leopold blieb skeptisch. Er hatte ein optimistisches, übrigens fürchterlich klein gedrucktes Reclam-Buch mit dem Titel: »Ein Rückblick aus dem Jahr 2000« des Amerikaners Edward Bellamy gelesen, das neuerdings wie eine Bibel des Fortschritts von Hand zu Hand ging. Er hatte es gelesen und mit Fragezeichen übersät.

Beim Abendessen sagte Leopold: »Im übrigen ist die Jahrhundertwende erst ein Jahr später. Wann sind denn hundert Jahre um? Wenn das hundertste vorbei ist oder wenn das neunundneunzigste vorbei ist?«

Elise nickte nur zustimmend, sie kannte die Streitfrage längst aus den Zeitungen. »Ich finde es nicht wirklich wichtig. Und was willst du machen, der Kaiser hat so entschieden.«

»Mir kann es egal sein, mein Jahrhundert ist das vergangene. Aber es ist schon seltsam: Als ich 1876 abgewählt wurde, war ich steinalt. Jetzt geht alles vorwärts, ich fühle mich fünf Jahre jünger als damals. Soll es doch kommen, dieses zwanzigste Jahrhundert!«

Das war am 3. Dezember 1899. Wenige Stunden später erlitt Leopold Ullstein einen Herzschlag, kurz nach Mitternacht, er war allein in seinem Bett. Es blieb ihm keine Zeit mehr, irgend jemandem etwas zu sagen, denn Minuten später war er tot. Auf dem Nachttisch lag aufgeschlagen und aufs Gesicht gelegt die »Weltgeschichte in Umrissen« des Grafen Yorck von Wartenburg.

Rudolf war es, der per Telephon die Brüder alarmierte, die Mutter zu trösten versuchte, nach dem Arzt schickte. Weil weder der Hausarzt noch Virchow zu erreichen waren, stellte Dr. Finkelstein den Totenschein aus, der Kinderarzt – er hatte sich in der Zeit der großen Grippe um die Familien von Hans und Louis gekümmert.

»Wenn ich mal auf den Friedhof in der Schönhauser Allee umziehe«, hatte Leopold zu Hans gesagt, »dann wünsche ich für Matilde und mich – und Elise, die sich bitte noch Zeit läßt – einen Grabstein ohne waagrechte Flächen. Ich will nicht, daß

204

auch nur ein Bruchteil aller Abonnenten der ›Morgenpost‹ Steine auf meinen Grabstein legen! Der jüdische Brauch ist schön und gut, aber in Berlin muß man Leichname nicht durch Steinhaufen vor Raubtieren schützen. Ich möchte etwas anderes: Schneidet über dem Grab ab und zu ein paar Zweige ab, damit immer ein Stück Himmel zu sehen ist!«

Er bekam dann einen Stein aus rotem, glatt poliertem schwedischem Granit, und da an diesem alle Flächen ein Gefälle haben, ist es bis heute und in aller Zukunft nicht möglich, Steine draufzulegen.

Bei der Trauerfeier fehlte von den Freunden nur Virchow, weil er in Kleinasien war. Der Leichnam war bekleidet mit dem Sargenes, dem Totenhemd, wie es der Ritus verlangte, und lag in einem einfachen Sarg aus unbearbeiteten Brettern zwischen zwei dicken Kerzen. Die Ullsteins, obschon inzwischen fast sämtlich Protestanten, beteten ein ordentliches Kaddisch für Leopolds Seelenheil. Sie hatten sich, um das übliche Zerreißen des Gewandes zu demonstrieren, Löcher in die Kleider geschnitten.

Der Rabbiner hielt eine ruhige Rede, die nicht zum Weinen zwang, und der älteste der Redakteure nahm mit einer Andeutung von liebevollem Humor Abschied vom »alten Abonnenten« – das war das Signalwort der Zeitungsleute gewesen, wenn der gestrenge Leopold nahte. Streng, ja, das war er gewesen, aber alle sprachen von etwas anderem und auch dieser Redner tat es: Leopold habe »seine Redakteure und Mitarbeiter nie wie Kulis behandelt, sondern ihnen die dem Eifer und Talent gebührende Würdigung zuteil werden lassen«. »Mitarbeiter«, ein damals wenig gebräuchliches Wort.

Es fiel denn doch etwas schwer, um den tapferen alten Kerl nicht zu weinen. Gewiß, es war ein glücklicher, plötzlicher Tod, nicht zu früh, nicht zu spät, genau aus dem Beginn des Greisenalters heraus. Aber warum starb so einer seinen Leuten einfach weg? Warum nicht drei, vier, zehn Jahre später? Gewiß: Wenn schon grausam, dann zum richtigen Zeitpunkt, die Argumente waren bekannt. Dennoch.

Was das Weinen anlangte, enthielten die Kranzschleifen Kuriositäten, die ein wenig ablenkten. Auf einer der längsten stand: »Unserem verehrten Kollegen, dem hochverdienten Papiergroßhändler Leopold Ullstein, in stolzer Trauer!« Wie furchtbar wäre jeder Abschied, wenn es die Peinlichkeiten nicht gäbe. Man weiß ja doch mitten im Traurigsein, daß man sich wenige Jahre später darüber vor Lachen biegen wird.

»Wahrscheinlich«, sagte Leopolds Tochter Else nach der Beerdigung, »amüsiert er sich über solche Sachen, da wo er jetzt ist. Ich fühle genau, daß Vater weiterhin existiert und daß er auf uns schaut.«

»Bestimmt«, sagte Käthe. Sonst äußerte sich dazu keines der Geschwister. Man war respektvoll. Hans nickte nachdenklich. Louis dachte an etwas anderes. Elise, die Witwe, weinte und kümmerte sich sonst um wenig. Rudolf nahm ein weiteres Stück Kuchen. Hermann neigte den Kopf einmal hin, einmal her. Nur Franz ließ sich zu einem ganzen Satz herbei: »Else, da oben ist nichts, und er schaut auch nicht.«

Mutter Elise hörte mit dem Weinen auf. Sie ließ das Taschentuch sinken und fragte Franz: »Moment! Woher willst du das alles so genau wissen?«

Else hingegen begann erst jetzt richtig zu weinen, denn sie war empört darüber, daß Franz ihr einen tröstlichen Glauben nehmen wollte.

*

Liebe Else, die Antwort ist »ja«. Ich kann euch von hier aus recht gut zuschauen, und es gibt tatsächlich einiges zu lachen. Ich will das nicht vertiefen, es ist schwer zu verstehen. Eines gefällt mir aber nicht: Wieso trägt keiner der Söhne meinen Siegelring? Ist er zu schwer für ihre zarten Finger? Schlafe gesund, meine Tochter, und sei gut zu Isidor Cohn!

*

Was ist an der Neujahrsnacht besonderes? Der Orion steht, wo er soll, der Große Wagen oder Große Bär genauso. Die Menschen sind bewegt wegen einer Rechengröße, einer Zählweise, die sie selbst ausgeheckt haben. Weder das All noch das Jenseits kümmern sich darum, es interessiert weder Vögel noch Fische, Wölfe auch nicht und die Hühner lachen wie immer.

»Jahrhundertwende«! Sie wußten, was Vater Leopold davon gehalten hatte. Und schließlich hatte er sich vor dem Ereignis mit der unanfechtbarsten aller Ausreden gedrückt. Als Lebendiger hätte er aber sicherlich doch mitgefeiert, und bestimmt nicht mit Mineralbrunnen.

Elise blieb in der Königin-Augusta-Straße und ging schlafen. Else und Isidor fühlten sich in Trauer und waren nicht bereit, einen Silvesterabend zu feiern, den Papa so knapp verfehlt hatte. Alle anderen zog es doch noch unaufhaltsam ins Getriebe. Hans und Louis gingen mit ihren Frauen ins Metropol, über dessen Engelsportal eine riesige Leuchtschrift aus Glühbirnen hing: »Prosit Neujahr 1900«. Aufgeführt wurde eine eigens für Silvester geschriebene Operette. So viele Pelze, Juwelen, Straußenfedern und ordengeschmückte Fräcke hatte man bisher noch nie versammelt gesehen. Rudolf saß derweil mit Hermann in einem Varieté Unter den Linden und hörte dem Sänger Otto Reuter zu. Hermann war etwas betrübt, weil ihm – grober, aber beliebter Silvesterscherz – sein neuer Zylinder eingedrückt worden war, den er fürs kommende Jahrhundert gekauft hatte. Siegfried und Toni standen auf dem Dach des Hauses Meinekestraße 7 im neuen Westen und stießen mit Champagner an. In Moabit wummerten zwölf Schüsse Salut der Garde-Feldartillerie. Die Domglocken klangen von noch weiter her, sie waren kaum zu hören wegen der vielen Raketen und Kracher in der nahen Joachimsthaler Straße. Es war so kalt, daß der Straßenschlamm halbwegs begehbar war, aber nicht zu kalt, um mit bloßen Händen Knallkörper zu zünden.

Wie sollte man da nicht mitfeiern? Alles wurde jetzt wirklich besser, das war doch mit Händen zu greifen. Wenn Graf Zeppelin so zäh blieb wie bisher, dann würde man demnächst mit seinen fliegenden Zigarren alles überqueren können, den Bodensee und womöglich den Atlantik. Außerdem gewannen vielleicht die braven Buren in Südafrika unter ihrem unbeugsamen Ohm Krüger den Kampf gegen das arrogante England, das die Welt beherrschen wollte – deshalb gönnte es ja auch Deutschland keine ordentliche Flotte. Außerdem benutzte der gemeine Engländer vorn abgeplattete Dumdum-Geschosse, die besonders schlimme Wunden schlugen. Deutsche, davon war man in Berlin überzeugt, würden so etwas nie tun. Man hatte jetzt eine »Haager Schiedsgerichtsordnung«, und sicher würde es schon bald eine mächtige Völkergemeinschaft geben, die keine Unanständigkeiten mehr duldete.

Es wurde viel getanzt, getrunken und Unfug getrieben. Die Polizei hatte Augen für alles Regelwidrige, war aber gehalten, einiges davon zu tolerieren. So sollten Herren in Damenkleidung unbehelligt bleiben. Als aber eine Dame in Herrenkleidung erschien, wurde sie augenblicklich festgenommen.

Man war stolz aufs Deutschsein, dazu in der Regel »wilhelminisch« gesinnt, national und kaiserlich, obwohl Wilhelms Großspurigkeit weiter zunahm: Er schien dennoch ein ordentlicher, anständiger und fleißiger Mann, und er hatte innenpolitisch weiter gesehen als Bismarck. Das war keine große Kunst, denn Bismarck hatte einfach nur versucht, die Uhren anzuhalten. Was durchaus möglich war, wenn man die Macht hatte. Aber die Zeit selbst konnte keiner anhalten, nicht einmal einer, der alle Uhrmacher in der Hand hatte. Viele glaubten daran, daß sich alles in vernünftigen Bahnen fortentwickeln werde: Deutschland leistete etwas, also war es stark. Wo Kraft war, da waren immer auch Ruhe und Frieden. Etwa nicht? Das war die Silvesterstimmung 1899.

Einer allerdings, ein Bankier namens Michalski, nach allzuviel Champagner von tiefster Trübsal befallen, stieg in den »Reichshallen am Dönhoffplatz« auf einen Tisch und formulierte schwankend seine große »Absage an das zwanzigste Jahrhundert«. Er lehne es ab, sagte er, den manifesten Verfall von Sitte und Kultur und die sich ankündigende Zunahme von Unrecht und Gewalt, mithin den absehbaren epidemischen Irrsinn des anbrechenden neuen Jahrhunderts, persönlich mitzuerleben. Man lachte herzlich und rief »Zugabe!«. Da unterstrich er den Ernst der Rede, indem er einen Revolver zog und gegen seine Schläfe richtete. Ein beherzter Stettiner Sänger sprang zu ihm auf den Tisch hinauf und packte ihn am Arm, der Schuß ging in die Dekoration.

Am nächsten Morgen herrschte dicker Nebel, man nahm es nicht als schlechtes Vorzeichen.

Das neue Jahrhundert brachte Deutschland gleich zu Beginn das Bürgerliche Gesetzbuch (BGB), das große Anerkennung fand, ferner eine neue Briefmarke. Auf ihr sah man eine gekrönte, wehrhafte Germania mit schimmernden Metallschalen auf den Brüsten. Die Mode hat sich nicht durchgesetzt.

*

Im April 1900 wird zwischen Scherl und den Ullsteins ein »Freundschafts- und Konkurrenzausschlußvertrag« geschlossen. Scherl beteiligt sich mit einer Million Mark an der »Berliner Morgenpost«. Der »Berliner Zeitungskrieg« hat ein Ende. Am 11. Mai 1900 erhöht die »Berliner Morgenpost« den Abonnementspreis um fünfzig Prozent, ohne nennenswert Leser zu verlieren. Sie verdient endlich Geld.

Toni und Siegfried Fleischmann bekommen eine weitere Tochter, Lotte.

Graf Zeppelins Erfindung steigt auf, schwebt und überwindet Distanzen. In China bricht der Boxer-Aufstand los, der deutsche Gesandte wird ermordet. Ein Expeditionskorps europäischer Mächte wird entsandt, der Aufstand niedergeschlagen.

1901 veröffentlicht Thomas Mann den Roman »Buddenbrooks«. Oscar Troplowitz bringt ein Pflaster namens »Leukoplast« auf den Markt.

Ferner führt in Frankreich Ferdinand Zecca den Film »Quo vadis?« vor, den ersten Spielfilm über ein Stück Geschichte.

Guilelmo Marconi gelingt die erste drahtlose Funkübertragung über den Atlantik.

Rudolf tritt als Teilhaber in die Firma ein.

Nach dem Abriß des von Leopold gebauten, fast noch neuen Verlagshauses beginnt in der Kochstraße 23/24 der Bau eines weit größeren Firmengebäudes.

1902 siegen die Engländer im Burenkrieg, die deutschen Sympathien bleiben bei den Buren.

Am 5. September 1902 stirbt Rudolf Virchow an den Folgen einer Oberschenkelhalsfraktur, die er sich Monate zuvor bei einem Sturz aus der Straßenbahn zugezogen hat.

Am 3. Oktober 1902 wird das neue Verlagshaus eingeweiht. In seinem Treppenhaus steht die Büste, die der Bildhauer Götz aus Fürth von Leopold Ullstein gemacht hat.

1902 heiraten Rudolf Ullstein und Margarete Küstermann.

Hermann wird als letzter der Söhne Teilhaber der Firma.

1903 heiratet Hermann Margarethe Litthauer, eine Nichte des Ullstein-Konkurrenten Rudolf Mosse – die Familie hat zunächst »dynastische« Einwände, ist aber in einem Fall von Liebe machtlos.

1903 gewinnt der Tennis-Amateur Edgar M. Baerlein, Großneffe von Leopold Ullstein, sein erstes öffentliches Match. Er dominiert weitere acht Jahre das englische Tennis.

Herbst 1903: Die Gebrüder Wright bauen in Kitty Hawk, USA, an einem Flugzeug, das sich mit Motorkraft vom Boden heben soll. Außer ihnen selbst glaubt niemand daran.

31. Oktober: Die Brüder Ullstein gründen einen Buchverlag. Sein Zweck soll es sein, die Fortsetzungsromane aus der »Berliner Illustrirten« und der »Berliner Morgenpost« in den Buchhandel zu bringen und so ein zweites Mal zu verwerten. Anspruchsvollere Werke sollen nicht prinzipiell ausgeschlossen sein.

SIEBTES KAPITEL

Pressekönige

Louis Ullstein fühlte sich schon bald nach Leopolds Tod so glücklich und frei wie noch nie. Etwas zögernd gestand er es sich selbst ein, zu anderen sprach er darüber kein Wort.

Er konnte endlich tun, was er für richtig hielt, ohne sich unentwegt zu rechtfertigen und Argumente zu apportieren, nur damit sie vom Vater zerpflückt wurden. Er war ihm ein respektvoller Sohn gewesen wie die anderen vier, aber er war der Kaufmann, der mit dem Kaufmann Leopold am engsten zusammengearbeitet hatte, Reibereien waren nicht ausgeblieben. Jetzt bestimmte er nahezu allein die Ökonomie, auch wenn er seinen Brüdern stets geduldig zuhörte und dafür sorgte, daß sie sich nicht als Kaufleute zweiter Güte fühlten. Heraus kam regelmäßig, daß sie ihm folgten. Das ergab sich ohne Kampf, weil er die Gabe hatte, das Gelingen oder Scheitern von Unternehmungen einzuschätzen, dazu den Mut, sich von einem möglichen Scheitern nicht einschüchtern zu lassen.

Seit der Einigung im Jahre 1900 waren die Ullsteins und August Scherl Teilhaber: Scherl verdiente an der »Morgenpost« mit. Zwar schmälerte deren Erfolg seine Einkünfte aus dem »Lokalanzeiger«, aber er sah seine Situation doch verbessert oder immerhin gesichert, denn im »Freundschafts- und Konkurrenzausschlußvertrag« war vereinbart worden, daß weder er noch die Ullsteins ein »neues Presseerzeugnis« ohne Zustimmung der Gegenseite auf den Markt bringen durften. So hoffte er die Ullsteins umklammern und festhalten zu können.

Louis Ullstein haderte damit. Er dachte ständig über die »Zeitung der Zukunft« nach – und zwar nicht, um sich in

Utopien zu ergehen. Er wollte sie gründen, lieber heute als morgen, und ohne Scherl zu fragen! Er wußte bereits, wie sie aussehen würde: eine Zeitung, die nicht per Abonnement, sondern mittags auf offener Straße gegen bar verkauft wurde, und zwar an die vielen Angestellten, die während der Essenspause rasch das Aktuellste aus Politik und Stadt, vor allem vom Sport erfahren wollten – immer mehr Menschen waren sportverrückt. Und eine wachsende Zahl von Anlegern wollten die Börsenkurse dann sehen, wenn sie noch Orders erteilen konnten – man spekulierte wieder recht eifrig.

Es war ausgeschlossen, daß Scherl da mitzog: Er würde auf Vertragsauflösung bestehen und mit Erfolg seine Million einklagen. Um das zu überstehen, waren die Ullsteins noch nicht stark genug, zudem mußten sie für die neue Zeitung viel Geld in eine bisher unbekannte Art von Vertrieb investieren: Fliegende Händler und Kioske mußten schnell beliefert werden, also brauchte man einen größeren Fuhrpark. Selbstverständlich mußten es vorzügliche Automobile sein, sonst hatte die Sache weder Nutzen noch Gesicht.

Unterdessen existierte die alte, ehrwürdige »Berliner Zeitung« von Leopold Ullstein mit einem treuen Stamm von Abonnenten weiter fort. Man hatte sie aber, damit die erfolgreichere »Morgenpost« zur Nachtzeit alle Druckmaschinen für sich nutzen konnte, zu einer Mittagszeitung gemacht. Was wäre, wenn sie sich in genau jene »Zeitung der Zukunft« verwandelte? Dann gab es kein »neues Presseerzeugnis«, das Vertragsbruch bedeutete. Scherl würde toben, aber letztlich würden die eigenen Anwälte ihm erklären, daß Einspruch zwecklos sei. Und wenn das Blatt einschlug, hatte man irgendwann genug Geld, um Scherl auszuzahlen.

Am 22. Oktober 1904 erscholl der Ruf »B. Z. am Mittag!« zum ersten Mal, und die Berliner griffen so tüchtig zu, daß manche Händler schon nach einer Stunde Nachschub forderten. Die B. Z. verkörperte auf Anhieb den Geist der Großstadt mehr als alles bisher Dagewesene. Sie war schnell, enthielt direk-

212

te Reportagen, die vor weniger als einer Stunde zu Ende geschrieben worden waren. Die Börsenkurse waren beim Erscheinen des Blattes kaum eine Viertelstunde alt, die Resultate aller sportlicher Wettkämpfe auf dem neuesten Stand. Stenogrammartige Theaterkritiken entschieden über den Erfolg von Aufführungen, längst bevor die behäbigeren Abonnementzeitungen darüber berichten konnten. Gerüchte wurden oft schon wiedergegeben, noch bevor sie überhaupt entstanden – es gab keine schnellere Zeitung als die »B. Z. am Mittag«, und darum war sie willkommen wie Freibier. Wenn die Berliner, Goethes »verwegener Menschenschlag«, irgend etwas bewunderten, dann waren es Tempo und Dreistigkeit.

*

Man ging in den Kientopp.

Kientopp schrieb sich mit »ie« obwohl der »Kinematograph« gemeint war. Jedenfalls gingen alle hin, um über boxende Känguruhs zu lachen oder den belebten Alexanderplatz auf der Leinwand zu bestaunen, »täuschend echt«. Vielleicht sogar irgendwie echter als echt, wer wußte das schon?

An einem Frühsommertag wollten zwei Männer es wissen. Sie saßen im »lebenden Bild« in der Frankfurter Allee direkt nebeneinander. Keiner kannte den anderen, und die gegenseitige Sympathie war zunächst begrenzt, denn zwischen ihnen war ein stummer Kampf um die Armstütze entbrannt. Irgendwann hatten sie sich ohne Worte soweit geeinigt, daß der Mann mit dem Schnurrbart – es war eher das, was man in Berlin als »Rotzbremse« bezeichnete – den Arm auf dem vorderen Teil aufstützte – er lehnte sich ohnehin eher nach vorne, um zwischen den Vordermännern hindurchsehen zu können. Der mit dem gestutzten und gepflegten Kinnbart begnügte sich mit dem hinteren Ende, was zu ihm paßte, denn seine skeptische Einstellung ließ ihn eher zurückgelehnt sitzen. Das tat er sogar beim boxenden Känguruh, erschrak aber auch nicht, als aus der Mitte der Leinwand eine Lokomotive auf das Publikum zuraste. Die Vorführung war eine Art Streifzug durch die bisherige Geschichte der lebenden Bilder. Man konnte den Kaiser bei einem Kieler Stapellauf erleben und danach den »Spielfilm« »Die Reise zum Mond« sehen, gedreht von einem Franzosen. Dann schloß sich der Vorhang, der Direktor sagte Dank, man ging hinaus. Der mit dem Schnurrbart, von der Abendsonne geblendet, trat dem Kinnbärtigen auf den Fuß und entschuldigte sich. Der runzelte die Stirn: »Saßen Sie nicht vorhin schon neben mir?«

»Kann sein«, antwortete der Schnurrbart freundlich, »ist doch unglaublich, was?«

»Was ist unglaublich?«

»Der Kientopp.«

»Allerdings! Ein Verbrechen. Nur daß das noch nicht alle so sehen! Die Kinematographie wird zu einer neuen Pest werden.«

»Interessant«, sagte der andere, »aber ich muß gestehen, daß auch ich das nicht sehe. Sie macht doch nur eines: Sie nimmt alle Stadien eines Vorgangs auf und läßt diesen dann durch Abspielen in derselben Geschwindigkeit wiedererstehen. Vielleicht verdirbt das auf die Dauer die Augen, aber es ist unterhaltend. Was haben Sie gegen Varieté und Jahrmarkt?«

Der andere sprach vom Unnatürlichen solcher bewegten Bilder. Sie seien eine künstliche Reizung von ohnehin überreizten Menschen. Der Maschinenmensch brauche einen maschinenerzeugten Wahrnehmungsgenuß, zum natürlichen habe er weder Zeit noch Geduld. Was dabei zu Schaden komme, sei die Urteilskraft, weil sie auf eine empfindliche Balance von Beobachtung und Begriff angewiesen sei. Das schlimme am Kientopp sei der sogenannte Schnitt: das Verkürzen der natürlichen Wahrnehmungen zum Stenogramm.

»Augenblick«, unterbrach der Gegner, »Romane setzen mit ihren Kapiteln auch Schnitte und ebenso Theaterstücke mit Szenen und Akten!«

»Gewiß!« erwiderte der Mann mit dem Kinnbart. »Aber da sprechen Sie von Kunst! Kunst darf das, sie liefert ja keine

214

Objektivität, sondern nur eine persönliche Sicht. Photographie und Kinematographie sind aber alles andere als Kunst, sie fischen im Trüben: Sie manipulieren! Sie behaupten, die Wirklichkeit wiederzugeben! Sie können das gar nicht, aber es wird ihnen geglaubt. Wir werden erleben, daß der Massenmensch nur noch nachahmt, was er im Kientopp gesehen hat.«

Inzwischen standen sie allein vor dem »Lebenden Bild« in der Sonne, ein Wagen fuhr vor, der Kutscher riß den Schlag auf. »Kann ich Sie mitnehmen?« fragte der Kinnbärtige. »Ich wohne im Grunewald, wo wohnen Sie?«

Der andere lachte: »Grunewald? Da ziehe ich demnächst hin. Noch wohne ich am Lützowufer.«

Er stieg ein und saß gewissermaßen in der Falle, denn der Kinnbart, ein ruhiger, charmanter, aber etwas melancholischer Mann, der partout keinen Aspekt einer Frage außer acht lassen konnte, setzte den Kampf fort:

»Vor allem: Der Kientopp erzählt Geschichten ohne Worte: Er behauptet Zusammenhänge und suggeriert Ursachen und Folgen, ohne sich in vernunftförmiger Rede dafür zu verantworten.«

Der andere fand das Thema nun genügend erörtert: »Gut, vielleicht sollte man eine Art Filmerklärer auftreten lassen. Einen vernunftförmigen.«

Die Herren wurden sich nicht einig, aber sie trennten sich am Lützowufer freundlich und machten sich endlich auch miteinander bekannt. Der Schnurrbart hieß Kempner und war Schriftsteller, er schrieb Theaterkritiken unter dem Pseudonym Alfred Kerr. Der Kinnbart hieß Walther Rathenau und war Unternehmer oder Philosoph oder beides, im Hauptberuf aber bisher nur »Sohn« – sein Vater war der AEG-Gründer Emil Rathenau.

Einige Wochen später wurden die beiden einander in einer Villa im Grunewald vorgestellt und erkannten sich lächelnd wieder. Damit begann die jahrzehntelange Freundschaft zweier gescheiter Männer, die verschiedener nicht sein konnten. Rathe-

215

nau war ein ambivalenter, alles ahnender, alles stets von mehreren Seiten her bedenkender, hochbegabter Mensch, manchmal zwar fixiert auf Prinzipielles, aber durch seine Ambivalenz geschützt vor törichten Vereinfachungen. Kerr ahnte auch viel. Aber er war sanguinisch, impulsiv und in keiner Weise gespalten. Da waren nun zwei Juden, der eine klug, weil er ambivalent war, der andere, weil er es nicht war.

Sie behielten durch alle Entzweiungen, also auch in den etwas trüberen Zeiten ihrer Freundschaft, großen Respekt voreinander.

*

Hans und Louis Ullstein ließen am 28. Oktober 1904, einem sonnigen Freitag, zur Mittagszeit kurzerhand ihren Verlag im Stich und radelten in den Grunewald. Hans startete in der Matthäikirchstraße, holte Louis in der Regentenstraße ab (das war nicht weit, die Familie wohnte im Tiergartenviertel dicht bei dicht) und dann ging es zum Kurfürstendamm, der zur einen Hälfte Fahrstraße, zur anderen Reitweg war. Rechts und links davon war dieser ehemalige Knüppeldamm jetzt Baustelle, nichts als Gerüste, Kalkspritzer und Gebrüll, und diese Maurer hatten Stimmen! Sie tönten wie starke Tiere, man hörte Löwen und Tiger, Wölfe, Hyänen und ab und zu einen größenwahnsinnigen Mops, der alle Tiger verstummen ließ.

Das Fahrrad von Hans hieß »Brennabor«, das von Louis war ein »Dürkoppscher Halbrenner«. Welches besser war, wissen wir nicht, die Fahrzeuge wurden nicht sehr gefordert. Radeln war etwas Wunderbares, wenn man miteinander reden wollte, besser noch als Reiten, weil man da mit »Gesellschaftlichem« rechnen mußte. Die Spaziergänger, die man überholte, bekamen zwar ein wenig von der Unterhaltung mit, aber schnell war man wieder außer Hörweite. Mit einem Bruchstück konnten sie wenig anfangen. Und was hörten sie schon:

»... blutjung und wirklich wunderschön! Sie hatte einen besonders langen Zopf. Ich muß zugeben, ich war verliebt, obwohl sie so etwas Unnahbares an sich hatte. Oder gerade deshalb. Und jetzt kommt's: Vierzehn Jahre später sehe ich sie gestern wieder, sie ist Schauspielerin am Gendarmenmarkt...«

Andere Gesprächsfetzen:

»... Hans, ich habe doch auch zuviel Gewicht. Wir radeln ab sofort jede Woche bis nach Potsdam und trinken Wasser...«

»... Ja, die Mädels! Man kann so schlecht helfen. Mathilde scheint ja jetzt ganz glücklich mit Moritz, aber Alice, du lieber Gott! Und Käthe, na ja...«

»... da haben wir ein halbes Leben damit verbracht, es Papa recht zu machen. Zufrieden war er nie.«

»Und jetzt würde er sagen: zu viel Mord und Totschlag.«

In der Villenkolonie Grunewald legten sie eine Pause ein und stiegen ab. Louis sagte: »Hier ließe sich's wohnen!«

»Die Kiefern und die Seen sind in Ordnung, aber weißt du, wer hier wohnt? Fürsten, Bankiers und Jauchebarone!«

»Was ist das denn?«

Hans, der Stadtverordnete, mußte es seinem Bruder erklären. Ein Jauchebaron war ein Bauer, der seinen Grundbesitz an die wachsende Stadt verkauft hatte, weil sie dringend Rieselfelder brauchte und entsprechend gut zahlte.

»Er muß nicht mehr arbeiten und lebt im Grunewald, weil er ans Grüne gewöhnt ist. Das sind dann deine Nachbarn, lieber Louis.«

»Danke, bin im Bilde. Nehmen wir da drüben ein kühles Bier?«

»Jetzt schon?«

»Na, eines!!«

Sie fuhren nicht bis Potsdam, aber immerhin bis zum Jagdschloß. Wieder in der Regentenstraße angekommen, waren sie völlig erschöpft, aber zugleich euphorisch. »Treffen wir uns doch später im Presseclub und lassen uns feiern!«

Im Presseclub war aber außer dem Kellner nur ein einziger Mensch: ihr Bruder Franz.

»Was machst du denn hier?«

»Instinkt!«

»Wir wollten uns irgendwie feiern lassen.«

»Hier? Tja, ihr seht ja.«

Sie verließen den Club zu dritt, zogen ins »Weihenstephan« und diskutierten dort über die Zukunft des Buchverlags, über die neuen Abonnentenzahlen der »Morgenpost« (»290 000, wo soll das enden?«) und über den Erfolg der »New York Times«. Sie dachten sich neue, ungeheuer erfolgreiche Zeitungsprojekte aus. Die Zungen wurden schwer, die Gedanken profund.

»Eines muß ich dir sagen. Nein, ich muß es dir wirklich mal sagen!« sprach Hans zu Louis.

»Ich auch«, schloß sich Franz an, »ich wollte es dir auch sagen. Du bist ein Genie!«

»Unsinn!« entgegnete Louis. »Ich passe nur auf, daß Binte schwarze Zahlen schreibt. Brehmer, Dupont, das sind Genies. Ich frage mich nur eines: Warum habe ich jetzt schon wieder Sodbrennen?«

Sie beschlossen, das Bett anzusteuern. Bereits am kommenden Sonntag würden sie sich ohnehin wieder treffen: bei »Mutter Else«. Das war Elise, Stiefmutter und längst Mutter schlechthin. Jeden zweiten Sonntag versammelte sich die ganze Familie, über zwanzig Personen, bei ihr in der Königin-Augusta-Straße zum Abendessen. Und Elise wollte immer ganz genau wissen, ob alles im Sinne von Vater Leopold lief. Sie konnte sogar unangenehme Fragen stellen. Ja, das ehemalige Kindermädchen war die Vertretung Leopold Ullsteins auf Erden, und keine schlechte. Sie stellte Fragen, die auch Leopold gestellt hätte, und sie liebte klare Antworten wie er.

Beim Abschied in der mondbeschienenen Regentenstraße fragte Louis: »Was macht eigentlich dieser verrückte Brehmer, weiß man was?«

Franz zuckte die Achseln. »Habe keinen Schimmer. Sitzt vermutlich in einem Wiener Kaffeehaus und schreibt Bücher.«

*

Arthur Brehmer schrieb tatsächlich Bücher, und immer im Café. Für die »Morgenpost« hatte er unter Pseudonymen Fortsetzungsromane beigesteuert. Einer hieß »Die rothe Pepi« und spielte in der Wiener Halbwelt. In anderen beschäftigte er sich mit der Welt der Zukunft und dem Weltuntergang. Er war ein Anhänger des Kinos. Als die Bilder noch flackerten und die Augen verdarben, sah er schon die Mediengesellschaft voraus. Sein Schreibstil war bildhaft, drehbuchartig, noch bevor es den Begriff »Drehbuch« überhaupt gab. Er erkannte auch, daß die Zeitungen begannen, auf das Auftauchen des Kinematographen zu reagieren: Die Bilder der B.I.Z. wurden anders, mitten in der Bewegung geknipst und wie aus einem Film geschnitten.

Mit Leopold war Brehmer gut ausgekommen, mit den Söhnen hatte er es sich dann langsam, aber sicher verdorben. Louis mochte ihn zwar und Hermann bewunderte ihn, aber irgendwann war er allen zu unberechenbar und zu unordentlich. Er beantwortete keinerlei Post, sein Schreibtisch war wie ein Papierkorb ohne Korb, und alles wurde erst fertig, wenn rundherum schon die Nerven bebten. Es herrschte keine Ruhe und Absehbarkeit in seiner Arbeit. Dazu hatte er eine Neigung, das Publikum durch den Kakao zu ziehen, indem er ihm so unglaubliche Berichte auftischte wie einst Stettenheims »Wippchen«. Da wurde ein bis aufs Haar gleicher Doppelgänger des Kaisers erfunden, der in Barcelona lebe. Oder er inszenierte mit Pomp und großer Anteilnahme der Bevölkerung seine Hochzeitsreise nach Paris – per Automobil! Zwar war er mit seiner »Braut« schon zehn Jahre verheiratet und das Auto brach kurz hinter Potsdam zusammen. Aber die Reiseerlebnisse wurden von ihm in munteren Briefen aus dem Harz, vom Rhein und aus Paris geschildert, allesamt geschrieben in einer Potsdamer Pension.

Die Ullsteins lachten herzlich, aber sie beschlossen schließlich doch, sich mit einer großzügigen Abfindung von Brehmer zu trennen. Er wäre gewiß von selbst bald gegangen, denn er fühlte sich zu sehr kontrolliert und irgendwelchen Absprachen mit dem Teilhaber (Scherl) oder mit den Großinserenten unterworfen. Brehmer war liberal, aber nicht als Ergebnis von Lektüre, sondern aus seiner Natur heraus, dazu ein meisterhafter Redakteur, ein Witzbold von Rang, ein schöpferischer Chaot. Nur Geschäftsmann war er nicht – er verstand kein Wort von dem, was Geschäftsleute die ganze Zeit redeten.

In Wien schrieb er noch hin und wieder Artikel, vor allem aber einen Schlüsselroman mit dem Titel »Zeitungs-Titanen«, der mit veränderten Namen von ihm, den Ullsteins, August Scherl und dem Berliner Zeitungskrieg handelte. Das Buch ging ihm nicht so leicht von der Hand wie die Vorläufer. Er konnte nicht darauf verzichten, seinen Ärger über die Söhne Leopolds mit hineinzupacken, vor allem über Franz, der ihn von Anfang an hatte loswerden wollen. Und er merkte beim Schreiben immer wieder, daß diese persönliche Abrechnung seinen Roman verkleinerte, ihm Perspektive und Bedeutung nahm. Wofür stand der Aufstieg dieser Ullsteins denn wirklich? War er etwas Ermutigendes oder vielmehr eine Gefahr? Sollte das Buch die helle, abenteuerliche Welt der Presse zeigen? Oder sollte es vor einer Entartung durch den Einfluß des Geldes warnen, vor Machtmißbrauch?

Brehmer hatte eine große Sehnsucht nach Würde und Ernst, ausgerechnet er, der für vergnügte Ausflüge ins Unseriöse bekannt war. Leopold Ullstein hatte Ernst gezeigt, das war ein Kämpfer gewesen. Aber die Söhne, gruppiert um den dicken Louis, der Tag und Nacht nur an Profit dachte ... – diesen Satzanfang strich Brehmer wieder, er strich überhaupt viel und merkte daran seine Zwiespältigkeit bei dem Thema. Jawohl, er hatte ein Ressentiment gegen Juden und das wollte heraus. Er hatte es aus Wien nach Berlin mitgebracht, dort gut verborgen, aber nie verloren.

Andererseits, weil er doch auch einen Sinn für Loyalität und Wahrheit besaß: Was sollte an den Verlagen Ullstein oder Mosse so speziell gefährlich sein? Er war Teil dieser Presse gewesen, die er jetzt als zu seicht, zu unernst, zu unwesentlich kritisierte. Weil sie nicht belehrte, nicht aufrüttelte, keine Führung bot, sondern nur unterhielt und weil die konkurrierenden Redakteure sich gegenseitig die jeweils dämlichsten Sensationen abzujagen suchten. Er, der Nichtjude, der fröhlich Lachende am Telephon, war darin einer der Größten gewesen, er hatte Aufklärung mit Posse so zu mischen verstanden, daß homerisches Gelächter herauskam. Und eben doch ein gewisses Quantum an Verdummung.

Als er dieses Bekenntnis notiert hatte, war ihm wohler. Arthur Brehmer hatte so vieles gleichzeitig sein wollen, vielleicht zu vieles. Aber auch das hatte er sein wollen: ein ehrlicher Kerl.

Irgendwann hatte Rudolf, der zweitjüngste und heimlich wohl verrückteste der Brüder, unvermittelt zu ihm gesagt — hinter der Tür und nach einem Zusammenstoß mit Franz: »Brehmer, Sie sind ehrlich, das strahlt aus. In Ihrer Nähe wird man selber ehrlich. Das weiß sogar mein Bruder, er ist nur kein Sportsmann!« So eine Beurteilung half, auch wenn sie nicht zutraf. Sportsmann! Vielleicht war das die Rettung: sportlich nehmen das Ganze! Vielleicht fanden mindestens zwei oder drei Kriege nicht statt, wenn man auf den Sport setzte. Man mußte ihn aufbauen und schützen (vor der Politik, vor dem Krieg), damit immer mehr Menschen sportlich wurden. Brehmer unterbrach das Nachdenken über die Ullsteins, ging ins Kaffeehaus und entwarf bei einer Melange und acht Gläsern Wasser eine Philosophie des Sports. Und die Rettung der Welt.

Zurück in der Hernalser Wohnung, war er milde gestimmt. Die Ullsteins waren biedere, ordnungsliebende und etwas kleinkarierte Hausväter, Spießer, die für den Feiertagsgebrauch dichteten und an geistreichen Köpfen Freude hatten. Manchmal hielten sie sich selbst für solche, aber das war verzeihlich. Was machten sie so schrecklich falsch?

Herausgedrängt hatten sie ihn, der Mohr hatte seine Schuldigkeit getan. Er konnte die Brüder sogar verstehen. Verletzt fühlte er sich trotzdem. Sie hätten ihm etwas inniger danken können dafür, daß er ihnen ihre »Morgenpost« auf die Beine gestellt hatte, mit der sie sonst in eine Millionenpleite gegangen

221

wären. Verletztheit ist keine gute Voraussetzung für einen Roman – die Sprache krümmt sich unter den Lasten von Abrechnung und Rechtfertigung. Brehmer legte das Manuskript zur Seite.

Er beendete »Zeitungs-Titanen« dann um 1913 doch noch, hielt aber den Roman für mißlungen. Zu viel Seelengift und Selbstmitleid hatten ihn besudelt. Er schickte ihn keinem Verlag, sondern ließ ihn in der Schublade. Brehmer starb 1923, übrigens zwei Wochen nachdem er dem Ullstein-Verlag den eigenen Tod hatte mitteilen lassen, um sich an dem herzlichen und dankbaren Nachruf zu freuen, den sie nun einrücken mußten.

Fünfzehn Jahre nach seinem Tod fiel das Manuskript des Romans einem Dresdner Verleger in die Hände, einem Nazi namens Müller. Er machte mit einem neuen Schluß und ein paar antisemitischen Einfügungen ohne allzu große Mühe einen Naziroman über den verheerenden Einfluß der jüdischen Presse in der Vergangenheit daraus, verpaßte dem Autor das Pseudonym »A. E. Westernhagen« und verkündete in seinem Vorwort: »... daß an der deutschen Presse nur Männer und Frauen deutschen und artverwandten Blutes mitarbeiten dürfen.«

Das Beispiel zeigt, daß man ein mißratenes Manuskript verbrennen sollte, solange man noch ein Streichholz halten kann.

*

Franz Ullstein fand, er müsse seiner Frau mehr bieten. Also nahm er sie im Frühjahr 1905 auf seine Amerikareise mit. Zunächst machten sie mit der Seekrankheit Bekanntschaft. In New York besuchte er einige Verleger und Redaktionen, auch Annoncen-Expeditionen. Lotte ging auf Einkaufsbummel oder versuchte es – ihr Schulenglisch verstand kein Mensch. Aber nach zwei Tagen fuhren sie zum Astor-Hotel und schauten von seinem Dachgarten aus auf das nächtliche New York. Ein funkelndes Meer lag unter ihnen, das im Sturm zu schäumen und zu donnern schien, das war sein Grundton, aus dem einzelne Autohupen, die Glockensignale der elektrischen Bahnen, Musikfetzen heraustachen. Lichtkegel von Scheinwerfern tasteten über die Häuserfülle, einzelne Wolkenkratzer wurden vom Silberlicht großer Plätze beleuchtet, auf anderen zuckten oder wanderten grellbunte Reklameschriften, wieder andere waren schwarz wie die Nacht selbst, man erahnte ihre Umrisse anhand eines Haufens blinkender Fensterscheiben. Eine Lichtquelle, die bemerkenswert unscheinbar war, erwies sich als der Mond. Die Sterne traten gegen New York gar nicht erst an.

Franz war stumm vor Bewunderung, und Lotte traf seine Gedanken, als sie fragte: »Ob Berlin je so werden kann?« Franz antwortete, die Reklame werde auch dort stark zunehmen, aber er bezweifle, daß in Berlin so hohe Häuser das richtige seien. Lotte dachte nach. »Wegen der Fundamente, nicht? Im märkischen Sand können solche Türme sich nicht halten, da müßte man viel zu tief graben.« Franz wies statt einer Antwort auf einen der höchsten Wolkenkratzer, der noch nicht fertig war. Gespenstisch glitzerten die Gerüste im Lichtnebel. »Da gegenüber baut Adolph Ochs! Sein Vater kam aus Fürth und war ein Schulfreund von Papa! Wenn Vater Leopold sich in den fünfziger Jahren nicht für Berlin, sondern für Amerika entschieden hätte, wären vielleicht wir die Bauherren!«

Diesen Ochs besuchten sie tags darauf. Ein eleganter Mann aus den Südstaaten, am Anfang etwas hochnäsig, aber dann voller Neugier, Ideen und Temperament. Vor nur acht Jahren hatte dieser Mann, ein Kleinverleger aus Chattanooga/Tennessee, Sohn des Gutsbesitzers und Kavallerieoffiziers Julius Ochs (vormals Joel Ochs aus Fürth in Bayern) die »New York Times« gekauft, jetzt baute er dieser Zeitung bereits einen Wolkenkratzer! Adolphs zehnjährige Tochter Iphigenie, ein hübsches, helles Kind, hatte den Grundstein legen dürfen. Der Platz davor sollte demnächst Ochs zu Ehren »Times Square« genannt werden. Und das wahrscheinlich nur, weil »Ochs Square« sich so schlecht

223

aussprechen ließ. Iphigenie begleitete Lotte bei weiteren Ein-
käufen und verstand alle Wünsche sofort, obwohl sie kein Wort
Deutsch sprach.

Die Gastfreundschaft hier, besonders die der deutschstämmi-
gen New Yorker, war wunderbar gewesen. Sie verließen die Stadt
ungern, und die Aussicht auf erneute Seekrankheit verdarb ihre
Laune vollends.

Aber dann war die Rückfahrt viel ruhiger als die Hinfahrt, die
Mägen hielten durch, die Seeluft machte Appetit. Sogar Franz
nahm etwas zu. Als sie an Deck saßen und den Horizont in
zufriedener Vergeblichkeit nach Sensationen absuchten, sagte
Franz: »Vielleicht gibt es in Berlin irgendwann einen ›Ullstein-
platz‹.«

Sie antwortete: »Oder einen ›Franz-Ullstein-Platz‹.«

Er schüttelte sich und lachte: »Wie sähe das vor den Brüdern
aus? Peinlich. Fünf Plätze oder keiner!«

*

Das Automobil war da! Genau am Mittag vor dem Kinderfest
bei Hans und Toni in der Matthäikirchstraße, zu dem auch die
Kinder von Louis, Alice, Mathilde und den Fleischmanns kommen sollten, ferner einige kleine Freunde aus der Umgebung,
darunter Walter Benjamin aus der Viktoriastraße.

Neben dem Motorwagen stand der Chauffeur. Er war kein
junger Sportsmann, sondern ein würdiger, graumelierter Herr
mit Backenbart, den die Passanten wahrscheinlich immer für
den Besitzer der Karosse halten würden.

»Erinnern Sie sich an mich, Herr Ullstein?«

Hans Ullstein traute seinen Augen nicht: Es war Walter
Dauth, Vaters ehemaliger Diener, der 1868 mit auf die Spanienreise gegangen war. Jahrgang 1846, also 58 Jahre alt. Konnte
denn ein älterer Herr mit sechzehn Pferdekräften fertig werden?
Nun, er schien stabil und geistesgegenwärtig, und seine Referen-
zen waren hervorragend.

Ziemlich schnell waren alle Ullsteinkinder da und standen um das technische Wunderwerk herum: Steffi und Ilse, weil sie das Schaukeln satt hatten – die Jungens waren zu wild geworden. Karl, Heinz und Ernst, weil nur ein Automobil noch mehr Vergnügen machte als Mädchen zu ärgern.

»Wie heißt denn der Wagen?« fragte Ilse.

Karl antwortete: »Mercedes.«

»Der oder die Mercedes?«

»Na, rate mal! Mercedes ist ein Frauenname.«

Das klang amtlich, also hieß der erste Wagen der Familie Ullstein fortan »die Mercedes«, auch seine Nachfolger blieben weiblich.

Anni und Lotte kehrten eben mit der Kinderfrau verfrüht aus dem Schloßpark Charlottenburg zurück, weil sich heute die Karpfen nicht sehen ließen, die sonst immer auftauchten, wenn man für sie die Freßglocke läutete; sie hatten heute wohl schlechte Laune. Die beiden Tonis, Hans' Frau und Toni Fleischmann kamen vom Warenhaus Tietz heim. Die »große« Toni witterte sofort Gefahr. Sie fragte Hans halblaut, wo das alles eigentlich untergebracht werden solle: der Benz, der Chauffeur, vor allem das gefährliche Benzin. Öffentliche Zapfstellen gab es ja nicht, man mußte auf längeren Ausfahrten genügend starkwandige Flaschen jenes Kraftstoffs dabei haben, denn Nachschub gab es nur in Apotheken. Ab jetzt wurden leere »Veuve Cliquot«-Flaschen nicht mehr weggeworfen, sondern mit Benzin abgefüllt und kistenweise ins Auto gepackt. Mithin war vorauszusehen, daß der Champagnerkonsum stieg. Die Hausfrau sah neue Lasten auf sich zukommen, aber ihre Stimmung hellte sich auf, als sie das Mobil betrachtete. Schön war es, sehr rot und überall blitzte Chrom. Das zurückgeschlagene mächtige Verdeck machte das Gefährt zu einem Thronsessel, und die Schutzbleche hatten einen flotten Aufwärtsschwung. Wenn Herr Dauth langsam genug fuhr, mußte man nicht dauernd den Hut festhalten, konnte etwas sehen und wurde selbst gesehen. Sie wollte darüber mit dem Chauffeur ein paar Worte unter vier Augen reden.

»Wieviel Zeit benötigen Sie für einen Reifenwechsel?« fragte Hans, um anzudeuten, daß er über Automobile im Bilde war. Dauth murmelte etwas von einer guten halben Stunde. Das schien noch im Rahmen zu sein.

Weiter fragte Hans, wie Dauth denn auf den Gedanken gekommen sei, Chauffeur zu werden. Papa habe ihm erzählt, daß er ein guter Rechner sei und vier Sprachen spreche.

»Jetzt sind es sechs!« antwortete Dauth. Er wirkte plötzlich jugendlich. »Es freut mich einfach, ich lerne so leicht durch Zuhören, allerdings hapert es mit der Orthographie. Sogar im Deutschen, ich habe keinen Kopf dafür. Fahren habe ich gelernt, weil ich so gern Maschinen auseinandernehme und dann wieder zusammensetze.«

Hans blickte etwas skeptisch: Ein Chauffeur, der gern etwas zerlegte, fand gewiß jederzeit Gründe, dies zu tun.

Aus dem Kinderfest wurde nicht viel. Man fuhr fünfmal über den Potsdamer Platz und dreimal um die Berolina am Alexanderplatz – kein Kind konnte darauf verzichten, mitzufahren. Einmal fuhr man sogar durch eine Einbahnstraße, die mit einem richtigen Pfeil gekennzeichnet war: vorn eine Spitze und hinten angedeutete Federn, und trotzdem kam ein anderer Wagen entgegen!

Heinz, der Sohn von Louis, durfte schon nach dem ersten Mal nicht mehr mitfahren, weil er ständig versuchte, den Winker am Ausklappen zu hindern, und der kleine Walter Benjamin wollte unbedingt eine Einbahnstraße in der verkehrten Richtung entlangfahren, um zu sehen, was dann passierte. Ein Wunsch, den der große Walter, Dauth nämlich, mit Stillschweigen überging.

Autofahren war gefährlich und lustig, aber es machte müde. Irgendwann ging das Benzin zur Neige, oder der Fahrer behauptete dies auf Papas Geheiß. Man fuhr heim. Als die Lampions brannten, waren die kleineren Kinder noch munter, aber kaum eine Stunde später reif fürs Bett.

Jahre später erfuhr Rudolf Ullstein die Lösung des Rätsels um den weiblichen Mercedes. Ihn trugen alle von den Herren Daimler und Maybach konstruierten Wagen, weil einst ein Kaufmann namens Jellinek 1886 am Lenkrad eines Daimlerschen Autos in einem Rennen zu Cannes gesiegt hatte. Er hatte sich unter einem falschen Namen angemeldet, dem Vornamen seiner Tochter. Jellinek siegte als »Monsieur Mercédès«, war damit berühmt und machte fortan den Vertrieb von Daimlers Motorwagen, die er »Mercedes-Wagen« nannte, zu seinem Hauptgeschäft. Er hatte damit so großen Erfolg, daß der alte Daimler 1902 »Mercedes« offiziell als Automarke anmeldete.

Emil Herz
1877–1971

Da bewirbt sich ein junger Mann, promovierter Germanist, der sich in Hamburg in einem naturwissenschaftlichen Verlag als Lektor langweilt, beim Berliner Ullstein-Verlag um eine Stelle, die möglichst etwas mehr mit Literatur zu tun hat. Er erhält eine Ablehnung, aber eine so freundliche, ermunternde, daß er um ein Gespräch bittet und anreist. Leute, die nach einer liebenswürdigen Absage ebenso liebenswürdig um Rücksprache bitten, interessieren Louis Ullstein. Er spricht mit ihm. Der schlanke, große Mann ist eine beeindruckende Erscheinung, dazu gescheit und, das ist das Wichtigste, einer, der sich ausprobieren will. Der sich etwas zutraut. »Wieviel verdienen Sie denn in Hamburg pro Monat?«

Emil Herz überlegt: Gefragt ist nach seinem Einkommen beim Verlag, das sind 80 Mark. Aber er entschließt sich, die Frage zu seinen eigenen Gunsten etwas mißzuverstehen. Er rechnet in seiner Antwort das Geld für Privatunterricht und Nachhilfestunden hinzu, rundet kühn auf und nennt leicht stotternd den Betrag von 250 Mark, dann studiert er sorgenvoll das Gesicht des Verlegers. Der verzieht keine Miene. Vielleicht ist da ein winziges Lächeln – aber ein so breit geschwungener Mund lächelt an irgendeiner Stelle immer.

Louis Ullstein sagt nie einem Menschen, daß er ihn durchschaut hat. Und er mag Leute, die nicht lügen können. Sie sind daran zu erkennen, daß sie besonders unbeholfen lügen, das weckt seine Beschützerinstinkte.

»Gut, diese Summe soll Ihr Anfangsgehalt bei uns sein. Sie können am nächsten Ersten antreten.«

Emil Herz bekommt einen roten Kopf. Es gelingt ihm noch, eine Frage zu hauchen: »Als was genau?«

»Wir beabsichtigen, unseren Zeitungen und Zeitschriften einen Buchverlag anzugliedern. Vielleicht sind Sie dafür der geeignete Mann.«

Verlagsleiter! Eigentlich sogar Verlagsgründer, denn es gibt noch keinen Verlag! Emil Herz sitzt ein Schreck in der Magengrube, weil er gelogen hat. Aber vor der Aufgabe selbst ist ihm nicht bange. Eben dies dürfte Louis Ullstein vorausgesehen haben. Die beiden Herren sind sich sympathisch, die Formel ihrer Zusammenarbeit stimmt.

Literatur? Nun ja. In der Morgenpost sind Romane erschienen wie »Um der Mitgift willen« von Arthur Zapp oder »Die rothe Pepi« von Brehmer. Etwas gefühlige, manchmal moralisierende Schilderungen des täglichen Lebens, manchmal sehr berlinerisch-anbiedernd wie »Die Koblanks« von Erdmann Gräser. Literatur ist für Emil Herz etwas anderes, und er sieht den Zwang zu Kompromissen voraus. Auch das schreckt ihn nicht. Er ist ein leidenschaftlicher Gärtner, liebt alles, was wächst. Wer ein Grundstück übernimmt, darf sich nicht allzusehr damit aufhalten, was zuvor dort gewachsen ist. Jäten, Anpflanzen, Düngen, Gießen – eine Landschaft läßt sich verändern. Es hängt von der Arbeit ab, die man hineinsteckt. Irgendwann wird das neu Gewachsene ein Argument sein, mehr noch: Niemand wird es mehr ablehnen können. Was gut ist, adelt. Und wo so viel Geld ist wie bei den Ullsteins, wird eine Spur von Geistesadel nicht abgelehnt werden. Die Aufgabe, die Emil Herz vor sich sieht, hat eine vordergründig-wirtschaftliche Seite und eine weitergehende, die ihn als Gärtner herausfordert.

Emil Herz hat bisher keinen Autor persönlich kennengelernt. Das muß er nun, und er fühlt sich wie ein Student der Zoologie. Da sind Wortlöwen und Bedeutungsgiraffen, Kitschquallen, kokettierende Äffchen, ferner stolzgeschwellte Adler, die aber unter vier Augen in sich zusammenfallen und Tränen darüber vergießen, daß alle Welt sie für Gockel hält – dabei werden sie doch, sagen sie, schon mit dem nächsten Buch (immer dem nächsten!) ihre staunenswerte Flugfähigkeit beweisen. Allen ist gemeinsam: Sie wollen der Welt die Augen öffnen, und zwar über die Welt. Die meisten schreiben Romane, nicht weil sie die Literatur, sondern weil sie die Wirklichkeit lieben (wer nur die Literatur liebt, kann überhaupt nicht schreiben, Emil Herz auch nicht, davon ist er überzeugt und hat recht damit). Sie lieben die Erforschung einer (noch) unangenehmen Wirklichkeit. Oder sie lieben einen Traum, den sie für die Wirklichkeit halten. Aufklären wollen sie – über Lüge und Unrecht, über Ungleichheit, Verrat und Machenschaften. Unterhalten wollen sie aber auch, denn all diese großartigen Dinge: Aufklärung, Bedeutung, Ideale und Gefühle, können dem Volk nicht näher gebracht werden, wenn das Produkt unangenehm ist, wenn es nicht »ankommt«. Das wissen sie, sogar Löwen und Giraffen wissen es, die behaupten, sie müßten um ihrer selbst willen gelesen werden. Aber sie müssen manchmal an diese Wirklichkeit erinnert werden, dazu ist der Verleger da.

Und das ist nun ausgerechnet er, Emil Herz, der sich in Berlin wie »Alice in Wonderland« fühlt, ein strenggläubiger Jude aus Warburg in Westfalen, Nachfahre der berühmten Rabbiner Samuel Steg und Jehuda Oppenheim. Ist er die klassische Fehlbesetzung? Er weiß es nicht, wohl aber, daß Louis Ullstein, einer der erfolgreichsten Kaufleute Berlins, 250 Mark pro Monat in ihn investiert. Das macht Mut.

Die Ullsteins haben sich taufen lassen, Herz findet das be-

229

dauerlich. Sie glauben nur gerade so an einen »Gott schlechthin« – und ihr Handeln ist von ihm unbeeinflußt. Bei ihrem verstorbenen Vater mag das anders gewesen sein, zumindest war da wohl noch ein Zweifeln und Ringen. Diesen Alten hätte er gerne kennengelernt, zumal Gutes von ihm erzählt wird. Er soll die Wahrhaftigkeit und die Rätsel des Weltalls geliebt haben – Herz nimmt später zum Andenken an ihn die populäre Himmelskunde eines Arbeiters und autodidaktischen Sternenliebhabers namens Bruno H. Bürgel ins Programm (sie wird der erste gewaltige Erfolg des Buchverlages).

Leopold Ullstein hat, so scheint es dem jungen Herz, einen Freiheitsbegriff gehabt, der noch nicht auf Zerstreuung und Unterhaltung hinauslief. Die Presse hatte für ihn nicht nur die Aufgabe, Auflagen zu erzielen, sondern auch, Unsinn zu entlarven, karrierefördernde Lügen an den Pranger zu stellen. Die Söhne haben sich kaum merklich davon entfernt, sie fragen stets, ob und wann Tugend sich rechne. Das politische Pathos des Vaters ist durch einen kaufmännischen Ernst abgelöst worden, der seine eigenen Meriten hat. Vielleicht sind ja Religion und kaufmännischer Ernst die einzigen Denkweisen, die den gleichmacherischen oder den nationalistischen Ideologien Paroli bieten können.

Emil Herz ist ein entschlossener Liberaler. Aus purem Trotz hat er das Oberlehrerexamen abgelegt, wissend, daß für ungetaufte Juden eine Anstellung im Schuldienst ausgeschlossen ist. Ein Liberaler, aber zugleich ein Mann der Vergangenheit, der Religion und der Tradition.

Er ist ein eindrucksvolles Mannsbild und kann großen Charme entwickeln. Außerdem kann er brüllen, Mitarbeiter martern, Feinde in die Flucht schlagen, trotzig Fehlentscheidungen treffen. Er kann sogar schweigen wie ein Diplomat. Nur lügen kann er nicht. Versucht er es, kriegt er seinen roten Kopf, sichtbar für jeden.

Ja, und mit Arthur Brehmer wäre er gern noch bekanntgeworden, obwohl der etwas gegen Juden gehabt haben soll. Emil

Herz hat vor solchen Leuten keine Angst, er ist mit vielen von ihnen gut ausgekommen. Seine Devise: niemals hassen, niemals sich aufregen, einfach stehen und überzeugen.

Herz leitet dreißig Jahre lang den Buchverlag. Der zähe Arbeiter, Büchernarr und Gärtner erringt Siege. Er zimmert den Ullsteins ihren Verlag fürs eher Seichte, versteht aber auch, in seine eigene Richtung zu arbeiten. So kämpft er für das Wunschprojekt des alten Leopold, eine »Ullstein-Weltgeschichte«, in der Geschichte allgemeinverständlich und im Geiste von Demokratie und Toleranz geschildert werden soll. Mit der Herausgabe betraut er einen guten Mann: den Archivrat Pflugk-Hartung. Das Renommierprojekt wird unglaublich teuer, weil es ein so opulent ausgestattetes Geschichtswerk noch nie gegeben hat.

Die Brüder Ullstein werden wankend, wollen einen Teilhaber hereinnehmen, den reichen Kunstverleger und Kommerzienrat Richard Bong: Risiko halb und halb, Gewinn zu drei Fünfteln für Bong, zwei Fünftel an die Ullsteins: Offenbar hat der Pessimismus sie angesprungen. Der liberale Geist des Projekts ist in Gefahr, denn Bong stellt als erste Bedingung, daß Pflugk-Hartung entlassen werde.

Emil Herz läßt sich nicht einschüchtern. Louis Ullstein schreibt am 12. Juli 1907 an Franz: »Herz ist gegen den Bongschen Vorschlag, er hält das Unternehmen nach wie vor für ein gutes und einen Verlust für ausgeschlossen. Er meint, wir sollten, wenn wir schon den Mut und die Lust verloren hätten, die Sache ganz fortgeben, aber keinesfalls aufteilen. Er selbst betrachtet die Frage für sich als die Kabinettsfrage, ohne aber beleidigt zu sein. Er steht und fällt mit diesem Unternehmen.« Die Brüder lassen sich vom Mut ihres jungen Verlagsleiters anstecken und von seinen Argumenten überzeugen. Sie verzichten auf Bongs Hilfe und lassen Pflugk-Hartung weiterarbeiten.

Die Ullstein-Weltgeschichte ist nur wenige Jahre später ein überwältigender Erfolg, sie wird geliebt und anerkannt. Und sie bringt Millionen ein.

Erfolgreich sind auch die Notenausgaben von »Musik für alle«, ferner die gut lesbaren, dennoch fundierten Ratgeber und Sachbücher, darunter Paul Wieglers »Geschichte der Weltliteratur« und schließlich, nach dem Ersten Weltkrieg, die »Propyläen-Kunstgeschichte«.

Emil Herz, dem frommen und traditionsstolzen Juden, käme es nicht in den Sinn, am Schabbat zu arbeiten oder irgendwann »treife« (nicht koscher) zu essen. Über getaufte oder gar areligiöse Juden kann er milden Spott gießen: »Also, daß Sie Jude sind, dafür können Sie wirklich nichts!« Als er einmal im Café sitzt und Schach spielt, spricht ihn eine Dame von der Seite an: »Sagen Sie mal, ich betrachte Sie schon eine Weile – Sie sind Halbjude, nicht?« Er blickt sie amüsiert an und antwortet: »Gnädige Frau, von ›halb‹ kann bei mir nicht die Rede sein!«

Die Nationalsozialisten verachtet er viel zu sehr, um sie ernst zu nehmen. Schon sehr bald nach dem Ausbruch des »Dritten Reichs« muß Herz seinen Platz räumen. Er kann sich zunächst nicht entschließen, Deutschland zu verlassen. Als seine Frau Gabriele von einer Auslandsreise zurückkehrt, wird sie als »unerwünschte Rückkehrerin« 1936 für ein halbes Jahr ins Frauenlager Morungen gesteckt – und keiner der Freunde aus besseren Zeiten kann oder will sich für sie einsetzen. 1937 emigriert das Ehepaar Herz, ebenso zwei Söhne und zwei Töchter. Die Söhne kämpfen im Krieg als amerikanische Soldaten gegen Hitlers Armee.

In Amerika schreibt er 1951 das Buch »Denk ich an Deutschland in der Nacht – die Geschichte des Hauses Steg«, das teilweise autobiographisch ist und von seiner Zeit mit den Ullsteins erzählt, andererseits weit ausholt und am Beispiel seiner Warburger Ahnen die jahrhundertealte Geschichte des Judentums in Deutschland überblickt.

Emil Herz stirbt 1971 mit 94 Jahren in Rochester, USA.

*

Heinz, der Sohn von Louis und Else, saß mit seinem ebenfalls elf Jahre alten Vetter Karl (Sohn von Hans) zum ersten Mal im Theater. Es war eine Nachmittagsvorstellung für Kinder, und sie sahen den »Struwwelpeter«. Karl langweilte sich, Heinz war wie berauscht. Er konnte aber danach nicht in Worte fassen, was ihm so großartig vorgekommen war. Karl näselte so nebenhin, alle Schauspieler seien fahrendes Volk, Menschen zweiter Güte, die sich mit allerlei Kapriolen das Nötigste zum Leben verdienen müßten. Heinz ärgerte sich: »Nicht alle! Der Hauptdarsteller heute war Harry Walden, der ist mit meinem Onkel Artur zusammen zur Schule gegangen!« Karl nickte mühsam höflich: Artur Landsberger, gut, aber der war ja auch nur freier Schriftsteller. Gestern unbekannt, heute beachtet, morgen entschwunden. Zeitreisende nur, Gäste für den Moment.

»Und ich weiß jetzt«, rief Heinz, vielleicht nur, weil er nach einem starken Argument suchte, »daß ich Schauspieler werden muß, egal wie! Notfalls Dramatiker.«

Karl blickte ihn erschrocken an, dann schüttelte er den Kopf. »Du kannst es ja probieren. Aber wir bleiben immer Ullsteins, egal was wir tun. Früher oder später landen wir im Verlag. Und ich sage dir, wir sind blöd, wenn wir es nicht tun. Jetzt zu etwas anderem: Was hast du heute noch vor?«

»Ich schreibe ein Drama! Und zwar über den ›Hauptmann von Köpenick‹.«

»Ach so. Ich dachte an Hausaufgaben. – Ich würde dir nämlich helfen, wenn du mir bei meinem Puzzle hilfst. Es ist ganz neu, ein Riesending, ich bin sehr neugierig, wie es zusammengesetzt aussieht.«

»Nichts da, ich schreibe das Stück. Morgen früh ist es fertig! Ich freu mich schon auf die Stelle, wenn er die Stadtkasse ausraubt.«

»Du weißt doch gar nichts über den Mann.«

»Steht alles in den Zeitungen.«

»Merken deine Eltern nicht, wenn du nachts Licht brennst?«

»Die merken nichts, die kümmern sich nicht um mich!«

So trennten sie sich. Karl setzte sich an sein Puzzle und konnte nicht von ihm lassen, bis sich vor seinen Augen ein stolzer Teil der deutschen Flotte in der Kieler Bucht versammelt hatte. Er war begeistert. Er hatte die deutsche Flotte gebaut. Warum hieß das Spiel »Puzzle«, gab es keinen deutschen Ausdruck?

Heinz schlief gegen zwei Uhr über seinem Drama ein. Die letzte Zeile lautete: »Voigt und der andere Häftling geraten in Streit. Dialog folgt.«

Hausaufgaben machten an diesem Abend beide nicht. Karl war, gelinde gesagt, ein mäßiger Schüler, aber er konnte sich jederzeit damit beruhigen, daß es um Vetter Heinz noch schlimmer stand. Der war nicht dumm, aber er spielte den Klassenclown und ließ alles, was er sagte oder tat, zum Witz werden, es geschah wie unter Zwang. Kein Jahr hatte es gegeben, in dem seine Versetzung nicht gefährdet war – er wollte partout nicht tun, was man von ihm erwartete. Vielleicht würde er irgendwann aus der Familie ausbrechen und etwas Besonderes werden, ein Solitär, ein Geist, ein Künstler, es war fast damit zu rechnen. Manchmal hatte Karl mit Heinz so etwas wie Mitleid, manchmal beneidete er ihn. Immer war beim Mitleid ein wenig Neid und beim Neid etwas Mitleid. Eine Gefühlsmischung.

*

Am 12. Juli 1906 schrieb Hans von Berlin aus an »Frau Hans Ullstein, Seebad Heringsdorf«. Der Brief kam selbstverständlich an. Er enthielt unter anderem die Mitteilung: »Gestern habe ich mir einen Panamahut für den Kopf, ein Gummiwännchen für die Füß' und ein Futteral für den Panama gekauft. Kannst Du mehr Anforderungen an meine Verschwendungssucht stellen? Der Panama kostete 50 Mark und steht mir scheußlich.«

Toni war mit dem vier Monate alten Leopold an die See gefahren, weil der Kleine stark hustete – Dr. Finkelstein hatte die Reise sozusagen verordnet. Ihr Antwortbrief, in dem sie um eine kleine Geldüberweisung bat, wurde von den Backfischen Hilda und Ilse mitgelesen. Er begann mit: »Mein allerliebstes Hänschen!« Sie hielten sich die Seiten vor Lachen und Hilda redete ihren Vater nun auch so an, der blickte etwas säuerlich.

Man konnte jetzt telephonieren, aber dafür war Hans nicht begabt, schon weil er so gerne schwieg. Und da er regelmäßig vergaß, den Sprechknopf zu drücken, kam auch das Wenige nicht an, was er sagte. Angesichts dessen sei, so befand er nach einigen Versuchen, Telephonieren einfach zu teuer.

Beim Schreiben war indes ein Problem aufgetaucht: Die rechte Hand von Hans zitterte immer mehr. Behandlungen mit Pillen und Elektrizität halfen bisher wenig. Er suchte das Zittern zu verbergen, indem er kleiner schrieb. Schon jetzt waren seine Briefe schwer zu lesen, etliche Jahre später nur noch mit einer Lupe.

*

In Berlin gab es Pflicht, Arbeit, Ärger, Einladungen und Feste. Im Urlaub, damals »Sommerfrische« genannt, gab es das Naturerlebnis, Zeitreichtum, Sehenswürdigkeiten und Aussichtspunkte, Lesen und viel geruhsame Langeweile. Und das tapfere Schreiben von Briefen und Postkarten, denn manchmal machten die Männer zu anderen Zeiten Urlaub als ihre Frauen mit den Kindern (und Kinderfrauen). Etwa so:

Hans zu Hause, Toni und die Kinder in Heringsdorf.

Else zu Hause, Louis in Marienbad.

Franz zu Hause, Lotte in Bad Ragaz.

Hans dann in Bad Wildbad, wo er über dem »heiligen Skarabäus« von Else Jerusalem einschlief, einem Roman aus dem Wiener Bordellmilieu. Er konnte dennoch hinterher den Inhalt genau rekapitulieren und fragte sich, wie Frau Jerusalem, durchaus eine Frau der besseren Gesellschaft, zu ihren Detailkenntnissen gelangt sein könnte.

Andere verbrachten die Ferien gemeinsam:

235

Cohns in Innichen.

Beide Halles in Wyk auf Föhr, wo sie sich stritten wie immer.

Hermann und Margarethe in Genf, im Hotel Beau Rivage, wo Hermann sich auf Französisch mit einem Herrn stritt, der die Behandlung der Hereros in Deutsch-Südwestafrika zu grausam fand. Der Schweizer kritisierte die Errichtung von Konzentrationslagern, die er »Vernichtungslager« nannte. Hermann ärgerte sich, wie immer, wenn leichtgläubige Leute Gerüchte nachplapperten.

Engelmanns in Kissingen, wo sie wegen Dauerregens unentwegt Schach spielten.

Fleischmanns in Südtirol, wo dann auch Cohns hinkamen, später Louis und Else und obendrein Hans, während seine Toni in Berlin blieb.

Sommerfrische bedeutete vor allem den energischen Versuch, sich zu bewegen. Als Hans in Schierke (im Harz) war, wanderte er von Elend nach Sorge. Die Ortsnamen waren ihm Anlaß zu einer Art Bittgang oder Meditation per pedes. Die Familie hatte es derart gut jetzt, daß man an den Neid der Götter denken mußte.

Franz sah sich Norwegen an. Photo: im Pelzmantel am Nordkap.

Hans stieg mit Siegfried und Toni Fleischmann auf die Stubaier Berge. Er traf im Hotel in Fulpmeß einen Verwandten (einen Vetter von Vater Leopold) mit Fürther Herkunft, den Verleger Samuel Fischer, den er aber nicht mochte – er nannte ihn einen »typischen Galizier«. Toni Fleischmann fand den Mann unterhaltsam, obwohl er sie unentwegt im Tennis schlug. Frau Fischer ließ sich währenddessen von Jakob Wassermann den Hof machen, einem Schriftsteller, der sie zum Lachen brachte, obwohl er völlig vergrübelt war. Oder gerade deshalb. Was Frau Wassermann davon hielt, war schwer zu ergründen. Sie saß mit zwei Kleinkindern unter einem großen Sonnenschirm und studierte das Spiel der künftigen Tennislegende S. Fischer.

Nach Borkum fuhr von der Familie niemand. Das Seebad war für seine Judenfeindlichkeit bekannt, man sang dort öffentlich das gehässige »Borkum-Lied« und las die einstmals liberale »Staatsbürgerzeitung«, jetzt quasi amtliches Organ des Antisemitismus. Dazu gab es in Borkum an jeder Ecke Spaß-Postkarten, auf denen krummnasige Juden verspottet wurden. So etwas mußte man sich nicht antun. In Heringsdorf war in dieser Hinsicht die Luft sauber, es gab das Palais Oppenheim und gewitzelt wurde vorwiegend über Antisemiten.

*

Das Leben der Familie von Hans Ullstein änderte sich durch »die Mercedes« einigermaßen. Hans war beliebt wie noch nie, aber er klagte. Grund: Fleischmanns, Cohns, Halles und vor allem Louis und Rudolf wollten sich dauernd sein Automobil ausleihen (plus Chauffeur natürlich). Daß Siegfried sich irgendwann einen eigenen Wagen zulegte (einen sechzehnpferdigen Renault, der auf Kopfsteinpflaster fürchterlich ratterte), schaffte wenig Erleichterung. Hans fand ohnehin die Kosten der Motorkutsche im Verhältnis zum Nutzen etwas hoch. Zu den Kosten zählte die Garage in der Friedrich-Wilhelm-Straße, den Nutzen schmälerten zahllose Pannen.

Wenn man in der Provinz liegenblieb, lernte man die merkwürdigsten Gasthöfe kennen. In Neustrelitz zum Beispiel, Himmel, was für eine Nacht! Man war abhängig von Walter Dauth. Wenn der den Kopf schüttelte und Technisches äußerte, bedeutete das meist Schicksal und Verzicht. Geburtstage konnten nicht gefeiert, Vorstandssitzungen nicht geleitet und Geld nicht gespart werden – letzteres schon gar nicht.

Walter Dauth hatte sein neues Handwerk gut gelernt. Ständig prüfte er etwas: den Schliff der Ventile, Rückstände von Ölkohle an den Kolben, das Gestänge der Abreißzündung. Jeden Tag fingerte er im Innenleben des Wagens herum, schraubte und klopfte. Das Mindeste war, daß er mit dem Zeigefinger gelbes Schmierfett in die sogenannten Staufferbuchsen preßte. Der Ehrgeiz eines Chauffeurs war durch zwei eiserne Gebote gekennzeichnet: Alle anderen überholen und niemals liegenbleiben! Fürs letztere sorgten aber zuverlässig die unendlich vielen Hufnägel auf den Straßen. Ein Reifenwechsel dauerte, realistisch gesehen, bis zu einer Stunde. Und auch das nur, wenn es noch einen intakten Ersatzreifen gab.

Wenn Hans irgendwo in Deutschland das Automobil verwenden zu können glaubte, dann ließ er Walter Dauth rechtzeitig vorausfahren und nahm selbst den Zug.

Was hatte man überhaupt vom Kraftwagen? Nun, man konnte sich als modern und erfolgreich darstellen. Man verschaffte seiner Frau einen großen Auftritt im Sitzen. Man war tief dankbar, wenn das Abenteuer wieder einmal überstanden war und kein Schnupfen nachkam. Man fuhr ins Grüne, wenn man genügend Zeit hatte (also selten). Vor allem: Die Kinder waren stolz auf den Wagen und auf ihren Vater. Wenn sie jetzt auf ihren Fahrrädern oder Tretrollern fuhren, gaben sie einen seltsamen Gesang von sich, mit dem sie die wechselnden Drehzahlen beim Schalten der Gänge nachahmten (mit Zwischengas).

»Das Automobil«, sagte Hans, »ist mehr eine Sache für die Kinder, aber das ist ja nicht wenig.«

Übrigens trank Dauth gerne mal einen Schnaps und fuhr dann deutlich schneller. Den Schnaps brauchte er, weil er der alten Zeit nachtrauerte, aber warum gab er dann so viel Gas? »Man weiß nie, wer einen gerade einzuholen versucht!«

Hans verzichtete auf Dauths Dienste als Chauffeur, bot ihm aber eine Tätigkeit in der Buchhaltung des Verlags an.

*

Herein kam Mohr, ein junger Mann mit abstehenden Ohren. Zeller, der ergraute Redakteur, hieß ihn Platz nehmen. Dann setzte er die Brille auf und prüfte das Manuskript.

»Das ist ja durchaus berichtenswert, lieber Mohr. Wissen Sie, es könnte ein guter Artikel sein. Aber die Sprache! Ich lese hier: ›Nur einen Steinwurf weit vom Parlamentsgebäude.‹ Mich als alten Zeitungsmann erschüttert langsam die Häufigkeit von Steinwürfen aus öffentlichen Gebäuden. Ich frage mich: Wer wirft da? Auf wen? Und wie weit ist ein Steinwurf, dreißig, fünfzig, hundert Meter?« Dem jungen Mann stieg die Röte aus dem Kragen herauf bis in die Stirn.

»Sie sagten aber, Herr Zeller, originelle Formulierungen machten den Leser auf die Dauer nervös.«

»Ebenso wie ihr völliges Fehlen. Abgedroschene Bilder haben etwas Elendes und Müdes, sie erinnern an den Tod. Bedenken Sie, die ›Morgenpost‹ wird hauptsächlich beim Frühstück gelesen – von ausgeschlafenen Menschen voller Neugier und Spannkraft! Wollen Sie sich's noch mal ansehen? Werfen Sie versuchsweise alle Bilder raus – Sie werden merken, wieviel frischer und verläßlicher das Ganze sofort wirkt. Bis viertel vor sechs könnten Sie es doch schaffen?«

»Der Artikel wird dann allerdings kürzer . . .!«

»In diesem Fall hilft ein zusätzlicher Gedanke. Notfalls auch zwei. Sehen wir uns?«

Mohr verließ den Raum. Er hatte wirklich abstehende Ohren. Jetzt, da sie rot waren, war es besonders gut zu sehen.

*

Im Feuilleton wurde jetzt fast ständig vom »Unbewußten« geredet, und wenn jemand etwas verneinte, war's unweigerlich eine »Freudsche Verneinung«. Auch ein gewisser Max Weber war im Kommen. Kürzlich hatte der Soziologe über »Die Protestantische Ethik und den Geist des Kapitalismus« geschrieben.

»Wie wär's mit einem Artikel über diesen Weber?« fragte Monty Jacobs. »Oder über Freud?«

Der Wissenschaftsredakteur, ein Doktor der Philosophie, dachte gründlich nach.

»Oder über beide? Weber legt sich bei Freud auf die Couch und einige Monate später wirft Max Weber die Soziologie hin und bezeichnet sie als Rationalisierung!«

»Wenn einer hinwirft, dann Freud. Er merkt, daß er sich beim Erarbeiten seiner Lehre mehr hätte anstrengen müssen. Das Schema von ›Ich‹, ›Es‹ und ›Über-Ich‹ ist zu simpel. Für Gehirne wie das von Max Weber reicht es jedenfalls nicht aus. Nicht Freud analysiert Weber, sondern Weber analysiert Freud. Dieser sieht ein, daß seine Methode nichts leistet, was nicht auch ein Beichtvater alten Schlages leisten kann. Er ist erkannt, schämt sich und wird Facharzt für Hals, Nase und Ohren.«

»Schreiben Sie das! Mit etwas Grün drum herum. Wer von beiden ist der Kränkere?«

»Weber. Er versucht, aus seiner heroischen Lebensblindheit eine Grammatik der Gesellschaft zu destillieren. Freud ist einfach nur ein bißchen größenwahnsinnig. Übrigens raucht er zu viele Zigarren, seine Patienten ersticken.«

»Beide verdienen aber doch auch Respekt!«

»Ja, sehr sogar. Sie glauben gleichermaßen an Rettung durch Sprache und Zeitaufwand. Weber ist der personifizierte Sprach-Ernst, ein Vorbild gegen alle, die es sich zu einfach machen. Seine Werke sind entsprechend unlesbar. Und Freuds große Erfindung ist, daß jeder, der heilen will, erst einmal selbst heil sein muß. Da gehen Jahre ins Land!«

»Fabelhaft! Also haben wir sogar positive Aspekte. Im Grunde schon den ganzen Artikel – schaffen Sie ihn noch für die Wochenendausgabe?«

Das Feuilleton beschäftigte sich ständig mit dem Ernst anderer Leute. Glücklicherweise neigte es selbst eher zum Unernst. Seine Leichtigkeit und manchmal Leichtfertigkeit schaffte es, den Blick schweifen zu lassen und rasche, glänzende, ja zündende Fehlurteile zu entwickeln. Da Fehlurteile immer auch Denkanstöße sind, ist eine offene, nachdenkliche, demokratische Gesellschaft ohne Feuilleton gar nicht denkbar. Seltsam war nur, wie die Feuilletonisten auf Kritik reagierten. Wenn ihnen jemand Unernst vorwarf, hatten sie dafür überhaupt kein Verständnis.

*

Eine Zeitung, das war ein Ort, an dem ungeheuer viel gelernt wurde. Und jeder lernte früher oder später das, wofür er am begabtesten war – weil er zwanglos Leute traf, die ihm sagten: Mach doch mal dies, versuch doch mal jenes! Hast du schon mal eine Kamera in der Hand gehabt?

Oder: »Ich weiß, Sie sind für Musik zuständig, lieber Kleefeld. Die Situation ist so: Ich soll von der Jahrestagung des Alldeutschen Verbandes berichten, aber mein Hund muß zum Tierarzt. Es ist am Nachmittag – könnten Sie hingehen? Das wichtigste wird sein, nicht einzuschlafen.« Woraus dann der frische, atmosphärisch dichte Artikel eines Musikkritikers über ein völkisches Treffen wurde. Sein feines Ohr hatte alles gehört: die Sehnsucht nach Weltmacht, das Bedürfnis nach Ernst, Zorn und Opfer, die verächtliche Formulierung »Napfkuchen in Zivil« für Politiker, die als zu wenig soldatisch galten. Für den Antisemitismus der Herren brauchte man kein an Bach und Vivaldi geschultes Ohr, den hätten auch Gehörlose entdeckt.

An einer Formulierung nahm die Redaktion der »Berliner Morgenpost« Anstoß: Was, bitte, seien »Etagengesichter«? Der Musikwissenschaftler konnte nicht verstehen, was daran unklar sei. Die Wangen der führenden Männer dort seien von Schmissen zerklüftet, von den Durchziehern beim Säbelfechten. Er habe insgesamt nur vier sonnenklare Popogesichter gezählt.

Die Passage über die Gesichter wurde gestrichen, aber der Redakteur meinte: »Der ist so nett verrückt, den schicken wir öfter!«

*

Alle Ullstein-Zeitungen galten jetzt als unterhaltsam und gut gemacht. Gewiß, Mosses »Berliner Tageblatt« oder die alte »Vossische Zeitung« wirkten (und waren) seriöser, besonders in den Kommentaren. Aber das breite Publikum wollte vor allem rasch und zutreffend informiert werden. Und bei allen Zahlen, Terminen, Daten, die für den Leser von unmittelbarer Bedeutung waren, achteten die Redaktionen auf maximale Zuverlässigkeit – am praktischen Nutzen des Zeitunglesens sollte kein Zweifel aufkommen.

Der Verlag wuchs mit der Zahl seiner Erzeugnisse, und keines stand isoliert da oder gar in Konkurrenz zu den übrigen. Im Gegenteil: Ein Ullstein-Produkt half dem anderen auf die Sprünge. Die Ullstein-Schnittmuster verkauften sich, weil in »Ullsteins Blatt der Hausfrau« davon die Rede war. Die Romane, weil sie in der »Morgenpost« oder »B.I.Z.« erschienen waren und viele Menschen von ihnen gehört hatten. Die Notendrucke der Reihe »Musik für alle«, weil sie in jeder der Zeitungen annonciert waren.

Das Ullstein-Imperium wurde bereits mit einem wohl organisierten Rangierbahnhof, später mit einem Kraftwerk verglichen. Ferner entsprangen alle Ullstein-Zeitungen einer bestimmten Mentalität, die beim Leser einen Hunger nach mehr erzeugte, mehr von dieser Mischung aus Ernst und Unernst: fortschrittsgläubig und optimistisch, selbstsicher und locker, ausgesprochen menschenfreundlich, ja auf schnodderige Art zärtlich, so nah wie möglich am Geschehen. Seit der Konkurrent Scherl und der Morgenpost-Chefredakteur Brehmer die Reportage zur tragenden Säule der Berichterstattung gemacht hatten, schwärmten scharfäugige, neugierige und hinreichend dreiste Leute aus und vertrauten ihrem Eindruck an Ort und Stelle. Sie hatten den Instinkt dafür, wie eine eher langweilige Angelegenheit interessant zu färben sei. Wahrhaftigkeit blieb ein Gebot, aber Erfindung und Spekulation spielten, besonders in der »B. Z. am Mittag«, eine erhebliche Rolle. Niemand nahm daran Anstoß. Im Gegenteil: So wollte man unterhalten werden, mit dieser Art von Charme, mit diesem fröhlichen, fast kindlichen Fabulieren rund um das jeweils Neueste. Kein Tag ohne Sensation, kein Tag ohne Empörung, Mitleid und Staunen.

Bilder fesselten und bewegten den Leser am meisten. Es gab daher jetzt nicht nur kühne Reporter, sondern auch findige Photographen, die ihre Technik ständig weiterentwickelten und viel riskierten, um ein noch nie dagewesenes Bild zu »schießen«. Einer Photographie wurde geglaubt, sie wirkte wie ein Beweis: »Hier siehst du, wie es wirklich ist!«, obwohl man längst wußte, daß kräftig montiert und retuschiert wurde. Von dem Photographen, der sich als erster unter einem Fallschirm in tausend Metern Höhe selbst aufnahm, stammt der Sarkasmus: »Ein Bild lügt mehr als tausend Worte.« Er meinte allerdings die Arbeit seiner Kollegen.

Wäre es jedoch nicht gelungen, Text und Photographie drucktechnisch in ein und demselben Rotationsvorgang zusammenzubringen, die illustrierten Zeitungen und auch die Photographie hätten nicht zu ihrer Verbreitung und Bedeutung gefunden. Und der erste, der das in Berlin schaffte, war Rudolf.

Rudolf Ullstein
1874–1964

Rudolf ist Leopold Ullsteins vierter Sohn, das erste Kind von der zweiten Frau. Ein lebhaftes, sehr motorisches Wesen, das ständig irgend etwas ausprobieren muß – selbst als es schon ein ziemlich alter Junge geworden ist. Immer hat er viel zu viel in den Hosentaschen – Messer, Schraubenzieher, Zentimetermaß und vieles mehr – und noch mit fünfzig ist es ihm unmöglich, sich normal auf eine Parkbank zu setzen – er erklettert sich seinen Sitzplatz von hinten über die Lehne.

Auf Wunsch seines Vaters erlernt er die Drucktechnik, studiert als Lehrling bei Rockstroh und Schneider in Dresden die vierbahnigen Schnellpressen, beherrscht in der Setzerei bald jedes Rädchen und Schräubchen in den Linotype-Maschinen, arbeitet bereits als Bengel daran, den Zeitungsdruck zu beschleunigen und schafft irgendwann das Kunststück, Text und Photo in einer einzigen Rotation zu drucken.

Ihn interessiert alles, was funktioniert – und irgendwann weiß er von allem, wie es funktioniert: Motoren, Maschinen, Flugzeuge, Aktiengesellschaften, Mobilmachungen und Entscheidungsschlachten. Außerdem interessiert er sich als junger Mann noch für zweierlei: Höchstleistungen aller Art und – Frauen. Allerdings bleiben ihm die Frauen, trotz bemerkenswert gründlicher Studien, eine fremde Welt. Wo Frauen dominieren, sagt er, ist zwar alles schön, aber nichts funktioniert. Fremd bleibt ihm auch, was Frauen reden. Begeistert zitiert er Oscar Wilde: »Wenn Sie wissen wollen, was eine Frau wirklich meint, so sehen Sie sie an, aber hören Sie ihr nicht zu.« Ein Macho. Und ein Frauenliebling, weil er entsprechend aussieht: nicht großgewachsen zwar, aber schlank und sportlich, selbstsicher, elegant gekleidet, dazu von geistesgegenwärtigem Humor. Frauen mögen ihm fremd bleiben, aber er weiß, wie sie zu verführen sind. Er liebt das Risiko, hat einen Instinkt für den richtigen Moment. Dazu paßt, daß er der einzige der fünf Brüder ist, der im Restaurant innerhalb von Sekunden den Oberkellner an den Tisch winken kann – kein Fehlversuch ist je beobachtet worden. Man spricht davon, daß Rudolfs dunkle Augen unter den schweren Lidern hypnotische Fähigkeiten hätten, welche bei Kellnern, Frauen und Druckmaschinen Wirkung zeigten.

Er ist ein Anfasser. Er liebt es, seine Hände in Bewegung zu setzen, statt zu reden. Wenn er doch redet, dann kurz und lakonisch – in dem Unteroffizier der Reserve steckt viel vom preußischen Offiziersideal, aber kein Militarismus. Seine Stimme ist weich und schnarrt nicht. Er ist der einzige der Brüder, der hemmungslos berlinert. Er ist begeisterter Berliner, der Dialekt ist Bekenntnis. Das Wort »ignorieren« wird bei ihm zu »injorieren« und findet oft Verwendung – Rudolf ignoriert vor allem Hindernisse, Kosten und Mühen. Ob er einen Wahlspruch hat, ist nicht bekannt, wohl aber ein Satz, den er, die Hände in einer Maschine und von Öl und Druckerschwärze triefend, oft sagt: »Ürjendwann jeht allet!« Was seine Mitarbeiter mit dem Satz beantworten: »Oder nüscht mehr!«

Wer ihn auf den Rennbahnen, beim Reiten, bei Boxkämpfen in Begleitung der schönsten Frauen sieht, hält ihn für einen Lebemann und Playboy. Aber das ist er im Nebenberuf. Und weiß zu verbergen, wie hart er arbeitet. Das motorische, erfinderische Kind in ihm erholt sich weniger im Schlaf als während der Arbeit. Er rastet nicht, bis er Europas unangefochtenster Fachmann für Druckereitechnik ist, und das ist nicht einmal eine Folge übergroßen Ehrgeizes – Rudolf spielt und probiert, weil sein Gehirn das braucht. Und obwohl er »nur« der Drucktechniker ist, hat er großen Einfluß auf die Sportredaktionen. Lange vor dem Ersten Weltkrieg beginnt die Zeit, in der die Qualität der Sportseiten über den Erfolg eines Massenblattes entscheidet.

Er ist ein Verschwender, und die geballte Sparsamkeit der anderen Brüder hadert damit. Er hat Auseinandersetzungen mit Hans, mit Louis, mit allen zusammen – sie scheitern an seiner Kaltschnäuzigkeit. Dieser Mann ist einfach nicht zu provozieren. Mit seinem leiblichen Bruder Hermann gibt es einmal, bei einem Glas Wein in Rudolfs Wohnung, eine Schreierei, bei der aber nur Hermann schreit. In Rage wirft Hermann sein Glas gegen eine Tür. Es zerspringt in aberhundert Splitter. Hermann entschuldigt sich sofort: Er habe nicht geahnt, daß ein Glas derart zerplatzen könne. Rudolf nimmt mit spitzen Fingern einen Splitter von seinem Oberschenkel und sagt: »Na gut, du hast was über Physik gelernt, und die Tür ist schwer beeindruckt. Jetzt sag mal genauer, worum's dir geht!«

Rudolf sorgt für die modernsten Maschinen, setzt den Bau des Druckhauses Tempelhof durch, kämpft dafür, daß der Verlag bei Sportereignissen als Sponsor auftritt: bei Autorennen, bei Hans Koeppens Fahrt im Automobil rund um die Welt (1908), beim »Großen Preis der Lüfte«, einem aufsehenerregenden und sehr erfolgreichen Rundflug über Deutschland (1911), beim Wettflug Berlin-Wien oder bei der umjubelten Fahrt des »Eisernen Gustav«, eines Droschkenkutschers, von Berlin nach Paris und zurück. Die Firma Ullstein wird Urheberin und

Mittelpunkt vieler Ereignisse, über die andere nur berichten können.

Es entsteht ein Ullstein-Fieber, ja schon eine Ullstein-Legende. Der Mythos von Sportsgeist und Höchstleistung erreicht und ergreift nicht nur Leser und Anzeigenkunden, sondern ebenso alle, die im Verlag arbeiten. In einer Zeit, die allenfalls »Reklame« oder »Propaganda« kennt, sorgt bei den Ullsteins einer, der noch keinen genauen Begriff dafür nennen könnte, für »public relations«. Es ist der unruhige Drucker und Sportsmann Rudolf mit seiner Leidenschaft für große Maschinen und große Ereignisse.

Seine Frau Margarete, mit der er eine Tochter Hilde hat, läßt sich Anfang der zwanziger Jahre von ihm scheiden. Sie kann seine Bewunderung für andere Schönheiten – von der Gräfin bis zur Stenotypistin – nicht länger tolerieren.

In den zwanziger Jahren hat er alle paar Wochen ein neues Auto, das sofort von Neugierigen umdrängt wird, sobald er es verlassen hat: Was fährt er denn nun wieder für eine Marke? Es ist oft schwer herauszufinden, denn seine (meistens) amerikanischen Riesenschlitten tragen als Kühlerfigur die Ullstein-Eule und statt des Herstellernamens am Heck klein, aber in blitzendem Chrom die Frage: »Weeßtet nu?«

Zur Flucht aus Nazideutschland entschließt Rudolf sich erst im Jahre 1939, er landet in England ohne einen Pfennig. Der Fünfundsechzigjährige stellt sich sofort ohne Selbstmitleid und Murren ans Fließband und verdient für sich und seine zweite Frau, Edith, den Lebensunterhalt. Es dauert aber nicht allzu lange, bis die Engländer in dem einfachen Arbeiter den technischen Könner entdecken.

Nach dem Krieg kehrt Rudolf nach Deutschland zurück und kämpft als der letzte Überlebende der fünf Brüder um die Reste des Besitzes – im wesentlichen das äußerlich nur wenig beschädigte, aber durch sowjetische Demontage seiner Maschinen beraubte Druckhaus Tempelhof (die Kochstraße liegt in Schutt und Asche). Der Greis kämpft mit Zähigkeit und Charme, rührt sogar Bürokratenherzen, siegt schließlich.

Einen triumphalen wirtschaftlichen Wiederaufstieg seiner Familie erlebt er nicht mehr, denn der findet nicht statt. Rudolf Ullstein stirbt Anfang 1964 in Berlin als fast Neunzigjähriger.

*

Steffi, eigentlich Stefanie Ullstein, durfte mit Tante Toni II und deren Töchtern Lotte und Anneliese zu Wertheim in der Leipziger Straße. Steffi war die Tochter von Louis und Else, die jüngere Schwester von Heinz, mit dem sie sich heute mittag wieder einmal gestritten hatte.

Sie war zehn Jahre alt, man schrieb September 1907. Tante Toni II war die runde kleine Frau des langen, hageren Onkels Siegfried Fleischmann und im übrigen die einfühlsamste Psychologin des gesamten Ullstein-Clans (ohne sich etwas darauf einzubilden). Die Cousinen waren acht und neun, und Wertheim hatte die schönsten Warenhäuser in Berlin. Es gab auch die von Tietz, aber sogar Steffi kannte und liebte den Werbespruch: »Wer zu Tietz geht, bringt nichts von Wertheim!« Das war frech, wirklich, aber die Erwachsenen zitierten diese Reklame mit Genuß. Der Kommentar von Vater Louis lautete: »Teuflisch gut ist auch gut.«

Erst fuhren sie mit einen Omnibus, der keine Pferde brauchte und daher »Autobus« genannt wurde. Vorn ragte ein sehr langer Motor aus ihm heraus, der viel Krach machte. Man stieg hinten ein, hielt sich fest, dann kassierte der Schaffner, dann stieg man um. Zum Beispiel in die Elektrische, die manche »Trambahn« nannten, oder in die Untergrund- oder Hochbahn im Potsdamer Bahnhof, und da gab es wunderbare Rolltreppen, auf denen man manchmal gegen die Fahrtrichtung gehen konnte, wenn kein Entgegenkommender ärgerlich wurde.

Der Potsdamer Platz – so etwas gab es sonst nirgends, da war Steffi sicher. So viele Menschen, Pferde, Autos, und am schönsten waren die Buchstaben hoch über den Hausdächern. Nachts leuchteten sie elektrisch, tags waren sie aus Metall und ganz zart, wie mit dem Bleistift in den Himmel geschrieben. Und die vielen Sorten von Straßenlaternen, manche wie schwere Leuchter, andere wie Schiffsmasten.

Steffi liebte die Großstadt. Sie wollte in den Ferien nicht nach Heringsdorf oder in die blöden Stubaier Alpen, wo es, wie sie wußte, hauptsächlich steil war und regnete. Zu Tante Toni sagte sie: »Da kann ich später mal mit meinem Mann hin, der muß mir ja auch noch was bieten!« Toni und ihre kleinen Töchter fanden vor Lachen kaum aus der Trambahn.

Sie machten zu Fuß einen Abstecher zum Brandenburger Tor und unter die Linden.

»Das da drüben wird ein Hotel«, erklärte Tante Toni, »in dem alle Freunde des Kaisers wohnen! Lorenz Adlon baut es.«

»Aber der Kaiser hat doch ein Schloß!«

»Ja, aber da gibt es zu wenig Badewannen. Neuerdings baden die ganz vornehmen Leute jeden Tag.«

»Tante Toni, wie vornehm sind wir eigentlich?«

»Es geht so.«

Zur Leipziger Straße nahmen sie eine Droschke. Der Mann murrte, weil ihm die Strecke zu kurz war, aber Kutscher murrten immer.

Wertheim, das war kein Geschäft, das war ein Palast für die Welt und für Leben und für Licht. Oder eine Art heller Urwald, fesselnd wie ein Zirkus, possierlich wie ein Affenhaus. Das Auge flitzte nur so: Da waren riesige Kronleuchter, prächtige Spiegel, goldene und bunte Tuche, gläserne Wände, gebogene Glasdächer, Arkaden und Lichthöfe, Marmor und Pflanzen von überall her, Marmorbänke und bewegliche Schaufensterpuppen, die irgend etwas konnten und es ständig wiederholten, zum Beispiel einer Dame die Hand küssen. Ein Verführungstempel war das, weil man für Geld fast alles mitnehmen konnte. Dabei brauchte Toni nur einen Meter rosa Gummiband, kaufte aber noch ein elektrisches Bügeleisen, einen Rasierspiegel und Vorhänge. Schleppen mußten sie das alles nicht, es wurde noch am selben Tag ins Haus gebracht.

Auf dem Rückweg gingen sie zu »Aschinger« und aßen dort

ein belegtes Brot für zehn Pfennig als Zwischenmahlzeit. Vor einem der Spiegel ließ Tante Toni einen kleinen Klagelaut hören – das Licht war hier weniger schmeichelhaft als bei Wertheim.

Die Busen der Kellnerinnen waren sehr rund, das kam von den bayerischen Dirndlkleidern. Daß so viele Männer da waren, lag aber auch an den runden Brötchen, die es gratis gab, wenn man Bier bestellte. Und an manchen Tischen saßen nur junge Frauen.

»Das sind Frauen«, sagte Tante Toni, »die etwas dazuverdienen müssen.«

»Wie machen sie das?« fragte Steffi.

»Sie arbeiten. Im Moment haben sie Mittagspause.«

»Und wenn sie Kinder haben?«

»Dann ist das ein Problem.«

Die Kleinen hatten keine Lust mehr und quengelten herum, sie wollten nach Hause gehen und spielen.

Steffi aber wollte schnell erwachsen werden und dann jeden Tag einkaufen gehen. Außerdem wollte sie wählen. Vielleicht gab es bis dahin ja das Wahlrecht für Frauen. Ihr Bruder Heinz hatte gesagt, die Gehirne von Frauen seien kleiner und weniger entwickelt als die von Männern. Als darauf Steffi etwas über seine Mathematiknote sagte, bekam er Haßäuglein. Sie möge doch bitte einmal darüber nachdenken, warum Frauen nicht wählen dürften. Das habe nämlich gute Gründe.

*

Steffi war ein hübsches, etwas altkluges und sehr sensibles Kind. Gefährlich sensibel, wie Toni fand, freiheitsdurstig, aber auch leicht etwas verzagt. Ja, auf Steffi mußte man achtgeben. Ob Louis und Else das taten? Louis war mit seinen Träumen und Entscheidungen beschäftigt. Wenn ihn die Vaterliebe überkam, kaufte er seiner Tochter etwas Teures, zum Beispiel einen niedlichen Hund für hundert Mark. Else war die perfekte und überkorrekte Ehegefangene, die ihr Defizit an alle weitergab, die sich nicht zu wehren wußten. Wenn sie sich beklagte, dann bei Dritten, zum Beispiel bei

Toni I und Toni II: Louis sei oft jähzornig, er esse und trinke zu viel, und er ignoriere sie in letzter Zeit als Frau.

Toni Fleischmann hatte nur den Kopf geschüttelt: »Und wann sagst du ihm das? Hast du schon einmal an Scheidung gedacht!«

»Auf keinen Fall. Wie sähe das aus? Was sollen die Kinder denken?«

»Tja, dann . . .!« Mehr hatte Toni dazu nicht sagen wollen.

Louis' und Elses Sohn Heinz war kaum gefährdet; er war ein passabler Lügner und Schauspieler und verstand es, sich Pflichten zu entziehen, deren Sinn er nicht einsah. Er war widerborstig und biegsam zugleich, übernahm zeitweilig auch die Rolle des schwarzen Schafs und genoß sie. Er war wie sein Vater dreißig Jahre früher, aber unzuverlässig und ein wenig großsprecherisch. Vielleicht wurde er noch Politiker.

Heinz konnte sich verstellen, Steffi überhaupt nicht. Sie konnte nicht einmal ärgerlich werden, sie war liebesbedürftig, offen und wehrlos. Ja, sagte sich Toni, ich muß sie wirklich im Auge behalten.

*

Am 11. Mai 1910, einem Mittwoch, erschien am Nachthimmel der Halleysche Komet. Die Ullsteins erinnerten sich daran, daß ihr Vater das Ereignis gern erlebt hätte. Einige von ihnen versammelten sich auf der Terrasse von Hans, tranken Champagner auf das Wohl des alten Herrn und besichtigten den Himmelskörper. Die »kleine« Toni fand, er erinnere an ein Schnellboot, das viel Schaum aufwirble. Anschließend gingen die einen nach Hause, die anderen ins Restaurant Borchardt.

*

Mit den Deutschen geschah in dem Jahrzehnt vor dem Ersten Weltkrieg etwas Bemerkenswertes: Zumindest in den großen Städten interessierte man sich nicht mehr nur für den eigenen Bauchnabel. Das hatte gewiß viel mit Wünschen nach wirtschaftlicher Expansion und einem »Platz an der Sonne« zu tun, aber eben nicht allein damit. Zumindest ging der Nationalstolz mit dem neugierigen Interesse am Zustand der internationalen Politik und an den Interessen anderer Nationen Verbindungen ein, die einigen Wert hatten. Es war nicht länger belanglos, wenn irgendwo anders »die Völker aufeinanderschlugen«. Nicht nur Geographen, Ethnologen und Sozialisten wollten wissen, wie es rund um den Globus aussah – das Lesepublikum insgesamt wollte es wissen, und seine Wißbegierde wurde von Büchern und Zeitungen bedient. Es war nur noch die Frage, welche Zeitungen, Verlage und Autoren dies am klarsten und schnellsten erkannten und zum Gegenstand ihrer Arbeit machten.

Die Revolution von 1905 in Rußland, die die Alleinherrschaft des Zaren beseitigte und eine Verfassung und ein gewähltes Parlament schuf, das war nun nichts mehr, was am Rande und unter »Sonstiges« lief. Ob Island das Frauenwahlrecht einführte oder wie es mit dem Panamakanal voranging – alles keine Kleinigkeiten. Auch eine Erdbeben- und Brandkatastrophe in San Franzisko war keine Nebensache »aus aller Welt«, zu schweigen von der Erfindung des Fließbandes durch einen gewissen Henry Ford – Amerika war die Zukunft, das sagten sogar die Sozialdemokraten.

Einmal schlug jemand als Titelfoto und Aufmacher für die »Berliner Illustrirte« einen Mordfall in der Weddinger Brunnenstraße vor. Hermann Ullstein sagte: »Ein Mord in der Brunnenstraße interessiert nur Berliner, im Grunde überhaupt nur Leute am Wedding.«

Dann zog er sich hinter seinen Schreibtisch zurück und formulierte ein Memorandum – Leute wie Hermann schrieben ständig Memoranden, das war eine der bedenklichen Nebenfolgen ihres Fleißes. Inhalt: Die Berliner interessierten sich mehr und mehr für das, was in der Welt passiere, immer weniger für das, was am Wedding passiere. Ein großes, illustriertes Wochenblatt sei nur dann ernst zu nehmen, wenn es aus Paris, London und New York berichte. Nicht weil man die Zeitschrift dorthin

251

liefern könne, sondern weil Berlin nicht mehr Provinz sein wolle.

Das war eine der größten Einsichten des Hermann Ullstein, und sie wurde noch gewichtiger dadurch, daß der ewige Konkurrent August Scherl sie nicht hatte. Scherls beste Zeit lag hinter ihm. Er setzte weiterhin und viel zu lange auf die Attraktivität des lokalen und des wilhelminisch-höfischen Geschehens, es entsprach seiner etwas kleinkarierten Mentalität. Mit ihr würde er untergehen, er spürte es lang vor seinen Redakteuren.

Als Vater Leopold noch lebte, die »Morgenpost« gestartet war und unter Brehmer florierte, hatte ein Redaktionsassistent im Feuilleton einen Gehilfen namens Kurt Korff zugewiesen bekommen, einen bescheidenen jungen Mann, der sich als brauchbares Faktotum erwies und dem Verlag erhalten blieb: Man steckte ihn mit leicht verbessertem Gehalt ins Textarchiv.

In späterer Zeit, als Hermann von Franz die Leitung der »Berliner Illustrirten« übernahm, fand sich ein junger, recht begabter Zeichner namens Kurt Szafranski. Auch er machte einen anstelligen und aufgeweckten Eindruck.

Korff und Szafranski waren das, was man damals »treu« nannte. Jede Geschäftsführung liebt loyale, willige Leute, die man nachts aus dem Bett klingeln kann.

Aber erst Hermann Ullstein war es, der die beiden Herren als ideenreiche, organisatorisch begabte Köpfe erkannte und sie für die Chefetage entdeckte. Er hat das bis ans Lebensende als seine erfreulichste Leistung bezeichnet. Sie war ihm möglich, weil er (wie sein Vater, aber auch Hans oder Louis) das Genie niemals in sich selbst, sondern immer in anderen suchte. Korff und Szafranski wurden große, ja legendäre Zeitungsleute und sind ein Stück des Ullstein-Mythos bis heute. Verdient, denn ohne ihre gescheiten, spielerischen Gehirne, ohne ihre staunenswerte Ausgeschlafenheit wäre die »Illustrirte« nicht auf ihre einsamen Höhen geklettert.

*

Lotte Fleischmann fragte ihre Schwester Anni, die ein Jahr älter war, was eine »Krise« sei. Die wußte es auch nicht. Es fanden jetzt dauernd Krisen statt, gerade war wieder eine, in Marokko, es war schon die zweite dort, und vorher hatte es eine Balkankrise gegeben.

»Krise«, sagte Mutter Toni, »das ist, wenn bei einem Streit alle beide recht haben. Dann wird's gefährlich, weil sich alle so aufregen.« Die Kinder protestierten: »Daß zwei gleichzeitig recht haben, geht doch gar nicht!«

Sie fragten Vater Siegfried. Der erklärte ihnen, daß Deutschland sehr stark und tüchtig sei und daß die Nachbarn es lieber etwas schwächer hätten. Das ließen die Deutschen sich aber nicht gefallen.

»Na also«, meinte Anni, »dann haben wir doch recht und nicht die anderen! Mama hat alles durcheinandergebracht.«

Siegfried schwieg nachdenklich. Anni war zehn, Lotte neun. Es war schwer, Kindern beizubringen, daß Krisen sein mußten. Sie mußten nämlich gar nicht sein. Das wollte er ihnen aber erst später erklären.

*

Heinz Ullstein, neunzehn Jahre alt, lehnte am Vormittag des 15. April 1912 sein Fahrrad an den schmiedeeisernen Zaun vor dem Haus seines Onkels Hans in der Matthäikirchstraße und schloß es mit einer Kette an. Es gab jetzt allerlei Gesindel in der Stadt, zugezogene Habenichtse aus dem Osten, Räuber- und Hehlerbanden jeder Art. Auch im Tiergartenviertel tauchten Diebe auf, in der Regentenstraße war erst kürzlich eingebrochen worden. Bilder blieben meist an ihrem Ort, aber Schmuck und Bargeld suchten sie. Und andere waren auf Fahrradhandel spezialisiert.

Heinz wischte sich die Stirn. Er hatte rasch noch Theaterkarten zu Tante Lotte gebracht, Karten für die Premiere in vier Tagen, bei der er selbst auf der Bühne stand. Am Gendarmenmarkt, aber in einer stummen Rolle.

253

Eigentlich wollte er mit Vetter Karl reden, den er seit Monaten nicht mehr gesehen hatte, aber der war noch beim Reiten. Tante Toni ließ sich vom Chauffeur herumfahren, nur Onkel Hans war da. Der sagte, wie immer, fast gar nichts. Heinz versuchte das zu ändern, indem er ihm Fragen stellte. Ob es stimme, daß er ein Haus im Grunewald bauen wolle. Die Antwort lautete »ja«.

Was er mit dem Begriff »Dekadenz« verbinde. Onkel Hans nahm den Zwicker ab und rieb sich die Nasenwurzel.

»Sittenverfall. Ausschweifung, Geldverschwendung und dergleichen. Hat mich schon mal mehr interessiert!«

Der Onkel wirkte unwirsch heute. Heinz fuhr schweres Geschütz auf: »Ich spiele jetzt mit Vilma von Mayburg!«

»Soso.«

»In die warst du doch mal verliebt. Auf Helgoland vor über zwanzig Jahren.«

»Was für eine Idee! Woher . . .?«

»Sie hat es mir erzählt. Du hast nicht mit ihr gesprochen, aber deine Blicke sind sehr aufgefallen.«

»Sie hat wohl viel Phantasie.«

In diesem Moment lief der sechsjährige Leopold mit wildem Gesang ins Zimmer, verstummte jäh, als er den Gast erkannte und rannte wieder hinaus, denn er mochte Heinz nicht. Das beruhte auf Gegenseitigkeit. Für Heinz waren kleine Kinder eine Landplage.

Draußen hörte man den Motorwagen und kurz darauf kam Tante Toni herein. Was für eine Frau! Schön, unabhängig, klar, witzig, und sie rauchte sogar Zigaretten – das war eine Mutter! Um sie beneidete Heinz seinen Vetter. Er empfand seine eigene Mutter – »Else Louis« wurde sie in der Familie genannt – als peinlich. Sie war ihm zu angepaßt, zu bieder, vor allem schien sie ihm urteilslos. Zum Beispiel kaufte sie Bilder aus Höflichkeit oder weil der Maler vom Kaiser gelobt worden war. Das sagte alles.

Tante Toni hatte soeben ein Baugrundstück im Grunewald

gefunden, am Dianasee, sie erzählte begeistert davon. Ein Bootssteg sei schon da, nur das Haus müsse man noch bauen.

Die Tage in der Matthäikirchstraße waren also wohl gezählt. Schade, dachte Heinz. Hier hatte er vor vier Jahren zusammen mit Karl und anderen Gleichaltrigen tanzen gelernt, Walzer, Foxtrott – die Standardtänze. Heute bevorzugte man den Tango, weil er als dekadent galt und weil der Kaiser ihn getadelt hatte. Auch Walter Benjamin aus der Viktoriastraße war dabei gewesen und hatte sich in das strahlende Lächeln von Hilda Ullstein verliebt. Er landete bei ihr nicht (war ja auch kein guter Tänzer). Zudem war Hilda zwei Jahre älter und hielt schon nach fertigen Männern Ausschau. Ihre Schwester Ilse hätte das richtige Alter gehabt, aber sie war weniger hübsch.

Jetzt war Karl aus dem Tiergarten zurück. Er sah, nicht nur wegen der Reitkluft, viril und sportlich aus. Es himmelten ihn dementsprechend viele junge Damen an.

Als er sich umgezogen hatte, setzten sie sich in sein Zimmer und rauchten – schließlich waren sie Männer.

Zur Zeit hatte Karl es wieder mit der Religion. Im Konfirmationsunterricht bei Pastor Alrutz hatte er angefangen, sich für Dogmatik zu interessieren. Womöglich wurde er Priester und nicht Druckereitechniker. Zwei Zigaretten lang sprach er über den »deus absconditus«. Auf deutsch hieß das, daß Gott sich verborgen hielt.

Heinz fiel dazu nicht viel ein: »›Gott‹ – das Wort hat doch etwas mit ›Gattung‹ zu tun. Da denke ich an große gemeinsame Anstrengungen, bei denen es um die Menschheit geht.«

»Vielleicht, aber er ist eben mehr als das, er ist erhaben. Er macht sich mit menschlichen Projekten nicht gemein, das ist der Punkt!«

»Lassen wir's, ich kenne mich da nicht aus, mir genügt der Kinderglaube an einen lieben Gott. – Was hältst du eigentlich von unseren Herren Vätern?«

Karl überlegte, dann sagte er: »Ich glaub', sie wollen nicht mehr alles wissen. Außer technisch.«

»Stimmt!«

»Keine Leidenschaft. ›Business as usual‹. Es fehlt der frische Wind.«

»Der fehlt überhaupt. Es fehlt ein reinigendes Gewitter.«

»Sie machen Geld, als gäbe es nur das.«

»Und was gibt es bei dir?« fragte Karl vorsichtig. »Ich meine, Höheres?«

»Wagnis. Mut. Entdecken, daß man ganz anders sein kann. Ich werde Künstler.«

»Das wollte ich dich fragen: Hast du am Hauptmann von Köpenick weitergearbeitet?«

»Nein, nein. Das war eine Jugendsünde! Und es interessiert auch niemanden mehr. – Was macht deine Einberufung, gehst du nach Süddeutschland?«

»Nein. Die Idee war, daß ein Ullstein in Bayern leichter Offizier werden kann, weil man dort die Zeitungen nicht so kennt. Aber ich bin Preuße, Protestant und an der Uni eingeschrieben. Was soll ich in München?«

»Ich habe das Einjährige nicht, für mich erübrigt sich das. Ist der Ruf erst ruiniert...«

»Was sagt dein Vater?«

»Der versteht nur, was er will.«

»Und deine Mutter?«

»Heuchelt wie immer. Sie findet jetzt die Schauspielerei hochinteressant. Sie findet ja alles interessant. Das heißt, sie hält offen, welcher Meinung sie sich schließlich anpassen wird. Irgendwann sagt sie dann: ›Interessant, aber eigentlich scheußlich‹. Das ist, wenn Vater gesagt hat, es sei scheußlich.«

»Bürgerliche Ehe.«

»Absolut. Ich ärgere mich überhaupt über diesen blöden Glauben, Familie sei das Wichtigste auf der Welt. Dieses rammdösige Zusammenhalten! Zusammenhalten ist doch nur berechtigt, wenn mehr dahintersteckt als Verwandtsein.«

»Gib mal ein Beispiel.«

»Gut, aber das bleibt unter uns: Theaterpremiere! Das Söhnchen steht in einer Nebenrolle auf der Bühne. Die Onkels und Tanten rennen hin, sitzen in der ersten Reihe und finden ihn toll, obwohl er der dritte Zwerg von rechts ist und keinen Satz zu sprechen hat. Es gibt so ein Wohlwollen, das mehr kaputtmacht als. . .«

»Liebst du das Böse?«

»Wieso jetzt das?«

»Pardon, es ist eigentlich schon ein Themenwechsel. Mich beschäftigt diese Frage zur Zeit. Das Böse hätte keinen Bestand, wenn nicht ein paar Leute es lieben würden.«

Heinz dachte nach. »Ich würde gern große Schurken darstellen. Irgendwann spiele ich Richard den Dritten, die Rolle kann ich schon. Ja, vielleicht liebe ich das Böse, aber als Maske. Vielleicht ist das Böse überhaupt Maske.«

»Klingt gut.«

»Ich wollte dich auch was fragen: Was verbindest du mit dem Begriff ›Dekadenz‹?«

»Verfall, Schwäche, Laster. Wird alles von Zeit zu Zeit weggefegt, wenn ein großes reinigendes Gewitter kommt. Eine Katastrophe, ein Krieg oder so was.«

»Na ja. Für mich bedeutet Dekadenz Phantasie! Irgendwas an ihr ist edel. Jeder Genießer ist doch schon dekadent. Und wenn man einer ist, läßt sich nichts mehr dagegen machen.«

»Mein Problem ist das nicht. Ich bin für Entschlossenheit und einen festen Standpunkt, bei möglichst weitem Horizont.«

»Jeder Horizont ist Beschränkung.«

»Das ist mir jetzt zu sophistisch! Es geht gar nicht ohne Horizont. Man sieht bis zu einem bestimmten Punkt und weiter nicht.«

»Moment«, sagte Heinz, »man kann sich doch bewegen. Wer oft den Standpunkt wechselt, sieht alles!«

Karl sagte darauf nichts. Seit Heinz an der Mittleren Reife gescheitert war, erging er sich in geistreichen Bemerkungen. Irgendwie fehlte ihm – ja, was? Sie rauchten noch eine. Fremd waren sie sich geworden.

»Komm doch mal abends zu uns«, sagte Heinz versöhnlich,

»wir haben jetzt ein Grammophon mit Elektromotor und Platten, die vier Minuten lang laufen. Das meiste sind Tenöre, aber etwas Tango ist auch dabei.«

Als Heinz sich verabschiedete, um zum Mittagessen wieder in der Regentenstraße zu sein, hing Tante Toni in der Eingangshalle den Telephonhörer auf den Haken, führte die lange, silberne Zigarettenspitze zum Mund und nahm einen Zug, bevor sie sprach.

»Das ist ein Tag! Alice hat Adolf Halle verlassen und die Scheidung eingereicht. Sie will sogar wieder Ullstein heißen, Adolf hat sich aber auch scheußlich benommen. Und außerdem soll auf dem Atlantik ein unsinkbarer Dampfer versunken sein, tausend Tote, darunter lauter Leute, die man kennt!«

*

Im Januar 1912 verliert Robert Falcon Scott gegen Roald Amundsen den Wettlauf zum Südpol, stirbt mit seinen Männern auf dem Rückweg an Hunger und Kälte.

1912 werden die Sozialdemokraten stärkste Fraktion im Reichstag. Die Ullsteinsche »Illustrierte Frauen-Zeitung« wird in »Die Dame« umbenannt. Im September stirbt der ehemalige Hauptbuchhalter Gustav Binte.

1913 geht der Engländer Charles Spencer Chaplin zum Film und Emily Davison, eine englische Suffragette, wirft sich bei einem Rennen in Epsom dem Pferd des Königs in die Zügel, um den Widerstand der Frauen gegen das Männerwahlrecht zu symbolisieren. Sie stirbt an ihren Verletzungen.

Rudolf Diesel stürzt von einem Schiff ins Meer, wahrscheinlich Selbstmord – riskante Geschäfte haben ihn ruiniert.

Am 1. Januar 1914 übernimmt der Ullstein-Verlag die jahrhundertealte »Vossische Zeitung«.

Im Februar verkauft August Scherl seine Zeitungen an ein Kölner Bankhaus.

Am 20. Juni wird Erzherzog Franz Ferdinand, der österreichische Thronfolger, mit seiner Gattin in Sarajewo von einem serbi-

schen Nationalisten erschossen. Österreich will einen Rachefeldzug, obwohl aufgrund der vereinbarten Koalitionen ein Weltkrieg daraus werden könnte. Die deutsche Regierung macht schwächliche Versuche, diesen zu verhindern. Sie wird belogen und belügt sich selbst, nicht anders als die übrigen Kabinette Europas.

Am 28. Juli erklärt Österreich Serbien den Krieg.

Am 31. Juli wird in Paris der Sozialist Jean Jaurès, ein mitreißender Redner und Kämpfer gegen den Krieg, von einem nationalistischen Fanatiker ermordet.

Am 1. August setzt Rudolf Ullstein Berlins erste Komplett-Rotationsmaschine für den Buchdruck in Gang.

Die deutschen Sozialdemokraten, die im Parlament die Mehrheit haben, bewilligen der Regierung die zur Kriegführung nötigen Kredite. Nur eine Minderheit ist dagegen.

Im Laufe des August erklärt die deutsche Regierung Rußland und Frankreich den Krieg. England erklärt Deutschland den Krieg, nachdem dieses völkerrechtswidrig ins neutrale Belgien einmarschiert ist. Die deutsche Regierung folgt damit der angeblichen »militärischen Logik« eines Angriffs auf Frankreich. Das heißt: Sie folgt lange vorbereiteten Plänen.

In den meisten europäischen Ländern herrscht, vielfach sogar bei Arbeitern, Kriegsbegeisterung. Man glaubt an ein »reinigendes Gewitter« und rechnet überdies mit einer raschen Entscheidung.

Schon in Belgien sind die Kämpfe verlustreich. Anfang September wird der deutsche Vormarsch auf Paris infolge von Führungs- und Übermittlungsfehlern abgebrochen, die erste große Niederlage ist da, ein Stellungskrieg beginnt.

Im Zürcher Exil schreibt der Russe Lenin an dem Buch »Der Imperialismus als höchstes Stadium des Kapitalismus«.

Der Panamakanal ist fertig und wird eröffnet. Die Meldung interessiert kaum noch jemanden.

ACHTES KAPITEL

Krieg und Revolution

Tagelang hatte der Sturm an dem neuen Haus in der Bettinastraße gerüttelt, um zu prüfen, ob es auch ordentlich gebaut war.
Der 4. Oktober 1914 hingegen, ein Sonntag, begann in tiefer
Stille. Um sechs Uhr schlich der kleine Leopold, jüngster Sohn
von Hans und Toni, aus seinem Zimmer und die Treppe hinunter. Es war bereits ein wenig hell. Mama und die Schwestern
lagen zuverlässig in ihren Betten, aber mit Papa mußte man um
diese Zeit schon rechnen, er brauchte wenig Schlaf. Leopold
horchte zur Bibliothek hinüber: nein, nichts, kein Umblättern,
kein Ächzen eines Stuhls. Um selbst kein Geräusch zu machen,
bewegte er sich nur auf den Teppichen vorwärts. Im Speisezim-
mer war blankes Parkett, da hieß es Indianer sein. Vor dem
großen Gobelin blieb der Junge stehen und begrüßte seinen
Liebling, den linken von zwei Leoparden, die nach der Weinern-
te den Karren eines halbnackten Griechen und seiner im Wind
wehenden Frau zum Fest ziehen mußten. »Eigensinnig, aber
feige« hatte Papa die beiden Leoparden genannt. Der Junge
hingegen mochte sie, schon weil sie beinahe so hießen wie er:
»pold« oder »pard«, das war ja kein großer Unterschied. Der
Linke machte ein böses Gesicht und hatte keine Lust zum
Ziehen. Verständlich, ein Leopard war kein Ochse.

Leopold ging bis zu der Tür, durch die man in den Park und
zum See kam. Vorsichtig zog er die Riegel zurück und trat
hinaus. Der Sturm hatte den Bäumen fast alles Laub entrissen
und zu regelrechten Dünen zusammengeweht, eine davon
schmiegte sich auf der Terrasse ans Haus.

Er liebte den frühen Morgen sehr, genauer gesagt das Morgengrauen, weil es dann bis auf ein paar gelegentliche Kutschen ganz still war – auch er selbst war dann ganz ruhig –, und weil sich im zunehmenden Licht immer mehr Gesichter abzeichneten und ihn anschauten. Leopold erkannte Gesichter in Bäumen und Hecken, Wolken und Dächern, in Moosflechten, Steinen, Brettern, sogar Buchstaben hatten für ihn Gesichter, einige jedenfalls.

Er las ein paar Kastanien auf, die noch glänzten, und steckte sie in die Hosentasche.

Anfangs hatte er das große Haus nicht gemocht, und er war immer noch überzeugt, daß in der Matthäikirchstraße mehr Träume wohnten. Träume kamen nachts aus den Wänden – wenn man nach links lag, aus der linken, wenn man sich umdrehte, aus der rechten. In einem neuen Haus, besonders wenn es noch so neu roch, da mußten auch Träume erst noch wachsen, bevor sie sich an den Schlaf von jemandem heranwagen konnten.

Es war ein großes Glück, morgens in diesem Park allein zu sein. Da war das verzaubert schlafende steinerne Dornröschen und ein ebenfalls schlafendes Steinhündchen am Ende des Rosengartens. Die Goldfische waren aus dem langen Teich schon in ihr Winterbecken im Gewächshaus gebracht worden. Jenseits des Dianasees bellte irgendwo ein Hund, ein anderer antwortete – Mamas Pekinesen lagen im Körbchen und kümmerten sich um nichts.

Als er die Böschung zum See hinunterging, fröstelte er. Weil er den dünnen Pullover anhatte, aber auch vor Glück. Allein wach zu sein, ein bißchen verboten herumzuwandern, das war ihm das Schönste.

Draußen in der Welt war Krieg, jeder Tag war spannend, manchmal war ganz plötzlich schulfrei und man konnte vielleicht den Kaiser sehen. Leopold hatte ihn aber bisher nur im Frieden gesehen, er saß in einem Automobil neben seiner Frau, und beide winkten freundlich in die Menge. Über die Kaiserin hatte Papa nur gesagt: »Was für ein Getöse von Hut!«

Heute war Sonntag, also schulfrei ganz ohne Sieg, aber morgen war das Spiel wieder offen. Und vielleicht wurde gerade in diesem Moment eine Schlacht gewonnen wie die bei Tannenberg.

Für die Ullsteins begann ein harter Familientag. Zunächst der Geburtstag von Tante Lotte in der Wilhelmstraße. Abends waren dann vermutlich die Eltern und alle Onkels und Tanten bei Großmutter Elise in der Königin-Augusta-Straße am Landwehrkanal. Da mußte er aber nicht mit.

Als er wieder im Haus war, saß Papa im Musikzimmer. »Na, hast du alles inspiziert?«

»Ja. Vor der Garage und auf der Terrasse ist wahnsinnig viel Laub, sonst keine Vorkommnisse.«

»Du bist aber nicht wieder über den Zaun geklettert?«

»Gar nicht!«

Leopold war acht, Papa sechsundfünfzig. Steinalt eigentlich, und er war auch schon ziemlich langsam, außerdem zitterte seine rechte Hand so komisch – manchmal hielt er sie mit der linken fest. Aber er war lieb. Verriet auch nichts. Unter Frühaufstehern gab es eine Kameradschaft gegen die Spätaufsteher. Die dachten nämlich, nur die Langschläfer seien richtige Menschen.

Manche Väter konnten hundsgemein sein, davon hatte Leopold gehört. Papa nicht.

»Und jetzt legst du dich noch mal hin, damit du warm wirst. Hättest ruhig deinen Mantel anziehen können.«

»Zu Befehl, Herr Hauptmann!«

*

Hans sah dem Sohn sinnend nach. Der Krieg war für den Kleinen bisher ein fortwährendes Fest. Erst acht Jahre alt, aber er wußte Wörter wie »englischer Handelsneid«, »russische Barbarei«, »französische Revanchegelüste«. Las Heeresberichte, konnte sie wiedergeben, thronte über Landkarten wie ein kleiner Kaiser, schwelgte in eroberten Festungen und Gefangenenzah-

len. Man konnte es nicht nur mit den schulfreien Tagen begründen, es war eine wirkliche Leidenschaft. Bei den Erwachsenen
war nach der verlorenen Marneschlacht die Begeisterung deutlich abgeklungen, aber um so schriller wurden die Appelle an die
patriotische Gesinnung. Wenn nur Karl gesund zurückkam.
Gut, daß das Waffengeklirr vermutlich bald vorüber war. Kanzler Bethmann-Hollweg hatte allerdings geäußert, der letzte
Schuß falle wohl doch erst nach Weihnachten. Diese Geduld
mußte man eben aufbringen.

Hans wandte sich wieder dem Buch zu: »Der Tunnel« von
Bernhard Kellermann. Karl hatte es gelesen und liegengelassen,
bevor er die Uniform anzog und nach Belgien abfuhr. Ein
spannendes, gut konstruiertes Buch über die amerikanische
Welt der Zukunft. Natürlich kam ein jüdischer Finanzmagnat
vor und war reichlich unsympathisch.

Walther Rathenau war, wie Alfred Kerr erzählte, von Buch
und Autor völlig fasziniert. Er habe den »Tunnel« in einer Nacht
komplett gelesen und empfehle das Buch jedem aufs innigste.

Im oberen Stockwerk begannen die Frauen zu rumoren.
Draußen war es vollends hell. Erste Hausbesitzer führten ihre
Hunde aus.

*

Der 4. Oktober 1914 – stellvertretend für beliebige andere Tage
– kann betrachtet werden wie auf einer Simultanbühne.

Gertrud Hess, Tochter von Käthe und Julius Engelmann,
wird in der Viktoriastraße vom Gesang ihrer dreijährigen Jüngsten geweckt. »Mariechen, sing nicht so laut, Papa schläft noch!«
Antwort: »Ich sing, damit mein Zimmer groß und schön wird.«
Beim Frühstück will der sechsjährige Willy die Glühbirne erklärt bekommen (es brennt noch Licht, die Wohnung ist etwas
dunkel). »Warum hat die Birne diesen komischen Schniepel aus
Glas dran?« fragt Willy. Für Technisches ist Vater zuständig,
Arthur Hess antwortet also: »Weil sie aus flüssigem Glas gebla-

sen wird. Da gibt es einen Mann, der bläst Luft rein, bis die Birne groß genug ist. Das, wo er durchgeblasen hat, zieht er weg. Es bleibt aber ein kleiner Zapfen dran, das ist dein Schniepel.« Willy weiß Bescheid, es ist neun Uhr.

Die Großeltern Engelmann sind Langschläfer, in der Friedrichsruher Straße in Halensee passiert noch nichts. Oder doch. Hans Engelmann, der siebenundzwanzigjährige Sohn, rasiert sich (er hat gerade Urlaub von der russischen Front, ein Kronzeuge für Tannenberg).

In der Regentenstraße ärgert sich der kleine Lux – das ist Ludwig Meyer, Enkel von Else Cohn und Urenkel von Leopold und Matilda, über den blöden Dampf, der dauernd über seiner Tasse lauert und den ganzen Kakao wegtrinken will.

Ein paar Häuser weiter steht die knapp siebzehnjährige Steffi am Fenster und lacht gerührt, weil sie sieht, wie auf der Straße ihr Verehrer sich unauffällig nähert, um an der Haustür Rosen für sie abzugeben. Versöhnungsblumen, denn er hat sie gestern nach dem Tanztee mit der Begründung, er müsse schon bald in den Krieg, zu küssen versucht. Auf den Mund! Sie ist ihm ausgewichen, hat sofort das Tanzvergnügen verlassen und sich dann gefragt, ob sie Theo jetzt gekränkt und für immer verloren habe.

In der Wilhelmstraße beschließt Lisbeth, die kleine Tochter von Lotte und Franz: »Heute wasche ich mich kalt, wir sind im Krieg!« Um Viertel nach neun kommt Hans Ullstein als erster Geburtstagsgratulant. Lotte begrüßt ihn, verschwindet dann gleich wieder, Hans unterhält sich mit seinem Bruder Franz. Als er wieder gegangen ist, sagt Lotte: »Viertel nach neun!! Ob der wohl merkt, wenn man noch nicht frisiert ist?«

Louis und Else kommen eine Stunde später, Lotte ist nun mit ihrem Spiegelbild zufrieden. Rudolf fährt in einem Automobil vor. Geschenke, Blumen, Blumen – Tochter Lisbeth schleppt Vasen herbei. Es ist ein ganz normaler siebenunddreißigster Geburtstag, aber der erste im Krieg. Vielleicht wollen alle mitfeiern, weil öffentliche Lustbarkeiten untersagt worden sind, sogar die Theater sind geschlossen.

Der neunjährige Kurt hat in seinem »Illustrirten Spielbuch für Knaben« gelesen, daß man einen Eimer Wasser an eine kurze Holzlatte hängen kann, welche unbefestigt auf dem Tisch liegt und zu einem Drittel über die Tischkante hinausragt. Man müsse nur zwei Einkerbungen in diese Latte machen, und dann eine weitere Latte zwischen Kerbe und Eimer stecken, während dessen Henkel in der anderen Kerbe ...

»Kurtchen, nicht jetzt, bitte! Gerade kommen schon wieder Gäste!«

Onkel Rudolf nickt Kurt zu: »Gehen würde es. Aber man muß es vorsichtig machen, sonst gibt es doch die Überschwemmung.«

Franz sagt: »Wir machen es morgen nach dem Frühstück, ja?«

»Da bin ich in der Schule!« sagt Kurt. »Ich probier es jetzt am Gartentisch.«

Was dazu führt, daß die Eltern, Rudolf und weitere Gratulanten durch die Terrassentür spähen und dem Experiment zusehen. Kurt schafft es nicht und bekommt nasse Füße, aber Rudolf weiß: »Theoretisch ist es kein Problem. Nur muß der Eimer unter die Tischplatte kommen, nicht daneben.« Man sieht ihm an, er wäre lieber draußen, um die Sache hinzukriegen. Und so kommt es dann auch.

Onkel Rudolf, weiß Kurt, ist beim Automobilkorps und Offizier. Ruhig und klar, und bestimmt auch tollkühn, wenn er es mit dem Feind zu tun hat. Deshalb geht er jetzt an die Front, denn ohne ihn geht es auf dem Balkan nicht vorwärts.

Zum Mittagessen erscheinen Toni und Siegfried Fleischmann nebst ihren halbwüchsigen Töchtern Anni und Lotte, dazu Louis' Tochter Steffi, alle fürchterlich schön, wie Lisbeth findet, atemraubend schön. Sie hat längst beschlossen, nichts gegen schöne Mädchen zu haben, auch wenn sie selbst nicht schön ist und wohl auch nicht sein wird. Bei einer Neunjährigen müßte man davon ja schon etwas sehen. Nein, sie beginnt sich damit abzufinden, daß sie wohl »so mehr klug und lieb« werden muß wie Tante Toni II oder »wahnsinnig nett« wie Tante Toni I.

265

Zum Mittagessen gibt es Krebse, die man allgemein zu klein findet, aber es ist ja Krieg. Das Gespräch versucht ständig, vom Krieg wegzukommen, wenigstens mal für eine Minute, aber es gelingt selten. Alle Männer sind längst gewiegte Strategen und wissen das Neueste, alle Frauen fürchten sich, vielleicht damit die Männer sie beruhigen können: »Zu Weihnachten sind alle wieder zu Hause. Und Silvester wird gefeiert – dagegen war die Jahrhundertwende nichts!«

Man geht von einem baldigen Sieg aus. Nur Franz meckert ein wenig. Er kommt aber damit schlecht an, das merkt er selbst. Und weil er seiner Lotte den Geburtstag nicht verderben will, drückt er zum Nachtisch vorsichtige Hoffnungen aus. Sagt aber trotzig, zum Gewinnen eines Krieges seien auch Pessimisten nötig: »Walther Rathenau zum Beispiel! Wir hätten keinen geregelten Rohstoffnachschub, wenn es keine Pessimisten gäbe, die auf die Idee kommen, der Krieg könnte länger dauern. Optimisten brauchen wir natürlich vor allem, aber die lieben es, den Gegner zu unterschätzen!« Widerrede ist bei Franz schon deshalb schwer möglich, weil er immer recht hat.

Gegen halb zwei wird es überall wieder sehr still. Kleine Kinder wie Lux Meyer werden zur Mittagsruhe verdonnert. Die ist furchtbar langweilig, wenn man erst drei Jahre alt ist. Außer es gelingt einem, trotz des Ärgers einzuschlafen.

Ältere Kinder müssen nicht schlafen, aber die sonntägliche Mittagsruhe der Erwachsenen respektieren. Leopold Ullstein hat Besuch von seinem Vetter Robert Mayer-Mahr, Mathildes Sohn, der ebenfalls neun, aber viel stärker ist und deshalb gern rauft.

Hans Ullstein schreckt von dem Lärm hoch und ruft vom Balkon: »Spielt bitte etwas anderes!«

Die Jungen trollen sich hinunter zum Dianasee und versuchen es mit Steinewerfen. Wenn wenigstens der Lunapark am Halensee geöffnet wäre. Aber der ist wegen vorübergehenden Krieges geschlossen. Das Teufelsrad wenigstens hätte man laufen lassen können.

266

Zur selben Zeit versuchen Fritz Ullstein, Sohn von Hermann, und Hans Fleischmann, Sohn von Toni und Siegfried, in der Meinekestraße den Brief eines Fleischmann-Onkels von der flandrischen Front zu entziffern. Lesen können sie bereits, obwohl sie erst nächstes Jahr in die Schule kommen. Aber die Schrift dieses Onkels!

»Was soll das denn für ein Buchstabe sein?« fragt Fritz.

»Ein ›d‹. Das Wort heißt ›Elend‹, sieht doch ein Blinder!«

»Schönes ›d‹!« sagt Fritz höhnisch.

»Hör mal, da zerplatzen immerzu Granaten...«

»Trotzdem!«

Dann reden sie darüber, daß sie nächstes Jahr in dieselbe Schule kommen wollen. Sogar auf dieselbe Bank, um sich gegenseitig zu helfen. Vielleicht ist die Schule gar nicht so wunderbar, wie die Alten dauernd sagen. Man hat da so einiges gehört, auch über ungerechte Prügel.

Bei Franz und Lotte wird Tee getrunken. Mathilde Mayer-Mahr ist mit ihrem Mann Moritz gekommen, dazu mit den erwachsenen Töchtern Nelly und Annemarie Tarlau. Die Blumenvasen sind voll, Moritz setzt sich an den Flügel und spielt ein Stück von Chopin. Natürlich weiß er, wie unmusikalisch die meisten Ullsteins sind, aber man hat ihn inständig gebeten.

»Phänomenal«, haucht Lotte, »irgendwie der pure Geist! Man ist in einer anderen Welt. Es ist das schönste Geschenk!«

Daß so etwas immer sein muß, denkt Moritz, dieses enthusiasmierte Schwelgen. Dabei ist Lotte doch eine grundvernünftige, ordentliche Frau. Sie könnte mit dem Satz: »Das war wirklich prima, will noch jemand ein Stück Kuchen?« mehr Begeisterung auslösen.

Moritz fängt ein silbrig-diplomatisches Lächeln von seiner Mathilde auf und freut sich, daß er nicht allein ist. Mathilde hat wohl schon als Kind verstanden, daß es den puren Geist gar nicht gibt, nur Begabung, viel Arbeit und eine Menge wirklicher Opfer. Sie ist nie verzückt und in einer anderen Welt, aber sie hört alles. Sie sagt: »Heute warst du wirklich nicht schlecht.«

Oder: »Irgendwas war langweilig. Ich weiß noch nicht, was es war.« Er weiß schneller als sie, was danebengegangen ist – aber eben erst dann, kein Künstler kann ganz alleine alles merken. Mathilde ist, wie einst ihre Großmutter Hannah, völlig unfähig, eine Melodie fehlerfrei zu singen, nicht einmal »Hänschen klein« gelingt ihr, aber sie kann die komplizierteste Musik genauestens erfassen und beurteilen. Moritz nennt Mathilde »mein drittes und viertes Ohr«. Er küßt gerade diese Ohren auffällig oft, Nummer eins und zwei werden vernachlässigt.

Gegen Abend beginnt es wieder heftig zu regnen. »Furchtbar!«, sagt die »große« Toni. »An der Front wird jetzt alles zu Schlamm, und genau da muß Karl hinein.«

Hilda antwortet: »Aber dort geht es wenigstens um etwas. Anders als vorher auf dem Kasernenhof. Das war das wirklich Schlimme, du kennst doch Karls Stolz!«

Toni steckt, nicht getröstet, eine Zigarette in die lange silberne Spitze. Was hätte sie darum gegeben, in die Zukunft blicken zu können, ganz kurz nur.

Karl Ullstein
1893–1964

In einem Brief des Jahres 1902, geschrieben von Hans an Toni, ist mit Stolz vermerkt, daß Karl im Admiralsgarten-Bad seinen Freischwimmer gemacht habe. »Er kriegt es aber zu leicht mit der Angst und macht dann heftige Bewegungen.« Aus dem etwas zarten, ängstlichen Kind wird ein meistens sanfter, freundlicher Junge, der aber Mutproben nicht ausweicht und sich gelegentlich mit Schulkameraden prügelt. Er ist nie mit sich zufrieden, versucht immer wieder auf neue Weise, ein anderer zu werden, vor allem mutiger, selbstbewußter, sportlicher. Sein Ehrgeiz in der Schule ist gering, er bleibt stets auf den hinteren Bänken. Er lernt reiten und stählt sich mit allerhand Leibesübungen. Der Militärarzt ist 1912 vom Ergebnis dennoch nicht beeindruckt: zu schwacher Brustumfang, leichte Kreislaufstörungen. »Ersatzreserve«: Er soll sich in ein-zwei Jahren erneut melden.

Karl läßt sich brav für den Verlag ausbilden, lernt bei renommierten Firmen wie Oldenbourg in München und Bonnier in Schweden und interessiert sich am meisten fürs Drucktechnische. Als die Kriegsgefahr wächst, ist er gerade in einem Verlag in Edinburgh, reist ab und meldet sich zum Dienst.

Bei den Kürassieren hört er Sprüche wie: »Mehr als Kürassier kann der Mensch nicht werden« oder: »Ein guter Hund, ein gutes Pferd sind mehr als hundert Weiber wert«. Er ist froh, nach der Grundausbildung von dem rauhen, selbstgefälligen Verein weg- und zur Feldartillerie zu kommen. Bei der Abreise nach Belgien begegnet er auf dem Lehrter Bahnhof einem anderen Soldaten, Fritz Ross. Sie kommen ins Gespräch, sind einander sympathisch und haben das Glück, im gleichen Regiment zu landen. Sie bleiben zusammen, bis Karl 1917 in französische Gefangenschaft gerät. Fritz Ross wird Karls älteste Schwester Hilda heiraten.

Karl wäre zeit seines Lebens gern ein entschlossener Mann. Er wird vieles, aber dieses nicht. Deshalb hat auch Ross auf ihn eine so große Anziehungskraft: Der ist ein geborener Draufgänger, ein Mann von raschen Entschlüssen – genau das, was Karl gern wäre. Handeln will er und führen, aber er ist eher kontemplativ, bescheiden, höflich. Ein kluger, ruhiger Gentleman und alles andere als ein kompromißloser Haudegen. Da er sich das Leben nicht leicht macht und auch selten etwas vergißt, wird er einer der Menschen, die die Last der Welt tragen – Protestant ist er ohnehin schon.

Menschen wie Karl gehen aus der Apokalypse des Weltkriegs – wenn sie all das lebend überstanden haben – anders hervor als einer wie Ross. Karl hat Dinge gesehen und vollbringen müssen, die sein sanftes Herz nicht aushält. In allen Knochen wohnt dauerhaft das Entsetzen über den mörderischen Stumpfsinn, zu dem die Menschheit fähig ist. Das Vertrauen, aus dem sich Moral und Mut nähren, ist angeschlagen. Karl versucht sich aufzurappeln, fügt sich ins Unternehmen, wird ein guter Druckereifachmann.

Seit er aus der Gefangenschaft zurück ist, entwickelt er eine Vorliebe für den Satz: »Es hat nicht sollen sein«, den er für österreichisch hält – er mag Österreich. Zwei Jahre lang leitet er die dortige Druckerei Waldheim-Eberle, die zum Ullstein-Imperium gehört, und heiratet Maria Steiner aus einer Wiener Familie, eine lebenslustige und sportliche Frau, die ihn lieb und schön findet (ist er) und außerdem zu schätzen weiß, daß er jeden ihrer Wünsche errät. »Manci« ist ein souveränes Gemüt und Karls Rettung, weil sie mit grüblerischer Melancholie partout nichts anfangen kann. Sie liebt ihn, aber sie versteht ihn überhaupt nur dann, wenn er zuversichtlich und heiter ist. Ihm bleibt nichts übrig, als das auszubauen.

Das Unternehmen braucht Karl in Berlin, er kehrt 1926 dorthin zurück. Manci bekommt zwei Kinder, Tochter Marion und Sohn Hans, die eines Tages zu ihrer Überraschung erfahren, daß sie Juden sind und merkwürdige Vornamen tragen müssen – die kleine Marion findet »Sarah« scheußlich und schreibt zornig »Sahara«. Als der kleinen Familie nur noch die Flucht bleibt, reist sie in den französischsprachigen Teil der Schweiz, ab 1941 lebt sie in den USA. Karl kann in New York als Druckereifachmann Fuß fassen, sein Haus wird zum Treffpunkt aller jetzt de facto amerikanischen Ullsteinkinder, also auch der Fleischmanns, Farmans, Benfeys.

Viele Jahre nach Hitlers Ende kommt Karl nach Berlin zurück, um zusammen mit Vetter Heinz und dem greisen Rudolf die Rückgabe dessen zu betreiben, was vom Verlag übriggeblieben ist. Er kämpft um die Lizenzen für »Morgenpost« und »B. Z.«. Er ist es auch, der später mit dem Hamburger Zeitungs-Tycoon Axel Springer verhandelt, der sich mindestens beteiligen möchte. Springer hat Sympathien für die Ullsteins und ihre Leistung, aber er ist auch ein expansiver Unternehmer mit gro-

270

ßem Appetit. Karl, weißhaarig geworden, hört aus der Familie manche »Landgraf-bleibe-hart«-Zurufe, aber er macht sich keine Illusionen. Nicht über Onkel Rudolf, nicht über Heinz oder sich selbst. Zu alt allesamt, und bald vielleicht zittrig und nicht mehr im Bilde. Ullstein-Nachfahren, die einiges mitbrächten, um in die Fußtapfen der legendären Fünf zu treten, sind entweder noch zu jung oder bereits in anderen Ländern fest verwurzelt.

Karl erleidet 1958 in Italien einen schweren Herzinfarkt, wird mit knapper Not gerettet. Ausgeschlossen, daß er weiterarbeitet. »Es hat nicht sollen sein« – nein, er sagt es selbstironischer: »Um mit Christian Buddenbrook zu reden: Ich kann es nun nicht mehr!« Womit er sich selbst unrecht tut, denn ein Christian Buddenbrook ist er nie gewesen. Er unterzeichnet 1959, was andere eine Kapitulation nennen, und gratuliert Springer zur Übernahme des Verlags mit der Ritterlichkeit eines besiegten Festungskommandanten des achtzehnten Jahrhunderts. Ein Held des Rückzugs.

Karl Ullstein stirbt nach langer Krankheit 1964, wenige Wochen vor seinem fast neunzigjährigen Onkel Rudolf und nur Monate vor seinem Schwager, Kriegskameraden und Freund Fritz Ross.

*

Der 4. Oktober 1914 ist noch nicht zu Ende! Lottes Geburtstag geht weiter: Zum Abendbrot kommen hauptsächlich Lehmann-Verwandte in die Wilhelmstraße, aber auch Mutter Elise Ullstein, bei der sich die Familie sonst sonntags versammelt. Sie wird von Hermann und Margarethe mitgebracht, und Alice erscheint mit ihrer siebzehnjährigen Tochter, ebenfalls einer Margarethe. Es gibt wirklich nur Brot, Butter und Käse, außerdem aber Niersteiner Domtal und eine etwas zu lange Rede von Vater Lehmann auf die zwei anwesenden Elisen – Mutter Ullstein und die eigene Frau.

Etwas später folgt eine etwas verhaspelte und steife Ansprache von Hermann auf Lotte. Photographien werden betrachtet, es wird sogar ein wenig gesungen. Recht fröhlich ist niemand, man trennt sich um zehn. Frieden, hat Vater Lehmann gesagt, gebe es schließlich auch dann, wenn er in der Politik gerade einmal nicht herrsche. In der Seele oder im guten Gewissen, hat er wohl gemeint.

In allen Stämmen, Ästen und Zweigen der Ullsteinfamilie sind die meisten Kinder im Bett, das Licht ist gelöscht. Der kleine Ludwig bittet allerdings, es noch ein wenig anzulassen: »Wenn ich nichts sehe, kann ich nicht schlafen.«

Die Regel lautet: Wer unter acht ist, darf nur bis acht aufbleiben (plus Vorlesen und Gutenachtkuß, da ist noch Spielraum), wer darüber ist, entsprechend länger. Woraus folgt, daß Achtzehnjährige »Urlaub bis zum Wecken« haben müßten. »Und du«, fragt Hans seinen Vater, »wie lange darfst du dann aufbleiben?« Siegfried Fleischmann rechnet und kommt auf übermorgen früh zwei Uhr, aber er antwortet: »Bis ich schlafen muß, weil ich sonst krank werde.«

In der Regentenstraße sitzt Louis Ullstein am Schreibtisch und überlegt, wie ein Zeitungsimperium einen Weltkrieg überstehen kann. Vermutlich kaum beschädigt, findet er. Die Leute kaufen Zeitungen wie verrückt, obwohl nur zensiertes Zeug drinsteht – etwas anderes als Siegesmeldungen wird kaum mehr zugelassen. Dabei sieht es so aus, als sei der geplante rasche Sieg im Westen bereits vertan.

Man kann Zeitungen für Leute machen, die es genau wissen wollen, und man kann sie machen für Leute, die lieber belogen werden. Jetzt wollen die Menschen belogen werden. Sie wollen dringend hören, daß die Sterberei da draußen einen Sinn habe. Die Regierung verlangt im Befehlston, daß nur in zuversichtlicher Weise geschrieben wird, sie befiehlt sogar, wie und was. Und ein Major Grau im Kriegsministerium paßt auf, daß die Redaktionen sich daran halten. Sie tun es unter Knurren. Denn was ist Vaterlandsliebe ohne Wahrheit?

Gedanken eines ehedem braven Schwedter Dragoners, jetzt eher verdrossenen Grizzlybären, und er äußert so etwas bestimmt nicht in größerer Runde. Patrioten sind sie alle, seine vier Brüder, auch Franz, und er selbst. Wer ihnen sagt, dieser Krieg sei vermeidbar gewesen, muß gute Argumente bringen und macht sich trotzdem nicht beliebt. Wer sagt, der Krieg werde noch Jahre dauern, wird zurechtgewiesen, obwohl er damit recht behalten könnte. Und wer sagt, es werde den »Siegfrieden« wohl nicht geben, wird nie wieder eingeladen.

Für den Verlag heißt die Devise jetzt: bärenartiges Überwintern. Höhlendasein. Um danach wiederzukommen mit allem, was man hat. Hoffentlich hat man es dann noch: Von den Redakteuren, die sich freiwillig gemeldet haben, sind bereits ein Dutzend gefallen.

*

Karl las den Brief seiner Mutter mit Rührung, aber auch etwas amüsiert. Was Mama mitteilte, war so schön belanglos. Wenn etwas jetzt tröstete, dann Belanglosigkeit. Sie schrieb, daß man die Automobile abgeben müsse, daß es an Fleisch und Eiern mangele, daß Leopold auf seinen Bruder stolz sei und die Fleischmann-Mädchen Verwundete besuchten. Daß Stefanie einmal wöchentlich in eine Fabrik gehe und Arbeiterinnen Romane vorlese. Das war Heimat: Wichtigkeiten, die nicht so wichtig waren. Die Tür zum Park schloß nicht mehr richtig, aber Leopold hatte eine Idee, wie sie zu reparieren sei. Der große Ofen zog nicht gut, ausgerechnet jetzt im Krieg. Und sonntags würde es Rehbraten geben dank guter Beziehungen von Papa zu einem Schriftsteller, der gleichzeitig Jäger war.

Karl legte sich auf den Rücken und sah nach oben. Dort ragte die Orgel der Kirche eines flandrischen Dorfes. Das Gotteshaus diente seit einigen Tagen als deutsches Lazarett, und er lag hier wegen fiebriger Angina und einer eitrigen Wunde an der rechten Hand. Er war, als er die englische Schiffsgranate heranorgeln

273

hörte, hinter einen Erdhaufen gesprungen und hatte den dortigen Stacheldraht übersehen. Die Granate war dann viel weiter hinten eingeschlagen.

Es waren andere hier, denen es schlechter ging, Schreiende oder still Leidende. Auch als Toter lag man hier noch ein Weilchen. Es starb ja niemand mit dem Ruf: »Kommt her, hier wird frei!« Die Lazarette waren noch von der ersten Ypernschlacht überfüllt, jetzt hatte schon eine nächste begonnen, man hörte von grauenhaften Verlusten bei Langemark.

Gestern war hier ganz still ein Mann gestorben, der englische Fliegerstiefel aus gelbem, weichem Leder besaß. Jeder außer ihm hatte gewußt, daß er sie nicht mehr würde anziehen können: Beide Beine waren nicht zu retten gewesen. Er hatte aber weiter Schmerzen in den Füßen gehabt, Phantomschmerzen, wie alle wußten. »Ich muß das aushalten und ich kann auch«, hatte er gesagt, »Hauptsache, ich ziehe eines Tages die Stiefel wieder an.« Jetzt war er tot und irgend jemand hatte die Stiefel. Vielleicht der Mann, der sich das Herz gefaßt hatte, ihm die Wahrheit zu sagen.

Das Lazarett deprimierte Karl. Schon weil er nicht an der Front sein konnte. Vor Ypern ging es schon wieder los, womöglich versäumte er einen großen Sieg. Man lag hier so nutzlos. Es war noch deprimierender als der Kasernenhof in Lichterfelde mit seinen Menschenschindern, Unteroffizieren, antisemitischen meist noch, bei denen die Pickelhaube zwei Pickel hatte, einen nach außen und einen nach innen. Hirngeschädigte Brüllaffen. Und nicht nur Unteroffiziere! Da hatte es diesen Rittmeister von Krosigk gegeben, der seine Rekruten gedemütigt und gequält hatte wie kein zweiter. Eines Tages fiel aus irgendeinem Fenster der Kaserne während des Appells ein Schuß, wohlgemerkt ein einziger, und der traf den Rittmeister mitten in die Stirn. Haß war das, Rache, gut geplant, man konnte den Täter nie ermitteln. Vielleicht ein bezahlter Attentäter von außerhalb.

Karl legte das Papier auf die kleine Holzplatte und dachte nach, was er den Eltern schreiben wollte. Als Junge hatte er

274

gelernt, mit der linken Hand so flüssig zu schreiben wie mit der rechten, das war jetzt von Vorteil. Aber was konnte er mitteilen, ohne Mama zu erschrecken? Ihr vorzulügen, daß er weit hinter den Feuerlinien sei, war ausgeschlossen. Als Artillerie-Verbindungsmann war er viel zwischen den vordersten Gräben und der Batterie unterwegs, also gefährdet. Besser war es also, wenn er keine der brenzligen Situationen aussparte, denn dann kamen die Eltern zu dem Schluß: Der Junge paßt gut auf, er hat ein Talent zum Davonkommen und Gott ist mit ihm. So machten es viele Soldaten jetzt: In den Briefen »schossen« die Gegner nicht einmal, sie »funkten« nur mächtig herüber, man merkte es rechtzeitig und ging in Deckung. Nun, manchen Müttern konnte man vielleicht weismachen, der Knall käme vor der Kugel an, Karls Mutter nicht.

Ja, was also? Er konnte unmöglich alle Bilder beschreiben, die in seinem fiebrigen Hirn tanzten. Es war ein Durcheinander, das kaum zu ordnen war: der Unterstand, genannt »Villa Duckdich«, der so eng war, daß das Gäste-WC in der Bettinastraße dagegen als Palast erschien. Das tote Lehmgelb der zermalmten Landschaft, die Stümpfe der enthaupteten Bäume, die Gefallenen, die Körperteile, der Gestank. Doch, das konnte er schreiben. Die Familie hatte Phantasie, aber niemand war je in so einer Situation gewesen. Auf Schlachtfeldern stank es, und die von den Explosionen geschaffenen Hügel waren ein Gemisch aus Erde und Leichen. Er schrieb das lieber doch nicht, sie konnten es sich wohl denken.

Aber wie ein Dorf aussah, während es zusammengebombt wurde: Die Häuser sprangen buchstäblich auf die Straße! Der Dorfbach verließ sein Bett und füllte alle Granattrichter. Deshalb dann dieses Ertrinken dauernd, weil man den Trichtern das Wasser nicht gleich ansah, wenn man schutzsuchend hineinsprang. Ein Soldat, verwundet womöglich, war mit den vielen Metallsachen zu schwer, um zu schwimmen: Helm, Spaten, Waffen – er versank, er konnte sich nicht halten. Nein, das schrieb er nicht! Aussichtslose Situationen machten Angst. Er schilderte die nächtliche Schlachtfeldbeleuchtung: strahlend helle Leuchtkugeln, die an wunderschönen kleinen Seidenfallschirmen herabschwebten. Oder die Wurfminen der Engländer, die zur Stabilisierung ihrer Flugbahn Flügel hatten. Sie stiegen auf wie Habichte, man sah sie lang schweben, dann kamen sie sehr schnell herunter und begruben ganze Batterien. Halt, das letzte ließ er weg. Luftkämpfe eigneten sich für den Brief besser: Sie waren imposant und gnadenlos, entweder fiel eines der Flugzeuge brennend herab oder beide, und die Gefahr für die Bodentruppen war begrenzt. Ein Schauspiel. Er beschrieb es. Dagegen der erste eigene Kriegstote, den er gesehen hatte, wie viele Wochen war das schon her? Diese starren Augen. Das Durchtrennen des Kettchens mit der Erkennungsmarke am Hals, man mußte ja melden, wer gefallen war. Das hatte er damals nicht gleich geschrieben, also ließ er es jetzt auch weg. Aber vom Graben und Schaufeln erzählte er, wenn man irgendwo festsaß und unter Beschuß war. Gute gelbe Mutter Erde! Egal, was man beim Schanzen zutage förderte, in ihr war man so viel sicherer. Das schrieb er. Und daß Kugeln, die an einem vorbei flogen, »piu piu« machten. Den Tanz von Angriff und Gegenangriff schilderte er. Noch mörderischer ging es zu, wenn beide Seiten gleichzeitig angriffen. Er erwähnte, daß er drei feindliche Schützen – ja was? Erschossen hatte? Ausgeschaltet? Erledigt? Er entschied sich für »getötet«. Feinde zu töten diente dem Sieg, und außerdem hatte man damit sein Leben schon vorab teuer verkauft. Das schrieb er.

Zwar waren Briefe an die Eltern nicht zum Lügen da. Er wollte aber nichts erwähnen, was am Bild des heldenhaften Einsatzes und des sinnvollen Opfers zehrte. Außerdem konnten Feldpostbriefe in des Feindes Hand fallen oder in die der Zensur. Also keine Ortsnamen, keine Namen höherer Offiziere! Und kein Wort über die Resignation, von der die Truppe nach dem törichten Rückzug im September befallen worden war – Kriegsgefangene hatten ihn als das »Wunder an der Marne« bezeichnet. Gab es so etwas wie eine Angst vor dem Erfolg?

Jeder Sieg kostete viele Menschenleben, aber nicht zu siegen vielleicht noch weit mehr. Hatte die Führung in Luxemburg nicht mitbekommen, daß man drauf und dran war, Paris zu nehmen? Zittrige alte Männer mit großen Namen versäumten den Sieg! Sie sorgten dafür, daß alle Mühe umsonst war – nein, das schrieb er nicht, ihm fiel die zitternde Hand seines Vaters ein. Und manche seiner Sätze, die sich nur für den Frieden eigneten:

»Wer liest, versäumt nichts.« Typisch Papa.

»Wieso, wo ist da die Logik?« hatte Karl gefragt.

»Ich weiß, es ist unlogisch«, hatte Papa geantwortet, »aber eine Erfahrungstatsache.«

Guter Papa! Er war weise und konnte warten, er hatte wirklich viel Erfahrung. Aber mehr mit Rechtslagen und Zeitungskriegen, nicht mit Kämpfen auf Leben und Tod.

Karl wollte erwähnen, daß der Trinkwasservorrat nicht ausreichte und daß man in den Tornistern der gefallenen Kameraden oder Feinde nach Trink- und Eßbarem fahndete. Daß man dabei Familienbilder fand und traurig wurde. Unerwähnt ließ er, daß es auch Tote gab, weil die eigene Artillerie zu kurz schoß. Das Malheur war nie mit letzter Sicherheit zu vermeiden: Kabel waren zerschossen, Melder niedergestreckt, es passierten Mißverständnisse und Rechenfehler. Daß er einmal von einem Häufchen Überlebender fast verprügelt worden wäre, ungerechterweise, denn er konnte nichts für das zu kurz liegende Feuer – Himmel, das war nichts für die Bettinastraße!

Er schrieb lieber, daß er sich jetzt an die Gemeinschaftslatrine gewöhnt habe, nachdem er sich in den ersten Wochen auf dem »Donnerbalken« unwohl gefühlt habe, so dicht bei dicht. Nur gut, daß er nicht beschnitten war, er kannte die dummen Bemerkungen, die andere hören mußten. Nein, das wollte er auch weglassen. Er bat um neue Ullsteinbücher und Toilettenpapier, ferner eine nicht zu große Salami und Zigarren. Zwar rauchte er nicht, aber Zigarren waren jetzt ein beliebteres Zahlungsmittel als die Reichsmark.

Briefschreiben war eine harte Pflicht. Er war schon vom Entwerfen müde und noch mehr vom Nachdenken über die Auslassungen. Er wollte ein wenig dösen. Da kam Ross herein. Fritz Ross, ein enorm mutiger, ja tollkühner Soldat und offenbar unverwundbar, eben Leutnant geworden, sein Freund und Vorbild – der kam ihn hier einfach besuchen, und der Hauptmann hatte es erlaubt! Besserungswünsche von der ganzen Batterie, und er fehle allen sehr. Karl schien es, als ob sein Fieber binnen Sekunden um wenigstens fünf Strich fiele.

*

Auf den Treppen und in den Gängen des Ullsteinhauses waren 1915 mehr Uniformen zu sehen als je zuvor. Woran das wohl lag? Journalisten, die als Heimaturlauber in der Redaktion hereinschauten, wollten zeigen, daß sie draußen mitkämpften. Selbst die Reservisten, die im Verlag hatten bleiben müssen, stolzierten im bunten Rock. Franz Ullstein, der wegen seiner Kurzsichtigkeit nicht gedient hatte und auch sonst keine Liebe zum Militär hatte entwickeln können, reagierte unwirsch. »Hier ist keine Kaserne, und wir sind auch nicht an der Front!« Aber das sagte er nur unter vier Augen zu Hermann – der ebenfalls nicht hatte dienen müssen.

In Berlin herrschte, was man etwas beschönigend »Burgfrieden« nannte. Franz fand, daß »Festungshaft« der bessere Ausdruck wäre, denn die Oberste Heeresleitung bestimmte immer mehr, was in der Festung getan, gesagt und geschrieben werden durfte. De facto war es letztlich doch ein Frieden und kein Konflikt, denn es gab kaum einen Redakteur, der nicht alles tun wollte, um zum Sieg beizutragen. Für Generäle war die Presse allerdings nur eine Fortsetzung schädlicher öffentlicher Äußerungen mit größerem Multiplikator.

Georg Bernhard, der Ullstein-Mann in der neuerworbenen »Vossischen Zeitung«, führte einen zähen, aber vergeblichen Kampf gegen die Militärs. Die wollten nur eine patriotisch

278

tönende Presse, die das Volk aufforderte, Kriegsanleihen zu zeichnen. Vor allem versperrten sie der Presse den Weg ins Ausland. Ob dort deutsche Zeitungen gelesen wurden und die Meinungen beeinflussen konnten, war der Heeresleitung unwichtig. Folglich beherrschte in Europa die gegnerische Presse das Feld. Dabei hätte Bernhard gerne wirkungsvoll widerlegt, was draußen über angebliche deutsche Greuel in Belgien oder über »Kriegsverbrechen« wie die Versenkung des Passagierschiffs »Lusitania« verbreitet wurde – das Schiff hatte immerhin Munition und kriegswichtige Güter aus Amerika mitgeführt, und es waren ernsthafte, inständige Warnungen hinausgegangen. Die Schuld schien mindestens aufteilbar. Schon die schiere Zahl der Toten (1198, darunter 139 Amerikaner, was bedeutsam werden konnte) verdiente einige Wahrheitsliebe bei der Darstellung der Hintergründe. Aber wie die Dinge lagen, konnte keine deutsche Zeitung beeinflussen, was im Ausland als Wahrheit galt.

Eine von den Generälen kontrollierte Presse verlor ihre Glaubwürdigkeit über kurz oder lang auch im Inland. Abgesehen davon, daß nach dem Krieg (Bernhard war immer noch überzeugt: nach dem »Siegfrieden«) lange im Bewußtsein bleiben würde, wie die Zeitungen verschleiert und gelogen hatten. Ob auf Befehl oder ohne, die Abonnenten würden sich mit dieser Frage nicht aufhalten. Franz fand zwar, daß Georg Bernhard sich etwas zu sehr der Heeresleitung als Helfer andienen wollte, war aber in puncto Verbote derselben Meinung. Daß beispielsweise keine Photographien aus dem Frontgebiet verbreitet werden durften, wirklich gar keine, ging zu weit. Die Konkurrenten litten unter der Blindheit der Militärbehörden genauso. Bernhard gründete zusammen mit anderen eine Institution namens »Berliner Pressekonferenz«, aber auch die konnte wenig durchsetzen.

August Scherl litt unter alledem weniger, denn es gab ihn sozusagen nicht mehr. Er schrieb nach dem Verkauf seines Verlages – den leitete jetzt ein Herr Hugenberg – dem Vernehmen nach ein Buch über das Eisenbahnsystem der Zukunft. Wer in diesen bedrohlichen Zeiten rein gar nichts Wichtiges zu tun hatte, der beschäftigte sich mit der Zukunft.

Franz sollte den Wilhelmsorden erhalten – von Seiner Majestät persönlich. Womöglich auch geadelt werden, munkelte man lockend. Warum? Wegen der Ullstein-Kriegsbücher, die vom Verlag zu Hunderttausenden kostenlos an die Front gegangen waren – Franz war für den Buchverlag der oberste Verantwortliche. Er bat sich Bedenkzeit aus. Ausgerechnet den Wilhelmsorden! Man hatte ihn schon 1909, als Emilie Mosse ihn wegen wohltätiger Stiftungen bekam, als den Orden »Pour les Sémites« bezeichnet. Außerdem war Franz entschlossen, keine Auszeichnung entgegenzunehmen, die nicht auch seine Brüder bekamen. Das innerlich angeschlagene Hohenzollernsystem suchte sich der Tüchtigen durch Orden und Titel zu versichern, als würden sie sonst jeden Augenblick davonlaufen. Bei diesem Kasperletheater machte ein Ullstein nicht mit – was hätte Vater Leopold dazu gesagt!

Neffe Karl hatte jetzt für große Tapferkeit vor dem Feind das Eiserne Kreuz bekommen. Das war etwas! Nein, Ende der Diskussion! Franz lehnte ab, preußisch-bescheiden und wilhelminisch-untertänig, vor allem glänzend formuliert.

Allmählich gab es Probleme mit den Rohstoffen: Wie lange bekam man noch Papier? Wie war es mit dem Blei? Zunächst wurden die Keller nach älteren, bereits in Blei gesetzten Artikeln durchforstet, die nicht zum Zuge gekommen waren und deshalb als Rohstoff wiederverwendet werden konnten. Rudolf hatte angeordnet, daß in keinem Fall blindlings eingeschmolzen werden sollte: »Alles lesen, dann erst einschmelzen!«

Und so tauchte er plötzlich wieder auf, der Morgenpost-Artikel »Die letzte Warnung« von Dr. Arthur Bernstein. Er war von der Mobilmachung überholt worden, mußte zurückgezogen werden in letzter Minute, der Weltkrieg war schneller. Wehmütig las Franz eine der ehrlichsten, scharfsinnigsten Analysen zum Ausbruch eines Krieges, den später Albert Ballin, Kaiser Wilhelms Freund, den »dümmsten aller Kriege« genannt hat. Bern-

280

steins Artikel schloß mit dem Satz: »Eine Million Leichen, zwei Milliarden Krüppel und 50 Milliarden Schulden werden die Bilanz dieses ›frischen, fröhlichen Krieges‹ sein – weiter nichts.«

Wehmütig war Franz deshalb, weil der mutige Artikel, selbst wenn er gedruckt worden wäre, nichts mehr bewirkt hätte.

Leute, die wenig davon verstanden, liebten es, von der »Macht der Presse« zu sprechen. Und im Hinblick auf Berlin sofort auch von der Macht der Juden. Zeitungen konnten ein bißchen nützlich sein, in Grenzen informieren und freundlich unterhalten. Sie konnten sich der Macht anpassen und eine Weile glauben, daß sie so an ihr teilhätten. Gewiß, hin und wieder konnten sie etwas aufdecken, Klarheit schaffen wie die »B. Z. am Mittag« in der Daily-Telegraph-Affäre. Waren aber Machtinteressen und staatliche Gewalt geschlossen gegen sie, wurden sie weggeweht wie Herbstlaub.

*

Heinz Ullstein hatte sich im August 1914 mit einundzwanzig Jahren freiwillig zum Heer gemeldet, war aber »wegen manifester Unterernährtheit« abgewiesen worden. In der Tat, er aß wenig. Der Verdacht auf »Schwindsucht« wurde verworfen, kaum daß man ihn ausgesprochen hatte. Heinz war aber immerhin schon so »geschwunden«, daß man ihn der schwer kämpfenden Front nicht mehr zumuten konnte. Er wanderte von Arzt zu Arzt, die Diagnosen wechselten, man sprach von Auszehrung und nervösen Eßstörungen, empfahl Ruhe, platonischere Liebe und Lebertran. Keiner der hochbezahlten Doktoren kam auf die Idee, daß der Sohn des reichen Louis Ullstein lungenkrank sein könnte. (Erst drei Jahre später faßte ihn ein kleiner praktischer Arzt namens Lustig, den er wegen einer Schürfwunde aufsuchte, fest ins Auge und sagte: »Na, wenn das keine bildschöne Tuberkulose ist . . .!«)

Auf Wunsch seines Vaters sah er sich dann eine Woche lang in den Redaktionen von »Morgenpost« und »B.I.Z.« um. Er registrierte zwar gern, daß Papa ihm eine vernünftige Arbeit im Verlag zutraute, beschloß aber doch, beim Theater zu bleiben. Er hatte am Gendarmenmarkt gespielt, dann in Freiburg im Breisgau, dann in Rumänien für die Truppe – er fühlte sich nicht nur als geborener, sondern längst auch als gewordener Schauspieler. Und gerade jetzt ergab sich die Möglichkeit, im Deutschen Theater zu spielen. Einen Termin zum Vorsprechen beim »Professor« – das war Max Reinhardt – hatte er schon.

Else, Heinzens Mutter, war verzweifelt. Die Sache mit der Schauspielerei schien nun endgültig zu werden. Louis bat sie abzuwarten, nahm seinen Hut und ging in eine Vorstellung. Als er zurückkam, hing er den Hut wieder hin und sagte: »Ich kann dich beruhigen: Unser Sohn ist kein Schauspieler.«

Reinhardt setzte sich hin und sagte – so hat Heinz es später geschildert – erst einmal gar nichts. Ein Schweiger. Ein Zuhörer mit scharfen Ohren und Augen. Heinz schwieg ebenfalls und wartete auf eine Aufforderung. »Was wollen Sie eigentlich hier?« fragte Reinhardt nach einer Weile.

»Ich wollte vorsprechen.«

»Aha! Dann wollen Sie also Schauspieler werden! Und was wollen Sie vorsprechen?«

Heinz sprach den Malvolio aus »Was ihr wollt« vor. Als er fertig war, sagte Reinhardt: »Das genügt.« Heinz zitterte etwas: Wie hatte der Professor das gemeint?

»Ich war«, sprach Heinz, um das Schweigen zu übertönen, »unter anderem am Freiburger Theater engagiert...«

»Ach!« antwortete Reinhardt ohne erkennbare Anzeichen von Ironie. »Dann sind Sie ja überhaupt Schauspieler!«

Heinz Ullstein wagte darauf nichts zu sagen. Wenn man an seinem Vorsprechen nicht gemerkt hatte, daß er Schauspieler war...

Reinhardt fand, daß der dünne junge Mann seine Sache nicht schlecht gemacht hatte. Er engagierte ihn. Nur eines gab zu denken: Der Mensch trug privat ein Monokel, obwohl er völlig gesunde Augen hatte.

1915, was für ein großartiges Jahr! Engagiert am Deutschen

Theater! Heinz feierte mit einem Freund, der einen silberbe-
knauften Stockdegen trug und jederzeit bereit war, sich für Fragen des guten Stils zu prügeln: Kurt Tucholsky. Wenn Heinz ein
Vorbild hatte, war es dieser Mann. Er kämpfte mit jedem Wort
gegen Niedrigkeiten. In ihm selbst gab es nichts Niedriges, nicht
einmal in homöopathischer Dosierung. Heinz ahnte, daß er sein
Vorbild nicht erreichen würde. Aber im Moment störte nichts, er
war von sich begeistert. Er fühlte sich wie im Märchen von der
Traumbuche, das ihm einst sein Großvater vorgelesen hatte:
». . . er war rundherum satt und es war seine beste Stunde«.

Dabei konnte so vieles Sorgen machen. Brotmarken wurden
ausgegeben. Italien verließ den Dreibund und war ab sofort
Feind. An der Westfront wurde Gas eingesetzt. Schwester Steffi
heiratete demnächst einen unmöglichen Mann, nur um rasch
aus dem Haus zu kommen. Mutter Else wurde unerfreulich.
Das Grammophon stand kaum noch still und das Gebrüll der
Tenöre empfing Besucher schon am Hauseingang. Sie hatte
schon immer so eine melancholische Tapferkeit an sich gehabt,
aber jetzt las sie auch noch Maeterlinck und dachte über das
Leben nach dem Tode nach. In allen Stämmen der Familie
wurde diskutiert: Liegt es an Else oder an ihm?

Eines Tages lud Louis Ullstein Max Reinhardt zum Abendessen ein. Sie waren beide seit kurzem Mitglieder eines patriotischen Clubs, der »Deutschen Gesellschaft 1914«. Reinhardt
kam. Da saßen nun zwei Persönlichkeiten, die einander respek-
tierten, aber die Gewohnheit hatten, aufs Reden zu verzichten
und sich anzuhören, was vom anderen kam. Drei Stunden lang
war kaum eine Unterhaltung in Gang zu bringen, obwohl die
Herren einander wohlwollend musterten. Auch die Frauen, Else
Heims und Else Ullstein, wußten bald nicht mehr, was sie reden
sollten und Heinz, der sonst nicht auf den Mund gefallen war,
schwieg betroffen. Irgendwann sann er nur noch vor sich hin.
Seltsamerweise über den militärischen Grundsatz: »Überall stark
sein zu wollen ist der beste Weg zur Schwäche.«

*

Stefanie, Steffi also, feierte am 17. Februar 1916 ihren neunzehnten Geburtstag. Tante Toni – die »kleine«, erschien mit Töchtern in der Regentenstraße, um zu gratulieren. Ihr Geschenk war eine Fuchsstola, passend zur arktischen Kälte. »Heiraten solltest du aber lieber im Frühling«, sagte Toni, »am ersten richtig warmen Tag!« Steffi sagte nichts, sie blickte ernst und streichelte unentwegt ihren Hund, als wäre sie mit dem verlobt und nicht mit Theo. Der war auch da – er stand irgendwo anders und rauchte mit Heinz. Der eben von seinem Vater gebeten wurde, den Champagner zu öffnen.

Man verlangte von einer jungen Frau ja nicht, daß sie in Glück schwamm, nur weil sie verlobt war. Gerade am Anfang konnte es so viele Mißverständnisse geben, Enttäuschungen und Befürchtungen. Aber Steffi schien es ernstlich schlecht zu gehen. Verstellen konnte sie sich nun einmal nicht. Was bedrückte sie? Toni nahm sie beiseite und fragte. Statt einer Antwort brach Steffi in Tränen aus, entschuldigte sich und ging aufs Zimmer. Den Champagner trank man ohne sie.

*

Sie wollte Tante Toni alles erzählen. Aber nicht mit dem Glas in der Hand und in Hörweite von Papa, Mama, Theo und dem ständig Sprüche klopfenden Bruder Heinz. Die sollten von alledem möglichst wenig erfahren. Vielleicht ging es ja noch einmal gut. Theo spielte zwar den Bonvivant, war aber wohl doch nicht sonderlich erfahren. Eine scheußliche Nacht war das gewesen. Das Schlimmste: Er fand das völlig in Ordnung so und war mit sich zufrieden! Daß die Ehe ein Gefängnis sein konnte, sah sie an ihrer Mutter oder besser gesagt, an beiden Eltern. Drohte ihr das gleiche? Ihre Regel war bereits ausgeblieben, und ein uneheliches Ullstein-Kind kam nicht in Frage. Abtreibung auch nicht, eine Ullstein tat so etwas nicht. Außerdem freute sie sich im Grunde darauf, ein Kind zu haben. Aber dann war sie von ihrem Verlobten noch mit etwas angesteckt worden, das er sich, wie er sagte, wohl im »Künstlermilieu« geholt habe – er malte ja Bilder. Ihr Arzt hatte den Kopf geschüttelt und, um sie abzulenken, von Schnitzlers »Reigen« erzählt.

Gab es ein Talent zum Unglücklichsein?

Freude machte ihr derzeit nur das wöchentliche Vorlesen in der Munitionsfabrik. Die Arbeiterinnen wollten Romane hören, in denen das Leiden einen Sinn hatte und am Ende alles gut wurde. Das Böse mußte stürzen, das Gute erhöht werden, Liebe griff um sich und das arme, bescheidene Mädchen kriegte einen schönen, reichen Mann aus uraltem Geschlecht.

Die Wirklichkeit war anders, da kriegten reiche jüdische Mädchen arme, unbescheidene Barone mit uralten Geschlechtskrankheiten.

*

Die Hälfte von Karls Urlaub war schon wieder herum. Die Bitterkeit, wieder ins Feld zu müssen, begann zu wachsen, die Angst raubte den Schlaf. Januar 1917 – der Krieg war jetzt im dritten Jahr und wohl nur noch durch ein Wunder zu gewinnen. Kompanien wurden jetzt von Feldwebeln geführt, weil so viele Offiziere gefallen waren.

Von Verdun nach Lemberg an die Ostfront, von dort wieder zurück nach Verdun, ein ständiges Hin und Her war das in den letzten Jahren gewesen, und immer war er nachts an Berlin vorbeigefahren. Jetzt sah er Eltern und Geschwister wieder, dazu Berlin, wie es jetzt war, und er fand alles ziemlich deprimierend. Die Stimmung war trübselig, man wollte ständig gute Nachrichten hören und glaubte doch keine einzige. Die Versorgung war schlecht, die Gesichter schon magerer. Und es war ein strenger Januar, man fror und hatte wenig zum Heizen. Selbst reiche Familien, die genügend Bestechungsgeld zahlen konnten, mußten sich einschränken.

Jeder war über das Aussehen des anderen beunruhigt und Mama über das von Karl: Zwanzig Pfund hatte er abgenommen, und sein Gesicht war von gelblichem Grau. Zu wenig Schlaf dort draußen, hier nun ebenso. Das Gehirn hatte zu tun mit all den Eindrücken, Zweifeln und Vorahnungen. Es kostete Kraft, den Menschen zu Hause weiszumachen, die Männer im Schlamm von Belgien und Frankreich seien nicht wie Insekten vernichtet worden, sondern in Würde gestorben. Wenn man aber an dieser Lüge nicht eisern festhielt, wurde es noch schlimmer. Karl half sich damit, nur wenig zu reden. Sein Vater schwieg ja auch, er war sein großes Vorbild im weisen Schweigen.

Karl hatte von der Heldentat erzählt, für die er das Eiserne Kreuz bekommen hatte. Die Sache mit dem Melder, der in einem Haus unter starkem Beschuß festsaß und dessen Meldung vielleicht sehr wichtig sein konnte. Karl hatte angeboten, die Meldung zu holen. Der Oberleutnant war dagegen, aber er konnte einen patriotischen Milchbart, der unbedingt auf dem Friedhof der Leichtsinnigen landen wollte, schlecht aufhalten, wenn der dazu noch beteuerte: »Ich weiß, daß mir nichts passiert!« Er war tatsächlich bis zu dem beschossenen Haus durch- und wieder zum Gefechtsstand zurückgekommen, obwohl die Franzosen sich große Mühe gaben, ihn zu töten, die Kugeln pfiffen nur so an ihm vorbei. Die Meldung erwies sich dann als bereits bekannt und überholt. Aber die Bereitschaft zur sinnlosen Selbstopferung mußte belohnt werden, sonst wurde ja das ganze Verdun sinnlos.

Gegen den Willen eines antisemitischen Hauptmanns war Karl ein Jahr später zum Leutnant befördert worden. Mittlerweile war ihm klar, daß sein Eifer und sein Leichtsinn auch etwas mit dem Ressentiment zu tun hatte, das jüdischen Soldaten oft entgegenschlug. Dem wollte er mit Beweisen von Vaterlandsliebe und Tollkühnheit begegnen. Insbesondere die »Judenzählung« hatte dazu beigetragen, die 1915 im Heer veranstaltet worden war, um herauszufinden, ob Tapferkeit und Todesquote bei Juden prozentual geringer seien als bei Nichtjuden. Man hatte eigentlich beweisen wollen, daß die Juden weichlicher und feiger seien als andere. Daß dieser kränkende Versuch wunderschön scheiterte, bedeutete keinen Sieg der Juden. Denn die Kränkung war da, die Fortdauer von Mißtrauen und Haß waren bewiesen.

Dafür, daß Karl sein Leben mehrmals mutwillig aufs Spiel gesetzt hatte, schämte er sich ein wenig. Es fiel ihm schwer, immer wieder neuen Zuhörern zu erklären, wie er zum Eisernen Kreuz gekommen war. Sprach er das Wort »Leichtsinn« aus, erntete er Protest. Nur Mama und Papa schwiegen diskret. Sie waren zu klug, sie ahnten alles. Es war schwer, ihnen etwas ins Gesicht zu sagen, was nicht stimmte. Das erste, was im Krieg einen Knacks bekam, war die Aufrichtigkeit, und dazu auch der Stolz, weil die Lüge ihn aushöhlte.

Wenn Karl nicht schlafen konnte, las er. Bernhard Kellermann hatte Frontberichte geschrieben: »Der Krieg im Westen«. Kein Hurrapatriotismus, sachlich in Ordnung, leider mit einer Vorliebe für gewagte, überanstrengte Bilder. Da wurden Drahtverhaue zu einem »Dornengestrüpp, das keine Früchte trägt«, und in dem der Mensch starb »wie die Fliege in den Haarborsten der fleischfressenden Pflanze«. Karl legte das Buch weg. Vergleiche mit Pflanzen und Insekten schienen ihm unpassend. Der gewaltsame Tod war schon für sich etwas Schreckliches. Da hatte einer zwanzig Jahre gelebt, Brauchbares gelernt und es geschafft, sich mit Verstand und Geduld etwas Zukunft zu erobern, Aufgaben zu lösen, Gefahren zu verringern. Und dann opferte er das alles dem Vaterland. Durfte er das überhaupt? Was sagte Gott dazu? Nichts Eindeutiges. Deus absconditus: Er hielt sich versteckt. Vielleicht kam aber aus dem ganzen Leiden und Sterben dieses Krieges etwas Gutes heraus, eine Erlösung gar, die anders nicht zu haben war? Daß Gott so etwas den Menschen nicht sofort und vorab erklärte, war einzusehen: Es hätte dem Krieg die reinigende Wirkung genommen, die Neues erst möglich machte. Wenn aber dann doch nichts Gutes herauskam?

Karl wanderte jeden Tag in der Stadt umher. Er hatte jetzt ein anderes Auge für die Großstadt: Berlin von der Front aus gesehen. Gewiß war der größere Teil derer, die in Frankreich starben, Söhne der Provinz aus Bauern- und Handwerkerfamilien. Aber es waren auch genügend Arbeiter- und Bürgerkinder aus den großen Städten dabei. Die Berliner Verlustlisten, die bis vor kurzem noch öffentlich ausgehangen hatten, waren immer länger geworden. Darum hatte man sie jetzt abgeschafft.

Er sah die Suppenküchen, die unzähligen bettelnden Kriegskrüppel, schaute ins Obdachlosenasyl an der Jannowitzbrücke. Der Kaffee war kein Kaffee mehr, sondern geröstetes Getreide. Vor den Bäckereien harrten endlose Schlangen, man stand um eine Sorte Brot an, das niemand beißen konnte, nicht einmal verdauen, vielleicht enthielt es Holzstückchen. Es gab Mehlersatz, Kunsthonig, Milchersatz, Butterersatz. Da manche Berliner Ratten fingen und verzehrten, ging der Witz um, demnächst werde ein Ministerium für Lebensmittelversorgung eingerichtet, und ab dann würde es nur noch Kunstratten geben. Echt waren die Kohlrüben, die kein Mensch mehr sehen konnte. Karl sah, wie Hungernde an Pferdekadavern herumsäbelten, hörte, daß Familien den Tod der Großmutter verschwiegen, um weiter ihre Lebensmittelkarten zu beziehen. Über alledem aber ein Ruch von Korruption und brutalem Eigennutz, jeder sah, wo er blieb, egal wieviele hungerten. Das Wort »Kriegsgewinnler« drückte den Haß derer aus, die zu kurz kamen, oft auch mit dem Zusatz »jüdisch« – wer haßte, griff nach allen herabsetzenden Vokabeln, die ihm bekannt waren.

Wer Geld hatte und an Alkohol kam, soff – in den Spelunken wie in den Varietés übte man sich im Wirkungstrinken, um diese mörderische Welt für ein paar Stunden in milderem Licht zu sehen.

Gesammelt wurde jederzeit, die Büchsen schepperten nur so durch die Straßen: für die Front, für den Sieg, für unsere Soldaten. Kriegsanleihen wurden gezeichnet, viel Geld hingegeben, von dem bei einer Niederlage niemand einen Heller wiedersehen würde. Wer es aber ablehnte, Kriegsanleihen zu zeichnen, der wurde gemieden, sein Freundeskreis verkleinerte sich schlagartig.

Die Sozialdemokraten nahmen sich der Hungernden zu wenig an, sie trugen nach wie vor diesen Krieg mit, und deshalb hatte sich ein linker Flügel abgespalten, der aber nichts gegen die Beharrungskraft der Mehrheit ausrichten konnte. Einen Munitionsarbeiterstreik hatte es gegeben, wie man hörte, und ab und zu überfielen wütende Arbeiterfrauen ein Lebensmittellager und verlangten die sofortige Verteilung der Vorräte. Die Polizei reagierte hart, um Nachahmer abzuschrecken.

Überall geisterten verzweifelte Ideen über die Rettung oder Wiederherstellung einer Welt, in der Menschen leben konnten. Heisere Stimmen drangen ans Ohr: Den Krieg doch noch mit besonders brutalen Mitteln gewinnen! Noch bessere Unterseeboote, noch schrecklicheres Giftgas! Panzerwagen! Oder aber: den Krieg abbrechen, die kommunistische Revolution zum Sieg führen, die ja, wenn sie überall gleichmäßig erkämpft wurde, nur den Imperialisten schadete, die die Völker Jahrhunderte lang ausgeraubt hatten. Gerechtigkeit! Freiheit nur für die, die sie verdienten! In den Kerker oder an die Wand mit allen anderen!

Nein, aus diesem Krieg kam vermutlich nichts Gutes, weder an der Front noch hier, und auch nicht für ihn, Karl, wenn er am Leben blieb.

Nachts ergriff ihn kindliche Angst. Traf sie ihn auf der rechten Körperseite liegend an, dann warf er sich auf die linke und hoffte vergebens, daß ihn das Verderben in der neuen Lage nicht so rasch finden würde.

Der Abschied rückte heran. Die Nachrichten, auch wenn sie die Wahrheit nur fünkchenweise enthielten, sagten über die Westfront weder Neues noch Gutes. Es gab nur eines, worauf Karl sich freute: das Wiedersehen mit Fritz.

Fritz Ross
1889–1964

Über die Kindheit von Fritz Ross ist nur bekannt, daß er – wie sein älterer Bruder Colin – als Sohn des Ingenieurs und Konstrukteurs Friedrich Ross in Wien geboren und aufgewachsen ist. Die Familie stammt aus Schottland – die Seefahrer Sir John und Sir James Clark Ross sind direkte Vorfahren – und ist irgendwie über Hamburg nach Wien gekommen, wo der Großvater das erste Elektrizitätswerk gebaut hat. Nach Gymnasium und Abitur studiert Fritz Nationalökonomie, wird dann von der Wiener AEG angestellt. Der gewandte, schnell begreifende junge Mann wird nach Berlin empfohlen und in der dortigen Direktion beschäftigt, er darf einmal Emil Rathenau und mehrmals dessen Sohn Walther die Hand drücken. Eine AEG-Karriere scheint vorgezeichnet, man schickt ihn zur weiteren Ausbildung nach Schweden und England, eine Zeit lang arbeitet er in der Verkaufsabteilung eines Hamburger Holzindustrieunternehmens. Seine berufliche Rückkehr nach Berlin steht bevor, als der Krieg ausbricht. Er kommt zur Feldartillerie und lernt Karl Ullstein kennen. Der bestaunt zunächst einmal, daß dieser Ross wegen seiner schottischen Herkunft tatsächlich die Wahl gehabt hat, ob er als englischer oder als deutscher Soldat ins Feld ziehen will. Es scheint im August 1914 sonnenklar, daß deutsche (und französische) Soldaten mehr auf die Mütze kriegen werden als englische.

Vom Krieg, den er als Kommandant einer Flak-Batterie beendet, erzählt Fritz Ross so wenig wie Karl. Eine Begebenheit erzählt er hin und wieder doch, weil sie so etwas wie ein Lehrstück ist: Da hat er eine zerschossene und wieder geflickte Telephonleitung ausprobiert und in den Handapparat gerufen: »Bitte Batterie vier!« Es raunzte eine Stimme vom anderen Ende: »Gewöhnen Sie sich Ihre jüdischen Warenhaushöflichkeiten ab. Es heißt: ›Batterie vier‹, sonst nichts, klar?« Worauf Fritz zurückfauchte: »Wie kommen Sie dazu, mich als Juden zu bezeichnen?«

Er erzählt den Vorfall als Exempel, obwohl er sich ein bißchen schämt: Hätte er einen Moment überlegt, wäre die Äußerung gar nicht gefallen.

An der Front hat er viele Männer vom Typus Hitler kennengelernt. Er sagt: »Unter klarer und strenger Führung sind das recht ordentliche Soldaten.« Mehr ist ihm über Hitler trotz seiner Abneigung gegen die Nazis nicht zu entlocken. Seine Orden läßt Fritz Ross in der Schublade: Zu viele andere prunken damit, deren soldatische Qualitäten er bezweifelt.

Im Krieg bewundert Karl in Ross den mutigen Krieger. Seine Schwester Hilda verliebt sich in den »dekorativen Brocken von Mann«. Er hat zum Glück mehr zu bieten als seine Erscheinung. Und er liebt die hübsche Ullsteintochter, eine Frau ohne Arg, beherzt und einfühlsam, eine Seele ohne Seelengetue.

Fritz hat dann jahrzehntelang durch dick und dünn zu Hilda und den Ullsteins gehalten, auch als dies nicht mehr opportun, sondern nur noch gefährlich war.

Das ist eine seiner Qualitäten: daß er Gefahren zwar rechtzeitiger sieht als andere, sich aber durch sie nicht schrecken läßt. Er ahnt die Gefahren, die durch Antisemitismus und weitere deutsche Katastrophen drohen könnten, präziser voraus als alle Ullsteins. Seit er 1918 als Fachverlagsleiter in die Firma eingetreten ist, weist er auf die Notwendigkeit hin, Stützpunkte im Ausland aufzubauen und nicht auf Deutschland beschränkt zu bleiben. Widerstrebend gibt sein Schwiegervater Hans nach. Man erwirbt in Wien die Druckerei und den Verlag Waldheim-Eberle, in Rußland die Slowo-Verlagsgesellschaft, der freilich keine lange Lebensdauer beschieden ist: Lenins Revolution wartet schon darauf, sie zu fressen.

Der lange Mann mit dem scharfen Blick steigt im Verlag auf. 1924 ist er Leiter des Zeitschriftenverlags, ab 1929 Mitglied des Aufsichtsrates.

Er ist es, der das von anderen Verlagen aus politischen Bedenken abgelehnte Manuskript »Im Westen nichts Neues« von Erich Maria Remarque annimmt – Emil Herz hätte diese Entscheidung nicht allein treffen können. Ross' Entschluß dürfte damit zusammenhängen, daß ihn der verlogen-heroisierende Umgang der Nazis mit dem Elend des Weltkriegs herzlich anwidert.

In den zwanziger und bis in die dreißiger Jahre wohnt Fritz Ross mit Hilda, drei Töchtern und einem Sohn im großen Haus des Schwiegervaters in der Bettinastraße. In Österreich kauft er an der Donau ein Anwesen namens »Weinwartshof«, das zum Zufluchtsort seiner Familie werden wird.

Mit seinem Bruder Colin, dem ewigen Weltreisenden und beliebten Reiseschriftsteller, verbinden ihn Vertrauen und Freundschaft. Das ist, von außen betrachtet, merkwürdig. Denn Colin findet am »Dritten Reich« einiges gut und richtig, genießt sogar das Wohlwollen führender Nazis – offensichtlich aber solcher, die nicht lesen können. Denn Colin kann mit Rassismus zu keiner Zeit etwas anfangen und macht ihm in seinen Büchern keine Zugeständnisse.

Zuletzt, kurz vor der oberflächlich getarnten Enteignung des Ullstein-Verlags durch die Nazis, ist Fritz Ross Vorsitzender des Aufsichtsrates, wohl weil die Ullsteins glauben, er würde als »Arier« und tapferer Frontoffizier die Wut der Nazis weniger auf sich ziehen. Eine Intervention ausgerechnet bei dem Rassenfanatiker Rudolf Heß, mit dessen Hilfe er der Familie den Verlag erhalten will, trägt ihm eine schwere Demütigung und dem Verlag die noch raschere »Arisierung« ein.

Nach dem Zweiten Weltkrieg ist Fritz Ross zusammen mit Rudolf und Karl einer der Hauptakteure der Ullsteinschen Restitutionsansprüche, erst in Österreich, dann in Berlin.

Fritz Ross ist und bleibt ein beeindruckendes Mannsbild, ein Offizier, Gutsbesitzer und Jäger, der gern auch den Hasardeur und Haudegen spielt – »eine Art Hemingway«, hat einer seiner Schwiegersöhne gesagt.

Jenseits seiner Selbstdarstellung ist Fritz Ross aber zur Diplomatie fähig, ein abwägender Kopf, ein vorsichtiger und ahnungsvoller Navigator, wie seine Vorfahren John und James es in den Polarmeeren gewesen sind. Was nicht ausschließt, daß sie alle gelegentlich zu viel wagten oder sich einfach rechtschaffen irrten.

*

Hans Ullstein war ein treuer Leser des Münchner »Simplizissimus«. Der wurde jetzt, während des Krieges, leider ziemlich grell patriotisch, grell im Sinne von geschmacklos. Aber es gab immer noch zu lachen. Da waren zwei Gymnasialprofessoren zu sehen, rauschebärtig und blicklos, und darunter stand: »Wie beneide ich die heranwachsende Jugend, Herr Kollege: Welche Fülle prächtiger Themen für den deutschen Aufsatz erblüht ihr aus diesem Völkerringen!«

War Karl noch am Leben? Viele Wochen kein Brief, aber auch keine Todesmeldung. Seit dem Sommer wußte man sicher, was Fritz Ross schon längst vermutet hatte: Karl war in französischer Kriegsgefangenschaft. Das war keine schlechte, aber auch keine begeisternde Nachricht. Die tägliche Lebensgefahr für ihn war vorbei, denn es war nicht wahrscheinlich, daß die Franzosen Kriegsgefangene mißhandelten oder hungern ließen. Vielleicht versuchte Karl aber zu fliehen, wie jüngst der Unteroffizier Fritz Heymann. Der wurde sogar im Heeresbericht erwähnt. Heymann hatte eine englische Uniform entwendet und war in ihr seelenruhig aus dem Lager gegangen, den Gruß des Postens lässig erwidernd. Inzwischen war er wieder an der Front.

Neuerdings gehörten die Vereinigten Staaten zu den Gegnern – das konnte heiter werden. Die Generäle mochten sich nicht entschließen, Schluß zu machen, und sie waren jetzt stärker als das Parlament, stärker als der Kaiser.

Den Sieger von Tannenberg konnte man jetzt an der Siegessäule bewundern: Dort stand der Generalfeldmarschall überlebensgroß als Holzklotz. Das Volk konnte, für eine Mark das Stück, Nägel kaufen und diese mit Hämmern (die durch lange

293

Ketten vor Diebstahl gesichert waren) in die Holzfigur treiben. Aus dem Geld wurden Kanonen, und Hindenburg bekam einen seltsamen Bewuchs von krummen und herausstehenden Nägeln – es nagelte sich schlecht mit dem Kettenhammer.

Der Wortschatz änderte sich. Man hörte Worte wie »Materialschlacht« und »Menschenmaterial«. Die Russen hießen »der Russe«, die Franzosen »der Franzose«. Da war auch sprachlich eine Bündelung im Gange: Menschen waren Bestandteil eines großen Haufens oder sie waren gar nichts. Für einen Liberalen beängstigend.

*

Mutter Toni heftete ihren Blick auf einen ganz bestimmten Goldfisch im Bassin und folgte ihm minutenlang auf seinem Hin und Her, dabei konnte sie gut nachdenken. Karl war in einem französischen Lager, Hilda stillte die eben geborene kleine Jutta und sorgte sich um Fritz Ross, der irgendwo in Belgien auf bombenwerfende Flugzeuge zu schießen versuchte. Ilse behauptete einen Mann zu lieben, mit dem sie noch kein Wort gesprochen hatte, einen Stahlarbeiter. Das hatte gerade gefehlt. Und Leopold kratzte an seinen Pickeln herum, er konnte es einfach nicht lassen, sie waren ja auch noch neu. Außerdem war klar, daß bei Hans die jahrelangen elektrischen Behandlungen nichts verbessert, ja die Krankheit nicht einmal aufgehalten hatten. Seine Rechte zitterte jetzt so, daß es Außenstehenden auffiel. Er gab vor, sich nichts daraus zu machen, ging weiterhin in die Stadtverordnetenversammlung und in den Verlag, schrieb hin und wieder einen vorsichtigen Artikel für die »Morgenpost« – dort gab es einen Redakteur, der seine immer winziger werdende Schrift lesen konnte.

Einige Goldfische hatten graue Flecken. Das Kommißbrot machte sogar Fische krank.

Immerhin schien das Festungswerk der »Siegfriedlinie« den französischen und englischen Angriffen standzuhalten.

*

Hermann suchte nach einem Lesezeichen, um Le Bons »Psychologie der Massen« wegzulegen, fand keines und drehte das Buch nur um, erinnerte sich dabei an seinen Vater: »Bücher legt man nicht aufs Gesicht!«

Er schlief nicht, dachte statt dessen an Rußland. Die Autokratie des Zaren war beseitigt, der Zar unter Arrest. Früher oder später würden Lenins Leute an die Macht kommen, auch wenn ihr Petersburger Aufstand jetzt gescheitert war. Sie würden die Kerenski-Regierung davonjagen, weil die Bauern Frieden und Land wollten. Kriegsende im Osten also; die deutsche Führung hatte gut daran getan, Lenin von der Schweiz nach Rußland zu schleusen. Aber was dann? Die Bolschewisten gaben achselzuckend den Krieg verloren, um das Proletariat der ganzen Welt zu gewinnen. Das Vorbild der russischen Revolutionäre würde seine Wirkung im Westen, im hungernden Berlin und im zermürbten Heer tun. Was konnten Zeitungen schreiben, um den Kommunismus zu verhindern, der sich in den »Spartakusbriefen« ankündigte und zum Lauffeuer werden konnte? Nichts, denn man durfte auch darüber nur das bringen, was die Oberste Heeresleitung erlaubte oder sogar vorformulierte. Man lebte praktisch unter Ludendorffs Diktatur.

Margarethe drehte sich auf die andere Seite und murrte schlaftrunken. Der Lichtschein störte sie. Hermann knipste die Lampe aus.

Ludendorff mochte vor Jahren ein Draufgänger und großer Organisator gewesen sein, jetzt, als mächtigster Mann in Deutschland, wackelte und fackelte er, beschloß heute dieses, morgen jenes. Eine gute Idee hatte er immerhin gehabt: Es sollte für die Propaganda eine Filmgesellschaft gegründet werden. Sie sollte die Massen fürs Durchhalten gewinnen und gegen die Verheißungen des Sozialismus immunisieren.

Morgen wollte Hermann den Major Grau, Ludendorffs Presseoffizier, genauer darüber befragen, denn der war für die Leitung der Filmgesellschaft vorgesehen. »UFA« sollte sie heißen – Universum-Film Aktiengesellschaft.

*

Es war nie leicht, eine zuverlässige Zeitung zu machen, aber derzeit lief man Gefahr, nichts weiter zu liefern als einen Sack Gerüchte. Es war der Vormittag des 9. November 1918, und die Redakteure der »B. Z. am Mittag« standen mit finsteren Mienen über die Probeabzüge gebeugt, einige waren mit dem heutigen Inhalt ihres schnellen Blattes ausgesprochen unzufrieden.

»Was wir wissen, ist unerheblich, und was erheblich werden könnte, wissen wir nicht.« Das war einer der berühmten aufbauenden Sätze des Grafen Montgelas, des Melancholikers in der Runde. Er war bei der »Vossischen« fürs Ausland zuständig, also schon seit vier Jahren melancholisch.

Man stand bei Dr. Leimdörfer versammelt, dem Chef des Informationsdienstes der »B. Z.«. Der war nun kein Melancholiker, sondern ein in sich ruhender Phlegmatiker mit niedrigem Blutdruck. Frische und Temperament entfaltete er dann, wenn eine Situation undurchschaubar und gefährlich, ja aussichtslos schien. Dann lebte er auf. »Ein Sack Gerüchte«, sagte er gutgelaunt, »enthält mindestens dreißig Prozent Tatsachen. Also sind Gerüchte besser als nichts.«

»Außerdem ist ja zum Beispiel nicht unwichtig, daß sich die Arbeiter versammelt haben...«, meinte ein anderer.

»Aufgrund erwiesenermaßen falscher Gerüchte über eine Verhaftung Eberts«, sagte Montgelas lakonisch.

»Tatsache ist, daß die Waffenstillstandsverhandlungen begonnen haben...«

»Hoffentlich!« seufzte Montgelas. »Unser Berichterstatter kommt ja nicht durch!«

»Und die neuen Volksrepubliken Schleswig-Holstein, Braunschweig und Bayern, sind das Gerüchte?«

»Nein, aber wir haben darüber hinaus nur die Vermutung anzubieten, daß Kurt Eisner ein neurasthenischer Kaffeehausliterat ist, der als Ministerpräsident scheitern wird. Alles, was recht ist...«

Das Telephon klingelte.

»Bitte mal Ruhe!« sagte Leimdörfer. »Es ist die Reichskanzlei!

Da scheint irgend etwas...« Er lauschte in den Hörer. Die Gespräche im Raum verstummten. Leimdörfers Telephonat hingegen wurde laut:

»Wie stellen Sie sich das denn vor: ›die Maschinen stoppen‹? Es ist zwölf Uhr und wir haben noch nie ... Wie bitte? Der Reichskanzler selbst ...? So, und bis wann?«

Er hielt die Hand vor die Sprechmuschel und flüsterte: »Der Kanzler läßt eine Nachricht von allergrößter Bedeutung ankündigen. In fünf Minuten, heißt es.«

»Fünf Minuten?« schimpfte einer. »Was glaubt die Regierung, wer wir hier sind? Ein Verlautbarungsorgan?«

»Wir stoppen die Maschinen!«

»Warum denn?«

»Die Reichskanzlei sagt, wenn wir die Meldung gleich bringen, kann das ein Blutvergießen verhindern.«

Zwei Stockwerke höher saßen die fünf Brüder Ullstein im ruhigen Gespräch um den Konferenztisch, als die Tür aufgerissen wurde. Georg Bernhard stürzte herein und rief: »Der Kaiser hat abgedankt, der Kronprinz verzichtet auf den Thron. Ebert soll Kanzler werden!«

Franz war der erste, der Worte fand: »Bißchen spät!« sagte er. »Zu spät für die ›B. Z.‹ und zu spät für die Monarchie.«

Rudolf sprang auf und lief zum Paternoster. Von einem Boten, der ihm dort entgegenkam und ihn fast umrannte, hörte er erleichtert, daß der Druckbetrieb gestoppt war und die Meldung gesetzt wurde.

Dreißig Minuten später als sonst war die »B. Z.« auf der Straße.

*

Wenn Informationen derart wirr und widersprüchlich auf sie einprasselten wie jetzt, hielten auch besonnene Redakteure alles für möglich oder, je nach Laune, für unmöglich. Hatte Prinz Max von Baden, der Reichskanzler, nicht nach Wilhelms Abdankung in der Zeitung schreiben lassen, er werde »dem Regenten« einen gewissen Friedrich Ebert als Kanzler vorschlagen? Man hätte gern gewußt, wer dieser Regent sein sollte – es schien ja demnach, als sollte die Monarchie erhalten werden. Überhaupt hieß es, Wilhelm habe gar nicht abgedankt, es handle sich um einen Putsch des Reichskanzlers zugunsten des neuen, von ihm ernannten Reichskanzlers Ebert, der übrigens einem regierenden Fürstenhaus entsprossen sei, unehelich, daher nur Sattler von Beruf. An die edle Abstammung habe angesichts von Eberts kleinbürgerlichem Zuschnitt und der Birnenform seines Körpers niemand glauben wollen.

»Mit dieser ›Revolution‹ werden wir fertig!« sagte ein nationalliberaler Lokalredakteur. »Eine echte Revolution, denken Sie an die französische, besitzt unerschrockene Führer. Mit ihnen steht und fällt sie. Es genügt nicht, daß größere Volksmassen aufgeregt hin- und herlaufen. Ebert ist kein unerschrockener Führer, sondern ein erschrockener Kleinbürger. Er versteht die Revolution gar nicht. Das bißchen, was er davon versteht, ist ihm ein Greuel.«

»Aber Scheidemann hat sich hingestellt und die Republik ausgerufen«, warf der Theaterkritiker ein.

»Der würde alles ausrufen, wenn er dafür Applaus bekommt. Der Mensch kann vor Eitelkeit kaum ausatmen.«

»Und Noske?«

»Zu primitiv. Und zu dämlich. Er wird unter großem Applaus die Revolution ersticken und irgendwann doch an ihr schuld sein.«

»Meinen Applaus hat er nicht«, sagte der Theaterkritiker.

*

Andernorts, in »Nadolnys Weinpalast« in der Charlottenstraße, gerieten zwei Männer an denselben Tisch und dann ziemlich schnell aneinander. Dabei gab es Gemeinsamkeiten: Sie waren Mitte vierzig und hatten sowohl Familie als auch Geldsorgen. Ferner fanden beide die Bedienung mangelhaft.

»Daß die Matrosen von Kiel sich nicht für die überspannten Ehrbegriffe von ein paar Seeoffizieren verheizen ließen, war richtig. Die Offiziere wollten großartig untergehen in einer überflüssigen letzten Schlacht. Die Matrosen sagten: Götterdämmerung gern, aber ohne uns. – Wer könnte das nicht verstehen?«

»Nein, ich zum Beispiel verstehe es nicht. Wo kommen wir denn hin, wenn Untergebene...«

»Moment, mein Herr, die Frage ist doch, wo kommen wir hin, wenn sinnloser Gehorsam ... Herr Ober, noch mal dasselbe! Jedenfalls wollen die Aufständischen nur der rechtmäßigen Regierung helfen, also ihren Genossen.«

»Daß ich nicht lache, entschuldigen Sie! Womit wir es hier zu tun haben, das ist die bolschewistische Gefahr – Trotzki soll bereits in der Stadt sein! Liebknecht hat...«

»Liebknecht hat im Schloß gefrühstückt, weiter nichts! Und zwar weil seine Vorbilder Bismarck und Moltke das gleiche getan haben. Liebknecht ist kein Trotzki und kein Lenin!«

»Und was ist mit der Luxemburg?«

»Sitzt in Breslau hinter schwedischen Gardinen, was soll mit der sein? Apropos: Das wissen Sie wohl nicht, daß unser feiner General Ludendorff sich mit falschem Paß und dunkler Brille nach Schweden verdrückt hat?«

»Das ist unmöglich!«

»Ganz meine Meinung!«

»Sie verkennen die historische Dimension...«

»Tue ich nicht. Im Grunde geht es den meisten darum, ihre Karrieren, Pensionen und Ansprüche zu sichern. Und wer Kriegsanleihen gezeichnet hat, hofft noch irgendwas herauszubekommen.«

»So, und jetzt sage ich Ihnen etwas: In diesem Moment besetzen die Roten das Zeitungsviertel. Die ›Vossische‹ kommt morgen als ›Iskra‹ heraus, wissen Sie, was das heißt?«

»Nee.«

»»Funke der Revolution‹.«

»Sie haben eine blühende Phantasie! Was ist bloß mit meiner Schorle?«

»Ja, man scheint etwas überfordert.«

*

Weiter östlich, im Scheunenviertel, im Lokal »Micha Winters koscherer Mittagstisch«, saßen zwei fromme Juden an einem Fenster und aßen. Dann ließen sie die Gabeln sinken und schauten hinaus. Es marschierte ein großer Demonstrationszug mit Spruchbändern in Richtung Zentrum. Als gut zwei Drittel des Zuges vorbei waren, suchte der eine den Blick des anderen:

»Die Deutschen werden meschugge.«

»Gott soll schützen!«

*

»Legitim oder nicht, man muß darauf achten, wer die Macht hat«, sagte Louis. »Nur: wer ist es?«

Sie saßen im Konferenzzimmer und setzten das Gespräch vom Vormittag fort.

»Ebert ist es nicht«, antwortete Franz, »der steht auf schwachen Füßen, solange das Heer noch nicht zurück ist.«

»Es gibt keine Führung«, sagte Franz. »Die Arbeiter- und Soldatenräte debattieren herum, die Volksmarinedivision ergeht sich in Vandalismus, Liebknecht hält aufgeregte Reden. Zwar ist die Luxemburg wieder frei, sie ist die einzige Persönlichkeit in diesem Getöse und wenn sie etwas vorschlüge, würde es gemacht – aber sie sagt nichts. Sie ist für Abwarten. Sie hat sogar Lenin scharf kritisiert.«

»Wer im Moment die Macht hat, scheint mir klar«, warf Hermann ein. »Die Obleute! Die führenden Sozis in den Großbetrieben. Sie sind sich aber nicht einig. Die Matrosen richten allenfalls Flurschäden an. Ich denke, der dicke Ebert wird

300

durchhalten, bis das Heer wieder da ist. Mit dem wird er sich zusammentun und dann wird aufgeräumt.«

»Dagegen wäre ja nichts zu sagen«, bemerkte Rudolf halblaut.

Die Tür flog auf. Es war schon das zweite Mal an diesem Tag und das zweite Mal überhaupt, daß die Brüder Ullstein in einer Besprechung gestört wurden.

»Entschuldigung bitte«, keuchte der Bürobote, »aber wir werden besetzt. Bewaffnete! Arbeiter- und Soldatenrat! Die Herren meinen es ernst, entschuldigen Sie!«

193 Angehörige des Verlags waren im Krieg gefallen. Das war amtlich. Wie viele Opfer würde die Revolution kosten?

*

Die Männer des Arbeiter- und Soldatenrates waren Argumenten zugänglich. Bei einer längeren Besprechung im Ullstein-Kasino arrangierten sie sich mit Rudolf Ullstein, dem Verhandlungsführer des Verlags. Sie wollten nichts an sich reißen oder umbenennen, es sollten nur die Verlautbarungen »der Revolutionsführung« getreulich in den Blättern abgedruckt werden. »Klar, machen wir doch!« sagte Rudolf ohne jedes mimische Anzeichen von Ironie. »Wir sind sowieso verpflichtet, alles zu bringen, was überragende Bedeutung hat!«

Aber schon am Abend war wieder alles unsicher: Die USPD drang wiederum mit Bewaffneten ein und wollte eine der Zeitungen des Verlags ganz für sich. Man einigte sich auf die »Berliner Allgemeine«, die derzeit auflagenschwächste Tageszeitung des Konzerns. Ein Revoluzzer namens Vogtherr war plötzlich deren Chef. Am nächsten Tag trug die Zeitung im Titel die fettgedruckten Zeilen: »Erscheint auf Anordnung des A.- und S.-Rates ab heute als Organ der Unabhängigen Sozialdemokratischen Partei Deutschlands. Chefredakteur E. Vogtherr«.

Vergnügtes Prusten löste die Nachricht aus, daß der alte Konkurrent »Lokalanzeiger«, vormals Scherls, jetzt Hugenbergs Produkt und gänzlich antirepublikanisch, in »Rote Fahne« umbenannt worden war. Man schlug sich auf die Schenkel.

Übrigens war dieser Genosse Vogtherr ein höflicher Mensch, der gut zuhörte und sich zurückhielt. Er achtete lediglich darauf, daß die Bekanntmachungen des Arbeiter- und Soldatenrates rasch und korrekt gedruckt wurden. Nach vier Tagen wurde er wieder abberufen: Ebert hatte angeordnet, daß die Zeitungen absolut unabhängig zu sein hätten. Rudolf Ullstein forderte den ungebetenen Chefredakteur höflich auf, das Haus zu verlassen, und der gehorchte freundlich, mit allen guten Wünschen für Festtage und Jahreswechsel.

*

Der zarte junge Mann wohnte schon seit dem 7. November 1918 im Hotel Adlon und war aus Chicago – wahrscheinlich der erste Amerikaner, der sich nach dem Krieg ins revolutionäre Berlin traute, dabei wirkte er eher furchtsam. Er sollte für die »Chicago Daily News« darüber berichten, was die Deutschen jetzt dachten, ob das Reich fortbestand und vor allem, ob und wie schnell es kommunistisch wurde. Er war für diese Aufgabe bestens ausgestattet. Zwar hatte er sich noch nie für Politik interessiert und sprach kein Wort Deutsch, aber er hatte eine unglaubliche Phantasie, dazu jederzeit Sinn für einen »great joke« – eben dies machte ihn zu einem instinktsicheren und in entscheidenden Momenten alles andere als furchtsamen Reporter. Er wäre in die Zeitungsgeschichte eingegangen, hätte er nicht irgendwann als Drehbuchautor sein eigentliches Genie entdeckt: Ben Hecht hieß der junge Mann, und als ersten interviewte er den Frühstücksdirektor des Adlon, weil der halbwegs Englisch konnte und Dollars aus Chicago zu schätzen wußte. Das war, wie Hecht feststellte, in Berlin ganz allgemein so. Es gelang ihm sogar, ein Flugzeug zu ergattern, das ihn zwischen den revolutionären Städten Deutschlands ohne Schwierigkeiten hin- und herkutschierte – die Straßen waren zu voll jetzt. Nicht, daß er die alte

302

Maschine, eines der ersten Bombenflugzeuge, gegen Bares erworben hätte: Ein dekorierter Kampfflieger aus dem Kriege, der nur »Franz« genannt werden wollte, ein Freund von Udet und Göring, klaute es für den Amerikaner problemlos aus einem Hangar. Hecht zahlte das Benzin, ferner Kost und Logis für Franz und seinen Mechaniker im Adlon.

Also, was ging vor in Deutschland? Hecht interviewte Menschen, die fast im gleichen Atemzug die Rückkehr des Kaisers wünschten und versicherten, sie seien für Karl Liebknecht. Das war der Führer des neugegründeten kommunistischen Spartakus-Bundes – er hatte den Beginn der sozialistischen deutschen Republik verkündet, nachdem der Mehrheitssozialist Scheidemann die nichtsozialistische ausgerufen hatte.

Hecht war schon am Tag seiner Ankunft Zeuge gewesen, als Liebknecht mit Bewaffneten ins königliche Schloß vordrang und es sich dort aus weltgeschichtlich-symbolischen Gründen in Wilhelms Bett bequem machte (in langen Unterhosen). Hecht sprach mit hungrigen, blauäugigen Matrosen der Marinedivision, mit gut genährten, schlecht informierten Sozialdemokraten und mit verbitterten, magenkranken Generälen wie Hoffmann, einem der ehemals mächtigen Unterteufel von Ludendorff. Er redete mit »wichtigen Homosexuellen« unter Politikern und Offizieren und gleich auch mit deren Lustknaben (die ihn aber sonst nicht weiter faszinierten). Er merkte, daß seine Chicagoer Zeitung vor allem eines wollte: Beweise dafür, daß Deutschland von bolschewistischen Horden bedroht wäre und daß die deutschen Revolutionäre unter direkter Leitung Lenins oder Trotzkis stünden. Er merkte ferner, daß Leute wie General Hoffmann und dazu etliche Mehrheits-Sozialdemokraten nichts sehnlicher wünschten, als daß im Ausland diese Gefahr so wichtig wie möglich genommen würde. Sie versprachen sich davon, daß die Sieger die Friedensbedingungen milderten, um den Eberts, Scheidemanns und Erzbergers einen erfolgreichen Kampf gegen den Kommunismus zu ermöglichen. Hecht durchschaute das Konzept der Ludendorffs und Hoffmanns:

303

Die Mehrheitssozialdemokraten sollten die Revolution eindämmen, notfalls niederschlagen, und die voraussichtlich harten Friedensverträge unterzeichnen. Dafür würden sie früher oder später ermordet oder jedenfalls abgewählt, und dann kämen die Ludendorffs und Hoffmanns wieder an die Macht (genau jene Herren, die einen Waffenstillstand erst erzwungen und dann wieder verweigert hatten, wodurch der Krieg nicht nur verlängert, sondern besonders katastrophal verloren worden war), die nun beteuerten, sie seien im Feld unbesiegt geblieben und nur durch den »Dolchstoß« von Juden und Kommunisten am Erfolg gehindert worden. Hecht (der damals nicht ahnte, daß er zum Drehbuchautor geboren war), durchschaute das Szenario. Von den Deutschen, obwohl sie so fließend Deutsch sprachen, durchschaute das kaum jemand. Doch, einer: ein Graf von Gleichen-Rußwurm, Kunsthistoriker. Er hatte Augen für Schönheit und für Politik und beklagte, daß beide sich so weit voneinander entfernt hatten.

Ben Hechts Versuch, das Märchen von der angeblich bevorstehenden bolschewistischen Machtübernahme als Trick zu entlarven, stieß in Chicago auf Ablehnung. Die Braven zu Hause, unter ihnen viele Leute mit deutschen Wurzeln, wollten an diesen Coup nicht glauben, er erschien ihnen zu simpel. Deutschland hatte tiefsinnig, kompliziert und tragisch zu sein, keine Schurkenkomödie! Im übrigen waren auch sie von einer bolschewistischen Gefahr überzeugt.

Hechts Bericht wurde nicht gedruckt. Man bezahlte und entsandte einen Reporter, damit er Vorurteile bestätigte, nicht etwa erschütterte. Eine Zeitung mußte an ihre Abonnenten denken. Ein bei Lesern aller Art beliebtes, von Redakteuren und Wissenschaftlern sorgsam gepflegtes Vorurteil lautete: »Zusammenhänge sind furchtbar schwer zu erkennen«.

*

Toni Fleischmann wollte für Weihnachten einkaufen. Daß es wenig gab, konnte sie nicht abhalten: Jetzt war Frieden, und was war Frieden ohne Einkaufen? Hermanns Margarethe hatte mit ihrem Fritzchen dabeisein wollen, lag aber seit gestern mit der spanischen Grippe wie fast jedermann. Fritz Ullstein, demnächst zehn, wollte dennoch mit. Er liebte keine Kaufhäuser, wohl aber Tante Toni, und auch er erhoffte sich vom Frieden ein paar positive Überraschungen. Die Tante wollte ihm etwas Besonderes zeigen: eine Weihnachtskrippe in der Nähe des Zeughauses.

Dann, auf dem Weg zum Spittelmarkt kam die Revolution dazwischen. Vor dem Schloß wurde herumgeschossen, echte Soldaten gegen Volksmarine.

»Hier können Sie nicht weitergehen«, rief ein Soldat auf der Schloßbrücke, »es wird geschossen!«

»Auf mich? Mich geht das überhaupt nichts an!« schimpfte Toni, wollte aber dann lieber einen anderen Weg finden. Es war doch hoffentlich möglich, an dieser Revolution irgendwie vorbeizukommen, zum Beispiel über die Schleusenbrücke. Dort wurden sie genauso zurückgewiesen, der Marstall schien das Zentrum der Schießereien. Toni versuchte es mit der Jungfernbrücke weiter südlich und war schon an der Ecke Sperlingsgasse/Brüderstraße, da hörte sie »Halt!«, merkte aber, daß sie und Fritzchen gar nicht gemeint waren: Ein Soldat mit Gewehr, den Gürtel behängt mit Stielhandgranaten, eine halbgerauchte Zigarette im Mundwinkel, herrschte einen Zivilisten mit Ballonmütze an, stehenzubleiben. Dann band er ihm vor dem Bauch die Hände zusammen. Der Zivilist war größer als der Soldat und sah nicht wie ein Verbrecher aus. Der Soldat stieß ihm den Gewehrkolben in den Rücken, damit er sich in Bewegung setzte. Toni fand das unerhört und hatte dazu eine Frage. Fritz folgte ihr, weil er neugierig war und zu wissen glaubte, daß ihm bei Tante Toni nichts passieren konnte.

»Vorwärts. Hinter das Gebäude da!« sagte der Soldat zur Ballonmütze und hustete.

305

»Moment mal«, rief Toni, »kennen Sie den Mann überhaupt?«

»Nee. Sie?«

»Was machen Sie denn mit dem? Wo kommt der hin?«

Der Soldat grinste. »Keine Ahnung.«

»Werden Sie das wohl lassen? Der Mann tut Ihnen doch gar nichts!«

»Von wegen. Kommunist. Totengräber Deutschlands!«

»Das wissen Sie doch gar nicht. Lassen Sie ihn laufen!«

Der Soldat lächelte müde und spuckte den Zigarettenstummel weg. »Gute Frau, was wollen Sie denn, allein an der Grippe sterben tausend pro Tag!«

»Die Grippe ist Gottes Sache! Und Sie sind...«

»Aha, was bin ich denn?«

Inzwischen hatten sie Zuschauer, ein halbes Dutzend, die aber allmählich mehr wurden. Es waren die, die auch gehofft hatten, über die Sperlingsgasse an der Revolution vorbeizukommen. Sie standen und schauten, waren bisher gänzlich sprachund tatenlos.

»Weitergehen!« sagte der Soldat zu dem Totengräber Deutschlands.

»Nein«, rief Toni, schwang ihre Krokodilhandtasche und traf ihn am Hintern. »Sie lassen das jetzt!«

»Ich habe meine Befehle!«

Um das zu sagen, drehte er sich um. Da stand die kleine, rundliche Dame mit zornfunkelnden Augen und holte schon wieder mit ihrem gefährlichen Handtäschchen aus. Was tun? Einschüchtern konnte er sie nicht, erschießen wollte er sie nicht. Und inzwischen waren die Zuschauer nähergerückt. Ihre Mienen waren unfreundlich. Plötzlich beschäftigte ihn die Frage, an welche Hunderasse ihn die kleine Dame erinnerte. Sie sah aus wie ein – wie hießen die Winzlinge? Inzwischen waren Leute zwischen ihn und den Revolutionär getreten, der plötzlich davonrannte, so schnell er konnte. Seine Füße waren ja nicht gefesselt.

306

»Halt, stehenbleiben!« rief der Soldat und legte an. Ein Schuß knallte, ohne zu treffen.

»Feuer einstellen!« schnarrte die Stimme eines Mannes ganz in der Nähe. Das wohlvertraute Kommando brachte den Soldaten aus dem Konzept. Er schaute sich um: War es ein Offizier? Nein, ein Zivilist, im Ledermantel und groß, mit auffallend gerader Haltung. Womöglich Noske, den kannte ja keiner.

Durch dieses Zögern war dem Soldaten sein Ziel abhanden gekommen. Uneinholbar davongehoppelt und verschwunden! Wie zum Hohn fiel ihm jetzt die Hunderasse ein.

Bürgerkrieg war doch arg kompliziert, im Grunde mehr was für Studierte. Der Soldat machte kehrt und ging zum Essenfassen.

In den Läden und Kaufhäusern lief der Weihnachtsbetrieb wie immer. Die Großstadt kümmerte sich in jenen Tagen wenig um Revolution und Konterrevolution. Die meisten, zumal die bürgerlichen Berliner, taten das, was auch Toni zunächst versucht hatte: Sie ignorierten das Unangenehme, sie glaubten sich das nach dem langen Krieg verdient zu haben. Auch Toni kehrte zu dieser Haltung zurück, bat sogar den kleinen Fritz, zu Hause nichts von dem Vorfall zu erzählen. »Deine Eltern könnten sich aufregen, und es ist ja glücklicherweise nichts passiert.« Sie machte sich sogar Vorwürfe, weil sie spontan etwas riskiert hatte. »Es bleibt unser Geheimnis, ja?« Und Fritz, der seine Tante jetzt noch mehr liebte, versprach es. Er erzählte die Geschichte erst vier Jahrzehnte später seinen Söhnen – auf englisch. Da war Tante Toni schon lange tot.

*

Hier ein Schuß, da ein Schuß, es hörte sich an wie Peitschenknallen. Im ausgedehnten Zirkus Berlin schien eine Raubtiernummer abzulaufen. Die von Mehrheitssozialdemokraten gebildete Regierung behauptete sich gegen die radikale Linke – seit Ende Dezember gab es sogar eine KPD –, weil sie von kaiserli-

307

chen Beamten und Offizieren unterstützt wurde. Die Beamten waren bisher in der Regel nur aus Verstandesgründen, aber nicht mit dem Herzen für die Republik. Ferner bedienten sich Ebert und sein Wehrminister Noske ohne große Hemmungen der neu rekrutierten »Freikorps«, die für viele vom Krieg demoralisierte und radikalisierte Soldaten eine neue Autorität und Männerheimat darstellten. Dort war man sich einig im Haß auf jene »Verräter«, die der kämpfenden Front angeblich in den Rücken gefallen waren. Sie meinten damit ihre Lieblingsfeinde: Linke und Demokraten, die am Verlust des Krieges keinerlei Schuld traf. Juden hatten für sie eine besondere Bedeutung: Sie waren selbst dann an allem schuld, wenn sie weder Linke noch Demokraten waren.

Bei den Ullsteins nahm man das alles wahr, blieb aber optimistisch. Nicht anders als der übrige bürgerliche Westen begrüßten sie die Rückkehr der regulären Truppen. Und Gustav Noske, den Hans Ullstein nur einen »indiskutablen Stinkstiefel« nennen konnte, hatte sein Hauptquartier in einem Mädchenpensionat in Dahlem (weil er dort am sichersten war) und ließ Genossen zusammenschießen. Was leicht war, weil sie ihm bisher nichts Böses zutrauten.

Am wichtigsten schien jetzt doch, daß die Republik Ruhe und Ordnung herstellte, mochten die Mittel und Kräfte auch hart sein. Die Regierung Ebert garantierte die Bürgerrechte, vor allem die Unabhängigkeit der Zeitungen. Sie hatte angeordnet, daß der Arbeiter- und Soldatenrat Wachen postierte, um die Verlagsgebäude vor dem Angriff von Spartakisten zu schützen. Vor den Eingängen wurden aus riesigen Papierrollen kugelsichere Barrikaden errichtet.

Dann kamen die Spartakisten doch – es war am Abend des 5. Januar. Die Matrosenwache vor dem Ullsteinhaus griff nicht zum Gewehr, sie ließ die Aufständischen tatenlos passieren.

»Warum?« fragte Hermann Ullstein den Wachhabenden.

»Wir wollten kein Blutvergießen!«

»Wieso nicht? Ich denke, Sie sind hier die Wache?«

»Gewiß, aber...«

Hermann wurde nun laut, grundsätzlich und ausführlich. Die überforderten Flintenträger lauschten voll Unbehagen und wußten nicht, wie ihnen geschah. Hermann, der politisch Engagierteste der Brüder, pflegte am wildesten zu schimpfen, wenn eine Situation gerade dadurch nicht zu retten war.

Anders Rudolf.

Der hatte den Nachmittag bei Hans in der Bettinastraße verbracht und telephonisch aus dem Verlag erfahren, es bahne sich etwas an, er möge kommen. Rudolf war, ohne daß dafür ein Beschluß gefaßt werden mußte, in brenzligen Situationen der Sprecher des Verlags: Er war von den Brüdern der Kaltblütigste und, nicht zuletzt wegen seiner schnodderigen Berliner Direktheit, der Volkstümlichste. Zunächst brauchte er aber drei Stunden, um zu Fuß bis zum Verlag zu kommen – die Räder der Stadt standen still.

Als er in der Kochstraße ankam, war die Wache längst lupenrein spartakistisch geworden, nur mit Mühe kam er ins Gebäude. Bewaffnete, wohin man sah, die Maschinen waren abgestellt. Die Besetzer wollten mit niemandem verhandeln, sondern vor allem den Druck und die Auslieferung der Zeitungen verhindern. Im übrigen waren sie damit beschäftigt, von den Telephonen des Verlags aus die Revolution weiter zu organisieren. Rudolf verließ durch einen Hinterausgang das Haus, ging gemächlichen Schrittes hinüber ins Telephonamt am Moritzplatz, zückte seinen Ausweis und ließ sämtliche Telephonverbindungen des Verlags abschalten. Dann kehrte er zurück und blickte kühl, aber respektvoll in ein Dutzend Gewehrmündungen. Man stellte ihn heftig zur Rede und verlangte, daß er die Leitungen wieder öffnen lasse. Er antwortete, er verhandle nicht, solange Waffen auf ihn gerichtet seien. Man könne ihn erschießen, aber ohne ihn würde hier wohl weder telephoniert noch etwas gedruckt werden.

Was waren das überhaupt für Leute? Rudolf schätzte sie sehr schnell richtig ein, auch weil er einige ihrer Gespräche mithören konnte. Wieweit sie überhaupt der Lehre vom Klassenkampf anhingen, war nicht zu erkennen. Jedenfalls waren sie zur Tat entschlossen, notfalls zum Töten. Doch nur die wenigsten waren ausschließlich vom Haß beherrscht. Gegen wirkliche Fanatiker, wußte Rudolf, halfen nur Kugeln und Bajonette. Aber hier sah er gutmütige Arbeitergesichter, selbst wenn sie den bisher unbekannten »Kapitalisten« nicht jederzeit freundlich anblickten. Es waren Leute, die für eine bessere Welt hatten demonstrieren, ja kämpfen wollen. Jetzt war die Situation da, und sie wollten eines auf keinen Fall: sich wieder davonschleichen wie dumme Jungen, die einen Unfug verübt hatten. Rudolf betrachtete die Eindringlinge ohne Emotionen. Er war gegen sie, weil sie mit der Knebelung der freien Meinung, mit der Unterdrückung der Presse anfingen und, davon war er überzeugt, davon nie wieder abgehen würden, wenn man sie gewähren ließ.

Erschossen wurde im Verlag niemand. Die Spartakisten waren nicht darauf aus, Redakteure hinzurichten, zumal sie fest glaubten, kein intelligenter Mensch könne ernsthaft gegen ihre Sache sein.

Rudolf blieb eine Woche lang ununterbrochen im Verlagsgebäude und schlief in seinem Büro auf einem Feldbett. Er schaffte es immer besser, mit den Spartakisten ins Gespräch zu kommen. Schließlich willigten sie ein, ihre Anwesenheit auf das Parterre zu beschränken und keine weiteren Zerstörungen anzurichten. Man war sogar in Gefahr, einander sympathisch zu werden, auch wenn jede Seite die andere aus klaren Gründen innigst zum Teufel wünschte.

*

Draußen hatte der Bürgerkrieg begonnen. Und obwohl keine Zeitungen gedruckt wurden – Mosse, Scherl und der »Vorwärts« waren ebenfalls besetzt –, schwärmten die Photographen und Reporter aus, sammelten Bilder und Zeugnisse, um für das Wiedererscheinen ihrer Blätter am Tage X gerüstet zu sein. Das, was sie in die Redaktionen zurückbrachten oder besser schmuggelten, hätte ganze Bände gefüllt. Es war eine traurige, ja schreckliche Materie.

Die Freikorps und die regulären Truppen rückten, von Noske in Marsch gesetzt, ins Zentrum vor und schossen die Revolutionäre zusammen. Die meisten starben erst nach Kapitulation und Festnahme, darunter zahlreiche, keineswegs nur »unabhängige« Sozialdemokraten. Es waren weit über tausend Menschen, die auf Hinterhöfen oder gruppenweise im Gefängnis Moabit exekutiert wurden. Wer an dieser »Niederschlagung des Spartakistenaufstandes« starb, wurde von der Regierung großzügig zum Spartakisten erklärt, selbst wenn er bloß in einem Haus angetroffen worden war, aus dem jemand einen Schuß abgefeuert hatte.

Wichtig war den Reportern auch, wie stark wohl die Verbindungen der Aufständischen zu Lenin und Trotzki waren. Sie wurden nicht recht fündig. Unwirsch sagte Leimdörfer: »Offenbar haben sie von dort nur eines übernommen: den Begriff ›weißer Terror‹ für das, was Noske treibt.«

Noch eines interessierte für den Tag X: Wer führte diese Revolution? Und da sie offensichtlich schlecht geführt wurde: Wer führte sie so schlecht? Ein Aufruf der Rechten sagte: »Schlagt ihre Führer tot! Tötet Liebknecht!«

Die Redakteure gewannen ein diffuses Bild, in dem allein dies sicher schien: Karl Liebknecht und Rosa Luxemburg hatten so gut wie keine Chance, einzugreifen und diesen Aufstand zu führen. Sie wurden Tag und Nacht gejagt, schließlich gefangen und im Eden-Hotel, dem Hauptquartier eines der Freikorps, festgesetzt und »verhört«. Schließlich wurden sie von Offizieren, die sich als einfache Soldaten verkleidet hatten, hinterrücks niedergestreckt. Das »Verbrechen« der beiden war gewesen, daß sie Symbolfiguren für die Ablehnung des Krieges waren. Von Sozialismus verstanden die Freikorpskrieger nichts. Für sie genügte es, wenn sich jemand eine Bezeichnung gab, die mit »sozial« anfing.

Einen ausdrücklichen Mordbefehl von Noske oder gar Ebert

hatte es aber, erfuhren die Zeitungsleute von Gewährsleuten aus dem Freikorps-Quartier, nicht gegeben. Wohl aber telephonische Anfragen der Bewacher bei Noske: »Sollen wir nun –?« Dessen Antwort sei umwunden gewesen, habe aber doch zu einem gewissen Fazit geführt: »Sie müssen selbst wissen, was Sie zu tun haben.« Die Schergen im Eden-Hotel hatten keine Mühe, diesen Satz einfühlsam zu interpretieren.

Die sozialdemokratische Regierung leitete danach viele Strafverfahren ein, aber nie eines gegen die durchaus amtsbekannten Täter.

*

Ben Hecht, der Korrespondent der »Chicago Daily News«, der kein Deutsch konnte, machte der Regierung inzwischen mehr Schwierigkeiten als alle Ullstein-Journalisten. Denn die amerikanischen Zeitungen erschienen Tag für Tag, die berlinischen derzeit gar nicht. Hecht wohnte noch immer im Hotel Adlon mit seinem Piloten, flog auch nach wie vor im geklauten Flugzeug von Stadt zu Stadt, interviewte Eisner in München, Revolutionäre im Rheinland, Generäle. Zweimal schon hatten Regierungsleute versucht, ihn des Landes zu verweisen: einmal, als Ebert von ihm fünfhundert Dollar für ein Interview genommen hatte (Hecht hatte es nicht lassen können, dies in seinem Artikel zu erwähnen). Das zweite Mal, als er über die Exekutionen im Gefängnis Moabit berichtet hatte, die er selbst bezeugen konnte. Der so zart und furchtsam wirkende kleine Mann war spätabends auf einen hohen Baum gestiegen, von dem aus er in den Gefängnishof blicken und den Mördern bei der Arbeit zusehen konnte. Dann stieg er wieder herunter und berichtete lückenlos. Als die Regierung merkte, was er geschrieben hatte, erschien eine stiefelknallende Abordnung im Hotel und forderte Hecht auf, Deutschland sofort zu verlassen. Er rief daraufhin einen Mann an, der noch immer pro forma in der Regierung saß, obwohl er der USPD angehörte. Eigentlich ließ man ihn dort

312

wohl nur noch sitzen, damit man ihn überstimmen konnte und er die Beschlüsse, gegen die er protestiert hatte, nach außen hin mittragen mußte. Ein kluger, tieftrauriger Mann, Jude wie Hecht, sein Name war Hugo Haase.

Zählt man alles zusammen, was der Sozialdemokrat Haase in seinem durch Mörderhand stark abgekürzten Leben gegen mächtige Gegner hat erreichen können, darf eines nicht fehlen: Ben Hecht blieb in Deutschland, und er tauchte weiterhin an allen Orten auf, wo Journalisten mit Drehbuchinstinkt der Regierung unwillkommen waren.

*

Auf all die Unruhe und Gefahr reagierte jeder der Brüder Ullstein anders. Hans, durch seine Krankheit entschuldigt, zog sich zurück – übrigens auch aus der Stadtverordnetenversammlung – und las Bücher. Hermann blieb mitten im Geschehen und regte sich jeden Tag von neuem auf, sein neuestes Lieblingswort hieß »unfaßbar«. Rudolf und Franz studierten die Kräfteverhältnisse und bewiesen ruhigeres Blut.

Und Louis? Er war in den kritischsten Tagen, ähnlich wie Hans, kaum zu sehen, nicht einmal zu erreichen, von ihm kam einfach nichts.

Der instinktsichere Geschäftsmann, der visionäre Vereinfacher, der stets unter den besten Lösungen die nächstliegende (oder unter den naheliegenden die beste) gesehen und sie mit traumwandlerischer Sicherheit in die Tat umgesetzt hatte, dieser Mann saß zu Hause und schrieb an seinem Testament, besprach sich mit seinen Anwälten, strich und verbesserte herum. Das war seine Art, auf Katastrophenahnungen zu reagieren, und die Katastrophe war längst im Gange. Nein, nicht die Revolution oder deren blutiges Ende – von daher kam nur noch ein zusätzliches Quantum Düsterkeit. Er hätte es verscheuchen können, wäre es allein gekommen. Das Unglück des Louis Ullstein hatte seinen Ursprung im eigenen Hause.

Heinz war dem Verlag und der Familie, auch der engeren, völlig verloren gegangen. Er war und blieb beim Theater. Er nannte seinen Vater einen Glücksspieler (nein: einen »Zocker«, und ganz falsch war das nicht) und haßte seine Mutter, vielleicht weil so viele Stücke von hassenswerten Müttern handelten. Heinz glaubte die Wahrheit zu besitzen, weil er auf Bühnen stand und Stücke kannte. Louis vermutete eher, daß sein Sohn verlogen war. Wer anderen ständig Verlogenheit vorwarf, log meistens selbst. Außerdem kannte er seinen Sohn. Das konnte Louis Ullstein noch immer: alle und jeden mit einem Blick zu durchschauen. Warum war er nicht etwas dümmer und glaubte Heinz? Es ging nicht. Zutreffende Ahnungen waren seine Stärke – er hätte jetzt gern darauf verzichtet.

Noch schlimmer war die Sache mit Steffi. Sie war dabei, sich selbst verloren zu gehen. Theo hatte sie mit Syphilis angesteckt, mittlerweile war sie obendrein Morphinistin – man hatte ihr das Zeug während und nach der argen Schmerzgeburt ihres ersten Kindes verabreicht. Vielleicht hatte das auch dem kleinen Wolf-Dietrich geschadet. Er hatte zwar nicht die Seuche geerbt, war mit seinen vier Jahren gesund und kräftig, aber er hatte etwas Unberechenbares, mal trübselig und antriebslos, mal überdreht und schrill, ganz wie es aus anderen Gründen jetzt seine Mutter war. Völlig in Ordnung schien Marianne, Wolfs kleine Schwester, jetzt ein halbes Jahr alt. Louis spielte oft mit seiner Enkelin, den Jungen hielt er von sich fern.

Steffis Ehemann, der bildermalende Baron und Diplomat, hatte seine schöne, empfindliche junge Frau von Anfang an vernachlässigt. Durch ihre Krankheit war sie ihm dann wohl nur noch lästig, er hatte – ein Detektiv namens Mumm hatte da Erkenntnisse gesammelt – schon längst eine Geliebte. Das Unglück von Steffi war, daß sie einen Mann geliebt hatte, der völlig unfähig war, überhaupt jemanden zu lieben, nicht seine Frau, nicht seine Kinder, vermutlich nicht einmal seine »Geliebte«. Ein Herzensbrecher ohne Herz war er, ein Verschwender und Egozentriker, und das schlimmste: kein Vater.

314

Louis seufzte, stemmte sich ächzend aus dem Sessel und ging auf und ab. Was war er denn selbst? Ein besserer Vater? Und was für eine Art Ehemann? Hatte er je darüber nachgedacht, ob Else glücklich war? Nein, er hatte das vermieden – er wußte, daß sie es nicht war. Er hatte sich damit begnügt, daß sie eine zuverlässige, von Vernunft und Disziplin gesteuerte Kameradin war. Hatten sie sich überhaupt je geliebt? Sie hatten zusammen getan, was getan werden mußte, und jeder hatte sich auf die Ratio des anderen verlassen können. Sie waren nie mit nennenswerter Leidenschaft Mann und Frau gewesen, aber sie hatten zusammengehalten wie Pech und Schwefel. Jahrzehntelang.

Louis öffnete eine Flasche Rotwein. Am frühen Nachmittag.

Er verstand sich auf Besitz, und er war ein schöpferischer Besitzer. War irgendein Teil seines Reiches in Gefahr, wuchsen ihm Kräfte, er entwickelte Charme und Entschlossenheit. Aber Else hatte einfach weggewollt, nur weg, fast um jeden Preis. Er hatte ihr die Scheidung verweigert und sie klein beigegeben. War es damit vorbei?

Wer war Elses Liebhaber? Louis wußte nur, daß er Arzt und Jude war. Konnte er ihn fordern? Louis ging mitten in der Revolution auf den Schießstand, um zu sehen, ob seine Hand noch sicher war. Und schrieb, weil er einen Duelltod vor Augen hatte, all diese Testamente, erste, zweite, x-te Fassung. Else hatte ihm vorsichtshalber nicht den Namen ihres Geliebten gesagt. Das ließ ihn mißtrauisch bleiben. Er war bereit, sich zu schießen, aber ein anderer Teil seines Wesens ärgerte sich darüber, daß Privatdetektive so teuer waren, vor allem wegen ihrer undurchsichtigen Spesenrechnungen. Und bisher hatte Herr Mumm in dieser Sache nichts herausbekommen. Else, die ein Leben lang gelernt hatte, sich zu tarnen, hatte offensichtlich keine Mühe, Detektive abzuschütteln.

Louis fühlte, wenn er nachts wachlag, sogar die Angst, der Nebenbuhler könne ihn aus dem Wege schaffen wollen. So etwas war nicht undenkbar – in diesen Tagen schaffte man viele aus dem Wege, die einem nicht paßten. Und wer wußte denn, ob das nicht ein Verrückter war?

Private Leidenschaften fand Louis gefährlich und überflüssig, da war er derselben Meinung wie einst sein Vater. So etwas bereicherte zwar den Lebenslauf, war aber durch Begehren zu ersetzen, durch Genuß, Appetit, das Ausleben von schlechter Laune oder blanker Tyrannei. »Leidenschaftliche Liebe« war völlig unnötig, das war etwas für Tragödien und Opern. Else hatte diese Ansicht stets geteilt. Allerdings war in den letzten Jahren ihr Interesse für Opern, insbesondere für Tenöre gewachsen, hatte da etwas abgefärbt? Oder waren es die Wechseljahre? Verhieß dieser Mann ein Glück, das Else bei ihm nicht finden konnte? Detektiv Mumm war ein guter Spürhund, er ermittelte vielleicht doch den Namen jenes Herrn, aber er würde nicht herausfinden, was Else zu ihm hinzog. Und wenn er es doch in Erfahrung brachte, würde er darüber schweigen.

Louis blieb nur übrig, die Scheidung zu verweigern, abzuwarten und vielleicht irgendwann – nein, fordern wollte er den Mann doch lieber nicht. Einen Arzt zu fordern hatte etwas Frevlerisches, so etwas taten nur Barbaren wie Bismarck. Und wo kam man hin, wenn Juden sich untereinander duellierten? In solchen Zeiten. Im zwanzigsten Jahrhundert. Lächerlich.

Er öffnete die zweite Flasche. Ja, er trank. Selbstverständlich trank er. Es nützte bloß nichts.

Else Louis
1873–1919

Der Vater, Hermann Landsberger, ist ein unruhiger, plappriger und zappeliger, meist unsicher und ratlos wirkender kleiner Mann mit zweigeteiltem Tirpitz-Bart, der seine matronenhaft massive Gattin über alles und jedes entscheiden läßt. Ein Pantoffelheld, wie einem volkstümlichen Schwank entsprungen. Was ihn aber nicht hindert, als Großkaufmann Erfolg zu haben und zum Zeitpunkt von Elses Geburt bereits ziemlich reich zu sein.

Von den drei Kindern wird das erstgeborene Schriftsteller: Artur Landsberger, ein witziger, umtriebiger und erfolgreicher Autor von Gesellschaftsromanen, taucht überall gern auf, wird sogar gern gesehen. Die Jüngste ist dem Bruder ähnlich, nur daß sie es auch ohne Romane schafft, zu feiern und sich zu amüsieren. Ganz anders Else, die mittlere.

Von ihr geht schon als Kind eine merkwürdige Kälte aus. Beobachter fragen sich: Was ist da passiert? Wie kann es sein, daß zwischen zwei liebenswürdigen, genußfreudigen und leicht schlampigen Geschwistern eine derart freudlose, pedantische Musterschülerin heranwächst? Woher kommt der krankhafte Ehrgeiz? Hätte Else jemals das zweitbeste Zeugnis der Klasse bekommen, wäre sie zusammengebrochen (was sie vielleicht dem Leben nähergebracht hätte, es ist aber nicht geschehen). Bruder Artur hat oft über Else gerätselt, die er »das verschüttgegangene Schwesterchen« nannte. Er reichte sogar Briefe von ihr bei dem Graphologen Klages in München zur Deutung ein. Der warf einen Blick darauf, sagte nur: »Hm, Streberin...« und machte sich Gedanken für sein Gutachten. Er lehnte aber dann dessen Fertigstellung (nebst Honorar) dankend ab, nachdem er erfahren hatte, daß die Schreiberin bereits tot war: »Warum wollen Sie das alles jetzt noch wissen?« fragte er den Bruder. »Um traurig zu werden? Daß sie unglücklich war, wissen Sie wohl selbst.«

Hinter jedem Strebertum steckt irgendeine kleine oder große Verzweiflung, vielleicht Verletzung – einige Menschen, die Else begegnen, wittern es. Nur führt auch das nicht dazu, daß sie geliebt wird. Sie spricht vier Sprachen, verfügt über eine solide Halbbildung, wie sie bei höheren Töchtern jener Zeit üblich und gewollt ist, eine Art Baedeker-Wissen über alles und jedes. Schon die Briefe des Backfischs sind so artig, perfekt und korrekt, daß man vor Bewunderung vergißt, nach dem Inhalt zu fragen: Es gibt keinen.

317

Else wird verheiratet – von Liebe keine Spur – an einen großzügigen, ruhigen und würdigen Mann, Louis Ullstein. Er ist reich, prominent und beliebt, wird sogar bewundert. Als jemand ihn »souverän« nennt, versteht Else das nicht ganz: Souverän sind doch nur Herrscher, denen kein Parlament hineinredet? Aus »Kiesewetters Fremdwörterbuch« ersieht sie: »Souverän« könne man auch eine über fremdes Urteil erhabene, also unabhängig entscheidende Persönlichkeit nennen. Else weiß nicht, wovon die Rede ist. Bis auf eine einzige Stunde, die letzte ihres Lebens, ist sie alles andere als souverän.

Perfekt, korrekt, tapfer, belastbar bis zum Umfallen (nur fällt sie nie um) – Else Ullstein hätte zu anderen Zeiten eine beachtliche Sportlerin zweiter Güte werden können. Zweiter Güte deshalb, weil sie zwar Pläne aufstellen und diszipliniert einhalten, aber keine Leidenschaft für irgend etwas entwickeln kann.

»Else Louis«, wie sie in der Familie genannt wird, um nicht mit Else Cohn, Leopolds Tochter, verwechselt zu werden, ist eine mittelgroße, drahtige Person mit großen, blauen Augen, stets gekleidet nach neuester Pariser Mode, weil das die Stellung ihres Mannes verlangt, dabei weder besonders schön noch attraktiv, ihr Ziel heißt Tadellosigkeit. Ihr Gesichtsausdruck ist stets etwas gespannt, er zeigt ihren Ehrgeiz, ihren Willen zur Kontrolle und die Gewohnheit, immer recht zu behalten. Sie braucht sich Gefühle oder gar Leidenschaften nicht zu verbieten, weil sie gar nicht mehr weiß, wo die sitzen könnten. Sie will aber durchaus, daß es in der Welt starke Gefühle gibt – sie hätte gerne einmal selber welche, um sie heroisch besiegen zu können. Sie geht oft in die Oper. Zu Hause legt sie unentwegt Caruso-Platten auf. Die sind schon ganz ausgeleiert. Ihr Plattenspieler ist eine Gebetsmühle, aber die Offenbarung kommt nicht.

Louis lebt für seine Arbeit, fühlt sich in seiner Firma am wohlsten. Zu Hause gießt er sich ein Glas voll und dann noch eines, spricht sehr wenig, seine Gedanken kreisen ums Geschäft. Der große Genießer des Voraussehens und Entscheidens will hier Ordnung und möglichst wenig Ärger. In Else hat er die Frau gefunden, die ihm diesen Wunsch ohne Klage, sogar mit Eifer erfüllt.

Else hat kein eigenes Urteil – was im allgemeinen weder auffällt noch stört. Sie teilt dieses Defizit mit zahllosen Menschen, denen Genuß und Freude früh abhanden gekommen sind: Sie wissen nicht, was ihnen gefällt. Sie wissen nur, ob es ihnen gefallen darf oder nicht darf, muß oder nicht muß. Wie es damit steht, entscheiden andere, die sich hinter dem genialen Kürzel »man« verbergen. Man denkt, man empfindet, man weiß längst, man kann nicht dulden. Vor allem: Man hat gerecht zu sein, hilfsbereit, zugetan und freundlich, mindestens aber höflich, und man hat zu lieben, zuerst die eigene Familie. Liebe ist Pflicht. So sieht sie dann auch aus.

Wer sich seiner Empfindungen nicht sicher ist, dem gibt eine an Kasten, Klassen und Karrieren orientierte Gesellschaft das Maß dafür, wie ehrerbietig oder herzlich, gütig oder leutselig mit jemandem zu reden sei. Darum macht der Untergang des Kaiserreiches Else Angst. Die Welt, in der sie sich zurechtgefunden hat, zerfällt vor ihren Augen.

*

Sie sah nichts als Unglück: Überall Verlustlisten (jetzt waren sie wieder sichtbar), Verkrüppelte, Hungernde. Über die unterernährte Bevölkerung fielen Krankheiten her. Und in diesem Moment versuchten die Proleten auch noch Revolution zu machen, denen war nicht zu helfen. Aber die Republik war ihr ebenso unheimlich: Nicht nur hatten an der Wahl zur Nationalversammlung die Frauen teilgenommen, jetzt hielten sogar Frauen Parlamentsreden! Das Gebot, daß das Weib dem Manne untertan zu sein habe, wurde einfach abgeschafft, nachdem sie, Else, sich ein Leben lang daran gehalten hatte! Und vom weiblichen Urteil über politische Dinge hielt sie sowieso nichts.

Dazu kamen die Katastrophen in der eigenen Familie: Sohn

Heinz, der partout nicht den Kronprinzen seines Vaters spielen wollte. Ferner die schlimme Verfassung von Steffi in München, die mit ihren Kindern nichts anzufangen wußte und apathisch herumsaß. Sie pflegte sich nicht mehr, lebte nur für die nächste Spritze. Das Suchtmittel von ihr fernzuhalten nützte nichts, denn dann entwickelte sie die Energie der Verzweiflung. Einmal hatte sie sich auf der Straße zu Boden geworfen und in Schreikrämpfen gewunden, um rasch in eine Klinik gebracht zu werden, die ihr Morphium gab.

Toni Fleischmann hatte sich um Steffi jahrelang immer wieder gekümmert, liebevoll und lang mit ihr gesprochen – vergebens. Louis, der seine Tochter liebte, war verzweifelt und hielt Else für mitschuldig, obwohl er das nicht aussprach. Dafür hatte Heinz es um so deutlicher getan, und zwar ausgerechnet gestern, an ihrem sechsundvierzigsten Geburtstag. Steffi, so Heinz, habe nur der Mutter wegen überstürzt das Haus verlassen und sich diesem Kerl an den Hals geworfen. Und dann hatte er noch mehr gesagt, lauter Häßlichkeiten, die er »die Wahrheit« nannte, vorgetragen mit jener Zugespitztheit, die selbst die lautere Wahrheit verderben mußte. Else habe die Kinder immer angelogen, um der häuslichen Harmonie willen oder aus erzieherischen Gründen, wegen des Rufs der Familie oder der Firma. Ach, aus tausend Gründen sei Lüge für sie stets das Richtige und Ehrlichkeit das Falsche gewesen. Vielleicht habe sie nicht einmal bewußt gelogen, sie sei verlogen von Hause aus. »Bürgerlich verlogen«, das waren seine Worte. »Wir Kinder haben es nie mit einer Mutter und einem aufrichtigen Menschen zu tun gehabt, sondern mit einem System: nie eine ehrliche Regung, nichts als Pflicht! Aber was ist Pflicht, wenn sie weder religiös noch juristisch geboten ist, sondern nur noch Anpassung an alles, was gerade mit irgendeiner Wichtigkeit daherkommt.«

Else verzichtete darauf, die Attacke mit Tränen oder einem Ohnmachtsanfall zu beantworten.

»Kein Wort mehr! Geh mir aus den Augen!«

Haltung, das war ihre Stärke, ihr Ehrgeiz, ihr Stolz. Im Inneren tobten Verzweiflung und Panik. Womöglich hatte der schreckliche Sohn in irgendeinem Punkt recht? Freilich, was nützte es jetzt, diesen Punkt zu finden?

Verlogen? Sie war kein freier Mensch, das stimmte wohl, aber warum mußte sie jetzt plötzlich einer sein? War sie nichts mehr wert? Sie hatte sich nie geschont, sie hatte nie etwas über Gebühr für sich verlangt, nie schlechte Laune oder Enttäuschung gezeigt. Ihre Ziele waren die ihres Mannes gewesen, aller Ehrgeiz knüpfte sich an seinen Erfolg, seine Bedeutung. Sie hatte niemals einen anderen Mann angesehen, war treu gewesen bis in den Tod.

Jetzt mußte sie doch weinen, versuchte es aber abzukürzen. Selbstmitleid war keine Haltung, außerdem wollte sie nicht verheult aussehen, wenn Louis eintraf.

Louis rief an und sagte, es werde heute spät.

Sie nahm frisch gewaschene Hemden und begann zu bügeln, sozusagen statt Abendbrot. Bügeln war Sache der Mädchen, Else war darin nicht geschickt, aber sie wußte: Es half gegen Schluckauf und Weinen.

Selbstmord war schon eher denkbar. Albert Ballin, der Hapag-Reeder und Freund des Kaisers, hatte beschlossen, die Katastrophe des Reichs nicht zu überleben. Veronal, wie es hieß. Sie wollte nächstens ihren Freund Aron nach der Dosierung fragen.

*

Wie der Kinderarzt Dr. Aron S. in Else Ullsteins Leben geriet, hat niemand je berichten können. Da er bei der Musik Trost suchte, könnten sie sich in der Oper kennengelernt haben. Es ist aber eher anzunehmen, daß beide unter dem Vorwand, einkaufen zu wollen, in der Stadt herumgeirrt sind. Und daß sie einander auf Anhieb gefielen, obwohl sie keine Schönheiten waren. Da war ein Magnetismus, vielleicht schon der des Unglücks, aber das läßt sich später leicht behaupten.

Aron war im Kriege sehr nah an den Rand des Wahnsinns

geraten. Regimentsarzt, bis das Regiment nicht mehr existierte und kaum noch die Division. Grauen und Dreck, aufgerissene Leiber, chirurgische Kämpfe um Gliedmaßen und Menschenleben, in der Regel aussichtslos. Kein Schlaf. Abstumpfung gegen all das elende Sterben, aber doch nicht genug, um zum Harnisch zu werden. Es waren immer wieder Menschen erkennbar, deren Leiden und Abschied ihm das Herz zerrissen, er wäre ihnen am liebsten gleich in die Ewigkeit gefolgt. Was sollte er hier noch? Sein Vertrauen in die menschliche Vernunft, die Gesellschaft, die Liebe – ach was, sein Vertrauen in Gott war weg, erledigt. Es hatte sich in der Schlacht von Verdun verschämt davongemacht.

Irgendwann hatte er mit der Waffe in der Hand den Tod vor dem Feind gesucht, etwas eigenmächtig und überdies vergebens, der Feind versagte völlig. Aron S. erhielt das Eiserne Kreuz sowie den Befehl, sich in einer psychiatrischen Klinik zu melden. Als man ihn dort Monate später als geheilt ansah, wollte er wieder an die Front, wurde aber nach Berlin entlassen: »Dort braucht man mehr Kinderärzte als hier.«

Aron S. empfand Else, die zehn Jahre älter war als er, als die verkörperte Ruhe und Vernunft: gütig und gefaßt, hilfsbereit, unbeirrbar zuverlässig. Und bei alledem unglücklich. Sie brauchte eine Aufgabe, sie lechzte danach. Sie würde bestimmt nicht mit ihm in seine Abgründe stürzen, sondern ihn führen und retten. Und er würde sie im Arm halten, streicheln, zum Blühen bringen und ebenfalls retten. Sie mußte sich bald von diesem Zeitungsmagnaten scheiden lassen, der sie gar nicht mehr wahrnahm. Einen Detektiv hinter ihr herzuschicken, das war alles, was ihm einfiel.

Da hofften zwei nahezu Hoffnungslose, einander retten zu können. Die Geschichte endet traurig, bitter und trist; kein Fall für die Oper, nur für den Polizeibericht. Louis wollte Else nicht fortlassen, und sie brachte es nicht über sich, einfach wegzugehen. Sie sah ihre Pflicht darin, ihrem um den Verlag besorgten Mann wie ein standhafter Zinnsoldat weiter beizustehen. Das

322

sagte sie ihrem Geliebten. Der verlor die letzte Hoffnung, warf ihr Liebesverrat vor, sagte, er wolle sie nie wieder sehen. Als sie auf die Straße trat, hörte sie einen Schuß, eilte wieder hinauf, konnte nicht mehr in die Wohnung – sie hatte ihm in ihrer schlafwandlerischen Ordentlichkeit den Schlüssel zurückgegeben. Polizeibeamte brachen die Tür auf.

»Kannten Sie den Toten?«

»Nein, ich habe den Schuß gehört und mir gedacht. . .«

»Da haben Sie vorbildlich gehandelt!« sagte der Wachtmeister. »Es wird so viel geschossen jetzt, die Leute hören kaum noch hin.«

»Vorbildlich«. Ihr letztes Lob, ihre letzte gute Zensur. Hätte sie einen Funken Humor gehabt, sie hätte vielleicht ein letztes Mal gelächelt.

Else Ullstein ging mit versteinertem Gesicht nach Hause. Sie konnte es nicht ertragen. Sie konnte sich selbst nicht ertragen. Sie dachte in Wortfetzen. Liebesverrat. Bis zum letzten Moment. Haltung bewahren. Vorbildlich. Durch und durch verlogen. Absolut versagt. Überleben ausgeschlossen.

Veronal, zwei Röhrchen, mittlere Schublade. Widerlicher Geschmack. Auf keinen Fall erbrechen, einmal noch fest zusammennehmen.

*

Anfang 1919 ist Heinz Ullstein wegen seiner Tuberkulose in einer Schwarzwaldklinik. Er nimmt an der Beerdigung nicht teil, veröffentlicht ein Poem »Das Hohelied der Mutterliebe«.

Von Februar bis August berät in Weimar die verfassunggebende Nationalversammlung. Der Abgeordnete Hugo Haase versucht die Massaker von Moabit anzuprangern. Er wird niedergeschrien, seine Rede beendet. Wochen später wird er von Unbekannten erschossen.

Die Reichsverfassung folgt im wesentlichen dem Entwurf des Liberalen Hugo Preuß. Sie gewährt alle bürgerlichen Freiheiten sowie die Pressefreiheit: »Eine Zensur findet nicht statt.« Die Ver-

323

sammlung unterläßt es, beim Wahlverfahren eine Prozentklausel einzuführen, die die Zersplitterung des Parlaments in sektiererische Kleinparteien verhindern könnte. Für den Fall, daß das Parlament arbeitsunfähig ist, bietet die Verfassung eine Medizin, die schlimmer sein kann als die Krankheit: einen allzu mächtigen Präsidenten. Er ist auf sieben Jahre direkt gewählt, darf den Reichstag auflösen, den Ausnahmezustand verhängen und das Land auf dem Verordnungswege regieren lassen.

Die Hoffnung, daß sich bei den Pariser Friedensverhandlungen der amerikanische Präsident Wilson im Geiste seiner »14 Punkte« durchsetze, scheitert an der Unerbittlichkeit der Franzosen, aber auch an der Unfähigkeit des kranken Wilson.

September: Ullsteins gründen den Propyläen-Verlag, der zunächst die Aufgabe hat, die Goethe- und die Schiller-Ausgabe des Münchener Georg-Müller-Verlags fortzuführen. Außerdem leisten sie sich eine Flugstaffel für den Zeitungsvertrieb.

1920. Es gibt jetzt den Völkerbund (dem Deutschland noch nicht angehört). Am 10. Januar tritt der Versailler Vertrag in Kraft. Fast alle Deutschen empfinden ihn als unverdient hart.

Am 13. März versuchen die Nationalisten Kapp und Lüttwitz (die Regierung nennt sie »Rechtsspartakisten«) einen Staatsstreich. Sie werden von der »Brigade Ehrhardt« unterstützt, vormals Kampftruppe von Ebert und Noske. Die Gewerkschaften lassen den Putsch durch einen Generalstreik ins Leere laufen, die Hochverräter räumen nach wenigen Tagen das Feld. Die Brigade Ehrhardt zieht ab, schießt dabei am Brandenburger Tor noch in die Menge, weil aus ihr Pfiffe zu hören waren: zwölf Tote, dreißig Schwerverletzte.

Im April bekommt Hilda Ross ihre zweite Tochter, Helga.

Im Mai heiratet Louis Ullstein seine Sekretärin Martha Joel.

Anfang Oktober kehrt Karl Ullstein aus französischer Kriegsgefangenschaft heim.

Neuntes Kapitel

Frieden und Demokratie

Karl Ullstein war wieder zu Hause. Am Freitag, dem 8. Oktober 1920 war er eingetroffen, gerade rechtzeitig, um Großmutter Elises siebzigsten Geburtstag am kommenden Montag mitfeiern zu können und dabei gleich mitgefeiert zu werden. Noch war ihm aber nicht danach zumute. Die drei Jahre lange Gefangenschaft wirkte nach. Alle kamen, um ihn zu sehen, doch er war schweigsam. Wenn ihn jemand begrüßte, zwang er sich zu einem Lächeln. Was war mit ihm geschehen, was hatte man ihm angetan? »Nichts, gar nichts«, sagte er, »ich habe nur lange nicht gelacht.« Unbefangen umarmte er nur Fritz Ross, seinen Freund und nun Schwager. Der wußte ohne lange Erklärungen, was Karl hinter sich hatte.

»Du könntest bei unserem Theaterstück mitmachen«, sagte Schwester Hilda. »›Bilder aus dem Leben Mutter Ullsteins‹. Beginnt 1850 und reicht bis heute...«

»Ich würde es verderben, ich bin noch etwas trist.«

»Dann solltest du Rudolf Mosse spielen, der sagt nicht viel und ist wegen des Ullstein-Erfolges ausgesprochen trist. Vetter Fritz ist für die Rolle zu jung, er würde sie dir abtreten und dafür im Chor mitsingen! Allerdings beginnt bei ihm schon der Stimmbruch.« Karl lehnte ab. Rudolf Mosse war vor ein paar Monaten gestorben und somit der einzige Tote, der in dem Stück mit Namen vorkam. Nein, keine Lust.

Man mietete für Karl ein Pferd, weil er ein wenig reiten wollte. Allein. Er wollte auch allein spazierengehen, um, wie er sagte, »in Ruhe alles wiederzuerkennen«.

Sich selbst suchte er wiederzuerkennen. Paßte er noch in

dieses Berlin, in die Familie, überhaupt ins Leben? Nur mit Vater konnte er reden, denn der sagte allenfalls kurze oder halbe Sätze wie: »Laß Zeit verstreichen. Du wirst sehen...«

Mutter Elises Fest zog sich über den ganzen Tag hin, wie es sich gehörte. Das Frühstück nahm sie in den eigenen vier Wänden in der Kleiststraße, aber dann war sie bis abends bei ihren drei eigenen Kindern zu Gast. Das Mittagessen gab es bei Toni Fleischmann. Da wollte anfangs keine Fröhlichkeit aufkommen, obwohl oder weil das Geburtstagskind sich ausbedungen hatte, daß die Herren Söhne und Enkel erst politisieren durften, wenn sie mit sich und ihren Zigarren allein waren. So wirkte vor allem Hermann stiller als sonst. Louis hatte seine neue Frau nicht mitbringen können. Er wirkte etwas umwölkt. Rudolf erzählte Anekdoten aus dem Krieg. Das war aber auch nicht das richtige, man lachte etwas mühsam. Fritz Ross erzählte nichts, obwohl er als glänzender Erzähler bekannt war – er nahm Rücksicht auf Karl, der tapfer lächelnd vor sich hin litt. Als dieser gefragt wurde, wie es denn bei den Franzosen gewesen sei, antwortete er: »Ich habe nichts gegen die Franzosen, sie haben mich anständig behandelt.« Mehr kam nicht.

Vor dem Dessert aber hielt Franz eine Tischrede. Unvorbereitet, aber gut gelaunt. Immer, wenn andere Trübsal bliesen, lebte Franz auf. Und ausgerechnet er, der sarkastische, hintersinnige Mensch, der es liebte, Optimisten den Wind aus den Segeln zu nehmen, redete ganz schlicht von der Dankbarkeit, die er für Mutter Elise empfand. Weitete die Dankbarkeit aus und freute sich über Karls Rückkehr, erwähnte aus purer Großzügigkeit sogar Gott und gab sich optimistisch: »Wir haben noch viel Schrecken und Ärger um uns herum und in uns selbst, wir müssen uns wiederfinden wie das ganze Land. Aber wir sind nicht pleite und außerdem am Leben geblieben! Es sieht ganz so aus, als ob ein paar gute Jahre kommen. Wir werden ein bißchen dazu beitragen und stolz sein können. Liebe Mutter, wenn wir 1926 Vaters Hundertsten feiern, wirst du dich an meine Worte erinnern, auch wenn du jetzt den Kopf schüttelst!« Er sprach dann von Vater Leopolds Gebot, sich um Freiheit und Wahrheit zu kümmern, weil jeder Mensch darauf ein Recht habe, vor allem die Käufer von Ullstein-Zeitungen, Ullstein-Büchern, sogar von Ullstein-Schnittmustern. »Daß eine Leidenschaft uns zusammenhält, müssen wir ja nicht an die große Glocke hängen. In der Methode sind wir unauffällig, wir sind Schmuggler: Freiheit will verkündet, aber auch geschmuggelt sein. Sogar die Wahrheit kommt unauffällig daher und entfaltet sich erst allmählich. Vater wußte, warum er Zeitungen machen wollte, Mutter wußte, warum sie ihn bestärkte, und wir Söhne, Töchter, Schwiegertöchter, Enkel wissen auch manches, außerdem werden wir jedes Jahr mehr. Wenn Mutter sich wieder mal mit Vater unterhält, der uns gerade gut zuhört, wird es um andere Fragen gehen. Ihn wird interessieren, ob sich die Ullsteinsche Flugstaffel rentiert, vor allem bei diesen Benzinpreisen. Sie tut es. Oder wieviel bei Propyläen oder bei der ›Vossischen‹ zugeschossen werden muß. Louis wird dir das alles noch aufschreiben, liebe Mutter. Vater wird mäkeln wie immer und sich nicht anmerken lassen, daß alles besser ist als erwartet.«

Ausgerechnet Franz – und in einer Rede ohne Zettel! Die Mutter war ergriffen und tupfte sich mit einem Taschentuch das Auge, ein paar Töchter ebenso.

Zum Tee war Elise bei Rudolf und Margarete im Westend. Die Stimmung war wieder gedämpft, denn man hatte praktisch nur schlechte Nachrichten. Nein, so schnell würden die guten Jahre wohl nicht kommen. Der Dollar kostete bereits nahezu hundert Mark; wer irgend konnte, flüchtete in Devisen und trug damit zu weiterer Inflation bei.

»Das bedeutet, daß wir früher oder später Milliarden in der Tasche haben werden«, sagte Louis, »sie reichen heute für eine warme Mahlzeit und morgen für eine Scheibe Brot. Die Frage ist, wie lange das Volk sich das gefallen läßt.« Man hörte die Worte und wurde bang. Louis sah so viel voraus, nicht theoretisch, sondern drastisch. Und er nahm mehr Zucker in den Tee als sonst.

Diesmal war seine neue Frau mitgekommen, Martha, geborene Joel. Sie war niedlich, aber furchtbar schüchtern. Vielleicht ein Minderwertigkeitskomplex, es gab darüber jetzt Bücher. Oder ein Sekretärinnenkomplex, weil sie eine war. Man stellte ihr also besser keine Fragen, lächelte ihr zu und ließ sie in ihre Rolle hineinwachsen. Niemand sah das klarer als Mutter Elise, die in der erlauchten Runde die einzige ehemalige Angestellte war.

Der schönste Teil des Geburtstages lief in Hermanns Haus im Grunewald ab. Genau siebzig Personen sahen jenem »Theaterstück« zu, eigentlich einem Stück aus lebenden Bildern, welche die sieben Jahrzehnte der Elise Ullstein, geborener Pintus, zeigen sollten. Im Programm der »Ullsteinschen Volksbühne« stand: »Die Pointen sind von Käthe Engelmann«. Die Kostüme kamen aus der Werkstatt der »Praktischen Berlinerin«, somit ebenfalls von Ullstein.

Man begann um halb sieben. Im ersten Bild, 1850, raunte eine Stendaler Kartenlegerin, gespielt von Toni Fleischmann, etwas über die Zukunft des zu jener Zeit eben geborenen Kindes Elise. Hermann und Rudolf stellten abergläubische Tanten dar und Lisbeth Ullstein, Franzens Tochter, ein dreistes Dienstmädchen.

1880 saß Mutter Elise, verkörpert von Hermanns Tochter Edith, schon inmitten vieler Kinder, teils eigener, teils »übernommener«. Die wurden gespielt von Kindern, die jetzt etwa so alt waren wie jene damals. Käthe Meyer, Elses Enkelin, gab die kleine Mathilde, ihr Bruder Lux versuchte sich als Franz, und die dreijährige Dörte Koch (Stamm Else) kletterte als dreijährige Toni Ullstein herum. Es war bestimmt die lustigste Methode, den eigenen Stammbaum auswendig zu lernen. Viel Lob wurde gespendet, vor allem für Edith-Elises gewaltige »Tournüre« – das war das Gebilde aus Roßhaar und steifem Leinen, das vierzig Jahre zuvor, unterm Kostüm getragen, für die hohen Prachtpopos gesorgt hatte. Franz sprach zum kleinen Lux: »Du bist der beste Franz, den es je gab!«

Im letzten Bild spielte der elfjährige Fritz Ullstein (Hermanns Sohn) seinen eigenen Großonkel mütterlicherseits, Rudolf Mosse. Und aus irgendeinem Grunde war es ihm völlig unmöglich, dabei ernst zu bleiben, so sehr er sich abmühte, er steckte die ganze Gesellschaft an, sogar Karl lachte.

Der Geburtstag war durch nichts mehr zu verderben. Irgendwann zogen die Brüder sich ins Herrenzimmer zurück, rauchten und besprachen Geschäftliches: Zum Jahresbeginn sollte die Firma in eine Aktiengesellschaft umgewandelt werden – sie war zu groß geworden, um weiter wie ein Handwerksbetrieb geführt zu werden. Louis nannte dazu allerlei Zahlen, sie klangen optimistischer als am Mittag.

*

Sieben Monate darauf starb Elise Ullstein, geborene Pintus. Sie wurde auf dem jüdischen Friedhof an der Schönhauser Allee neben Leopold und Matilda beigesetzt. Unter dem hohen roten Grabstein aus schwedischem Granit, auf den man keinen Stein legen konnte. Hans, ihr Stiefsohn, der immer weniger sagte und immer mehr zitterte, weinte um sie. »Jetzt sind wir die ältesten Ullsteins«, sagte er zu Louis, »und wir sind ja wirklich für vieles schon zu alt!«

Louis weinte nicht. Und seine Antwort war: »Für vieles, nicht für alles. Martha ist im fünften Monat schwanger.«

*

»Patriotismus« – kaum einer wagte zu sagen, er habe ihn nicht, und die meisten hatten ihn ja. Der eine sprach leiser, der andere lauter darüber, und jeder meinte es ein wenig anders, was aber in normalen Zeiten nicht störte. Der eine war ehrgeizig, redete von Zielen in der Welt, wollte deutsche Geltung und Macht, dem anderen genügte es, seine Heimat zu kennen, zu lieben und für sie gute Worte zu finden. Einig war man sich darüber, »stolz«

aufs eigene Land zu sein, seine Erfahrungen, Leistungen, vor allem auf die Würde und Liebenswürdigkeit seiner Menschen, für die man als Beispiel die eigene Familie vor Augen hatte und in aller Bescheidenheit auch sich selbst. All dieser Patriotismus, in seinen freundlichen und natürlichen Varianten ebenso wie in den militaristischen und aggressiven, fühlte sich in Deutschland durch den Versailler Vertrag verletzt. Man hatte nicht nur eine Niederlage zu verkraften und unzählige Tote zu betrauern, sondern sollte allein am Kriege schuld sein, die ganze Schande tragen. Das konnte, das durfte nicht in Ordnung sein (war es auch nicht). Die Deutschen, und zwar ganz verschiedene Deutsche, plumpe und schärfere Geister, hatten einen Zorn auf Frankreich. Auf das – so sahen sie es – rachsüchtige, hundsgemeine und arrogante Frankreich, das den hochmoralischen, aber etwas langsamen Amerikaner Wilson mit seinem Willen zu einer fairen, dauerhaften Neuordnung Europas höhnisch hatte scheitern lassen.

Was tun? Wie weitermachen? Verletztheit war kein Programm, man konnte den Krieg nicht wieder anfangen und weiterführen. Um Realitäten zu verändern, muß man sie erkennen und anerkennen. Dadurch war aber jeder Versuch deutscher Regierungen, Außenpolitik zu treiben und kompromißweise bessere Vereinbarungen zu erreichen, verfolgt vom Haß der Stammtische.

Der Ullstein-Buchverlag brachte 1921 einen Atlas heraus, der die neuen europäischen Grenzen zeigte, darunter die zur neugegründeten Tschechoslowakei. Den Nationalisten war zweifellos schon das ein Dorn im Auge, aber der Verlag hatte sich sogar entschlossen, tschechische Städte beim tschechischen Namen zu nennen, auch wenn es früher deutsche Namen gewesen waren. Das war zu viel Wahrhaftigkeit auf einmal: Empörte Geographielehrer, völkisch bewegte Bundhosen strengten einen Prozeß gegen Ullstein an, der sich über Jahre hinzog.

Und dann war da das unbeirrte, manchmal etwas überhebliche Eintreten der »Vossischen Zeitung« und ihres Chefredakteurs Georg Bernhard für eine deutsch-französische Verständigung und Aussöhnung. Das verstanden viele Leser überhaupt nicht. Die Abonnentenzahl sank. Georg Bernhard focht ungerührt mit einer Fülle von Argumenten, und die Brüder Ullstein dachten zunächst nicht daran, ihn zu entlassen, bloß weil er Geld kostete. Die »Vossische« war schon seit der Übernahme im Jahre 1914 ein Zuschußunternehmen, sie blieb es trotz hoher Qualität bis zu ihrem Ende, finanziert aus dem Gewinn der übrigen Ullsteinschen Unternehmungen. Sie gehörte, wie Franz sagte, zusammen mit den Klassiker-Ausgaben des vornehmen Propyläen-Verlages »zur Weinabteilung unseres Hauses«. Einer Weinabteilung, die man dem Andenken des Vaters schuldete, des Politikers, Zeitungsmannes und großen Neugierigen (und übrigens Biertrinkers) Leopold Ullstein aus Fürth in Bayern.

Georg Bernhard
1875–1944

Er ist eines von sechs Kindern eines schlecht verdienenden Kleinhändlers und weiß sein Leben lang präzise zu sagen, warum Armut ein Unglück ist – nicht nur für die Armen, sondern für die ganze Gesellschaft. Mit großer Selbstverständlichkeit ist er als junger Erwachsener Sozialdemokrat, allerdings kein Marxist, sondern für die Revision der Marxschen Lehre.

Als Kind kann Georg einfach nicht stillsitzen. Er hopst und zappelt wie ein Rasender, wenn man ihn festzuhalten sucht. Später nimmt er die Welt in Besitz, indem er sie durchspringt und durchrennt und dabei möglichst viel anfaßt, expansionistisch wie alle Kinder; aber ihm wird das bleiben. Er besucht das Realgymnasium, weil sein Vater sagt: »Er ist begabt, wir müssen es schaffen.« Seine Mutter hat Einwände, aber der Vater, obzwar geschäftlich glücklos, ist mutiger. Abitur und Studium sind wegen Geldmangels ausgeschlossen. Georg wird Lehrling in einer Bank, wird in sprunghafter Folge Buchhalter, Korrespondent, Börsenvertreter eines großen Handelshauses. Er ist nicht nur intelligent und vital, sondern auch extrem ehrgeizig und eine Zumutung für jeden ruhebedürftigen Kollegen. Er ist nie müde, strahlt jederzeit Frische aus, gewinnt durch Herzlichkeit und ein wenig Anbiederung fast jeden, hat ein vorzügliches Gedächtnis, kann sich trotz seiner Ungeduld konzentrieren und alles erfassen, analysieren und – dies bestimmt schließlich seine Karriere – Zusammenhänge verständlich darstellen. Es gibt keine knifflige Frage, keine interessante Person, für die er nicht sofort Zeit hätte. Noch während der Banklehre beginnt er über ökonomische Fragen in Hellmut von Gerlachs »Welt am Montag« zu schreiben, 1898 ist er bereits Handelsredakteur bei Ullsteins »Berliner Morgenpost« und lernt Leopold Ullstein kennen, der ihn für einen Artikel lobt. Bernhard begründet den vielgelesenen »volksthümlichen Handelstheil« dieser Zeitung und schreibt etwa über »Die Macht der Mächte im 19. Jahrhundert« – womit er das Geld meint. Zur gleichen Zeit ist er freier Mitarbeiter von Maximilian Hardens »Zukunft« und beginnt die Herausgabe eines eigenen, erfolgreichen Wirtschaftsmagazins (»Plutus«). Nebenbei studiert er Recht und Staatswissenschaften. Dann kehrt er wieder zu Ullstein zurück, wird 1909 einer der Verlagsdirektoren, ab 1914 ist er zuständig für die neuerworbene »Vossische Zeitung«, offiziell dann deren Chefredakteur ab 1920. Er kennt inzwischen jeden, der irgend etwas zu sagen hat, und er sorgt dafür, daß jeder, wirklich jeder, ihn selbst kennt. Er wird im Kriege der Leitartikler und Intellektuelle schlechthin oder, von reaktionärer und antisemitischer Seite her gesehen auch »der Pressejude« schlechthin. Wenn es irgend jemanden gibt, der es ihm gleichtun kann, ist es Theodor Wolff von Mosses »Berliner Tageblatt«. Wolff tut es ihm nicht nur gleich, er wird und bleibt der Berühmtere. Obwohl oder gerade weil ihm geistesgeschichtliche Dinge wichtiger sind als ökonomische – über das Finanzwesen weiß er wenig. Als Berater bevorzugen die Großen der Weimarer Zeit aber nicht so sehr Wolff als Bernhard. Denn das Geld bleibt die Macht der Mächte, auch im 20. Jahrhundert.

Berühmt ist Georg Bernhard aber am Ende seines Lebens nur noch für seinen jähen Absturz in die Bedeutungslosigkeit, für seinen tiefen Fall infolge eines großen Skandals. Und sogar dieser Ruhm verblaßt schnell: In der Zeit von Nationalsozialismus, Krieg und Massenmord geraten gesellschaftliche Skandale der Weimarer Zeit in Vergessenheit.

All das ist nicht gerecht, denn Bernhard hat einiges geleistet, hat auch sympathische und ehrenwerte Eigenschaften. Von ihnen sei die Rede – die Tragödie kommt schon noch rechtzeitig.

Georg Bernhard liebt es, sich einzumischen und zu kämpfen. Es gibt in Wirtschaft und Politik kaum einen Vorgang, der ihn unbeteiligt läßt. So versucht er das Phänomen »Warenhaus« mit ökonomischen Argumenten gegen die (meist antisemitisch gefärbten) Ressentiments von Einzelhändlern zu verteidigen, macht sich ferner zum frühen Anwalt einer sozialen Marktwirtschaft: »Der Sozialismus will die Leute zufrieden machen? Gut, machen wir sie zufrieden, dann können wir auf Sozialismus verzichten.« Bebel erkennt richtig, daß dieser Mann eher zu den Liberalen gehört und wirft ihn 1903 aus der SPD. Bernhard landet nun bei Friedrich Naumann. Er tritt für den deutschen Flottenbau ein, ist im Weltkrieg ein wildentschlossener Nationalist (wie zur selben Zeit auch Gustav Stresemann) und verfaßt Durchhalteparolen. Während der Revolution wandelt er sich zum Radikaldemokraten, außenpolitisch plädiert er für deutschfranzösische Zusammenarbeit und ein »Kontinentaleuropa« gegen die Übermacht englischer Interessen. Er lehnt jetzt aber zum Ärger mächtiger Wirtschaftsmagnaten Flottenbau und Kolonien als Unfug ab. Den Zeitgenossen geht allmählich auf, daß Bernhard zwar zu allem etwas Originelles einfällt, daß es sich aber nie sehr weit von dem entfernt, was die jeweils Regierenden als nützlich empfinden. Theodor Wolff greift ihn dafür an, und Kurt Tucholsky dichtet über ihn in der »Weltbühne«:

> ». . . er spielte gut im deutschen Lotto;
> ob Willy, Lenin oder Krieg:
> ›Ran an die Macht!‹ war stets sein Motto.«

Ein Opportunist, der stets den Weg des geringsten Widerstandes geht, ein Anpasser? Nein, eher ein Wunschdenker, der mit kindlicher Selbstverständlichkeit glaubt, was er glauben möchte. Er sprudelt über von Einfällen, ist ehrgeizig, will nützlich sein und Einfluß nehmen. Aber er ist auch mutig, scheut keinen Ärger, legt sich mit gefährlichen Gegnern an, kämpft für Stresemanns Verständigungspolitik und erzeugt Haß gegen die eigene Person. Besser als andere erkennt er die Gefahr, die von rechts droht, zieht gegen Stinnes und Hugenberg zu Felde und warnt früh und unzweideutig vor den Nationalsozialisten. Was ihn nicht hindert, im Namen der Pressefreiheit gegen ein vorübergehendes Verbot von Goebbels' »Angriff« zu protestieren. Und er neigt zu euphorischen Fehleinschätzungen. Als er den Reichstag brennen sieht, sagt er zu einem Freund: »Gottlob, das wird den Nazis das Genick brechen!«

Ein Kollege sagt über ihn: »Glänzend informiert über alles, tadelloser Demokrat, immer schnell entschlossen zur brillant begründeten Stellungnahme, aber leider ohne Urteil – er weiß gar nicht, was das ist.«

Bernhard, der Hansdampf in allen Gassen. Was ist der Mann nicht alles gleichzeitig: Professor an der Handelshochschule, Beobachter bei allen großen Konferenzen, Berater Stresemanns, Vorsitzender nationaler und internationaler Journalistenverbände, Politiker und Mitglied des Reichstags erst für die Deutsche Demokratische Partei, dann für die Radikaldemokratische Partei, dazu Theatergänger und nachts leidenschaftlicher Spieler mit dramatischen Verlusten – kann er da noch für die »Vossi-

334

sche« einen guten Chefredakteur abgeben? Erstaunlicherweise ja. Das Blatt profitiert nicht nur davon, daß er ständig aus »höchsten« Informationsquellen schöpft, sondern auch von seinem Auftreten, von seinem Rang als Gesellschaftslöwe. Für die tägliche Redaktionsarbeit gibt es einen ruhigen, gescheiten Menschen namens Julius Elbau, aber Bernhard allein ist es, der die »Vossische« politisch navigiert, und er läßt sie glänzen.

Er betrachtet die Zeitung als seine. Daß sie Jahr um Jahr weit über eine Million Goldmark Verlust bringt, führt immer mehr zu Reibereien mit den Brüdern, insbesondere Louis, aber er findet, daß er und die »Vossische« ihnen dieses Geld wert sein sollten. Hinzu kommt, daß Franz, als Vorstandsvorsitzender längst der mächtigste der Brüder, ihn unbeirrt verteidigt und stützt, nicht zuletzt mit dem Argument: Wenn Vater Leopold noch lebte, sähe er in den Massenblättern des Hauses nur dann Sinn, wenn ihre Gewinne ein großes liberales Blatt wie die »Vossische« finanzierten.

Georg Bernhard strahlt noch immer frischen Mut und Sicherheit aus, das bleibt sein Markenzeichen, und als junger Mann war er ja wirklich so. Er findet sich selbst seit jeher toll, das ist physischer Zustand, Tanz der Hormone. Aber je mehr Ehrgeizziele er erreicht, desto mehr sinnt er über sein mögliches Schicksal nach. Seit 1928 läßt er sich Horoskope stellen und glaubt es gern, wenn Astrologen ihm geniale Fähigkeiten bescheinigen. Wird er vielleicht doch noch Minister oder gar Reichskanzler, wenn die düsteren Wolken sich wieder verzogen haben? Oder könnte er alles verlieren, beginnend mit der persönlichen Loge auf dem Reichspresseball, endend bei Gesundheit und Leben? Auch die Sterngucker murmeln etwas von Gefahr. Er habe jedoch die Möglichkeit, ihr zuvorzukommen, die Chancen stünden nicht schlecht. Was mag das sein? Kränkung? Er ist mit einem pathologisch überempfindlichen Ehrgefühl ausgestattet. Oder vielleicht nackte Gewalt? Intrige? Ungnade? Irgendwann verfestigt sich bei ihm die Idee, Franz Ullstein könnte seinen Brüdern nachgeben und ihn fallenlassen. Aber das sind Nachtgedanken – am hellen Tage erlebt er stets auf neue, daß Franz ihn loyal unterstützt.

Viel später, im März 1933, flieht Georg Bernhard vor dem Haß der Nazis nach Frankreich, in Berlin werden seine Schriften zusammen mit denen seines Gegners Theodor Wolff und vieler anderer verbrannt. Ein drahtiger Ledermantel namens Goebbels hält dazu eine Ansprache: »Das Zeitalter des übersteigerten jüdischen Intellektualismus ist nun vorüber!«

Georg Bernhard gibt im Pariser Exil eine deutschsprachige Zeitung heraus, scheitert an der notorischen Zerstrittenheit der Emigranten. Er wird nach dem deutschen Einmarsch verhaftet, schafft es, 1941 aus einem Lager zu fliehen und die USA zu erreichen, findet einen Job beim Handelsinstitut des »American Jewish Congress« in New York. Aber die persönlichen Kämpfe und die deutsche Katastrophe ab 1933 haben ihn zermürbt, die englische Sprache fügt sich ihm nicht, seine einst so robuste Energie ist verschwunden, nicht einmal streiten mag er noch. Er wird kränker, ärmer und einsamer mit jedem Jahr. Er stirbt im Februar 1944 in einem Hospiz in Harlem, achtundsechzig Jahre alt.

*

Am 24. Juni 1922, einem Sonnabend, versammelten sich die Brüder Ullstein gegen elf Uhr, um ihre Konferenz abzuhalten. Rudolf und Hans fehlten noch. Louis stieß Hermann an, der etwas in seinen Akten suchte: »Kennst du den neuesten Witz über die Kriegsschuld? Da sagt einer: ›Die Juden und die Radfahrer sind dran schuld, daß wir den Krieg nicht gewonnen haben‹. Fragt der andere: ›Wieso die Radfahrer?‹ Gegenfrage des ersten: ›Wieso die Juden?‹«

Hermann lachte schallend wie immer, suchte dabei aber weiter nach dem Schriftstück – es enthielt Zahlen über die Wiener Druckerei Waldheim-Eberle, in die man sich einkaufen wollte. Jetzt kam Hans, es fehlte noch Rudolf. Der war oft zu spät dran, und man billigte ihm stillschweigend zu, daß er von den Maschinen nicht immer pünktlich wegkam. Endlich, die Tür flog auf – aber es war nicht Rudolf, sondern ein Volontär, vom Laufen atemlos, und er keuchte: »Rathenau ist erschossen worden! Eben vor zehn Minuten!«

»Merkwürdig«, sagte Louis, »alles Schreckliche passiert immer zu Beginn unserer Konferenz!«

Der deutsche Außenminister – Walther Rathenau war das seit dem Februar – hatte sich kurz nach halb elf vor seiner Villa in der Königsallee in den Fond des offenen Mercedes gesetzt, um sich ins Ministerium fahren zu lassen. Die Route war immer die gleiche: Königsallee, Kurfürstendamm, Tiergartenstraße.

Drei Bauarbeiter, die in einem Neubau an der Ecke Erdener Straße werkelten, hörten Schüsse, liefen zur Außenmauer und schauten hinunter. Sie sahen das stadtbekannte Automobil des Ministers mit hoher Geschwindigkeit herankommen, gefolgt von einem zweiten offenen Wagen, der jetzt zum Überholen ansetzte. In ihm standen Männer, und in dem Moment, als die Autos auf gleicher Höhe waren, peitschten wiederum Schüsse, dann war Schnellfeuer aus Maschinenwaffen zu hören, dann das Krachen einer Handgranate. Hilflos standen die Arbeiter und sahen, wie das Fahrzeug der Attentäter davonraste. Es fiel ihnen auch noch ein Mann auf, der zu Fuß davonlief – hatte er mit dem Anschlag zu tun? Sie hasteten die Leitern hinunter, um ihn zu fassen, und es war nur gut, daß ihnen das nicht gelang: Der arbeitslose Friseur hatte als Spaziergänger den Mord beobachtet und versuchte jetzt, an ein Telephon zu kommen. Der Kellner eines Cafés war es schließlich, der die »B. Z.« anrief. Der Ablauf war binnen kurzem klar: Die Mörder hatten dem Ministerauto zunächst an der Straße aufgelauert und auf Rathenau geschossen, ihn verfehlt und die Verfolgung aufgenommen. So erklärten sich die Schüsse, die man als erste gehört hatte.

Vor zwei Wochen hatte Rathenau einen Journalisten (Hellmut von Gerlach) gefragt: »Wofür haßt man mich eigentlich so?« und der hatte geantwortet: »Weil Sie Jude sind und mit

337

Erfolg für Deutschland Außenpolitik treiben. Sie sind die lebendige Widerlegung der antisemitischen Theorie von der Schädlichkeit des Judentums für Deutschland!« Das war pathetisch gesagt, aber so abwegig nicht.

Rathenaus Leichnam wurde im Reichstag aufgebahrt, Tausende von Berlinern nahmen von ihm Abschied. Die Erschütterung war größer als bei den vielen politischen Morden zuvor, sie erfaßte nahezu die ganze Gesellschaft. Man erinnerte sich daran, daß Walther Rathenau für Deutschland hart gearbeitet hatte, bereits im Krieg, aber vor allem danach bei dem Versuch, Deutschlands Isolation abzubauen, mit den Siegermächten einigermaßen faire Abmachungen zu treffen, die Inflation zu bekämpfen, eine Revision des Versailler Vertrags zu erreichen.

Reichskanzler Wirth, Rathenaus Freund, sagte zwei Tage nach dessen Tod im Reichstag: »Da steht der Feind, der sein Gift in die Wunden eines Volkes träufelt. Und dieser Feind steht rechts!« Damit war eine einfache Formel für Tod oder Leben des Weimarer Staates ausgesprochen, vielleicht zu einfach, weil ja auch die Kommunisten ihm zu Leibe rücken wollten, aber das Ende bewies, daß Wirth recht hatte.

Gab es jetzt einen heilsamen Ruck, ein Aufstehen gegen die seit Kriegsende immer gewaltbereitere Rechte? Man erließ Verordnungen zum Schutz der Republik und fahndete erfolgreich nach den Mördern. Einer starb beim Schußwechsel mit der Polizei, der zweite beging Selbstmord, die übrigen wurden verhaftet. Sie gehörten einer »Organisation Consul« an, die in enger Verbindung mit der »Brigade Ehrhardt« stand und schon für eine ganze Reihe von politischen Attentaten verantwortlich war. Das Gericht verurteilte einige der Männer zu Zuchthausstrafen. Gesessen haben sie nicht lange. Bei der Ermordung von Linken oder Demokraten war die deutsche Justiz enorm verständnisvoll, sie billigte den Todesschützen in der Regel zu, aus patriotischen Motiven gehandelt und dabei lediglich etwas übertrieben zu haben.

Walther Rathenau wäre wohl am Leben geblieben, wäre er

nicht Jude gewesen. Man erinnerte sich nach dem Mord an die unablässigen Haßgesänge und Mordaufrufe speziell gegen Rathenau als Juden. Als Wirth den Feind auf der Rechten stehen sah, hätte er ruhig noch hinzufügen können: »Zu erkennen ist er jederzeit an seinem Judenhaß.«

Jakob Wassermann hatte ein Jahr zuvor (1921) ein Buch bei S. Fischer veröffentlicht, »Mein Leben als Deutscher und Jude«, in dem er die Qual und Hoffnungslosigkeit schilderte, die das antisemitische Vorurteil für Juden bedeutete. Das Buch wurde jetzt, nach Rathenaus Tod, auch von Nichtjuden mit Nachdenklichkeit gelesen. Viele, unter ihnen Thomas Mann, hatten die Bekenntnisse des Schriftstellers zunächst als allzu pessimistisch, ja hypochondrisch abgetan und ihm vorgehalten, es sei ihm ja trotz alledem gelungen, ein vielgelesener und berühmter Autor zu werden.

»Was soll geschehen? Was soll Deutschland tun?« so zitierte Wassermann in seinem Buch einen Gutwilligen und meinte selbst dazu: »Ich vermag es nicht, ihm zu antworten, denn die Antwort liegt zu nahe, und ich schäme mich für ihn. – Wenn ich einen Fuhrmann sehe, der sein abgetriebenes Roß mit der Peitsche dermaßen mißhandelt, daß die Adern des Tieres springen und die Nerven zittern, und es fragte mich einer von den untätig, obschon mitleidig Herumstehenden: was soll geschehen? so sage ich ihm: reißt dem Wüterich vor allem die Peitsche aus der Hand. Erwidert mir dann einer: der Gaul ist störrisch, der Gaul ist tückisch, der Gaul will bloß die Aufmerksamkeit auf sich lenken, es ist ein gutgenährter Gaul, und der Wagen ist mit Stroh beladen, so sage ich ihm: das können wir nachher untersuchen; vor allem reißt dem Wüterich die Peitsche aus der Hand. Mehr kann Deutschland gewiß nicht tun. Aber es wäre viel. Es wäre genug.«

Thomas Mann und viele andere bekannten sich nach Rathenaus Tod ohne ein weiteres Wenn und Aber zur Republik. Sie hatten verstanden, daß diese verteidigt werden mußte. Die Justiz, leider, hat das nicht verstanden.

*

Was jetzt mit dem Geld passierte, war unglaublich. Es hatte etwas von einer Naturkatastrophe: keiner verstand, wie es in solcher Wucht zustande kommen konnte. Politische Unglücksnachrichten verstärkten die Flucht in die Auslandswährungen: der Mord an Rathenau, dann der Einmarsch der Franzosen ins Rheinland, weil sie so die Zahlung ausstehender Reparationen zu erzwingen hofften. Ihr Regime war hart und demütigend, es verstärkte erneut den Zulauf zur radikalen Rechten (die sich besonders darüber aufregte, daß manche französische Soldaten eine dunkle Hautfarbe hatten, »und das auf deutschem Boden«). Der von der Regierung Cuno verkündete »passive Widerstand« ließ die Wirtschaft nur noch mehr erlahmen und kostete die Reichskasse täglich Millionen.

Jeden Sonntag morgen bekam Fritz Ullstein von Vater Hermann das wöchentliche Taschengeld ausbezahlt. Das wollte er ändern, weil er sonntags nichts kaufen konnte. Am 29. Juli 1923 hatte er 420 000 Mark bekommen, also das, was 50 US-Cents am Freitag wert gewesen waren. Nur: Am Montag, wenn er sich etwas dafür kaufen wollte, würde durch die Neufestsetzung des Dollarkurses schon wieder ein Fünftel weg sein. Das war eine von fünf Tafeln Schokolade. Er rechnete es seinem schlechtgelaunten Vater vor, und das Taschengeld wurde ab sofort montags gezahlt, schon weil sich Fritzens Prognose als richtig erwies: Am Montag kostete der Dollar eine Million Mark.

Wie konnte man in diesen Zeiten ein Kind zur Sparsamkeit erziehen? Oder überhaupt zu einem vernünftigen Umgang mit Geld? Die Inflation änderte Menschen und Sitten, weil die Logik allen Wirtschaftens auf den Kopf gestellt war: Prassen, Verschwenden war das Gebot der Stunde. Sofort loswerden mußte man das schwindsüchtige Geld, solange man dafür etwas kaufen konnte, das sich essen, trinken, horten oder schenken ließ, vielleicht sogar etwas, was man wirklich brauchte. Hauptsache, man gab den Schwarzen Peter weiter. Manche genierten sich, ihn weiterzugeben: Freunden legte man für gute Ware nicht schlechtes Geld hin, außer sie hatten die Zeit, zur Bank zu eilen.

340

Es gab Überlebenskonzepte: Die einen kauften Aktien, weil diese mit dem Dollarkurs stiegen. Andere wurden Fassadenkletterer oder raubten Banken aus, notfalls auch Gemüseläden. Wieder andere zogen aufs Land wie zu Zeiten der »Hamsterfahrten« im Kriege, um Eßbares zu stehlen. Die Gutsbesitzer stellten auf ihren Felder nicht mehr Vogelscheuchen, sondern Wachtposten mit Gewehren auf – aber die Hamsterer waren ebenfalls bewaffnet.

Und dann gab es Leute, die Devisen hatten. Woher, brauchte niemand zu wissen. Sie kauften für wenige Dollars der Witwe den Schmuck, dem verarmten Pensionär das Haus, dem hungernden Schriftsteller seine Story ab. Nachts saßen sie in einer »Koralle-Bar« im Hinterzimmer, redeten sich vorsichtigerweise mit ausländischen Vornamen an und bestellten die besten und staubigsten Flaschen des Hauses. »Harold, so billig kriegen wir in diesem Land nie wieder einen 1912er Grand Cru, für vierzig Millionen absolut geschenkt!« »Habe verstanden, Mike! Psst, Ober, noch einmal so eine!« Ein Stan ließ vernehmen: »Die nächste Flasche ist meine«, aber er scheiterte dann an einem John W., der auf das sterbende Bürgertum anstoßen und ihm eine Grabrede halten wollte.

Besonders günstig war es natürlich, wenn man tatsächlich Ausländer war, Devisen mitbrachte oder bezog. Französische Künstler hofften mit ihrem Geld in Berlin lange aushalten zu können, aus den USA reisten Homosexuelle an, weil in Berlin Lustknaben praktisch umsonst waren, und in Charlottenburg lebten Russen, die Bruchteile ihres Vermögens vor den Bolschewiken hatten retten können, recht beschaulich.

Es gab Menschen, die verstanden all das nicht, weil sie es nicht verstehen wollten. Ein Großvater gab seinem Enkel hundert Millionen und ermahnte ihn, das Geld auf ein Sparbuch einzuzahlen, damit kein Zinsverlust entstehe. Der Enkel bekam einen Lachanfall. Sparen? Schulden mußte man machen! Die schmolzen binnen kurzem weg wie Butter. Hatte man Geld, mußte man sofort Wertgegenstände, Devisen oder Aktien kaufen, auf keinen Fall Schulden zurückzahlen; auch die Miete entrichtete man erst nach mehrfacher Aufforderung – wer spät genug zahlte, wohnte für die Hälfte.

So dachte man an nichts anderes als das Ergattern, Sichern, Loswerden und versuchte, schneller als andere zu sein – dem Langsamen blieb wertloses Papier. Schon mittags standen in den Theatern die Schauspieler, in den Ministerien die Beamten, in der Universität die größten Gelehrten in der Kassenschlange, denn die Gehälter wurden jetzt täglich ausgezahlt. Etwas Rattenhaftes ergriff das ganze Volk, es wurde zu einer Herde von Nagern, die sich gegenseitig wegbissen, wo so etwas wie Beute auftauchte.

»Alles rennet, rettet, flüchtet...«, zitierte Hans Ullstein nach dem Blick in die Zeitung. Toni lächelte. Für sie war Schillers »Glocke« vor allem eine Erinnerung an ihre Hochzeitsreise. Sie dachte jetzt manchmal über die Dinge nach, die ihr niemand mehr nehmen konnte. Nicht, daß sie sich zu beklagen hatte, aber man wurde älter.

*

Die Banknotenpressen des Reichs schafften es nicht mehr, den Bedarf an Papiergeld zu produzieren. Zeitungsverlage wurden für diese Aufgabe zwangsweise herangezogen, und wo bisher die »Berliner Abendpost« gedruckt worden war, entstanden jetzt die Billionen-Mark-Scheine. »Warum nicht gleich so?« scherzte Rudolf, »es ist einfach der direktere Weg.«

Die Situation war grotesk, aber nicht zum Lachen: An den Türen des Druckereisaals standen Wachtposten, und Gruppen von Frauen saßen um die Druckpressen, aus denen wie eine unendliche Schlange das Geld wuchs. Die Frauen schichteten die Notenbündel in große Waschkörbe, die unter den wachsamen Augen der Beamten von Arbeitern fortgebracht und verladen wurden.

Auch Louis lachte während des Totentanzes der Milliarden wenig. Es war ja nicht so, daß der Verlag einen Teil des von ihm gedruckten Geldes einfach behalten konnte. Immerhin aber leistete die Reichsbank ihre Druckhonorare ab einem bestimmten Zeitpunkt in Gold. Dennoch, die Verluste bei den Zeitungen waren groß und die bei den Zeitschriften enorm. Die Käufer von »Morgenpost« und »B. Z.« bezahlten ihre Zeitungen ja nicht mit Gold oder Devisen. Das ganze Kleingeld in den Filialen so rasch wie möglich einzusammeln und zur Bank zu bringen war ein großes Transportproblem. Den Warenhäusern ging es ähnlich, aber nicht ganz so schlimm.

Daneben das immerwährende Ratespiel: Die »Berliner Illustrirte« wurde ab Montag gedruckt. Was für einen Preis sollte man auf die Titelseite schreiben? Denn im Handel war das Blatt erst am Donnerstag! Meistens lag die Schätzung zu tief, schon weil es Empörung auslösen konnte, wenn man zu hoch gegriffen hatte.

Franz beklagte vor allem, wie viel schöpferische Energie all diesem blödsinnigen Informieren und Informiertsein über Preise und Kurse geopfert werden mußte und wieviel Zeit dem Umgang mit Geld. Und Georg Bernhard, der Fachmann für Finanzen, kämpfte in den Regierungsstellen – er kämpfte immer – für eine Konsolidierung und gegen den gewaltigen Einfluß derer, die durch die Inflation reich geworden waren und noch viel reicher werden wollten. Hugo Stinnes zum Beispiel, der seine Kohle gegen Devisen verkaufte und binnen weniger Jahre, ja Monate ein Wirtschaftsimperium zusammenraffte – er galt denn auch als der König aller »Raffkes«.

»Jude natürlich, dieser Stinnes!« so hieß es. »Wie bitte, kein Jude? Egal, auf jeden Fall ist er es innerlich.«

Im Scheunenviertel rotteten sich zornige Arme zusammen, um Juden zu verprügeln, die ebenso arm waren wie sie. Sie schnitten ihnen die Mäntel kaputt, weil sie glaubten, im Futter wären Devisenvorräte eingenäht. Daß sie nichts fanden, beirrte sie nicht. Die Juden waren eben noch raffinierter, als man gedacht hatte, und sie wurden dafür doppelt geprügelt. Ein Wahn war durch Fakten nicht zu erschüttern.

*

Fritz war ein wißbegieriger Junge. Er wußte früh, daß es einen überlegenen Eindruck machte, wenn man Begriffe definieren konnte, vor allem ungewohnte. Wenn er mit seinen Definitionen nicht weiterkam, machte er eine Notiz in sein Heft und suchte eine Gelegenheit zu fragen. »Onkel Louis, wer oder was ist ein Finanzgenie?«

»Das ist nicht so leicht zu sagen. Hjalmar Schacht wahrscheinlich.« Hjalmar Schacht war ein Parteifreund Georg Bernhards in der DDP und wußte angeblich, wie die Inflation am besten zu stoppen war.

»Nein, ich meine, wodurch wird man das? Ein Finanzgenie ist doch jemand, der ganz viele anpumpen kann, oder?«

»Nein, das ist ein Pumpgenie«, antwortete Louis. »Ein Finanzgenie ist mehr ein Stratege. Dem kommt Schuldenmachen nicht von vorneherein besonders schlau vor. Aber können muß er es auch, wenn er das Geld dringend braucht.«

»Und was ist ›mündelgeldsicher‹?«

»Vor allem das, was man beim Staat gut hat. Also gar nichts.«

»Und ein ›Inflationsgewinnler‹?«

»Ich muß zur Sitzung. Ich erkläre dir das später mal historisch. Es hat sich nämlich jetzt aus-gewinnlert.«

Ja, das hatte es.

Der neue Reichskanzler, Stresemann, brach nicht nur den passiven Widerstand an Rhein und Ruhr ab, er ließ auch, bei einem Dollarkurs von 4200 Milliarden Mark, die Notenpressen anhalten. Die Geltung der »Rentenmark«, die jetzt ausgegeben wurde, beruhte auf der Verpfändung von allem, was Deutschland besaß. Der Dollarkurs entsprach genau dem Vorkriegsstand. Bezahlt wurde die neue Stabilität gewissermaßen vom deutschen Volk »privat«, aber es war immerhin Stabilität.

Wer das alles erlebt hatte: Krieg, Aufstände und Bürgerkrieg, Inflation und dann den Schock einer Währungsreform von einem Tag auf den anderen – der verließ sich nie wieder auf Staat und Parteien, oder nur mit Angst und Sorge.

344

Die Optimisten sagten: Gerade darin besteht doch eine funktionierende Demokratie. Mißtrauen und Mitwirkung!

Und die Pessimisten sagten –?

Sie sagten das, was Jahre später wirklich eintraf. Sie behielten recht. Pessimisten ernten nie einen anderen Lohn, und die Weimarer Republik belohnte Pessimisten reichlich.

*

Der Pianist Moritz Mayer-Mahr war nun wirklich berühmt. Alle sagten es, ihn selbst beschäftigte das weniger. In vielen europäischen Hauptstädten hatte er schon gastiert, im Januar 1924 folgte er einer Einladung nach New York. Mathilde rief: »Ich komme mit!« Und der achtzehnjährige Robert sagte, er könne gut einmal einen Monat aus der Schule wegbleiben. Auf Antrag sei das möglich.

»Wie willst du das Abitur schaffen?« fragte der Vater.

»Mühelos. Auf dem Schiff kann ich doch büffeln wie der Deibel.«

Also, warum nicht? Moritz hatte viel Geld verdient, die Wünsche von Frau und Sohn waren erfüllbar. Und wenn Robert sagte, etwas sei kein Problem, dann war es kein Problem. Er war immer der Klassenbeste gewesen, jedes Jahr ohne Ausnahme. Er gehörte, amerikanisch gesagt, zu den »strong and silent ones«, wortkarg und ruhig, fleißig, in allem zwingend logisch. Und wußte schon jetzt, daß er Jura studieren und Staatsanwalt werden wollte. Nicht Verteidiger, wie es der Leidenschaft seines Alters entsprochen hätte, nein, ein scharfer, klarer Staatsanwalt! Konnte dieser Musterdeutsche, diese unerschütterliche Erfolgsnatur Mathildes und Moritz' Sohn sein? Am Ende doch, denn er liebte Musik und geigte nicht übel.

Am Nachmittag des 12. Februar 1924 saßen Mathilde, Moritz und Robert in der New Yorker »Aeolian Hall« und hörten ein Konzert des Paul-Whiteman-Orchesters. Viel Jazz also, schwarze Musik, die »Donkey Serenade« – Moritz liebte so

345

etwas, und deshalb waren sie hier. Ganz zum Schluß – einige
Leute waren bereits im Gehen – wurde die »Rhapsody in blue«
des jungen Amerikaners George Gershwin uraufgeführt, er
selbst saß am Flügel. Kompositorisch anspruchsvoll, dazu voller
Schwung und Übermut. Es begann damit, daß eine Klarinette
stufenlos vom kleinen F zum zweigestrichenen B kletterte, ein
hemmungsloses, begeistertes Aufsteigen – überhaupt, diese
Rhapsodie war ein Vogel, der seine Flügel ein wenig schüttelte
und dann, weil ihm danach war, einfach aufstieg in den blauen
Himmel, federleicht, pfeilschnell, elegant, mit wunderbarer,
kunstvoller Frechheit.

Mathilde sah, wie auf dem Handrücken von Moritz die Härchen aufrecht standen bis zur Manschette. Als das Stück vorüber
war und der Beifall prasselte, beugte er sich zu ihr und sagte ihr
ins Ohr: »Sternstunde!« Sohn Robert fand das Stück, wie er
später sagte, »ein bißchen sehr amerikanisch«, aber erfreut war
er doch, denn er formte seine starken Hände zu Muscheln und
schlug sie mit großer Kraft aufeinander. Robert konnte so laut
klatschen, daß ganze Konzertsäle sich nach ihm umdrehten, er
mußte es meistens etwas dosieren. Hier waren Bedenken unnötig, das Publikum raste, wie es nur konnte, und einige berühmte
Solisten, Dirigenten und Komponisten (unter ihnen Rachmani-
noff) rasten vergnügt mit. Moritz versuchte zu Paul Whiteman
vorzudringen und einen Blick in die Partitur zu werfen. Was
ihm gelang.

Am nächsten Tag stand in einer Zeitung: »Die amerikanische
Musik hat Küche und Gesindestube verlassen, sie ist im Kon-
zertsaal angekommen.«

»Und weißt du«, erzählte Moritz, »was ich in der Partitur
gesehen habe? Die längeren Klavierpassagen stehen gar nicht
drin! Der Dirigent liest: ›Wait for nod‹. Das heißt, wenn der
Pianist ihm zunickt, darf er wieder loslegen, vorher nicht. Genau so möchte ich es auch mal haben!«

Mathildes Töchter aus erster Ehe, Nelly Peiser (geborene
Tarlau), und Annemarie Wendriner (ebenso) erhielten Wochen

später seltsame Postkarten: »Wir sind soo – (es folgten noch genau sechzehn »o«s) glücklich in diesem New York.« Und über all die »o«s hatte Moritz Noten geschrieben, ein Glissando vom kleinen F bis zum zweigestrichenen B. Mathilde unterschrieb mit: »Eure begeisterte Mama«. Moritz setzte hinzu: »Diese Noten sind von Moritz Mayer-Gershwin. Jude bin ich eh schon, jetzt auch noch schwarz (innerlich).« Robert fand eine leere Ecke, um in winziger Schrift mitzuteilen: »Werde jetzt Leibwächter von Louis Armstrong. Entlohnung gut, da in Musik.«

Selbst wenn man sich die größte Mühe gab: Der Musik aus New Orleans und New York konnte man sich nicht entziehen. Im zwanzigsten Jahrhundert ohne amerikanische Musik leben? Aussichtslos, zum Scheitern verurteilt! Musik, das war ja nicht bloß »Kunst« nach irgendwelchen uralten Regeln, sie war auch Vitalität und Magnetismus. Dagegen hatten Professoren aus Elfenbein, Idioten aus Holz und Ideologen aus Beton nicht die geringste Chance.

*

»Gehen Sie mir mit dieser Schwatzbude! Was wir brauchen, ist ein Angora-Regime. Einen Kemal Pascha, der eisern durchgreift!« Der Mann war Sachse, eindeutig.

»Oder vielleicht einen ›Duce‹ . . .?« fragte sein Gegenüber, ein elegant gekleideter Berliner.

»Mussolini? Gehen Sie mir mit dieser Opernfigur! Der kann gut mit den Augen rollen. Vielleicht kommt er sogar bis zum hohen C rauf. Mit Verlaub, ich halte nichts von den Italienern. Militärisch vor allem. Aber, Moment, Sie sind hoffentlich nicht . . .?«

»Italiener? Nee.«

So saßen sie zur Mittagszeit im überfüllten »Aschinger« beim Essen – nur dieser Zweiertisch war noch frei gewesen. Der Berliner war in Eile und mußte sehr rasch wieder zur Arbeit, der andere war eifrig und wollte in möglichst kurzer Zeit möglichst viel Meinung loswerden, denn er war Postinspektor in Plauen und mußte demnächst wieder zurück. Daß man einen starken Mann brauchte, war ihm schon seit 1918 klar. Aber wer kam in Frage? Zu viele sprangen als Tiger und landeten als Bettvorleger, Kapp zum Beispiel. Oder jüngst dieser Hitler in München mit seinem »Marsch auf Berlin«, der an der Feldherrnhalle endete. Mit von der Partie der arme Erich Ludendorff, der mal ein guter Militär gewesen war, dann politischer Spieler ohne Glück und jetzt leider ein verwirrter alter Kerl. Aber ohne einen kraftvollen, erfolgreichen Putsch ging es jetzt nicht mehr, oder? Ein eiserner Besen mußte her. – Und zwar auf allen Gebieten. »Wenn ich mir allein diese amerikanische Musik anhöre!«

»Dazu komme ich gar nicht. Zu viel Arbeit.«

»Josephine Baker! Und dieses ganze degenerierte Berlin rutscht vor ihr auf den Knien rum. Dazu Jazz, Swing, Charleston und was sonst noch alles aus dem Urwald kommt. Ragtime! Ich stehe auf dem Standpunkt, das ist hier bereits ein besserer Negerkral! Alles nur Schwung, Rhythmus, Gestampfe. Äußerliche Effekte, von Seelentiefe keine Spur. Übersteigerung des Intellekts!«

»Was denn, Intellekt aus dem Urwald?«

»Natürlich nicht direkt. Ich sehe, Sie denken mit. Das schlimme ist ja nicht das Primitive als solches, sondern diese ganze Verhöhnung und Verwirrung eines Kulturvolkes durch künstliche Primitivmachung von allem.«

»Verwirrung?«

»Ja, ganz bewußt, gezielt, und überall. Schauen Sie sich mal die Zerstörung des Gesichts in der Kunst an, oder wie die Frauen herumlaufen. Hosen! Männerfrisuren! Frauen als Männer. Und dazwischen Männer, die als Frauen herumlaufen. Auf gut Deutsch, wir werden verarscht, wo wir gehen und stehen!«

»Na, bisher kann ich da ausreichend unterscheiden.«

»Geschenkt! Bei mir klappt's auch noch!«

Der Eilige nutzte die Schmunzelpause, um dem Ober zu winken. Vergeblich. Und dem anderen fiel noch eine Ergänzung ein: »Erotischer Augenblicksreiz, darauf läuft doch alles hinaus, überall, im sogenannten Theater, in der sogenannten Kunst. Ich frage mich, wo unsere Werte bleiben.«

»Ja, wo bleiben sie denn, bitte?«

»Dekadenz ist das. Verachtung des Erhabenen. Und Verachtung des einfachen, ehrlichen Deutschen, der seiner Arbeit nachgeht.«

»Kann bisher so schlimm nicht sein, ich bin doch selber einer, ich hätte das gemerkt.«

Er winkte wieder dem Ober, warf einen flehenden Blick, hatte Erfolg.

»Zusammen?«

»Getrennt.«

»Was für Musik mögen Sie denn so?« fragte der Mann aus Plauen, etwas unsicher geworden. Man mußte auch mal auf den anderen eingehen.

»Ernste Musik. Mozart, Beethoven, Wagner. Schubert!«

»Dann achten Sie mal darauf, wer das dirigiert! Juden, alles Juden! Die haben sich unsere Kultur bereits völlig unter den Nagel gerissen. Jetzt soll Bruno Walter nach Berlin kommen! In München haben sie ihm die Tür gewiesen.«

»Aha, und der ist also –?«

»Und wie! Heißt eigentlich Schlesinger. Ich stehe auf dem Standpunkt. . .«

»Verzeihen Sie, ich muß jetzt wirklich in die Redaktion zurück. Danke, Herr Ober, stimmt so!«

»Sie sind von der Presse? Schön, daß wir uns kennengelernt haben. Hier ist meine Anschrift – wenn Sie mal nach Plauen kommen, würde ich Sie gern mit ein paar Freunden bekanntmachen, alles Patrioten, klar antisemitisch.«

»Das wäre dann wohl nicht so günstig. Wissen Sie, ich bin Jude. Und, nichts für ungut, ich bleibe dabei.«

Und damit ging er etwas bleich wieder in sein Büro, der Ullstein-Redakteur.

*

Walter Dauth war inzwischen siebenundsiebzig Jahre alt. Irgendwann hatte Hans, der älteste der Chefs, die Weisung erlassen, daß Dauth nicht gekündigt werden dürfe. Das wurde allseits akzeptiert und hatte auch seinen Grund. Dauth war 1868 der sprachenkundige Diener und treue Reisegefährte von Leopold und Matilda Ullstein gewesen. Später dann der jederzeit beherzte, dennoch unfallfreie Chauffeur von Hans. Und nun war er seit zwanzig Jahren damit beschäftigt, die Einnahmen und Ausgaben des gesamten Konzerns durchzurechnen, nachdem mindestens fünf Leute sie vor ihm durchgerechnet hatten. Unter den Rechnern war er der Historiker: An dem, was er ausrechnete, war nichts mehr zu ändern. Man täuschte ihm aus purer Barmherzigkeit vor, er sei der wichtigste Prüfer, weil er der letzte sei – und tatsächlich hatte er das größte Büro und dunkelgrüne Vorhänge an den Fenstern wie sonst bei Ullstein nur die Chefs. In Wahrheit richtete man sich aber nach den Ergebnissen des allerersten Prüfers. Walter Dauth merkte es nicht, denn er legte Wert darauf, nichts zu merken, was ihn aufregen konnte.

Kaum jemand kannte sein Büro, so groß es auch war, niemand betrat es außer ihm und dem Mann mit dem Aktenwagen. Der Eingang war hinter einem Flurschrank der Sicht entzogen, und es gab kein Namensschild.

Dauth war schwerhörig, sah nicht mehr gut und lebte in der Vergangenheit. Sein weißes Haupthaar war verwirrt, seine weißen Augenbrauen senkten sich wie Antennen über die Zahlenkolonnen. Ein wenig verwirrt war manchmal auch er selbst, was aber niemanden störte.

Er konnte über seine Rolle klare Auskunft geben, wenn man ihn fragte: »Ich war der Diener des Großvaters, dann der Fahrer des Sohnes, und jetzt habe ich darauf zu achten, daß für die Enkel etwas bleibt, und wenn ich drüber hinsterbe!«

Nur fragte niemand.

Einige Büronachbarn hielten den kleinen alten Herrn für Leopold Ullsteins Testamentsvollstrecker, andere versicherten, er sei der Steuerberater und die graue Eminenz des Verlages, keine Entscheidung werde ohne ihn getroffen. Nur die fünf Brüder Ullstein wußten, wer er war, und Franz sagte einmal mit zynischer Grandezza: »Als er nicht gut roch, war er Diener. Als er dem Alkohol zusprach, Chauffeur. Jetzt ist er halb blind und kontrolliert die Abrechnungen. Ich denke, wenn er tot ist, übernimmt er die Leitung des Verlags. Kurz, wir brauchen ihn!«

*

Siegfried Fleischmann, der lange Mensch mit der Adlernase, hatte mit der kurzen, rundlichen Toni zwei Töchter und einen Sohn. Lotte, Tonis jüngere Tochter, wuchs zu einer langen, schlanken Frau heran und heiratete 1923 den Juristen Eduard Benfey, einen gedrungenen Mann, den sie fast um Haupteslänge überragte, obwohl er sich mächtig streckte und sie sich für ihn immer ein wenig krumm machte. Er stammte aus Göttingen und war ein Sohn von Großmutter Matildas Schwester Juliet, somit ein Enkel von Louis Berend, dem Revolutionär und Zahnarzt zu Manchester, ebenso wie die Ullsteinkinder aus Leopolds erster Ehe. Hermann sagte nach der Benfey-Hochzeit: »Ich weiß, was passieren wird: Lotte Benfey bekommt einen Sohn, der es auf zwei Meter zwanzig bringt und dann eine kleine, runde Frau heiratet. Die kriegt um 1950 herum ein Mädchen, das zur höchsten Tochter der Welt heranwächst. Diese wiederum. . .«

Schon Lottes Kinder machten das Experiment zunichte, sie erreichten eine ordentliche, aber unauffällige Länge.

*

Anni, Lottes Schwester, war in der Fleischmann-Familie die schwierigste. Sie war auch die Schönste, eine Femme fatale ersten Ranges, eine Diva. Die einen sagten, sie sei schwierig, weil sie wisse, wie schön sie sei. Eine hartnäckige Minderheit fand umgekehrt, Schönheit entstehe daraus, daß jemand von

Beginn an schwierig und sensibel sei, sozusagen Prinzessin auf der Erbse. Jedenfalls konnte man an den Fleischmann-Töchtern den Unterschied zwischen schön und hübsch studieren. Lotte war hübsch, hatte einen sanften Mund und lachende Augen, die zum Gespräch einluden. Bei Anni war das Wort »hübsch« fehl am Platz. Sie hatte einen kühnen Mund, eine große, scharf geschnittene Nase und einen etwas kalten Blick. Sie war derart schön, daß sich außer professionellen Porträtmalern und schwerreichen älteren Herren niemand an sie herantraute – alle übrigen erstarrten zu Minnesängern ohne Lied.

Mit ihrer Mutter verstand sie sich überhaupt nicht, obwohl (oder gerade weil) sich sonst niemand Tonis mütterlicher Klugheit und Wärme entziehen konnte. Nahm Anni der Mutter übel, daß sie nur Frau und Mutter sein wollte, daß sie aus ihrer Begabung nicht mehr gemacht hatte? Jedenfalls wollte Anni mit aller Macht woanders hin. Bohèmienne wollte sie sein, Revolutionärin, Künstlerin und bestimmt nicht das geduldige Grautier einer Familie. Sie studierte Kunst, verschmähte die reichen Magnaten wie die verrückten Künstler und verliebte sich in ihren Lehrmeister am Weimarer Bauhaus, Josef Albers. Der war Künstler, aber nicht verrückt, sondern ein bescheidener, in sich ruhender Mensch mit langem Atem, ein guter Lehrer. Er war ein bißchen wie Siegfried Fleischmann: eine verläßliche Vaternatur. Die Diva und Revolutionärin mutierte zur hingegebenen Künstlerin und lebte für ihre Arbeit. Schwierig blieb sie weiterhin, aber jetzt im Namen der Kunst, so bekam ihr Schwierigsein Sinn. Und manchmal war sie vollkommen glücklich.

*

Schönheit und Genie gehen hin und wieder Hand in Hand, stützen und verstärken sich gegenseitig, aber wo gehen sie hin? Während des Arbeiteraufstandes im Oktober 1923 war Larissa Reissner nach Hamburg gekommen, eine junge Russin und

glühende Kommunistin. Die Moskauer Strategen der Weltver-
wandlung glaubten fest, daß eine deutsche Oktoberrevolution
unmittelbar bevorstehe, und die Journalistin und Literatin
Reissner wollte in Hamburg mit dabeisein, weil dort Ernst
Thälmann arbeitete, ein echter Revolutionär, ein bewunderter
Kommunist. Der »deutsche Oktober« scheiterte in Hamburg
ebenso wie in Sachsen und Thüringen, und Larissa Reissner
beschrieb das in einem Reportageband »Hamburg auf den Barrikaden«.

Sie machte sich der Revolution so nützlich wie möglich,
fungierte als Kurier und war oft in Berlin. Da sie vor 1917 in
Deutschland studiert hatte, sprach und las sie ausgezeichnet
Deutsch, las vor allem die klassischen Dichter und Philosophen,
aber auch so viele Zeitungen wie möglich – meistens mit Kopfschütteln. Und als der Aufstand sein Ende gefunden hatte,
beschloß sie, die Kraftzentren des Kapitalismus und die Gift-
Großküchen des bürgerlichen Bewußtseins zu studieren und
kritisch darüber zu schreiben. Das erste Objekt, das sie sich
vornahm, war der Ullstein-Verlag – durch ihr exzessives Zei-
tunglesen (und Kopfschütteln) fühlte sie sich bestens vorgebil-
det.

Larissa Reissner war eine außergewöhnliche Person, nicht nur
der Schönheit wegen, sondern auch als entschlossene Kämpfe-
rin. 1914, mit neunzehn Jahren gab sie zusammen mit ihrem
Vater Michail Reissner, einem der ersten russischen Psychoana-
lytiker, eine antimilitaristische Zeitung heraus, wurde später
Mitarbeiterin von Maxim Gorki, nach der Revolution Kommissarin in der Roten Flotte und danach in der Moskauer Garni-
son. Sie bewies großen persönlichen Mut, als sie, gekleidet wie
ein Bauernmädchen ins gegenrevolutionäre Lager ging, um zu
spionieren. Den »Weißen« fiel sofort auf, daß sie nicht wie ein
Bauernmädchen aussah, sie wurde erkannt und inhaftiert. Nur
durch eine List gelang ihr die Flucht.

Den Kapitalismus einfach »abzulehnen« war Unfug. Ohne
seine volle Entwicklung und sein volles Scheitern gab es keinen

Sozialismus – er war als Vorstufe nötig. Wenn Larissa etwas haßte, dann bestimmt nicht die technischen Errungenschaften, die sich der Akkumulation des Kapitals verdankten. Sie würden irgendwann, auf noch höherem technischen Niveau, den Arbeitern und Bauern gehören und ihnen ein friedliches, produktives Leben gestatten. Mit glänzenden Augen sah Larissa, wie die Zeitungsfabrik der Ullsteins durch Rohre ihre Zeitungsbündel direkt auf die Lastwagen spuckte, wie am Sonnabend in einer dreiviertel Stunde 4000 Zentner bedrucktes Papier verladen wurden. Die gesamte Produktion des Verlags füllte 75 Postwaggons.

Sie freundete sich mit einem Drucker an, wurde von ihm in den Betrieb geschmuggelt und sah, wie die Rotationsmaschinen ihre funkelnden Matrizenpanzer anlegten. Das waren Maschinen! Eine davon druckte »Die Dame« – 96 Seiten nebst Umschlag, und sie warf davon pro Stunde 3500 Exemplare fertig auf den Tisch. Wenn diese Produktion, dieser perfekt organisierte Vertrieb nun die Wahrheit verbreitet hätte! Aber das tat er nicht, fand Larissa. Und hier, bei der von ihr so genannten »täglichen Lügen- und Wahrheitsernte«, setzte ihr Haß an. Pure Lüge wäre ihr lieber gewesen als dieses perfide Gemisch aus Traum, Oberflächlichem und einer Beimengung von Realität!

Speziell die Ullsteinschen Schnittmuster ärgerten sie: Das war ein Erraten und Bedienen von Wünschen, noch bevor sie entstanden waren, es entwickelten sich überhaupt nur Bedürfnisse, die vom Verlag entworfen worden waren; das war Geschmacksdiktatur im Mäntelchen der Freiheit – was hätte Rosa Luxemburg dazu gesagt! Daß Frauen in ganz Berlin selbstgefertigte Kleider nach »Ullstein-Schnitten« trugen und mit dieser Entmündigung auch noch zufrieden waren, bewies das ganze Ausmaß der Gefahr. Es zeigte, mit welch raffinierten Verankerungen und Hebeln der Kapitalismus sich seinem Untergang entgegenzustemmen versuchte, mochten seine Tage auch gezählt sein. Für den ungeheuren geschäftlichen Aufstieg der bürgerlichen

Zeitungsverlage, der jetzt zu beobachten war, fand Larissa in ihrem Tagebuch scharfe Formulierungen:

»Der Kapitalismus wehrt sich, wie zu erwarten war, durch eine Fortsetzung der Inflation mit anderen Mitteln. In seiner zunehmenden und am Ende tödlichen Krise hat er erst die Arbeiter und dann auch die eigenen Leute, die Kleinbourgeoisie, mindestens des Geldes beraubt, nicht zu reden von den Toten des imperialistischen Krieges. Jetzt beraubt er sie der Denkfähigkeit und des Menschseins überhaupt, macht sie zu Affen des Konsumtraums und der Sensationsgier. Prominente Affen versichern gläubigen Affen, wie wichtig Prominenz sei, und daß jeder sie erreichen könne, dazu Glück und Reichtum. Die Anreicherung von Information durch Gerüchte, Intimitätsmüll und allerlei halb Gewußtes oder Erlogenes ist nur noch Desinformation. Über manche Dinge kann man sich nicht jahrelang täglich informieren, ohne dabei zum Affen zu werden. Die Arbeiter erweisen sich als sperrig: Sie senden Delegationen nach Moskau und bitten darum, daß die Rote Armee mit ihnen zusammen endlich das erkämpft, was Ebert und Konsorten ihr vorenthalten haben. Die Kleinbürger und Ullstein-Leser gehen einen anderen Weg – den ins Kino, wo sie die Verfilmungen von Ullstein-Romanen sehen, die sie bereits gelesen haben. Sie können es nicht oft genug sehen und hören: Wer brav und artig ist, heiratet, wenn weiblich, den Chef – es ist immer ein Hugo Stinnes, aber ein wunderschöner und zärtlicher. Sofern männlich, heiratet man (weil fleißig und ehrlich) die sanfte, tadellose Tochter des Brotgebers und Kommerzienrats.«

Wenn Larissa Reissner wenigstens häßlich gewesen wäre oder ein bißchen gehinkt hätte wie Rosa Luxemburg. Aber sie war schön und klar, naiv und folgerichtig, von Kopf bis Fuß eine Wunderwaffe des Kommunismus, zumal sie auch noch schreiben und schimpfen konnte wie der Teufel. Unter Stalin, dem mißtrauischen, armseligen, brutalen Gewaltherrscher, vor dem Lenin mit letzter Kraft zu warnen versucht hatte, wäre ihr ein gewaltsamer Tod sicher gewesen.

Im übrigen haßte sie keineswegs alles, was aus dem Ullstein-Verlag kam. Sie empfand die »Tante Voss« als eine »kluge, vorsichtige, ausgezeichnet unterrichtete Zeitung« und versuchte dennoch, sie abzuwerten: »Jeder Spekulant erkauft sich mit 15 Pfennigen die Hoffnung, von der alten Dame einen guten Tip zu bekommen.« Sie las auch mit Begeisterung den »Querschnitt«, die Zeitschrift, die Ullstein jüngst von einem Kunstmenschen namens Flechtheim erworben hatte. Das war Geist, das war beweglicher Witz, das war Wissen. Sie notierte: »Der ›Querschnitt‹ ist gewissermaßen eine Lilie, der man den Duft jener Mistgrube nicht anmerkt, auf der die ›B. Z.‹ und die ›Illustrirte‹ gedeihen. Diese Ästhetenzeitschrift treibt wie eine Lotosblume auf dem Meer der Ullstein-Millionen herum – sie schwärmt für Negerplastik und amerikanische Kultur.« Larissa hat nie jemandem eingestanden, daß sie dafür ebenfalls schwärmte, sie kannte ihre Pflicht.

Wirklich hassen konnte sie nur die »Berliner Illustrirte«, die wöchentlich mit einer Auflage von anderthalb Millionen Exemplaren verbreitet wurde, demnächst wohl zwei Millionen. Die »B.I.Z«, das war für sie »Propaganda der Banalität, Null, Nichts, Überhaupt-Nichts, 32 Seiten geistiges Abführmittel plus Reklame«. Aber weil Larissa stets genau war, notierte sie auch dies: »Die ›Illustrirte‹ war nie ein Feind Sowjetrußlands. Vielleicht hat sie die deutschen Arbeiter besser über die Sowjetunion unterrichtete als alle anderen Presseorgane. Sie bringt alles, was neu, interessant, unerwartet ist. . .«

*

Larissa wollte ins Hauptgebäude in der Kochstraße. Sie wollte den Verlagsinhaber sprechen. Sie war schon bis ins Kriegslager der weißen Konterrevolutionäre vorgedrungen und hatte das überlebt, da würde sie ja wohl Herrn Ullstein zu fassen kriegen. Hoffentlich überlebte er es (sie stellte sich einen alten Herrn mit dramatisch hohem Blutdruck vor).

»Tut mir leid«, sagte der Portier, und sie sah deutlich, daß es ihm überhaupt nicht leid tat. Ein kümmerlicher Kleinbürger, der seine Bedeutung aus seinem kümmerlichen Posten bezog. Larissa hatte Murnaus Film »Der letzte Mann« gesehen: genau so ein Typ war das. Er ließ sie gar nicht erst hinein. Wahrscheinlich, weil sie gesagt hatte, sie sei die Reporterin aus Moskau, auf die Herr Ullstein schon lange warte. Der Portier war auf Menschen und Sachen dressiert, sein primitives Wahrnehmungssystem sagte ihm zuverlässig, wenn jemand log. Zwischen ihm und ihr gab es keinerlei Mißverständnis: Sie wurde nicht eingelassen. Der Engel der Revolution rauschte zornbebend hinaus.

Am nächsten Tag telephonierte sie erst einmal von draußen. Sie verlangte den Gerichtsreporter Sling in der »Vossischen«, ihren absoluten Liebling.

»In welcher Sache?« fragte die Sekretärin.

»Es geht um die sowjetische Rechtsprechung!« sagte Larissa kühn.

Sling selbst holte sie beim Pförtner ab, der sie (das war deutlich zu sehen) dafür haßte. Sling hieß eigentlich Paul Schlesinger und war der Bruder des Dirigenten Bruno Walter. Ein ruhiger Mensch von harmonischer Rundlichkeit, weise, liebenswürdig und ein wenig melancholisch. Er wußte sofort, daß es nicht um sowjetische Rechtsprechung ging (er bezweifelte zu Recht, daß es in der Sowjetunion etwas gab, was diesen Namen verdiente), sondern daß Mademoiselle Reissner jemanden sprechen wollte, der Entscheidungen traf. »Ich treffe keine Entscheidungen, ich bin Gerichtsreporter. Ich beurteile Entscheidungen.«

Ach, sie liebte ihn sofort, und sie kannte ja seine Reportagen. Wenn sie sich jemals mit einem Bürgerlichen einließ, dann mußte er sein wie dieser Sling. Aber der liebte ganz offensichtlich nur seine Frau, das ließ er zumindest diskret durchblicken und reichte Larissa mit großer Freundlichkeit an einen Herrn Szafranski weiter, welcher, wie Sling sagte, wirklich jede Menge Entscheidungen zu treffen hatte, zumindest über den Inhalt der »Berliner Illustrirten Zeitung«. Szafranski hatte aber gerade kei-

357

ne Zeit und bat, sie möge sich zunächst mit Herrn Müller unterhalten, »unserem Herrn Müller – es gibt nichts, was Herr Doktor Müller nicht ebenso weiß wie ich«. Müller war homosexuell, wußte es aber offensichtlich noch nicht. Das Gespräch hatte von Anfang an eine gewisse Kühle.

»Eigentlich wollte ich Herrn Ullstein sprechen«, sagte Larissa.

»Ich fürchte, Sie müssen mit mir vorlieb nehmen. Was wollen Sie denn wissen?«

»Ist sich der Verlag darüber im klaren, daß er die Phantasie der Menschen benutzt, verschmutzt, überfüttert und banalisiert? Daß er all sein Geld als Totengräber verdient, als Totengräber von allem, was...«

»Ach du grüne Neune!« Müller war baff.

»Ich kann mich nicht erinnern, Ihnen das Du angeboten zu haben. Und wenn Sie mir schon eine Farbe geben wollen...«

»Nein, nein, ich war bloß etwas...«

Plötzlich lachte dieser Müller los, obwohl er weder lachen mußte noch konnte. Er lachte offenbar zusammen mit anderen, die nicht im Raum waren, ein subalternes Lachen, das sagen sollte: Über so etwas können WIR nur lachen. Verletzend war das!

»Ich möchte auf eine weitere Unterhaltung mit Ihnen verzichten, weil sie offenbar den Ernst meiner Frage nicht verstehen wollen. Bitte bringen Sie mich jetzt zu Herrn Ullstein.«

Müller wollte schon fragen »Zu welchem eigentlich?«, aber dann hatte er eine arge Idee.

»Direkt zum Chef?«

Ihm war nach Schabernack zumute, und Larissa durchschaute es nicht. Sie sagte hoheitsvoll: »Ja, ich bitte darum!«

»Moment, dann muß ich kurz telephonieren.« Müller wählte. »Ja, Müller hier, Büro Szafranski. Ganz genau. Ich wollte Ihnen eine junge Dame aus Rußland bringen, sie spricht gut Deutsch und möchte ... Wie bitte? Ich verstehe, nur zehn Minuten. Sie wird das einhalten, selbstverständlich, vollkommen klar!« Dabei zog er die Augenbrauen hoch und sah Larissa sehr bestimmt an.

»Und wann? Sofort? Selbstverständlich, wir sind in einer Minute da, Herr Kommerzienrat!« Er hängte auf und rief: »Er wartet, wir müssen los!«

Dr. Müller ging mit ihr zu einem Fahrstuhl ohne Türen, der niemals stehenblieb und auf niemanden wartete – die Menschen stürzten hinein und hinaus. Müller sagte: »Das? Das ist der Paternoster.« Sie hatte so etwas noch nie gesehen, fürchtete, zu spät aufzuspringen und dann zwischen zwei Stockwerken zerquetscht zu werden. »Paternoster« hieß doch Vaterunser – man betete also, bevor man sich der Höllenmaschine anvertraute. Aber sie war entschlossen, sich vor einer subalternen Figur wie Müller nicht lächerlich zu machen, und brachte die Aufgabe mit Todesverachtung hinter sich. Dann gingen sie durch einen langen Gang, nahmen einen normalen Fahrstuhl (mit Tür) wieder nach unten – wollte Müller sie verwirren? Überall standen und fuhren Wägelchen, die mit Leitzordnern beladen waren, und als Larissa spielerisch einen der Aktendeckel aufklappte, mußte sie lachen: Auf dem obersten Schriftstück stand »Obenauf!«. So war Deutschland. Endlich zeigte ihr Müller die Tür, an die sie klopfen sollte – sie war fast versteckt hinter einem Aktenschrank, und es war kein Namensschild zu sehen.

So kam Larissa Reissner in das große Büro von Walter Dauth (mit den dunkelgrünen Vorhängen), und das war gut so. Es gab zwischen ihm und ihr nicht das geringste Mißverständnis, denn er war schwerhörig und sie Kommunistin.

Sie sah sich den alten Herrn genau an. Kavalier, gekleidet in feinstes Tuch, Schnupftuch aus Seide. Weiße, etwas zerzauste Haare. Weiße, wild sprießende Augenbrauen.

»Guten Tag, Herr Ullstein!«

»Nehmen Sie bitte Platz! Sie wollten etwas fragen?«

»Welche Politik verfolgen Sie mit Ihren Blättern?«

»Ich? Ich sitze hier nur und rechne alles durch.«

»Aber ist es nicht Verschwendung, wenn die höchstentwickelte Technik nur der Verdummung möglichst vieler Menschen dient?«

»Ich bin ein einfacher Mensch. Ich war Diener, wissen Sie. Und Chauffeur. Ich war ein sehr guter Fahrer. Die Reflexe waren gut. Wo kamen Sie noch mal her?«

»Aus der Sowjetunion.«

»Ich höre nicht so gut – liegt das in Rußland?«

»Es ist das ganze Rußland und noch viel mehr.«

»Ach? Ich spreche etwas Russisch.«

Jetzt sprachen sie Russisch, aber das nützte auch nichts. Der Mann mußte wirklich sehr alt sein. Vielleicht sollte sie doch lieber mit Georg Bernhard reden, dem Chefredakteur der »Vossischen«. Ja, der war der Richtige. Der Kapitalismus persönlich.

»Könnten Sie vermitteln, daß ich mit Georg Bernhard sprechen kann?«

»Wie heißt der?«

»Georg Bernhard.«

»Und wie noch? Da fehlt doch ein Familienname. Wahrscheinlich Jude. Keine Ahnung, ich kenne die jungen Leute kaum noch. Vielleicht fragen Sie mal den Portier.«

»Der mag mich leider nicht.«

»Mich auch nicht. Er denkt immer, ich wolle seinen Posten.«

Larissa lachte schallend. Der alte Ullstein war zwar etwas wirr, aber ein echter Kauz. Und Walter Dauth lachte auch. So wunderbare Zähne hatte er seit Jahrzehnten nicht gesehen, er fühlte sich ganz durchwärmt von Larissas strahlendem Lachen.

»Wie war noch mal Ihr Name?«

»Larissa Reissner.«

»Ich meine den Vornamen!«

»Larissa.«

»Hübscher Name! Ich muß jetzt weitermachen, auf mir liegt eine große Last. Wissen Sie, auf diese Zahlen kommt es an.«

»Auf Wiedersehen, lieber Herr Ullstein!«

»Das ist eine freundliche Titulierung, Fräulein Larissa, ich verdiene sie nicht. Leben Sie wohl und grüßen Sie Rußland. Eine wunderbare Sprache, die schönste überhaupt. Und die

360

russische Musik! Ihre Kultur kann nicht untergehen, selbst wenn sie es darauf anlegt.«

Die junge Russin schrieb über den Verlag ein Kapitel in ihrer Reportagensammlung »Oktober«, die später ins Deutsche übersetzt und von Ullstein-Mitarbeitern gelesen wurde. Die wunderten sich über einige verdammt klare Aussagen, aber auch darüber, daß ständig vom »alten Ullstein« die Rede war.

Larissa Reissner. Sie soll irgendwann die Geliebte Leo Trotzkis geworden sein. Die von Karl Radek war sie bestimmt (aber nicht gleichzeitig). Sie starb dreißigjährig, Februar 1926, in der Nähe Moskaus an Typhus, wodurch ihr vieles erspart blieb, Stalins Feindschaft und das Erwachen aus dem kommunistischen Jahrhunderttraum. Dem Dramatiker Wsewolod Wischnewski diente sie als Vorbild für die Kommissarin in der »Optimistischen Tragödie«, und wahrscheinlich wurde sie im Film von Ernst Lubitsch zur »Ninotschka« verniedlicht. Was ihr wohl nicht recht gewesen wäre.

*

Die Familie Ullstein wuchs unaufhaltsam. Die Biologie hatte überhaupt, wenn man aufs Ergebnis blickte, trotz ihrer scheinbar langsamen Arbeitsweise etwas Rasendes. So empfand es Leopold Ullstein, der jetzt neunzehn Jahre alt war und Geschichte studierte. Er sah mit Kummer, daß die Historie überhaupt in erster Linie Biologie war und große Mühe hatte, darüber hinauszukommen. Auch wenn Revolutionäre und kühne Geister aller Art versuchten, das Niveau der menschlichen Geschichte ins Allgemeinverbindliche zu heben – sie arbeiteten sich an ihr ordentlich ab, aber was tat die Geschichte? Sie hob sich nur um Millimeter über die Biologie, um bei nächster Gelegenheit wieder zurückzufallen. Dabei gab es – nur so als Beispiel – seit über hundert Jahren die Theorien von Thomas Malthus: Die Menschheit vermehrte sich geometrisch, die Nahrungszufuhr arithmetisch – jeder Addition in der Versorgung stand eine Multiplikation, ja eine Potenzierung des Bevölkerungszuwachses gegenüber. Wie sollte das weitergehen? Imperialismus, weltweite Verteilungskämpfe um Nahrung und Sicherheit, überhaupt um alles, schließlich sogar um Luft und Wasser! Irgendwann gab es Milliarden Menschen und kaum noch Möglichkeiten, all diesen wimmelnden Kindern der Welt eine Überlebenschance zu geben.

Himmel, all diese Babys, das ging ja jetzt schon monatsweise – eine Geburt nach der anderen! Das Gemaunze und Gekrähe überall aus den Steckkissen, die Taufen und Taufsprüche, dieser Elternstolz, besonders der dämliche Stolz der Väter, die keine Schmerzen beigesteuert hatten zum Triumph der Biologie, sondern nur schnell genossene und schnell vergessene Lust, die sie während der Schwangerschaft ihrer Frauen dann anderswo erneuerten.

Leopold hatte sich vorgenommen, niemals Vater zu werden. Er hatte seinen Vater erlebt, den wunderbarsten aller Väter, und der war nicht zu übertreffen. Im Kampf zwischen Biologie und Gehirn wollte Leopold vor allem Gehirn sein.

»Ich glaube, du spinnst zur Zeit ein bißchen«, sagte Vetter Kurt.

Kurt Ullstein nannte sich, obwohl ebenfalls erst neunzehn, einen Realisten. Er wollte Jura studieren, um einen Brotberuf zu haben, aber er träumte davon, irgendwann ein Stück Land zu bebauen, einen Hof zu bewirtschaften, auf dem viele Kinder herumliefen.

»Du spinnst auch«, sagte Leopold, »du spinnst biologistisch!«

»Ich will einfach nur leben.«

»Das ist es ja, das ist mir zu simpel.«

*

In der Bettinastraße lebte jetzt die zehnjährige Renate Ross, Tochter von Colin, somit Nichte von Fritz Ross. Ihr Vater war Artillerist gewesen und nach einer schweren Verwundung Kriegsberichterstatter. Dabei war er zum Linken und Revolutionär geworden, fürchterlich enttäuscht war er dann, als die Revolution scheiterte. Er wanderte mit Frau und Kind nach Südamerika aus, schrieb über Land und Leute ein sehr erfolgreiches Buch und kehrte nach Deutschland zurück. Er wollte aber in dem (wie er es sah) reaktionären Land nicht lange bleiben, nahm keine feste Wohnung und reiste mit seiner Frau weiter in aller Herren Länder, schrieb und schrieb.

Die kleine Renate und ihr zweijähriger Bruder Ralph konnten nicht immer mit, und so wurden sie 1925 bei ihrem Onkel Fritz »geparkt«. Den mochte Renate nicht besonders. Er war so völlig anders als ihr Vater. Fast zwei Meter groß, ein Herrscher, der Bewunderung erwartete und in seiner Familie ängstliche Ehrfurcht erzwang. Kein beweglicher Feuergeist, der andere gewinnen konnte wie Colin, sondern ein Offizier, der Befehle gab. Sie verstand nicht, wie ihr Vater diesen Bruder lieben konnte. Sie verstand auch nicht, wieso die freundliche, schöne Tante Hilda diesen Mann derart vergötterte. Sie wußte nur, daß man mit zehn noch nicht alles verstand. Aber das half nicht viel, sie wollte lieber weit weg sein. Oder wenigstens unten im Parterre, wo Hans und Toni wohnten, und dieser herrlich verrückte Leopold. Den sah sie gern, er war trotz seines hohen Alters von neunzehn Jahren fast mehr Kind als sie, ein Kind, das Zigaretten rauchte wie ein Schlot und mit einem roten Sportwagen die Straßen unsicher machte. Renate hingegen trug Verantwortung: für ihren kleinen Bruder. Die Eltern hatten ihr vor der Abreise eingeschärft: »Du bist jetzt die, die auf ihn aufpassen muß!« In einem Alter, in dem andere Mädchen noch Puppen herumtrugen, wickelte und windelte sie ihr Brüderchen, sang das Kind in den Schlaf, erzählte ihm, was die Eltern aus dem fernen Asien geschrieben hatten. Und schrieb zurück und gab Rechenschaft über Ralphs Fortschritte. Dicke Briefe wurden das, auf die sie viele Briefmarken kleben mußte. Neuerdings Hindenburg-Marken, denn der war Reichspräsident geworden.

Leopold nannte Renate »unsere junge Mutter«. Aber er meinte das nicht boshaft, er war gutmütig wie ein Kälbchen, konnte bloß nichts ungesagt lassen. Ein großäugiger, unruhiger, offener und grundehrlicher Mensch, ständig gebeutelt von all den Einfällen, die herauswollten. Sie fuhr gern mit ihm durch die Stadt, ängstlich war sie nicht. Aber sie setzte seiner nervösen Intelligenz ihre glatte, gerade Kinderstirn entgegen, hinter der es vollkommen logisch zuging. Sie wußte, daß sie ihn lieb hatte (Leopold wußte natürlich gar nichts). Er brauchte eine Frau wie sie, auch das wußte Renate. Sie gab die Sache nicht verloren: 1933 würde sie achtzehn sein und er siebenundzwanzig. Das waren nicht mehr als acht Jahre, und vielleicht merkte er in dieser Zeit, daß nur sie in Frage kam.

*

So wild war das in der Familie doch gar nicht mit Babys und Kindergewimmel. Die »große« Toni fragte sich, was Leopold eigentlich meinte. Ihr Enkel Karl-Heinz Pinner, Ilses Sohn, war ein Jahr alt, ebenso Beate Ross, Hildas und Fritz' drittes Kind. Sonst nur Renate Benfey, die Enkelin der »kleinen« Toni und Tochter von Lotte. Und dann waren da noch ein paar Kinder im Vorschulalter, die möglicherweise »wimmelten«: ihre fünfjährige Enkelin Helga Ross (die wimmelte wirklich), der vierjährige Bernt Engelmann vom Stamm Käthe, genannt »das Berntelein«, ferner Helmut und Konrad Freund vom Stamm Else und Gabriele Ullstein. Wie konnte man da gleich von einer »Bevölkerungspyramide« reden? Der Junge hatte seinen Thomas Malthus in den falschen Hals gekriegt, er sah Vermehrung als Bedrohung.

Gewiß, es gab junge Paare in der Familie, von denen weiteres zu erwarten war: das Ehepaar Ross, das Ehepaar Pinner. Karl war seit einem Jahr mit Manci Steiner verheiratet, einer schlanken Wienerin von barocker Natur. Lotte war wieder schwanger. Daß ihre Schwester Anni und Josef Albers sich jetzt gleich zu einem Kind entschlossen, war unwahrscheinlich: Anni war Künstlerin mit Bubikopf und Freiheitsreligion.

Nein, das war keine »Baby-Lawine«, wie Leopold es abschätzig bezeichnet hatte. Außerdem, was redete der Junge dauernd von »Verelendung«? Es war Gott sei Dank genug Geld da für Essen, Kleidung, Häuser, Personal, Pferde und Pferdestärken. Und was die Familie zu lesen wünschte, wurde im eigenen Hause hergestellt, sie bekam es umsonst: von der Kinderzeitung »Der heitere Fridolin« über den »Uhu« bis »Dame« und »Querschnitt«, vom billigen Ullsteinroman bis zur Propyläen-Weltgeschichte. Konnte man damit nicht ein bißchen zufrieden sein? Leopold sprach offensichtlich von anderen Teilen der Welt, und zwar auf der berlinabgewandten Seite der Erde.

*

Berlin war hell von rasendem Gefunkel. Berlin war ein Spiegel, es reflektierte alle Begehrlichkeiten und obendrein die Suche nach einem neuen Menschen (der alte schien der Zeit nicht mehr gewachsen). Berlin war zugleich ein Dickicht, in dem sich der verfangen konnte, der auf irgend etwas Funkelndes zustrebte. Es war auch ein Experiment, auf dessen Ergebnis die Welt gespannt war, ein wichtiges, in dem sich zeigen würde, ob in Deutschland die kosmopolitische Metropole mehr Macht hatte als die engstirnige Provinz, ob zwischen Prenzlau, Cottbus und Kyritz an der Knatter so etwas wie ein New York möglich war. Berlin war gefährdet durch die Provinz, aber auch durch eigenen Übermut, durch manischen Leichtsinn, der auf den Satz hinauslief: »Sie werden es nicht wagen.« »Sie«, das waren inzwischen nicht mehr nur ein paar putzige deutschnationale Oberlehrer mit zerklüfteten Wangen, oder vollbärtige, in Kriegserinnerungen schwelgende Herren mit Bauch und hohem Blutdruck, es waren längst die Nationalsozialisten selbst, meist fixe, kräftige, hinreichend ungebildete und bedenkenlose junge Männer, und keineswegs nur aus Plauen. Gewaltanwendung war für sie kein Problem, sondern eine Lebensaufgabe – sie sprachen ständig vom »Durchgreifen«.

Berlin war frei, lebensgierig, tolerant, seiner Attraktivität sicher und in suizidaler Weise zum Leichtsinn entschlossen. Als 1925 nach Eberts Tod die Mehrheit des deutschen Volkes nicht den Parlamentarier Wilhelm Marx, sondern den stockkonservativen Militär Paul von Hindenburg zum Präsidenten wählte (der vorher den greisen Kaiser Wilhelm im holländischen Exil um Erlaubnis gefragt hatte), gab es besorgte, ja entsetzte Stimmen, und Theodor Lessing, Philosoph in Hannover, nannte ihn in einem zornigen Pamphlet einen »Ersatzkaiser«. Unsinn, meinten andere, gerade jetzt sei die Demokratie sicher geworden, mit Hindenburg habe man, anders als mit Ebert, endlich eine unanfechtbare Galionsfigur, außerdem habe er feierlich geschworen, die Verfassung zu respektieren. So oder so, die Provinz hatte gewählt, sie bestimmte vermutlich weiter und immer mehr, wer in Berlin regierte und was erlaubt oder verboten war. Der Untergang der Freiheit schien mit einem Mal möglich, weil Millionen und Abermillionen mit ihr zu wenig anfangen konnten – sie verstanden gar nicht, wovon die Rede war.

Voraussagen wagte niemand. Heute und morgen würde noch alles gutgehen, ganz sicher. Und später? Vielleicht kam ja doch ein Zurückdrehen des Geschichtsrades, sogar ein Rückfall in die Barbarei. Irgendwann. Und einige dachten schon jetzt bei sich: Halb so schlimm, im äußersten Notfall gebe ich mich eben ein bißchen barbarischer als jetzt und komme damit durch.

Berlin tröstete sich schnell über alles hinweg, vor allem seine Zeitungen schafften es, politische Menetekel mit gesellschaftlichen Skandalen, Theaterereignissen und Sportsensationen so einzurahmen, daß alles annähernd gleich wichtig schien. Wenn auf der Wand derart viel Leuchtendes zu lesen war, hielt man sich beim Menetekel nicht auf und ging zu Amüsanterem über.

Und daran herrschte kein Mangel. Berlin war faszinierend und heckte stetig Neues aus. Theater, Kunst, Literatur und Film buchstabierten die menschliche Existenz durch, und die Kritiker vernichteten alles nach Herzenslust. Insbesondere Theater

366

und Theaterkritik lebten in einer sadomasochistischen Partnerschaft. »Wenn ich mit einem Redakteur schlafe«, klagte eine Schauspielerin, »dann ist er gerecht und verreißt mich, um seine Unabhängigkeit zu beweisen. Schlafe ich aber nicht mit ihm, dann ist er ungerecht und verreißt mich noch mehr! Es hilft nur eines: den Kerlen Hoffnungen machen und sie hinhalten!«

Das Publikum ließ nichts aus, was mutig oder wenigstens frech zu sein versprach und mit etwas Glück zu einem handfesten Skandal wurde. Berlin war schmuddelig und exzessiv, oberflächlich, blitzgescheit, jeder neuen Verrücktheit zugeneigt, aber trotz des Tempos auch Biotop für begabte und belesene Menschen aus aller Welt. In den vielen Dörfern, aus denen es zusammengewachsen war, konnte Berlin hinreichend freundlich und verschlafen sein, um die langsamsten Menschen der Welt zu tolerieren: Bücherwürmer. Oder Leute, die unter seinen vielen Bäumen nur einfach auf und ab wanderten und nachdachten.

*

In der Kochstraße, nicht weit vom Ullstein-Verlag, stand ein Einbeiniger von 1916 (das sagte das Pappschild, das an seinem Bauchladen angebracht war) und bot Patent-Hosenträger feil.

»Und was ist daran das Patent?« fragte ein dünner kleiner Passant mit Monokel.

»Sehen Sie hier? Keine Knöpferei mehr! Diese kleinen Metallklammern haben die Kraft eines Krokodils. Es kommt von der Übersetzung, sie ist das Patent. Viermal kurz geklickt, und Ihre Hose kennt nur noch den Weg nach oben. Natürlich nicht zu sehr, das ist eine Frage der Einstellung.«

»Ich nehme zwei Paar! Meine Hose kennt zur Zeit ... Sagen Sie mal, Sie haben es irgendwie mit der Sprache, nicht?«

»Ich lese viel.«

»Und ...?«

»... komme zurecht.«

»Studiert?«

»Philosophie, Literatur.«

»Und schreiben natürlich. Was?«

»Tagebuch. Manchmal einen Leserbrief.«

»An uns, ich meine …?« Der Monokelträger deutete Richtung Ullstein.

»Ja, auch.«

»Mal einer gedruckt worden?«

»Nein.«

»Ich habe da drin ein Büro, vielleicht gibt's 'ne Beschäftigung für Sie.«

»Hm. Laufbursche scheidet schon mal aus. Ich habe ja ein Geschäft, die Worlitschek-A. G., bestehend aus mir selbst. Habe aber heute erst zwei Paar Hosenträger verkauft, tut mir leid.«

»Ja, und zwar an Heinz Ullstein.« Heinz lüftete den Hut.

»Wie bitte, Sie sind der Ullstein??«

»Nicht ›der‹ Ullstein, einer von mehreren. Ich kann Ihre Sachen nehmen.«

»Langen Sie mir die Krücken rüber? Dort an der Wand.«

So kam Karl Worlitschek, Einbeiniger von 1916, im Frühjahr 1926 zu Ullstein. Genauer gesagt, zum »Blatt der Hausfrau«, Anzeigenannahme.

*

Heinz war eitel oder sentimental, ach, er war beides. Vielleicht vor allem ein Schauspieler, der den Sentimentalen spielen wollte, er wußte es selbst nicht.

Er hatte nie ein Verlags-Ullstein werden wollen, aber jetzt war er bereit, immerhin einen zu spielen. Solange es ihm Spaß machte. Sein Vater hatte ihm goldene Brücken gebaut, um ihn von Theater und Film wegzulotsen. Ja, Film. Der Schauspieler Heinz Ullstein hatte sich als Filmproduzent versucht. Das konnte jeder werden, der Kredit bekam, und ein Ullstein bekam immer Kredit. Großen Erfolg hatten die Filme nicht. Louis hatte zu Franz gesagt: »Heinz ist zwar ein Querkopf, aber er hat sich jetzt die Hörner abgestoßen. Er wird sich nützlich machen können.«

»Gut«, antwortete Franz, »Wie wäre es mit dem ›Blatt der Hausfrau‹?«

»Und er hat sich an Romanen versucht.«

»Na ja«, sagte Franz. »Gut, er kann sich um Fortsetzungsromane und Verfilmungsfragen kümmern, Emil Herz wird ihm das Nötige beibringen.«

Heinz erwies sich zur Freude seines Vaters als lernfähig, fleißig und nützlich. Er war erfinderisch und konnte pointenlose Artikel mit Pointen versehen. Er entwickelte die Hausfrauenversicherung, die ans Abonnement gekoppelt war – der Absatz stieg. Heinz Ullstein war manchmal etwas albern, aber er hatte Ehrgeiz und – mochte es nun nützen oder schaden – einen genauen Sinn für Machtverhältnisse und Konflikte innerhalb einer Familienfirma. Es lag wohl an seiner Kenntnis der Shakespeareschen Königsdramen.

In einem Punkt war er unverkennbar ein Enkel Leopold Ullsteins: Er liebte Journalisten. Er mochte nicht nur ihren Verstand und Sprachwitz, sondern auch ihre Eitelkeiten. Er strebte auf sie zu und bewunderte sie wie ein Kind.

Er besuchte in einer hellen, fast weißen Wohnung Kurt Szafranski, den Zeichner, den Onkel Hermann damals für die Zeitschriften in die Verlagsleitung geholt hatte. Szafranski sah den erstaunten Blick von Heinz und sagte: »Warum dunkel, wenn's auch hell sein kann.« Ein Satz, verwendbar in Redaktionssitzungen.

Im Paternoster traf Heinz einen jungen Mann, der ihm melancholisch vorkam. »Ich bin Heinz Ullstein, guten Tag!«

»Peter Suhrkamp vom ›Uhu‹, schön Sie kennenzulernen.«

»Sie wirken besorgt, stimmt's?«

»Ja. Immer wenn ich im Paternoster bin. . .«

Mit Erich Salomon, einem Photographen der »B.I.Z.«, der es

schaffte, Innenaufnahmen ohne Blitzlicht zu machen, ging Heinz in die Filmpremiere von Charles Chaplins »Goldrausch«. Er erlebte, daß Salomon ganz traurig wurde, während alle anderen vor Lachen brüllten. Das gab der Photograph auch zu und ergänzte: »Dafür habe ich aber im ›Panzerkreuzer Potemkin‹ gelacht!«

Tage später ging Heinz mit Salomon in einen Moabiter Gerichtssaal, um ihm bei der Arbeit zuzusehen. Aufnahmen während der Verhandlung waren verboten, daher photographierte Salomon durch ein Loch, das er in seinen Hut geschnitten hatte. So lernte Heinz auch Sling kennen – Paul Schlesinger –, denn der kam und stellte Salomon zur Rede: »Sie mit Ihrer porösen Melone können mich meine Vertrauensstellung bei Gericht kosten. Für die Herren heißen wir doch alle bloß Ullstein, nicht? Das gilt auch für Sie, Herr –?«

»Ullstein«, sagte Heinz.

»Sehr originell!« brummte Sling.

Darüber lachte Salomon so, wie er im ganzen »Goldrausch« nicht gelacht hatte. Hilflos prustend versprach er Sling, die Gerichtsaufnahmen nicht zu verwerten.

Heinz bekam schnell ein Gefühl für Journalisten: Er merkte, daß sie ein Haufen von Lausejungen waren (weibliche Exemplare inbegriffen), jederzeit unterwegs zu einem großen, einverständigen Gelächter über den Rest der Welt. Nur wo das mit einem Kollegen ganz unmöglich war, pflegten sie Feindschaften nach allen Regeln der sprachlichen Kriegskunst.

Journalisten gaben sich fast immer selbstironisch, obwohl sie vor der eigenen Gescheitheit, dem eigenen Wissen bewundernd standen wie vorm Christbaum. Und sie kokettierten wie gereifte Hofdamen. Der Literaturkritiker sagte: »Ich lese gern, aber selten, und dann wenig.« Der Reporter formulierte: »Im Gegenteil, Herr Ullstein, ich bin viel schlechter als andere, nur schneller.« Nein, man durfte sie nicht loben. Sie sogen jedes Wort genußvoll auf, und dann machten sie alles zunichte. Am eitelsten war sicherlich Georg Bernhard, der große Leit-

artikler, ein Mann mit Knickerbockerhosen und runder Horn-
brille.

»Herr Ullstein, was wir hier schreiben, vergilbt rasant.«

»Ja, es ist dieses Holzschliff-Papier.«

»Nein, es ist die Übereiltheit. Die Hudelei überall!«

Ausgerechnet Georg Bernhard, dachte Heinz bei sich.

Eigentlich wollte jeder Journalist immer noch mehr Lob her-
auskitzeln, übertriebenes Lob bis an die Grenze des guten Ge-
schmacks. Und diese Freude konnte man ihm doch ruhig machen! Heinz sah das alles wie ein Theaterstück. »Die Journalisten« – er hatte in einem Stück dieses Namens einmal die Rolle
des »Schmock« gespielt. Die Theatererfahrung half ihm. Er
wußte Inszenierungen zu erkennen, sowohl die der opportunen
Freundschaft wie die der sorgfältigen Antipathie.

»Der? Der kann nur schreiben, sonst gar nichts. Sobald er zu
reden anfängt, gehe ich still und entschlossen hinaus.« Sagte X
über Y.

»Ich weiß nicht, warum der ständig süffisant lächeln muß,
egal was man sagt und egal was er selbst sagt. Es muß bei ihm
angewachsen sein.« Sagte Y über X.

»Wir vernachlässigen das Wichtige zugunsten des Unterhalt-
samen«, sagte eine zarte Redakteurin. Sie konnte Ullstein nur
am Rande meinen, denn sie arbeitete bei Mosse.

»Wie sollte man denn nun . . .?« fragte Heinz.

»Ja eben, wie denn? Da war letztes Jahr eine Bolschewikin aus
Moskau, die mich fragte: ›Habt ihr denn nicht wenigstens Rousseau gelesen?‹«

»Was haben Sie geantwortet?«

»›Doch‹, war meine Antwort, ›aber was soll ich über den in
der morgigen Ausgabe schreiben?‹«

Passionierte Journalisten wetterten fast immer gegen ihre
Zunft. Wenn es für sie überhaupt einen Grund gab, weiter
Journalist zu sein, dann den, Journalist in Berlin zu sein. Das
war klar und bedurfte keiner Erwähnung. Nur in Berlin konnte
man, wenn man wollte, »richtig Krach machen« (Alfred Kerr

war einer, der rundheraus sagte, daß er das wollte). Man konnte sich gegen etwas allgemein Anerkanntes oder für etwas völlig Aussichtsloses einsetzen und unverhofft siegen, mit dem Scharfsinn für Wahres wie ein Till Eulenspiegel, mit der vollen Lügenmeisterei eines Baron Münchhausen – und alles in der richtigen Mischung wie bei sehr guten Apothekern. Journalismus war kein Geldgeschäft, sondern ein Glücksspiel um Triumphe.

Mit dem melancholischen, brummigen, weisen Sling redete Heinz noch ein paarmal. Eines Tages, im »Café Josty«, ging es um Hitler.

»Die Lächerlichkeit wird ihn töten«, sagte Heinz.

»Nein«, antwortete Sling, »leider nicht.«

»Ich habe in sein Buch hineingesehen. Sie auch?«

»Ich habe es sogar gelesen. Zu lang, zu wiederholungsreich. Nur wenige werden sich das antun.«

»Das rasende Gefasel eines Rumpelstilzchens.«

»Unterschätzen Sie nie jemanden, bloß weil Sie ihn verachten. Sehr wichtig! Manchmal lebensrettend.«

Heinz schwieg verdutzt: Der Satz klang nach Erfahrung. Er wollte ihn bald einmal selbst verwenden – in einer anderen Diskussion.

Der Aufstieg von Heinz im Verlag war unproblematisch, denn er verdankte ihn keineswegs nur seinem Namen und der beherrschenden Stellung seines Vaters: Er wußte mit Redakteuren umzugehen. Journalisten gehörten zu den Menschen, die sofort merkten, wenn sie geliebt wurden. Ein Jahr später leitete Heinz (mit Szafranski, dem Künstler, der die Farbe Weiß liebte) die gesamte Zeitschriftenproduktion des Hauses.

Die jüngere Generation fing überhaupt an, ins Gewicht zu fallen. Zumindest war Vetter Karl aus Wien zurück und kümmerte sich unter Onkel Rudolfs scharfen Augen um das Druckereiwesen. Leopold Ullstein jun. schrieb an seiner Dissertation (wie alle Viertsemester, die sich für phänomenal halten) und meldete vorerst keine Ansprüche an, Hermanns Sohn Fritz lernte derzeit Latein, Tanzen und Küssen. In fünf Jahren waren aber auch diese beiden so weit, um mit anzupacken. Das Familienunternehmen stand weder vor dem Aussterben noch (das war ebenso sicher) vor der Pleite.

*

Leopold Ullsteins 100. Geburtstag am 6. September 1926. Das war eine Summe von Empfängen, Pressemitteilungen, Gedenkreden und Toasts, Erinnerungsaufsätzen. Man versammelte sich in der Kochstraße, hob Gläser und fand angemessene Dankesworte. Man fand sie ganz sicher, weil sie in großer Schrift auf Zetteln standen. An die Stadtbibliothek von Fürth ging eine Bücherspende ab, die der Spediteur einfachheitshalber in Festmetern berechnete wie geschnittenes Holz. Und für in Not geratene Angehörige des Druckgewerbes wurde eine »Leopold Ullstein Gedächtnisstiftung« eingerichtet.

Zehn Söhne und Töchter nebst Ehepartnern, ferner einige der Enkel und sogar ein Urenkel Leopolds trafen abends in der Bettinastraße zusammen – der Urenkel war der noch nicht einjährige Otto Theodor Benfey, Lottes Sohn, der nach Genuß eines Tropfens Champagner kabarettreif das Gesicht verzog.

Der junge Leopold traute sich keine Rede auf seinen Großvater zu: Er habe ihn ja schließlich nicht erlebt. Er fand sowieso, man mache ihn jetzt zu sehr zum Vorzeige-Enkel, bloß weil er Leopold heiße. Er schlug vor, man solle einen alten Berliner sprechen lassen, der Leopold noch gekannt und seine Zeitungen gelesen habe, ganz kurz und mit Mutterwitz.

»Das machen wir nicht!« entschied Franz. »Hast du schon mal einen Berliner erlebt, der die Kunst beherrscht, nur das Nötigste zu sagen?«

So erhoben sich dann Hermann, Käthe und Franz, zuletzt auch Karl, gaben Erinnerungen zum besten und ließen den alten Herrn hochleben. Man aß und trank gut und erörterte am Rande, was er wohl »zu alledem jetzt« sagen würde. Zu »alledem« gehörte etwa, daß endlich der Ergänzungsband zur Ullstein-Weltgeschichte aus-

373

geliefert war (»Die neueste Zeit«). Oder wie der Bau des Druckhauses in Tempelhof voranging, des größten in Europa. Dann die Planungen für eine landwirtschaftliche Sonntagszeitung »Grüne Post« oder für eine neue, täglich erscheinende Abend-Illustrierte. Das alles hätte ihn gefreut. Am Ende sogar, daß Fürth deutscher Fußballmeister geworden war (es war aber unwahrscheinlich, daß Leopold je einen Ball mit dem Fuß bewegt hatte).

Und die Politik? Deutschland wurde in zwei Tagen in den Völkerbund aufgenommen – Außenminister Stresemanns Werk. Auch die Überlegungen zu einem vereinigten Europa (»Paneuropa«) hätten Leopold mindestens interessiert. Zum Vertrag von Locarno und dem Abzug der Franzosen aus dem Rheinland hätte man ihm erst einmal den Weltkrieg und seinen Ausgang erklären müssen und ihn damit eher traurig gemacht. Und vieles andere hätte ihn schlicht geärgert, etwa das andauernde, ja zunehmende Gerede über die »Judenfrage«. Mit Feindseligkeit hätte er das Zeitungsimperium des strammen Deutschnationalen Alfred Hugenberg betrachtet, das aus den Vermögenstrümmern des verstorbenen Hugo Stinnes hervorgegangen war. Die kommunistische, erfolgreiche Meinungsfabrik des Willi Münzenberg hätte ihn ebenfalls geärgert. Nur noch gewundert hätte er sich über den Zulauf zu Hitler trotz dessen manifest schwachsinniger Reden. Und als Sarkast hätte er dazu gesagt: »Wahrscheinlich gerade darum.«

»Moment«, sagte Hans zu Rudolf über die Tafel hinweg, »ich muß dich verbessern. Du hast eben gesagt: ›Wenn Vater das erleben würde, würde er sich im Grabe umdrehen.‹ Wer etwas erlebt, liegt nicht im Grabe! Und das ›würde, würde‹ müßte ich dir auch anstreichen.«

Alle lachten, und Rudolf antwortete etwas pikiert: »Aber ich bin doch nur der Drucker, halten zu Gnaden!«

Am späten Abend standen vier Söhne von Leopold auf der Terrasse – Hans blieb mit seinem Rollstuhl lieber im Warmen.

»Der Orion!« rief Louis und wies in den Himmel über den Bäumen jenseits des Dianasees.

»Wo denn?«

»Da, die drei Sterne, das ist sein Gürtel. Und links davon, also von ihm aus gesehen rechts, da funkelt sein gebogenes Schwert. Er zieht es also mit der Linken.«

Der große Krieger grüßte, mit leichter Schlagseite übrigens, vom Firmament her zurück.

»Vater hat noch in die Sterne geschaut«, sagte Franz.

Dann standen sie eine Weile schweigend und rauchten.

*

Ernst Benfey, Sohn der Juliet Berend-Benfey, Inhaber der Benfey-schen Bank zu Göttingen, machte 1927 mit seiner Else einen kurzen Winterurlaub in Berlin. Sie besuchten seinen jüngeren Bruder Eduard, der jetzt Senatspräsident beim Reichswirtschafts-gericht war, schenkten der kleinen Renate eine Puppe und lauschten dem ersten deutlichen Wort von Theodor (ein feierliches »bye bye«). Lotte zeigte den Gästen die Stadt und begleitete sie in eine Piscator-Inszenierung (»Trotz alledem«, ein Dokumentarspiel mit Filmprojektionen). Sie sahen im UFA-Palast die Premiere von »Metropolis«, gingen in Galerien, Konzerte, sogar in eine Revue.

Ernst Benfey notierte ins Tagebuch: »George Grosz, ›Sonnen-finsternis‹, sehr gelobt, aber plump politisch: Hindenburg emp-fängt Waffenschieber, Esel frißt Zeitung, Dollarzeichen verfin-stert Sonne! Hingegen Otto Dix' Porträt der Sylvia von Harden (schmal, großkariert, kühler Blick, nahezu busenlos, Männer-haarschnitt, Monokel, Zigarette, große Hände) ziemlich gut, weil das neue Berlin drin ist, leider sehr teuer (und würde zudem in Göttingen nicht verstanden). Max Beckmanns Selbstporträt bedrohlich, kann einen in den Traum verfolgen. Uraufführung von Leoš Janáčeks ›Sinfonietta‹ in der Kroll-Oper (Dirigent Klemperer) unglaublich. Vielleicht ziehen wir doch noch nach Berlin, aber dann eher nach Zehlendorf.«

Toni und Siegfried Fleischmann luden die vier Benfeys zum Abendessen in die Meinekestraße. Man sprach über Berlin, sodann, um nicht gleich auf die Politik zu kommen, über Göttingen. Ernst und Else lobten ihre Heimatstadt. Provinz, gewiß, aber die Universität! Lauter anregende Begegnungen, schon weil Studenten sich immer wieder als interessante Menschen entpuppten, Professoren (außerhalb des Kollegs) natürlich auch. »In Göttingen bleibt nichts verborgen, der Geist geht zu Fuß und hält die Augen offen.«

»Bitte ein Beispiel!« bat Toni. Ernst überlegte und sah seine Frau fragend an.

»Kopfermann und Nelson«, sagte Else Benfey.

Ernst nickte und begann. Also: Hans Kopfermann war ein junger Mathematiker, nach 1918 Freikorpskrieger gewesen, als Student Kunde der Benfeyschen Bank, jetzt klug und ein Freund. Kopfermann hatte die Benfeys mit Nelson zusammengebracht, Leonard Nelson, einem aus Berlin stammenden Philosophieprofessor und Mathematiker, der 1919 nicht nur kein Sympathisant der Freikorps, sondern Revolutionär und Mitglied der USPD gewesen war. Kopfermann war erleichtert, daß er damals nicht auf Nelson geschossen hatte, denn dann wäre von ihm nichts mehr zu lernen gewesen.

»Und was kann man von ihm lernen?« fragte Siegfried.

Dazu hatte nun Bankdirektor Benfey einiges mitzuteilen. Er tat es mit Hingabe und roten Bäckchen.

Toni Fleischmann bekam über Nelson zunächst wenig mit. Lange, glühende Vorträge über den »eigentlichen Sozialismus« oder die »heutige Notwendigkeit echter geistiger Führerschaft« nutzte sie gewöhnlich, um in der Küche nach dem Rechten zu sehen. Aber dieser Nelson war wohl in der Tat beeindruckend. Offenbar hatte er keine Wahrheit, die er allen anderen aufzwingen wollte, sondern kümmerte sich im Gegenteil darum, daß die Leute dieses Aufzwingen bleiben ließen und endlich miteinander sprachen, ohne sich anzufeinden oder den anderen mit schönen Worten trunken zu machen. Die Idee hieß »sokratisches Gespräch«. Nelson verlangte, daß Verantwortung übernommen wurde für jeden Satz, und daß jeder Teilnehmer Aus-

376

kunft darüber gab, von welcher Erfahrung her er redete. Das gefiel ihr. Kein Geschwätz also, keine Herabsetzung des anderen, keine Diffamierung Dritter als dumm oder böswillig. Eine neue Sachlichkeit, die ohne Manipulation auskam –

»Bekanntlich!« sagte Toni halblaut.

Ernst unterbrach seine Rede, alle sahen Toni fragend an.

»Nein, ich bin ganz einverstanden! Mir fiel das nur als Beispiel ein: das ewige ›bekanntlich‹ in jedem Gespräch jetzt. Dadurch fühle ich mich gegängelt. Wenn ich ›bekanntlich‹ höre, habe ich sofort schlechte Laune. Das Wort scheint mir unfair, unsauber.«

»Dein Einwurf würde Nelson gefallen. Er könnte dir sofort erklären, warum du damit etwas enorm Wichtiges gesagt hast. Ihr solltet ihn kennenlernen!«

»Wer so klug und menschlich ist, besitzt gewiß auch Charme?«

»Charme . . .?« Ernst sah Else fragend an.

»Nein«, sagte Else entschieden, »das ist nicht der richtige Ausdruck. Er ist ein wirklicher geistiger Führer. . .«

Toni runzelte die Stirn und blickte Richtung Küche.

». . . und ein großer Kämpfer! Er hat Kampfbünde und Schulen gegründet.« fuhr Else fort. »Das Gespräch mit ihm ist natürlich sehr anstrengend, weil er viel verlangt und für jedes Wort so eine große Verantwortung hat. Und er ist leidend, weil er so wenig schläft. Ja, es ist wahr, er schläft einfach nicht. Vielleicht hat er überhaupt noch nie geschlafen. Und er ist sehr mager.«

»Mein Himmel!« rief Toni. »Warum schläft er denn nicht, der arme Kerl! Und zu essen scheint er auch nicht. Hat er Schulden, kann man helfen?«

*

Gegen Ende 1926 wird Joseph Goebbels Gauleiter der NSDAP in Berlin. Er soll die »verjudete« Reichshauptstadt für den National-sozialismus erobern. Einen Monat später gibt es schwere Zusam-menstöße der Nationalsozialisten mit der sozialdemokratischen Or-ganisation »Reichsbanner«.

*Am 10. Dezember 1926 werden die Außenminister Deutsch-
lands und Frankreichs, Stresemann und Briand mit dem Friedensnobelpreis ausgezeichnet.*

*Am 2. Februar 1927, seinem achtzehnten Geburtstag, erhält
Fritz Ullstein, Hermanns Sohn, den Siegelring seines Großvaters
Leopold. Er trägt ihn am Ringfinger, weil er auf dem kleinen
Finger nicht hält, und hat das sichere Gefühl, von altem Adel zu
sein. Diese Gewißheit wird ihn nie wieder verlassen.*

*Im März tragen Kommunisten und Nationalsozialisten Straßen-
schlachten aus.*

*Leopold Ullstein heiratet mit einundzwanzig Johanna Nierstein,
die etwas älter ist als er.*

*Am 10. April beginnt »Die Grüne Post« ihr Erscheinen im
Ullstein-Verlag und findet in den folgenden Jahren großen Anklang
in der Landbevölkerung. Der rechtsgerichtete Pressemagnat Alfred
Hugenberg (DNVP) erwirbt zur selben Zeit die Aktienmehrheit in
der Universum-Film-A.G. (UFA).*

*Am 23. April 1927 wird Marion Ullstein, das erste Kind von
Karl Ullstein und Manzi Steiner, geboren.*

*Am 21. Mai 1927 landet Charles Lindbergh nach mehr als
33stündigem Alleinflug über den Atlantik auf dem Pariser Flug-
hafen Le Bourget.*

*Im Juli beginnt »Der Angriff«, das nationalsozialistische Kampf-
blatt von Goebbels, zu erscheinen (zunächst als Wochenzeitung).*

*23. September 1927: Walter Ruttmanns Film »Die Sinfonie der
Großstadt« wird uraufgeführt.*

*26. Oktober 1927: In Fürth wird ein Versandkaufhaus ohne
Ladenbetrieb eröffnet, die Firma nennt sich »Quelle«.*

In Göltingen stirbt Leonard Nelson im Alter von nur 45 Jahren.

*Am 3. Dezember 1927 nimmt Ferdinand Sauerbruch, Chirurg,
seine Arbeit in Berlin auf.*

*4. Dezember 1927: Rudolf Benfey wird als drittes Kind von
Lotte und Eduard geboren.*

*1928: Von Juni bis September führt der »Eiserne Gustav« mit
seiner Pferdedroschke von Berlin nach Paris und zurück, die Reise*

wird von der »Berliner Morgenpost« als Propagandaaktion für die deutsch-französische Aussöhnung finanziert.

Am 8. Juli 1928 stirbt Lotte, die Frau von Franz Ullstein – sie wirft sich nach langer Verzweiflung wegen einer unheilbaren Krankheit vor die Untergrundbahn.

Am 27. August 1928 unterzeichnen die ersten fünfzehn Staaten einen Pakt zur Ächtung des Krieges als Mittel der Politik (Kellogg-Pakt).

Ab 11. September 1928 erscheint im Ullstein-Verlag »Tempo«, eine neue Abend-Illustrierte.

Im Oktober wird Alfred Hugenberg Vorsitzender der DNVP.

10. November 1928: Die »Vossische Zeitung« beginnt mit dem Vorabdruck des Antikriegsromans »Im Westen nichts Neues« von Erich Maria Remarque. Später, nach Erscheinen im Buchhandel, werden bereits in den ersten drei Monaten 500 000 Exemplare verkauft.

Im Juni 1929 wird statt des bisherigen (Dawes-)Plans zur Abzahlung der Kriegsschulden, der sich als unerfüllbar erwiesen hat, von einer internationalen Kommission eine neue, für Deutschland günstigere Lösung vorgeschlagen. Der Young-Plan sieht eine Reparationssumme von 112 Milliarden Reichsmark vor, zahlbar in jährlichen Raten bis zum Jahre 1988. Als Gegenleistung für die deutsche Einwilligung erreicht Außenminister Gustav Stresemann Ende August, daß Deutschlands Souveränität wiederhergestellt und das gesamte Rheinland in Kürze von fremden Truppen geräumt werden soll.

Der Young-Plan wird von der deutschen Rechten mit Empörung aufgenommen und zum Gegenstand fanatischer Agitation gegen die »Erfüllungspolitik« gemacht.

Am 10. Juni ist die Berliner Uraufführung des ersten Tonfilms »The Jazz Singer« (deutscher Titel: »Der singende Narr«). Der Deutsche Musikverband warnt eindringlich vor dem Besuch von Tonfilmen: Sie schädigten Augen und Ohren und zerrütteten die Nerven.

Noch immer scheint das Luftschiff (»der Zeppelin«) auf langen Strecken dem Aeroplan überlegen, aber immerhin haben drei Leute den Atlantik von Osten her mit einem Flugzeug überflogen – zwei Deutsche und ein Ire. Insofern auch völkerverbindend, sagt die Presse.

379

Z E H N T E S   K A P I T E L

Kopflose Jahre

Als Margarethe und Hermann Ullstein von einem sonntäglichen Frühlingsspaziergang zurückkamen, war Fritz dabei, den Jubiläumsband »Fünfzig Jahre Ullstein« von 1927 zu studieren. Hermann freute sich, denn der Zwanzigjährige hatte sich bisher nie für den Verlag interessiert. Zeitungen langweilten ihn. Er beobachtete Tiere und Pflanzen, sammelte Notgeldscheine aus der Inflationszeit und Visitenkarten prominenter Personen, in aller Schüchternheit interessierte er sich für Mädchen. Als Hermann seinem Sohn über die Schulter sah, freute er sich nicht mehr. Fritz betrachtete jenes furchtbare Bild, das Bild der fünf Brüder Ullstein, wie sie am runden Tisch saßen und berieten: der würdevoll geistesabwesende Hans, der joviale, schlaue Louis, der hagere Generaldirektor Franz, offensichtlich den anderen diktierend, was zu tun sei, neben ihm der schlanke, elegante, kühl und mißtrauisch wirkende Rudolf und halb hinter ihm Hermann, gar nicht so recht am Tisch, eine Randfigur, außerdem bemerkenswert häßlich.

»Papa, ich verstehe da etwas nicht. Am Tisch, zwischen Onkel Hans und Onkel Louis, ist eine Menge Platz frei, aber du sitzt so komisch entfernt irgendwo hinter Louis und Rudolf. Wie drangeklebt. Und du bist furchtbar dick!«

Gutes Auge, der Junge! Hermann überlegte, ob er jetzt über Porträtkunst und künstlerische Freiheit sprechen sollte oder über die Entfremdung zwischen den Brüdern, die jeder aufmerksame Betrachter in diesem Bild lesen konnte. Es atmete Verdruß und Feindseligkeit. Fritz bekam sowieso alles heraus, er war begeistert, wenn er seinen Scharfsinn wetzen konnte. Her-

380

mann entschloß sich, wenigstens die Geschichte des Bildes zu erzählen.

Der Maler hatte die Szene gemalt, als nur die älteren vier Brüder am Tisch saßen – Hermann wollte an der Porträtsitzung nicht teilnehmen, er verkehrte nach zahllosen Streitereien mit den anderen fast nur noch schriftlich. Der Maler bat ihn also erst Tage später ins Atelier, um ihn in das bereits fast fertige Bild hineinzumalen. Er merkte, daß er für Hermann zu wenig Platz gelassen hatte, jedenfalls so, daß der nicht direkt am Tisch sitzen konnte wie die anderen. Er malte ihn hinter Rudolf hinein und gab ihm, damit er am Bildrand nicht zu geringfügig und spitzmausig wirkte, wenigstens körperlich mehr Gewicht.

»Und so hocke ich da als die ungeliebte Randfigur, die ich bin – bestellt und nie abgeholt. Und irgendwie breitgedrückt, als habe man inzwischen zu viele andere Sachen auf mir abgestellt. Entsprechend bekloppt sehe ich aus.«

»Aber das ist doch Unsinn, er hat für dich genug Platz gelassen zwischen Hans und Louis, da sind doch am Tisch mindestens anderthalb Meter Platz frei – warum hat er dich da nicht hineingemalt?«

»Da saß zu der Zeit einer! Unser Justitiar. Franz hatte ihn auf dem Bild haben wollen, verkrachte sich aber wenig später mit ihm. Angeblich Illoyalität, Mandantenverrat oder was weiß ich, Franz ist besonders gnadenlos, wenn er irrt. Der Maler mußte den Anwalt wieder aus dem Bild kratzen.«

»Dann wäre es doch möglich gewesen, dich an seiner Stelle...«

»Nein, es war nicht mehr genug Zeit. Nur noch eine Nacht bis zur Jubiläumsfeier, auf der das Bild übergeben werden sollte. Ich wollte auch gar nicht in die Mitte zwischen diese behäbigen, kaltblickenden Kleinbürger. Das Bild gibt ja so, wie es ist, alles richtig wieder. Nur daß ich eben zu dick und zu scheußlich bin.«

Fritz klappte rasch das Buch zu, er wirkte beklommen. Sie setzten sich zum Essen. Hermann sprach, wohl auch um die

Wirkung seiner Worte etwa abzumildern, mit Eifer über die Leistungen und die ausgezeichnete Situation des Verlages. Das Angebot sei breit genug, um jede Seele zu erreichen, die auch nur halbwegs lesen könne, und außerdem sei es vertikal, also dem Niveau nach, so markant gestaffelt, daß es die unterschiedlichsten Leute interessiere. Sogar die Kommunisten und Nazis läsen Ullsteinblätter, weil ihre eigenen Zeitungen so erbärmlich schlecht seien.

»Hoffentlich nützt es was«, bemerkte Margarethe leichthin, worauf Hermann noch eifriger wurde – der politische Auftrag der Presse war sein Lieblingsthema. Und Gegenstand des Streites zwischen ihm, Rudolf und Louis.

»Es sind ja keine Hetzblätter nötig, um die Hugenbergs, Hitlers und Thälmanns zu bekämpfen! Wir müssen nur deren Lügen aufdecken, zäh und fleißig, jeden Tag! Wo ich zu sagen habe, geschieht das auch; ich hoffe, ihr lest hin und wieder die ›Neue Leipziger‹! Franz sieht das so wie ich, auch wenn er immer unerträglicher wird...«

»Hermann, iß bitte!« sagte Margarethe streng, »die Suppe wird kalt!«

Fritz hatte inzwischen schweigend gegessen. Als er den Löffel hinlegte, wirkte er plötzlich vergnügter.

»Ich studiere und werde Professor! Dann verdiene ich genug, um zur Familie Distanz halten zu können.«

Hermann, verblüfft, schaute jetzt wie auf dem Bild.

»Jedenfalls zum Verlag!« ergänzte Fritz.

*

Die innere Situation des Familienunternehmens war komplizierter geworden. Und nicht durch die Personen, die auf Willy Jaeckels Bild zu sehen waren, nicht durch Franz, nicht durch Hermann und nicht durch den armen Juristen, der entfernt worden war. Die komplizierte Situation hatte viele Gründe. Früher war es besser gegangen zwischen den Brüdern. Optimal war es vor dem Krieg, im Krieg und danach gewesen, als Gefahren aller Art den Ullstein-Clan zusammenhielten. Zu jenen Zeiten waren an den Entscheidungen noch nicht »die Junioren« beteiligt gewesen. Kein Karl, kein Heinz, keine Schwiegersöhne wie Ross und Saalfeld (Franz' Schwiegersohn) hatten mitgeredet. Die Brüder hatten sich vertragen, solange sie ein Team und nicht von der Idee beseelt gewesen waren, ihren Söhnen und Schwiegersöhnen einen Anteil an der Entscheidungsmacht zu verschaffen. Jetzt waren die alle da und um die vierzig. Sie arbeiteten im Verlag und waren tüchtig genug, um Ansprüche anzumelden. Die Sache wurde dynastisch.

Es gab kluge Regelungen. Das Unternehmen war seit 1920 eine Aktiengesellschaft mit nur fünf Gesellschaftern, das waren die fünf Söhne Leopolds. Und auch die Anteile waren klug aufgeteilt: Hans und Louis je 26 Prozent, Franz, Rudolf und Hermann je 16, das ergab zusammen 100, die beiden Ältesten dominierten beim Gewinn mit zusammen 52 Prozent. Nur: Im Aufsichtsrat waren die Stimmen aller fünf Brüder gleich viel wert.

Es gab die Abmachung, nach der nur zwei Mitglieder jedes Stammes (Nachkommen der Fünf) im Verlag führende Positionen innehaben sollten. Man wollte die Situation überschaubar halten. Dennoch war sie zunehmend gestört. Jeder hielt zu seiner engeren Familie, keiner gab mehr leicht nach, wenn er im Gespräch mit seinem Nachwuchs zu einer anderen Ansicht gekommen war. Und vernünftiges Nachgeben war ein wichtiger Teil des großen Erfolges gewesen, ein Nachgeben aus brüderlichem Respekt. Sie hatten immer eine Lösung gefunden, der alle zustimmten, auch wenn jeder noch viel dazu hätte sagen können. Jetzt saßen sich nicht mehr fünf Brüder, sondern fünf Plurale gegenüber.

Franz, Vorsitzender des Vorstandes und zugleich Chef der Tageszeitungen und der Buchverlage, hatte erkannt, daß die Zeiten der brüderlichen Oligarchie zu Ende waren: Einer mußte die Richtlinien bestimmen, der runde Tisch war nicht mehr so rund wie vorher. Absolutismus? Gut, warum nicht? Die anderen vier Brüder murrten, und historisch hatten sie recht: Den Absolutismus hatte es nicht ohne vorherigen Dreißigjährigen Krieg gegeben, und auf den wollten sie auch jetzt nicht verzichten.

Während des größten Teils der zwanziger Jahre verkörperten Franz und Hermann den Hauptgegensatz – Franz war für Zentralisierung der Verantwortung, Hermann für das Gegenteil. Dann traten politische Differenzen auf und lösten den alten Zwist ab: Franz und Hermann waren beide für eine kämpferische Haltung gegenüber der Rechten und speziell den Nationalsozialisten, was nun wieder Louis und Rudolf unklug und überflüssig fanden (Hans war längst zu krank und hörte im Zweifelsfall auf Sohn und Schwiegersohn). »Nerven behalten«, riefen die einen, »kämpfen« die anderen. Hermann versuchte, in Hannover Presseverleger zusammenzubringen, um reichsweit Geld zu sammeln und gegen die Nazis zu arbeiten. Die Zeitung in Leipzig betrieb er zum selben Zweck. Franz besuchte Versammlungen linksliberaler Notvereinigungen gegen rechts, übrigens entgegen dem Rat von Georg Bernhard, der seinen Verleger aus der Politik heraushalten wollte. Die übrigen Mitglieder der Familie fanden, man dürfe vor allem keine Leser verlieren, und sehr viele Leute sympathisierten jetzt eben mit Hitler. Louis sagte es am deutlichsten: »Wir sind ein Geschäft, ein ziemlich großes, und wir sind nicht bloß für ein paar pazifistische Juden da.« Vor allem mußte man Bernhard loswerden, der bei der gesamten Rechten wegen seiner Frankophilie verhaßt war. Das war nicht unmöglich: Wenn man Franz ausbooten konnte, war die Ära Bernhard vorbei.

Vielfältige Gründe für einen komplizierten Familienstreit. Einer davon, und nicht der geringste: Sie waren alle in die Jahre gekommen. Der Jüngste der Fünf war vierundfünfzig, der Älteste siebzig. Franz, der harte Chef, war einundsechzig. Er wollte nicht abtreten. Ausgerechnet jetzt, da es in der Republik immer schwieriger wird? Die Jungen werden es nicht so können wie ich, sie werden alles falsch einschätzen. Sie brauchen einen energischen Blindenhund.

*

Louis wartete auf der Treppe vor dem Haus Bettinastraße 4 auf Hans, der sich ein wenig hatte spazierenfahren lassen. Am Fuß der Treppe stand schon der Rollstuhl bereit. Der große, chromblitzende Maybach bog aufs Grundstück und hielt an der Treppe. Der Chauffeur und Diener Max sprang aus dem Wagen und öffnete für Hans die Hintertür.

»Kann ich helfen?« fragte Louis und ging die Treppe hinunter.

»Ach ja, Louis«, ächzte Hans, »du könntest auf der anderen Seite anfassen...«

Gemeinsam hoben sie Hans aus dem Wagen und plazierten ihn im Rollstuhl. Neben der Treppe gab es eine Auffahrt, Max nahm einen Anlauf und schob Hans mit Schwung bis zur Haustür hinauf. Hans lachte und sagte, dies sei seine private Achterbahn, am liebsten wolle er auf der anderen Seite gleich wieder hinunter.

»Willst du ein Bier?« fragte er Louis, der statt einer Antwort die Uhr aus der Weste zog und nachdenklich nickte.

»Es ist heiß. Jetzt haben wir wirklich Sommer!«

Als sie auf der Terrasse saßen, schwiegen sie eine Weile. Toni war an der Ostsee, Leopold verreist. Im oberen Stock hörte man Kinder streiten. Wahrscheinlich Helga und Beate Ross – Marion Ullstein und Thomas Ross waren erst zwei, zu klein zum Streiten.

Hans erklärte Louis, daß der Arzt ihm pro Tag eine Flasche Bier erlaubt habe. Er trinke die eine Hälfte mittags, die andere abends und wisse genau, daß Max mittags die zweite Hälfte austrinke und ihm abends eine neue Flasche vorsetze, nachdem er sich kurz zuvor auch deren Hälfte einverleibt habe.

»Er meint es gut. Ich soll abends nicht abgestandenes, sondern frisches Bier bekommen. Ich frage mich nur, ob er wirklich denkt, daß ich es nicht merke.«

»Ich muß dir etwas über Franz sagen«, unterbrach Louis. »Er hat eine junge Freundin, sie scheint ihn sehr zu beleben. Und womöglich heiratet er sie.«

Hans zog die Augenbrauen hoch. Seine Hand zitterte heftig.

»Gönn Franz doch mal was!«

»Ich gönne ihm alles, aber seit diese Frau da ist, wird er zum Tyrannen.«

»Also, jetzt werden die Wespen derart lästig, sieh nur, schon krabbelt eine im Bierschaum! Das ist sehr gefährlich.«

Louis staunte, wieviel sein Bruder heute sprach. Vielleicht das Bier? Aber er hatte doch gar nichts davon getrunken, der Wespe wegen.

»Früher oder später werden wir Franz ausmanövrieren müssen. Er wird diktatorisch und unbelehrbar. Und über sechzig ist er auch schon.«

»Da hast du dir viel vorgenommen! Louis, du bist der Kaufmann und er der Zeitungsmann. Kannst du ihn etwa ersetzen? Wer könnte es?«

»Vielleicht liege ich falsch«, sagte Louis, der bisher dafür bekannt war, selten falsch zu liegen. »Meine Nerven sind nicht mehr so gut wie früher.«

»Sorgen?«

»Ja. Jedenfalls nachts. Um vier Uhr früh bin ich wie ein Kind und fürchte mich vor Abgründen. Nach dem Frühstück bin ich ruhiger.«

»Es ist, glaube ich, so«, sagte Hans und versuchte trotz seines heftigen Zitterns die bierselige Wespe mit einer Tischtuchklemme aus dem Schaum zu entfernen, »sobald es bei uns nur noch ums Geld geht, haben wir verloren.«

Louis lauschte respektvoll und mit etwas Mitleid. Der arme Hans! Irgendwann wurde jeder alt und sentimental, früher oder später. Vielleicht war er selbst dicht davor, wer konnte es wissen? Er liebte Hans. Einer der anständigsten und fairsten Menschen auf der Welt. Ihm wollte er, wenn es irgendwie ging, jeden Kummer ersparen bis zum Tod.

Er zog die Uhr aus der Westentasche, trank sein Bier aus und sagte: »Tja, ich muß wieder zurück in den Laden. Übrigens, der Remarque läuft phänomenal. Du hast ihn gelesen?«

»Selbstverständlich!« antwortete Hans. »Phänomenal.«

*

Else Cohn, Matildas und Leopolds drittes Kind, ging jeden Sonntag vormittag auf den Friedhof in der Schönhauser Allee und sprach mit den Eltern. Das hatte sie als Kind getan, als nur die Mutter dort lag, und dann hatte sie es beibehalten. Heute, an einem Oktobertag des Jahres 1929, sagte sie: »Die Brüder streiten sich. Das Geschäft geht gut, aber es gibt viel Furcht jetzt, und man weiß nicht, soll man den Feind milde stimmen oder soll man versuchen, ihn zu bekämpfen. Vielleicht gelingt beides nicht. Fürs erste streiten sie sich untereinander.«

»Angreifen, so stark wie möglich sein!« sagte Leopold. »Das ist auch gut gegen diesen Streit. Ob ein Sieg daraus wird, weiß nur Gott.«

»Tut, was er sagt – er ist manchmal unerträglich, aber er hat sich nie geirrt«, sprach Matilda. Augenblick! Meinte sie ihren Mann oder den umstrittenen Franz? Unklar.

Von Elise war zu hören: »Familiengeschichten enden nie gut, ihr braucht euch nicht zu schämen.«

Was man von Friedhofsbesuchen so mitbringt. Manchmal Erkenntnisse, manchmal nur Kreuzschmerzen vom Unkrautjäten. Else überlegte einen Moment lang, ob sie Louis anrufen und ihm von ihrer Unterhaltung erzählen sollte. Sie ließ es bleiben, er hätte sich ja doch nur amüsiert.

*

Am 3. Oktober 1929 starb der Reichsaußenminister Gustav Stresemann an seinem zweiten Schlaganfall. Seine Gesundheit war längst schwer gefährdet gewesen, er hätte zur Unterzeichnung des Kriegsächtungspaktes gar nicht mehr nach Paris fahren dürfen. Sein Freund und Gegenspieler Aristide Briand sagte später: »Mit dieser Reise hat er seinen Totenschein unterzeichnet.«

Die Rechte hatte durch ihre wütende Agitation gegen »Erfüllungspolitik« und Young-Plan zu seinem schlimmen Zustand beigetragen. Mit Sprechchören (»Stresemann, verwese man!«)

hatte man seine Versammlungen gestört, ihn als Verräter bezeichnet. Es gelang ihm nicht, die Farce kaltblütig zu ertragen. Jeder der Angriffe traf und verwundete ihn als Patrioten. Er wollte durch Erreichtes überzeugen und konnte nicht einsehen, daß es im Interesse seiner Gegner lag, ihn immer nur herabzusetzen.

Stresemann hat mehr erreicht als nur den Friedensnobelpreis. Er konnte Erfolge verbuchen, die nur mit Vernichtungswillen wieder zu zerstören waren: Als Kanzler hat er das Desaster des passiven Widerstandes an Rhein und Ruhr beendet und die Währung saniert. Er hat rechtsradikale und kommunistische Aufstände entschlossen bekämpft, als Außenminister das Rheinland befreit, in Locarno die Westgrenze gesichert, Deutschland in die Gesellschaft der Staaten und in den Völkerbund geführt. Er hat internationales Vertrauen zu den Deutschen aufgebaut, die Reparationslast verringert, die Kreditwürdigkeit wiederhergestellt. Die immerhin hoffnungsvolle wirtschaftliche Blüte in Deutschland (etwa 1925–1929) resultierte auch aus den wieder fließenden Auslandskrediten.

Gut ging es den Deutschen noch nicht. Die Inflation hatte viel von den Ersparnissen der Alten gefressen, die Arbeitslosigkeit war bereits schrecklich hoch. Andere Nationen kamen ebenfalls nur sehr mühsam zurecht. Aber Hugenbergs und Hitlers Propaganda hämmerte den Deutschen unablässig ein, sie allein seien es, die mit Mangel und Verzweiflung kämpften, und zwar ausschließlich wegen der Reparationen.

Stresemann war wohl der einzige überzeugende Held, der einzige politische Held, den die Weimarer Republik hervorgebracht hat.

Nun war er tot, und vielen sank der Mut. Er war nicht nur Held, er war Kopf der Republik gewesen.

»Ich mochte ihn nicht besonders«, sagte Franz Ullstein zu seiner neuen Freundin, »aber er war, obwohl er anders angefangen hat, schließlich der letzte ernstzunehmende Liberale.«

»Der letzte?«

»Er glaubte an den denkenden Bürger und an Argumente. Nicht an irgendwelche angeblich wertvollen, weil naturreinen Eruptionen der Masse. Alles redet von ›den Massen‹ jetzt, revolutionären, nationalbewußten...«

»Und wieso mochtest du ihn nicht?«

»Ein Gefühlsmensch. Von Natur aus pathetisch. Ich bin so völlig unpathetisch – schade! Mit Stresemann hätte ich durch dick und dünn gehen müssen, mit allen Blättern, ähnlich wie Bernhard mit der Vossischen. Jetzt ist er tot, und wir haben nur noch diesen aufgeblasenen Postkartenmaler.«

»Es gibt etwas, das ihr niemals könnt, selbst wenn ihr wollt«, sagte Rosie. »Ihr könnt die Deutschen nicht besoffen machen. Ihr könnt unterhalten und informieren, aber der Vollrausch ist nicht eure Sache! Ihr habt keinen Hitler, vor allem habt ihr keinen Goebbels.«

»Das will ich hoffen.«

*

Reichspräsident von Hindenburg, ein Greis von zweiundachtzig, folgte dem Sarg Gustav Stresemanns zu Fuß, und der Leichenzug wollte kein Ende nehmen. Halb Berlin schien da zu sein und das Zeitungsviertel ganz. Die Prominenz der Republik ging in der Menge unter. Der eine trauerte sehr, der andere weniger, bedrückt waren fast alle.

In diesem Moment wurde manchem bewußt, wer sich da verabschiedet hatte. Im Gespräch hatte Stresemann kurz vor seinem Tod einen Satz aus der Paulskirche zitiert: »Die Behaglichkeit, mit der jetzt Spitzbuben am Geschick des Vaterlands verzweifeln, gehört zu den widrigsten Erscheinungen der Gegenwart.«

Er hatte Träume gehabt. Zunächst den, sich für eine Weile zurückzuziehen und zu erholen. Dann aber wiederzukommen, für Europa eine gemeinsame Währung zu erkämpfen, im Inneren eine neue Mittelpartei zu gründen. Vielleicht wäre er sogar

Reichspräsident geworden. Unvorstellbar, daß dieser Mann Hitler die Tür zur Macht geöffnet hätte.

Der Journalist Rudolf Olden (Berliner Tageblatt) hatte an einer Stresemann-Biographie gearbeitet. Sie war zu drei Vierteln fertig, als der Politiker starb. Olden schrieb das Buch zu Ende wie im Fieber, es wurde zum Bekenntnis voll Zuneigung und Schwung.

Wenige Wochen nach Stresemanns Tod, am 25. Oktober 1929, gab es an der New Yorker Börse heftige Kursstürze. Der »Schwarze Freitag« bewirkte, daß die kurzfristigen Kredite zurückgezogen wurden, die Deutschland so dringend brauchte. Jetzt wurde das Leben noch schwerer, die Zahl der Konkurse und der Arbeitslosen stieg an.

Der von der Rechten angezettelte Volksentscheid gegen den Young-Plan, der vor allem Stresemann hatte treffen sollen, wurde im Dezember desselben Jahres von einer überwältigenden Mehrheit des deutschen Volkes abgewiesen. In der Redaktion der »Vossischen« feierte man das Ergebnis wie einen Sieg. Mit dem Ernst der Zeit, sagte Georg Bernhard, wachse eben auch die Vernunft der Menschen.

Rosie, geb. Goldschmidt
1898–1982

Sie kommt in Mannheim zur Welt, ihr Vater ist Bankier und eine wichtige Figur in Mannheims jüdischer Gemeinde, ein enorm belesener Mensch. Rosalie (die jedermann Rosie nennt), geht mit Schwester Ella in Mannheimer Elementar- und Oberschulen. Rosie ist die geborene Lieblingsschülerin – dieser Begriff ist zu eng, sie sprengt ihn, denn schon mit vierzehn hat sie den ersten Deutschlehrer zum Geliebten. Und nicht er hat sie verführt – das tun Deutschlehrer nie –, sondern sie in aller Unschuld ihn. Sie liebt Sprache, Geist, Begriffe, Erzählungen, sie lauscht verzückt jeder geschickten Erklärung, lernt wunderbar, verarbeitet intelligent, liest alles, vergißt gar nichts.

Sie liebt auch weiterhin Männer, die älter und (derzeit noch) etwas klüger sind als sie selbst. Abitur 1917, Studium der Kunstgeschichte in München, nach 1919 Studium der Soziologie in Heidelberg bei Alfred Weber, bereits 1920 summa cum laude promoviert. Und dann, merkwürdig genug, eine Banklehre bei Carsch, Simion & Co. in Berlin. Warum das? Will sie gerüstet sein, wenn Papa in Mannheim seine Bank weiterreichen will? Nein, sie ist schlicht wissensdurstig: Jetzt will sie an die Wirtschaft heran, mehr vom Geld verstehen. Sie will offenbar auch etwas über Medizin wissen, warum sonst heiratet sie den Kurfürstendamm-Gynäkologen Dr. Ernst Gräfenberg, der ein bißchen langweilig ist? Sie wird 1925 kinderlos von ihm geschieden.

Sie ist auf geistige Bereicherung aus. Geld ist ihr unwichtig, sie hatte es immer. Sie gehört aber nicht zu den Menschen, die sich in Forschungsfragen vertiefen und über ihnen hinsterben. Sie ist expansionistisch, intellektuell gefräßig. Und damit die geborene Journalistin, im Notfall Romanautorin (Dichterin eher nicht, sie hat es jedenfalls nie versucht). Sie schreibt gut und witzig. Schickt ihre ersten Artikel zu dem größten Zeitungsverlag, den es derzeit gibt. Wird gedruckt und gelobt, sogar von Georg Bernhard persönlich, der sie dafür eigens in sein Büro kommen läßt. Man unterhält sich glänzend und ist in allem einer Meinung. Er wünscht, sagt Bernhard, eine engere Verbindung der begabten jungen Dame zum Hause Ullstein. Und will sich an diese Äußerung ein Jahr später nicht mehr erinnern – zu diesem Zeitpunkt wird Rosie »Frau Dr. Franz Ullstein«, was Bernhard überhaupt nicht behagt. Franz ist es, der ihn bisher in seiner Stellung hält und schützt, obwohl die »Vossische« ein klassisches Millionengrab ist. Wenn Franz unter den Einfluß einer gescheiten und ehrgeizigen Frau gerät, könnte das für den Chefredakteur der »Vossischen« Gefahr bedeuten.

391

Er versucht die junge Dame einzuschätzen: verwöhnt, eitel, hält sich gezielt an solvente ältere Herren (hier irrt Bernhard bereits). Von Machtgier ist bei ihr bisher nichts zu merken, aber der Appetit wird wohl beim Essen kommen. Bernhard ist auf der Hut. Wie konnten sich »Dr. Franz« und Rosie überhaupt kennenlernen?

Ohne weiteres. In Berlin lernt jeder jeden kennen, weil jeder zuverlässig überall auftaucht. Sogar der Witwer Franz Ullstein, wenn ihn in den eigenen vier Wänden gruselt. Mächtigen Herren in den besten Jahren setzt ein Gastgeber gern junge Frauen an die Seite, schon aus Mitleid – man weiß, wie furchtbar sie sich mit ihresgleichen langweilen. Rosie Gräfenberg sitzt links neben Franz und richtet ab und zu das Wort an ihn, so daß er sie ansehen muß. Schrecklich dieses helle Licht hier – Franz blinzelt mißvergnügt durch seine dicken Gläser. Aber Moment, diese Frau ist ja offensichtlich ... ja, unglaublich ... hübsch. Traumfrau. Redet ein bißchen viel, sagt immer sofort alles, was ihr durch den Kopf fährt. Aber Franz hat schon lange niemand mehr erlebt, dem so viel Gescheites durch den Kopf fährt. Er staunt, blinzelt und kommt zu dem Ergebnis: Möglicherweise mag sie mich. Was jetzt?

Der Chauffeur von Dr. Franz Ullstein fährt Rosie nach Hause. Als er in der Lietzenburger Straße vor der richtigen Hausnummer angekommen ist, dreht er sich um, faßt die junge Frau fest ins Auge und wagt es, ihr zu sagen, daß sie dem Doktor Ullstein gut tue. Sie möge sich also bitte nicht gleich wieder in Luft auflösen.

»Kann sein«, antwortet Rosie, »ich denke, er tut mir auch gut. Und hoffentlich sagt er mir irgendwann das, was Sie mir gesagt haben, Herr –?«

»Wohlrabe«, antwortet der Chauffeur, »ich wünsche Ihnen eine gute Nacht, gnädige Frau!«

Rosie kennt den Verlag in der Kochstraße von gelegentlichen Redaktionsbesuchen, aber von den meisten Redakteuren hat sie bisher nur etwas gelesen und freut sich darauf, mit ihnen sprechen zu können: mit Kurt Korff, Monty Jacobs oder dem bewunderten und gefürchteten Stefan Großmann. Tucholsky schreibt für die neue Zeitschrift »Tempo«, ist aber leider im Ausland. Einen ihrer Lieblinge lernt sie nicht mehr kennen: den weisen Gerichtsreporter Sling, der im Mai 1928 gestorben ist. Dafür aber dessen scharfsinnigen Freund Robert Kempner, mit dem sie sich politisch gut versteht.

Befreundet ist sie seit Jahren mit Vicki Baum, deren Roman »stud. chem. Helene Willfüer« von Hermann Ullstein angeregt, dann aber vom Verlag auf Eis gelegt worden ist, weil er »pornographisch« sei. Rosie Gräfenberg hat damals das Manuskript gegengelesen: von Pornographie keine Rede. Der Roman wird schließlich herausgebracht und ist ein großer Erfolg – bei den Frauen.

Mit Franz verbindet Rosie fast alles außer körperlicher Anziehung. Sie mag seine lakonische Art. Sie bewundert, wie er als Generaldirektor den Konzern führt – Franz sorgt mit Entschiedenheit dafür, daß der Riesenladen sich nicht in Bequemlichkeit, Gefälligkeiten und Mauschelei auflöst, journalistisch nicht und auch politisch nicht. Rosie liebt auch Franzens bitteren Humor. Und es ist kaum anzunehmen, daß sie Macht und Reichtum überhaupt nicht zu schätzen wüßte.

Dr. Rosie Gräfenberg, geborene Goldschmidt aus Mannheim, heiratet im Herbst 1929 Dr. Franz Ullstein standesamtlich. Louis ist Trauzeuge. Bei der Feier im Kaiserhof stellt Louis trocken fest, das Durchschnittsalter der anwesenden Herren liege bei fünfundsechzig. Während des Essens bringt ein Diener einen Strauß knallroter Rosen, die nicht vom Bräutigam stammen, sondern vom einem Bekannten des Bräutigams. Alle sind peinlich berührt, nur Franz findet lobende Worte für die schöne Aufmerksamkeit. Louis unterläßt eine weitere trockene Bemerkung, wechselt aber einen raschen Blick mit seiner Martha.

Das neue Haus von Franz in der Ulmenstraße ist noch nicht fertig, da wird der obere Stock schon nach Rosies Wünschen umgebaut, bis sie zufrieden ist. Das Ehepaar schläft in getrenn-

393

ten Betten und Zimmern. Rosie vermißt aber nichts, denn Chauffeur Wohlrabe bringt sie nach den langen, schönen Abendgesprächen mit Franz meist noch in den Grunewald. Dort wohnt ihr Liebhaber, der Mann, von dem die Rosen kamen. Junggeselle. Er ist Ministerialdirektor im Auswärtigen Amt und heißt Dr. Karl Ritter – Franz schätzt ihn als Gesprächspartner. Er ist ein guter Analytiker, ein gebildeter Kopf und ein drahtiger, eleganter Mann mit schönen Augen über einer scharfen Nase, die langen Wimpern nicht zu vergessen. Er ist dafür bekannt, in Gesprächen »auf höchster Ebene« spätestens nach einer Stunde hilflos zu gähnen, egal ob er mit Ministerialdirigenten oder Botschaftern, mit Briand oder Stresemann am Tisch sitzt: Die Gesellschaft redender Männer erträgt er nur stundenweise, die von redenden Frauen dagegen jahrelang.

In Karl Ritter ist Rosie abgöttisch verliebt, seit sie ihn 1925 in Genf im Gefolge Stresemanns kennengelernt hat, und er wurde gern ihr Liebhaber. Leider schätzt er die Ungebundenheit. Er ist es, der Rosie zu der Ehe mit Franz Ullstein geraten hat: »Als seine Frau hast du so etwas wie Macht. Und für die bist du geboren, du brauchst sie! Du würdest ein paar gute Dinge bewirken können.« Ganz begeistert war er von der Idee, und sie hat Franz Ullstein, wie sie sich eingesteht, vor allem deshalb geheiratet, weil sie ihren Karl nicht enttäuschen wollte, der so gern mit Menschen spielt. Ja, sie fürchtete sogar, ihn zu verlieren, wenn sie seinem Rat nicht folgte. Seine Schattenseiten kann und will sie nicht wahrnehmen, obwohl Robert Kempner dem Herrn Ritter skeptisch gegenübersteht und das auch deutlich sagt.

Dr. Ritter hat mehrere Freundinnen, einen sorgfältig geführten Terminkalender und ein sehr verborgenes Privatleben. Kurt Ullstein, Franzens Sohn, der gegen diese Ehe war und ist, schickt teure Detektive hinter Rosie her, aber all ihre »Erkenntnisse« entlocken Franz nur ein amüsiertes Lächeln. Er weiß alles schon lange. Seine Detektive sind noch eine Spur teurer, vor allem aber hat Rosie ihm längst die Wahrheit gesagt, und die beirrt ihn nicht im mindesten. Er weiß sogar von den anderen Freundinnen des Dr. Ritter. Nur in diesem Punkt macht er sich Sorgen – um Rosies Glück.

Sein eigenes Glück definiert Franz so: Er braucht die junge Frau. Sie entzückt ihn mit Charme, Bildung und Offenheit. Sie mischt ihn ins Leben, führt ihm Menschen zu, die er sonst nie kennengelernt hätte, oder jedenfalls nicht so persönlich: Aristide Briand etwa und Léon Blum auf der Hochzeitsreise in Paris. Oder Paul Levi, den linken Sozialdemokraten, den Anwalt Rosa Luxemburgs. Auch Friedrich Sieburg, der Feingeist von der »Frankfurter Zeitung«, ist einer »ihrer Jungs«. Franz braucht und liebt Rosie, wie sie ist: bekannt mit unzähligen Menschen, erotisch expansiv und doch auf eine hauskatzenhafte Weise treu. Er denkt gar nicht daran, diesem kostbaren Wesen Verhaltensregeln zu diktieren und sie mit ehelichen Pflichten zu behelligen. Die Brüder finden das unmöglich, aber er schert sich nicht darum. Seit wann können ihm seine Brüder vorschreiben, wie er sich sein Leben einrichtet?

Als Franz und Rosie 1931 nach einem großen Familienkrach wieder geschieden sind, trennt sich binnen kurzem auch Karl Ritter von Rosie. Sie hat gehofft, er würde sie heiraten, aber er liebt nur Ehefrauen, nicht die Ehe.

Sie versinkt in Bitternis, Berlin ist ihr schrecklich geworden. Sie folgt dem Beispiel ihrer Freundin Vicki Baum: Sie verläßt Deutschland, wandert (nach einem nur zwei Jahre währenden Zwischenaufenthalt in Paris) in die Vereinigten Staaten aus. Vicki hat jüngst mit »Menschen im Hotel« ihren größten Erfolg verbucht, ist zur Hollywood-Verfilmung gereist und gleich drüben geblieben, Mann und Söhne hat sie nachgeholt. Rosie sagt sich: Ohne Mann und Söhne ist es noch leichter. Also fort von hier!

Rosies Heimat für die nächsten fünfzig Jahre ist New York. Zunächst schreibt sie – bereits auf Englisch – sich ihren verunglückten Ausflug in die Familie Ullstein von der Seele und verschweigt die eigenen Schwächen nicht, wohl aber den Namen ihres Geliebten, den sie »Kobra« nennt. Sie verfaßt Artikel für »Foreign Affairs« und »Newsweek«, heiratet ein weiteres Mal (diesmal einen Grafen, den sie sich vielleicht ein bißchen erkauft hat) und schreibt unter dem Namen »R. G. Waldeck« einige Bücher: über die deutsche Politik, über den Balkan. Und einen Roman über die Liebe des alternden Talleyrand zu einer jungen Schönheit während des Wiener Kongresses: »Venus am Abendhimmel«, von dem viele zeitgenössische Leser wissen: Es behandelt in literarisch-historischer Kostümierung und ein bißchen sehr gefühlvoll, wiederum ihre Geschichte mit Franz Ullstein.

Über Rosies langes Leben in New York bis zum Tod im August 1982 ist nicht allzuviel bekannt. Hin und wieder wird sie interviewt – da findet ein Reporter oder Doktorand den Weg in ihr verwohntes, manifest ungelüftetes Apartment, in dem fünf oder sechs Katzen das Regiment führen. Rosie trägt einen labbrigen alten Pullover, der ihre etwas aus dem Leim gegangene Figur lustlos verhüllt. Ihre Haare sind strähnig, sie redet wie ein Wasserfall, vergißt jede Frage und merkt das nicht einmal. Die jungen Leute machen fleißig Notizen, heucheln Interesse für die Namen der Katzen und verabschieden sich nachdenklich: Das also war eine der Femmes fatales der Weimarer Republik? Unglaublich, was die Zeit mit uns tut.

*

Im Jahre 1929 besuchte Rosie Ullstein viele Redakteure in ihren Büros, besichtigte das Druckhaus Tempelhof, schaute in die Expedition, trank Kaffee im Kasino für das technische Personal, aß zu Mittag im Kasino für die kaufmännischen und redaktionellen Mitarbeiter. Es gab Herren (ab und zu sogar Damen), die sowohl kaufmännisch als auch redaktionell waren. Das waren die Redakteure der Wirtschaftsseiten. Sie waren eindeutig Genießer, aßen vorzüglich und verbreiteten den Duft von Havannas, die Damen verbreiteten noch teurere Düfte. Das Feuilleton war anspruchsloser: Man war verheiratet, aß Stammessen I und eilte wieder zur Arbeit. Die Feuilletonisten waren unter den Nichtdichtern die Dichter. Sie wollten nicht unbedingt gut leben, aber möglichst lange, es ging um ihr Lebenswerk.

Rosie liebte sehr, was Sling, der Gerichtsreporter, zum fünfzigjährigen Bestehen des Verlags geschrieben hatte, den Artikel mit dem Titel »Und der Geist des Hauses«. Es war das einzige Stück poetischen Humors in dem großen, schweren Jubiläumsbuch.

Die Sling-Sätze, die ihr besonders treffend erschienen, hatte sie angestrichen. Viele konnte sie auswendig zitieren (nicht ohne sie ein wenig umzuformulieren), etwa den Satz über die Demokratie: »Sie ist in diesem Haus vollkommen. Bei uns herrscht mehr Höflichkeit von oben nach unten als von unten nach oben. Einen der Chefs sah man einmal wirklich wütend: ›Ein Mensch, der nur tut, was man ihm sagt, ist unbrauchbar. Warum haben Sie nicht widersprochen? Sie sind zum Nachdenken engagiert, nicht zum Gehorchen!‹« Und Rosie wußte: Es war Franz, von dem dieser Wutausbruch bezeugt war.

Oder der Satz über die Sachlichkeit: »Wir sind sachlich, wir müssen es sein. Das Haus ist zu groß, um sentimental zu sein. Mittel des Gemüts wenden wir wenig an. Nur eines: den Witz. Es ist schwer, Vorgesetzte zu einer Träne des Mitleids zu bringen. Aber der Vorgesetzte lacht gern. Das ist die Atmosphäre des Hauses.«

Vicki Baum liebte die einzige Stelle bei Sling, die Rosie für unwahr hielt: »Das Haus ist so groß, daß auch häufige Besucher sich darin verlaufen. Nur freie Schriftsteller finden ohne Lotsen zuverlässig die Honorarabteilung. Das ist ihr Instinkt.« Rosie protestierte – sie hatte von Schriftstellern eine merkwürdig hohe Meinung.

*

Am 19. Dezember 1929 erhielt Franz Ullstein aus Paris den Brief eines »Bureau International de Presse«. Dessen Leiter, ein Joseph Matthes, bat darum, Franz möge binnen vier Tagen dem beiliegenden Manuskript widersprechen. Tue er das nicht, halte man die in ihm getroffenen Feststellungen für richtig und der Artikel würde veröffentlicht. Er trug den Titel »Journalismus, Spionage, Liebe« und behauptete, Rosie Gräfenberg sei in ihren Pariser Jahren nach dem Krieg Doppelagentin gewesen: im Sold des deutschen Botschafters und zugleich in dem des französischen Geheimdienstes. Ihr Charme habe es ihr in besonderem Maß ermöglicht, in die Betten von Geheimnisträgern beider Seiten zu gelangen. Und so weiter. Es wurden außer dem Botschafter noch andere erwähnt: der deutsche Reichspressechef Zechlin und – Rosies Freund Karl Ritter!

Franz zeigte Rosie den Brief und das Manuskript: »Das sind die Schattenseiten. So etwas kommt eben auch vor.«

»Wirst du dementieren?«

»Ich denke gar nicht daran. Ein klarer Fall für den Papierkorb!«

Rosie bat aber, daß Zechlin und Ritter um ihre Meinung gefragt wurden. Sie fanden, ein Dementi könne nicht schaden. Franz telegraphierte also an Matthes: »Widerspreche energisch zugesandtem Artikel. Warne dringend vor Veröffentlichung dieser bösartigen Verleumdung.«

Damit schien der Fall erledigt. Auch Rosie konnte ihn schnell vergessen, denn sie hatte (selbst bei schärfstem Nachdenken) niemals für irgend jemanden spioniert, außer vielleicht für sich selbst. Der Fall schien schon deshalb erledigt, weil herauskam, wer dieser Matthes war: während der Rheinlandbesetzung ein Separatist auf französischer Lohnliste, später nach Paris verzogen, weil er sich in Deutschland nicht mehr blicken lassen konnte. Er schlug sich jetzt offenbar mit windigen Geschäften und Zuträgereien durch.

»Bureau International de Presse«. Rückfragen bei den Auslandschefs der Ullsteinzeitungen und bei Dr. Leo Stahl, dem Pariser Korrespondenten der »Vossischen«, ergaben ein klares Bild: Das war eine Ein-Mann-Firma im Hinterhof, fast nur ein Briefkasten. Sie lieferte schmutzige Geschichten, die niemals

398

einer Überprüfung standhielten. Mit Matthes machte kein ernstzunehmender Journalist Geschäfte. »Die beste Übersetzung seines Firmennamens ins Deutsche«, schrieb Stahl, »lautet ›Internationales Büro für Erpressung‹. Und Matthes selbst ist die ultimative Kanalratte.«

*

Schrecklich, was sich in der Sowjetunion anbahnte! Eigentlich wußte man Genaues nur darüber, wie Josef Stalin, Lenins Nachfolger und Trotzkis siegreicher Feind, am 21. Dezember 1929 seinen fünfzigsten Geburtstag gefeiert hatte. Aber es sickerte einiges durch, und es ließ das Schlimmste befürchten. Da feierte sich ein Diktator im Machtrausch. Diktatoren wußten bekanntlich nie, wo Schluß war.

»Sie erklären sich eines schönen Tages zum Gott und bringen Leute um, die sich nicht tief genug verbeugt haben«, sagte Fritz Ross, der sich – ein altes Hobby von ihm – in der Geschichte Roms auskannte. »Sie töten schließlich zu dem einzigen Zweck, Schrecken zu verbreiten, bemühen sich nicht mehr um irgendeinen Schuldnachweis!«

Einige, auch Ullstein-Redakteure, die unverdrossen nach dem »Neuen Menschen« suchten, fanden das etwas zu kurz gedacht: »Das ist diese bürgerliche Abwehr, die sich gegen jede grundlegende Veränderung richtet. Wird die Französische Revolution dadurch entwertet, daß ein paar unschuldige Köpfe gerollt sind? Wir können froh sein, daß wir Stalin haben. Er schultert eine ungeheuere Aufgabe. Mit dem Bürgerlichen Gesetzbuch ist das nicht zu messen!«

Fritz Ross ärgerte sich. Er mochte schon dieses »wir« nicht, das man seit Kriegsende ständig von Leuten hörte, die sich »Intellektuelle« nannten – ein Begriff aus dem Wörterbuch der leninistischen Machtsekte. Ross war ein Illusionen- und Ideologienriecher. Er wußte sofort, wann jemand sich und anderen etwas vormachte. Diese Absolventen humanistischer Kleinstadtgymnasien (»Nenne mir, Muse, den Mann...«), sie waren nun Intellektuelle und glaubten fest, sie kämpften auf der Seite des »Proletariats«. Auch dies ein Kampfbegriff aus der marxistischen Scholastik, der sich überlebt hatte. Nein, dafür hatte Ross kein Verständnis. Wenn es irgendeinen annehmbaren Heroismus gab, dann den, nicht zu lügen – zu welchem »guten Zweck« auch immer.

Und in der Regel war Ross fähig, diese Forderung auch auf sich selbst anzuwenden.

*

Als Franz Ullstein am Morgen nach der Rückkehr von der Hochzeitsreise in den Spiegel blickte, erschrak er. Er hatte zuvor schon gespürt, daß sein rechter Mundwinkel gefühllos war. Jetzt sah er's: Der Mundwinkel hing herab, das Gesicht war völlig schief. Das rechte Auge ließ sich nicht schließen, so als werde es von einem unsichtbaren Monokel offen gehalten. Es glupschte scheußlich, und das dicke Brillenglas vergrößerte den Skandal noch. Wie war es mit der Verständigung? Er sagte laut und sehr artikuliert einen Satz in den Spiegel hinein, den sein Bruder Louis zu sagen pflegte: »Alles in allem stehen wir dennoch nicht schlecht da.« Aha, die Konsonanten kamen nicht, sie klangen verwaschen. Er konnte die Augenbraue nicht mehr hochziehen. Und dann das Frühstück! Obwohl Rosie tapfer ihr Entsetzen verbarg, war alles freudlos, denn er mußte aufpassen, daß ihm nicht jeder Schluck Kaffee gleich wieder herauslief – er sabberte!

Nach einer halben Stunde erschien, von Rosie gerufen, ein berühmter Arzt. Er sagte nach Händedruck und scharfem Blick: »Wahrscheinlich facialis parese, Gesichtslähmung. Lästig, aber ungefährlich. Wir sehen uns das mal an.« Ergebnis: kein Schlaganfall! Gesichtslähmung sei in den meisten Fällen heilbar, und es gebe dafür in Dresden ein gutes Sanatorium.

Berühmte Ärzte waren extrem teuer, aber wenn sie Beruhigendes sagten, war man extrem bereit, es zu glauben. Das sprach für sie.

Franz ließ sich in den Verlag fahren. Sein Aussehen löste Entsetzen aus – bei einigen Herren auch Freude und Hoffnung, wie Franz ganz richtig vermutete. Seiner Beteuerung, es sei kein Schlaganfall, sondern nur eine Art Unpäßlichkeit, glaubte kein Mensch. Niemand! Egal, sagte sich Franz, dann werden sie eben in Kürze an Wunderheilungen glauben.

Am frühen Abend stand er irgendwo im Gang unter einer Lampe und musterte einen Bürstenabzug der morgigen »Vossischen«. Er hielt ihn sehr dicht vor seine Nase, denn sein ernsteres Problem war die immer schlimmer werdende Kurzsichtigkeit.

»Na Opa«, rief ein gutgelaunt vorbeieilender Volontär, »kannst wohl nich mehr richtig kieken?«

Franz ließ das Blatt sinken, der Jüngling erkannte erbleichend den Generaldirektor. Dieser brachte die funktionierende linke Seite seines Gesicht in Stellung, antwortete und sprach: »Na, Sie ja wohl ooch nich!«

Der Volontär bat zerknirscht um Entschuldigung. Sie wurde gewährt. Der Allmächtige fragte nicht nach seinem Namen.

*

Den Silvesterabend verbrachte Rosie mit Franz in seinem Dresdner Sanatorium. Ein paar ältere Freunde von Franz waren dort ebenfalls zur Kur und leisteten ihnen Gesellschaft, ein Zeitungsherausgeber, eine Konzertagentin, ein etwas seniler Bankdirektor. Nur zwei Menschen waren unter sechzig, dies aber sehr deutlich: Rosie und – Steffi, die Tochter von Louis. Steffi war inzwischen eine ätherische Schönheit von nahe dreißig, Mutter zweier Kinder, mit denen sie nicht umzugehen wußte, mehrmals verheiratet, ebensooft geschieden, todunglücklich und morphiumsüchtig (deshalb war sie hier). Dazu eine Verächterin aller bürgerlichen Maßstäbe (also vor allem Verächterin ihrer eigenen Familie), und bei alledem ein Mensch, auf dessen kompromißlose Offenheit Verlaß war – sie lehnte es schlicht ab, zu lügen. Das war ihre Rache an der Welt, die sie unglücklich gemacht hatte: Verzicht auf Diplomatie! Steffi hatte, wie ein trotziges Kind, gar nichts dagegen, daß ihre Art von Rache sie täglich nur noch unglücklicher machte. Sie verkörperte perfekt den Berliner Spruch: »Geschieht meinen Eltern ganz recht, daß mir die Hände frieren, hätten mir ja Handschuhe kaufen können!«

Irgendwann nach Mitternacht wollte Steffi Rosie ein Bild zeigen, das sie in ihrem Einzelzimmer hatte aufhängen lassen. Das Zimmer war fürchterlich weiß, das Bild ein Franz Marc. Da saßen sie also und redeten ohne Zuhörer.

»Übrigens. . .«, sagte Steffi.

»Übrigens was?«

»Die Familie ist entschlossen, dich wieder loszuwerden.«

»Quatsch!«

»Doch, da ist was im Busch. Mein Vater hat es mir erzählt, als er hier war. Er hat nichts gegen dich persönlich, nur gegen Franz, und das ist nicht neu. Aber all diese Ullstein-Ehefrauen, sie wollen dich aus dem Clan so schnell wie möglich wieder rausbeißen. Sie ertragen nicht, daß du jünger bist und einen unabhängigen Kopf hast.«

Rosie hielt das für nichts Besonderes: In olympischen Familien waren der Typus Hera und der Typus Athene sich nicht jederzeit grün. Aber sie würde die Muttergöttinnen noch milde stimmen, da hatte sie keine Sorge.

»Und jetzt«, fuhr Steffi fort, »haben die Junioren irgend etwas gegen dich in der Hand. Sie wollen es benutzen, um Onkel Franz loszuwerden. Mein Bruder Heinz plant die Sache zusammen mit Fritz Ross und Karl. Heinz hat keinen Charakter. Ross liest zu viel Clausewitz. Karl ist zwar ein anständiger Kerl, aber er hört zu sehr auf Ross. Was für Sünden hast du denn begangen?«

Rosie seufzte. »Viele, aber nicht die, die man mir vorwirft.«

»Also, wenn du Onkel Franz wirklich geheiratet hast, um nicht nur ihn, sondern gleich den ganzen Laden zu überneh-

402

men, dann habe ich nichts dagegen. Geschieht ihnen völlig recht! Und wenn du, nur als Beispiel, nebenbei einen Mann fürs Bett hast, dann finde ich das souverän. Aber Vorsicht, dein Dr. Ritter ist Diplomat. Ich hoffe, er liebt dich ernsthaft und heiratet dich, wenn alles schiefgeht!«

Rosie schlug die Hand vor die Stirn und schüttelte eine Weile lang verzweifelt den Kopf. Dann faßte sie sich: »Gibt es hier irgendwo einen Whisky?«

*

Gewiß, einige Brüder und Junioren wollten gern das Regime Franz beenden, aber das war in einem Familienunternehmen nichts Unübliches. Und noch hielt sich zwischen den Älteren ein Rest der alten Loyalität – zwischen Franz und Hermann ebenso wie zwischen Franz und Louis.

Louis hatte den bestimmten Eindruck, daß die junge Frau seinem Bruder nicht guttue: Seit er sie geheiratet hatte, war er unnahbar geworden. Jetzt diese Gesichtslähmung. Franz war doppelt so alt wie Rosie, vielleicht überforderte sie ihn? Himmel, Franz brauchte doch bloß den Vorstandsvorsitz aufzugeben – aus der Firma hinausdrängen wollte Louis seinen Bruder nicht, sie verdankte ihm zu viel. Nicht Machtkampf, sondern eine sanfte Ablösung, das war es, was Louis wollte. Er hielt einiges von Karl und von Heinz, insgeheim sogar mehr von Karl. Er glaubte, daß die beiden ein gutes Führungsgespann abgeben könnten. Rudolf? Ein Nur-Techniker, und auch er kam in die Jahre. Hermann? Der geborene Stellvertreter, auf keinen Fall ein Vorsitzender – zu unruhig, zu zornig, zu altruistisch. Hermann hielt es nicht für seine Lebensaufgabe, den Verlag zu retten, sondern Hitler zu besiegen. Ein Ritter, aber kein weiser König. Außerdem unerträglich, weil ständig auf Details fixiert – verglichen mit Hermann war Franz ein lieber und umgänglicher Zeitgenosse.

Nein, für sich wollte Louis die Führungsrolle nicht, er wollte der Finanzminister bleiben, so lange er konnte. Er war alt und nicht mehr ganz gesund – er wußte das besser als seine Ärzte. Aber er hatte noch viel Geduld. Man mußte Franz nicht eilig abservieren. Sondern ihn schützen (auch vor den Ambitionen einer etwas zu munteren Rosie) und zugleich überzeugen (ihm freundlich klarmachen, daß er fast zweiundsechzig war). Er haßte Franz überhaupt nicht. Er wußte natürlich, daß manche das annahmen. Steffi zum Beispiel, die so unglücklich war, daß sie überall nur Haß wahrnahm, sie vermochte Freundschaft oder Fairneß kaum mehr zu erkennen. Wenn irgend etwas Louis zermürbte, dann das komplette Unglück seiner schönen, sensiblen, grundehrlichen Tochter. Und daß er nichts, gar nichts daran hatte ändern können. Was nützte eigentlich das ganze verdammte Geld?

Steffi hielt unverhohlen zu Rosie. Das sprach für Rosie. Louis beurteilte den Fall dadurch zunächst nicht anders, aber kam zu der Vermutung, daß Rosie eine Macht sein könnte. Vielleicht eine rettende, vielleicht aber eine Intrigantin und Gefahr. Er traute sich zu, das herauszufinden. Außer ihm, das wußte er genau, konnte es keiner.

*

Ja, es war etwas im Busch. Im Dezember noch hatte Joseph Matthes das erbärmliche Manuskript und seinen Briefwechsel mit Franz an Dr. Leo Stahl gesandt, den Pariser Korrespondenten, der es, »um unseren Doktor damit zu verschonen«, an Dr. Erich Magnus weiterreichte, den Leiter des Ullstein-Nachrichtendienstes. Auch der wollte unbedingt den Doktor schonen und reichte den Vorgang an dessen Brüder weiter.

Stahl, der Matthes nach wie vor für einen Erpresser hielt, traf sich dennoch mit ihm, »aus purer Neugier«, wie er sagte, am Nachmittag des 24. Dezember 1929. Stahl fand zwar bestätigt, daß der Kerl Geld wollte – deklariert als »Ausfallhonorar« für jenen Artikel, dem Franz telegraphisch widersprochen hatte, er wollte 3000 Francs, etwa 500 Reichsmark als Entschädigung für eine nicht abgeschossene Verleumdung, das war eine solide Summe. »Aber«, fuhr Dr. Stahl in seinem Bericht fort, »es sieht tatsächlich so aus, als ob an der Sache etwas dran ist. Er hat mir Photographien der fraglichen Papiere gezeigt und damit bewiesen, daß der Artikel behördlichen Dokumenten entspricht.« Damit teilte Stahl nicht mehr und nicht weniger mit, als daß Rosie deutsche Spionin gegen Frankreich gewesen sei und sich gleichzeitig als französische Spionin gegen Deutschland betätigt hätte. Erwiesen! Dokumente vorhanden! Und auch dies verschwiegen Stahl und Magnus ihrem Vorgesetzten, dem Leiter der Firma Ullstein und Gatten von Rosie, »um ihn zu schonen«. Statt dessen informierte Magnus jetzt – Heinz Ullstein! Er hatte offensichtlich ein Gefühl dafür, wo er mit seinen Informationen am willkommensten war.

Am 27. Dezember rief Stahl bei Magnus an und fragte, ob man Matthes die verlangten 3000 Francs nun zahlen solle oder nicht. Da Rudolf gerade in Stahls Büro war, wurde die Frage an ihn weitergegeben. »Gut«, sagte Rudolf, »zahlen! Hauptsache, wir hören nichts mehr von dem Kerl.«

Franz wußte noch bis tief in den Januar nicht, was vorging. Er langweilte sich in seinem Dresdner Sanatorium gründlich, aber eben dies schien eine gute Therapie zu sein: Die Gesichtslähmung verschwand schneller, als die Ärzte vorausgesagt hatten. Franz war voller Tatendrang und wollte bald an seinen Schreibtisch in der Kochstraße, denn er hörte Bedrohliches aus der Politik. Nazis und Kommunisten beherrschten Berlin mit Gebrüll und Prügeleien. Die preußische und die Reichsregierung sprachen Verbote aus, aber sie taten sich schwer, dem Spuk ein Ende zu bereiten. Und die Ullsteins mußten jetzt wohl doch zeigen, daß sie nicht nur Leser ködern, sondern auch gegen Feinde kämpfen konnten.

Hermann sah es schon lange so. »Wir machen zuwenig Reklame für die Republik«, stand neben Neujahrs- und Besserungswünschen in seinem Brief nach Dresden. »Wir müssen nicht viel mehr Leute bekämpfen, sondern viel mehr Leute gewinnen.« Hermanns Gedanken über den Segen der Reklame waren nicht neu. Aber hier traf er wohl den Nagel auf den Kopf.

*

Am 8. Januar 1930 fuhren zwei Vertreter des Verlages nach Paris, um der Wahrheit über Rosie auf den Grund zu gehen. Es waren Fritz Ross und Justizrat Löwenstein. Heinz Ullstein hatte darauf bestanden, sein Vater eher mißvergnügt ihm zuliebe zugestimmt, und von Rudolf kam der Satz: »Überflüssig, aber macht nur!« Hans und Hermann waren gar nicht gefragt worden, zu schweigen von Franz – der mußte ja geschont werden. Entmachtung beginnt mit Nichtinformation, und diese trägt meist den freundlichen Namen »Schonung«.

Die Herren Ross und Löwenstein sprachen in Paris mit Leo Stahl und sagten, sie wollten Matthes treffen. Stahl riet dringend ab: Wozu sich mit diesem Kerl an einen Tisch setzen, er hatte doch sein Geld, die Sache war erledigt.

»Wenn an der Geschichte etwas dran ist, bleibt der Verlag erpreßbar«, sagte Ross. »Angreifbar sind wir sowieso schon, Sie wissen, was in Deutschland los ist. Eine französische Spionin als Gattin des Verlagsleiters, das kann uns völlig unmöglich machen.«

Aber Stahl wollte nicht in Familienintrigen hineingezogen werden – genau diesen Ausdruck gebrauchte er. Die Adresse von Matthes sei ihm leider entfallen. Löwenstein machte ihn würdevoll darauf aufmerksam, daß es nicht um Intrigen, sondern um eine große Gefahr für den Verlag gehe, und daß niemand es verstehen würde, wenn Stahl seinem Arbeitgeber in verzweifelter Situation die Loyalität verweigere. Ross hörte das und sagte nichts, er wunderte sich nur darüber, wie leise und doch deutlich Juristen drohen konnten, selbst wenn sie persönlich so sensibel und höflich wirkten wie der weißhaarige Löwenstein. Er, Ross, fühlte sich nicht unbedingt wohl: Das Vorgehen war

406

unkorrekt, weil man Franz nicht informiert hatte. Aber der hätte garantiert abgelehnt, und man mußte doch jetzt an das belastende Material heran. Es galt also vorwärts zu gehen und nicht rückwärts. Wenn sich alles als purer Erpressungsversuch erwies, auch gut! Dann war das Ergebnis der Reise eine fundierte Entwarnung. Stahl lenkte ein – schließlich war er nur Angestellter, Ross hingegen Vorstandsmitglied. Er vermittelte das Treffen mit Matthes, durfte aber selbst nicht dabeisein.

Joseph Matthes, von Stahl unlängst noch als »ultimative Kanalratte« bezeichnet, nahm seine neue Chance wahr, und er war ein Meister der Inszenierung.

Sie trafen sich im Hinterzimmer eines bemerkenswert abgelegenen Cafés. Warum? Weil Matthes einen Gewährsmann mitbrachte, der prominent war und nicht erkannt werden wollte. Was für ein Gewährsmann? Ein sehr hoher Beamter der Sicherheitsbehörde. Der Beamte war so hoch, daß alles enorm diskret ablaufen mußte. Er wies unaufgefordert seinen Dienstausweis vor, dessen Photo ihn in einer hellen Uniform zeigte, klappte ihn aber sofort wieder zusammen und steckte ihn ein. Die Herren aus Berlin hatten den Namen so schnell nicht entziffern können, zeigten aber Verständnis: So ein Mann mußte Sorge tragen, seine Position nicht zu gefährden. Dann gab er knappe Hinweise, die genau den Behauptungen von Matthes entsprachen. Im übrigen – ein dummer Tag gerade heute – habe er noch ein paar sehr wichtige Termine. Er zog die Uhr und trommelte mit den Fingern auf der Tischplatte.

»Selbstverständlich!« sagte Fritz Ross. »Wenn wir jetzt das Material sehen dürften ...?«

»Sie können es gerne prüfen, aber Sie müssen verstehen, daß ich Ihnen nicht Kopien von allen Dokumenten mitgeben kann.«

Freilich, man verstand das. Und da lag es nun, das Material. Ein riesiger Wust von Papier. Ja, eindeutig polizeiliche Dokumente. Der Name »Rosalie Gräfenberg« war deutlich zu erkennen.

»So, das wäre es jetzt also!« sprach Ross, lesend. Er klang etwas ratlos, denn er war kein geübter Leser des behördlichen Französisch. Aber er hatte schließlich Löwenstein, der war Jurist und würde alles im Nu überblicken. Außerdem konnten sie ja offenbar einige Dokumente mitnehmen und in Ruhe analysieren.

»Eindeutig amtsbekannt! Das ist schon mal klar«, nickte Löwenstein. Was er nicht zugeben wollte: Auch er konnte nicht so rasch feststellen, worum es in den einzelnen Dokumenten ging, sein Französisch reichte gerade mal für einfache Konversationen. Das gab er aber nicht zu, und Ross konnte es nicht beurteilen. So hoffte jeder auf den anderen. Stahl, der hätte helfen können, wartete in einem Lokal um die Ecke.

»Es sind also wirklich...«, begann Ross wieder. Vermutlich hatte es eine Frage werden sollen.

»... gravierende Tatsachen, in jedem Fall!« ergänzte Löwenstein. Er sah aus wie ein Gelehrter beim Entziffern der Keilschrift, und Ross hatte vor Gelehrten Hochachtung.

Der Gewährsmann wurde ungeduldig. Er müsse leider weg, sein Fahrer warte schon. »Und bitte, Messieurs, vergessen Sie meinen Namen! Diese Kopien hier kann ich Ihnen überlassen, alles andere hat leider höchste Geheimhaltungsstufe.« Er sah sich nervös um und reichte dann ein Couvert herüber, Ross steckte es rasch in seine Brusttasche. Der Mann eilte davon. Seinen Namen brauchten sie nicht zu vergessen, er war ihnen gar nicht genannt worden.

Mit Matthes wurden noch die Unkosten geregelt. Sie waren hoch, aber es handelte sich ja auch um einen hohen Beamten.

*

Bald wußte Löwenstein, daß die mitgegebenen Dokumente sehr untergeordneter Art waren. Unterlagen aus einer Meldestelle, ein Antrag Rosies auf Verlängerung ihrer Pariser Aufenthaltsgenehmigung, behördliche Schreiben dazu. Kein Wort von Spionage. Aber sie hatten ja in Paris mehr gelesen. Löwenstein sagte: »Das hier ist nicht sehr viel wert. Aber die Dokumente, die wir gesehen haben, sind vernichtend!«

Ross glaubte daran, weil er es glauben wollte, und Löwenstein neigte dazu, das zu sagen, was Ross hören wollte.

Ross war kein Intrigant. Er war vielmehr zu geradlinig, um ein Betrugsmanöver auch nur für möglich zu halten. Vor allem glaubte er an Löwensteins Integrität. Und das war der grausame Fehler in seiner ganzen, sonst wohlüberlegten Strategie.

Wenn Strategen glauben, alle Tatsachen (mit einem gewissen Restrisiko) richtig festgestellt zu haben, treffen sie Entscheidungen und suchen nach Verbündeten. Diese waren längst vorhanden: Heinz, letztlich auch Vater Louis, Schwager Karl, dessen Vertrauen Ross aus guten Gründen besaß, dann wohl Hermann, der sowieso gegen Franz war, und schließlich Rudolf, der mit der Mehrheit ging, weil er seine Ruhe haben wollte. Ross fühlte sich, nicht nur bei dieser Gelegenheit, als treuer und entschlossener Soldat des Verlages Ullstein. Und der schien ihm in großer Gefahr zu sein. Es galt, ihn gegen einen Generaldirektor zu schützen, der durch Liebe, vielleicht sogar Hörigkeit, blind geworden war. Ross glaubte fest an die Beweisbarkeit des Spionagevorwurfs, scheute sich allerdings, die mageren Mitbringsel aus Paris zu zeigen.

*

Der 15. Januar 1930 war für Rosie Ullstein ein denkwürdiger Tag. Unglaublich, wieviel Kummer und Ärger in kaum siebzehn Stunden zusammenkommen konnten! Wenn sich dafür wenigstens an anderen Tagen ebensoviel Glück angehäuft hätte.

Am Vortag war Franz aus Dresden heimgekehrt, sein Gesicht sah wieder nahezu normal aus, und er war bester Stimmung. Er verabschiedete sich, um in den Verlag zu fahren, ließ am nächstgelegenen Blumengeschäft halten, kaufte einen Strauß Rosen und kam zurück, um sie seiner Frau zu geben. So weit, so gut.

Dann kam der erste Schlag: Die Köchin lag bewußtlos in

ihrem Bett. Rosie war mit ihr seit der Kindheit vertraut gewesen und hatte sie in die Ulmenstraße mitgebracht. Eine ausgezeichnete Köchin, berühmt ihr Cordon bleu, vor allem war sie ein Mensch, der ohne viele Worte gute Laune verbreiten konnte. Gestern hatte sie bis in den späten Abend hinein Kuchen gebacken. »Schlaganfall«, sagte der Arzt ganz hart, »und das wird auch nichts mehr.« Im Krankenhaus starb die Frau, die für Rosie fast eine Freundin geworden war, kurz nach der Einlieferung, ohne aufgewacht zu sein.

Mittags traf sich Rosie mit Franz im Kaiserhof, um ihm die traurige Nachricht zu bringen und ihn zu bitten, den Tee-Empfang am Nachmittag absagen zu dürfen. Das Gesicht von Franz war wieder sehr verzerrt, und bald merkte sie, warum – seine Neuigkeiten waren ebenso unerfreulich:

»Sie sagen, ich soll mich entweder von dir scheiden lassen oder als Vorstandsvorsitzender zurücktreten.«

»Wer?«

»Meine Brüder, vor allem aber die Junioren.«

»Haben sie die Beweise gegen mich vorgelegt?«

»Keinen. Aber Löwenstein behauptet, sie seien ›vernichtend‹. Redet von einem hohen Beamten, der das alles bestätigt habe.«

»In dessen Amtszimmer?«

»In einem Vorortcafé! Ich sagte gleich, das sei undenkbar – der Mann riskiere, wegen Landesverrat angeklagt zu werden. Ross sagte, genauso habe er sich verhalten, und eben dies beweise die Brisanz der Sache. Ich sagte, dann wird der Kerl nie offiziell aussagen. Darauf Ross: doch, wenn er schon zu weit gegangen sei und deshalb aus seiner Stellung fliege. Die Sache sei eine fortwährende Gefahr für den Verlag, ein Schwelbrand. Worauf ich sagte, man sei vor lauter Eifer, mich loszuwerden, in absolut lächerlicher Weise auf einen bezahlten Komparsen hereingefallen. Vor allem auf den Betrüger und Verräter Matthes, mit dem sich ein anständiger Mensch nicht an einen Tisch setzen dürfe, schon gar nicht ein Angehöriger des Hauses Ullstein. Ich habe nochmals verlangt, die Dokumente zu sehen, ohne sie sei das Ganze eine böswillige Verleumdung. Ross verweigerte mir die Dokumente und redete etwas von meiner angeschlagenen Gesundheit – er würde es sich nie verzeihen, wenn er mir gerade jetzt die volle Wahrheit über meine Frau zumutete. Ich habe ihm sofort meine Gesundheit bewiesen: Ich habe ihn angebrüllt, daß die Scheiben klirrten!«

»Und was, bitte, wirst du tun?«

»Kämpfen. Für uns beide. Sie sind völlig verrückt geworden! Es muß etwas Ansteckendes sein, eine Hirnkrankheit. Denn eines weiß ich: Ein einziges Wort von Louis hätte genügt, um den Unsinn zu beenden. Es kam nicht.«

»Die Sache ist unendlich mies, aber auch erstaunlich«, sagte Rosie. »Sie pokern gegen mich und dich, ahnen aber noch nicht, wie schlecht ihre Karten sind! Ich war und bin keine Spionin. Das ist vermutlich die einzige Wahrheit, die ich sicher weiß. Leider wird es wohl doch einen Familienkrieg geben.«

»Krieg ist gut für meinen zu niedrigen Blutdruck. Der Sieg ist sicher, und er wird mich zehn Jahre jünger machen. Die haben gehofft, daß ich müde bin, daß ich mürbe genug bin. Sie ahnen schon jetzt, daß sie die Rechnung ohne den Wirt gemacht haben. Ich glaube nicht, daß ihnen wohl in ihrer Haut ist.«

Rosie erzählte ihm nun kurz vom Tod der Köchin. Franz hörte höflich zu, aber in seinem Kopf donnerten schon die Kanonen. Undenkbar, ihm jetzt mit der Absage des Tee-Empfangs am Nachmittag zu kommen! Es war immerhin ein Empfang zu Ehren des Pariser Verlegers Bernard Grasset, sie hatten schon vor längerer Zeit interessante Leute für ihn eingeladen, darunter Fritz Ross mit Frau. Die Sache abzublasen kam einer Niederlage und einem Geständnis gleich. Nein, das wollte sie nicht. Kämpfen begann damit, daß man sich zeigte, nicht damit, daß man sich verkroch.

Am Nachmittag telegraphierte Franz an Stahl in Paris, er müsse sofort nach Berlin kommen und ihm berichten, was da abgelaufen sei. Seinem Telegramm folgte, ohne daß er es ahnte, sofort ein weiteres, aufgegeben von Vorstandsmitglied Ross: Die Anweisung sei widerrufen, Stahl solle bleiben, wo er sei.

Franz rief seine Brüder an. Er wollte wissen, ob sie dem Vorstoß zugestimmt hätten (und wenn ja, ob sie noch bei Trost seien). Er erreichte nur Hermann, welcher sagte: »Ich? Ich bin durchaus bei Trost, ich habe nämlich nicht dafür plädiert, daß du dich scheiden lassen sollst! Ich finde zwar, du solltest vom Vorsitz zurücktreten, aber nicht wegen deiner Frau!«

Um die gleiche Stunde sprach Rosie mit Paul Levi, nicht nur weil er ein Freund, sondern auch weil er Anwalt war. Und der nahm es nicht leicht: »Schon der Verdacht, daß man Spionage betrieben hat, kann einen ins Untersuchungsgefängnis bringen!«

»Also Handschellen. Großartig! Was kann ich noch tun?«

»Nichts, nur so schön sein wie immer und so ruhig bleiben wie nie. Schärfe bitte Franz ein, für ihn gelte haargenau dasselbe, nur bei der Schönheit drücke ich ein Auge zu. Laß mich das erledigen! Man muß die Sache auch journalistisch richtig lancieren, bevor die Gerüchteküche zu dampfen beginnt. Ich rede so rasch wie möglich mit Georg Bernhard.« Handkuß, weg war er.

Rosie fürchtete sich etwas vor dem Nachmittagsempfang. Gottlob hatten Fritz Ross, Louis und Heinz abgesagt. Die Nervosität blieb. Rosie ging zu Fuß durch den Schnee bis zu einer Apotheke und bat um ein gutes Beruhigungsmittel. Man gab ihr »Abasin«, ein relativ neues, bromhaltiges Präparat, das bei Examenskandidaten beliebt war. »Aber bitte immer nur eine Tablette nehmen!« Statt einer Antwort nahm sie zwei und bat um ein Glas Wasser. Hoffentlich wirkte das Zeug, bis die Gäste eintrafen.

Als erster kam Wedderkopp, der Herausgeber des »Querschnitt«, des »Magazins für aktuelle Ewigkeitswerte«. Danach Emil Herz mit Frau und dann Bernard Grasset. Das war ein wunderbarer Mann. Nicht nur weil er etwas für die Deutschen übrig hatte und deren Literatur kannte. Er hatte Gefühle und steckte sie in keinen Panzerschrank, sondern sprach sie aus – in bemerkenswert kurzen Sätzen. Er wollte die französisch-deutsche Verständigung, die sich mit Briand und Stresemann angekündigt hatte, untermauern helfen. Und er verlegte deutsche Autoren.

Rosie sprach mit ihm über Raymond Radiguet, der mit neunzehn Jahren den Roman »Le diable au corps« (»Teufel im Leib«) geschrieben hatte – Grasset hatte ihn 1922 entdeckt. Inzwischen gab es den jungen Mann nicht mehr – gestorben am Typhus mit zwanzig –, aber er war weltberühmt geworden.

Rosie merkte, daß das Beruhigungsmittel zu wirken begann, denn sie empfand so etwas wie eine ironische Unbeteiligtheit. Da hockte man also auf dem Sofa, aß die Torten und Kuchen einer toten, unersetzlichen Köchin, und sprach über das Meisterwerk des toten, unersetzlichen Radiguet. Durch Rosies Kopf gingen in heiterster Ruhe noch ganz andere Gedanken: Würde sie sich eines schönen Tages in den nächsten Monaten aus irgendeinem Fenster stürzen, um für Franz und die schrecklichen Ullsteins kein Problem mehr zu sein? Und würde danach irgend jemand sie »unersetzlich« nennen? Interessante Frage.

Soeben sprach Franz mit Grasset. Und zwar darüber, daß man einen Verlag nicht an Söhne oder Schwiegersöhne weiterreichen könne wie einen Gasthof. Die hoffnungsvollen Erben seien zwar anderer Meinung, aber leider meist keine geborenen Verleger. Das merkten irgendwann alle, nur sie selbst nicht. Zunächst aber könnten sie einen Verlag gründlich kaputtmachen – durch Arroganz und Leichtfertigkeit, durch fehlenden Respekt vor der Leistung derer, auf deren Schultern sie stünden. Und bereits dies komme bei Partnern und Kunden nicht so gut an, wie die Jüngelchen glaubten.

Bernard Grasset war erstaunt über diesen Redefluß aus Franz Ullsteins leicht windschiefem Gesicht. Vorsichtig sagte er: »Für mich gibt es das Problem nicht, ich habe keine Kinder.«

»Danken Sie Gott dafür!« antwortete Franz Ullstein. »Ihr Verlag wird ewig leben.«

Grasset nickte nachdenklich und nahm noch einmal vom guten Kuchen der toten Köchin.

Zwischendurch kamen zwei Polizisten. Rosie erwartete, daß sie nun abgeführt würde, aber die Beamten wollten nur mitteilen, daß der Leichnam der Köchin zur Bestattung freigegeben sei. Rosie hatte plötzlich Mühe, ernst zu bleiben und nicht loszukichern – es gelang ihr. Der Nachmittag war und blieb ein Erfolg. Wedderkopp sagte beim Gehen: »Ihre Gäste waren gut ausgesucht, und Sie haben sie wunderbar ins Gespräch gebracht. Sie sind, pardon, die einzige Frau Ullstein, die weiß, wie man einen Empfang gibt. Und bitte laden Sie mich sofort ein, wenn wieder so ein Kuchen fertig ist!«

*

Statt auszuruhen, dachte Rosie über das nach, was sie längst den »Fall Ullstein« nannte. Sie rief Paul Levi an und fragte, ob er etwas dagegen habe, wenn sie Max Alsberg, den berühmten Strafverteidiger, mit heranzöge. Levi stimmte fröhlich zu – Alsberg war ein langjähriger Freund von ihm. Dann telephonierte Rosie (»Hier ist Frau Dr. Franz Ullstein«) mit Alsberg, der erst schwankte, aber sich dann bereit erklärte, weil Paul Levi mitmachte. »Wenn Levi auf Ihrer Seite ist, sind Sie keine Spionin. Und wenn Sie keine Spionin sind, könnte das ein glatter Durchmarsch werden. Ich bin allerdings sehr teuer...«

Um neun Uhr abends rief Louis an: Er wolle etwas Wichtiges mit Rosie besprechen. Franz zog Stiefel an und brach zu einem Nachtspaziergang auf, um seinem Bruder aus dem Weg zu gehen. Rosie empfing Louis in ihren Räumen.

Denkwürdig wäre der 15. Januar 1930 allein schon wegen dieses abendlichen Gesprächs. Es begann um zehn und endete etwa eine Stunde später. Während der Begegnung bekam Louis vor Rosie Respekt. »Diese Frau«, sagte er hinterher im Familienkreis, »hat Nerven wie Drahtseile. Sie steckt alle Ullsteins in die Tasche, sogar Ross.«

Wie war das gegangen? Die Unterhaltung hatte sich zunächst mühsam entwickelt, weil Rosie die Stimmung ihres Schwagers mit Nebenthemen testen wollte – man sprach über die Einrichtung ihres Salons und Schlafzimmers, über den Pissarro an der Wand, über das neue Bad. Zugleich hoffte auch Louis, Rosie durch Abwarten und Plaudern etwas nervös zu machen. Er

414

hoffte vergebens. Er wußte ja nichts von »Abasin«, dem Beruhigungsmittel, das noch acht Stunden nach Einnahme die Kaltblütigkeit eines Löwenbändigers verlieh. In das unerschütterlich amüsierte Lächeln von Rosie hinein entwickelte Louis, nun selbst nervös geworden, sein Anliegen: Der Spionagevorwurf interessiere ihn gar nicht, der sei möglicherweise dummes Zeug oder Fälschung oder beides. Warum er hier sei? Er fühle sich, seit Hans sich zurückgezogen habe, als Nachfolger seines Vaters. Damit sei er, Louis, in der Familie derjenige, der sich sozusagen um die dynastischen Fragen kümmern müsse.

»Welche dynastische Frage betrifft mich?« fragte Rosie.

»Du bist sehr jung und verlängerst das Regime Franz zum Schaden unserer Söhne. In zehn Jahren wirst du immer noch jünger, reicher und mächtiger sein als sie – sie werden nie zum Zuge kommen!«

»Das hättest du eigentlich schon wissen können, bevor du unser Trauzeuge wurdest, oder?«

»Hätte ich, habe ich aber nicht. Ich dachte oder hoffte, du wärest, entschuldige bitte, ein junges Gänschen mit schönen Beinen. Mir ist jetzt klar, daß du jedenfalls kein Gänschen bist. Du hast großen Einfluß auf Franz, und er ist dadurch noch unerträglicher als schon vorher. Du tust ihm nicht gut – jedenfalls von der Firma aus gesehen. Er regiert über unser aller Köpfe hinweg, und man hat den Satz gehört: ›Meine Frau und ich halten es für richtig ...‹ Ich habe das Gefühl, daß er unter deinem Pantoffel steht. Gegen dich habe ich nichts persönlich, im Gegenteil. Aber bitte laß dich scheiden! Erst dann kehrt wieder Harmonie ein. Du kriegst eine Abfindung, von der du bis an dein Ende leben kannst wie eine Königin.«

»So viel Geld habt ihr nicht«, sagte Rosie.

Louis erstarrte. Er glaubte aber, sie wolle nur ihren Preis hochtreiben. Und einiges Geld hatte man ja doch.

»Wenn ich also darauf nicht eingehe, versucht Ihr mich wegen einer Spionage, die ich nicht begangen habe, ins Gefängnis zu bringen?«

415

»Wenn an der Sache etwas dran ist, oder wenn das auch nur behauptet werden kann – ja!«

»Es macht Freude, mit dir zu reden, Louis. Du spielst mit offenen Karten. Es gibt überhaupt keine Mißverständnisse.«

Sie schenkte ihm vom Cognac nach. Er trank ihn hastig weg und sagte: »Es geht mir mit dir auch so. – Die anderen mögen reden, was sie wollen, entscheidend ist, was wir beide hier zuwege bringen. Wir sind die Erwachsenen! Kommen wir zu einer Einigung?«

»Mit Sicherheit nicht. Warum, glaubst du, habe ich Franz geheiratet?«

»Ja, das wollte ich dich auch schon fragen.«

»Du wirst lachen: aus Liebe.«

»Aber du hast einen Freund fürs, sagen wir, Intimere! Wir wissen das natürlich.«

»Ja, den habe ich. Ihr könnt es bloß nicht richtig beurteilen. Franz weiß alles, und er sieht es anders als ihr.«

»Fest steht, daß du Einfluß auf die Verlagsführung zu nehmen versucht hast.«

»Du wirst mir bestimmt gleich erzählen, wo und wie.«

»Du hast deinen ehemaligen Liebhaber Friedrich Sieburg in der ›Voss‹ unterbringen wollen. Du hast eine Freundin als Romanautorin an Emil Herz empfohlen.«

»Diese Empfehlungen erhalte ich aufrecht, weil sie dem Verlag helfen könnten! Sieburg ist ein guter Journalist und Hélène eine gute Romanautorin. Glaubst du ernstlich, der Verlag Ullstein wäre mir gleichgültig? Was ich für ihn tun kann, werde ich tun. Darf ich fragen, wo da der Skandal ist?«

Louis war klug genug, das Thema zu wechseln – die Sache mit der Einflußnahme war wirklich zu dünn. Er wiederholte sein Anliegen: »In manchen Details magst du recht haben. Ich rede dir nicht ins Persönliche hinein. Aber meine Verantwortung für das Unternehmen und mein Instinkt sagen, daß du die Familie verlassen mußt, sonst bricht doch noch Krieg aus. Die Jungen wollen ihn, und ich kann sie nicht ewig zurückhalten. Der Ausgang ist, wie bei jedem Krieg, ungewiß.«

»Ist er nicht! Erstens werden Franz und ich siegen, zweitens wird Ullstein innerlich kaputtgehen, selbst wenn der Verlag äußerlich fortbesteht. Und ich sage dir auch warum: Ihr blufft mit leeren Händen, ihr verbreitet Gerüchte und hört auf Rechtsanwälte, die an euch gut verdienen. Ich aber kenne die Fakten. Ihr holt euch eine blutige Nase und produziert einen Skandal, der euch erledigt. Wollen wir nicht ein anderes Spiel spielen? Ihr gebt einfach diesen Unsinn auf, und ich werde mich künftig stark zurückhalten, was den Verlag angeht. Vielleicht kann ich sogar Franz animieren, etwas weniger diktatorisch zu sein und eines Tages abzutreten, um endlich das Leben zu genießen.«

»Wer garantiert mir, daß das keine Finte ist?«

»Niemand, nur dein berühmter Instinkt – du hast ihn doch noch?«

Rosie erhob sich, um zu zeigen, daß die Unterhaltung für sie beendet war. Louis war rot und wütend, aber er behielt die Fassung. Rosie brachte ihn nicht hinunter – er wisse ja den Weg zur Haustür.

Durch diese stapfte eben Franz herein.

»Da bist du ja, Franz!« sagte Louis freundlich, aber ernst.

»Aha...«, sagte Franz eisig und sah irgendwo in den Raum hinein. »Also dann. Bis bald!«

»Bis bald ... – Franz, ich will nicht unbedingt, daß du zurücktrittst. Ich will nur, daß du dich scheiden läßt.«

»Entschuldige, Louis, ich fühle mich heute einer Konversation mit dir nicht gewachsen!«

»Also dann ein andermal. Auf Wiedersehen, Franz!«

»Gute Nacht.«

*

Max Alsberg war ein unscheinbarer, zerstreut wirkender Mann mit schief sitzendem Toupet, dem man nicht ansah, daß er im Gerichtssaal zum Raubvogel wurde. Er sagte Rosie immer wieder, daß er in ihrem Fall Schnabel und Krallen gar nicht brauchen werde: Auf der Gegenseite habe man es nicht mit Wahnsinnigen zu tun. Früher oder später würde die Familie sich damit abfinden, daß sie nichts in der Hand habe. Sie würde sogar begreifen, daß Rosie für das Haus keinerlei Gefahr darstelle.

»Und jetzt sagen Sie mir bitte eines, und zwar absolut ehrlich«, bat Alsberg. »Worauf kommt es Ihnen bei dieser Auseinandersetzung am meisten an. Was wollen Sie unbedingt erreichen oder unbedingt vermeiden?«

Rosie sagte es ihm. Sie wollte, daß eine Person, die ihr sehr nahegestanden habe, nicht in den Prozeß hineingezogen würde. Daß diese Person ihr immer noch nahestand, brauchte Alsberg nicht zu wissen.

»Wer ist das, bitte?«

»Dr. Ritter vom Auswärtigen Amt.«

»Gut, ich werde sehen, was ich tun kann.«

Alsberg ermutigte Rosie ferner, an Léon Blum zu schreiben, den sozialistischen Politiker und Anwalt, um ihn um Hilfe zu bitten: Er könne möglicherweise bestätigen, daß in den Pariser Behörden keine Beweise für ihre angebliche Spionagetätigkeit zu finden seien.

Noch schien der Familienkrieg vermeidbar. Längst hatte Paul Levi mit Georg Bernhard gesprochen, er erhoffte sich von dem berühmten Journalisten Objektivität und mäßigenden Einfluß.

Paul Levi wurde bitter enttäuscht: Georg Bernhard hatte nicht nur einen fatalen Hang zu gewagten Spielen, sondern in ihm wühlte auch hinter der jovialen, betriebsamen, couragierten Außenseite eine Riesenportion von Minderwertigkeitsgefühlen und eine immer lähmendere Angst. Rosie, Paul Levi und alle anderen hatten das unterschätzt. Weil aber Angstzustände einen Gegenstand brauchen, um sich zu kristallisieren, war Rosie (sie hatte davon zunächst keine Ahnung) zur großen Angstgegnerin geworden.

Bernhards gewagtes Spiel bestand nun darin, Franz die

Freundschaft und Loyalität aufzukündigen und sich der Gegenseite anzubieten, der das zunächst willkommen war. Er war ein großer Mann der deutschen Presse. Er saß im Reichstag, kannte jeden, war Vorsitzender aller möglichen Journalistenverbände. Wenn so ein Mann – noch dazu der bisherige Freund und Schützling von Franz Ullstein – jetzt kundtat, die neue Frau von Franz sei nach seinen bestimmten Erkenntnissen eindeutig Spionin gegen Deutschland gewesen, dann suchte keiner mehr lange nach Beweisen. Wer in der Familie noch geschwankt hatte, schwankte nicht mehr.

Nur eine irrationale, geradezu kindische Angst kann Bernhard zu diesem Spiel bewogen haben. Wirkliche Gegner waren nur Louis, Heinz und Fritz Ross, die ihn loswerden wollten, weil er politisch zu liberal und zu sehr »gegen rechts« war. Und weil die »Voss« zwar das publizistische Flaggschiff, zugleich aber das finanzielle Desaster des Verlags war. Nun glaubte er, bei seinem bisherigen Beschützer Franz Rosies fatalen Einfluß zu spüren: Sie schien ihm die, die Franz steuerte, und nicht mehr er, Bernhard. So sah er es und hielt es für besser, sich rechtzeitig bei Franz' Gegnern nützlich zu machen und so seine Stellung zu behalten. Vielleicht war er sogar bereit, eine Annäherung des Verlags an die politische Rechte mitzumachen – er hatte schon einige Male im Leben die Fahne gewechselt, um seinen Einfluß zu behalten. Er fand das nicht ehrenrührig, sondern »verantwortungsethisch gerechtfertigt«.

Am 28. Januar entließ die Ullstein A. G. Dr. Franz Ullstein als Vorsitzenden des Vorstands, warf ihn aus allen weiteren Zuständigkeiten und erteilte ihm Hausverbot. Seine Entlassung wurde in einem Brief formuliert, den Fritz Ross und Karl dem Ältesten der Brüder, Hans, zur Unterzeichnung vorlegten. Als der gelähmte, zitternde alte Mann das Schriftstück durchgelesen hatte, verweigerte er die Unterschrift. Man erklärte ihm noch einmal, daß es wegen der Schwere der Vorwürfe keinen Ausweg gebe und daß es um nichts weniger als den Bestand des Verlags gehe. Schluchzend unterschrieb er.

Der einzige, der es ablehnte, sich an diesem Vorgehen zu beteiligen, war Hermann, Franz' alter Gegner. Aber Hermann war ohnehin der Gegner aller anderen.

Franz hatte zunächst Mühe, seine Entlassung zu begreifen. Erst als er, mitten aus dem Gespräch mit den Anwälten, zum Telephon griff und über seine Direktleitung den Verlag anrufen wollte, realisierte er die Situation: Die Leitung war tot, abgeschaltet.

*

Ebenso abgeschaltet schien, was den Fall Ullstein anging, in den nächsten Tagen die gesamte Presse zu sein. Kein Wort über den Zwist, kein Wort über die Entlassung des »Dr. Franz«. Den einen war die Sache zu peinlich, den anderen zu riskant – wer wußte denn, was für Wendungen der Streit noch nehmen konnte? Sicher war nur, daß der Ullstein-Verlag keine Pressestimmen wünschte, und dieser Wunsch wurde erfüllt. Vielleicht zum letzten Mal zeigte sich, daß der Konzern so etwas wie Macht besaß: Wenn er wollte, daß alles schwieg, herrschte Schweigen. Mosse brachte nichts, die Huckschen Generalanzeiger hatten Wichtigeres zu melden, sogar die Blätter Hugenbergs ignorierten die Sache. Aber wo waren die linken Kratzbürsten, wo war die »Weltbühne«? Völlige Stille. Es war ein Schweigen wie auf einer Beerdigung, und der Tote war Franz Ullstein.

Der Tote wirkte mit jedem Tag lebendiger. Aus dem alles überblickenden, alle Seiten jeder Sache selbstquälerisch abwägenden Herrscher wurde binnen weniger Tage ein Angreifer, ein kühl disponierender Raufbold. Es gab für ihn ab sofort nur noch eine Seite der Sache. Er ließ alle Bedenken fahren, fühlte sich von jeder Verantwortung befreit und zu hemmungsloser Feindseligkeit berechtigt. Vergnügt zitierte er eine, wie er behauptete, arabische Weisheit: »Wenn du lange genug kämpfst und nie aufgibst, wird man die Leichen deiner Feinde an deinem Zelt vorübertragen.«

Rosie war weniger fröhlich zumute. Sie liebte Kampfgetöse nicht, sie liebte überhaupt nichts Unangenehmes. Und jetzt sah sie sich zu einer merkwürdigen Nibelungentreue verdammt: Franz führte seine Fehde mit Inbrunst, und wenn Rosie es wagte, über einen der Gegner milder zu urteilen als er, fühlte er sich fast schon im Stich gelassen. Über einen durfte überhaupt nicht mehr gesprochen werden: Georg Bernhard.

»Eigentlich«, sagte Rosie eines Tages zu ihm, »hast du das Zeug zu einem tragischen Shakespeareschen König.«

Er fand das interessant, verstand aber lieber gar nicht erst, was sie meinte.

*

Emil Herz mochte keine Judenwitze, ausgenommen solche, die nicht antijüdisch, sondern jüdisch waren. Diese merkte er sich und erzählte sie mit großem Vergnügen weiter. Zu Anfang des Jahres 1930 war einer seiner Favoriten dieser:

Sitzt ein Jude vor einem Café in der Sonne und liest, für jedermann sichtbar, den »Völkischen Beobachter«, die Zeitung der Nazis.

»Bist du verrückt?« fragt ihn ein anderer Jude. »Wie kannst du dieses Zeug lesen?«

»Ja, weißt du, alle anderen Zeitungen machen mich nur traurig. Da steht dauernd drin, daß die Juden beschimpft und bedroht werden, daß man ihnen womöglich alles wegnehmen und sie vertreiben wird. Hier steht, daß sie reich und mächtig sind, daß ihnen alle Banken und Zeitungen und das ganze Ausland gehören und daß die Deutschen sich von ihnen alles gefallen lassen müssen. So etwas lese ich einfach lieber, versteh doch!«

Herz liebte den Ullstein-Verlag, und er liebte seine Ullsteins, obwohl er als frommer Jude mit ihnen nicht einverstanden sein konnte.

Die meisten Juden unterschieden sich von den Christen dadurch (Sigmund Freud hatte es so formuliert), daß die einen nicht in die Synagoge und die anderen nicht in die Kirche gingen. Da die Ullsteins getauft waren, gingen sie also nicht in die Kirche. Im Grunde waren die Ullsteins weder Juden noch Christen. Sie waren zähe Franken aus Fürth in Bayern und wollten beweisen, daß sie härter und zäher waren als all jene, die sie als Juden abtun wollten. Im Grunde waren die Ullsteins auf ihrem Gebiet den »Muskeljuden« der Sportvereine ähnlich, die der Welt zeigen wollten, daß sie die Kugel weiter stoßen konnten als die Nichtjuden.

Die Ullsteins stießen ihre Kugel unglaublich weit, Herz bewunderte sie. Nur: Warum hatten sie sich gar so weit entfernt von allen Wurzeln? Warum verachteten sie die Juden aus dem Osten, warum die religiösen Gesetze? Konnte man dem Schabbat nicht doch noch ein bißchen Respekt zollen? Gut, die Ullsteins waren Protestanten, sie waren entschuldigt. Es gab neuerdings sogar gläubige Juden, die allen Ernstes den Schabbat auf den Sonntag verlegen wollten, damit der heilige preußische Arbeitswahn am Samstag freie Bahn hatte.

Die Ullsteins, Herz sah es mit Wehmut, waren nichtjüdische Juden. Sie hatten keinen Sinn für die Freude, sich beim Pessach nach dem Anzünden der Kerzen im Stuhl zurückzulehnen und damit zu zeigen, daß die ägyptische Sklaverei beendet war. Aus dem Einhalten der Riten kam aber die Kraft für Jahrhunderte.

Mit Hermann Ullstein hatte er ein langes Gespräch gehabt. Der hatte gesagt, man müsse vielleicht eine Weile gezielte Reklame für das Judentum machen, um den Vorurteilen zu begegnen. Herz hatte abgewinkt: »Wie soll das aussehen? Wollen wir verbreiten, Juden seien keine Menschen zweiter Klasse? Das wäre zu wenig, und noch mehr Leute kämen so erst auf die Idee, wir wären es. Nur wenn Sie mit Leidenschaft Jude sind, kriegt Ihre Reklame Substanz. Schnittmuster genügen hier nicht.« Das hatte ja wohl gesessen.

Hermanns knappe Antwort: »Sie haben recht, lieber Herz, ich

habe tatsächlich keine Lust, Jude zu sein, wenn es sich irgendwie vermeiden läßt.«

Aber vielleicht, so hoffte Herz, lag in dem Streit, der jetzt unter den Ullsteins ausgebrochen war, der Ansatz zu einer Rückbesinnung.

Er beobachtete etwas, was die Ullsteins nicht mitbekamen, weil es sie nicht interessierte: Es gab ein neues Nachdenken der Juden über sich selbst. Angesichts der anschwellenden antisemitischen Schmähungen und Drohungen wollten immer mehr assimiliert Aufgewachsene, die eine Synagoge selten oder nie von innen gesehen hatten, jetzt ihr Judentum unter das Motto stellen: »Wie Krone will ich's tragen, nicht wie Joch.«

Schriftsteller fingen erstmals an, sich mit ihren jüdischen Wurzeln zu beschäftigen, es wurde Hebräisch gelernt, das Jiddische gepflegt. Man las Martin Buber, der schon viele Jahre zuvor von einer »jüdischen Renaissance« gesprochen hatte. Jakob Wassermanns Buch »Mein Weg als Deutscher und Jude« fand neue Leser, jüdische Lehrhäuser und Hochschulen erhielten Zulauf von Juden, die sich bisher als Christen oder, häufiger Fall, als areligiös bezeichnet hatten.

Georg Herlitz, ein junger Mann aus mäßig assimiliertem Elternhaus in Oppeln, hatte sich zunächst für religiöse Dinge kaum interessiert, obwohl auf der Schule ein Rabbiner namens Leo Baeck sein Religionslehrer gewesen war. Weil das Geld der Eltern zu einem Universitätsstudium nicht reichte, ging Herlitz an die (kostenlose) Berliner »Hochschule für Wissenschaft des Judentums«. Er suchte dort nach Lebensorientierung und wollte gern Bibliothekar oder Archivar werden. Der Beruf des Rabbiners lag ihm fern. Zusammen mit einem Freund hatte er eines Tages die Idee, ein »Jüdisches Lexikon« zu schaffen. Es erschien, nach mehreren Jahren Arbeit, ab 1927 und fand – kaum erstaunlich – gerade bei solchen Juden Zuspruch, die sich erstmals mit ihren Wurzeln beschäftigten und ähnlich auf der Suche waren wie Herlitz ein paar Jahre zuvor. Für eine andere (fast gleichzeitig entstehende) jüdische Enzyklopädie schrieb Walter

423

Benjamin den Beitrag »Juden in der deutschen Kultur« – zu Beginn der zwanziger Jahre hätte er für das Thema wohl nur ein Achselzucken übrig gehabt. Gershom Scholem hatte ihn dazu bewegt, die Arbeit anzugehen.

Fritz Heymann, der junge Soldat, der in der Kriegsgefangenschaft eine Uniform entwendet und als englischer Offizier das Lager verlassen hatte, entdeckte nun, nach Ausflügen ins Geschäftsleben und in den Tagesjournalismus, älter geworden, sein großes Thema: Er arbeitete an einer »Chronik der Abenteuer der Juden«.

Unglaublich hingegen wütete dieser Karl Kraus, ein strikt antisemitischer Jude in Wien. Seine Feinde waren nicht Hitler oder Hugenberg oder wenigstens der Austrofaschismus, sondern Max Brod, Alfred Kerr, Anton Kuh, Stefan Grossmann, Franz Werfel und viele andere – alles Juden. Von Kraus stammten Ausdrücke, die der Stammtisch begeistert aufgriff: »Asphaltliteratur« für Großstadtromane oder »Journaille« für die Presse, dem Wort »Kanaille« nachgebildet. Für Kraus waren die allerschlimmsten Verbrechen die gegen die Sprache. Diese aber konnten nur Menschen begehen, die überhaupt Sprache hatten, Leute wie er. Und die anderen? »Zu Hitler fällt mir nichts ein.«

Emil Herz hatte für all das ein Augenmerk. Es gab ihn immer noch, den jüdischen Selbsthaß der Rathenaus, es gab Verirrungen, Denunziation und Verrat, andererseits immer öfter ein Wiederentdecken der jüdischen Herkunft.

Zionist war Herz nicht. Zionismus war ihm zu sehr Politik, Reichsgründung auf jüdisch. Abschied nehmen von Deutschland, seiner Sprachheimat, der Landschaft, aus der so großartige Poesie und Literatur hervorgegangen war? Das alles sollte er verlassen und in Palästina zum Wehrbauern werden? Warum den Antisemiten diesen Gefallen tun?

Da war er doch anderer Meinung als Georg Herlitz und Kurt Blumenthal und viele andere, er stritt sich sogar eines Tages in Caputh mit Albert Einstein, dem Blumenthal einen Floh ins

Ohr gesetzt hatte – Einstein fand den Zionismus neuerdings »aus logischen Gründen« attraktiv.

»Verehrter Professor«, sagte Herz, »bringen Sie mir vielleicht lieber doch zunächst das Segeln bei, dazu bin ich heute hier – über den Zionismus reden wir noch!« Worauf der Gastgeber etwas brummig zu einer Tafel ging und ihm fürs erste den »scheinbaren Wind« erklärte. Das war etwas, was besonders in Sturmböen eine Rolle spielte – Herz ahnte, daß Einstein im Grunde bei seinem Thema blieb. Die Sonne sank, zum Hinausfahren mit Einsteins schönem Mahagoniboot war es zu spät, da war zu viel Zionismus gewesen heute, zu viel, zu lang.

Die Heimat von Emil Herz war und blieb Warburg in Westfalen. In seinem Haus im Grunewald hatte er ein »Warburger Zimmer« voller Bilder und ehrwürdiger Gegenstände aus dem Elternhaus eingerichtet, das reinste Heimwehzimmer. Und wenn er konnte, reiste er nach Warburg, tat es immer öfter, suchte manchmal sofort nach der Ankunft den jüdischen Friedhof auf, ging von Grabstein zu Grabstein und schaute in die Jahrhunderte.

In Warburg wollte er nach der Pensionierung leben, bescheiden, nachdenklich und mit denjenigen Büchern, die er wirklich liebte. Das, übrigens, waren unbescheiden viele.

*

Julius Elbau, stellvertretender Chefredakteur, der in der »Vossischen« für Georg Bernhard die tägliche Arbeit tat, wunderte sich über seinen Chef. Seit dreißig Jahren kannte er seine Begabungen ebenso wie seine Fehler. Eine Neigung zum Haß hatte bisher nicht dazugehört. Die entwickelte der Mann jetzt, in den »besten Jahren«, die leider seine schlechtesten zu werden schienen – es war traurig mit anzusehen. Hatte er es wirklich nötig, vor den versammelten Ressortleitern mit dem Fuß aufzustampfen und zu kreischen: »Ich hasse diese Frau!« Natürlich ging es wieder um Rosie Ullstein, man konnte es nicht mehr hören. Er hatte von ihr doch nichts zu befürchten, nachdem ihr Mann von der Verlagsspitze entfernt worden war! Und insgeheim wußte Elbau: Diese Frau wäre für Bernhard in keinem Fall gefährlich gewesen, sie ging Konflikten aus dem Weg.

Elbau war ein temperamentloser, vorsichtiger Mensch, der kein Risiko einging, wenn es ihm nicht absolut nötig schien. Dabei ein verläßlicher, altgedienter Journalist von großem Wissen, und der ideale Partner des sprunghaften, glänzenden, aber in seinen Urteilen unübersehbar schlingernden Bernhard.

Elbau wunderte sich auch über die Verlegerfamilie, vor allem über Heinz Ullstein und Fritz Ross. Stach sie der Hafer? Sie spielten ganz deutlich va banque. Ihren Vorsitzenden abzulösen und aus dem Haus zu weisen war ihr gutes oder schlechtes Recht – in Aktiengesellschaften gab es die Möglichkeit nun einmal, wenn die Mehrheit es wollte. Aber sie hatten ihren Coup mit Behauptungen verknüpft, gegen die der tief verletzte Franz klagen würde bis zur letzten Instanz. Elbau kannte Franz gut: Der hatte Geld, Scharfsinn und langen Atem, und jetzt hatte er für sich eine neue Rolle entdeckt: Moses bei der Rückkehr vom Berge Sinai. Ersatzweise Graf von Monte Christo.

Im Gespräch mit einem befreundeten Mosse-Journalisten nannte Elbau die Affäre Ullstein-Bernhard einen Fall von »vernunftabgewandter Folgerichtigkeit«. Da saß die Familie, und mit ihr das Unternehmen, wie auf einer gottverlassenen Insel, beschäftigt mit Mißtrauen, Intrige und Rache, während draußen die Sturmflut heranrollte.

Und weil Elbau besonders gern über Dinge nachdachte, die ihm fremd waren, kam er zu der Ansicht, der selbstzerstörerische Wahn sei vielleicht nicht trotz, sondern wegen der politischen Gefahr entstanden: Gerade in verzweifelter Situation gerieten Menschen auf seltsame Bahnen und stürzten sich in Nebenkämpfe, um wenigstens diese zu gewinnen, die Hauptgefahr verdrängten sie.

Als Julius Elbau im Kasino Emil Herz sah, ging er auf ihn zu und zog ihn beiseite.

»Was sagen Sie dazu? Das geht doch nicht, daß sie unserem Dr. Franz auf Dauer Hausverbot erteilen wie einem Dieb oder Verrückten. Keiner versteht das. In den Redaktionen verbreitet sich depressive Stimmung.«

Herz nickte: »Wenn man wüßte, was in die Familie gefahren ist. Ein Würgeengel hält sie in Bann.«

»Sie sind wie Hund und Katz«, sagte Elbau.

»Oder wie Katzen, die man zusammen in einen Sack gesteckt hat, und die sich aus Angst gegenseitig tot beißen«, antwortete Herz.

»Sie sollten mit Louis darüber sprechen.«

»Haben Sie's mal mit Bernhard versucht?«

»Aussichtslos. Behauptet, er wisse gar nicht, wovon die Rede sei.«

»Da sehen Sie's. Ich schlage Beten vor. Schadet auf keinen Fall.«

»Sagen Sie mir noch eines: Was ist ein Würgeengel?«

»Ein Verderber in Gottes Auftrag. Sie finden alles in Exodus 12, Abschnitt 22 oder 23.« Damit eilte Herz davon.

*

Die Flutwelle rollte heran, unübersehbar für jeden, der es nicht bewußt vermied, den Blick zum Horizont zu richten.

Albert Grzesinski, SPD-Innenminister in der preußischen Regierung, vorher Berliner Polizeipräsident, hatte versucht, durch Verfahren und Verbote den Terror von rechts und links zu steuern. Die Rechte hatte daraufhin zur persönlichen Diffamierung gegriffen – der Mann lebte mit einer Geliebten zusammen, obwohl seine Ehe noch nicht geschieden war. Nichts Sensationelles also, aber das heuchlerische Geschrei der Hugenberg- und Nazizeitungen brachte ihn jetzt mit vereinten Kräften zur Strekke: Untragbar sei derartige Verworfenheit. Grzesinski mußte zurücktreten. Wieder einmal wurden kalkulierte Gefühlswallungen der Rechtsradikalen besänftigt – sie selbst bezeichneten sie als »gesundes Volksempfinden«. Es schien zeitweise, als wären die gewählten Regierungen des Reichs und der Länder nur noch damit beschäftigt, die Rechte zufriedenzustellen. Vorsicht, bissiger Hund! Bitte ganz freundlich! Das arme Tier ist so leicht gereizt.

*

Die aus den USA herübergeschwappte Wirtschaftskrise wirkte sich allmählich aus, Firmenpleiten waren Alltag, die Arbeitslosenzahlen kletterten. Da war man froh, wenn wenigstens ein neuer Film anlief.

Heinrich Mann (gründlich unbeliebt bei den Rechten, weil linker Demokrat) hatte einen Roman geschrieben, in dem ein Gymnasiallehrer einer Sängerin hörig wurde und daran zugrunde ging: »Professor Unrat«. Jetzt kam die Verfilmung heraus. Eine bisher unbekannte, leicht mollige junge Frau mit hübschen Beinen (Marlene Dietrich) sang: »Ich bin von Kopf bis Fuß auf Liebe eingestellt«, und der Gymnasiallehrer, gespielt von Emil Jannings, zupfte erregt an seinem Schnurrbart, änderte sein Leben, folgte der Frau und lief in die Katastrophe.

»Deutsche Filme sind doch meistens deprimierend«, sagte Georg Bernhard, der mit Monty Jacobs, seinem Feuilletonredakteur, die Premiere im Gloria-Palast besucht hatte. »Das Kino zeigt ständig den Weg in eine Katastrophe, die sich mit etwas Verstand vermeiden ließe. ›Metropolis‹, ›Caligari‹ – was ich auch immer gesehen habe, es schilderte die Ohnmacht des einzelnen und die Herrschaft dunkler Mächte. Man schwelgt im Schlamassel. Kein Wunder, wenn alles an den Untergang glaubt.«

Monty Jacobs schüttelte den Kopf. »Die Katastrophe ist längst da. Die Künste antworten nur darauf.«

»Komisch, ich lebe in keiner Katastrophe, weder allgemein noch persönlich.«

Das war fünf Tage nach dem Rücktritt des Sozialdemokraten Hermann Müller und einen Tag, nachdem Hindenburg Heinrich Brüning von der katholischen Zentrumspartei zum neuen Reichskanzler ernannt hatte. Die SPD hatte die von ihrem eigenen Mann geführte Koalition scheitern lassen – sie wollte sich nicht von angestammten sozialpolitischen Vorstellungen trennen, nur weil gerade Weltwirtschaftskrise war. Das war das eigentliche Ende der Weimarer Demokratie; ab jetzt regierten Kabinette, die sich nicht mehr ernstlich auf Mehrheiten zu stützen versuchten. Nicht vom Reichstag waren sie abhängig, sondern vom greisen Hindenburg und seiner Bereitschaft, Notverordnungen zu genehmigen – die konnten ja an die Stelle von Gesetzen treten. Die Diktatur war da, gab sich aber noch menschlich.

Doch Georg Bernhard, der Demokrat und kämpferische Gegner der Nazis, sah keine Katastrophe.

*

Paul Levi, Rosies Freund und Anwalt, starb am 9. Februar 1930. An einer Lungenentzündung. Genauer gesagt daran, daß er im Fieberwahn aus dem Fenster sprang. Rosie konnte es kaum fassen, und sie fühlte sich jetzt endgültig allein – Franz lebte ganz für seine Fehde, Alsberg war ein Staranwalt, aber eben nur ein Anwalt, kein Freund. Und ihr Geliebter? Der war im Urlaub.

Ab Mitte Februar berichteten einige Boulevardzeitungen in reißerischer Weise über den »Fall Rosie«, dann folgten unseriöse Artikel in sonst eher seriösen Blättern. Was der jungen Frau in immer neuen Variationen angedichtet wurde, reichte von ausschweifender Erotik bis zu personalpolitischen Intrigen im Verlag, nicht zu vergessen die angebliche Spionage für inzwischen bereits vier Länder Europas: Frankreich, Deutschland, England und Rußland! Es wurde aus angeblichen Briefen an Sieburg, auch aus einem schwülstigen Liebesbrief an Karl Ritter zitiert, den sie nie geschrieben hatte. Sie ärgerte sich darüber, daß man ihr derart blamable Formulierungen andichtete, schlimmer noch war die Behauptung, sie sei von Kindesbeinen an damit beschäftigt, Männer hörig zu machen. Dazu die Frage: »Was hätte Leopold Ullstein zu dieser Schwiegertochter gesagt?«

Rosie bestand darauf, alle Schmähungen genau zu lesen, obwohl sie schon jetzt nur noch fünfundvierzig Kilo wog und, wie Franz sagte, »immer durchsichtiger« wurde. Max Alsberg schrieb im März an die Herausgeber. Er wurde so massiv, wie er konnte, und mit seinem Namen konnte er einiges. Es dauerte trotzdem noch Wochen, bis die Produktion immer neuer »Enthüllungen« verebbte.

Die Staatsanwaltschaft reagierte schneller. Alsberg hatte sie um Stellungnahme gebeten, und sie antwortete nach ordentlicher Prüfung, es gebe auf deutscher Seite keine Dokumente oder sonstige Anhaltspunkte irgendwelcher Art, die die Einleitung strafrechtlicher Ermittlungen gegen Frau Dr. Rosie Ullstein rechtfertigten. Und der Deutsche Botschafter in Paris schrieb knapp, die behauptete Spionage von Rosie Gräfenberg-Ullstein für deutsche Stellen sei »kompletter Unsinn«.

Das focht die Gegner nicht an, schon gar nicht Georg Bernhard. Keine deutschen Dokumente? Gut, aber was war mit den französischen? Wie zur Antwort darauf traf ein Brief von Léon Blum aus Paris ein, der sich dafür verbürgte, daß in den Akten der französischen Sicherheitsbehörden keine Hinweise auf die von Matthes behauptete Spionage oder Gegenspionage von Madame Ullstein seien. Die von dem Erpresser angeblich als Photographie vorgelegten Dokumente hätten »keine Entsprechung in offiziellen Originalen«. Das hieß: Es waren Fälschungen.

Der Wahn der Anti-Franz-Koalition hielt auch diesen Argumenten stand. Es war, als wäre irgendwo (im Himmel womöglich) ein Kippschalter umgelegt worden: Alles, was die tüchtigen Männer der Familie jahrelang verbunden hatte, Vertrauen, Großzügigkeit, Respekt und überhaupt ein Sinn fürs Zusammenhalten, schien jetzt mit gleicher Kraft, aber mit vorangestelltem Minuszeichen zu wirken.

Nur Louis Ullstein, dem das alles gegen den Instinkt ging und

430

der den Spionagevorwurf schon immer albern gefunden hatte, begann über Fritz Ross und Löwenstein zu spotten. Der »hohe Beamte«, dem die beiden in Paris so gläubig gelauscht hätten, sei wohl eher ein einfacher Polizist mit schauspielerischer Begabung gewesen. Was nicht einmal unwahrscheinlich war: Das Photo im sekundenlang geöffneten Polizeiausweis hatte den Mann ja in einer merkwürdig hellen Uniform gezeigt. Hatte die bisher höchste Aufgabe des Spitzenbeamten vielleicht darin bestanden, den Verkehr auf der Place Pigalle zu regeln?

Die Front gegen Rosie und Franz hatte ihr Ziel erreicht, Franz war draußen. Dessen Versuch, sich wieder in den Vorstand und in seine Ämter zurückzuklagen, war gescheitert.

Louis war nun nicht mehr bereit, die Raserei dieser »unwahren Wahrheitsfindung« weiter fortzusetzen. Und Ross wirkte, für seine Verhältnisse jedenfalls, längst etwas bedrückt. Karl beteiligte sich nicht mehr an der Diskussion, er fand jetzt alles von Anfang an unwürdig und hatte recht damit. Sohn Heinz lavierte und erwies sich als Meister der gespaltenen Zunge – von ihm stammte eine neue Sprachregelung für die laufenden Auseinandersetzungen: »Wir behaupten nicht, daß Rosie Ullstein Spionin gewesen ist, sondern nur, daß es in Paris Akten über sie gibt, die für das Haus Ullstein eine große Gefahr bedeuten könnten, falls sie Spionin gewesen sein sollte.« Louis hörte die Argumentation seines Sohnes mit Mißvergnügen, sie hatte für ihn etwas Brezelförmiges.

Am schlimmsten aber fand er Georg Bernhard. Diesen geltungshungrigen, ebenso selbstsicheren wie voreiligen Menschen hatte er nie gemocht. Und den seltsamen psychopathischen Haß auf Rosie, den Bernhard in immer neue Verschwörungstheorien kleidete, konnte kein Mensch teilen, der alle Tassen im Schrank hatte.

Bernhard war auch noch nach Paris gefahren, um sich mit Matthes und seinem angeblichen Gewährsmann zu treffen. Matthes lieferte die bereits bewährte Inszenierung, diesmal in einem Privathaus. Bernhard brachte nichts Neues mit, auch keine neuen Dokumente, behauptete aber, sie gesehen und geprüft zu haben. Sie enthielten, sagte er, klare Hinweise darauf, daß in französischen Akten etwas über Rosies Spionagetätigkeit zu finden sei.

Fritz Ross war das nicht unwillkommen, alle anderen kämpften insgeheim mit Zweifeln. Und über Bernhard waren sie sich schnell einig.

»Er will sich lieb Kind machen«, sagte Rudolf, »damit wir ihn weiter Chefredakteur spielen lassen. Er denkt sogar, er kommt ins Direktorium, weil er sich für uns so nett gegen Franz gestellt hat.«

»Er ist einfach zu teuer«, sagte Heinz. »Mit unserer ›Voss‹ muß es endlich anders werden. Und übrigens verdirbt er uns die notwendige Annäherung an das nationale Lager. Da sind doch starke Kräfte im Kommen...«

»Die gehen auch wieder«, unterbrach Karl. »Aber Bernhard urteilt nicht, sondern pokert. Hat er schon immer getan. Und jetzt hat er darauf gesetzt, daß wir gegenüber Rosie recht haben. Haben wir aber vielleicht gar nicht! Und dann sieht er noch dümmer aus als wir.«

Ross sprach ein wenig in eigener Sache: »Eines ist sicher. Wir können uns nicht einfach hinstellen und sagen: Wir haben uns vielleicht geirrt und bitten um Entschuldigung!«

»Wieso eigentlich nicht?« fragte Karl. Er zweifelte derzeit überhaupt ein wenig an Ross.

»Weil wir dann Franz wiederhaben«, lachte Rudolf, »mindestens wieder im Haus.«

»So ein reuiges Einlenken«, fügte Ross hinzu, »bliebe an uns mehr hängen, als wenn wir die Sache juristisch durchfechten und damit immerhin beweisen, daß wir von ihr überzeugt sind. Und es ist vollkommen sicher, daß die Vorwürfe berechtigt sind. Rosie selbst wird das zugeben, wenn sie befragt wird. Schlimmstenfalls gibt es einen Vergleich, und der läßt sich interpretieren.«

Louis wiegte sein großes, kahles Haupt: »Ein Vergleich? Mit Alsberg?«

Unentschiedenheit führt gewöhnlich zur Fortsetzung eines längst zweifelhaft gewordenen Handelns, so auch hier. Man machte einfach weiter, und die Rechtsanwälte hatten nichts dagegen.

Aber Bernhard! Dem kündigten sie. Bis Herbst mußte er die Firma verlassen. Sie selbst hatten sich bei der Hatz auf Franz und Rosie weit aus dem Fenster gelehnt, aber Bernhard noch weiter. Wenn er nun das Gleichgewicht verlor und fiel, war er selbst schuld. Mitleidig sorgten sie dafür, daß er nicht gar zu hart landete: Seine Abfindung betrug sechshunderttausend Reichsmark.

*

Die Auseinandersetzungen der Rechtsanwälte gingen in die Wochen, in die Monate. Louis, der den dummen Krieg gern beendet hätte, schaffte es nicht – immer wurde ihm versichert, der Zeitpunkt dafür sei gerade jetzt besonders ungünstig. Und Rosie, die lieber ihre Ruhe als einen Sieg haben wollte, war machtlos gegen den alttestamentarischen Zorn ihres Franz gegen »die Verräter«.

Für den Hauptverräter, Bernhard, konnte man eigentlich schon fast Mitleid empfinden. Wenn einer jahrzehntelang einen Posten hat und ihn wegen markanter Fehleinschätzungen verliert, ist das bitter. Wenn aber einer sehr viele Posten hat und sie alle verliert, um so bitterer. Bernhard, dessen Tage als Chefredakteur der »Vossischen« nun also gezählt waren, lebte zu Recht in der panischen Angst, daß seine gesamte gesellschaftliche Stellung nach der Trennung von den Ullsteins zusammenstürzen könnte wie ein Kartenhaus. In den nationalen und internationalen Journalistenverbänden munkelte man, er sei nach seiner »Rufmordkampagne« (so nannte man das bereits) gegen Franz und Rosie Ullstein als Vorsitzender nicht mehr hinnehmbar. In der Deutschen Demokratischen Partei begann man zu überlegen, ob Bernhard für einen Parlamentssitz noch geeignet war.

Er hatte kaum noch Freunde. Einer war Georg Tietz, der Warenhausbesitzer, der ihm versprach, er werde ihn im Herbst zum Vorsitzenden des Verbands deutscher Warenhäuser wählen lassen. Das war wenig, aber es war besser als nichts.

Als Kandidat für den Reichstag wollte er auf jeden Fall wieder aufgestellt werden. Aber dafür brauchte er jemandem, der ihm öffentlich bescheinigte, daß er zwar vielleicht im Irrtum, aber nicht ehrlos gehandelt habe. Es war für ihn mit einem Mal sehr schwer, dafür jemanden zu finden. Alsberg konnte er nicht fragen, Paul Levi auch nicht mehr, mit Franz hatte er es verdorben bis in die Steinzeit. Nun waren auch einige Prominente aufgetreten, die zwischen den verfeindeten Parteien zu vermitteln versucht hatten: der Pressechef der Reichsregierung, der Staatssekretär im Innenministerium, ein deutscher Botschafter. Bernhard versuchte sie zu erreichen, aber sie ließen sich verleugnen und riefen nie zurück. Bernhard merkte: Er stand im Regen.

Es gab jetzt für ihn nur Rosie, jawohl, Rosie, die er zu seiner Todfeindin ernannt hatte. Er wußte: Sie wollte die Feindschaft nicht pflegen, sondern beenden. Im Grunde wollte sie aus der Schlammschlacht heraus und das Weite suchen, nötigenfalls unbekannt verziehen. Ihr Mann war gerade zur Erholung in Noordwijk, zusammen mit Alsberg. Die Gelegenheit war günstig.

Margarethe Jacobi, Ehefrau eines Mediziners und Biochemikers, die in Rosies Nachbarschaft wohnte, tat Bernhard den Gefallen, ein Treffen zwischen ihm und seiner Gegnerin zu arrangieren. Sie lud die beiden für den 14. Juni zu sich ein.

Franz und Alsberg hatten Rosie aus Noordwijk telegraphiert, sie könne den Termin wahrnehmen oder ablehnen, es sei ihre Entscheidung. Rosie nahm ihn wahr. Wenn sie irgend etwas tun konnte, um diesen waidwunden Georg Bernhard nicht mehr zum Todfeind zu haben, wollte sie es tun.

Da saß sie nun mit Frau Jacoby in der Derfflingerstraße 19 und wartete. Georg Bernhard erschien nicht.

Die Damen unterhielten sich über Vicki Baum, die bei dem

Türken Sabri Mahir in der Tauentzienstraße Boxunterricht nahm. Dann über Max Schmeling, der soeben in New York gegen den besser boxenden Sharkey Weltmeister geworden war, aber nur weil man Sharkey wegen eines Tiefschlags disqualifiziert hatte. Wie Frau Jacoby berichtete, hörte man jetzt in Berlin eine neue Drohung: »Ick hau dir unter de Gürtellinie, dette Weltmeister wirst.«

Immer noch kein Georg Bernhard weit und breit.

Nach einer halben Stunde sagte Rosie: »Am Fuß dieser Tasse Tee werde ich wohl wieder aufbrechen. Wenn Herr Bernhard doch noch kommt, sollten Sie neuen Tee aufbrühen.«

Und dann kam er plötzlich hereingerauscht. Gutgelaunte Konversation mit Frau Jacobi, als wäre er ihretwegen hier, flüchtige Verbeugung zu Rosie. Natürlich kein Wort der Entschuldigung für die Verspätung, der Mann war ja so wichtig, daß man froh sein durfte, ihn überhaupt zu sehen. Rosie beschloß, seine Inszenierung zu torpedieren: kein Süßholz geraspelt, sofort Klartext!

»Warum hassen Sie mich eigentlich so fürchterlich?« fragte sie Bernhard von der Seite, mitten in sein Geschwätz hinein.

»Ich hasse Sie nicht, gnädige Frau, ich mag Sie bloß nicht«, war Bernhards Antwort. Punktestand? 1 : 1 vermutlich.

So begann ein Gespräch, das für Bernhard mit einem Punktsieg endete, und zwar weil er, was seine wirklichen Gefühle anging, entschlossener log.

Rosie erreichte immerhin, was sie wollte: eine Einigung, einen Handschlag, einen Friedensschluß. Aber Einigungen, bei denen einer von zweien lügt, sind nichts als Makulatur.

Rosies Ehrenerklärung für Bernhard nützte diesem gar nichts – seine Partei stellte ihn nicht mehr als Kandidaten auf. Bernhards scheinheilige Erklärung, daß er persönlich Rosie nicht für eine Spionin halte, schadete ihr nur, denn sie verlor zu ihrer Bestürzung das Vertrauen von Franz. Er fand, Rosie sei ihm in den Rücken gefallen. Max Alsberg sekundierte ihm: Der Handschlag mit Bernhard sei nicht klug gewesen. Und Rosie wußte einmal mehr: Vom Krieg verstand sie nichts.

In Leopold Schwarzschilds Zeitschrift »Tagebuch« erschien kurz darauf der erste Bericht, der die Affäre genau untersuchte: Unter dem Titel »Ullstein-Roman« schilderte Josef Bornstein (der sich Wochen zuvor mit Franz, Rosie und Alsberg unterhalten hatte) die Stadien des Konflikts vom ersten Erpresserschreiben an. Wenig später schrieb Franz in derselben Zeitung seine eigene Version des Falls unter dem Titel »Mein Ullstein-Roman«. Bernhard kam dabei ausgesprochen schlecht weg, sah sofort die Grenzen zum Rufmord überschritten und erhob Verleumdungsklage gegen Franz Ullstein und Josef Bornstein. Er hielt sich, als seine Reichstagskandidatur aussichtslos geworden war, keine Sekunde länger an seine freundlichen Worte im Hause Jacobi, sondern veröffentlichte in Carl von Ossietzkys »Weltbühne« eine ausführliche, geradezu schäumende Gegendarstellung unter dem Titel »Verlegertragödie«. In ihr erhielt Franz die Rolle eines haßkranken, verwirrten alten Mannes (Bernhard deutete an, Franz sei geistig nicht mehr ganz gesund). Und Rosie war für ihn nun wieder eine Spionin.

Wer das las, wußte: Das war eine Dosis Gift, wie sie nur ein tief gekränkter, sprachlich gewitzter Schreiber servieren konnte, der nichts zu verlieren hatte. Unübersehbar winkte eine neue Beleidigungs- und Verleumdungsklage, diesmal in der Gegenrichtung. Und nur noch Juristen konnten all das mit Genuß lesen.

*

Kurt Ullstein hatte, als er in Genf sein Jurastudium begann, einen jungen Mann aus dem süddeutschen, katholischen Hochadel kennengelernt. Der trug den strahlenden Namen »Hubertus Prinz zu Löwenstein«, war groß von Gestalt, sprachenkundig und belesen, dazu ein hilfsbereiter und freundschaftsfreudiger Mensch. »Ich habe mit dem Verlag Ullstein nicht viel zu tun«, hatte Kurt dem Prinzen gesagt, »aber Sie sollten vielleicht mal was Politisches für die ›Voss‹ schreiben. Mein Vater wird gern dafür sorgen, daß Georg Bernhard das liest!«

Prinz Löwenstein dankte, er wollte nicht. Protektion war ihm ekelhaft, außerdem hatte er vor, Wissenschaftler zu werden. Er studierte fleißig weiter, traf Kurt eines Tages an der Berliner Universität wieder und korrespondierte mit ihm, während er in Hamburg und dann in Florenz und Rom an seiner Dissertation arbeitete: »Umrisse der Idee des faschistischen Staates und ihre Verwirklichung (unter Vergleichung mit den wichtigsten Gebieten des deutschen Staatsrechts)«. Sein Mentor und Prüfer war Albrecht Mendelssohn-Bartholdy. Der Prinz wurde so etwas wie ein Fachmann für Mussolinis Faschismus.

Zurück in Deutschland, schloß sich der jetzt verheiratete Student der katholischen Zentrumspartei und gleichzeitig dem sozialdemokratischen Kampfbund »Reichsbanner Schwarz-Rot-Gold« an. Das war ungewöhnlich. Ein Redakteur der »Vossischen« namens Ulrich Salingré, der ebenfalls dem Reichsbanner angehörte, wurde auf den jungen Mann aufmerksam. Er sagte: »Sie sollten vielleicht mal was Politisches für uns schreiben. Ich werde es sofort lesen und entweder drucken oder Ihnen sagen, warum ich es nicht tue.« Das gefiel dem Prinzen schon besser. Er setzte sich hin und versuchte sich an einem Vergleich von Mussolinis Faschismus und Hitlers NSDAP. Es war zuerst nur eine Stoffsammlung, aber dann fügte er sie immer mehr zusammen, gab dem Geschreibsel eine Richtung auf bestimmte Thesen. Der Nationalsozialismus kam dabei weit schlechter weg als der Faschismus, Löwenstein beschrieb ihn als geschichtlich ignorant und in summa zerstörerisch, er habe nur Krieg im Inneren und nach außen zu bieten, sonst gar nichts.

Prinz Hubertus schrieb alles noch einmal ab, um einigermaßen zu sehen, was er da formuliert hatte. Korrigierte ein bißchen herum und ließ dann den Papierhaufen liegen, um mit seiner Frau am Kurfürstendamm essen zu gehen. Dort wurde er ans Telephon gerufen: Redakteur Salingré sei aufgetaucht, habe eine Weile in seinem Arbeitszimmer gewartet und sein Manuskript gelesen. Er habe es dann eingesteckt und sei wieder gegangen. Prinz Löwenstein war das nicht unbedingt recht – er hatte doch alles noch einmal überlesen wollen. Aber er würde morgen mit Salingré darüber sprechen, vielleicht könnte der ihm Hilfen geben.

Es war der 11. Juli 1930. Die Löwensteins gingen ins Theater, eine endlose Aufführung, viele Stunden. Danach noch ein Glas Wein bei Eggebrecht in der Friedrichstraße. Und, bereits im Aufstehen, weil gerade ein Zeitungsverkäufer hereinkam, die »Vossische« von morgen, nein – Blick auf die Uhr – schon die von heute. Der Leitartikel hieß »Das Dritte Reich«. Es war Prinz Löwensteins Arbeit, getreulich abgedruckt und mit seinem vollen Namen versehen. Ihm wurde schwach, er mußte sich setzen.

Der Jurastudent und Doktorand Hubertus Prinz zu Löwenstein, dreiundzwanzig Jahre alt, wurde buchstäblich über Nacht berühmt. Sein Artikel war keine Stoffsammlung, auch keine »Stilübung« (wie er selbst immer wieder beteuerte), es war eine gnadenlose Entlarvung der Nationalsozialisten.

Hitler schäumte. Goebbels glaubte plötzlich einen ebenbürtigen Feind zu haben: diesen »roten Prinzen«, der für die »Judenpresse« schrieb. Den Führern der NSDAP, Kleinbürgern durch und durch, schien ein echter Prinz ein gefährlicher Gegner zu sein, auch wenn er letztlich nicht mehr war als ein aufgeweckter kleiner Student. Konnte man ihn gewinnen? Konnte man ihn ermorden? (Beide Versuche wurden gemacht, sie schlugen fehl).

Hermann meldete sich und hatte mit Prinz Löwenstein eine Menge vor. Auch Franz Ullstein wollte den Mann kennenlernen und lud ihn ein. Rosie Ullstein begutachtete ihn und sagte: »Er ist sauber, klug genug und tapfer genug. Wenn einer die Nazis wieder ins Parterre schicken kann, dann der! Goebbels hat es bereits gemerkt. Schade, daß der Mann so jung ist, zehn Jahre mehr wären ideal.«

*

Bei den Neuwahlen im September will die Deutsche Demokratische Partei (DDP), der Georg Bernhard noch angehört, mit neuem Gesicht antreten. Die Verschmelzung mit dem »Jungdeutschen Or-

den« gibt Gelegenheit, den Begriff »Demokratie« aus dem Partei-
namen zu entfernen, weil er beim Wähler nicht mehr ankommt.
Die Partei heißt jetzt »Staatspartei«.

Robert M. W. Kempner, Justitiar der Polizei-Abteilung im Preußischen Innenministerium, bereitet ein Gutachten über »die
NSDAP als staats- und republikfeindliche, hochverräterische Verbindung« vor. Das Beweismaterial soll sowohl zum Verbot der
NSDAP führen als auch dem Oberreichsanwalt zwecks Strafverfol-
gung Hitlers übergeben werden. Letzterer müßte danach sofort
wegen Hochverrat, Meineid und Gründung staatsfeindlicher Orga-
nisationen angeklagt, verurteilt und als lästiger Ausländer aus dem
Deutschen Reich abgeschoben werden. Die Schrift wird von Reichsregierung und Anwaltschaft verworfen – das empfohlene Vorgehen
sei zu riskant.

Anfang August: Norweger finden im arktischen Eis die Leichen
des Ballonfahrers Andrée und seiner Kameraden. Sie starben 1897
bei dem Versuch, den Nordpol zu erreichen. Neben den Toten findet
man einen Photoapparat und kann die letzten Aufnahmen entwickeln.

Anfang September 1930 reicht Franz Ullstein die Scheidung ein.

Bei der Reichstagswahl am 14. September erzielen die Nationalsozialisten 107 Mandate – bisher hatten sie 12.

Am 13. Oktober tritt der neue Reichstag zu seiner ersten Sitzung
zusammen. Die Nazis (unter ihnen die neu gekürten Reichstags-
abgeordneten) sind außer Rand und Band, versammeln sich auf
dem Potsdamer Platz mit Sprechchören wie »Juda verrecke« und
»Deutschland erwache«. Sie verprügeln Leute, die ihnen jüdisch
vorkommen und schlagen Schaufenster ein.

Zweite Hälfte Oktober: Die Ehe von Franz und Rosie ist rechts-
kräftig geschieden. Rosie erhält eine hohe Abfindung, die sie ins
Ausland transferiert.

Leopold Ullstein junior besteht an der Universität Leipzig sein
Rigorosum und wird Dr. phil. Der Titel seiner Dissertation: »Eugen
Richter als Publizist und Herausgeber. Ein Beitrag zum Thema
›Parteipresse‹«.

In Kopenhagen stirbt mit 85 die Witwe Ida Reuben, geborene Coppel, einst als Neunzehnjährige der Schwarm von Leopold Ullstein senior. Sie und Matilda Ullstein hatten eine gemeinsame Großmutter.

Noch immer haben die Verleumdungsprozesse Franz Ullstein gegen Georg Bernhard und Georg Bernhard gegen Franz Ullstein nicht angefangen. Mit der Eröffnung wird erst im Frühjahr 1931 gerechnet.

Walter Dauth, Leopold Ullsteins ehemaliger Diener, Hans Ullsteins ehemaliger Chauffeur, danach bis zum letzten Atemzug Kontrolleur der Geldflüsse im Ullstein Verlag, stirbt mit knapp achtzig an seinem Schreibtisch in der Kochstraße. Da das Büro nicht allgemein bekannt ist, wird seine Leiche erst tags darauf von einer Reinigungsfrau entdeckt. Am betroffensten ist Louis Ullstein. Er sagt bei der Beerdigung auf einem ihm nicht vertrauten Friedhof (Dauth war Katholik): »Walter Dauth war nicht der einzige, aber einer der wichtigen Geister unseres Hauses.« In den Jahren, die ihm noch bleiben, spricht Louis immer öfter die Worte, die von Walter Dauth überliefert sind: »Auf diese Zahlen kommt es an!«

ELFTES KAPITEL

Sinkendes Schiff

Elisabeth, Tochter von Franz, allgemein »Lisbeth« genannt, war weißblond (auch ihre Brauen und Wimpern waren hell) und bei aller Sportlichkeit und Jugendfrische keine Schönheit. Sie beschäftigte sich mit Graphologie und betrieb noch vieles mehr: kochte vorzüglich, spielte Tennis schlecht, aber leidenschaftlich, hingegen furchterregend gut Bridge. Und sie konnte Horoskope stellen. Das erzählte sie aber nicht jedem. Schon die Graphologie war umstritten (erst vor ein paar Jahren hatte Ludwig Klages sie entwickelt). Wenn sie nun obendrein öffentlich kundtat, sie könne aus den Sternen lesen, wurde sie als Kräuterweiblein oder Hexe abgetan, längst bevor sie so aussah.

Lisbeth fürchtete sich vor niemandem und konnte sehr direkt werden, vielleicht weil es ihre grimmige Lust war, Persönlichkeiten zu entschlüsseln. Seit 1926 war sie mit Dr. Kurt Saalfeld verheiratet, einem im Verlag außerordentlich wichtigen Mann – er war ein Meister des Papiereinkaufs, ein guter Verhandler, sonst etwas farblos, aber ein loyaler Schwiegersohn von Franz und kein Intrigant. Sie hatte mit ihm ein dreijähriges Kind (Marianne), ein weiteres (Klaus) war seit kurzem unterwegs. Die eheliche Liebe, die körperliche Anziehungskraft waren an Grenzen gekommen, das Paar redete offen über Scheidung. Wenn mit einem Mann offen und freundschaftlich über Scheidung zu reden war, ließ sich schon fast wieder mit ihm zusammenbleiben.

Hatten die Ullsteins nicht überhaupt Pech mit ihren Ehepartnern? Moment, Lisbeth wollte gerecht sein: Onkel Hans, der jetzt kaum mehr sprechen konnte, hatte mit Toni das große Los

441

gezogen. Sie liebte ihn, verstand ihn (und verstand sogar, was er sagte). Oder die »kleine« Toni und ihr Siegfried Fleischmann, die waren, nicht zu leugnen, ein Lichtblick. Da war eine Frau ernsthaft häßlich und wurde mehr geliebt als alle anderen zusammen.

Onkel Louis dagegen wußte mit Frauen nichts anzufangen, außer mit Tochter oder Enkelin, genauer gesagt: mit der Tochter Gabriele und der geringfügig älteren Enkelin Marianne, Steffis Tochter. Neuerdings spann Onkel Louis ein wenig. Es hieß, er wolle mit seinem Freund, dem Chirurgen Sauerbruch, nach Italien reiten. Jawohl, zu Pferde! Vielleicht um von seiner mäkeligen Martha wegzukommen. Alle, die davon gehört hatten, sagten: Spätestens in Dessau werden sie einkehren, einiges an Bier trinken und am nächsten Morgen die Heimreise antreten – per Bahn.

Papa war von Rosie geschieden, hatte aber schon wieder eine neue Freundin, eine Baronin Kirchbach. Reiche Männer im Großvateralter neigten offenbar dazu, sich junge, verwöhnte Frauen zu angeln, um diese noch mehr zu verwöhnen. Vielleicht nur, weil sie nie Zeit gehabt hatten, liebevolle Väter zu sein. Sie holten es in dieser Form nach und genossen zusätzlich, daß sie Neider hatten, die ihnen im Bett eine Menge zutrauten.

Lisbeth sammelte Schriftproben, manchmal klaute sie sie sogar. Sie analysierte Familienmitglieder, Größen im Verlag, hohe Beamte, Politiker, sogar einige Nazis hatte sie im Bestand. Was Politiker, vor allem aber die führenden Nazis beim Schreiben anstellten, war erstaunlich: Sie schoben die Feder geradewegs bis zu einem bestimmten Punkt, dann in der Gegenrichtung zu einem anderen: Strich-Stop-Strich-Stop. Es entstanden keine Bögen, Girlanden, Schwünge oder Arkaden – nur Winkel und Winkelzüge. Keinerlei Musik war in dieser Schrift, nur ein gewollt aggressives Gekrakel, ein graphisches Hauen und Stechen. Und das lag nicht an der Sütterlin-Schrift: Wer sich zu einem Menschen entwickelt hatte, schrieb auch in dieser Schrift mindestens musikalisch.

442

Mancher änderte heute seine Handschrift, weil er erfahren hatte, daß sie sein Wesen ausdrückte. Er versuchte etwa, sich energischer zu geben, als er war, willensstark, ja brutal bis zum glatten Mord. Die Graphologie mußte ihr Instrumentarium darauf einrichten, daß die Leute von ihr wußten.

In der Familie hatte die wunderbarste Schrift Tante Käthe. Eine Herrscherin, eine Löwin. Die brauchte nicht zu krakeln, damit man an Krallen glaubte. Sie hatte alles, Schwung, Krallen und Großzügigkeit. Leider war sie jetzt über siebzig und aussichtslos krank, die Ärzte gaben ihr noch ein Jahr. Und ihr Horoskop? Blieb Orakel wie immer, wenn man etwas genau wissen wollte.

*

Die Auflagen sämtlicher Ullsteinschen Zeitungen waren seit 1929 langsam, aber sicher zurückgegangen, eine Folge der Wirtschaftskrise. Die neue Zeitung »Tempo« fand zwar eine Menge Leser, aber zu wenige Inserenten, blieb somit ein Zuschußgeschäft. Man mußte anfangen zu sparen. Und die »Vossische« mit ihrer politischen Standhaftigkeit erwirtschaftete Jahr für Jahr gnadenlos ihre Verluste. Daß man aus ihr je eine Goldgrube machen konnte, war unwahrscheinlich.

Fritz Ullstein, jetzt einundzwanzig Jahre alt, war auf Drängen seines Vaters als Volontär in die Anzeigenabteilung des Verlags gegangen, allerdings ungern. Er erlebte es als Unfreiheit: Bloß weil man männlich und ein Ullstein war, mußte man in diesem Konzern figurieren. Nein, es war komplizierter: Weil es die Söhne und Schwiegersöhne von Hermanns Brüdern gab, Karl, Fritz Ross, Kurt Saalfeld und Heinz, mußte Hermann auch seinen Fritz ins Rennen schicken, um mit seinem »Stamm« weiter in der Firma vertreten zu sein. Fritz sah das zwar halbwegs ein, aber er wollte sich wenigstens schadlos halten. Konnte man ihn nicht zwecks Akquisition von Anzeigen in die USA schikken? Er sprach mit seinem Vater darüber, der einwilligte. Der Direktor der Anzeigenabteilung war ebenfalls einverstanden.

Aber nun schrieb Fritz an diesen Direktor einen Brief und verlangte in gedrechselten Formulierungen folgendes: Er wollte Udo Binz, einen jungen Mann von der Einkaufsabteilung, mit nach Amerika mitnehmen. Das bedeutete doppelte Kosten für die Firma. Und er wollte noch mehr als dieses Doppelte, denn »als Vertreter des Verlags und überdies Namensträger« müsse er wie ein smarter Geschäftsmann auftreten können, ein eigenes Auto lenken, gut gekleidet und überall zu sehen sein, »in Klubs, auf Sportplätzen, im Theater usw.«

Der Direktor, ein schwerer Mann namens Paul Knoll, wußte zufällig, daß Fritz mit Binz Tennis spielte. Er ließ sich das »Bürschchen« kommen. Wenn einer im Hause massiv werden konnte, dann Knoll. Als Fritz Ullstein das Büro wieder verließ, war er puterrot und meinte keinen trockenen Faden mehr auf dem Leib zu haben. Er beklagte sich bei seinem Vater, der Paul Knoll anrief und ihm sein »großes Erstaunen« ausdrückte. Mehr war aber nicht möglich. Knolls Verbündeter war Louis Ullstein, und der fand, von Knoll beeinflußt, daß man in Amerika sehr wohl Tennispartner finden könne, ohne ihnen ein Gehalt zu zahlen.

Die Herren taten Fritz Unrecht, Binz konnte durchaus mehr als Tennis spielen. Jedenfalls aber verlief die Sache im Sande und zeigte, daß Hermanns Einfluß im Verlag gering geworden war. Nur einmal setzte er sich noch gegen Louis und die anderen Machthaber im Unternehmen durch. Ross wollte, daß der Verlag die Wiener »Neue Freie Presse« kaufte, um in den kommenden unsicheren Zeiten ein Standbein in Österreich zu haben. Hermann lehnte ab und mobilisierte Ende Juli 1930 einige Mitglieder des Vorstandes, die nicht zur Familie gehörten, weil er den Plan für unwirtschaftlich hielt. Damit hatte er wohl recht, und die »NFP« wurde nicht gekauft. Politisch hatte eher Ross recht. Der schottischstämmige Österreicher hatte kein Vertrauen mehr zum Deutschen Reich, Hermann hingegen noch genug. Er machte es zu einer Frage von Flüchten oder Kämpfen. Hermann siegte ein letztes Mal. Ross zog seinen Plan verärgert zurück.

Und Fritz? Der fuhr weder zu zweit noch allein nach Amerika. Als er mit seinem Vetter Kurt darüber sprach, winkte dieser ab: »Die Enttäuschung hättest du vermeiden können. Mach es wie ich, bleib dem Laden fern!«

*

Erich Maria Remarques Roman »Im Westen nichts Neues«, ein schonungsloses Bild des Massensterbens im Weltkrieg, war einer der größten Erfolge des Buchverlags Ullstein und verkaufte sich weiterhin rasant. Jetzt war das Buch in den USA verfilmt worden und am 3. Dezember war die Berliner Premiere. Remarques Leser waren nicht unbedingt Pazifisten, aber sie mißtrauten den Leuten, die das klägliche Verrecken in den Schützengräben zum Heldentod stilisierten. Sie hatten die Stahlgewitter, durch die einige mehr oder weniger feinsinnige Neurotiker sich gestählt gefühlt hatten, unauslöschlich selbst erlebt, oder sie hatten Männer, Söhne und Enkel in ihnen verloren. Den millionenfachen Tod im Massenkrieg hielten sie für eine Katastrophe, wie Remarque.

Aber wirkliche Katastrophen sind schwer zu verarbeiten. Das Fazit vieler Menschen hieß: »Das nie wieder!« Das waren eher die Älteren. Andere sagten: »Es muß einen Sinn gehabt haben.« Das waren ein paar Ältere und sonst eher die Jüngeren, die nicht hatten mitsterben dürfen, aber als Schulkinder von den Siegesmeldungen gelebt hatten, bis diese merkwürdigerweise ausgeblieben waren.

Am 3. Dezember war man hochgestimmt ins Kino gegangen, viele der Ullsteins, Emil Herz mit Remarque und Frauen – sie alle hatten einen großen Erfolg gesehen. Die Wahrhaftigkeit des Films überzeugte, die Kritiken waren gut, großer Zulauf schien gesichert.

Fritz Ross hatte die Premiere nicht besuchen können, er sah sich den Film einen Tag später an. Vielmehr er wollte ihn sich ansehen, aber die Vorführung mußte abgebrochen werden,

445

nachdem Störtrupps der Nazis auf ein Stichwort hin (»Mäuse!«) zu lärmen und zu prügeln begonnen hatten. Es wurde, um Hysterie und Tumult sicher zu erzielen, tatsächlich Mäusen die Freiheit geschenkt, die damit erwartungsgemäß wenig anfangen konnten und versuchten, sich in den Kleidern der Besucher zu verstecken. Als keine Chance mehr bestand, den Film weiter anzusehen, begann Fritz Ross, ein Mann mit mächtiger Stimme, den Sprechchor »Nazis raus!« zu intonieren. Einige deutlich übergewichtige SA-Männer tappten heran und wollten ihn zum Schweigen bringen, er landete aber eine linke Gerade und einen schwungvollen Haken und wurde fortan nicht mehr behelligt. Auf der Galerie sah er den NSDAP-Gauleiter Goebbels das Geschehen beobachten. Für den hätte er auch noch eine Gerade vorrätig gehabt, aber erstens kam er in diesem Gewühl nicht auf die Galerie und zweitens war der Mann eine halbe Portion, da hätte ihn eine Tötungshemmung befallen.

In den nächsten Tagen gingen die Krawalle und Demonstrationen gegen den Film weiter, bis seine Vorführung behördlich verboten wurde. Goebbels feierte das im »Angriff« als großen »Filmsieg der NSDAP«. Ross bedauerte nun doch sehr, derart heroische Ereignisse nicht mit einem blauen Gauleiter-Auge veredelt zu haben.

*

Das Jahr 1931 verhieß einen Schlußpunkt im Familienstreit. Am 12. März begann der Prozeß Franz und Rosie (inzwischen geschieden) gegen Hans, Louis und Rudolf Ullstein. Hermann hatte sich von den drei Brüdern (und deren Junioren) distanziert und hielt zu Franz. Noch waren keinerlei Beweise für Rosies Spionagetätigkeit zu sehen gewesen, obwohl Max Alsberg das unzählige Male verlangt hatte. »Wir haben erdrückendes Material«, antworteten die Anwälte der Gegenseite, die fast ebenso teuer waren wie Alsberg (und noch dazu zu dritt), »wir werden es im Prozeß vorlegen.«

Alsberg fragte Rosie, ob sie Angst habe. Nein, sie hatte nur die Sorge, daß ihr Dr. Ritter ins Licht der Öffentlichkeit gezerrt werden könnte. Er antwortete, daß dies so gut wie ausgeschlossen sei. Alsberg hatte mit den Gegenanwälten einen Tauschhandel abgeschlossen: Sie würden Ritter unerwähnt lassen, wenn auch er darauf verzichtete, in Privates hineinzuleuchten.

Der Prozeß wurde, kaum begonnen, in allseitigem Einvernehmen unterbrochen. Man wollte den Ausgang der Verleumdungssache Georg Bernhard gegen Franz Ullstein und Josef Bornstein abwarten, die eine Woche später anberaumt war. Bei ihr war Rosie nur Zeugin, aber wenn sich herausstellen sollte, daß sie für Frankreich spioniert hatte, konnte sie vom Fleck weg verhaftet werden.

Vor dem Gerichtsgebäude in Moabit parkten große, chromblitzende Wagen, wie man sie in solcher Menge hier selten gesehen hatte. Max Alsbergs Rolls-Royce war der größte; er war derart majestätisch, daß sein Chauffeur mit den übrigen Fahrern kein Wort wechselte.

Sensationslustiges Volk und Reporter füllten den Moabiter Gerichtssaal bis zum letzten Platz. Vor Beginn der Verhandlung fragte Alsberg noch einmal Bernhards Anwalt Richard Frankfurter (er war prominentes DDP-Mitglied und ein bekannter Filmanwalt, galt als Meister des Vergleichs), wann man denn nun endlich das belastende Material zu sehen bekomme. Frankfurter hob eine rote Mappe hoch und sagte ernst: »In dieser Mappe ist das französische Ausweisungsdokument und alles andere!«

Rosie mußte lange draußen warten, erst am Abend wurde sie aufgerufen. Sie stand, zierlich und schön, einen Moment etwas verloren in der Mitte des Saals. Aus der Menge hinter ihr rief ein Frechdachs: »Mädel, laß da ankieken!« Nachdem sie den Eid geleistet hatte, bekam sie einen Stuhl und setzte sich.

Frankfurters Strategie war es, die Zeugin so lange zu befragen, bis sie sich in Widersprüche verwickelte oder (noch besser) zusammenbrach und etwas zugab, das er, wie er durchaus wußte, mit dem Inhalt seiner roten Mappe allein nicht würde bewei-

447

sen können. Rosie aber war kühl, klar und leicht spöttisch, vor allem vollkommen ruhig – ein Zusammenbrechen war nicht in Sicht. Über ihr gesamtes Leben wurde sie ausgefragt, über Liebschaften, Vermögensverhältnisse, Reisen – Frankfurter versuchte sie zur Verzweiflung zu treiben, geriet dabei aber selbst in Verzweiflung, weil er scheiterte.

Der energische junge Richter, ein Einarmiger von 1917, ermahnte die Kläger, sich einer Dame gegenüber angemessen zu benehmen. Was ihn noch mehr ärgerte, war Frankfurters schlangenhafte Art zu fragen. Etwa so:

»Gnädige Frau, ich möchte mit Nachdruck darauf hinweisen, daß die Dokumente, auf die wir uns stützen, offizielle Dokumente französischer Behörden sind. Können Sie uns erklären, warum dort lauter Dokumente über Sie existieren?«

Nein, wieso auch. Sie existierten ja vermutlich gar nicht.

Oder: »Die Zeugin behauptet, das Material müsse von Herrn Matthes gefälscht sein. Kann sie uns erklären, was für Motive ein ihr völlig fremder Mensch haben soll, irgendwelche sie belastenden Dokumente zu fälschen?«

Die Frage war einfach zu beantworten. Daß Erpresser sich prominente Opfer suchten, wußten alle, nur offenbar Bernhard und Dr. Frankfurter nicht.

Auf diese Art ging es fort und fort. Im Saal wurde man unruhig, ja zornig. Rosie hingegen beobachtete alles mit amüsierter Kaltblütigkeit.

»Sie haben behauptet, Ihnen sei niemals eine Ausweisungsverfügung der französischen Polizei zugegangen. Wollen Sie diese Behauptung hier unter Eid wiederholen?«

Rosie fand, es sei an der Zeit, die Zähne zu zeigen: »Herr Rechtsanwalt, Sie haben vor der Verhandlung gesagt, die Ausweisungsverfügung befinde sich in Ihrer roten Mappe. Da meine Antwort auf Ihre Frage zu meiner sofortigen Verhaftung führen kann, unabhängig davon, ob sich irgendwann später meine Unschuld herausstellt, bitte ich doch um die Freundlichkeit, das Dokument aus der roten Mappe vorzulegen, damit ich mich dazu äußern kann.«

Es war totenstill. Alles starrte auf die rote Mappe.

Georg Bernhard verlor die Nerven: »Sie wissen ganz genau, daß wir die Dokumente jetzt nicht hier haben!« schrie er.

Was war denn das? Ständig hatte man gehört – und auch dem Gericht war das gesagt worden –, die Dokumente seien da. Im Saal erhoben sich Gelächter und empörte Rufe. Alsberg schrie am lautesten und am hellsten: »Bluff, nichts als Bluff!«

Dr. Frankfurter erlebte den Angsttraum aller Rechtsanwälte, er versuchte nur noch, seine Panik zu verbergen. Zitternd, aber künstlich ruhig sagte er: »Ich habe zu diesem Komplex keine Fragen mehr und komme daher zum nächsten: Kennen Sie einen Dr. Friedrich Sieburg?«

Mit einem Max Alsberg konnte man das nicht machen. Mit dem Richter auch nicht. Die rote Mappe wurde geöffnet. Die angebliche Ausweisungsverfügung war nichts als ein Schreiben der Pariser Präfektur, welches Madame Rosie Gräfenberg, deutsche Staatsangehörige, daran erinnerte, daß ihr Visum demnächst ablaufe (1925 waren die Visa für Deutsche auf sechs Monate begrenzt gewesen). Nichts von Spionage, nichts von irgendeiner Bedeutung.

Viele der Anwesenden hatten Mühe, das Ausmaß des Desasters überhaupt zu begreifen. Es war, als sei ein großer, schwerer, enorm teurer Wagen mit Höchstgeschwindigkeit auf eine Mauer zugerast in der Hoffnung, sie würde sich in letzter Minute zu einem Vergleich bereitfinden. Und, wer hätte das gedacht: Sie tat es nicht. Der teure Wagen sah nun plötzlich ganz anders aus, vor allem war er nichts mehr wert. Er war Schrott. Müll.

»Hier ist über ein Jahr lang der Versuch gemacht worden, mittels übelster Verleumdungen zwei ehrenwerte Menschen zu ruinieren, die sich nichts, aber auch gar nichts haben zuschulden kommen lassen!« So, das hatte gesessen, Alsberg nahm wieder Platz und wartete mit fachmännischem Interesse darauf, was der Kollege jetzt noch auf der Brust hatte.

In die feindselige Stille hinein versuchte Dr. Frankfurter mit dackelhaftem Fatalismus sein Fragentheater fortzusetzen: Ob

Rosie ihren Mann hatte beeinflussen und Friedrich Sieburg zum Chefredakteur der »Vossischen Zeitung« machen wollen. Die Antwort war Nein. Dann ersuchte er sie, zu einer langen Liste ihrer angeblichen Liebhaber Stellung zu nehmen – sie hatte die Liste bereits gesehen, die meisten Namen waren ihr völlig unbekannt.

Der Richter hatte genug gehört: Er hob die Hand (seine einzige) und machte der Farce ein Ende. Die Vernehmung war vorbei, in dieser Sache gab es keine Vernehmungen mehr, nur noch morgen die Plädoyers. Schluß, nur Schluß – es ging allmählich um die Würde des Gerichts.

Das Urteil wurde wenige Tage später verkündet. Bernhard hatte verloren und war blamiert bis auf die Knochen. Der Prozeß Franz' gegen seine Brüder brauchte gar nicht erst stattzufinden. Rosies Ehre war wiederhergestellt. Einen Tag nach der Urteilsverkündung entschuldigten sich in der »Vossischen Zeitung« die Brüder bei Franz und Rosie: Der Spionageverdacht sei in keiner Weise gerechtfertigt gewesen.

Das Pokerspiel war beendet, aber Franz blieb draußen. Die Männerriege hatte sich entschuldigt, aber Taten wollte man nicht folgen lassen. Der Hinauswurf war ja rechtlich nicht an die Richtigkeit der Vorwürfe gebunden. Eine Gesellschaft konnte ihren Direktor feuern, wann sie wollte. Und selbstverständlich konnte sie auch ohne Angabe von Gründen Hausverbote erteilen.

*

Toni – die kleine – lud Louis, Rudolf und einige der »Junioren« für den Abend des 11. Mai 1931 zu sich in die Meinekestraße. Hans war zu krank, um kommen zu können, Franz und Hermann wollte sie diesmal nicht dabeihaben. Sie gab ihren Gästen einen Drink, bot ihnen aber zunächst keine Stühle an und sagte, das Essen werde erst aufgetragen, wenn eine wichtige Frage geklärt sei. Dann hielt die kleine Löwin zornbebend eine Rede über das, was sie unverblümt eine »Schweinerei« nannte. Es sei, was auch immer die Verfassung von Aktiengesellschaften aussage, eine Ungerechtigkeit, wenn Franz nicht wieder in die Firma aufgenommen werde. Es sei Mangel an Fairneß, es sei Roheit. Und übrigens auch noch instinktlos: »Ullstein ist nicht bloß eine Firma, das ist auch eine Legende, eine gute. Sie hat zu eurem Erfolg beigetragen. Das wollt ihr verlorengeben? Ist euch das Auseinanderhassen lieber als das Wohl der Firma? Mich könnte es kalt lassen, Siegfried verkauft Möbel und Lampen. Aber ich werde krank davon, wenn ich sehe, wie hart und undankbar ihr geworden seid. Laßt Franz wieder in die Firma, laßt ihn wieder arbeiten! Ich möchte, daß ihr euch anständig benehmt, wir sind es unseren Kindern schuldig! Und den Eltern! Also, versprecht mir das!«

Komisch, dachte Louis, sie redet wie Mutter Elise.

»Du hast recht«, antwortete er. Und dann noch einmal: »Du hast vollkommen recht. Wir sollten das machen.« Rudolf sagte, es sei gut, daß man beide, Bernhard als auch Rosie, losgeworden sei. Franz allein könne man jetzt gewiß wieder besser ertragen. Und an die Spionagesache habe er nie geglaubt. Ross schwieg. Heinz bemerkte noch, Franz müsse ja nicht unbedingt wieder Generaldirektor sein. Das hörte Toni nicht mehr, sie sah gerade in der Küche nach dem Rechten.

Man setzte sich zum Essen. Die Stimmung war verhalten, aber das lag mehr am heutigen Zusammenbruch der Österreichischen Kreditanstalt, die zu einem großen Teil Rothschild gehörte. Wenn Rothschild wankte, dann würde es bald überall hart auf hart gehen.

*

Mitte Juni gab die Familie öffentlich bekannt, die fünf Brüder Ullstein hätten sich wieder versöhnt.

Franz wurde zwar nicht mehr Generaldirektor, aber er und Hermann verzichteten darauf, ihre Anteile aus der Firma her-

auszulösen, sie waren wieder in ihren Büros und bei Aufsichts-
ratssitzungen anzutreffen.

Nicht mehr wiederzufinden war aber der von Sling so liebevoll beschriebene »Geist des Hauses«, der mit den politischen
Überzeugungen des Gründers Leopold und seines ältesten Sohnes Hans, aber auch mit dem Zusammenhalt und der Hingabe
der Familie verknüpft gewesen war. Die Brüder belauerten sich
gegenseitig, jeder zerpflückte die Vorschläge des anderen.

Hans nahm am Geschehen nicht mehr teil, Louis war müde
geworden, Rudolf kümmerte sich mehr um die zahlreichen
Verbände des Sports und des Druckereiwesens, denen er angehörte oder vorstand. Hermann stieß mit seinen erneuten Versuchen, den Verlag politisch kämpferischer zu machen, völlig ins
Leere, Franz hatte noch diese oder jene Idee, aber er war nicht
mehr bereit, sich für sie an Heinz abzuarbeiten.

Heinz und ein gewisser Richard Müller bestimmten jetzt de
facto über die Zeitungen und Zeitschriften, der Aufsichtsrat
nickte nur ab, was sie beschlossen hatten, und Heinz, stets
witzig und freundlich, aber auch zu Grausamkeiten fähig, hatte
eine geradezu kindliche Freude daran, sich gegen die »älteren
Herrschaften« durchzusetzen.

Ein Redakteur der »BZ am Mittag« behauptete, das System
der Junioren bestehe aus Ignoranz und Intrige. Das wurde
Heinz hinterbracht, der die Bemerkung treffend fand, aber
nicht mochte. Der Redakteur reihte sich ins Heer der Arbeitslosen ein.

Karl zog sich in die reinere Welt der Drucktechnik zurück.
Ross war durch seine Pariser Dummheit nicht nennenswert
geschwächt geworden, weil er insgesamt doch ein fähiger Mann
war. Er hatte mehr Einfluß als Franz und Hermann zusammen,
vor allem hatte er nicht resigniert.

Die Lage des Verlags war, verglichen mit den goldenen Jahren
vor dem Krieg, schauderhaft. Die Rechtsanwälte, die Abfindun-
gen für Bernhard und Rosie hatten an der Liquidität gezehrt
und die Auflagen gingen zurück, weil Brünings Sparpolitik im-

mer mehr Arbeitslose schuf, die mit dem Pfennig rechnen mußten. Sie verzichteten als erstes auf ihre Zeitung.

Am 13. Juli stellte auch noch die Darmstädter- und Nationalbank ihre Zahlungen ein. Sofort setzte der sogenannte run ein – man übernahm das von der Wallstreet her wohlbekannte Wort –, der Sturm der Bankkunden auf die Kassenschalter aller Banken, um zu retten, was zu retten war – und eben dadurch war bald nichts mehr zu retten.

Oft wurde in diesen Tagen ein Witz von anno Tobak zitiert – er stammte von dem Bankier Carl Fürstenberg: »Kommt ein Kunde in seine Bank und möchte Kredit. Der Bankier sagt: ›Wir können Ihnen keinen Kredit geben, wir sind praktisch pleite. Aber gehen Sie mal zur Bank auf der anderen Straßenseite. Die sind auch pleite, sie wissen es nur noch nicht.‹« Der Witz wurde auf vieles andere übertragen: auf eine Regierung ohne Parlamentsmehrheit, auf die Ruine eines vor zwölf Jahren als Demokratie gedachten Systems, den Rechtsstaat, auf Frieden, die Zukunft: »Ich kann Ihnen keinen Rat geben, ich bin dieser Zeit nicht mehr gewachsen. Aber sehen Sie da drüben den Abgeordneten der . . . (folgte ein Parteiname)? Der ist seiner Zeit auch nicht gewachsen, glaubt aber, er wäre es. Dort bekommen Sie Rat!«

*

»Herr Tucholsky würde Sie gern sprechen, Dr. Ullstein.«

»Ist er denn schon da?«

»Sitzt hier vor mir.«

»Möchte bitte sofort hereinkommen!«

Franz erhob sich vom Schreibtisch und blinzelte zur Tür. Schemenhaft tauchte eine füllige Gestalt auf.

»Tucholsky! Nehmen Sie bitte Platz! Sagen Sie, sind Sie – stärker geworden?«

»Wesentlich. Eine Abwehrmaßnahme. Und Sie, lieber Doktor Franz, wie geht es Ihnen?«

Franz schmunzelte diabolisch. »Es hat sich nichts geändert, eher im Gegenteil.«

Tucholsky lachte. »Das Gefühl habe ich auch! Mir scheint, das nahezu unsinkbare Schiff Ullstein hat einen völlig überflüssigen Eisberg gestreift.«

»Viele meinen, ich sei der Eisberg und darum an allem schuld. Sprechen Sie darüber mit Ihrem Freund Heinz!«

»Wir waren schon mal befreundeter. Heinz war vor langer Zeit mein Nachhilfeschüler. Dann hat er mich bewundert, was ich nie verstanden habe. Jetzt bewundert er mich nicht mehr, was ich auch nicht verstehe. Vorhin habe ich versucht, mit ihm zu sprechen, aber er hat so furchtbar viel zu tun.«

»Ich habe gar nichts zu tun. Trinken Sie einen Mokka?«

Eigentlich wollte Tucholsky sich von Franz verabschieden. Er wohnte jetzt in Schweden, in der Nähe von Göteborg, und telegraphierte seine Artikel für »Weltbühne« und »Tempo« von dort her durch. Aber er sah, daß er für Ullstein nicht mehr lange würde schreiben dürfen, und daß er es auch gar nicht wollte: Ullstein entwickelte sich nach rechts.

»Wir leben und sterben mit der Republik«, sagte Franz. »Auf die germanische Geschichtsbraukunst, die jetzt in Mode kommt, sollten wir uns nicht einlassen. Aber versuchen Sie mal, das den jetzt maßgeblichen Herren beizubringen.«

»Heinz?«

»Dem können Sie leider gar nichts beibringen. Er ist unpolitisch, weil er beschlossen hat, es zu sein«, sagte Franz. »Und das harmoniert mit dem Ruhebedürfnis von Louis und Rudolf. Gemeinsames Motto: ›Keine Angriffsfläche bieten!‹«

»Er sagte am Telephon, die Nazis seien ihm als Leser durchaus willkommen. Ich möge doch etwas Erbarmen mit der Dummheit haben. Mit ihr müsse man zu allen Zeiten Kompromisse schließen.«

»Ja, das klingt nach ihm«, antwortete Franz. »Er will, daß in den Artikeln die Nationalsozialisten nicht mehr ›Nazis‹ genannt werden, das sei eine unnötige Provokation. Wir werden jetzt auch plötzlich ganz staatstragend: Er macht sich bei Brüning lieb Kind und unterstützt die Notverordnungspolitik. Er entläßt Redakteure mit linken Ansichten, demnächst vielleicht sogar Juden. Er findet sogar die Todesstrafe diskussionswürdig. Ich fürchte, er hat einen Schnellkursus für gesundes Volksempfinden absolviert. Neulich sagte er, der Buchverlag sollte mehr Ludwig Ganghofer bringen und weniger Paul Valéry! Es ist zum Davonlaufen!«

»Wie ist Ihre Rolle jetzt?«

»Die des Hundes bei Wilhelm Busch, wenn Max und Moritz die Hühner aus der Pfanne stehlen: ›Zwar der Spitz sah es genau, und er bellt rawau rawau.‹ Mein Rawau ist offenbar heiser geworden, man hört mich nicht.«

»Lieber Dr. Franz, reden wir doch bitte mal von Dingen, bei denen ich Ihnen widersprechen kann!«

Franz nahm das als Kompliment und schmunzelte.

»Wir können über alles reden«, antwortete er, »nur nicht über Rosie.«

»Gut, kein Wort – wo ist sie jetzt?«

»In Paris. Sie kommt nicht mehr zurück.«

»Die Dame könnte sich als klug erweisen. Aber wissen Sie, was Lion Feuchtwanger macht? Er will sich ein Haus im Grunewald bauen! Er glaubt, damit seine Angst besiegen zu können.«

»Ich kann ihn verstehen«, sagte Franz. »Fortgehen würde ich nie. Und wenn ich das schon weiß, warum dann kein Haus im Grunewald bauen? Mein Bruder Louis hat es auch getan. Höhmannstraße. Ich gehe aber nicht hin.«

*

Am 15. Oktober 1931 starb Käthe Engelmann, zweitältestes Kind von Leopold Ullstein und älteste der Töchter, mit einundsiebzig Jahren. Schon seit 1918 war sie Witwe gewesen.

Hans ließ sich von Toni zur Beerdigung bringen, zitterte und weinte, sprach mit niemandem – wahrscheinlich, weil er so schwer zu verstehen war und das peinlich fand – und rollte wieder davon. Else, Alice und Mathilde waren da und auch die »kleine« Toni, Rudolf war in England, Louis konnte wegen einer Gallenkolik nicht kommen. Franz hatte wegen Grippe abgesagt, aber als er gehört hatte, daß Louis krank sei, wurde seine Grippe besser und er kam doch. Was gut war, weil auch Hermann erschien.

Die beiden mochten sich zwar immer noch nicht, aber sie waren sich über die Lage einig. Während des Beerdigungstees sprachen sie über das vor vier Tagen gebildete Rechtsbündnis zwischen Hugenberg und Hitler, die »Harzburger Front«. Die Hoffnung, daß sich die Ultrarechten durch ihre Lächerlichkeit selbst erledigten, schmolz dahin, denn sie fanden unglaublich viele Anhänger, die ihnen aus Spekulation, verzweifelter Glaubensbereitschaft oder auch ganz normaler Torheit Gefolgschaft leisteten. Für eine wachsende Zahl war es eine Versorgungsfrage: Wer zur SA ging, hatte zu essen. Hitler hatte Geld wie Heu, der Henker wußte woher.

»Von überall her«, sagte Hermann. »Man spendet in Deutschland doch gern für einen guten Zweck. Es wird erzählt, daß sogar das Haus Hohenzollern für Hitler eine Million erübrigen will. Kaiserin Hermine denkt, der Postkartenmaler werde den alten Wilhelm aus Doorn holen und auf den Thron setzen.«

»Einen Postkartenthron, nehme ich an.«

»Nicht einmal das. Aber das Geld wird er nehmen. Er nimmt jedes Geld und tut dafür gar nichts. In einer Hinsicht ist er Revolutionär, aber nur in dieser: Er ist verlogen und gierig. Sein Haß ist grenzenlos, Raub und Krieg so sicher wie das Amen in der Kirche.«

»Prinz Löwenstein sagt das auch, er kann sogar begründen, warum es so kommen wird.«

»Deshalb wird Hitler ihn früher oder später umbringen lassen. Und ein paar tausend andere dazu. Dich und mich auch, dafür sind wir immer noch wichtig genug!«

»Das hast du nett gesagt. Und was schlägst du vor?«

Ja, daran krankte es schon. Gewiß, man konnte sein Geld in eine Art republikanische Gegenfront pumpen. Ein Gebilde aus Sozialdemokratie und Reichsbanner, Gewerkschaften, dazu ein bißchen Zentrum und Zeitungsviertel. Voraussichtlich viel Bürokratie und wenig Effekt. Man konnte auch in Hermanns »Neue Leipziger Volkszeitung« investieren. Das war besser, denn obwohl das ebenfalls nichts ausrichtete, trug es zum Lebensunterhalt von ein paar Redakteursfamilien bei und blieb in Leipzig, einer ausgesprochen angenehmen Stadt.

»Versteh doch, sie lieben ihren Hitler. Er ist im Moment das Idol aller Ratlosen. Und das sind nun mal Millionen.«

»Na und?« fragte Hermann. »Er wird sehr bald über die eigenen Füße stolpern – das ist wegen seiner Plumpheit wirklich absehbar! Eine Frage von Wochen, höchstens von Monaten! Und dann müssen wir die sein, die gegen ihn gekämpft haben, egal wie geschickt oder gescheit. Verstehst du, wir müssen gekämpft haben!«

»Schon gut«, sagte Franz, »ich bin ja nicht schwerhörig. Aber woher weißt du, daß dieser Hitler die größte Gefahr ist, wieso nicht Thälmann oder ein anderes dieser Gehirne aus Gußeisen? – Ich für mein Teil habe in letzter Zeit genug gekämpft. Was ich jetzt brauche, ist etwas Ruhe, Lektüre, Schönheit und Natur. Reden wir in einem Jahr weiter! Dann sieht sowieso alles anders aus.«

*

In der Tat, 1932 sah alles anders aus. Das sinkende Schiff neigte sich. Rasselnd und rumpelnd verschob sich seine Ladung, worauf es sich noch mehr neigte und ein wenig schneller sank. Wer das Schiff nicht schon verlassen hatte, begann zu überlegen, ob noch etwas zu retten war.

Brünings harte Deflationspolitik, mit der er vor allem die Reparationszahlungen hatte beenden wollen (»Ihr seht doch, wir können nicht!«), hatte zusammen mit der Wirtschaftskrise eine fatale Wirkung entfaltet, die Arbeitslosigkeit war auf Rekordstand, ihr Ende nicht abzusehen. Nur er selbst glaubte, »hundert Meter vor dem Ziel« zu sein.

Zunächst stand die Wahl des Reichspräsidenten an – Hindenburgs siebenjährige Amtszeit war abgelaufen, und eigentlich wollte er nicht mehr kandidieren. Aber da strebte ein anderer nach dem Amt, den Hindenburg widerwärtig fand: Hitler, der Österreicher. Er hatte sich durch einen nationalsozialistischen Innenminister in Braunschweig zum Regierungsrat ernennen lassen, wodurch er in letzter Minute die deutsche Staatsbürgerschaft erlangte – Voraussetzung für das Präsidentenamt. Im Moment lachte ganz Berlin über ihn: Schon längere Zeit zuvor hatte ein Naziminister in Thüringen, Frick, versucht, aus Hitler durch Ernennung zum Gendarmeriekommissar von Hildburghausen einen deutschen Staatsbürger zu machen. Hitler hatte das dann doch lieber bleiben lassen, aber schon der Versuch war, als er jetzt im Wahlkampf publik wurde, ein gefundenes Fressen für die Zeitungsleute: »Hitler ist erledigt!« rief Dr. Carl Misch, Redakteur der »Vossischen«, jedem zu, den er zu Gesicht bekam, »er hat sich die Staatsbürgerschaft als Dorfpolizist von Hildburghausen erschleichen wollen – der Spuk ist aus! Hitler ist der neue Hauptmann von Köpenick!«

Nur weil Hitler zur Wahl antrat, konnte Brüning den fünfundachtzigjährigen Feldmarschall bewegen, ein weiteres Mal zu kandidieren. Hindenburg siegte schließlich, weil eine immer noch ausreichende Mehrheit Schlimmes befürchtete, wenn Hitler in den Besitz der präsidialen Vollmachten käme. Die »Hindenburgmehrheit« bestand aber aus Sozialdemokraten, Gewerkschaftern, Katholiken und Juden, und das verdroß den alten Herrn mehr, als er öffentlich zugab. Seine wirklichen politischen Freunde waren die konservativen Großgrundbesitzer, die ihm zum achtzigsten Geburtstag den ehemaligen Stammsitz seiner Familie, das Gut Neudeck, gekauft hatten. Und die waren strikt gegen Brüning, weil er für ihre maroden Gutswirtschaften keine Subventionen mehr locker machen wollte.

Hindenburg ließ Ende Mai Brüning kommen und teilte ihm

458

mit, daß es mit der Notverordnungspolitik aus sei: Er müsse sich endlich eine Mehrheit im Reichstag besorgen. Das bedeutete, weil Brüning diese Mehrheit bekanntermaßen nicht hatte, seine Entlassung. Brüning fragte entgeistert nach dem Grund, und Hindenburg brummelte etwas wie: Er wolle keine Regierung, die so wenig Rückhalt in der Bevölkerung habe. Nach zwei Jahren harter Arbeit, die sogar trotz aller Fehleinschätzungen zum Erfolg hätte führen können, wurde Brüning weggeschickt wie ein Schüler, der zu oft sitzengeblieben war.

Auf Betreiben seines Ratgebers, des Generals von Schleicher, machte Hindenburg den Zentrumspolitiker Franz von Papen zum Kanzler, einen ehemaligen Kavalleristen mit Pferdegesicht und guten Manieren. Hindenburg mochte ihn und nannte ihn »Fränzchen«. Brüning war ein selbstquälerischer, asketischer Intellektueller, ein Durchhalteleutnant aus den Schützengräben der Geschichte; Papen hingegen war ein Gentleman-Offizier: lässig, locker, ein charmanter Unterhalter und ohne nennenswerte Skrupel. Leider keine große Leuchte. »Das macht nichts«, sagte der starke Mann und Drahtzieher im Hintergrund, Kurt von Schleicher, »der Kopf bin ich, also braucht Herr von Papen keiner zu sein. Es genügt völlig, wenn er ein Hut ist.« Um die Dinge jederzeit steuern zu können, saß Schleicher in Papens Kabinett als Wehrminister mit am Tisch. Dieses Kabinett war in einem einzigen Punkt bemerkenswert: Es gab in ihm nur Adlige.

Papen tat zunächst willig, was Schleicher ihm soufflierte: Er löste den Reichstag auf, in dem für ihn keine Mehrheit in Sicht war, und setzte Neuwahlen für Ende Juli an. Dann fuhr er zur Reparationskonferenz nach Lausanne und brachte, obwohl ihn dort keiner recht ernst nehmen konnte, die Ernte von Brünings nationalökonomischer Roßkur ein: Bis auf eine Restzahlung von drei Milliarden wurde Deutschland von Reparationszahlungen befreit. Das Publikum zu Hause blieb davon unbeeindruckt: Elend und Arbeitslosigkeit, ferner die Straßenschlachten zwischen den paramilitärischen Kampftrupps der verfeindeten Parteien sorgten für weit stärkere Emotionen. Wie konnte die

Regierung jetzt, mit irgendeiner Art Heldentat, einen großen Eindruck machen, um bei den kommenden Neuwahlen eine Mehrheit zu erzielen oder wenigstens den Nazis und Kommunisten ein wenig das Wasser abzugraben? Irgendein »Durchgreifen« mußte her, ein Beweis für Stärke.

Am 20. Juli, elf Tage vor der Wahl, kam diese Heldentat: Papen erklärte unter einem nichtigen Vorwand die sozialdemokratisch geführte Regierung des größten Landes im Reich, Preußen, für abgesetzt und sich selbst zum »Reichskommissar für Preußen«. Der bewährte, aber müde und krank gewordene preußische Ministerpräsident, Otto Braun, war abwesend: Erholungsurlaub. Sein entschlußkräftiger Innenminister Carl Severing stand vor einer schrecklichen Entscheidung: Entweder alles in die Schlacht werfen und mit preußischer Polizei, Reichsbanner und weiteren Kampfgruppen aller Art Widerstand gegen Reichswehr und SA leisten, womöglich obendrein auch noch gegen die mit Blindheit geschlagenen Kommunisten – das hieß Bürgerkrieg von der unübersichtlichsten Art. Oder aber unter Protest nachgeben, um Blutvergießen zu vermeiden.

Severing saß in seinem Büro, als zwei Offiziere kamen und ihm mit vorgehaltener Waffe erklärten, er habe das Haus zu verlassen. Er antwortete, die Maßnahme sei rechtswidrig, schlimmer noch, Verfassungsbruch, und er weiche nur der Gewalt. Dann verließ er seinen Schreibtisch und ging. Er ist dafür viel von Leuten gescholten worden, die nicht in seiner Situation waren. »Wieso eigentlich kein Blutvergießen?« ist gefragt worden und: »Warum hat die Sozialdemokratie nicht gekämpft? Wir hätten unsere Haut teuer verkauft. Preußen war unsere letzte Bastion. Und alles, was dann kam, war schlimmer als ein Bürgerkrieg.« Aber Severing, so klug und entschlossen er sein mochte, konnte nicht in die Zukunft sehen. Wohl aber Kräfteverhältnisse einschätzen. Woher allein die Waffen nehmen? Diesen Kampf, so ehrenhaft und berechtigt er war, konnte man seiner Ansicht nach nicht gewinnen – man opferte nur die besten Leute. So dachte er, so handelte er. Daß man Jahre später

460

alles besser weiß, darf den Respekt vor seiner Entscheidung nicht verhindern.

Papens Staatsstreich, dessen geistiger Urheber zweifellos Schleicher war, nützte ihm nichts. Die Untat wurde von den rechten Wählern nicht honoriert und von den anderen schon gar nicht. Die Wahl am 31. Juli brachte den Nazis 230 Sitze statt der bisherigen 107, sie waren jetzt die weitaus stärkste Partei und stellten den Reichstagspräsidenten. Er hieß Hermann Göring.

Als Vorsitzender der stärksten Fraktion im Reichstag hatte Hitler ein gewisses Recht, das Amt des Reichskanzlers für sich zu fordern. Aber Hindenburg wollte den »böhmischen Gefreiten« nicht. Als Hitler zusammen mit dem SA-Chef Röhm bei ihm erschien, begrüßte ihn Hindenburg stehend, reichte ihm nicht die Hand und bot ihm auch keinen Stuhl an. Hitler versicherte, er könne für eine regierungsfähige Mehrheit im Reichstag garantieren, da der größte Teil des deutschen Volkes hinter ihm stehe. Als er das noch länger ausführen wollte, kürzte der alte Mann den Wortschwall des Eiferers ab: Er denke gar nicht daran, ihn zum Kanzler zu machen. Im übrigen sei die Unterredung beendet. Mit roten Gesichtern verließen die Herren das Haus. Hitler konnte sich vor Wut kaum fassen.

Papen hatte inzwischen, vom Parlamentspräsidenten nur kurzfristig behindert, den Reichstag per Notverordnung aufgelöst. Es lief das alte Spiel. Und es gab einen neuen Wahltermin im November.

Wirtschaftspolitisch war das Kabinett Papen ratlos und ohne Konzeption. Doch die Talsohle der Rezession schien durchschritten. Freilich nicht die des Elends, das sie verursacht hatte. Was half es dem Arbeitslosen, der aus der Sozialversicherung herausgefallen war und dessen etwaige Ersparnisse längst aufgezehrt waren, wenn er von einer »leichten Besserung der Wirtschaftslage« las? Bis für ihn eine neue Arbeit herausschaute, war er mit den Kräften am Ende.

*

Anni Albers, die älteste Tochter der »kleinen« Toni, hatte zunächst Malerin werden wollen – mit Paul Klee und Wassily Kandinsky als großen Vorbildern –, hatte sich dann aber in Weimar vor allem Druckgrafik, Textilkunst und Weberei erarbeitet, war darin ganz aufgegangen und eine bewunderte Könnerin geworden. Sie hatte die Familie Ullstein, ja sogar die engere Familie Fleischmann darüber ein wenig vergessen. Was sie aber aus den Briefen von Schwester Lotte oder Mutter Toni erfuhr (die Zeitungen nicht zu vergessen), klang schlimm: Der fröhlich-selbstgewisse Familienzusammenhalt, die einengende, aber verläßliche Geborgenheit, vor der sie einst geflüchtet war, schien sich zu etwas anderem, Zentrifugalem gewandelt zu haben. Anni war von diesem Gedanken fasziniert, sie stellte sich Eisenfeilspäne vor, die auf einer Glasplatte bei Änderung der magnetischen Verhältnisse plötzlich eine völlig andere Formation bildeten. Sie überlegte sogar, ob man Familiengeschichte in einem Wandteppich darstellen könnte: eine Symmetrie, noch sichtbar im Zersplittern, gewesene Harmonie im Übergang zur Kraterlandschaft. Sie vermutete zwei Hauptgründe für die Explosion, einen männlichen und einen weiblichen. Da war ein Patriarch gestorben, fünf Brüder hatten seine Arbeit gemeinsam übernommen, aber irgendwann fühlte einer sich berufen, es dem Vater nachzutun und Patriarch zu werden, die anderen brummten. Auf der weiblichen Seite waren lauter etwas ältliche Mamis, die sich über das Auftauchen einer zu jungen, zu schönen und obendrein gescheiten Schwägerin erbosten.

Selbstverständlich konnte man aus familiären Verstrickungen einen Teppich machen. Es würde ihn zwar niemand richtig deuten, aber das spielt in der Kunst keine Rolle.

Sie war nun wieder in Berlin, und zwar zusammen mit ihrem Mann Josef und dem gesamten Bauhaus, das ursprünglich einmal in Weimar und dann bis vor kurzem in Dessau gewesen war – man fand sich nun in Berlin-Steglitz wieder. Die Bauhausleute waren nicht aus Lust und Laune umgezogen, sie waren auf der Flucht vor dem Vormarsch des »Volksempfindens«: In Weimar

hatten sie wegen des nationalsozialistischen Innen- und Volks-
bildungsministers Frick nicht bleiben können. Walter Gropius
war es noch gewesen, der den Weggang beschlossen hatte.

In Dessau hatte Anni 1930 ihr Diplom erhalten und war
dann Leiterin der Textilabteilung geworden. Jetzt war auch diese
gute, produktive Zeit zu Ende. In Dessau hatten die Nazis das
Sagen, und Mies van der Rohe, der neue Bauhausdirektor, hatte
vergeblich ums Bleiben gekämpft. In der relativen Anonymität
und Vielfalt Berlins hoffte man nun als privates Lehrinstitut
weiterexistieren zu können. Es war aber allen bewußt, daß eine
Machtübernahme Hitlers das Ende des Bauhauses bedeutete.

Anni suchte die einzelnen Zweige der Großfamilie auf, sie
machte sozusagen Antrittsbesuche als Neu- oder Wiederberline-
rin, lud auch Vettern und Kusinen in ihre Wohnung in der
Sensburger Allee 28 ein. Sie hatte sich vorher kaum um Familiä-
res gekümmert, ihre Familie war das Bauhaus gewesen, ihre
Kinder die Studenten.

Nun war sie aber doch neugierig, wie die Ullsteins inzwischen aussahen und wie sich die vielen Sprößlinge entwickelt
hatten. Auch die seltsame Idee »Familienteppich« meldete sich
wieder. Bald merkte sie: Wenn sie das überhaupt weiter verfolg-
te, mußte sie etwas anderes darstellen als den Moment der
Explosion. Es war erstaunlich, wie wenig Eindruck der große
Streit in der Familie selbst hinterlassen hatte – bei den ganz
Jungen überhaupt keinen. Eine Familie war kein Vulkan, sondern ein lebendes Wesen, das sich nach Zerstörungen regene-
rierte. Jeder Zwist hinterließ Spuren, aber es wuchs Gras drüber.
Besserung kam nicht von den Alten, sondern von den Kindern
her.

Wenn so ein Teppich möglich war, wollte Anni ihn »Familie
1933« nennen und ihrer Mutter schenken. Kein Wandteppich –
man sollte darauf gehen können.

Zunächst stellte sie einen Plan her, in dem die Namen aller
jetzt Jungen und Jüngsten der Familie standen. Die Kinder
wuchsen von unten herauf, mit Vertrauen zum Licht. Von oben

kamen die Alten, Druck und Streit mit sich führend, gesammelt in einem langen Leben. Moment, das war nicht richtig – Gefahr ging eher von den Mittleren aus.

Anni verwarf die Idee wieder. Das ganze war ein Gedankenspiel, es wurde kein Teppich. Der »Plan« hing noch lange an der Wand. Als Karl Ullstein wissen wollte, was er bedeute, sagte Anni, es seien Vorüberlegungen zu einem riesigen Tischtuch für Großfamilien – zerschneide man es, seien alle begeistert.

Karl nickte: »Verstehe. Eine bezaubernde Familie sind wir nicht gerade. Aber das sind die wenigsten.«

*

Heinz Ullstein liebte den neuesten Witz über Hindenburg und gab ihn an alle weiter, die ihn noch nicht gehört hatten.

Wenn jemand darüber klagte, daß Deutschlands Schicksal in den Händen eines senilen Sechsundachtzigjährigen und seiner windigen Ratgeber lag, winkte Heinz ab, sah sich kurz um und flüsterte: »Wissen Sie denn nicht, daß er tot ist? Er wird seit 1931 von Adele Sandrock dargestellt! Bei der hat Hitler keine Chance!«

Einen Haken hatte es mit dem Witz. Er war nicht verständlich, wenn jemand die alte Schauspielerin nicht kannte. Aber das war dann ohnehin ein Grund, den Kontakt abzubrechen.

Die Wahrheit war, daß Hitler vor der Tür stand. Heinz handelte entsprechend und schämte sich dafür nicht. Was hieß hier »Kampf« – die Firma mußte erhalten werden, auch wenn es knirschte. Ja ja, er entließ Redakteure, die der Regierung oder den rechten Parteien nicht gefielen: Der Filmkritiker Heinz Pol von der »Vossischen« und ein gewisser Lustig waren im Vorjahr die ersten gewesen, jetzt war der Linke Franz Höllering dran, Chefredakteur der »B. Z.«, weil dort ein Artikel über die bewaffneten Flugzeuge der NSDAP erschienen war.

Heinz fühlte sich als Realist. Er wußte genau: Hermann, Franz, auch Karl und dazu mehrere Dutzend Redakteure hielten ihn nicht nur für unpolitisch, sondern für einen Opportunisten. Sogar Ross ging auf Distanz, der ihm einiges verdankte. Aber irgendwann würden alle ihn verstehen. Der Verlag war keine politische Macht, nur eine beachtliche Manövriermasse. Wer konnte etwas gegen die Ullsteins unternehmen, wenn sie sich kooperativ zeigten? Da mochte Tucholsky ruhig spotten und Ossietzky von einer »skandalösen Kapitulation vor dem Nationalsozialismus« sprechen. Er bezichtigte Heinz sogar eines »Verbrechens an der deutschen Pressefreiheit mitten in ihrer schwersten Krise«. Sie hatten offenbar noch nie von General Kutusow gehört, der Napoleon geschlagen hatte, indem er vor ihm zurückwich.

Heinz Ullstein fühlte sich nicht nur als Realist und Stratege, sondern auch als Schauspieler in einer Hauptrolle. Er spielte einen undurchsichtigen, gefährlichen Menschen – auf der Bühne stets eine interessante Figur.

Seine erste Ehe war geschieden, eine zweite bisher nicht in Sicht – Heinz trieb sich ein wenig herum, besuchte sogar Familienmitglieder, obwohl er »Familie« verabscheute. Er wollte etwas beliebter werden. Es gelang ihm nicht, er machte zu viele Witze. Sie waren gut, aber niemand wollte regelmäßig den witzigsten Burschen der Welt hören und selbst der Zweitwitzigste sein.

Es gab einen einzigen Menschen, der immer für Heinz da war und ihm im Verlag den Rücken deckte, auch wenn er seine Schwachstellen schärfer sah als andere: sein Vater Louis, der ahnte, daß er an den Fehlern seines Sohnes nicht unschuldig war. Louis, der Bär mit dem dickem Pelz, hatte in den letzten Jahren Selbstzweifel entwickelt. Der Tod von Else, die Tragödie seiner Tochter – all das hatte er lange erfolgreich verdrängt, jetzt erschien es ihm wie ein langer Alptraum. Steffi war schon wieder in der Nervenklinik. Das schien ihr Lebensrhythmus zu bleiben: Morphium, Entzugsversuche, Klinik, ein neuer Mann, der wieder nichts taugte (aber taugte sie denn was?), neue Flucht ins Morphium. Aus zwei Psychoanalysen war sie fortgelaufen, jedesmal Karl Kraus zitierend: »Die Psychoanalyse ist die Krankheit, für deren Heilung sie sich hält.« Womit sie und Kraus vielleicht sogar recht hatten. Auch manche andere sagten, man müsse kerngesund sein, um durch eine Psychoanalyse geheilt werden zu können.

Heinz war kein liebender Sohn, aber er wußte zu honorieren, wenn jemand zu ihm hielt. Seine Gegengabe: Er ließ Papa fühlen, daß er ihm nichts übelnahm. Er signalisierte sogar, vorsichtig allerdings, daß er ihn für ein Genie hielt, das ein Recht darauf hatte, sich um seine eigenen Zusammenhänge zu kümmern und dafür notfalls ein schlechter Ehemann oder Vater zu sein.

Übrigens war Louis mit nahe siebzig kein schlechter Vater: Die kleine Gabriele liebte er sehr und kümmerte sich fast mehr um sie als um den Verlag. Und obwohl der Sohn davon profitierte, war er ein wenig eifersüchtig: So hätte Papa 1904 sein müssen, als Heinz elf war.

Wenige Tage vor Weihnachten fuhr Heinz mit seinem Vater und Martha zum Einkaufen ins KaDeWe. Die kleine Gabriele blieb mit dem Kindermädchen zurück, sie konnte schlecht dabei sein, wenn für sie Geschenke gekauft wurden.

Sie kauften ein, ließen sich dann in der Lebensmittelabteilung nieder und tranken ein Glas Champagner. »Fast so gut wie Pilsener«, sagte Louis und bestellte Pilsener. Sie sprachen über Politik – alle taten das. Vor kurzem hatte Hindenburg schweren Herzens sein erfolglos gebliebenes »Fränzchen« Papen entlassen und Kurt von Schleicher zum Nachfolger gemacht. Schleicher wollte Hitler verhindern. Aber hinter seinem Rücken arbeiteten Papen, Meißner und Hindenburgs Sohn bei dem alten Herrn gegen ihn und baten, er möge es mit Hitler versuchen – nur so würde man ihn zähmen können.

»Schleicher ist schlau«, sagte Louis, »aber nicht brutal genug – er müßte Papen sofort aus dem Verkehr ziehen, dann bleibt uns wenigstens Hitler erspart, auch wenn die bürgerliche Demokratie hin ist.«

Heinz blies verachtungsvoll Zigarettenrauch in die Luft. »Papa, das ist nicht mehr wichtig, das ist nur der Lärm eines Bühnenumbaus. Die Welt wird irgendwann eine Firma sein, und wir deren Kunden und Angestellte, nicht mehr Bürger und Wähler.«

»Hindenburg wackelt schon. Er hat gesagt: ›Die Zijarre Hitler muß ja ooch ma jeroocht wer'n!‹«

»Hast du Angst?« fragte Heinz.

Louis hatte Angst, aber so weit war er noch nicht, daß er es seinem Sohn gegenüber zugab.

»Dazu bin ich zu dick. Außerdem schwindelfrei.«

Nun fiel ihm ein, daß er einem der ältesten Redakteure des Verlags eine Weihnachtsgans schicken wollte. Man strebte zu den Gänsen, Louis suchte ein Prachtstück aus, zahlte und sagte, es müsse an folgende Adresse geschickt werden – er suchte nach dem Zettel mit der Anschrift, aber den hatte er vergessen. Was tun? Heinz riet, die Gans mitzunehmen und von zu Hause aus zu schicken. Dazu hatte der Vater keine Lust. Er ließ sich ein Berliner Telephonbuch kommen, zückte sein kleines silbernes Taschenmesser, stach von der Schnittseite her hinein, schlug auf und las die Adresse ab, auf die die Messerspitze zeigte. So bekam ein Mensch im roten Wedding zu Weihnachten 1932 eine fette Gans mit lieben Grüßen von Louis Ullstein. Für diesen war die Angelegenheit erledigt. Schenken war ihm nichts Persönliches.

*

Den ganzen Tag hatte Marion, Karls Tochter, sich aufs Zubettgehen gefreut, denn Papa hatte versprochen, ihr die Geschichte von Aladin und der Wunderlampe zu Ende zu erzählen. Gestern war er damit nicht ganz fertig geworden, weil sie eingeschlafen war. Die Märchen aus »Tausendundeine Nacht« waren ordentlich lang, aber sie schlief manchmal auch bei kürzeren Sachen ein. Denn wenn Papa schön erzählte, sah sie Bilder, machte einen Traum daraus und war weg.

Er kam erst gegen neun aus Tempelhof und hatte vielleicht gedacht, sie schliefe schon. Gebetet hatte sie bereits mit Mama. Und jetzt wollte sie die Geschichte hören! Er war furchtbar müde, aber er las ihr das Ende des Märchens aus dem Buch vor. Das mochte sie auch gern. Zwar konnte sie schon lesen, aber nicht so schnell, und sie hörte gern Papas Stimme.

Nach dem Gutenachtkuß hatte sie eine Frage.

»Warum heißt es ›Tausendundeine Nacht‹?«

Papa zögerte, dann setzte er sich noch mal auf den Bettrand und sprach über Scheherazade, die der König eigentlich töten wollte. Die schöne Frau erzählte ihm aber lauter Geschichten, und solange sie mitten in einer drin war, wartete er noch ab, weil er das Ende hören wollte. Und wenn sie mit einer Geschichte fertig war, fing sie gleich mit der nächsten an, und so ging das tausend Nächte und eine dazu.

Marion fand diesen König sehr merkwürdig. »Warum wollte er diese Sche. . .«

»Scheherazade.«

»Warum wollte er die denn töten??«

»Das war so ein Brauch dort.«

»Aber die wollte er doch bestimmt nicht wirklich töten, wenn sie so schön erzählte!«

»Hat er ja auch nicht.«

»Denn sonst hätte er sie ja doch gleich töten können, oder?«

»Ja. Es war wie bei einem Abonnenten, der eigentlich abbestellen will, aber dann doch noch wartet.«

Marion runzelte die Stirn. Darüber wollte sie nachdenken. Erst aber ein bißchen schlafen.

*

Franz saß in seinem Büro und langweilte sich. Er mochte auch niemanden anrufen. Dieser Januar schlich dahin, schwer beladen mit Gerüchten. Dabei gab es eine gewisse Hoffnung, daß Hitler doch nicht an die Macht käme – es hatte schon schlechter ausgesehen! Ein deutlicher Stimmenrückgang bei der Novemberwahl hatte gezeigt, daß die Nazis zu bremsen waren. Jetzt hatten sie im Zwergland Lippe mit ungeheurem Aufwand wieder etwas Zuwachs erzielt, aber dafür waren sie, wie es hieß, pleite. Häßlich die ewigen Schlägereien auf der Straße, das »Juda-verrecke«-Gebrüll. Allein die Schlagzeilen der völkischen Presse an den Kiosken waren eine Tortur.

Seiner Frau Selma zuliebe ging Franz hin und wieder abends aus, aber viel Freude hatte er nicht daran. Die Gesellschaften in den großen Wohnungen am Kurfürstendamm, in den Grunewaldvillen gingen weiter, als gäbe es keine Gefahr, aber es war Angst zu spüren. Opportunismus meldet sich auch schon: Man äußerte vorsorglich Verständnis für die, die mit Gewalt drohten. Die Meinung des Todfeindes bedenkenswert zu finden und ihr vielleicht noch etwas Geistreiches hinzuzufügen, das beruhigte offenbar die Nerven mancher Leute. Dazu der bizarre Neffe Heinz und der notorisch schwimmsportbegeisterte Direktor Richard Müller, der in den Redaktionen bleierne Stimmung erzeugte, indem er Juden entließ (Heinz hatte offenbar nichts dagegen). Entsprechend schlecht wurden die Blätter.

Aber Franz fühlte sich schwach und müde, er mischte sich nicht mehr ein. Er war oft krank, ging immer wieder in Sanatorien. Er wunderte sich, daß der Familienzwist ihn erst dann alt und krank gemacht hatte, als er vorbei war. Louis war auch krank, sehr sogar. Die Galle, das Herz, alles mögliche, er lag in der Charité. Franz überlegte, ob er hinfahren sollte, aber er verwarf die Idee. Wenn Louis ihn sähe, würde er glauben, sein Tod stünde unmittelbar bevor.

Wenn er im Verlag war, beschäftigte er sich mit Nebensächlichem oder führte belanglose Gespräche. Heute hatte er nicht einmal dazu Lust. Er stand auf, denn er wollte ans Fenster gehen und ein wenig in die Stadt schauen. Vielleicht sollte er Selma einmal Paris zeigen. Oder lieber doch nicht, in Paris wimmelte es von Rosies Freunden.

Er stolperte plötzlich, fiel aber nicht hin, sondern hielt sich irgendwo fest, setzte sich dann sehr vorsichtig wieder auf den Stuhl. Was war denn das? Vielleicht hatte er den Papierkorb übersehen. Oder sein Bein war eingeschlafen gewesen, er erinnerte sich an so eine weiche Gefühllosigkeit links. Und wo, bitte, war seine Brille?

Fräulein Trautwein kam herein, die Sekretärin: »Ist alles in Ordnung, Herr Dr. Ullstein?«

»Was soll denn nicht in Ordnung sein?«

»Na, diesen Krach müssen Sie aber gehört haben.«

»Wann?«

»Vor ein-zwei Minuten.«

»Ich habe gar nichts gehört. Können Sie bitte mal nachsehen, wo meine Brille liegt!«

Die Brille lag auf dem Boden, das Gestell zertrümmert, nur die Gläser unversehrt – sie waren ja auch dick genug.

»Ja, ich bin gestolpert.«

»Was ist denn mit Ihrer Hand?« fragte Fräulein Trautwein entgeistert. Franz hatte da eine Schürfwunde. Sehr merkwürdig! Da hatte er wohl beim Festhalten ... Wie auch immer, die junge Dame verpflasterte ihn. Und weil ihm plötzlich eine bestimmte Ahnung kam, sagte er: »Bitte zu niemandem ein Wort, tun Sie mir den Gefallen?« Sie versprach es.

In den nächsten Stunden, besonders aber am nächsten Morgen fielen ihm weitere Seltsamkeiten auf: Blutergüsse an Schulter und Oberarm, eine Beule über dem linken Auge und bald auch ein Veilchen wie nach einer Saalschlacht. Und jetzt war ihm klar, was geschehen war.

So also erlebte man eine Ohnmacht: Man fiel aufs Gesicht, merkte nichts davon und kam erst wieder voll zu sich, während man sich bereits wieder hochrappelte. Franz fand die Sache interessant. Vor allem, daß er sich weder an Schmerzen noch an die Sekunden oder Minuten erinnerte, die er auf dem Boden gelegen hatte. Das Gedächtnis, dieser pfiffigste aller Betrüger, machte aus einem schweren Sturz ein kurzes Straucheln mit erfolgreichem Festhalten.

Wenn Sterben sich auch so anfühlte, konnte man darüber reden. Aber ein wenig erschrocken war Franz doch. Plötzliche Hilflosigkeit war ihm neu. Er war doch erst fünfundsechzig. Nur gut, daß auf Fräulein Trautweins Verschwiegenheit Verlaß war.

*

Hermann war jetzt mehr in Leipzig als in Berlin, ihm war seine »Neue Leipziger Zeitung« wichtiger geworden als die ganze Kochstraße. Aber konnte der Kampf, realistisch gesehen, noch etwas bringen? Man hätte jetzt die Zeitung drucken müssen, die Hindenburg las. Aber der las keine, er las überhaupt nicht.

Schleicher war bereits gescheitert, er wußte es nur noch nicht. Dem Ränkeschmied fehlten Überzeugungskraft und Härte. Irgendwann würde Hitler an die Macht kommen, und dann hieß es für viele augenblicklich die Koffer packen – dieser Mensch hatte schon 1930 vor einem Gericht angekündigt, bei seiner Machtübernahme würden Köpfe rollen. Das Gericht war damals erstaunlicherweise nicht auf die Idee gekommen, ihn auf der Stelle zu verhaften. Schlimmer noch: Angesichts der Rechtslastigkeit der Justiz war dies gerade nicht erstaunlich.

Hermann gab nicht alles verloren. Hitler mochte vehement drohen können, aber er war ungebildet und persönlich eine schwache Figur. Wortreich unentschieden. Wer bei ihm als letzter die Türklinke in der Hand hatte, bekam recht. So etwas als Kanzler? Nach spätestens vier Wochen hatte er sich in allem vertan, sah es ein und verkaufte Mercedes-Kompressorwagen an völkisch gesinnte Industrielle. Oder malte wieder Aquarelle.

Dieser Mann war ein früh im Leben tief gekränkter und gedemütigter, linkischer kleiner Junge, der nicht wußte, was er mit den Händen machen sollte und sie deshalb zu Fäusten ballte. Er war fast erbarmungswürdig. Wenn diese Figur es aber schaffen sollte, zugleich Reichskanzler und Heiland aller Deutschen zu werden (einschließlich aller Diebes- und Mörderseelen), dann war das Land am Ende.

Hermann fühlte sich in Leipzig wohl. Mehr als in Berlin, wo man ständig vom »Tanz auf dem Vulkan« sprach. Manche genossen diesen Tanz sogar, es gab eine Art Angstlust. Kokain sorgte für Hoffnung, Alkoholkater für Pessimismus – die Instinkte sagten nur noch das aus, was man sich zuvor mittels Pulver, Pille oder Flasche zugeführt hatte. Vielleicht war ja die Existenz von Instinkten ohnehin nur Behauptung. In Berlin bestimmt.

Die Verarmten und Arbeitslosen tanzten nirgends, auch nicht auf dem Vulkan. Sie hungerten ohne morbiden Glanz, sozusagen ordinär.

*

Um ein Uhr nachts (also bereits am 30. Januar) verließen Karl und Manci den Reichspresseball und stiegen ins Auto. Was für Manci nicht so einfach war, sie trug dieses blaßrosa Samtkleid mit langer Schleppe und Chinchillabesatz.

Mehr als drei Gläser Champagner, lange vor zehn, hatte Karl nicht getrunken; er fuhr die Kurven zuverlässig dort, wo sie tatsächlich waren. Manci hingegen hatte einen süßen Schwips, sang »Ich bin von Kopf bis Fuß auf Liebe eingestellt« und schien glücklich. Ich auch, dachte Karl, ich bin mit ihr glücklich. Bloß nicht darüber nachdenken! Er erinnerte sich plötzlich an einen Satz seines Vaters: »Glück ist, wenn kein Gedanke dazwischenkommt.«

Der Presseball war politisch ein gedämpftes Vergnügen gewesen. Man war wieder einmal kanzlerlos, weil Schleicher zurückgetreten war. Der seinem Amt geistig nicht mehr gewachsene Hindenburg hatte erneut auf das Geflüster seiner Teegäste gehört. Schleicher war zum Ball nicht erschienen. In der reichsoffiziellen Loge hatte nur der fette Meißner gesessen, Staatsminister, Leiter der Präsidialkanzlei und Allesfresser. Er glänzte rosig, leuchtete geradezu im Triumph. Daß er Hitler als Kanzler wollte, wußte jeder. Nein, das alles sah nicht gut aus. Karl überlegte einen Moment, ob er sich nach Wien absetzen und mit der Druckerei Waldheim-Eberle zufriedengeben sollte. Wichtig war für ihn, daß Marion und Hans ohne Angst aufwachsen konnten. Aber es war wohl falsch, die Flinte so rasch ins Korn zu werfen.

In der Ullsteinloge hatte sich niemand gezeigt außer Manci, Karl, Bella Fromm von der »Vossischen« und irgendwann der unvermeidliche Heinz. Karl und Manci hatten endlos getanzt, um seinen launigen Sprüchen zu entgehen.

Die Lage ist mies und doch bin ich glücklich, dachte Karl beim Heimfahren. Direkt nach dem Krieg war er fast ein gebrochener Mann gewesen, hatte nicht mehr geredet und glückliche Menschen nicht mehr verstanden. Dann hatte er angefangen, Manci zu verstehen, und es ging wieder bergauf.

Er versuchte, ihr Lied mitzusingen. Irgendwann brach sie lachend ab und protestierte: »Karli, du hast geschwindelt, du kannst als junger Mann unmöglich im Kirchenchor gesungen haben! Und wenn, dann war das Haus in fünf Minuten leer!« Karl murrte und spielte den Verdrossenen, damit sie ihm einen Kuß gab.

Zu Hause kam ihnen auf der Treppe ein niedliches kleines Gespenst entgegen: Marion war aufgewacht und konnte nicht wieder einschlafen. Manci trug sie wieder hinauf und legte sie ins Bett. »Jetzt sind doch alle da und passen auf! Jetzt wirst du ganz prima schlafen.«

»Ich kann aber nicht. Ich hab Zahnweh!«

»Gut, Papa wird dir vielleicht noch was vorsingen. Dann schläfst du aus Notwehr!« lachte Manci und überließ Karl das Feld. Mochte er singen – der zweijährige Hans schlief beim Kindermädchen.

∗

Marion hatte wirklich Zahnweh. Sie hatte das auch beim Nachtgebet erwähnt, denn vielleicht war es dem lieben Gott noch nicht aufgefallen. Trost war angebracht. Papa setzte sich, nahm sie in den Arm und tippelte mit den Fingern auf ihrer kitzligen kleinen Fußsohle, als ob er Trompete spielte. Er gab auch Geräusche von sich wie eine Trompete. Marion quiekte, aber dann lauschte sie: Er sang!

»Ich bin von Kopf bis Fuß auf Liebe eingestellt...«

Das Zahnweh schien besser zu werden. »Bitte noch ein Lied, nur eines!«

Papa überlegte, dann sang er: »Komm auf die Schaukel, Luise«, wozu er Marion ein wenig hin und her wiegte:

»Auf der Schaukel schweben, das ist wie im Leben,
macht Spaß und macht bange und dauert nicht lange.
Mal rauf und mal runter, bißchen Schwindel mitunter –
da ist es das beste, 's hält einer dich feste!«

Marion liebte ihren Vater. Er war einfach der klügste, schönste und beste Mann auf der Welt. Sie war fünf Jahre alt, sie konnte da schon ein bißchen vergleichen. Und übrigens sang er ganz wunderbar.

Epilog

I.

Am Vormittag darauf ließ Hindenburg Hitler kommen und machte ihn zum Kanzler. Das neue Kabinett wurde rasch gebildet. In ihm saßen außer Hitler zwei Nationalsozialisten, sonst aber nur Leute, die als »relativ gemäßigt« galten. Man hoffte allgemein noch, daß sie eine Diktatur Hitlers verhindern würden. Dieser erschien überall in Frack und Zylinder und wirkte erfreulich angepaßt, ja geradezu »gezähmt«.

Anfang Februar 1933 bekam Rosie Gräfenberg in Paris von ihrem ehemaligen Liebhaber Dr. Ritter eine Karte aus dem Auswärtigen Amt: »Heute hatten wir unsere erste Kabinettssitzung. Der ›Führer‹ verbeugte sich tief vor mir und knallte die Hacken zusammen, ganz wie es sich gehört, wenn ein frisch ernannter Reichskanzler einen altgedienten Ministerialdirektor begrüßt.«

Spott auf offener Postkarte. Und so wie Ritter sahen es auch andere Bürokraten, die für ihre Klugheit bekannt waren: Kabinette kamen und gingen, sie aber würden bleiben und, wie stets, das Schlimmste verhindern.

Neuwahlen waren für den 5. März angesetzt, die Propaganda der Nationalsozialisten rollte an und war aufwendig wie nie. Währenddessen begann der Hinauswurf politischer Gegner aus dem Staatsdienst. Am 27. Februar brannte der Reichstag – kaum jemand zweifelte daran, daß die Nazis ihn angezündet hatten, aber diese beschuldigten die Kommunisten. Hitler ließ Hindenburg eine Notverordnung unterschreiben, in der die wichtigsten Grundrechte außer Kraft gesetzt wurden, angeblich um dem roten Terror besser begegnen zu können. Es wurden zahllose politische Gegner, meistens Kommunisten (aber nicht nur) verhaftet, gequält, getötet.

Die Reichstagswahlen (die von den Parteien, insbesondere den Kommunisten, nicht mehr unbehindert hatten vorbereitet werden können) ließen die Zahl der nationalsozialistischen Parlamentssitze noch eimal stark ansteigen.

Am 23. März stimmten alle Reichstagsparteien außer den Sozialdemokraten Hitlers »Ermächtigungsgesetz« zu. Einschüchterung und Bedrohung spielten dabei eine Rolle, bei einigen aber auch die verzweifelte Idee, eine (auf vier Jahre begrenzte) Diktatur könne dem Land wieder aufhelfen.

Das Ermächtigungsgesetz war der endgültige und rechtskräftige Beginn der Alleinherrschaft Hitlers.

Am 1. April wurde im ganzen Reich der geplante und wohlorganisierte »Boykott« jüdischer Geschäfte als spontaner Ausbruch des Volkszorns inszeniert. Es war mehr als ein Boykott: Demütigung, Diebstahl, Zerstörung, Mißhandlung. Die Aktion war, wie Goebbels eingestand, kein großer Erfolg. Sie stieß auf viel Befremden und Ablehnung, die SA blieb mit ihrem Volkszorn ziemlich allein.

Es folgten: die Zerschlagung der Gewerkschaften, die Auflösung aller Parteien, der Austritt aus dem Völkerbund. Bei den »Reichstagswahlen« vom November 1933 wurden die Deutschen nur noch gefragt, ob sie den Austritt aus dem Völkerbund und überhaupt Hitlers Politik billigten oder nicht. Zum Ausfüllen des Wahlzettels ging man besser nicht in die Kabine – man gab sich dadurch nämlich als Gegner des »erwachten« Deutschlands zu erkennen. 92 Prozent machten ihr Kreuz an der von der Regierung gewünschten Stelle, die Wahl hatte keine demokratische Bedeutung mehr. Der Reichstag war schon vorher oft nur Kulisse für Führerreden gewesen, ab jetzt war er es ganz.

Leopold Ullstein, der bereits in England war, schrieb seinem Vater einen Brief, in dem er Diktatur definierte: »Sie ist Kriegs-

476

recht, angewandt gegen das gesamte eigene Volk.« Die »große«
Toni schrieb zurück: »Bitte nichts Politisches mehr, es scheint, als
ob das Briefgeheimnis schon Löcher hat wie ein Emmentaler.«

1933 war das erste Jahr der nationalsozialistischen Herrschaft,
die den Zweiten Weltkrieg herbeiführte, sechs Millionen europäischer Juden und Abermillionen Soldaten, Zivilisten, Frauen,
Kinder auf die verschiedenste Art umbrachte und 1945 in der
völligen Zertrümmerung des Reichs und seiner Städte endete.
Die Trümmer der Städte mußten Frauen wegräumen – zu viele
Männer waren tot oder in Gefangenschaft.

II.

Im Zeitungskonzern der Ullsteins schien in den ersten Wochen
des Jahres 1933 zunächst alles recht und schlecht weiterzugehen
wie bisher, nur daß sich jetzt einige Mitarbeiter als Nationalsozialisten entpuppten. Es gab schon seit längerem eine »NS-Be-
triebszelle«, die sich nun mit rauhen Tönen hören ließ: Sie
forderte die »Entjudung« des Betriebs.

Schon bald aber wurden die Ullsteins wirklich unter Druck
gesetzt, von ganz oben. Sie wurden gezwungen, sich völlig aus
der Firma zurückzuziehen, auf die sie über nichtjüdische Ver-
trauenspersonen noch hatten Einfluß nehmen wollen.

1933 bedeutete zunächst nur das Ende für den »Querschnitt«,
für »Tempo« und die »Tonmeister-Ausgaben« im Musikverlag
und das mehr aus ökonomischen Gründen. Aber Ende März
1934 stellte die »Vossische Zeitung« nach zweihundertdreißig-
jährigem Bestehen ihr Erscheinen ein, bevor die Nazis sie ein-
kassieren und eine Lüge aus ihr machen konnten. Ein Abschied
noch in relativer Würde.

Etwa einen Monat darauf wurden die Ullsteins gezwungen, ihre
Geschäftsanteile zu »verkaufen« – an eine nationalsozialistische
Auffanggesellschaft und für ein knappes Zehntel des Wertes. Diese
Art von Erpressung war bei weitem kein Einzelfall. Schon bald war

solches Vorgehen die Regel: »Arisierung« war in erster Linie die Bereicherung nichtjüdischer Geschäftsleute, die Beziehungen zur Partei hatten. Sie brachten jüdische Betriebe zu symbolischen, in jedem Fall lächerlich niedrigen Preisen an sich und wußten meist auch nach dem Ende der Hitlerherrschaft diese Beute für ihre Familien gegen die Ansprüche der Beraubten und Betrogenen zu sichern. Ein Stück deutscher Firmen- und Justizgeschichte.

Das aus dem Verkauf der Anteile geflossene Geld wurde den Ullsteins nach und nach vollständig abgenommen, ebenso wie Häuser und sonstiges Vermögen. Ins Exil gingen sie mit höchstens ein paar Mark in der Tasche. Hermann Ullstein hatte, als er 1939 seinen Auswanderungsantrag gestellt und die »Reichsfluchtsteuer« bezahlt hatte, gerade noch fünfundzwanzigtausend Mark. Ihm wurde mitgeteilt, es fehle noch ein wichtiger Stempel – wenn er aber der Polizeibehörde fünfundzwanzigtausend Mark als Spende überweise, sei der Stempel kein Problem. Er tat es, um mit dem Leben davonzukommen.

Der Verlag wurde 1937 in »Deutscher Verlag« umgetauft, im Druckhaus Tempelhof druckte man NS-Zeitungen wie die »Braune Post« und »Das Reich«. Die Ullstein-Schnitte wurden in »Ultra-Schnitte« umbenannt, aus den Ullstein-Büchern wurden »Uhlenbücher«. Man wünschte die beliebten Produkte für die Kunden halbwegs kenntlich zu halten, aber den Namen Ullstein auszumerzen.

Die Journalisten, die den Geist des Hauses Ullstein geschaffen hatten, fanden sich (überwiegend) in der Emigration wieder. Und sie stritten sich. Das war etwas, was sie besonders gut konnten.

»Wir hätten mehr kämpfen sollen! Hätten Kampfpresse sein sollen gegen den ›Stürmer‹, den ›Angriff‹, den ›Völkischen Beobachter‹!«

»Kann man die Häßlichkeit der Welt bekämpfen, indem man sie vermehrt? Kann man überhaupt kämpfen gegen Leute, die man derart verachtet?«

»Vielleicht kann man das nicht, aber man hätte es versuchen müssen!«

Am 3. Februar 1945 wurde, bei einem der schwersten alliierten Luftangriffe auf das Zentrum Berlins, das gesamte Zeitungsviertel zerstört. Der Geist der großen, hellen Häuser, soweit er noch in deren Mauern gesessen hatte, erhob sich zusammen mit dem Staub in die Lüfte, verließ Berlin und trat eine Weltreise an.

III.

Die Ullsteins, Namensträger wie Verwandte und Eingeheiratete anderen Namens, emigrierten ziemlich spät aus Deutschland, die »große« Toni, Hermann und Rudolf sogar erst 1939. Nur Leopold war schon 1933 in England, ferner folgten Anni Albers und ihr Mann Josef nach der endgültigen Schließung des Bauhauses sofort dem Ruf auf ein amerikanisches College und führten dort ihre Arbeit weiter, mit der sie weltbekannt wurden. Lisbeth, geschiedene Saalfeld, konnte kurz vor dem Krieg noch entkommen, indem sie mit einem persischen Diplomaten eine Scheinehe einging.

Von den fünf Brüdern starb Louis Ullstein bereits am 19. März 1933, ohne das Faktum »Machtergreifung« begriffen zu haben. Hans, der älteste, starb zwei Jahre darauf an seiner Krankheit. Franz und Hermann fanden den Tod im Exil, nur Rudolf kehrte nach Deutschland zurück, kämpfte zusammen mit Karl Ullstein und dem loyalen Fritz Ross erfolgreich um das, was vom Besitz der Ullsteins geblieben war.

Einige Familienmitglieder emigrierten in die Schweiz, Toni Ullstein etwa, für wenige Jahre auch Karl. Nach England kamen Rudolf, Leopold, Martha, Gabriele, Käthe und Ludwig Meyer sowie Fritz, der dort zu Frederick wurde. Fritz hatte in Deutschland noch ein Stück Land bewirtschaftet (das Rittergut Warnsdorf in der Ostprignitz) und seinen Vater Hermann dort aufgenommen. In England wurde er Soldat und kämpfte als Fallschirmjäger gegen Deutschland, womit sich zunächst nicht alle in der Familie befreunden konnten. Er blieb ein begeisterter Landwirt und Tier-

479

züchter, wurde dann Verleger. Später leitete auch einer seiner beiden Söhne, Bartholomew, einen Verlag und tut es bis heute. Leopold Ullstein, der »wunderbare Verrückte«, in zweiter Ehe verheiratet mit einer russischen Jüdin namens Bobby Prenn, war schon in Deutschland Verleger gewesen (und Teilhaber des Rowohlt-Verlages), er blieb dem Beruf in England treu.

In den USA fanden Franz, Hermann, Siegfried und Toni Fleischmann Zuflucht, ferner Lotte und Eduard Benfey mit drei Kindern. Der dekorierte Frontkämpfer und Gerichtspräsident trug nun Postpakete aus. Er fügte sich nur schwer, seinem Schicksal. Nach Brasilien verschlug es Else Cohn, die dort 97 Jahre alt wurde und der jüdischen Religion treu blieb, ferner Kurt Ullstein mit seiner Frau Magdi, die Haziendas betrieben.

Durch Selbstmord kamen während der Nazizeit zwei Schwestern der »großen« Toni (Heymann) zusammen mit ihren Ehemännern dem Abtransport nach Polen zuvor. In Vernichtungslagern ermordet wurde Gertrud Engelmann mit ihrem Mann Arthur Hess, der bei Ullstein Verlagsdirektor gewesen war, ferner Robert Mayer-Mahr, der Sohn von Mathilde und Moritz. Robert hatte es geschafft, mit seiner jungen Frau und ihrem Baby in letzter Stunde in die Schweiz zu kommen. Er wurde aber von Schweizer Grenzbeamten festgehalten und sollte zurückgeschickt werden. Karl Ullstein, damals noch in der französischen Schweiz, reiste an und versuchte sein Möglichstes, um die Beamten umzustimmen. Vergebens, sie hatten ihre Vorschriften. Robert Mayer-Mahr, seine Frau und das Baby kamen nach Auschwitz und dort in die Gaskammer. Gleiches geschah mit dem Ehepaar Prenn, den Eltern von Leopolds Frau. Eduard Benfeys Bruder Ernst überlebte das Konzentrationslager Theresienstadt.

Soweit bekannt, ist kein Mitglied der Familie Ullstein nach Palästina ausgewandert.

Nur wenige Ullsteins blieben in Berlin, etwa Rudolfs Tochter Hilde, geschiedene Pribram, nach dem Katalog der Nazis nur »Halbjüdin« – sie schlug sich als Lastwagenfahrerin durch. Heinz Ullstein und seine suchtkranke Schwester Steffi kamen, obwohl

480

»Volljuden«, in kein Vernichtungslager, weil sie »arisch versippt«, also mit Nichtjuden verheiratet waren. Sonst blieb ihnen wenig erspart. Steffi wurde 1939 bei einem Zugunglück schwer verletzt. Sie starb im Krieg in einer Babelsberger Klinik, aber, wie ihre Tochter Marianne es ausdrückt, »wenigstens in einem weißen Bett«. Heinz wurde in seiner Wohnung überfallen und verprügelt, SA-Schläger zerschnitten ihm das Gesicht, beschimpften ihn und seine Frau. (Diese hieß Änne, war eine geborene Gettke und eine Schwägerin von Paul Hörbiger.) Heinz wurde nach Kriegsbeginn zum Reinigen von Güterwaggons abkommandiert. Als ein Aufseher ihn höhnisch fragte: »Na? Ist wohl nicht die richtige Beschäftigung für einen Ullstein?« antwortete er mit stoischer Gelassenheit: »In diesen Zeiten schon.«

Anfang 1943 beschloß die Berliner Polizeibehörde, auch all jene Juden zu verhaften, die nichtjüdische Ehepartner hatten. Steffi war schon tot. Heinz landete zusammen mit Hunderten von Schicksalsgefährten in einem Sammellager in der Rosenstraße, er rechnete mit dem Ende. Dann aber organisierten die Frauen der Verhafteten einen Protest vor dem Tor des Lagers und forderten, daß ihnen die Ehemänner zurückgegeben würden. Auch Änne war dabei, obwohl sie bereits die Scheidung eingereicht hatte – die beiden hatten sich auseinandergelebt, und Heinz liebte eine andere. Nun aber, als er gefährdet war, versuchte Änne, ihm das Leben zu retten. Die mehrere Tage dauernden Demonstrationen »arischer« Frauen vor dem Haus waren der Gestapo äußerst unangenehm: Eben hatten die ersten schweren Bombenangriffe der Briten stattgefunden, man fürchtete um die Moral der »Heimatfront«. Es wurden daher die Juden, die in Mischehen lebten, »vorerst« wieder freigelassen. Es war der einzige erfolgreiche Protest gegen die Nazis während ihrer gesamten Herrschaft. Allerdings: Über die schon fast perfekte Scheidung von Heinz wußte man Bescheid, er lebte damit nicht mehr in einer Mischehe, blieb also inhaftiert.

Darauf erschien Änne, eine zierliche Frau von großer Entschlossenheit, bei der Gestapo und log das Blaue vom Himmel herunter:

481

Das mit der Scheidung sei Vergangenheit, ein kleiner Streit nur, den man inzwischen beigelegt habe. Sie und Heinz lebten wieder ganz als Ehepaar zusammen, und jetzt wolle sie, bitte sehr, ihren Mann wiederhaben. Die Schnüffler wußten zwar, was in den Akten stand. Aber sie konnten das, was die furchtlose Frau jetzt behauptete, schlecht widerlegen. Heinz Ullstein kam frei, blieb in Berlin und überlebte, den gelben Stern auf der Brust, mit viel Glück alles weitere, vor allem die Bombardierungen, bei denen er als Jude in keinen Luftschutzkeller gehen durfte.

Die Ehe war und blieb zwar gescheitert, aber Heinz, der ewig Witzelnde, der vormals kühle Intrigant und kleine Machiavelli, hatte Dankbarkeit gelernt. Er war nach dem Krieg nicht nur älter und ruhiger, sondern auch ein anderer Mensch. Er schrieb ein Theaterstück »Die Mutter« (unter dem Autorennamen »Heinz Hull«), das nie aufgeführt wurde, und seine Lebenserinnerungen (»Spielplatz meines Lebens«, 1961). Er war wieder Verleger, arbeitete eng mit Helmut Kindler zusammen. Wer ihm in den sechziger Jahren begegnete, erlebte einen freundlichen und hilfsbereiten alten Herrn, der gut zuhören konnte und besonders gern jungen Leuten eine Chance gab.

IV.

Schon im Halbwüchsigenalter hatte Fritz sich selbst als »schrecklich konservativ« bezeichnet. Er kleidete sich konservativ, trug seit dem achtzehnten Geburtstag den Siegelring Leopold Ullsteins, wünschte sich zum neunzehnten von seinen Eltern Visitenkarten und legte ausdrücklich fest, daß sie mindestens so konservativ und elegant zu sein hatten wie die des deutschen Botschafters in der Türkei. Aus dem jungen Dandy wurde ein hart arbeitender Landwirt, ein eigensinniger Kopf und ein Freund des gerechten Urteils. Seit 1936 nannte er sich Frederick, die Familie sprach von »Sir Frederick«. Das blieb ein Scherz, bis Königin Elizabeth II. ihm 1957 sein Wappen verlieh. Auf diesem spreizte sich ein sonderbares Raubtier, eine Art Löwe mit Adlerschnabel und Drachenflügeln. Aber da war auch ein Eulenvogel zu sehen: Auf dem Ritterhelm über dem Wappen saß ein Käuzchen und breitete die Flügel aus, als wollte es gerade auf Mäusejagd gehen. Der lateinische Spruch unter dem Wappen sagte: »Nemini nisi bonis placere cupio« – »Ich will niemandem gefallen, außer den Guten.« Und das paßte zu Sir Frederick.

V.

Dr. Karl Ritter, Ministerialdirektor im Auswärtigen Amt und zeitweilig Geliebter von Rosie Ullstein, während des Krieges im Rang eines Botschafters Verbindungsmann zwischen dem Amt und der Wehrmacht, wurde im Nürnberger »Wilhelmstraßenprozeß« als Kriegsverbrecher angeklagt. Er hatte namens des Auswärtigen Amtes seine Zustimmung und Unterschrift zum Abtransport von mehreren hunderttausend Juden aus Ungarn gegeben. Sein Ankläger, Robert M. W. Kempner, sagte später über ihn: »Er war einer der klügsten Angeklagten, die mir je begegnet sind . . . und schwierig anzuklagen.« Schockierend fand Kempner, daß Ritter an der Vernichtung der Juden mitgewirkt hatte, obwohl er kein Nationalsozialist und außerdem mit zahlreichen Juden befreundet gewesen war: »Er war ein Zyniker, der sich gesagt hat: Na, dann mache ich das eben bis zu einem gewissen Grade mit.« Der Zyniker kam mit vier Jahren Freiheitsstrafe billig davon – Kempner meinte, es habe an seinen besonders guten Verteidigern gelegen.

Karl Ritter lebte danach zurückgezogen in Murnau am Staffelsee. Ob er weitere Postkarten an Rosie geschrieben hat, ist nicht bekannt. Er starb 1968, mit fünfundachtzig Jahren.

Stammtafel Nr. 1

Hajum Hirsch Ullstein

Hajum Hirsch Ullstein
8. 3. 1792–17. 3. 1875
Papiergroßhändler
in Fürth
Sohn des
Papiergroßhändlers
Moses Ullmann

Ehefrau Hannah,
geb. Berlin
26. 12. 1794–11. 5. 1858
Tochter des
Spiegelglasfabrikanten
Wolf Berlin

Isaak
1820–1862
⚭ Louise Romberg
1829–1881
— 3 Kinder

Julius
1823–1896
⚭ Lina Gerson
1833–1906
— 4 Kinder

Sophie
1824–1892
⚭ Emanuel
Baerlein
1810–1884
— Kinder u. a.
Max Baerlein
⚭ Emily
(Zaras Tochter)
Sohn: Edgar M.
Baerlein

Leopold
1826–1899
⚭ 1. Matilda
Berend
1830–1871
2. Elise Pintus
1850–1923
— 10 Kinder aus
beiden Ehen,
(siehe Stammtafeln
Nr. 3, Teil 1–3)

Max Wilhelm
1836–1895
⚭ Bertha Levy
1840–?
— 4 Kinder

Stammtafel Nr. 2

Matildas Familie

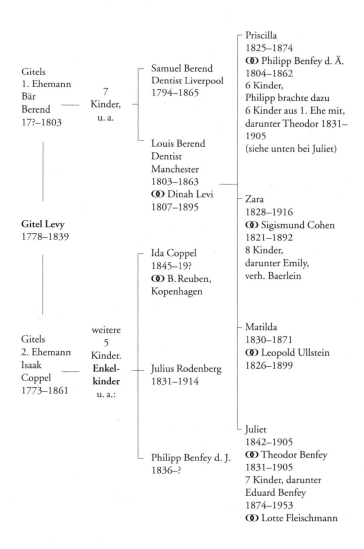

Stammtafel Nr. 3, Teil 1
Leopolds Kinder
Stämme Hans und Käthe

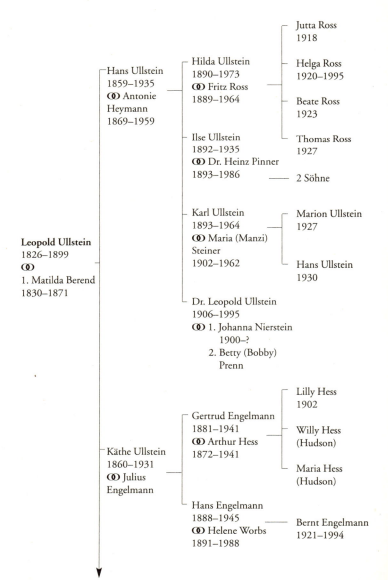

Stammtafel Nr. 3, Teil 2

Leopolds Kinder
Stämme Else, Louis, Alice, Franz

Leopold Ullstein
⊕
1. Matilda Berend

- Else Ullstein
  1862–1959
  ⊕ Isidor Cohn
  1855–1924
  - Hedwig Cohn
    1884–1946
    ⊕ Dr. Georg Meyer
    - Käthe Meyer
    - Ludwig (Lux) Meyer
  - Dr. Fritz Koch
    1886–1966
    ⊕ Ruth Landesmann
    — 3 Kinder
  - Mathilde Cohn
    1889–1984
    — 2 Kinder
  - Dr. Ernst Koch
    1892–1984
    — 2 Kinder

- Louis Ullstein
  1863–1933
  ⊕ 1. Else Landsberger
    1873–1919
    - Heinz Ullstein
      1893–1973
      ⊕ 1. Assunta Avalun
         2. Änne Gettke
            1893–1969
      - Wolf Dietrich 1916
      - Marianne 1918
    - Stefanie Ullstein
      1897–1942
      ⊕ Theo v. Tucher
  2. Martha Joel
     1889–?
     — Gabriele Ullstein
        1921
        ⊕ Lord Noel Annan
        - Lucy Annan *1952
        - Juliet Annan *1955

- Alice Ullstein
  1866–1938
  ⊕ Adolph Halle
  1854–?
  — 2 Kinder

- Dr. Franz Ullstein
  1868–1945
  ⊕ 1. Lotte Lehmann
       1877–1928
     2. Dr. Rosalie Gräfenberg
        1898–1982
     3. Baronin Selma Kirchbach
        1891–?
  - Elisabeth Ullstein
    1905–2001
    ⊕ Dr Kurt Saalfeld
    1893–1962
    - Marianne 1927
    - Klaus 1931
  - Dr. Kurt Ullstein
    1907–2003

Stammtafel Nr. 3, Teil 3
Leopolds Kinder
Stämme Mathilde und Rudolf, Hermann, Toni

Leopold Ullstein
⚭
1. Matilda Berend

- Mathilde Ullstein
  1871–1933
  ⚭ 1. Richard Tarlau
     1861–?
  - Nelly Tarlau
    1893–?
    ⚭ Herbert Peiser
    — Gisela Peiser ⚭ Max Perutz
  - Annemarie Tarlau
    ⚭ Hans Wendriner
    (später Wendon)
    — Kinder
  2. Prof. Moritz Mayer-Mahr
     1869–1947
  - Dr. Robert Mayer-Mahr
    1906–1944
    ⚭ Rosenberg
    ?–1944
    — 1 Kind

Leopold Ullstein
⚭
2. Elise Pintus
1850–1923

- Rudolf Ullstein
  1874–1964
  ⚭ 1. Margarete Küstermann
       1879–1967
     2. Edith Marquardt
  - Hildegard
    ⚭ Prof. Bruno Pribram
    — 2 Kinder
  - Edith Ullstein
    1905–1964
  - Fritz Ullstein
    (später Frederick)
    1909–1988
    ⚭ Patricia Guiness
    1909–2002
    - Augustus 1947
    - Bartholomew Ullstein 1948
- Hermann Ullstein
  1875–1943
  ⚭ Margarethe Litthauer
  1879–1956
- Antonie (Toni) Ullstein
  1877–1946
  ⚭ Siegfried Fleischmann
  1873–1965
  - Anneliese Fleischmann
    1899–1994
    ⚭ Prof. Josef Albers
    1888–1976
  - Lotte Fleischmann
    1900–1987
    ⚭ Dr. Eduard Benfey
    1874–1953
    - Renate 1924
    - Otto Theodor 1925
    - Rudolf 1927
  - Hans Fleischmann
    (später Farman)
    1909–2002
    — 3 Kinder

Personen der Handlung

mit Angabe der Seite, auf der sie zuerst erwähnt sind. – Zwölf Personen werden im Roman gesondert porträtiert, ihr Name und die Seitenzahl der Beschreibung sind hier **fettgedruckt**.

Adlon, Lorenz 175
Ahlwardt, Hermann 175
Albers, Anni siehe Fleischmann
Albers, Josef 352
Albert, engl. Prinzgemahl 42
Alrutz, Pastor 255
Alsberg, Max 414
Andrée, Salomon 439
Annan, Lady Gabriele siehe Ullstein
Armstrong, Louis 347
Arndt, Ernst Moritz 51
Arnstein, Lämmlein 54
Auguste Viktoria, dt. Kaiserin 261

Baden, Prinz Max von 297
Baeck, Leo 423
Baerlein, Edgar M. 193
Baerlein, Emanuel 30
Baerlein, Emily (Amalie) siehe Cohen
Baerlein, Max 54
Baerlein, Sophie siehe Ullstein, Sophie
Bailey, Beate siehe Ross
Baker, Josephine 348
Ballin, Albert 230
Baum, Vicki 393
Bäumen, Franz Joseph, später »von« 14
Bebel, August 121
Beeg, Dr. Johann Kaspar 31
Begas, Oskar 151
Bellamy, Edward 204
Bendit, Abraham 15
Benfey Priscilla siehe Berend
Benfey, Bertold 77
Benfey, Caroline 72
Benfey, Eduard 351
Benfey, Emily 47
Benfey, Ernst 375

Benfey, Georg 78
Benfey, Gustav 78
Benfey, Juliet siehe Berend
Benfey, Lotte siehe Fleischmann
Benfey, Otto Theodor 373
Benfey, Philipp der Erste 45
Benfey, Philipp der Zweite 43
Benfey, Priscilla siehe Berend
Benfey, Renate 364
Benfey, Rudolf 378
Benfey, Theodor d. J., gen. Ted 44
Benfey, Theodor, Sprachforscher 44
Benjamin, Walter 224
Berend Louis, Zahnarzt 45
Berend, Dinah 49
Berend, Juliet 49
Berend, Matilda 49
Berend, Priscilla 45
Berend, Samuel 48
Berend, Zara 49
Bergerac, Cyrano de 195
Berlin, Joseph Wolf 15
Berlin, Samuel 10
Berlin, Wolf 21
Bernhard, Georg 278, **331**
Bernstein, Dr. Arthur 280
Bernstein, Eduard 171
Berolzheimer 15
Berolzheimer, Dr. med. 116
Bertha, Haushälterin 67
Bethmann-Hollweg, Theodor von 263
Binte, Gustav 141
Binz, Udo 444
Bismarck, Otto von 76
Blum, Léon 395
Blumenthal, Kurt 424
Blumenthal, Prokurist 89

Bonaparte, Louis Napoleon 51
Bonaparte, Napoleon 132
Bong, Richard 231
Bornstein, Josef 436
Borsig, August 118
Brandeis, Isaac 15
Braun, Otto 147
Brausewetter, Landgerichtsdir. 137
Brehmer, Artur 197
Brentano, Dr. Heinrich 8
Briand, Aristide 378
Brod, Max 424
Brüning, Heinrich 429
Buber, Martin 423
Bürgel, Bruno H. 230
Busch, Wilhelm 455
Büxenstein, Georg 185

Chalfan, Menachem Elia 12
Chaplin, Charles Spencer 258
Clausewitz, Karl von 402
Cohen, Adolf 69
Cohen, Emily (Amalie) 130
Cohen, Florence 130
Cohen, Julius 69
Cohen, Siegmund 130
Cohen, Zara siehe Berend
Cohn 15
Cohn, David 186
Cohn, Else siehe Ullstein
Cohn, Ernst 167
Cohn, Fritz 167
Cohn, Hedwig 144
Cohn, Isidor 144
Cohn, Mathilde 203
Colón 11
Coppel, Lena 47
Coppel, Carl 78
Coppel, Ida 78
Cuno, Wilhelm 340

Dauth, Walter, Diener 88
Davison, Emily 258
Delbrück, Stadtverordneter 118
Dessau, Rabbiner 62
Diesel, Rudolf 193
Dietrich, Marlene 428
Dix, Otto 375

Dom Pedro, span. König 92
Dreyfus, Alfred 168
Duncker, Franz 80
Dupont, Hermann 184
Dvořák, Antonín 167

Ebert, Friedrich 297
Edison, Thomas Alva 170
Eggebrecht, Gastwirt 438
Ehrhardt, Kapitän 324
Einstein, Albert 424
Eisner, Kurt 296
Elbau, Julius 335
Elieser ben Jehiel 11
Elisabeth, österreich. Kaiserin (Sisi) 195
Engelmann, Bernt 364
Engelmann, Gertrud 144
Engelmann, Hans 264
Engelmann, Julius 143
Engelmann, Käthe siehe Ullstein
Engelschall, Sekretärin 141
Erzberger, Matthias 303
Eysler, Dr. Otto 173

Farman, Hans siehe Fleischmann
Feuchtwanger, Lion 455
Finkelstein, Dr. med. 204
Fischer, Samuel 236
Flachfeld, Johanna 57
Flechtheim, Alfred 356
Fleischmann, Anneliese 134
Fleischmann, Antonie (»kleine« Toni) siehe Ullstein
Fleischmann, Hans 134
Fleischmann, Lotte 209
Fleischmann, Siegfried 133
Floegel, Karl Friedrich 164
Fontane, Theodor 201
Ford, Henry 251
Frankfurter, Richard 447
Franklin, Lady Jane 61
Franklin, Sir John 61
Franz Ferdinand, Erzherzog 259
Freud, Sigmund 239
Freund, Mathilde siehe Cohn 203
Frick, Wilhelm 458
Friedrich der Große 177

Friedrich III., Deutscher Kaiser 159
Fröbel, Friedrich 50
Fromm, Bella 473
Fronmüller 28
Fürstenberg, Carl 453

Ganghofer, Ludwig 455
Gauß, Karl Friedrich 44
Geber, Caroline siehe Benfey
Georg V., König von Hannover 78
George, Stefan 182
Gerlach, Hellmut von 332
Gershwin, George 346
Gerson, Lina 89
Gettke, Änne 481
Gleichen-Rußwurm, Graf 304
Glückel von Hameln 98
Goebbels, Joseph 336
Goldschmidt, Ella 390
Goldschmidt, Rosie 388, 390
Göring, Hermann 303
Gorki, Maxim 353
Götz, Johannes 169
Gräfenberg, Dr. Ernst 391
Gräfenberg, Rosie siehe Goldschmidt
Gräser, Erdmann 228
Grasset, Bernard 411
Grau, Alexander, Major 272
Gracián, Baltazar 81
Gropius, Walter 463
Großer, Maria 22
Großkopf, Delikatessenhändler 196
Großmann, Stefan 393
Grzesinski, Albert 427

Haase, Hugo 313
Halle, Adolph 165
Halle, Alice siehe Ullstein
Halle, Margarethe 271
Halske, Johann Georg 118
Hamburger, Wolf 10
Harden, Sylvia von 375
Hartmann, Gustav (Der »Eiserne«)
245
Hecht, Ben 302
Heidegger, Lehrer f. Hebräisch 31
Heimann, Hugo 171
Heims, Else 283

Heine, Heinrich 33
Herlitz, Georg 423
Hermes I und II, Stadtverordnete 118
Hermine, dt. Kaiserin 456
Herz, Emil 227
Herz, Gabriele 232
Hess, Arthur 263
Hess, Gertrud siehe Engelmann
Hess, Maria 263
Hess, Raphael 78
Hess, Willy 263
Heymann, Antonie (»große« Toni)
114
Heymann, Fritz 293
Hindenburg, Oskar von 466
Hindenburg, Paul von 293
Hirsch, Badegast 165
Hitler, Adolf 147
Hoffmann, General 303
Höllering, Franz 464
Hollerith, Herman 170
Hörbiger, Paul 481
Hugenberg, Alfred 279
Humbser, Brauereibesitzer 15
Humbser, Johann Karl 7
Humbser, Johann Martin 30

Jacobi, Margarethe 434
Jacobs, Monty 239
Jacoby, Johann 46
Jaeckel, Willy, Maler 382
Janáček, Leoš 375
Jannings, Emil 428
Jaurès, Jean 259
Jellinek, Mercedes 167
Jerusalem, Else 235
Joel, Martha 324
Jonassohn, Fräulein 166
Jouin, Henri 139

Kainz, Joseph 195
Kalonymos, Fioret 12
Kalonymos, Raw 11
Kandinsky, Wassily 462
Kapp, Wolfgang 324
Kellermann, Bernhard 263
Kemal, Mustafa 347
Kempner, Alfred siehe Kerr

491

Kempner, Robert M. W. 393
Kerenski, Alexander 295
Kerr, Alfred 215
Kertesz, Tanz- und Benimmlehrer 137
Kindler, Helmut 482
Kirchbach, Selma Baronin 442
Klages, Ludwig 183
Klee, Paul 462
Kleefeld, Dr. Wilhelm 241
Kleist, Heinrich von 107
Klemke, Hauptwachtmeister 99
Klemperer, Otto 375
Klenk, Hans, Fabrikant 164
Knesebeck, von dem 156
Knoll, Paul 444
Koch, Dörte 328
Koch, Ernst, siehe Cohn
Koch, Fritz siehe Cohn
Koeppen, Hans 245
Kohn 15
Kohn, Josef 53
Königswarter, Wilhelm 20
Kopfermann, Hans 376
Korff, Kurt 252
Kraus, Karl 424
Krosigk, Rittmeister von 274
Krüger, Ohm 208
Küstermann, Margarete 210
Kuh, Anton 424
Kutusow, Michail I., General 465

Landau, Bankier 101
Landsberger, Artur 233
Landsberger, Else (»**Else Louis**«) 167, **316**
Landsberger, Hermann 316
Lassalle, Ferdinand 84
Le Bon, Gustave 295
Lehmann, Lotte 179
Leimdörfer, Dr. Emil 296
Lenin, Wladimir Iljitsch 259
Lessing, Theodor 181
Levi, Paul 395
Levy, Gitel 98
Liebermann, Louis 104
Liebermann, Max 105

Liebermann Ritter v. Wahlendorf 138
Liebknecht, Karl 299
Liebknecht, Wilhelm 171
Lindbergh, Charles 378
Litthauer, Margarethe 146
Löwi, Dr. Isaak 8
Loewe, Ludwig 80
Lore, Köchin 95
Löwenstein, Hubertus Prinz zu 436
Löwenstein, Justizrat 406
Löwenstein, Zeitungsverleger 117
Lubitsch, Ernst 361
Ludendorff, Erich 295
Ludwig I. von Bayern 30
Ludwig II. von Bayern 186
Lumière, Louis 168
Lustig, Dr. med 281
Luxemburg, Rosa 299

Mackensen, Rittmeister 155
Maeterlinck, Maurice 283
Magnus, Dr. Erich 404
Mahir, Sabri 435
Malthus, Thomas 361
Mann, Heinrich 428
Mann, Thomas 209
Marc, Franz 402
Marconi, Guilelmo 210
Marx, Karl 40
Marx, Wilhelm 366
Matthes, Joseph 397
Max, Diener 385
Mayburg, Vilma von 164
Mayer-Mahr, Mathilde siehe Ullstein
Mayer-Mahr, Moritz, Prof. 217
Mayer-Mahr, Robert 266
Meißner, Otto 466
Mendelssohn-Bartholdy, Albrecht 437
Menzel, Adolph von 151
Meyer, Hedwig siehe Cohn
Meyer, Käthe 328
Meyer, Ludwig (»Lux«) 264
Michalski, Bankier 208
Mies van der Rohe, Ludwig 463
Minna, Dienstmädchen 68
Mirabeau, Gabriel Graf von 51

Misch, Dr. Carl 458
Mohr, Journalist 238
Moishe aus Leipzig 40
Moltke, Helmuth Graf von 299
Montez, Lola 30
Montgelas, Albrecht von 296
Moser, Florence siehe Cohen
Moser, Jacob 130
Moses, Commis 13
Mosse, Emilie 280
Mosse, Rudolf 99
Mühsam, Badegast 165
Müller, Dr. 358
Müller, Hermann 428
Müller, Richard 452
Müller, Verleger in Dresden 222
Mumm, Theobald, Detektiv 314
Münzenberg, Willi 374
Murnau, Wilhelm 357
Mussolini, Benito 347

Nadolny, Gastwirt 298
Nansen, Fritjof 170
Naumann, Friedrich 333
Nelson, Leonard 376
Nierstein, Johanna 378
Nordau, Max 156
Noske, Gustav 298

Ochs, Adolph 197
Ochs, Iphigenie 181
Ochs, Joel, später Julius 15
Offenbach, Jacques 43
Olden, Rudolf 390
Oppenheim, Jehuda 229
Oppenheim, Heinrich Bernhard 118
Ossietzky, Carl von 436
Ottensooser 8
Otto der Große 11

Papen, Franz von 459
Paul, Robert 193
Pauline, Dienstmädchen 68
Peiser, Nelly siehe Tarlau
Pfannkuch, Wilhelm 171
Pflugk-Harttung, Julius von 231
Philipp II., span. König 126

Pinner, Ilse, siehe Ullstein
Pinner, Karl-Heinz 364
Pintus, Elise 88
Piscator, Erwin 375
Pissarro, Camille 414
Pol, Heinz 464
Possart, Ernst von 116
Prenn, Bobby 480
Preuß, Hugo 171
Pribram, Hilde siehe Ullstein
Pückler-Limburg, Grafen von 31

Radek, Karl 361
Radiguet, Raymond 413
Rathenau, Emil 215
Rathenau, Walther 215
Rautenstrauch, Marion von
    siehe Ullstein
Reinhardt, Max 282
Reinsdorff, Otto 142
Reissner, Larissa 352
Reissner, Michail 353
Remarque, Erich Maria 292
Reuben, Bernhard 83
Reuter, Otto 207
Reuter, Paul Julius 43
Richter, Eugen 80
Ritter, Dr. Karl 394
Rodenberg, Julius 97
Röhm, Ernst 461
Rolfsen, Familie 165
Romberg, Louise 30
Ross, Thomas 385
Ross, Beate 385
Ross, Colin 290
Ross, Friedrich 290
Ross, Fritz 269, **290**
Ross, Helga 324
Ross, Hilda siehe Ullstein
Ross, Jutta 294
Ross, Ralph 363
Ross, Renate 362
Ross, Sir James Clarke 290
Ross, Sir John 290
Rothschild, Bankiers 451
Rothschild, L., Autor 128
Rousseau, Jean-Jacques 31
Ruttmann, Walter 378

493

Saalfeld, Dr. Kurt 383
Saalfeld, Elisabeth siehe Ullstein
Saalfeld, Klaus 441
Saalfeld, Marianne 441
Salingré, Ulrich 437
Salomon, Erich 369
Sandrock, Adele 464
Sauerbruch, Ferdinand 191
Schacht, Hjalmar 344
Scheidemann, Philipp 298
Scherl, August 185
Schiller, Friedrich von 32
Schleicher, Kurt von 459
Schlesinger, Paul 357
Schmeling, Max 435
Schnitzler, Arthur 195
Schoeller, Auguste 36
Schoeller, Felix Heinrich 36
Scholem, Gershom 424
Schopenhauer, Arthur 81
Schwarzschild, Leopold 436
Scott, Robert Falcon 258
Severing, Carl 147
Sieburg, Friedrich 395
Siemens, Werner von 129
Simeon ben Elieser 11
Sling siehe Schlesinger, Paul
Spengler, Dr. med. 154
Spinoza, Baruch de 33
Springer, Axel 270
Stach von Goltzheim, Maria 182
Stahl, Dr. Leo 398
Stalin, Josef 355
Steg, Samuel 229
Steiner, Maria (»Manci«) 270
Stettenheim, Julius 135
Stinnes, Hugo 343
Stoecker, Hofprediger 151
Strauß, Levi 19
Stresemann, Gustav 333
Strousberg, Bethel Henry 46
Suhrkamp, Peter 369
Sulzberger, Iphigenie siehe Ochs
Süskind, Ehepaar 163
Szafranski, Kurt 252

Talleyrand, Herzog von 396
Tarlau, Annemarie 195

Tarlau, Mathilde siehe Ullstein
Tarlau, Nelly 195
Tarlau, Richard 194
Teufel, Corpsstudent 154
Thälmann, Ernst 353
Tiburtius, Dr. med. Franziska 129
Tietz, Georg 434
Trautwein, Sekretärin 470
Treichl, Helga siehe Ross
Troplowitz, Oscar 209
Trotzki, Leo 299
Tucholsky, Kurt 283

Udet, Ernst 303
Ullmann, Breindel 26
Ullmann, Daniel 27
Ullmann, Moses 13
Ullstein, Alice 84
Ullstein, Antonie (»große« Toni) siehe
   Heymann
Ullstein, Antonie (»kleine« Toni)
   130, **131**
Ullstein, Bartholomew 480
Ullstein, Edith 148
Ullstein, Elisabeth (»Lisbeth«) 180
Ullstein, Elise siehe Pintus
Ullstein, Else (»Else Louis«) siehe
   Landsberger
Ullstein, Else 77
Ullstein, Ferdinand 258
Ullstein, Franz 87, **177**
Ullstein, Fritz (später Frederick) 148
Ullstein, Gabriele 364
Ullstein, Hajum Hirsch 8
Ullstein, Hannah 11
Ullstein, Hans jr. 270
Ullstein, Hans 64, **113**
Ullstein, Heinz 115
Ullstein, Hermann 124, **145**
Ullstein, Hilda 164
Ullstein, Hilde 246
Ullstein, Ilse 167
Ullstein, Isaak 10
Ullstein, Johanna (Fr. v. Leopold jr.)
   siehe Nierstein
Ullstein, Johanna (Frau v. Julius) siehe
   Flachfeld
Ullstein, Julius 10

494

Ullstein, Karl 167, **268**
Ullstein, Käthe 68
Ullstein, Kurt, Dr. 265
Ullstein, Leopold sen. 7
Ullstein, Leopold jr., Dr. 254
Ullstein, Lina siehe Gerson
Ullstein, Lotte siehe Lehmann
Ullstein, Louis Ferdinand 77, **187**
Ullstein, Louise siehe Romberg
Ullstein, Margarete siehe Küstermann
Ullstein, Margarethe siehe Litthauer
Ullstein, Maria siehe Steiner
Ullstein, Marion 270
Ullstein, Martha siehe Joel
Ullstein, Mathilde 94
Ullstein, Matilda siehe Berend
Ullstein, Max-Wilhelm 30
Ullstein, Rosie siehe Goldschmidt
Ullstein, Rudolf 116, **243**
Ullstein, Sophie 10
Ullstein, Stefanie (»Steffi«) 203

Valéry, Paul 455
Vandenberg, Colette 36
Victoria, engl. Königin 42
Viktoria, Frau Kaiser Friedrichs III.
  159
Virchow, Rudolf 68
Vogtherr, E. 301
Voigt, Wilhelm 234

Waldeck, Rosa Gräfin siehe Gold-
  schmidt
Walden, Harry 233
Wallenberg, Ernst 181

Walter, Bruno 349
Wartenburg, Graf Yorck von 204
Wassermann, Jakob 236
Weber, Alfred 391
Weber, Max 147
Wedderkopp, Hermann von 412
Wendriner, Annemarie siehe Tarlau
Werfel, Franz 424
Werner, Anton von 151
Westernhagen, A. E. siehe auch
  Brehmer 222
Whiteman, Paul 345
Wiegler, Paul 232
Wiese, Dr. med. 73
Wilde, Oscar 244
Wilhelm I., Deutscher Kaiser 94
Wilhelm II., Deutscher Kaiser 159
Wilson, William 15
Wilson, Woodrow 324
Winter, Micha, Gastwirt 300
Wischnewski, Wsewolod 361
Wißberger, Franz Xaver 137
Wohlrabe, Chauffeur 392
Wolff, Theodor 332
Worlitschek, Karl 368
Wright, Gebrüder 210

Zapp, Arthur 228
Zaubzer, Johann Nepomuk 15
Zecca, Ferdinand 210
Zechlin, Dr. Walter 398
Zeller, Redakteur 238
Zeppelin, Ferdinand Graf von
  207
Zola, Emile 195

Jetzt reinklicken!

Jede Woche vorab in brandaktuelle Top-Titel reinlesen, Leseeindruck verfassen, Kritiker werden und eins von 100 Vorab-Exemplaren gewinnen.